BASTEI LÜBBE

Von Susanne Scheibler sind außerdem bei
BASTEI-LÜBBE erschienen:
12113 Rebellin aus Liebe
11494 Preis der Leidenschaft

Susanne Scheibler

Caroline mon amour

Roman aus der Zeit Napoleons

BASTEI LÜBBE

BASTEI-LÜBBE-TASCHENBUCH
Band 11612

Lizenzausgabe: Gustav Lübbe Verlag GmbH, Bergisch Gladbach
Printed in West Germany September 1990
Einbandgestaltung: Roland Winkler
Titelfoto: SOMMER, Norma Barcelona
Satz: hanseatenSatz-bremen, Bremen
Druck und Bindung: Ebner Ulm
ISBN 3-404-11612-7

Der Preis dieses Bandes versteht sich
einschließlich der gesetzlichen Mehrwertsteuer

****

1

Caroline wußte nicht genau, was sie erwartet hatte, als sie an diesem frühen Septembermorgen beim Brühler Tor auf einer niedrigen Steinmauer saß, um den Einzug des Kaisers der Franzosen mitzuerleben, aber auf jeden Fall nicht diesen unscheinbaren, in eine zu enge, schmucklose Uniform gepreßten Mann.
So hatte sie sich Napoleon nicht vorgestellt!
Er war weder das verhaßte korsische Ungeheuer, das Carolines Landsleute in ihm sahen, noch der von kaiserlicher Glorie umgebene Herrscher Frankreichs.
Unter den Deputierten der Stadt Erfurt, die mit dem Magistrat erschienen waren, Napoleon zu begrüßen, entdeckte Caroline den grauen Kopf ihres Vaters. Der Schneidermeister Jakob Weikersheim war groß, hager, mit einem scharfgeschnittenen Gesicht. Seine Lippen waren fest zusammengepreßt, und Caroline ahnte, was er in diesem Augenblick empfand: Scham, Widerwillen, Ohnmacht.
Er war kein Franzosenfreund – wie sollte er auch!
Vor zwei Jahren hatte er zu denen gehört, die die kampflose Kapitulation der Festung Erfurt vor den französischen Truppen laut und deutlich einen Akt der Feigheit und der Schande genannt hatten, und sein einziger Sohn Gottfried war mit neunzehn Jahren am Landgrafenberg bei Jena, als er auf preußischer Seite gegen die Franzosen kämpfte, so schwer verwundet worden, daß er ein halbes Jahr später nach langem Siechtum daheim starb.
Da hatten schon die Franzosen in Erfurt das Regiment ge-

führt, ein hartes Regiment mit immer drückender werdenden Steuerlasten und Repressalien.

Caroline schrak zusammen, als vor ihr die französischen Soldaten, die die Straße säumten, zu schreien anfingen: »*Vive l'empereur! Vive l'empereur!*« Der Ruf pflanzte sich fort, allerdings keineswegs so brausend und begeistert, wie es der kleine Mann auf dem weißen Pferd erwartet haben mochte. Die meisten Zivilisten – es waren ohnehin nicht allzu viele, die die Schaulust hergetrieben hatte – schwiegen.

Caroline sah, daß Bürgermeister Weißmantel dem Franzosenkaiser die Schlüssel der Stadt auf einem roten Samtkissen überreichte. Er nahm sie entgegen und richtete nun seinerseits ein paar Worte an den Magistrat und die Deputierten der Bürgerschaft. »Wir freuen Uns, in Unserer kaiserlichen Domäne Einzug zu halten. Dies ist ein großer Tag, denn es geschieht zum ersten Mal in der Geschichte dieser Stadt, daß sie so viele gekrönte Häupter in ihren Mauern beherbergt. Noch heute werde ich den Kaiser Rußlands hier begrüßen und mit ihm die Könige von Württemberg und Neapel, Sachsen und . . .«

Was Napoleon sonst noch sagte, wurde von dem einsetzenden Glockengeläut der Erfurter Kirchen und den Salutschüssen von der Zitadelle Petersberg übertönt.

Caroline fand, daß Napoleon eine harte, ein wenig flache Stimme hatte. Außerdem sprach er einen starken Akzent; das hörte selbst sie, da sie das elegante schnelle Französisch ihres Lehrers Monsieur Frambonnet gewohnt war. Besonders das rollende »R« fiel ihr auf. Während Napoleon Bonaparte nun durch das Brühler Tor in die Stadt einritt, warf er einen Blick in die Menge am Straßenrand. Er betrachtete die französischen Soldaten, die Spalier standen, und hob grüßend die Hand an den Zweispitz. Dann sah er über die Schaulustigen hin, und für einen Augenblick streifte sein Blick das junge Mädchen, das auf der Steinmauer saß, die einen Obstgarten zur Straße hin begrenzte.

Entgegen der herrschenden Mode trug Caroline das flammend rote Haar glatt gescheitelt und im Nacken aufgesteckt. Ihr Vater duldete es nicht, daß sie sich eine Frisur à la Parisienne schneiden ließ, mit kurzen, in die Stirn gekämmten Locken. Und auch die Kleider, wie sie jetzt modern waren, mit Dekolletés, die mehr enthüllten als verbargen, aus dünnen, fast durchsichtigen Schleierstoffen und mit hochgeschürzten Taillen, gefielen Meister Jakob nicht. Deshalb trug Caroline an jenem wolkenverhangenen Vormittag des 27. September 1808 ein Kleid aus veilchenfarbenem festen Tuch, dessen weiter Rock mit endlosen Metern weißer Zackenlitze besetzt war. Es hatte einen kleinen züchtigen Ausschnitt und ein enganliegendes Mieder. Caroline haßte dieses Kleid, weil es altmodisch und bieder war, aber sie hatte es heute morgen zähneknirschend angezogen, wohl wissend, daß ihr Vater ihr sonst nicht gestattet hätte, den Einzug des französischen Kaisers mitanzusehen.
Und nun auf einmal traf sie Napoleons Blick, ein, zwei Sekunden nur, während er die Lippen zu einem kleinen Lächeln verzog.
Und da, ganz plötzlich, erschien er Caroline nicht mehr wie ein dicker, mißmutiger Korporal auf einem viel zu großen, viel zu herausgeputzten Pferd. Es lag an seinen Augen. Funkelnd waren sie, grau-grün und von einer unsagbar wachen, brennenden Aufmerksamkeit.
Unwillkürlich hielt Caroline den Atem an. Und sie begriff, daß dieser kleine Mann mit den glanzlosen dunklen Haaren unter dem Zweispitz in der Tat etwas Besonderes hatte.
Sie war zu jung und wußte zu wenig von den Menschen, als daß sie es hätte definieren können. Sie spürte sie nur, diese sonderbare Anziehungskraft, die Napoleon Bonaparte auf andere auszuüben imstande war. Dieselbe Anziehungskraft, die den unbekannten kleinen Korsen von einst, den glücklosen Jakobinergeneral und Schützling

Robespierres, mittellos und eher lächerlich in den Augen der nachrevolutionären *Jeunesse dorée*, befähigt hatte, seine Soldaten so für sich zu begeistern, daß sie Sieg um Sieg erfochten, und die ihn schließlich bis auf den französischen Thron gebracht hatte.

Caroline kannte Napoleons Geschichte; sie hatte sie aus den Erzählungen ihres Vaters erfahren und aus langen Gesprächen mit Leonhard Vogel, mit dem sie seit dem Frühsommer verlobt war.

Leonhard, zehn Jahre älter als sie und Bibliothekar an der Erfurter Universität, haßte Napoleon, den Verräter der Revolution, wie er ihn nannte. Vom Sansculotten-General zum Kaiser der Franzosen, zum Okkupator, der fast ganz Europa unterworfen hatte und mit gierigen Händen nach immer mehr, nach immer Größerem griff – wahrlich ein Aufstieg, der schaudern machte.

Aber doch gleichzeitig bewundern, dachte Caroline in diesem Augenblick – und schämte sich sofort dieser Empfindung.

Wieso bewundern! Diesen Mann doch nicht, der ihre Heimat zur kaiserlichen Domäne erklärt hatte, dessen Stellvertreter Kontributionen über Kontributionen aus ihren Landsleuten herauspreßten, dessen Soldaten sich hier breit machten und überall einquartierten, dessen Spitzel das Land überzogen und dessen Kontinentalsperre gegen England Handel und Wirtschaft zum Erliegen brachte.

Ich bin eine Gans, dachte Caroline und senkte den Kopf. Bloß weil er mich angesehen und gelächelt hat . . .

Die Männer lächelten sie oft an, wenn sie auf den Markt ging, um einzukaufen, oder in die Kirche. Die Soldaten riefen ihr Komplimente nach, und die Lakaien der vornehmen Herrschaften, bei denen sie gelegentlich die Kleider ihres Vaters ablieferte, versuchten jedesmal, ihr die Wangen zu tätscheln oder sie sogar zu küssen.

Caroline wußte, daß sie darüber hätte verärgert sein müssen; aber es freute sie, daß sie hübsch war, viel hübscher beispielsweise als Friederike von Rodenbach, die doch eine Baronesse war und dennoch neben ihr, der Schneiderstochter, mit den viel zu krausen hellblonden Haaren und dem rötlichen Gesicht eher wie ein pummeliges Mädchen vom Lande wirkte.

Indessen war der Franzosenkaiser weitergeritten.

Die kaiserlichen Garden, die ihn begleiteten, waren ein schier endloser Zug zu Fuß und zu Pferde. Voran schritten die Musikanten. Das harte Stakkato der Trommeln gab den Rhythmus für den dröhnenden Marschtritt der Grenadiere an. Trompeten und Hörner schmetterten, und auf den Spitzen der Fahnenstangen funkelte der Kaiseradler.

Caroline war von ihrem Mäuerchen gesprungen und wurde von den Zuschauern mitgerissen, die den Soldaten in die Stadt nachdrängten. Im Rückwärtsschauen sah sie, daß ihre Mutter und Hermann, der Schneidergeselle ihres Vaters, dicht hinter ihr waren. Ludwig, der vierzehnjährige Lehrjunge, war im Getümmel verschwunden.

Als zwei dicke Männer sich ziemlich rücksichtslos an Caroline vorbeischoben und ihr dabei einige Rippenstöße versetzten, kämpfte sich Hermann zu ihr durch. »Bleibt an meiner Seite, Mamsell Caroline«, sagte er. »Ich will Euch schon den Weg freihalten. Nicht, daß Euch noch ein Leid geschieht.«

Sie lächelte dem Buckligen mit dem schütteren blonden Haar zu. »Danke, Hermann, ich passe schon auf.«

»Habt Ihr den kaiserlichen Marschall Ney und Joachim Murat, den König von Neapel gesehen? Sie waren herausgeputzt, daß man jeden von ihnen für die Kaiser hätte halten können.«

»O ja. Daneben sah Napoleon wie ihr Pferdepfleger aus. Aber es ist ja bekannt, daß er sich aus äußerlichem Staat nicht viel macht.« Sie rümpfte die hübsche Nase. »Ich glaube allerdings nicht, daß eine prunkvolle Uniform ihn eindrucksvoller erscheinen ließe.«

Um Himmels willen, sagt nicht so laut etwas Abfälliges

über den Kaiser. Wenn Euch jemand hört ... Heutzutage sind schon Leute wegen harmloserer Bemerkungen ins Gefängnis gekommen.«
Hermann nahm ihren Arm und zog sie mit sich durch das Gedränge an den Straßenrand. »So, hier kommen wir ungehindert voran.«
Er winkte Carolines Mutter zu, die von ihnen abgedrängt worden war. »Hierher, Frau Meisterin! Hier sind wir!«
Marie Weikersheim, eine hübsche, mollige Frau Ende der Dreißig, kämpfte sich zu ihnen durch. »Du siehst ganz erhitzt aus, Caroline. Hier, leg das um, damit du dich nicht erkältest.« Sie nahm ihr grünwollenes Umschlagtuch ab und gab es ihrer Tochter.
»Aber jetzt frieren Sie, Mama ...« protestierte Caroline.
»Unsinn. Ich habe ein warmes Kleid an.«
»Wo ist denn Vater? Ich dachte, er käme mit uns heim.«
»Er muß noch mit zu den Graden, wo dem Kaiser ein Huldigungsschreiben der Universität überreicht wird.«
Marie Weikersheim verzog den Mund. »Das wird deinen Vater hart ankommen. Die ganzen Tage hat er darüber gemurrt, daß man ihn in die Deputation der Bürgerschaft gewählt hat. Hoffentlich redet er sich nicht um Kopf und Kragen.« Sie seufzte. Sie kannte das cholerische Temperament ihres Mannes am besten, hatte sie doch selbst oft genug darunter leiden müssen.
Aber da sie von sanfter, duldsamer Gemütsart war, hatte sie es hingenommen wie so vieles in ihrer Ehe. Sie war keine, die laut aufbegehrte; nicht einmal, als ihr einziger Sohn starb, hatte sie groß gejammert, geschweige denn mit dem Schicksal gehadert. Sie hatte Gottfried bis zu seinem bitteren Ende gepflegt und darum gebetet, daß er ihr erhalten bliebe. Aber Gott hatte es anders beschlossen, und Marie Weikersheim wäre es nie in den Sinn gekommen, an seinen Zulassungen zu rütteln.
Caroline war anders, ungestümer, manchmal sogar bedenkenloser. Es lag nicht am Überschwang ihrer siebzehn Jah-

re. Sie war einfach – Marie konnte es nicht besser ausdrükken, weil sie es so empfand –, sie war einfach lebendiger als andere Menschen. Sie fühlte intensiver und lebte intensiver, und Marie dachte manchmal, daß der Herrgott aus dieser einen Tochter im Grunde hätte zwei machen können, soviel Kraft und Ursprünglichkeit steckten in ihr.
Marie warf Caroline einen liebevollen Blick zu. Das Mädchen ging mit Hermann vor ihr her und redete lebhaft auf ihn ein.
Der Bucklige blieb stehen und wandte sich erheitert zu ihr um. »Habt Ihr das gehört, Frau Meisterin? Ich soll Mamsell Caroline heute nachmittag begleiten. Sie hofft, daß der Meister ihr dann erlaubt, auch den Einzug des Zaren von Rußland mitanzusehen. Ich verwette meinen Hosenknopf, daß er es nicht tun wird.«
»Wer wettet, will betrügen«, sagte Caroline lachend. »Außerdem – was sollte ich mit einem Hosenknopf? Aber was meinen Sie, Frau Mutter? Wird der Vater ja sagen, wenn Hermann auf mich achtgibt?« »Ich fürchte, nein, Kind«, erwiderte Marie. »Abgesehen davon wollte Leonhard heute zum Kaffee kommen. Hast du das vergessen?«
Caroline schob die Unterlippe vor. »Dann wird wohl nichts daraus. Schade ...«
»Da Zar Alexander von Rußland zwei Wochen in unserer Stadt bleibt, hast du gewiß noch Gelegenheit, ihn zu sehen«, meinte ihre Mutter tröstend. »Es heißt, er logiert im Hause des Fabrikanten Triebel. Das ist ja nicht weit von uns.«

Die Weikersheims bewohnten ein schmalbrüstiges, ockerfarben getünchtes Haus in der Neuwerksstraße, gleich neben der Kirche.
Von außen wirkte es klein und geduckt, war aber dennoch recht geräumig, da es im Viereck um einen großen Innenhof gebaut war. An den rückwärtigen Teil schloß sich ein Garten an, in dem knorrige alte Obstbäume wuchsen.

Über das ganze erste Stockwerk hinweg zog sich auf der Hofseite ein großer Holzbalkon mit geschnitzten Bögen und Geländern, die von wild wucherndem Geißblatt bewachsen waren. Dazwischen blühten in großen Holzkästen üppig die Geranien und zauberten rote Farbflecken in das Grün.

Caroline liebte ihr Elternhaus mit den dunkel gewachsten, knarrenden Holzfußböden und der breiten Treppe, die ins Obergeschoß hinaufführte. Die große Diele roch immer ein wenig nach Äpfeln, die ihre Mutter im Winter auf den Wäscheschränken lagerte, und nach den Rosenblättern, die Marie selbst trocknete und in kleinen Beuteln zwischen die gestapelten Leintücher legte.

Hier war Carolines bevorzugter Spielplatz der Kinderzeit gewesen. Zusammen mit Gottfried hatte sie in den Truhen gestöbert, in denen ihre Mutter alte Kleider und allen möglichen Krimskrams aufbewahrte.

Carolines Zimmer befand sich hinter der Schlafkammer ihrer Eltern, aber man konnte es auch vom Balkon aus betreten.

Es war hell und sonnig, da es außer der Balkontür noch zwei Fenster besaß, von denen man auf den Garten blikken konnte. Genau darunter befand sich die Geißblattlaube, an deren rundem Tisch die Familie in der warmen Jahreszeit den Nachmittagskaffee einzunehmen pflegte. Meister Jakob liebte es, dort auch abends seinen Schoppen Wein zu trinken oder das Bier, das die Lehrjungen in einem großen Deckelkrug aus dem Gasthof »Zum Schwarzen Adler« holten.

In dieser Laube war Caroline zum ersten Mal von Leonhard geküßt worden. An einem Sonntag nach dem Kirchgang war es gewesen, und anschließend hatte er, wie es sich gehörte, bei ihren Eltern um ihre Hand angehalten.

An diesem Tag hatten sie nicht wie sonst in dem kleinen Speisezimmer gegessen, sondern in der großen Vorderstube, die im Winter nur zu den Festtagen geheizt und auch im Sommer lediglich bei besonderen Anlässen benutzt wurde.

Während der Essensvorbereitungen war Leonhard rasch nach Hause gegangen und mit seiner Mutter wiedergekommen. Malwine Vogel war eine magere, kleine Frau, die seit dem Tod ihres Mannes vor acht Jahren nur schwarze Kleider trug. Sie hatte Caroline umarmt und »mein liebes Kind« genannt. Aber ihre kleinen dunklen Augen waren dabei kühl geblieben.

Später hatte Caroline mit Leonhard einen Spaziergang durch den Garten gemacht. Der Wein war ihr zu Kopf gestiegen, sie fühlte sich ein wenig benommen und gleichzeitig sonderbar überdreht. Sie hatte sich an Leonhards Arm gehängt, den Kopf an seine Schulter gelehnt und erwartet, daß er sie wieder küssen werde.

Er hatte es auch getan, aber als Caroline die Arme um seinen Hals schlang und sich in einer jähen Gefühlswallung an ihn preßte, hatte er sie sacht von sich geschoben.

»Ach, Caroline«, hatte er gemurmelt, »du bist so süß, und ich bin sehr glücklich ...«

Für einen Augenblick hatte sie trotz seiner Worte Enttäuschung empfunden. Warum sagte er das – statt es ihr zu zeigen? Warum küßte er sie wie eine kleine Schwester mit sanften, festgeschlossenen Lippen und nicht wie ein Liebhaber? Er liebte sie doch, er wollte sie heiraten, und irgendwie mußte doch jetzt alles anders zwischen ihnen sein ...

Dabei hatte sie es ganz gern, wenn Leonhard sie küßte. Es rief einen angenehmen kleinen Schauer in ihr hervor, eine prickelnde Wärme, doch es war nicht das, was sie sich unter einer großen, himmelstürmenden Liebe vorgestellt hatte.

An diesem Tag kam Leonhard bald nach dem Essen. Da der Wind die Wolken vertrieben hatte und die Sonne hervorgekommen war, hatte Marie den Kaffeetisch in der Laube gedeckt. »Es wird wohl das letzte Mal in diesem

Jahr sein«, meinte sie, als sie den Teller mit dem aufgeschnittenen Hefezopf brachte. »Ich wundere mich sowieso darüber, daß wir diesmal so lange schönes Wetter haben. Es ist noch warm wie im Sommer, dabei haben wir in der nächsten Woche schon Oktober.«
Die alte Hausmagd Ernestine schenkte den Kaffee ein.
Man hörte wieder die Glocken läuten und die Böllerschüsse vom Petersberg, und Meister Jakob, der bis dahin in der »Neuen allgemeinen Weltbühne« gelesen hatte, faltete die Zeitung zusammen und warf sie auf den Tisch.
»Er ist also da, der Zar«, sagte er stirnrunzelnd. »Welch ein Jammer, daß es nicht regnet — oder noch besser hagelt! Blitz und Donner sollten vom Himmel fahren . . .«
»Das würde auch nichts an seiner Ankunft ändern«, erwiderte Leonhard Vogel. Er war ein großer, schlanker Mann mit nach vorn gebeugten Schultern. Braunes Haar fiel ihm in die blasse Stirn. Nervös zerkrümelte er ein Stück Hefezopf zwischen den Fingern. »Essen Sie doch, Leonhard«, meinte Marie mit ihrem sanften Lächeln. »Ich habe ihn mit Rohrzucker gebacken, nicht mit dem Syrupzeug, das man heutzutage aus Runkelrüben herstellt. In der Speisekammer haben wir noch einen halben Sack echten Zucker. Hoffentlich reicht er, bis man wieder neuen zu kaufen kriegt.«
Meister Jakob lachte unfroh. »Da hören Sie's, Leonhard, was die Sorgen der Frauen sind. Als ob Napoleons verfluchte Kontinentalsperre nicht andere und weitaus größere Unbilden über uns gebracht hätte! Man kriegt kein anständiges Manchestertuch mehr, kein Indigo, keine Maschinen aus England, und die Kolonialwaren, deinen albernen Zucker mitgerechnet, Marie, sind im Preis um das Anderthalbfache gestiegen. Wenn das so weitergeht, wird eine Fabrik nach der anderen zumachen, und Not und Elend werden über die Leute hereinbrechen. Und da werfen sie jetzt das Geld zum Fenster hinaus, um die Urheber all dieses Unglücks auch noch zu feiern.« »Sie haben

recht, Meister Jakob«, pflichtete Leonhard ihm bei. »Aber noch schlimmer, scheint mir, ist die beschämende geistige Knechtschaft, in der wir leben. Ich habe sagen hören, daß man Herrn von Dacheröden, den Präsidenten der Akademie gemeinnütziger Wissenschaften, vor den Geheimdienst zitiert hat. Monsieur Charles Schulmeister wirft ihm vor, er habe einen Auszug aus Fichtes ›Reden an die Deutsche Nation‹, die er in Berlin gehalten hat, auf der Akademie verbreitet. Es sei aber ein Unding, in einer kaiserlichen Domäne wie Erfurt den Gedanken des Deutschtums und der Erneuerung deutscher Vaterlandsliebe zu pflegen. Herr von Dacheröden konnte sich nur vor dem Gefängnis retten, indem er auf eine Ausgabe des Pariser ›Moniteur‹ hinwies, in dem vor Jahresfrist eben diese Rede von Fichte lobend erwähnt worden war, da sie in der Hauptsache die Förderung der Volksbildung beinhaltet.«
Meister Jakob schlug mit der Hand auf den Tisch, daß die Tassen klirrten. »Ja, es ist weit gekommen mit uns! Nicht nur, daß die Franzosen uns mit ihren ewigen Kontributionen und Requisitionen das Fell über die Ohren ziehen – sie erwarten auch noch, daß wir ihnen dafür die Hände küssen.«
Caroline unterdrückte einen Seufzer. Konnten der Vater und Leonhard denn nie über etwas anderes reden! Freilich war es bitter, was geschah, und sie hätte es lieber heute als morgen gehabt, daß die Franzosen auf Nimmerwiedersehen verschwanden. Aber durch das ewige Jammern wurde es nicht anders. Man vergällte sich nur selbst die Tage damit, die man mit erfreulicheren Dingen hätte anfüllen können. »Außerdem steht in der Zeitung, daß die Einquartierungen bei der Zivilbevölkerung verdoppelt werden sollen«, knurrte Meister Jakob. »Gott gebe, daß dieser Kelch an uns vorübergeht. Unser Gottfried würde sich im Grabe herumdrehen, wenn Franzosen unter unserem Dache leben.«
»Nun, es sind auch Menschen!« platzte Caroline heraus.

»Und die meisten wären sicherlich viel lieber in ihrer Heimat als bei uns. Schließlich sind sie nicht freiwillig hergekommen, sondern müssen genauso gehorchen wie seinerzeit Gottfried, als sie ihn zu den Soldaten geholt haben.«
»Caroline!« Meister Jakob starrte seine Tochter mißbilligend an. »Wie kannst du das vergleichen. Gottfried hat für sein Vaterland gekämpft!« »Und die Franzosen tun das auch«, fiel sie ihm unerschrocken ins Wort. »Jedenfalls redet man ihnen das ein, und sie glauben es dummerweise. Neulich hat Monsieur Frambonnet Friederike von Rodenbach und mir von den Schlachten von Austerlitz, Preußisch Eylau und Friedland erzählt, in denen der Zar Alexander mit den Österreichern und Preußen noch gegen Napoleon gekämpft hat. Es sind Abertausende dabei gefallen. Und zwei Wochen später haben sich der Zar und Napoleon auf einem Floß auf der Memel getroffen und sind – von einer Stunde zur anderen – die besten Freunde geworden. Die Toten waren also ganz umsonst gestorben. Aber ganz gewiß hat man ihnen vorher weisgemacht, daß sie für eine gute Sache kämpfen.« »Monsieur Frambonnet!« Meister Jakob spie den Namen förmlich aus. »Ich kann mir schon vorstellen, was dir der Franzose vorgeredet und wie er den Verrat des russischen Zaren in eine grandiose Entscheidung verkehrt hat!«
Er wandte sich an seine Frau. »Da siehst du, Marie, was du angerichtet hast mit deinem dummen Stolz! Mußte Caroline denn unbedingt zusammen mit der Baronesse Rodenbach erzogen werden? Mußte sie dieselben Lehrer haben, die ihr nur Irrmeinungen und Flausen in den Kopf gesetzt haben? Bloß weil du einmal bei der Baronin in Diensten gestanden hast und sie gnädigerweise Carolines Patin geworden ist?« Marie Weikersheims hübsches Gesicht hatte sich mit Röte überzogen. »Aber Jakob . . . Caroline hat dank der Güte der Baronin viel lernen dürfen – mehr als wir ihr sonst hätten ermöglichen können.«
»Ja – und du hast dich gespreizt wie eine Glucke!« polter-

te Meister Jakob weiter. »Meine Tochter, die alle Tage ins Stadthaus der Rodenbachs geht, um mit der Baronesse zu lernen! Und im Sommer wurde sie mit der Kutsche nach Gut Hochheim geholt wie ein vornehmes Fräulein ... Jetzt sehen wir ja, was dabei herausgekommen ist!«
Er trank seinen Kaffee aus und schob die Tasse mit dem blauen Zwiebelmuster zurück. »Es ist kühl geworden, laßt uns ins Haus gehen. Mir ist der Nachmittag sowieso verleidet.«
Caroline half ihrer Mutter, den Tisch abzuräumen. Den Abwasch würde die alte Ernestine erledigen. Die Männer saßen derweil pfeiferauchend im Erkerzimmer.
Caroline holte sich ihre Strickarbeit und setzte sich dazu. Was für ein langweiliger Tag, dachte sie und unterdrückte ein Gähnen. Während sie das rote und grüne Seidengarn durch den Batist zog, blickte sie unter halbgesenkten Lidern zu Leonhard hin.
Warum fragte er ihren Vater nicht um Erlaubnis, mit ihr noch eine Weile spazierengehen zu dürfen? Hatte er kein Verlangen danach, mit ihr allein zu sein?
In diesem Augenblick sagte ihr Verlobter: »Wenn Sie nichts dagegen haben, Meister Jakob, würde ich mit Caroline gern auf einen Sprung bei meiner Mutter vorbeischauen.«
Ihr Vater runzelte die Stirn. »Muß es gerade heute sein? Die Stadt ist unruhig und voller Menschen ...«
»Es sind ja nur ein paar Schritte bis zu uns, und Mutter hat Caroline schon eine ganze Weile nicht gesehen. Wir werden ein bißchen musizieren, und nach dem Nachtmahl bringe ich sie wohlbehalten nach Hause zurück«, versprach Leonhard.

Die Vogels bewohnten ein behäbiges, etwas düsteres Haus in der Schlösserstraße. Leonhard und Caroline hatten es fast erreicht, als neben ihnen eine von zwei Braunen gezogene Kutsche hielt. Hinter dem Fenster erkannte Caroline

das runde, sommersprossige Gesicht der Baronesse Rodenbach, die ihr lebhaft zuwinkte.
Friederike trug ein modisches grünes Musselinkleid, das sie noch fülliger erscheinen ließ, als sie ohnehin war. Sie öffnete die Tür und sprang auf die Straße, bevor der Lakai, der hinten auf dem Wagen stand, ihr behilflich sein konnte.
»Gerade wollte ich zu euch!« rief sie mit ihrer hellen Stimme. »Mama und Papa haben mich nach Hochheim geschickt. Sie kommen später nach, weil sie noch den Reifentanz der Böttcher vor den Graden ansehen wollen. Himmel, war das ein Tag! Ich bin ganz taub von all dem Schießen, Trommeln und Lärmen.«
Sie nickte Leonhard zu, der seinen Hut gezogen hatte und sich leicht verneigte. »Ah, der Herr Bibliothekar! Kommen Sie, steigen Sie ein, ich wollte Caroline sowieso abholen. Unsere Weimaranerhündin Betsy hat Welpen bekommen, acht Stück, die muß ich ihr unbedingt zeigen.«
»Das wird heute leider nicht möglich sein, Baronesse«, sagte Leonhard in seiner zurückhaltenden Art. »Nicht, daß ich die Freundlichkeit Ihrer Einladung nicht zu schätzen wüßte – aber ich war mit Caroline auf dem Weg zu meiner Mutter . . .«
»Ach, das können Sie ein anderes Mal nachholen. Sie haben keine Ahnung, wie süß die kleinen Hunde sind! Nicht wahr, Caroline, du möchtest sie doch auch sehen? Mama hat gesagt, du kannst dir einen aussuchen, sie schenkt ihn dir.«
»Bitte, Leonhard!« mischte sich Caroline ein. »Wenn du willst, besuchen wir morgen deine Mutter. Aber laß uns jetzt nach Hochheim fahren. Es ist ja noch früh.«
Wie ihre Augen bettelten! Ach, sie wußte wohl, daß er ihr meist ihren Willen tat, wenn sie ihn auf diese Weise ansah.
»Also gut, wenn es dein und der Baronesse Wunsch ist . . .«
Es hätte nicht viel gefehlt, und sie wäre ihm auf der Straße um den Hals gefallen. Friederike kicherte, als er hastig ei-

nen Schritt zurücktrat, und dachte – übrigens nicht zum ersten Mal: Stockfisch! Er ist ein Stockfisch! *Mon dieu,* was hat Caroline sich nur dabei gedacht, daß sie seinen Antrag annahm! Die beiden passen doch überhaupt nicht zusammen.

Es war schon über eine Stunde dunkel, als Caroline und Leonhard endlich Gut Hochheim verließen.

Sie saßen nebeneinander auf der mit pflaumenblauem Samt bezogenen Bank der Kutsche, und Caroline schob mit einem Anflug schlechten Gewissens ihre Hand unter die von Leonhard.

»Bist du jetzt böse, weil wir so lange geblieben sind? Aber die kleinen Hunde waren wirklich zu reizend. Und als die Baronin uns zum Nachtmahl einlud, hätten wir schlecht ablehnen können. Ach, und die zwei neuen Ballkleider, die Friederike bekommen hat! Sie sind ein Traum, und Friederike schaut ganz süß darin aus, findest du nicht? Was denkst du, wie sollen wir den kleinen Hund nennen, den ich mir ausgesucht habe? Filou? Oder Taps? Er sieht so tapsig aus mit seinen großen Pfoten. Aber natürlich bleibt er nicht so, deshalb paßt Filou am Ende besser ... Nun sag doch endlich was!«

»Was soll ich sagen?« erwiderte er lächelnd. »Du redest ja in einem fort.«

Sie lehnte den Kopf an seine Schulter. »Verzeih. Komm, gib mir einen Kuß, und dann sag mir, daß du nicht böse bist. Ich hab' dir doch angesehen, daß du in Hochheim auf heißen Kohlen gesessen hast.«

Als er sie auf die Wange küßte, umfaßte sie sein Gesicht und zog es zu sich herunter. »Küß mich richtig!« verlangte sie mit geschlossenen Augen. Da berührte er ihre Lippen. Es war ein sehr zärtlicher, beinahe andächtiger Kuß, dennoch enttäuschte er Caroline.

Sie blinzelte zu Leonhard hoch. »Warum bist du eigentlich immer so ... so ...« Sie verstummte. ›So langweilig‹, hätte sie beinahe gesagt. Aber das wäre natürlich furchtbar häßlich gewesen. Leonhard war nicht langweilig. Er war sehr klug und belesen, er wußte viele wissenswerte Dinge, und er war der netteste, anständigste Mensch, den sie kannte.

»Wie – so?« fragte er. »Wie bin ich denn in deinen Augen?«

»Ach, hör nicht hin, was ich rede. Du bist schon recht, Leonhard. Nur ich bin manchmal unvernünftig. Da ist es ganz gut, daß du anders bist.«

Sie nahm seine Hand und legte sie gegen ihre Wange. Trotzdem, dachte sie, ein bißchen leidenschaftlicher könnte er schon sein. Schließlich liebt er mich doch, und im nächsten Sommer wollen wir heiraten.

In diesem Augenblick rief Fritz, der Rodenbachsche Kutscher, auf dem Bock zornig: »Wollt ihr wohl aus dem Weg gehen, ihr Bande . . .«

Die beiden Braunen, die bis dahin gemächlich dahingetrabt waren, wieherten und gingen hoch, als er hart an den Zügeln riß. Die Kutsche schwankte ein paarmal von einer Seite auf die andere und kam dann zum Stehen.

Wieder schrie Fritz, und die schreckerstarrte Caroline hörte ein, zwei dumpfe Schläge.

Im nächsten Moment wurde die Kutschentür an ihrer Seite aufgerissen, und ein Mann schwang sich herein.

Er trug eine blaue Uniform mit langen Rockschößen und hielt eine Pistole in der Hand. Ehe Caroline es sich versah, hatte er ihren Arm ergriffen und sie ins Freie gezerrt.

Leonhard war aufgesprungen. Er wollte sich auf ihren Angreifer sturzen, doch da warfen sich von der anderen Seite zwei weitere Soldaten auf ihn und rissen ihn zurück. Einer der Männer versetzte ihm mit dem Kolben seines Karabiners einen so heftigen Schlag über den Kopf, daß er das Bewußtsein verlor und zu Boden stürzte.

Die beiden Männer zogen ihn vollends aus der Kutsche und ließen ihn liegen.

Sie hatten auch Fritz niedergeschlagen. Er hing halb über dem Kutschbock und rührte sich nicht.
»Geld her!« zischte der Mann, der Caroline aus der Kutsche geholt hatte. Er sprach deutsch mit einem starken französischen Akzent.
»*Vite, vite!*«
»Aber ich habe nichts ... ich bin doch nur ... um Gottes willen, laßt mich los!«
Sie roch den Branntweinatem des Mannes, als er ihr die Kette mit dem kleinen goldenen Kreuz vom Hals riß und den Inhalt ihrer gestickten Tasche einfach auf den Weg schüttete. Ein Schlüssel, ein feines Spitzentaschentuch und ein kleiner Kamm kamen zum Vorschein.
Der Franzose stieß einen unterdrückten Fluch aus.
Seine beiden Kumpane hatten sich indessen Leonhards Geldbörse bemächtigt. Auch sie fluchten gottserbärmlich, als sie die paar Kupfermünzen und den einzigen Silbertaler darin entdeckten. Sie hatten wohl in der eleganten Kutsche der Rodenbachs ebenso elegante Reisende vermutet.
Die beiden kamen zu Caroline hinüber. Einer faßte in ihr Haar und riß ihren Kopf zurück. *»Merveilleux!«* sagte er grinsend. »Was für eine hübsche rothaarige Katze!«
Er hatte ein hageres, spitznasiges Gesicht. Seine Zähne waren schadhaft und fleckig.
Caroline schlug ihm auf die Hand, als er nach ihrer Brust griff. Sie wehrte sich und trat um sich, als der andere sie von rückwärts um die Taille faßte und hochhob. Das Mieder ihres Kleides zerriß.
In diesem Augenblick näherte sich von der Stadt her rasches Hufgetrappel.
»Hilfe!« schrie Caroline. »Zu Hilfe!« Ihre Stimme erstickte, als der Hagere ihr seine Hand auf den Mund preßte.
»Laß sie!« rief der dritte. »Verdammt, wir müssen verschwinden!« Caroline wurde so rasch losgelassen, daß sie zu Boden stürzte und für einen Augenblick benommen lie-

gen blieb. Sie hörte, wie ihre Angreifer hastig im Unterholz neben der Straße verschwanden.
Gleich darauf verstummte das Hufgetrappel, und sie gewahrte, wie ein Mann aus dem Sattel eines Schimmels sprang.
»*Mon dieu,* was ist passiert?« Ihr unbekannter Retter beugte sich über sie.
»Wir ... sind überfallen worden«, stammelte Caroline. »Um Gottes willen, was ist mit Leonhard?«
Sie kam taumelnd auf die Füße und lief zu ihrem Verlobten.
Er schlug gerade mit einem Stöhnen die Augen auf. Blut sickerte aus der Wunde an seinem Kopf. »Caroline ...« murmelte er. Dann entdeckte er ihr zerrissenes Kleid und fuhr hoch. »Was haben die Schweine mit dir gemacht?«
»Nichts, Leonhard«, sagte sie und brach vor Erleichterung, daß er lebte, in Tränen aus. »Sie sind fort. Dieser Herr hier ist zur rechten Zeit gekommen.«
Sie merkte, wie der Unbekannte auf ihre Brüste blickte, und raffte hastig das Kleid zusammen. »Wir sind Ihnen zu großem Dank verpflichtet, *Monsieur* ...«
Er verneigte sich. »Ich bin der Chevalier de Lancourt, Pierre de Lancourt, Leutnant der Reitenden Jäger der Garde.« Er hatte eine angenehme Stimme, blitzende schwarze Augen und schwarze Locken, die unter dem roten Tschako hervorquollen. Ein Oberlippenbärtchen gab ihm einen verwegenen Anstrich. Als Caroline sich aufrichtete, sah sie, wie groß er war, mindestens einen halben Kopf größer als Leonhard.
»Danke, Herr Leutnant. Sie haben uns wirklich aus einer schrecklichen Gefahr gerettet.«
Er lachte auf sie herunter. »Leider habe ich gar nichts getan. Dabei hätte es mir großes Vergnügen bereitet, die Halunken, die Sie überfallen haben, auf meine Degenspitze zu spießen. Es wäre die gerechte Strafe gewesen, daß sie eine so bezaubernde junge Dame in Angst versetzt haben

Schade, daß sie vor meinem bloßen Anblick die Flucht ergriffen haben.«
»Oh, es waren aber drei«, sagte Caroline.
»Für Sie, *Mademoiselle,* hätte ich es mit zehn solcher Burschen aufgenommen.«
»Lieber nicht, Herr Leutnant. Es war schon schlimm genug, daß man meinen Verlobten und den Kutscher niedergeschlagen hat.«
Sie sprachen französisch miteinander, und Pierre de Lancourt meinte: »Man könnte denken, Sie stammten aus Paris, *Mademoiselle.* Zumindest haben Sie dort unsere Sprache erlernt, nicht wahr?«
»Mein Lehrer, Monsieur Frambonnet, ist aus Compiègne. Ich selbst war noch nie in Frankreich.«
Leonhard war inzwischen aufgestanden. Er schwankte und hielt sich an der Kutsche fest. »Was . . . was ist mit Fritz?« Ihm war noch sehr elend zumute, und in einer ganz und gar unvernünftigen Aufwallung ärgerte es ihn, daß ausgerechnet dieser schneidige Franzose sie aus ihrer prekären Lage befreit hatte.
Er wollte nach vorn zu dem Kutscher, doch Pierre de Lancourt kam ihm zuvor. Er schwang sich auf den Bock und drehte den Körper des Bewußtlosen so, daß er ihn ansehen konnte. Dann legte er ihn auf die Bank zurück.
»Der hat ebenfalls einen ordentlichen Hieb abbekommen. Aber es sieht so aus, als käme er allmählich zu sich.«
Fritz stöhnte und bewegte sich. Als er die Augen aufschlug und das fremde über sich gebeugte Gesicht sah, wollte er mit einem Schrei hochfahren, doch Pierre drückte ihn sacht zurück. »Bleiben du liegen . . .« sagte er in gebrochenem Deutsch. »Gleich werden besser . . .«
Dann wandte er sich zu Leonhard und fügte auf französisch hinzu: »Sie sollten sich ebenfalls eine Weile niederlegen, Monsieur. Kommen Sie, ich helfe Ihnen in den Wagen.«
Leonhard wollte widersprechen, aber Caroline pflichtete

Pierre bei. »Sei vernünftig, Lieber. Sobald du dich ein wenig erholt hast, bringen wir dich zu einem Arzt.«
»Ich brauche keinen Arzt«, protestierte Leonhard. Er betrachtete seine Braut. »Ist dir auch wirklich nichts geschehen?«
»Nein, nein, ich bin mit dem Schrecken davongekommen.« Sie faßte ihn unter den Arm, und gemeinsam mit Pierre brachten sie ihn in die Kutsche, wo Leonhard sich erschöpft auf der Polsterbank ausstreckte.
Caroline blieb bei ihm sitzen und streichelte seine Hand. »Es tut mir so leid. Wenn ich nicht unbedingt nach Hochheim gewollt hätte, wäre das nicht passiert.«
»Mach dir keine Vorwürfe«, murmelte er schwach und schloß die Augen, weil sich alles um ihn drehte.
Gleich darauf erschien Pierre de Lancourt mit dem Kutscher. Er hatte Fritz untergefaßt und schob ihn ebenfalls in die Kutsche.
»So, da ist der zweite Patient. Wir legen ihn auf die andere Bank. Sie, *Mademoiselle,* müßten dann freilich neben mir auf dem Bock Platz nehmen, aber das ist immer noch besser, als die halbe Nacht hier herumzustehen. Mein Pferd binden wir neben dem Wagen an und zockeln dann langsam und vorsichtig in die Stadt zurück.«
»Das ist nicht nötig, Monsieur«, sagte Leonhard steif. »Sobald ich mich ein wenig besser fühle, kann ich fahren. Wir haben Sie schon lange genug aufgehalten.«
»Ach, ich wollte ohnehin nur mein Pferd ein wenig bewegen, nachdem es heute bei den Paraden nur Schritt gehen durfte. Bleiben Sie liegen, *Monsieur,* und erlauben Sie mir, Sie und den Kutscher zu einem Arzt zu bringen. Außerdem sollten Sie Anzeige bei der Gendarmerie erstatten.«
»Glauben Sie, das nützt etwas?« fragte Leonhard bitter. »Die Männer, die uns überfallen haben, waren Soldaten der Grande Armée.«
»Wahrhaftig? Nun, das bedauere ich ganz besonders. Um so entschiedener sollte ich darauf dringen, daß die Sache

zur Anzeige gebracht wird, damit man dieses Gesindels habhaft wird.«

»Regen Sie sich nicht auf, Herr Leutnant. Seit wir unter französischer Besatzung leben, sind wir an solche Dinge gewöhnt. Überfälle und Plünderungen sind beinahe an der Tagesordnung.«

»Leonhard!« murmelte Caroline erschrocken. Entschuldigend wandte sie sich an Pierre de Lancourt: »Geben Sie nichts auf das, was er sagt, Herr Leutnant. Offenbar ist mein Verlobter noch etwas verwirrt von dem Schlag, den er bekommen hat.«

Pierre musterte Leonhard mit gerunzelter Stirn. »Ja, offenbar«, meinte er kühl. Dann lächelte er Caroline zu. »Außerdem, wenn ein Mann eine so reizende Fürsprecherin hat . . . Kommen Sie, Mademoiselle, lassen Sie uns fahren.«

Ehe sie auf den Kutschbock steigen konnte, hatte er sie um die Taille gefaßt und mit Schwung hochgehoben. Dann band er sein Pferd an den Wagen und setzte sich neben Caroline. Er ergriff die Zügel, schnalzte mit der Zunge, und gleich darauf zog das Gespann an. In gemächlichem Tempo fuhren sie der Stadt zu.

»Sie haben mir noch gar nicht Ihren Namen genannt«, meinte Pierre nach einer Weile. »Oder doch, warten Sie . . . Ihr Herr Bräutigam nannte Sie Caroline.«

»Ich heiße Caroline Weikersheim . . .« sagte sie. »Und der Name meines Verlobten ist Leonhard Vogel. Er ist Bibliothekar an der Universität.«

»Und Sie sind sehr verliebt in ihn?«

Sein neckender Tonfall machte sie ein wenig befangen. »Wir wollen im nächsten Sommer heiraten.«

»Der Glückliche!« Pierre seufzte. »Nicht daß ich auf die Ehe erpicht wäre – im Gegenteil, ich bin bis jetzt erfolgreich allen Schlingen entgangen, die man mir legen wollte. Aber die Liebe eines so schönen Mädchens ist schon etwas, um das man einen Mann beneiden kann. Oder lieben Sie den Herrn Bräutigam etwa nicht?«

»Natürlich tue ich das«, erwiderte sie hastig. »Wäre ich sonst mit ihm verlobt?«
»Ihre Eltern haben Sie also nicht dazu gezwungen? Wie schade! Ich gefiel mir schon in der Vorstellung, ich könnte Sie vielleicht aus den Armen eines ungeliebten Mannes befreien, den Ihnen ein rücksichtsloser, uneinsichtiger Vater aufzwingen wollte.«
»Wie wollten Sie das wohl anstellen!« Caroline ging auf seinen scherzhaften Ton ein.
»Oh, da gibt es verschiedene Möglichkeiten. Beispielsweise könnte ich mit Ihnen durchbrennen ... Oder ich könnte Ihren Verlobten im Duell töten. Ich bin ein gefürchteter Degenfechter und ein fast ebenso guter Pistolenschütze.«
»Sie haben sich wohl schon oft duelliert?«
»Gelegentlich«, antwortete er wegwerfend. »Allerdings – unser allergnädigster Kaiser schätzt keine Ehrenhändel und noch weniger die Gründe, die ihnen vorausgehen. Er ist sehr auf Moral bedacht.« »Aber er ist doch ... ich meine, er hat ...«
»Sie meinen, daß er gelegentlich auch seine Vergnügungen außerhalb des ehelichen Bettes sucht? Nun, was seine Amouren betrifft, so sind sie vermutlich um nichts ausschweifender als die eines braven korsischen Familienvaters, der hin und wieder verschämt aus den ehelichen Banden ausbricht. Aber selbst diese Freiheit will Seine Majestät den übrigen Bonapartes und seinen Vertrauten und Offizieren nicht zugestehen. Sie glauben gar nicht, wie er sich über die zahlreichen Liebhaber seiner schönen Schwester Pauline empört. Oh, da sind schon Teller und Tassen durch die Luft geflogen, wenn er die Fürstin nach St. Cloud befahl, um ihr wegen ihres lockeren Lebenswandels den Kopf zurechtzusetzen.«
»Sie reden sehr offen über Ihren Kaiser ...«
»Werden Sie's ihm weitersagen?« fragte Pierre neckend.
»Gewiß nicht, aber ...«
»Nun, ich bin Leutnant einer Schwadron, die einen Son-

derdienst bei Seiner Majestät versieht. Wir sind ständig in seiner Nähe. Einer von uns trägt das Portefeuille des Kaisers, ein anderer das Fernglas. Wo er auch hinkommt, wir galoppieren ihm voraus, um ihm Platz zu schaffen. Und wenn er vom Pferd absteigt, tun wir es ebenfalls, pflanzen das Bajonett auf und marschieren im Geviert, so daß der Kaiser in unserer Mitte ist. Wenn er irgendwo Quartier nimmt, so ist einer unserer Offiziere – ich oder ein anderer, je nachdem, wer gerade Dienst hat – ständig im Nebenraum. Daher weiß ich auch so gut über alles Bescheid, was sich in seiner engsten Umgebung abspielt. Und ich darf mich rühmen, daß der Kaiser ein gewisses Wohlwollen für mich hegt. Er kann sehr kalt und hochfahrend sein, aber er ist es fast nie zu seinen Soldaten. Da ist er immer noch der ›kleine Korporal‹, wie sie ihn in den Tagen des Italien- und Ägyptenfeldzuges genannt haben, einer, der mit ihnen umgeht, als sei er ihresgleichen, der mit ihnen trinkt und sich auch schon mal einen derben Scherz gefallen läßt.«

Er wandte den Kopf. »Aber was reden wir über den Kaiser. Jetzt sind wir schon in der Stadt, und ich weiß noch so gut wie gar nichts von Ihnen.«

»Ach, da gibt es nicht viel zu erzählen. Mein Vater ist Schneidermeister. Er besitzt ein recht gut florierendes Atelier und hat viele der eleganten Roben geschneidert, die Sie in den nächsten Tagen auf den Festlichkeiten zu Ehren Ihres Kaisers sehen werden.«

»Und hat er noch mehr solche hübschen Töchter wie Sie?«

»Nein, ich bin sein einziges Kind, seit mein Bruder ... Er ist an den Folgen einer Verletzung gestorben, die er in Auerstedt davongetragen hat.«

»Ach ...« Der Chevalier de Lancourt wirkte einen Augenblick lang betroffen. »Das tut mir leid. Verdammter Krieg! Ich wünschte, er ginge irgendwann zu Ende, und wir hätten einen dauerhaften Frieden.«

»Natürlich unter der Vorherrschaft des französischen Kaisers, nicht wahr?« rutschte es Caroline heraus.

»Ja, warum nicht? Was wäre so schlecht an einem Europa, das unter einer starken Hand vereinigt ist?«
»Würde es Ihnen als Franzose gefallen, wenn ich Frankreich gern unter preußischer oder österreichischer Herrschaft sähe?«
»Ich fürchte – nein.« Pierre lachte. »Aber das liegt vermutlich daran, daß ich so sehr von der Großartigkeit Frankreichs und seines Kaisers durchdrungen bin.« Er legte seine Hand auf ihre, und es war ein merkwürdig prikkelndes Gefühl für sie. Wie gut er doch aussah mit seinen blitzenden Augen und der schlanken Figur im grünen, goldgeschnürten Dolman! Und was für eine weiche, dunkle Stimme er hatte.
»Schade, daß Sie in Erfurt wohnen«, sagte er mit einem halben Lächeln. »Warum kann es nicht Weimar sein oder noch besser Dresden! Ich würde gern noch tagelang mit Ihnen herumfahren, Mademoiselle Caroline, um Sie heimzubringen, und würde es nicht müde werden.«
»Aber ich bin gleich zu Hause. Wenn Sie hier am Hirschlachufer entlangfahren und dann vorn in die Neuwerksstraße einbiegen ...«
»Sollen wir nicht zuerst unsere beiden Verwundeten zu einem Arzt bringen? Während er sie versorgt, fahre ich Sie heim, Mademoiselle, und hole die zwei anschließend wieder ab.«
Caroline sah ein, daß dies ein vernünftiger Vorschlag war, wenngleich sie sich ein wenig Sorgen über die Reaktion ihres Vaters machte, wenn sie mit einem französischen Offizier nach Hause kam. Andererseits – Papa mußte es ja nicht erfahren. Ihre Eltern waren bestimmt schon zu Bett gegangen, da sie ihre Tochter ja unter Leonhards Obhut bei ihrer zukünftigen Schwiegermutter wähnten. Freilich, das Licht in der Schlafkammer würde noch brennen, wie immer, wenn Caroline nicht daheim war. Ihre Mutter schlief nie, bevor die Tochter nicht in ihrem eigenen Bett lag.
»Kennen Sie einen guten Arzt?« fragte Pierre, und sie

nickte zögernd. »Ja, Doktor Immanuel Gellert. Er wohnt am Anger. Biegen Sie vorn links ab und dann wieder rechts in die große breite Straße.«

Wenige Minuten später hielt die Kutsche vor einem etwas düsteren Steinhaus mit einem zweiflügeligen Portal. Pierre de Lancourt sprang vom Bock und betätigte den bronzenen Türklopfer in Form eines Löwenkopfes.

Die Schläge hallten laut durch die Dunkelheit, und es dauerte nicht lange, bis im Oberstock ein Licht entzündet wurde und ein Frauenkopf mit einer weißen Haube hinter dem Fenster erschien. »Was gibt's?«

»Ich bin's, Frau Gellert«, rief Caroline hinauf. »Caroline Weikersheim. Ist Ihr Mann zu Hause?«

»Ist bei euch jemand krank?«

»Wir haben zwei Verletzte im Wagen. Ein Überfall ...«

»Ach Gott, ach Gott ...« Klirrend flog die Fensterscheibe zu. Es dauerte nicht lange, bis Fanny Gellert die schwere Tür aufschloß. Sie war im Nachtgewand und hatte hastig einen Mantel darübergeworfen. In der Hand trug sie eine Lampe. Ihr Mann folgte ihr auf dem Fuße. Sein weißer Haarkranz stand wirr von seinem Kopf ab. Er war offenbar noch nicht im Bett gewesen, denn er war vollständig angekleidet.

Pierre de Lancourt hatte indessen Leonhard und Fritz aus dem Wagen geholfen. Der Kutscher hielt sich stöhnend den Kopf, und auch Leonhard protestierte nicht mehr, daß man ihn zu einem Arzt gebracht hatte.

»Kommt herein«, sagte Doktor Gellert. Seine Frau leuchtete ihnen die Steintreppe hinauf und öffnete die Tür zur Ordination.

Es war ein hoher, mit Büchern, unzähligen Ampullen, Deckelgläsern und Phiolen vollgestopfter Raum. In einer Ecke stand, solange Caroline sich erinnern konnte, ein Skelett, dessen Anblick ihr jedesmal einen kleinen Schauer über den Rücken jagte.

Ein dunkler Eichenschrank beherbergte Doktor Gellerts Instrumente und das Verbandszeug.

Der Arzt öffnete ihn und entzündete dann erst einmal mehrere Lampen. Falls er erstaunt war, daß ein französischer Offizier Caroline und die beiden Männer begleitete, so ließ er sich das nicht anmerken.

»Sind Sie ebenfalls verletzt, Monsieur?« fragte er nur und musterte Pierre Lancourt prüfend.

»Nein, glücklicherweise nicht, *Monsieur le Docteur.* Ich werde jetzt die junge Dame nach Hause fahren und komme auf dem Rückweg wieder vorbei.«

»Gut, gut«, knurrte Doktor Gellert. Da er Caroline seit ihren Kindertagen kannte, duzte er sie immer noch. »Wird Zeit, daß du ins Bett kommst, Mädchen. Du stehst mir nur im Weg herum, und da ich deinem Schatz vielleicht ein bißchen weh tun muß, fällst du mir womöglich noch in Ohnmacht. Das kann ich nicht gebrauchen. Also bringen Sie das Fräulein wohlbehalten heim, Herr Leutnant. Adieu, adieu.«

Leonhard wollte auffahren, sagen, daß er Caroline nach Hause begleiten werde, doch der Arzt drückte ihn auf einen Stuhl. »Ruhe, junger Freund. Erst sehen wir uns mal Ihren Kopf an. Donnerlittchen, das war ein ordentlicher Schlag. Eine Beule wie ein Gänseei und aufgeplatzt ist sie auch noch. Da werden wir ein paar Stiche nähen müssen. Außerdem haben Sie ohne Zweifel eine leichte *commotio cerebri* davongetragen, und das bedeutet ein paar Tage strenge Bettruhe. Fanny, gib mir mal eine Schüssel mit Wasser und ein paar Leintücher. Und dann halt mir die Lampe.«

Hinter Caroline und Pierre schloß sich die Tür.

Leonhard biß auf die Zähne, als der Doktor die teilweise aufgeplatzte Schwellung abtastete und das verkrustete Blut entfernte. Er wußte, daß er Pierre de Lancourt zu Dank verpflichtet war, gleichwohl empfand er noch immer ein dumpfes Mißtrauen gegen ihn, und es gefiel ihm gar nicht, daß der Franzose jetzt mit Caroline allein war. »Sie hätten Mamsell Weikersheim mit dem Leutnant nicht fortlassen sollen, Doktor«, murmelte Leonhard und stieß zischend

den Atem aus, als Immanuel Gellert ein wenig Branntwein auf seine Wunde tupfte.
»Sollte ich sie vielleicht allein in der Dunkelheit nach Hause gehen lassen?« Ungerührt fuhr der Arzt mit der Prozedur fort. »Das brennt, ich weiß. Aber ich kenne nichts Besseres, um eine Wunde sauber zu halten. Gleich ist es vorbei. Dann nähen wir, und anschließend kriegen Sie einen schönen Verband, junger Freund.«
»Sie hätte auf mich warten können. Dann hätte ich sie heimgebracht«, beharrte Leonhard.
»Unsinn. Sie gehören auf der Stelle ins Bett. Ein Mondscheinspaziergang mit dem Fräulein Braut wäre absolut schädlich für Ihren Brummschädel. Außerdem machte der junge Mann einen ganz vernünftigen Eindruck. Nicht alle Franzosen sind Halunken. Ich war als junger Baccalaureus eine Zeitlang in Lyon und Paris, später in England, und überall habe ich die Erfahrung gemacht, daß Schlechtigkeit oder Tugenden nicht auf eine Nation beschränkt sind. Im übrigen ist Mamsell Caroline ein couragiertes Frauenzimmer. Der kann ein junger Mann mit guter Erziehung – und die besaß dieser Offizier zweifellos – nichts anhaben, was sie nicht selber will.« Und er lachte dröhnend.

Das »couragierte Frauenzimmer« hatte währenddessen wieder neben Pierre de Lancourt auf dem Kutschbock Platz genommen. Er hatte sie einfach hinaufgehoben und gemeint: »Das ist netter als in der Kutsche. So können wir noch ein Weilchen plaudern.«
Also saßen sie nun nebeneinander, und Caroline hielt ihr zerrissenes Mieder am Halse zusammen. Lieber Gott, dachte sie besorgt, laß Papa und Mama wirklich schon im Bett sein. Was soll ich ihnen nur über den heutigen Abend erzählen?
»Sie plaudern wirklich reizend«, sagte Pierre in diesem Moment spöttisch.
Sie zuckte zusammen. »Was soll ich denn reden? Ich mache mir Sorgen um meinen Verlobten . . .«

»Der Glückliche! Aber ich schwöre Ihnen, daß ich ihn wohlbehalten bis zu seinem Bett bringen werde. Um den Kutscher kümmere ich mich natürlich auch. Sie brauchen sich also keine Gedanken zu machen, Mademoiselle. Hier, sagten Sie, müssen wir einbiegen?« Er deutete in die Neuwerksstraße, die sie inzwischen erreicht hatten.
»Ja, ich wohne im letzten Haus links neben der Kirche.«
Sie beugte sich nach vorn und sah erleichtert, daß die Fenster zur Straße dunkel waren. »Halten Sie bitte ein Stück davor. Ich möchte nicht, daß jemand geweckt wird. Die letzten paar Schritte kann ich zu Fuß gehen.«
Pierre zog an den Zügeln und brachte die Pferde zum Stehen. Danach wandte er sich Caroline zu.
»Ich werde warten, bis Sie im Haus sind. Dann also adieu, Mademoiselle Caroline. Schade, daß wir uns jetzt Lebewohl sagen müssen. Ich wäre gern noch länger mit Ihnen zusammengeblieben.« Er nahm ihre Hände und zog eine nach der anderen an die Lippen.
Hastig wich Caroline zurück. »Lassen Sie das doch!«
Er sah ihr lächelnd in die Augen. »Das Schicksal ist grausam mit mir. Da habe ich nun ein schönes Mädchen aus der Gewalt von Räubern befreit, und es küßt mich nicht einmal zum Abschied. Dabei ist das der übliche Lohn für einen Lebensretter.«
Er sollte sie nicht so ansehen! Und er sollte nicht solche Sachen sagen – nicht mit dieser einschmeichelnden, seidenweichen Stimme!
»Leben Sie wohl, Monsieur. Und ich danke Ihnen. Wirklich, ich danke Ihnen sehr . . .«
Er hob die Hand und strich ihr damit über die Lippen.
»Gib mir meinen Lohn, meine Schöne«, flüsterte er. »Ich habe so große Lust darauf.« Und dann nahm er Caroline einfach in die Arme und küßte sie.
Nie zuvor war sie so geküßt worden. Pierre de Lancourt ergriff Besitz von ihrem Mund und öffnete ihn mit seiner Zunge, während er ihren Kopf zurückbog. Seine rechte

Hand umfaßte ihr Haar, und seine Linke tastete über ihren Hals und dann tiefer, wo das zerrissene Kleid ihre nackte Haut freigab.
Caroline spürte, wie Pierres Zunge über ihre Zähne glitt und dann in ihren Mund eintauchte.
Sie stieß einen kleinen Laut aus, der Überraschung, Abwehr und gleichzeitig Entzücken war. Pierre saugte sich an ihren Lippen fest, und sie hatte das Empfinden, plötzlich in Feuer getaucht zu sein.
Ohne daß sie es wußte und wollte, legte sie die Arme um seinen Hals und preßte sich an seine Brust.
Ach, es war so unglaublich, und es erregte sie auf eine nie gekannte Weise. Niemals hätte sie geahnt, daß ein Kuß, daß die Umarmung eines Mannes so sein konnte. Oder doch – sie hatte es geahnt und vermißt, wenn Leonhard sie küßte. Sie hatte jedesmal das Empfinden gehabt, daß er ihr etwas ganz Wunderbares, Verrücktes vorenthielt. O Gott, Leonhard ...
Als Pierre sie losließ, starrte Caroline ihn aus großen, glänzenden Augen an.
»Meine Schöne ...« sagte er leise, und sie sah in seinem Gesicht, daß auch ihn dieser Kuß verwandelt hatte.
Sein Blick glitt tiefer, zu ihren halb entblößten Brüsten, und er streckte die Hand aus, um sie zu berühren.
»Komm«, murmelte er. »Komm wieder her zu mir ...«
»Nein«, preßte sie hervor. »Nein, nein, nein ...« Aber es galt mehr ihr als ihm.
Sie wandte sich um und sprang mit einem Satz von der Kutschenbank auf das Pflaster. Ihr Knöchel knickte um, und sie verspürte einen kleinen scharfen Schmerz. Aber sie achtete nicht weiter darauf, sondern rannte davon.

****

2

Napoleon Bonaparte, Kaiser der Franzosen, lehnte in einer Fensternische und überflog mit gerunzelten Brauen das Schreiben, das ihm soeben von Major de Brissot, einem Kurier seines Bruders Joseph, aus Spanien überbracht worden war.

Der Kaiser war schlecht gelaunt. Das verrieten der schmale, verpreßte Mund und seine ganze Haltung. Er hatte den Kopf zwischen die Schultern gezogen und trommelte mit der linken Hand ein gereiztes Stakkato auf die Fensterbank.

Draußen regnete es, und das kühle, über Nacht herbstlich gewordene Wetter war nicht dazu angetan, Napoleons Stimmung zu heben.

Dieses Deutschland, dachte er. Vier Monate Winter und acht Monate Regen . . .

Für einen Augenblick empfand er Sehnsucht nach seiner korsischen Heimat mit den hellen, von der Sonne ausgeglühten Felsen, den blauen Buchten und den weißen Häusern im Sonnenglast.

Er meinte, das Rauschen der Brandung zu hören und die salzige, heiße Luft zu schmecken. Selbst den Geruch nach Meer und Hafen, nach blühendem Oleander, Minze und Olivenöl, vermeinte er in der Nase zu haben.

Mit einer ärgerlichen Bewegung wandte er sich ab und warf den Brief seines Bruders auf einen mit allerlei Karten und Schriftstücken bedeckten Tisch.

Dann blickte er Major de Brissot aus funkelnden Augen

an. »Der König von Spanien hat es also vorgezogen, seine Hauptstadt Madrid zu verlassen, um sich hinter den Duero zurückzuziehen. Warum?« »Sire«, sagte Brissot zögernd, »ich kenne den Inhalt des Briefes nicht, den Ihr königlicher Bruder an Eure Majestät gesandt hat, aber ich vermute, daß er Ihnen seine Gründe dargelegt hat.«

Napoleon schlug mit der Hand auf den Tisch. »Ich habe Sie gefragt, Major, und ich erwarte eine Antwort von Ihnen! Sie kommen aus dem Hauptquartier meines Bruders, Sie waren in Madrid dabei, als er vor vier Monaten zum König ausgerufen wurde, und Sie kennen die spanischen Verhältnisse aus eigener Anschauung. Genau diese will ich hören.«

»Die Spanier, Sire, sind ein merkwürdiges, schwer zu begreifendes Volk. Ihr königlicher Bruder hat die liberale Verfassung bestätigt, sowie die Inquisition und die provinzialen Zollbehörden abgeschafft – Taten, so meint man, die genügen dürften, um Spanien aufatmen zu lassen. Aber was ist geschehen? Dieses Volk will seine Inquisition behalten, seine Unfreiheit, seine Steuerlasten. Darin ist es sich einig, wiewohl es unter der Herrschaft seines bisherigen Königs uneins und zerstritten war und sich die verschiedensten Interessengruppen auf das Intriganteste befehdeten. Immer hat es in Spanien Rebellion gegeben, und nun auf einmal steht dieses Volk wie ein Mann auf und ruft nach seinen alten Herrschern, denen es angeblich so treu ergeben sei ...« Napoleon winkte ab. – »Das ist mir hinlänglich bekannt. Ich will wissen, wie die Lage jetzt in Spanien ist.«

»Je nun, Sire ... Es ist eine verfluchte Sache, einen *Guerillakrieg* zu führen. Überall, in jedem Dorf, in jedem Haus, hinter jeder Felsnase hocken die Halunken, und ehe man sich's versieht, kommen sie aus ihren Verstecken, und man hat sie an der Gurgel. Ha, in einer offenen Schlacht, da würden wir schon mit ihnen aufräumen, daß sie beim Davonrennen die Stiefel verlören, die verfluchten Señores, aber wenn sie im Hinterhalt liegen, und man kriegt unversehens ein Messer oder eine Kugel in den Rücken – oder sie springen wie die Affen von den Bäumen und ziehen einem eine Schlinge um den Hals zu ... Das ist ein Gefühl, als ob man unter Räuber und Wegelagerer gefallen wäre. Wir kämpfen da nicht gegen Soldaten, Sire, sondern gegen ein ganzes fanatisches, verbohrtes Volk. Alte und Jüngelchen sind's, und ich habe sagen hören, daß selbst ein paar Weiber kochendes Wasser vom Hausdach geschüttet haben, als die Unseren vorübergeritten sind. In Madrid hat König Joseph, Ihr Bruder, Geld unter das Volk auf die Straße werfen lassen, und kaum einer hat sich danach gebückt und es aufgehoben. Haufenweise sind die Silberstükke liegengeblieben, und wer sich doch was genommen hat, den haben seine Landsleute hinterher verprügelt. Die Kollaborateure aber, wie sie die nennen, die es vernünftigerweise mit uns halten, haben sie aufgeknüpft oder in ihren eigenen Häusern geröstet.«

»Hm ...« Napoleon wanderte unruhig in dem einfenstrigen Kabinett auf und ab. Dieses Spanien wuchs sich zu einem Problem aus. Aber es war eine absolute Notwendigkeit, es fest in die Hand zu bekommen, um die Kontinentalsperre gegen England lückenlos aufrechtzuerhalten. Junot hatte Portugal erobert und den Briten damit einen empfindlichen Schlag zugefügt. Alles hatte sich so gut angelassen. Godoy, der eigentliche spanische Regierungschef, hatte einen so beflissenen Eifer entwickelt, Portugal zwischen Frankreich und Spanien aufzuteilen, Burgos, Valladolid und Victoria waren bereits in französischer Hand gewesen, und im Februar hatte man Murat zum Kaiserlichen Stadthalter in Spanien ernannt. Wenig später waren Pamplona und Barcelona erobert worden, und im März war Murat nach Madrid marschiert. Fünf Wochen später hatte Napoleon in Bayonne zum letzten entscheidenden Schlag ausgeholt: Der spanische König Karl IV. wurde gezwungen, zugunsten des »Kaiserlichen Treuhänders«, wie Napoleon sich nannte, abzudanken, und Kronprinz Ferdinand gleicherweise genötigt, auf seinen Thronanspruch zu verzichten.

Wie sicher war er, Napoleon, da gewesen, die spanische und portugiesische Frage ein für allemal vom Tisch zu haben. Die Berufung Josephs zum spanischen König war nur der Schlußpunkt gewesen. Doch nun zeichneten sich Schwierigkeiten über Schwierigkeiten ab.

Die aufständischen Spanier hatten um britische Unterstützung nachgesucht und erhalten. Portugal, kaum erobert, mußte von Junot aufgegeben werden, nachdem Wellesley mit vierzehntausend Mann gelandet war und die Franzosen bei Vimeiro geschlagen hatte.

Und die Spanier kämpften mit dem Mut der Verzweiflung. Dupont, der mit seinen Divisionen zunächst bis Cordoba gekommen war, hatte sich General Castaños ergeben, so daß die ursprüngliche französische Streitmacht von einhundertzwanzigtausend Mann empfindlich zusammengeschrumpft war.

In aller Eile hatte Napoleon die kampferprobten Korps von Victor, Mortier und Ney von der Elbe abgezogen und auf die iberische Halbinsel geschickt; gleichwohl war ihm klar, daß dies nicht ausreichen würde, um die verlorenen Gebiete zurückzuerobern.

Die Zeit brannte ihm unter den Nägeln. Er mußte selbst nach Spanien, um das Oberkommando über die *Armée d'Espagne* zu übernehmen, und er mußte weitere Divisionen aufbieten. Dies aber war nur möglich, wenn er sicher sein konnte, daß indessen nicht in Mitteleuropa, geschürt von Österreich und Preußen, ein neuer Kriegsbrand ausbrach.

Verdammter Joseph, dachte Napoleon. Er ist kein Dummkopf, mein Bruder, nein, wahrhaftig nicht. Er muß doch wissen, wie sie alle nur darauf lauern, daß ich Schwäche zeige, um im nächsten Augenblick über uns herzufallen.

Und Joseph weiß nichts Besseres, als den Thron von Ne-

apel zurückzuverlangen, damit er Spanien den Rücken kehren kann. Statt daß er bleibt und kämpft, schreibt er nichts als larmoyantes Gefasel über die grausame Uneinsichtigkeit der Spanier und daß Soult, Masséna und die anderen das Land ausplündern, um sich die Taschen vollzustopfen.
Bei Gott, ich habe eine hervorragende Familie! Louis, der sich nur in Bädern herumtreibt, seine Frau verdächtigt, mit mir im Bett zu liegen, und seine Energie damit vergeudet, sich ständig über mich zu beklagen.
Joseph, dessen einziges Talent offenbar darin besteht, auf eine grämliche Weise sparsam zu sein, Jérôme, der das Geld mit vollen Händen aus dem Fenster wirft, ständig Weibergeschichten hat und durch und durch skrupellos und verlogen ist. Lucien, der mich haßt und hoffentlich endlich seine Ankündigung, nach Amerika zu gehen, wahrmacht. Caroline, der ich nur den unverschämten Mund stopfen konnte, indem ich ihren Gatten Murat zum König von Neapel gemacht habe, Elisa, die nichts als häßlich, boshaft und intrigant ist, und Pauline, die immer schamloser ihre unzähligen Liebschaften pflegt ...
Der Kaiser verspürte einen schmerzhaften Druck in der Magengegend und preßte für einen Moment die Hand darauf. Dann setzte er sich hinter seinen Schreibtisch.
»Major de Brissot, Sie kehren unverzüglich nach Spanien zurück. Sobald ich meine Angelegenheiten hier geordnet und Seine Majestät, den Zaren von Rußland, verabschiedet habe, werde ich ebenfalls dorthin aufbrechen. Melden Sie das dem König von Spanien. Ich werde dafür Sorge tragen, daß er binnen kürzester Zeit wieder in seine Hauptstadt Madrid einziehen kann.«
Er griff nach der kleinen silbernen Glocke auf einem Tablett und läutete. Gleich darauf trat die Ordonnanz ein.
»Leutnant Pellegrin, der Major erhält ein Quartier, wo er sich ein paar Stunden ausruhen kann. Dann tritt er die Rückreise an. Sorgen Sie für frische Pferde.«
De Brissot salutierte militärisch und verließ den Raum.

Der Kaiser blieb für ein paar Augenblicke allein. Der Magenschmerz war heftiger geworden, und Napoleon ließ sich schwer in den Sessel hinter dem Schreibtisch fallen.
Er fühlte sich elend und müde.
Die ewigen Festivitäten und Empfänge, dazu die diplomatischen Gespräche, alles strengte ihn über Gebühr an. In Spanien, dachte er, wird es besser werden. Wenn ich im Feldlager unter meinen Soldaten bin . . .
Er war kein Mensch, der sich auf dem gesellschaftlichen Parkett wohl fühlte. Die Kunst der gedrechselten Rede, des vorsichtigen Taktierens, der leichten, gefälligen Komplimente war ihm fremd. Er war eher schwerblütig, und noch allzu gut erinnerte er sich der Zeiten, wo er sich als junger Offizier mit leerem Magen und abgetragener Uniform immer deplaziert gefühlt hatte auf den Gesellschaften der *Jeunesse doreé.*
Man hatte ihn nicht ernst genommen, hatte ihn langweilig und unbeholfen gefunden, und genauso hatte er sich auch gefühlt. Dabei hatte er so darauf gebrannt, dazuzugehören, einer zu sein, auf dessen Wort man achtete.
Ach, und wie glühend hatte er all die jungen Stutzer und Hohlköpfe beneidet, die mit vielen Worten nichts sagen konnten, und die glatten, geschmeidigen Diplomaten mit ihrer Gewandtheit!
Er hatte nur seinen Ehrgeiz gehabt, den verbissenen Willen, sich hervorzutun, damit man ihm endlich, endlich ein wenig mehr Beachtung schenkte.
Manchmal hatte er sich damals selbst gehaßt, weil er klein war und so schrecklich mager und diesen entsetzlichen Akzent sprach, so daß jeder, der zum ersten Mal ein paar Worte mit ihm gewechselt hatte, ihn fragte: »Sie sind aber kein Franzose, Bürger... Kommen Sie aus Italien?«
Napoleon Bonaparte, Sohn eines korsischen Hintertreppenanwalts . . . mit 24 Jahren General, mit dreißig Erster Konsul der französischen Republik, vier Jahre später Kaiser . . .

Es klopfte an die Tür des hohen, ein wenig düsteren Raumes, und gleich darauf erschien eine weitere Ordonnanz.
»Soeben ist der Wagen Seiner Majestät, des Kaisers von Rußland, vorgefahren, Sire.«
Napoleon stand auf. »Ich komme sofort.«
Er wartete, bis der Leutnant gegangen war. Dann öffnete er eine Schreibtischlade und entnahm ihr ein Briefchen, das mit einem weißen Pulver gefüllt war. Hastig schüttete er es in ein Glas, goß Wasser aus einer Karaffe darauf und trank es aus.
Es war eine Medizin gegen seine Magenschmerzen, von der sein Leibarzt Doktor Corvissart ihm geraten hatte, sie nur in allerdringlichsten Fällen zu nehmen. Heute war solch ein Tag . . .

Zar Alexander I. war bereits im Vorsaal, als Napoleon erschien. Der Russe war ein hünenhafter Mann mit rotblonden Haaren und freundlichen, hellen Augen, die er auf Grund seiner starken Kurzsichtigkeit ein wenig zusammenkniff. Er trug die Paradeuniform der Preobraschenskij und den Großen Adlerorden an der Brust. In seiner Begleitung befanden sich sein Außenminister Rumjantzew und ein knapp dreißigjähriger Mann mit einem langnasigen Gesicht und einem fast kahlen, birnenförmigen Schädel: Michail Speranskij, seit neuestem Alexanders engster Vertrauter und Stellvertretender Minister des Inneren.
Napoleon und Alexander umarmten einander, und der Russe schlug dem wesentlich kleineren Franzosen mit seinem üblichen lärmenden Lachen auf die Schultern.
»Wie geht es Ihnen, mein teurer Freund? Sie sehen ein wenig erschöpft aus. Ich hoffe, die beiden Tage in Weimar waren nicht zu aufreibend für Sie.«
Napoleon verzog den Mund. »Nur weil ich gestern auf dem Ball nicht so ausgiebig wie Sie getanzt habe? Ich gebe zu, diese Herumhopserei ist nicht nach meinem Ge-

schmack. Es hat mir ein weitaus größeres Vergnügen bereitet, Ihnen dabei zuzusehen. Sie sind wirklich ein exzellenter Tänzer, dessen Begabung nur noch durch die Anmut und Grazie Ihrer schönen Schwester in den Schatten gestellt wird.«
»Ach ja, meine liebe Maria Pawlowna...« Alexander wandte sich Rumjantzew zu. »Sind Sie nicht auch der Meinung, mein Lieber, daß die Erbgroßherzogin von Sachsen-Weimar alle Tage blühender aussieht? Die Ehe bekommt ihr gut, wie mir scheint.«
Er sprach laut, mit dröhnender Stimme, wie die meisten Menschen, die ein wenig schwerhörig sind.
Der Außenminister verneigte sich leicht. »Gewiß, Euer Majestät. Es war uns allen eine Freude, Ihre durchlauchtigste Schwester so heiter und gesund wiederzusehen.«
Man durchschritt eine Reihe von Salons, die teilweise mit Möbeln aus St. Cloud ausstaffiert waren, die man eigens für Napoleons Erfurter Aufenthalt hergebracht hatte. An ihrem Ende lag ein größeres Speisezimmer, in dem die Frühstückstafel gedeckt war.
Dort warteten bereits Caulaincourt, der französische Botschafter in St. Petersburg, und Talleyrand, Fürst von Benevent und Vice-Grand-Electeur des französischen Kaiserreichs, sowie Champagny, Talleyrands Nachfolger im Außenministerium.
Pierre de Lancourt hatte an diesem Tag Dienst beim Kaiser. Er hielt sich bei der Tür auf und überwachte die Lakaien, die die Speisen hereintrugen und das benutzte Geschirr auswechselten.
Es war wie bei allen Zusammenkünften zwischen Napoleon und Alexander in den Erfurter Tagen: Der russische Zar redete laut und lachte viel. Er beteuerte immer wieder mit überschwenglichen Worten die Freundschaft, die er für seinen kaiserlichen Bruder Napoleon hege, die Wichtigkeit eines unverbrüchlichen Bündnisses zwischen den großen Nationen Frankreich und Rußland, aber sobald Napoleon

oder die drei anderen Franzosen das Gespräch auf brennende politische Fragen zu lenken versuchten, wich er aus, rettete sich in Allgemeinplätze oder wechselte sprunghaft das Thema.
Talleyrands rundes Gesicht mit der kurzen, aufgestülpten Nase und den verhangenen Augen wirkte starr.
Caulaincourt und Champagny wurden sichtlich nervöser, und Napoleon gab sich kaum noch Mühe, seinen Ärger zu verbergen. Lediglich Speranskij und Rumjantzew lachten noch über die Scherze ihres Zaren und gefielen sich in der Rolle heiterer Unbekümmertheit. Als Champagner serviert wurde, hob Alexander sein Glas. »Ich trinke auf diese wundervollen Tage, meine Freunde – und auf Frankreich und seinen Kaiser!«
Napoleon gab ihm Bescheid, brachte ebenfalls einen Trinkspruch auf Alexander und Rußland aus, doch er hatte kaum einen Schluck getrunken, als er sein Glas mit einer entschlossenen Bewegung auf den Tisch zurücksetzte.
»Diese wundervollen Tage nähern sich allmählich dem Ende, Sire, und noch immer sind wir in gewissen Punkten zu keiner Einigung gelangt. Deshalb schlage ich vor, daß wir uns in mein Arbeitszimmer zurückziehen und darüber reden. So sehr ich das heitere Zusammensein mit Ihnen genieße, mein Freund, so sehr muß ich jetzt darauf drängen, daß wir die restlichen noch verbleibenden Tage nutzen. Ich gestehe, die Zeit brennt mir unter den Nägeln, da ich nach Spanien abzureisen gedenke. Und zuvor bedürfen etliche Dinge der Klärung und einer festen Vereinbarung.«
Alexander lächelte kindlich-freundlich. »Gewiß, gewiß. Lassen Sie uns also beratschlagen, was zu tun ist. Sie werden in allem ein offenes Ohr bei mir finden.«
Talleyrand strich sich über das sorgsam gekräuselte Haar. Er puderte es noch immer, obwohl das längst aus der Mode war, und noch immer trug er seidene Röcke in Taubenblau oder Violett – vermutlich in Erinnerung an seine einstige Bischofswürde –, dazu schwarze Seidenstrümpfe, Es-

karpins mit roten Absätzen und diamantenbesetzten Schnallen.
Er erhob sich in seiner gemessenen und gleichzeitig geschmeidigen Art. »Vielleicht sollten Sie, Sire, mit dem Kaiser von Rußland zunächst unter vier Augen reden. Wir würden indessen mit Graf Rumjantzew und Herrn Speranskij konferieren ... Die Gründe, um die es geht, sind uns allen hinlänglich bekannt. Man könnte ein entsprechendes Exposé aufsetzen, das nach einigen Korrekturen die Grundlage für einen Vertrag bilden dürfte.«
»Ein guter Vorschlag, Fürst«, erwiderte Napoleon sofort und in einem so entschiedenen Ton, daß es Alexander nicht mehr möglich war, zu protestieren. »Kommen Sie, Majestät ...« Und schon wandte er sich zur Tür, die vor ihm und dem russischen Zaren aufgerissen wurde. Alexander zuckte mit den Schultern und folgte ihm.

Das Gespräch unter vier Augen dauerte zwei Stunden.
Wie immer, wenn es Wesentliches zu verhandeln galt, war Napoleons Müdigkeit verflogen. Auch der Magenschmerz hatte sich gelegt. Der Kaiser war wach, sprunghaft und voller Kampflust.
Noch einmal entrollte er vor Alexander die Notwendigkeit einer unverbrüchlichen Allianz zwischen Frankreich und Rußland, um, wie er sagte, den Frieden in Europa zu sichern.
»Ich, Sire, gehe daran, die letzten Steine für diesen Frieden am Ebro und Tajo aus dem Weg zu räumen. Es ist nur eine Frage von Monaten, bis dies gelungen ist. In Tilsit wurde das erste Band zwischen unseren Ländern und zwischen Ihnen und mir geknüpft. Hier in Erfurt bedarf es seiner unauflöslichen Festigung.«
Alexander nickte freundlich. »Ich stehe zu dem, was wir am Njemen beschlossen haben, mein Freund. Und ich nehme nicht an, daß Sie mich der Wankelmütigkeit zeihen wollen. Nichts in meinem Verhalten gäbe Ihnen einen Anlaß dazu.«

»Nun, dann lassen Sie uns zur Sache kommen. Sie wissen, daß ich im Begriff stehe, einen Großteil meiner Truppen nach Spanien und Portugal abzuziehen. Und ich bin mir über die Gefahr im klaren, die daraus erwachsen könnte. Wenn der österreichische Kaiser den spanisch-portugiesischen Konflikt zum Anlaß nimmt, gemeinsam mit Preußen und eventuell sogar mit einigen Rheinbundfürsten neue Feindseligkeiten gegen Frankreich anzuzetteln, wäre der mühsam erkämpfte Friede dahin.«
Alexander schüttelte den Kopf. »Daran glaube ich nicht. Sie wissen, mein kaiserlicher Freund, daß ich auf der Reise hierher in Königsberg haltgemacht und mit dem König von Preußen und seiner Gemahlin gesprochen habe. Dabei war keine Rede von geheimer Konspiration mit Frankreichs Feinden.«
»Nein? Wirklich nicht?« fragte Napoleon scharf, und Alexander entgegnete seelenruhig:
»Sie können davon überzeugt sein, Sire.«
Er lügt, dachte Napoleon. Und wie er lügt! Ich weiß längst, daß Königin Luise, für die er eine geradezu lächerliche Schwäche hegt, ihn bedrängt hat, dafür zu sorgen, daß die französischen Truppen die besetzten Teile Preußens räumen. Und ich weiß fernerhin, daß er lange mit dem Minister Reichsfreiherrn vom Stein darüber diskutiert hat, ob Rußland nicht doch wieder die Führung einer gemeinsamen Front Preußens und Österreichs gegen Frankreich übernehmen sollte, so, als habe es die Vereinbarung von Tilsit nie gegeben. Freilich hat Alexander keine Zusage gemacht, sondern zu Geduld und Mäßigung geraten. Doch das kann ebensogut bedeuten, daß er die Zeit für einen solchen Schritt noch nicht für reif hält. Champagny hat recht: Dieser russische Bär tut nur so tapsig und arglos. In Wahrheit wägt er ab, was für ihn vorteilhafter ist: eine russisch-französische Allianz – oder sich auf die Seite Österreichs und Preußens zu schlagen. Und da er das noch nicht abzuschätzen vermag, versucht er, mich hinzuhalten.

Oh, Napoleon wußte es wohl, er hatte einflußreiche Feinde in Rußland. Da war die Mutter des Zaren, Maria Fjodorowna, mit ihrem Anhang, da war der ganze Rattenschwanz des konservativen Adels, jene ewig Gestrigen, für die er immer noch »dieser Bonaparte« war, der Emporkömmling, der Usurpator, auf dessen Sturz man lauerte.
Aber sie sollten vergebens warten, diese aufgeblasenen, von Geburt an durch Privilegien und Macht, durch unermeßliche Reichtümer und ererbte große Namen vom Schicksal begünstigten Kreaturen. Er, er kam von unten. Er kannte den Hunger nach dem, was jenen ohne ihr eigenes Zutun in die Wiege gelegt worden war. Oh, wie hatte er ihren dümmlichen Hochmut gehaßt, ihre Sattheit, die Selbstverständlichkeit, mit der sie nicht nur beanspruchten, was sie besaßen, sondern es ebenso vergeudeten, weil es ihnen in den Schoß gefallen war und sie es deshalb gering achteten.
Die großen Herren ... Ach, wie er danach gegiert hatte, noch größer als sie zu werden, um sie vor sich katzbuckeln zu sehen! Der »kleine Korporal«, der lächerliche Bonaparte, der nichts gehabt hatte als seine ehrgeizigen Träume. Und heute zitterte die Welt vor ihm!
Napoleon betrachtete den russischen Zaren, wie er vor ihm stand, lächelnd, in goldbetreßter Galauniform, mit juwelenfunkelnden Orden, die er verliehen bekommen, aber nicht verdient hatte. Der geliebte Enkel Katharinas der Großen, Väterchen Zar heute, dem man von der Stunde seiner Geburt an seidene Teppiche unter die Füße gelegt hatte, damit er an keinen Stein stieße, während er, Napoleon, im Dreck gelegen hatte. Und fast hätte Napoleon gelacht. Bildete sich dieser satte Narr wahrhaftig ein, man werde ihn, Napoleon übertölpeln können, indem man ihm ins Gesicht log?
»Wohlan, Sire«, sagte Bonaparte. »Auf Ihre Versicherung hin will ich glauben, daß man in Königsberg nicht versucht hat, Sie für preußische Interessen zu gewinnen. Dann las-

sen Sie uns also jetzt, an die Abmachungen von Tilsit anknüpfend, den nächsten Schritt tun, und ich gebe Ihnen mein kaiserliches Wort, daß er nicht zu Ihrem Schaden sein wird. Sie haben einen erfolgreichen Eroberungsfeldzug gegen Schwedens finnische Provinzen geführt. Sveaborg ist in russische Hände gefallen, und dort mag es bleiben. Ihre weiteren Interessen liegen in der Türkei. Ich erkenne die Annexionen der Donaufürstentümer Moldau und Walachei an. Ich gehe sogar noch weiter. Rußland hat auch künftig freie Hand in der Türkei, und man könnte in naher oder fernerer Zukunft — das liegt bei Ihnen, Sire — sogar eine russischfranzösische Armee über Konstantinopel nach Asien entsenden. Meiner Ansicht nach ist dies möglich, sobald ich in Spanien und Portugal Frieden geschaffen und Österreich in meinem Rücken nicht mehr zu fürchten habe.«

»Sie meinen . . .« begann Alexander vorsichtig und wurde sogleich unterbrochen.

»Ich meine, daß unmißverständliche russische Erklärungen genügen dürften, den Österreichern klarzumachen, daß sie im Falle einer militärischen Auflehnung von unseren beiden Armeen zerschlagen würden. Außerdem, Sire, ist Ihr Einfluß groß genug, um dafür zu sorgen, daß die österreichischen Truppen zurückgezogen werden, ja, daß Kaiser Franz sogar dazu bewogen werden kann, seine Armeen entlang der Grenze zu entwaffnen. In diesem Falle wäre ich bereit, mit Ihnen gemeinsame Sache in Asien zu machen.«

»Ein grandioser, ein überwältigender Plan!« sagte Alexander, und seine hübschen blauen Augen funkelten. »Freilich keiner, der nur Rußlands Interessen dient. Ein solcher Schlag, wie Sie ihn vorhaben, würde in ganz Indien zu spüren sein und damit Ihren Lieblingsfeind England in die Knie zwingen.«

»Und?« fragte Napoleon grob. »Sie lieben England doch gleichfalls nicht sonderlich.«

»Ich würde es zumindest begrüßen, wenn die englische Seeherrschaft in Zukunft weniger uneingeschränkt wäre . . .«
Napoleon, der während seiner Worte auf und ab gelaufen war, fuhr herum. »Und dennoch gibt es in Rußland Stimmen, die meine Handelsblockade in Grund und Boden verdammen. Warum sagen Sie nicht Ihren baltischen Kaufleuten, Sire, daß es klüger wäre, nicht so lautstark über die mangelnden Absatzmöglichkeiten von Hanf, Flachs und Getreide in England zu zetern, und Ihrer Petersburger feinen Gesellschaft, daß es Ärgeres gibt, als für eine Weile auf den Import von englischen oder kolonialen Waren zu verzichten! Alles nur für eine Weile, wohlgemerkt! England ist eine Handelsmacht. Schwächen wir diese, haben wir das Land an seiner empfindlichsten Stelle getroffen.«
Alexander lachte dröhnend wie über einen gelungenen Scherz. »Ihre Beweggründe sind mir klar, Sire. Aber ebenso diejenigen, die auf einen gemeinsamen Eroberungsfeldzug gegen Asien abzielen.«
»Mein Freund, wir reden über Politik«, erwiderte Napoleon trocken, »nicht über Geschenke. Ich biete Ihnen einen Handel an: Rußland garantiert mir Rückenfreiheit, wenn ich einen Großteil meiner hiesigen Truppen nach Spanien abziehe, und ich garantiere Ihnen die Unantastbarkeit Ihrer Annexionen in Finnland und den Donaugebieten. Darüber hinaus bin ich bereit, Sie in Asien zu unterstützen. Über eine eventuelle Teilung der gemeinsam eroberten Gebiete müßte später verhandelt werden.«
»Das ist Zukunftsmusik«, erwiderte Alexander gedehnt. »Gegenwärtig geht es Ihnen wohl mehr darum, daß wir Österreich in Schach halten, wenn Sie anderweitig beschäftigt sind. Nun ja, ich denke, für den Fall eines Angriffs, den ich nach wie vor für unwahrscheinlich halte, könnte man dem österreichischen Kaiser vor Augen führen, daß er auch mit Rußland zu rechnen hätte.«

»Das klingt reichlich vage...« murrte Napoleon mit heißen Augen.
»Fast so, als sei die Freundschaft, die uns seit Tilsit verbindet, aus recht verschlissenem Tuch gewoben...«
»Mein lieber kaiserlicher Freund!« Alexander, der ihn um mindestens zwei Köpfe überragte, legte ihm beide Hände auf die Schultern und blickte lächelnd in das verkniffene Gesicht. »Habe ich Ihnen jemals Anlaß gegeben, an meiner aufrichtigen Zuneigung, ja, Liebe zu Ihnen zu zweifeln? Wahrhaftig, der bloße Gedanke, Sie könnten mich Ihnen für weniger zugetan halten als im vergangenen Jahr, stimmt mich traurig. Aber bei alledem muß ich doch bedenken, daß ich... ach, zum Teufel, ich bin kein Diplomat, und ich werde auch niemals einer werden! Überlassen wir die gedrechselten Worte unseren Ministern und Gesandten. Und seien Sie versichert, daß ich allem zustimmen werde, was dem Wohl unserer beider Völker dient.«
Napoleon trat einen Schritt zurück. Er haßte es, wenn er so aus der Nähe zu jemandem aufblicken mußte.
»Das ist auch so ein Larifari-Satz! Das Wohl unserer beiden Völker! Ich brauche Fakten, Sire, feste Zusagen, keine Allgemeinplätze, die jeder auslegen kann, wie es ihm beliebt!«
»Nun, ich will sagen, die Freundschaft zwischen Ihnen und mir dient meinem wie Ihrem Land. Wie gern sähe ich diese Bande unverbrüchlich gefestigt!«
»Also werden Sie bei Kaiser Franz auf eine Entwaffnung seiner Soldaten längs der Grenzen drängen? Sie werden unmißverständlich klarmachen, daß Rußland auch militärisch eingreifen wird, wenn Österreich, Preußen oder wer sonst an den bestehenden Verhältnissen etwas zu ändern versucht! Sie werden fernerhin...«
Napoleon verstummte, weil Alexander ans Fenster getreten war und auf die Straße hinausgeblickt hatte. »Sehen Sie nur, mein Freund, soeben fährt der König von Westfalen vor. Ah, und wie elegant er wieder ist, Ihr Herr Bru-

der! Kein Wunder, daß seine Gemahlin so verliebt in ihn ist. Ich habe gestern einige Male mit ihr getanzt, und . . .«
»Ach, zum Teufel mit meinem Bruder Jérôme!« fuhr Napoleon auf. »Schweifen Sie nicht ab, Sire, sonst . . .«
»Aber was habe ich denn getan?« fragte der russische Zar verblüfft. Seine Augen hatten den unschuldigen Ausdruck eines zu Unrecht gescholtenen Kindes. »Mein lieber, teuerster Freund, es ist doch alles gesagt zwischen uns. Wir sind uns doch einig.«
»So? Meinen Sie? Und warum flüchten Sie sich dann in Floskeln und Phrasen, sobald ich eine sachliche Antwort von Ihnen erhoffe, oder schweifen ab? Hören Sie, Sire, ich erwarte nicht, daß wir sofort und in allen Punkten einig werden. Aber wie sollen wir jemals eine Annäherung in unseren Standpunkten erreichen, wenn Sie mir nicht wenigstens widersprechen? Nennen Sie mir Ihre Gegenargumente, fahren Sie mir in die Parade, wenn Ihnen etwas an meinen Plänen unannehmbar erscheint, lassen Sie uns meinetwegen solange darüber streiten, bis einer von uns den anderen überzeugt hat – nur beenden Sie dieses lächerliche Theater, das uns keinen Schritt weiterbringt und mir die Galle hochtreibt!«
Bei seinen letzten Worten riß Napoleon sich seinen Hut vom Kopf und warf ihn auf den Boden. »Ach, verdammt . . . ich weiß, ich sollte beherrschter sein, aber angesichts Ihrer Komödie bringe ich es nicht fertig.«
Alexander starrte ihn einen Augenblick lang mit gerunzelter Stirn an, dann hob er Napoleons Hut auf und überreichte ihn dem Kaiser der Franzosen mit einer kleinen Verbeugung.
»Sie sind zu hitzig. Was kann der unschuldige Hut dafür, daß Sie sich über mich erregen? Irgend jemand muß zu Ihnen schlecht von mir gesprochen haben. Anders kann ich mir Ihre Gereiztheit und Ihr plötzliches Mißtrauen gegen mich nicht erklären. Aber ich bin noch immer derselbe, der ich in Tilsit war, das schwöre ich Ihnen. Nur eines

müssen Sie wissen, Sir: Mit Wut richtet man bei mir nichts aus. Dann ist es vernünftiger, wir gehen auseinander, bis Sie besserer Stimmung sind.«
Napoleon begriff, daß er zu weit gegangen war. »Vergeben Sie mir, Sire, ich wollte Sie nicht kränken. Sie haben recht, ich bin gelegentlich zu aufbrausend. Es tut mir leid.«
»Ich habe es schon vergessen«, erwiderte Alexander freundlich. »Also lassen Sie uns zu Ende kommen mit dem leidigen Thema. Ich gebe Ihnen mein kaiserliches Wort, daß Rußland auf Ihrer Seite steht, wenn Österreich oder irgend jemand sonst Ihnen Schwierigkeiten machen sollte. Vermutlich werden General Caulaincourt, mein guter Rumjantzew und der Fürst von Benevent dies bereits in ihrem Exposé festgehalten haben und warten nur noch auf meine Zustimmung . . .«
Pierre de Lancourt hielt sich unterdessen im Vorzimmer auf. Er war es auch, der Jérôme Bonaparte, den König von Westfalen, informierte, daß der Kaiser im Augenblick nicht zu sprechen sei, da er mit dem Zaren von Rußland konferiere.
Jérôme, dunkelhaarig wie alle Bonapartes, überaus prächtig gekleidet und der Hübscheste der ganzen Familie, wenngleich sein Lebenswandel, seine Trinkgelage und Weibergeschichten allmählich ihre Spuren in seinem Gesicht hinterlassen hatten, beharrte in hochmütigem Ton: »Melden Sie mich trotzdem an, Leutnant.«
In diesem Augenblick vernahm man von drinnen Napoleons laute, zornige Stimme, und Jérôme zuckte zurück. »Mir scheint, dies ist wirklich nicht der richtige Zeitpunkt. Nun gut, nun gut . . . Warten wir also. Das heißt, warten werde ich natürlich nicht, sondern später wiederkommen. Richten Sie Seiner Majestät, dem Kaiser, immerhin aus, daß ich ihm meine Aufwartung machen wollte. Falls er mich zu sehen wünscht – ich speise heute mittag mit meiner Gemahlin bei dem König von Sachsen.«
Er winkte seiner Begleitung. »Kommen Sie, meine Her-

ren. Mir fällt gerade ein, daß meine durchlauchtigste Schwägerin, die Königin von Holland, vier neue Kutschpferde aus einem hiesigen Gestüt erwerben wollte und mich gebeten hat, sie zu begutachten. Wenngleich . . .« er lächelte süffisant, »ich mir kaum vorstellen kann, daß man hier vernünftige Pferde zu kaufen bekommt. Was meinen Sie, mein lieber Norvins, werden die hiesigen genau solche dicken Hintern haben wie in Unserem Königreich Westfalen?«
Der Angesprochene, einer von Jérômes intimsten Freunden aus seiner Zeit als Admiral, lachte. »Warum fragen Sie nicht den Grafen ›Furchetintin‹, mein König? Ich vermute, er ist Spezialist in derlei Fragen, seit er mit Madame Merovius liiert ist. Ihre Rückseite jedenfalls dürfte sich mit der eines jeden westfälischen Ackergauls messen . . .«
»Ach ja?« Napoleons jüngster Bruder wandte sich amüsiert an einen geckenhaft gekleideten Kavalier, der sein schütteres, fahles Haar gekräuselt und á la rome nach vorn gekämmt trug, um die beginnende Glatze zu vertuschen. »Mein lieber Lécamus . . . oder sollte ich besser Graf Fürstenstein sagen . . .« Er ließ den Titel, den er seinem Intimus erst kürzlich verliehen hatte, förmlich auf der Zunge zergehen. »Wie sollen Sie sich jemals an den neuen Namen gewöhnen, wenn man Sie immer noch Lécamus oder in Verballhornung des deutschen Fürstenstein ›Furchetintin‹ nennt, nur weil Sie selbst dieses Wort nicht besser aussprechen können! Also, mein teurer Fürstenstein, was ist das für eine interessante Neuigkeit? Haben Sie dieser hübschen kleinen . . . wie heißt sie noch gleich? Bülow, nicht wahr, Elise Bülow . . . also, haben Sie der den Abschied gegeben? Und Ihre neueste Eroberung heißt Madame Merovius, die Frau meines Stallmeisters, wenn ich nicht irre? Das ist freilich eine gewaltige teutonische Erscheinung . . .«
Er nahm Lécamus beim Arm und ging lachend mit ihm durch die weiß-goldenen Flügeltüren, die von zwei Ordonnanzen aufgerissen wurden.

Pierre de Lancourt setzte sich in einen mit grüner Seide bezogenen Fauteuil beim Fenster. Im Zimmer des Kaisers war es still geworden. Offenbar unterhielten sich die beiden Herrscher jetzt in ruhigerem Ton.

Der junge Gardeleutnant unterdrückte ein Gähnen. In drei Stunden wurde er abgelöst. Dann würde er erst einmal eine Mütze voll Schlaf nehmen.

Sie waren anstrengend, diese Tage in Erfurt. Und nicht nur die Tage! Pierre lehnte den Kopf an den Gobelin, der die ganze Breite der Wand einnahm und eine Jagdszene darstellte, und schloß die Augen. Dabei lächelte er.

In der Tasche seines Uniformrocks steckte ein Billet, das ihm heute morgen von der Kammerzofe der Gräfin Wardenburg gebracht worden war.

»Das Glück ist uns günstig, mein kleiner Franzose... Mein Gatte verreist für einige Tage nach Berlin. Wenn Du willst, komm mich heute abend besuchen. Nimm die kleine Pforte an der Westseite des Hauses, dort wo der Fliederbusch steht. Sie ist offen. Marianne wird dort warten und dich zu mir bringen...«

Sie riskiert viel, dachte Pierre de Lancourt. Eine Zofe einzuweihen... Aber soll ich weniger wagen?

Er hatte Charlotte von Wardenburg zwei Tage nach seinem Eintreffen in Erfurt kennengelernt. Sie war ein wenig älter als er, aber was tat's? Ihre Haut war weiß und glatt, ihr Körper makellos. Vielleicht schon ein wenig füllig, doch Pierre liebte das. Auf einem Ball im Hause des Generals Oudinot zu Ehren der beiden Kaiser war es gewesen. Pierre de Lancourt hatte neben Napoleons erhöhtem Sessel gestanden, als Graf Friedrich Wilhelm von Wardenburg und seine Frau vorgestellt wurden.

Charlotte hatte ein gelbes, tief ausgeschnittenes Kleid getragen, eine gewagte Farbe zu ihren blonden Haaren, aber seltsamerweise hatte sie ihr phantastisch gestanden.

Sie war nicht eigentlich schön, aber sie strahlte eine ungeheure vitale Sinnlichkeit aus.

Graf Wardenburg wirkte daneben blaß, ein durchgeistigter, soignierter Herr mit sorgsam zurückgekämmtem graumelierten Haar. Lediglich die fleischigen Lippen verrieten Temperament und Sinnenfreude, doch dieser Eindruck wurde nahezu vollkommen durch das strenggeschnittene Gesicht mit den kühlen grauen Augen weggewischt.
Nachdem sich Charlotte vor Napoleon verneigt und er ein paar Worte mit ihr gewechselt hatte, war ihr Blick auf Pierre de Lancourt gefallen, und ihr eben noch aufgesetztes Lächeln war um einige Grade offener, wärmer geworden.
Sie hatte schöne, kräftige weiße Zähne, Grübchen in den Wangen und ein festes Kinn. In ein paar Jahren würde sie vermutlich aus dem Leim gegangen sein, das ließen ihre üppigen Formen vermuten, aber noch war sie eine überaus anziehende Person.
Später hatte Pierre einige Male mit ihr getanzt. Man spielte neuerdings auch wieder die alten Tänze aus der Zeit vor der Revolution, und bei der Gavotte, während sich Charlotte von Wardenburg vor ihm drehte und verneigte, ihm zulächelte und sich voller Koketterie gab, hatte er sie gefragt, ob er sie am nächsten Tage besuchen dürfe. Sie hatte sofort zugesagt.
Gegen Mitternacht, nach einem Walzer, hatte Pierre sie, weil sie beide erhitzt waren, in den kleinen Park geführt, der sich an das Haus des französischen Kommandeurs der Zitadelle, General Oudinot, anschloß. Hinter einer Ligusterhecke hatte er sie geküßt. Er hatte ihre Schultern und ihre vollen Brüste gestreichelt, die der sonnengelbe Musselin des Kleides kaum verbarg, und sie hatte sich seinen Händen entgegengedrängt und gestöhnt.
Wahrhaftig, sie war eine aufregende Frau, ein schönes heißblütiges Stück Weib. Pierre hatte sie haben wollen, und er hatte sie bekommen schon am nächsten Tag.
Er war zur üblichen Besuchsstunde in das Wardenburgsche Stadtpalais gekommen und hatte die Salons voller

Besucher gefunden. Aber er war einfach geblieben, nachdem sich einer nach dem anderen verabschiedet hatte. Graf Wardenburg, so hatte er erfahren, befand sich auf seinem Gut und wurde erst zum Abend zurückerwartet.
Als er heimkam, war Pierre fortgewesen, und Charlotte hatte noch im Bett gelegen, bei verdunkelten Fenstern, und der flackernde matte Kerzenschein hatte ihr sattes Funkeln in den Augen und die leichten Schatten darunter verborgen. Sie habe Kopfschmerzen, hatte sie ihrem Mann erklärt, am besten, man ließe sie allein ...
Seitdem waren Pierre und Charlotte von Wardenburg so oft zusammen gewesen, wie es möglich war.
Sie hatten einander auf Bällen und Diners wiedergesehen, während der Theateraufführungen der Comédie Française, deren Ensemble für das Kaisertreffen eigens aus Paris angereist war, und auf Ausfahrten. Gestern noch hatten sie sich in Charlottes Kutsche geliebt, hastig, wild und bedenkenlos, als könnten sie nicht genug voneinander bekommen. Sie hatten einander in Gartenpavillons umarmt und auf einer Waldlichtung, in einer abgelegenen Kammer im Hause des Bürgermeisters, als sie sich für eine Weile von den übrigen Gästen entfernt hatten, und in einer halb zerfallenen leerstehenden Bauernkate vor der Stadt.
Pierre lächelte. Er hätte nicht vermutet, daß die Tage in Erfurt so angenehm werden würden.
An das rothaarige junge Mädchen, das er an seinem ersten Abend hier aus der Hand von Marodeuren befreit hatte, dachte er selten – und wenn, dann in einer Art spöttischer Rührung. Sie war so unschuldig gewesen, die Kleine, so brav in ihrem altmodischen, züchtig hochgeschlossenen Kleid.
Verlobt war sie, daß er nicht lachte! Er, Pierre, ging jede Wette ein, daß sie noch niemals so geküßt worden war, wie er sie zum Abschied geküßt hatte. Sie war hinterher ja völlig durcheinander gewesen.
Ein reizendes Ding und im Grunde viel zu schade für die-

sen Bücherwurm, den sie heiraten wollte! Der würde ihr ganz gewiß nicht beibringen, wie vergnüglich die Liebe war!

Er würde im dunklen ehelichen Schlafzimmer drei oder vier Kinder zeugen und dies so rasch wie möglich, als sei es etwas Unanständiges, Schamloses.

Und die hübsche Caroline würde nie erfahren, welche Freuden sich ein Mann und eine Frau gegenseitig bereiten konnten. Eigentlich schade um sie!

Hermann, der bucklige Schneidergeselle ihres Vaters, beobachtete Caroline schon seit Tagen.

Sie wirkte merkwürdig verändert, manchmal in sich gekehrt, geradezu versunken, dann wieder unruhig und voller hektischer Geschäftigkeit. Ihre grünen Augen schienen ihm dunkler geworden, als befände sie sich ständig in irgendeiner tiefen Erregung, sie schien angespannt, als warte sie auf etwas, um im nächsten Augenblick wie eine Traumwandlerin in einer eben begonnenen Tätigkeit innezuhalten und vor sich hinzustarren.

Hermann liebte Caroline. Er liebte sie, seit er als dreizehnjähriger Junge, achtes Kind eines Hufschmiedes an der Krämerbrücke, in das Weikersheimsche Haus gekommen war, um das Schneiderhandwerk zu erlernen.

Damals war sie fünf gewesen, ein rundliches, niedliches Dingelchen, das den fremden Jungen neugierig betrachtet hatte. Dann hatte sie auf seinen Buckel gezeigt und gefragt: »Was ist das? Bist du hingefallen? Tut das weh?«

»Aber Kind!« hatte ihre Mutter erschrocken gesagt, doch Hermann, daran gewöhnt, daß man ihn wegen seiner Verunstaltung hänselte, hatte gelächelt.

»Laßt sie nur, Frau Meisterin. Nein, es tut nicht weh ... Ich habe das, seit ich auf der Welt bin.«

»Und es geht nicht mehr weg?« hatte Caroline staunend wissen wollen. Nach ihren bisherigen Erfahrungen verschwand alles, was man sich irgendwann zuzog, irgendwann wieder, ob Schnupfen oder Husten, eine Beule an der Stirn oder ein aufgeschlagenes Knie.

Hermann hatte den Kopf geschüttelt. »Nein, das geht nicht weg.« Caroline hatte ihn nachdenklich gemustert und dann überraschend die Hand ausgestreckt, um seinen Rükken zu berühren. »Ich glaube, es tut doch weh. Du magst es nur nicht sagen. Du bist tapfer, nicht? Aber mir gefällst du... Du bist ein lieber Junge.«

Ach ja, es tat weh, verwachsen zu sein, wenn es auch keine körperlichen Schmerzen waren. Wie oft war er gehänselt worden, schief angesehen, und es hatte sogar solche gegeben, die ihre Kinder von dem buckligen Buben weggezogen hatten. »Das ist einer, den Gott gezeichnet hat. Vor dem mußt du dich hüten.«

Selbst seine Eltern hatten ihre gerade gewachsenen Kinder ihm vorgezogen. Er war »das arme Hermannchen« gewesen, das bei den wilden Kinderspielen nicht mithalten konnte, und sein Vater, ein vierschrötiger, kraftstrotzender Mann, der mit bloßen Händen ein Hufeisen zusammenbiegen konnte, hatte mit dem stillen, bläßlichen Sohn, dem Stubenhocker, wie er ihn nannte, nichts anzufangen gewußt.

»Das arme Hermannchen« war keiner zum Vorzeigen, eher einer zum Verstecken, so, wie man einen Makel verbarg.

Die Mutter litt wohl gelegentlich darunter, daß sie solch ein Kind geboren hatte. Vielleicht empfand sie insgeheim sogar Schuldgefühle, aber da sie eine robuste Natur war, verdrängte sie derlei Empfindungen. Dies aber geschah am einfachsten, wenn man so wenig wie möglich daran erinnert wurde.

Darum wich sie ihrem verkrüppelten Sohn aus. Zeit seines Lebens sollte Hermann sich daran erinnern, wie seine Mutter ihn, wenn er in der Küche bei ihr gesessen und ihr bei der Arbeit zugeschaut hatte, mit jener Mischung aus Ungeduld und Weinerlichkeit angefahren hatte: »Was

hockst du nur immer hier herum! Geh nach draußen spielen wie die anderen, dann kriegst du rote Backen und ordentlich Hunger, wenn es Nachtmahl gibt.«
Und wenn er krank war, was oft vorkam, denn er hatte durch seinen verkrümmten Rücken Schwierigkeiten mit den Bronchien, hustete oft und fieberte bei der geringsten Erkältung, dann pflegte sie ihn wohl, brachte ihm das Essen und machte ihm Umschläge mit stark riechenden Kräuteressenzen, aber dies alles mit einem Gesicht, als wolle sie sagen: Genügt es nicht, daß du den Buckel hast? Mußt du auch noch solch ein Kümmerling sein?
Und da war nun auf einmal ein kleines Mädchen mit einem süßen, runden Gesicht und Augen, so grün wie das Wasser, das unter der Krämerbrücke dahinfloß, das behauptete: »Du bist tapfer. Mir gefällst du. Du bist ein lieber Junge.«
Von diesem Augenblick an hatte Hermann Caroline geliebt. Es war die Liebe eines einsamen, immer herumgestoßenen Knaben zu einem fröhlichen, zärtlichen Kind gewesen, das er beschützen konnte – und später die Liebe eines Mannes zu einer Frau.
Freilich hatte er immer gewußt, daß er diese Liebe in sich verschließen mußte.
Für Caroline war und blieb er ihr Freund, ihr Vertrauter, der ihr früher mit unendlicher Geduld in seiner Freizeit aus allerlei Stoffresten Kleider für ihre Puppen genäht hatte – richtige kleine Wunderwerke aus Samt und Seide, Spitzen und Flitter, genau den Modellen für Meister Jakobs Kundinnen nachgebildet.
Er hatte sie getröstet, wenn sie hingefallen war und sich weh getan hatte, und für manchen Streich, den das lebhafte Kind verübte, hatte er den eigenen Kopf hingehalten und mutig die Strafe auf sich genommen.
Für Caroline hatte er sich sogar mit anderen Kindern geprügelt, und Marie Weikersheim hatte mehr als einmal gesagt: »Hermann ist die beste Kinderfrau für Caroline, die

es gibt. Niemand kann mehr auf sie aufpassen, nicht einmal ich selbst.«
Als Leonhard Vogel um Caroline angehalten hatte, war Hermann ein paar Tage lang auffallend still gewesen und hatte behauptet, er habe sich wohl den Magen verdorben. Und dann war er, der sonst nicht sonderlich fromm und auch kein Kirchgänger war, eines Abends in die Barfüßerkirche gelaufen und hatte lange in der Bank gesessen und gebetet.
»Du weißt, Gott«, hatte er gesagt, »daß ich manchmal nicht gut auf dich zu sprechen war. Wegen des Höckers, den du mir auf den Rücken gepackt hast – und noch mehr eigentlich wegen der Menschen, von denen deine Stellvertreter predigen, daß sie nach deinem Ebenbild geschaffen seien.
Freilich gibt es welche, bei denen man meint, ein Stück des verlorengegangenen Paradieses wiederzufinden. Aber das sind wenige. Die meisten sind so, daß ich mich frage, warum du nicht bei den Tieren Schluß gemacht hast mit deiner Schöpfung.
Ich halte nicht viel von den Menschen, Herr, und offen gestanden verstehe ich nicht, daß dein Sohn sie so geliebt hat, daß er für ihre Sünden gestorben ist.
Verzeih mir, wenn solche Gedanken Unrecht sind.
Ich bin eben nur ein armer Schlucker, der nicht viel Gutes erfahren hat, und das bißchen Gute ist mir von den Weikersheims gekommen – und ganz besonders von Caroline. Du weißt, daß ich sie liebhabe, und auch deswegen könnte ich mit dir schelten. Ist es nicht genug, daß du mir diesen verunstalteten Körper zugedacht hast – mußtest du mir dazu auch noch das Herz eines Mannes geben?
Vielleicht wirst du jetzt sagen: Deine Schuld, Hermann! Wo ist deine Vernunft geblieben? Hast du keine Augen im Kopf oder nie in einen Spiegel geschaut? Jemand wie du vergißt besser, daß es Liebe gibt. Wen willst du denn damit beglücken? Eine ältliche, unansehnliche Witwe etwa oder

ein Buckelchen wie dich? Aber ausgerechnet Caroline! Wirklich, Hermann, du hast nicht nur einen krummen Rücken, sondern dazu noch ein durchlöchertes Hirn.
Wahr ist's, Herr, so was ist eine Dummheit. Aber damit ist es wie mit den Schwarzen Blattern. Will sie einer? Und trotzdem kann's passieren, daß man sie bekommt. Ich wollte auch nicht, daß Caroline mir wie ein Stück meines Herzens geworden ist. Und wenn es wahr ist, daß du alles siehst, Gott, dann hast du auch mitangesehen, wie ich in der Nacht wachgelegen und dagegen angekämpft hab'. Aber ich bin immer wieder unterlegen, und all mein Kämpfen und Wehren ist nur auf eines hinausgelaufen: daß mir jedesmal deutlicher wurde, wie lieb ich sie habe.
Und nun ist sie dem Leonhard Vogel anverlobt worden. Der ist ein anständiger Mann, glaub' ich. Er wird gut zu ihr sein, und er liebt sie wohl auch – auf seine Art. Aber ich weiß nicht, Herr, ob es die rechte Art für Caroline ist. Die ist eine, die nichts von sich zurückhält, wenn sie liebt. Die gibt sich ganz – und wenn einer das nicht versteht und ihre Wärme mißdeutet oder gar abweist, dann wird er sie verletzen. Siehst du, Herr, und davor habe ich Angst. Ich will ja nur, daß sie glücklich ist. Ich kann nicht immer auf sie achtgeben und schon gar nicht, wenn sie erst eine Madame Vogel geworden ist. Aber du kannst es, und darum will ich dich heute bitten.
Wenn sie glücklich wird, Herr, ich schwöre dir, dann will ich nie mehr mit dir hadern, weil du mich einen Krüppel hast werden lassen und weil ich mit vielem, was du auf dieser deiner Erde zuläßt, nicht einverstanden bin.
Kein Wort will ich sagen, Herr, das ist hiermit versprochen. Aber laß Caroline glücklich werden, damit ich's auch sein kann.«
Ja, so hatte er gebetet, der Hermann Daberstedt, an jenem Frühjahrstag vor einem halben Jahr, und war danach ein wenig getröstet und beruhigt heimgegangen.
Und in der Folgezeit, wenn er Caroline und Leonhard be-

obachtet hatte, hatte er gemeint: Ich hab' wohl vor lauter Liebe und Sorge Gespenster gesehen. Er ist vielleicht ein bißchen zurückhaltend und trägt das Herz nicht auf der Zunge, der Herr Bibliothekar, aber es ist ein gutes, treues Herz, und Caroline wird bei ihm wohl aufgehoben sein.
Doch nun auf einmal waren Ruhe und Erleichterung dahin. Irgend etwas hatte Caroline verändert, hatte sie aufgestört – und Hermann wußte zunächst nicht, was es war.
Freilich hatte sie erzählt, daß sie und Leonhard auf dem Heimweg von Hochheim von französischen Soldaten überfallen und durch einen Gardeleutnant vor Raub und Schlimmerem bewahrt worden waren. Leonhard Vogel hatte ja auch noch drei Tage das Bett hüten müssen, doch danach hatte er Carolines Schilderung bestätigt, ebenso wie die Baronin Rodenbach, deren Kutscher gleichfalls ziemlich blessiert von jenem Offizier im Rodenbachschen Stadthaus abgeliefert worden war. Frau Regine, die Haushälterin, hatte sich gar nicht genug tun können über seine höfliche und bescheidene Art, mit der er jeden Dank abgewehrt hatte.
Es war also alles recht glimpflich abgelaufen in dieser Nacht und Mamsell Caroline mit dem Schrecken davongekommen. Weshalb nur war sie seitdem so merkwürdig?
Im Gegensatz zu sonst vermied sie es sogar, mit Leonhard allein zu sein, und Hermann hatte einmal beobachtet, wie sie hastig ihre Hand zurückzog, als ihr Bräutigam danach gegriffen und einen Kuß darauf gedrückt hatte.
Hinterher freilich hatte sie ihn schuldbewußt angelächelt. »Verzeih, ich bin wohl recht abscheulich heute!« und hatte rasch Leonhards Wange gestreichelt. Aber sie hatte dabei arg zerquält ausgesehen. Und noch etwas war Hermann nicht entgangen. Immer, wenn jemand den großen Messingklopfer an der Haustür betätigte, und das geschah oft, weil Meister Jakob in seiner Schneiderwerkstatt gut zu tun hatte und alle Tage Kunden zur Anprobe kamen, zuckte Caroline zusammen, und ihr Gesicht bekam einen so an-

gespannten Ausdruck, als ob sie fieberhaft auf etwas warte.
Auf was? Auf wen?
Hermann kam schließlich darauf: Es mußte jener französische Offizier sein, der sie nach dem Überfall heimgebracht hatte. Eine andere Erklärung gab es nicht, denn genau seit damals war sie so sprunghaft und zwiespältig, schwankend zwischen Unruhe und Traumverlorenheit.
Wartete sie vielleicht, daß er kam und ihr einen Besuch machte? Wollte sie ihn wiedersehen?
Nicht daran rühren, dachte Hermann. Nichts sagen und nicht fragen. Du lieber Gott, ein französischer Gardeleutnant!
Falls er käme, würde Meister Jakob ihn an der Tür abfertigen. In seinem Hause empfing man keine Franzosen. Und außerdem – hatte Caroline nicht erzählt, daß er mit dem Kaiser eingetroffen war und deshalb todsicher auch wieder mit ihm abreisen würde? Das war keiner von den in Erfurt stationierten Besatzungstruppen. Welch ein Glück!
Ein paar Tage noch, und der »Musjöh« wird die Stadt verlassen haben und Mamsell Caroline ihm nie wieder begegnen, dachte Hermann. Jetzt sah sie in ihm noch einen strahlenden Helden, der sie aus einer mißlichen Lage befreit hatte. Das aber waren Mädchenschwärmereien, die mit der Zeit verblaßten. In ein paar Monaten würde sie darüber lachen und wieder so wie vordem sein.
Weil er Caroline liebte, hatte Hermann ein besonderes Gespür für sie entwickelt, eine Art Hellsicht, die ihn meist erahnen ließ, was in ihr vorging.
Doch diesmal irrte er. Es war keine Mädchenschwärmerei, die Caroline für Pierre de Lancourt empfand. Und sie würde auch in ein paar Monaten nicht drüber lachen können.

****

3

Es war am Vormittag des siebten Oktober, als Meister Jakob beim Zehn-Uhr-Läuten der Neuwerkskirche nicht wie sonst den Lehrbuben in die Wohnung hinaufschickte, um die Vesperbrote und einen Krug Malzbier für sich und die Gesellen zu holen, sondern selbst kam.

»Die Abendrobe für die Gräfin Wardenburg ist eben fertig geworden«, sagte er zu seiner Frau. »Ich habe ihr versprochen, sie heute noch zu liefern, aber ich kann unten in der Werkstatt niemanden für Botengänge entbehren. Kannst du nicht eben die paar Schritte hinlaufen, Marie, und ihr das Kleid bringen?«

»Ach, du liebes bißchen!« Marie Weikersheim strich sich mit bemehlten Händen die Haare aus dem Gesicht. »Schick Caroline, ich kann jetzt nicht weg. Der Brotteig ist fast fertig, und ich muß dabeibleiben. Ernestine ist ihre Base besuchen und hinterher auf den Markt . . . Vor zwei Stunden kommt sie gewiß nicht zurück.«

Es war nicht das erste Mal, daß Caroline derlei Wege für ihren Vater erledigte. Unten in der Werkstatt packte Hermann ihr das fliederfarbene Kleid mit der breiten, dunkelvioletten Schärpe sorgsam in den eigens dafür gefertigten Leinenüberzug und blickte ihr hinterher, wie sie auf die Straße trat.

Der Herbstwind wirbelte ihr ein paar Blätter vor die Füße, und sie raffte ihren braunen Rock, daß man die weißen Strümpfe sah, um über eine Regenpfütze zu springen.

Sie trug ein halblanges Cape aus grüner Wolle mit breiten

braunen Ziernähten und sah frisch und jung aus. Das Kleid für die Gräfin hielt sie vorsichtig über dem Arm, daß es kein Druckfältchen bekam.

»Laßt Euch Zeit, Mamsell Caroline«, rief Hermann ihr nach.

»Und wartet, bis die Frau Gräfin die Robe anprobiert hat. Falls es etwas zu ändern gibt, kann man es noch bis heute abend schaffen, hat der Meister gesagt.«

Sie nickte und winkte zurück.

Eine Viertelstunde später hatte sie das Wardenburgsche Stadtpalais an der Elisabethenstraße erreicht. Es war ein alter, mit wildem Wein bewachsener Bau. Hinter einer Toreinfahrt lag der gepflasterte Hof, in dem in großen Kübeln violette und gelbe Astern blühten. Das Portal des gräflichen Wohnhauses war von kugelrund beschnittenen Buchsbäumen flankiert.

Ein livrierter Diener brachte Caroline zu der Gräfin.

Charlotte von Wardenburg war noch bei der Morgentoilette. Sie saß in ihrem Boudoir, in ein zauberhaftes blaues Spitzenneglіgé gekleidet, und schlürfte eine Tasse Schokolade, während eine Zofe ihr Haar frisierte.

Auf einer Ottomane vor der Fensternische aber saß Pierre de Lancourt. Charlotte von Wardenburg lächelte Caroline flüchtig zu. »Ah, die Mamsell Weikersheim. Legen Sie das Kleid dort drüben auf den Tisch.« Caroline knickste. »Der Vater meint, die Frau Gräfin sollte es einmal überziehen. Wenn irgend etwas nicht in Ordnung ist, will er's bis heute abend ändern.«

Sie wunderte sich, daß ihre Stimme ganz normal klang. Wie war das möglich, da sie doch das Empfinden hatte, in ihrem Kopf drehe sich ein Kreisel, und ihre Beine seien so weich wie Eiercreme? Pierre . . . Pierre war hier!

Freilich war es nicht unüblich, daß vornehme Damen während ihrer Morgentoilette Besucher empfingen. Aber irgendein Instinkt sagte Caroline, daß Pierre de Lancourt nicht ein zufällig vorbeigekommener Gast war. Zwar war er vollständig angekleidet, als sei er tatsächlich erst vor ein paar Minuten erschienen, um der Gräfin seine Aufwartung zu machen, doch die Art, mit der sich Charlotte von Wardenburg ihm zuwandte, und der Ausdruck ihrer Augen dabei all das sprach eine eigene, höchst intime Sprache.

»Wenn Sie einen Augenblick draußen warten wollen, Chevalier de Lancourt«, sagte die Wardenburg in einem Ton, als amüsiere sie sich insgeheim über die Situation. »Ich will nur eben das Kleid überziehen. Dann können Sie kommen und es begutachten.«

Pierre erhob sich und lächelte Caroline zu, »Mademoiselle Caroline, wie nett, daß man sich einmal wiedersieht. Wie geht es Ihnen? Haben Sie die Schrecken der damaligen Nacht unbeschadet überstanden?« »Ja, gewiß«, murmelte sie und haßte sich dafür, daß sie rot wurde. »Ah, Sie kennen die Mamsell?« fragte die Gräfin.

Pierre nickte. »Sie war meine erste Bekanntschaft in Erfurt. Aber das ist eine lange Geschichte. Ich erzähle sie Ihnen später, teuerste Gräfin.« Damit ging er hinaus, nicht ohne Caroline noch einen lächelnden Blick zuzuwerfen.

Die stand wie auf glühenden Kohlen, während Charlotte die Ballrobe anprobierte. Sie drehte und wendete sich vor dem hohen Ankleidespiegel, hieß die Zofe, eigens noch die daneben angebrachten Kerzen anzuzünden, weil das Tageslicht ihr zu matt erschien, und rief dann Pierre wieder herein.

»Nun, was meinen Sie, mein Freund? Werde ich heute abend damit im Theater Furore machen?«

Der Neid mußte es ihr lassen, sie sah blendend aus. Der dünne, fast durchsichtige Stoff floß in weichen Falten an ihrer Figur herunter. Die Fliederfarbe schmeichelte ihrem weißen Teint, und die breite Schärpe, unter der vollen Brust gebunden, hatte genau den Ton ihrer hübschen großen Augen.

»Excellent«, sagte denn auch Pierre und warf der Gräfin eine Kußhand zu. »Sie werden die Königin des Abends

sein. Selbst der große Le Roy, bei dem die Kaiserin Josephine und die Königinnen von Holland und Westfalen arbeiten lassen, hätte keine entzückendere *création* schaffen können.« Er wandte sich an Caroline. »Ihr Papa ist ein Meister seines Faches, Mademoiselle. Mein Kompliment.«
»Dann kann ich also jetzt gehen?« fragte Caroline. Ihr war nach Weinen zumute, und sie fürchtete, die Tränen nicht mehr lange zurückhalten zu können. Pierre de Lancourt und Charlotte von Wardenburg ... Und vor nicht einmal zwei Wochen hatte er sie, Caroline, geküßt. Auf eine Art, die ihr wie Feuer ins Blut gegangen war.
Sie hatte kaum schlafen können in jener Nacht, und am Morgen war ihr erster Gedanke gewesen: Ob er wohl heute wiederkommt? Oder ob er mir ein paar Zeilen schickt, daß er mich sehen möchte?
Tag um Tag hatte sie darauf gewartet, davon geträumt und es gleichzeitig gefürchtet.
Denn daß sie Pierre de Lancourt nur heimlich treffen könnte, war ihr bewußt gewesen. Dennoch hätte sie es getan.
O Gott, was war sie dumm gewesen!
»Ja, gewiß, mein Kind«, sagte die Gräfin Wardenburg. »Sie kann gehen. Und richte Sie Ihrem Vater aus, daß ich sehr zufrieden mit ihm bin.«
»Ich werde es ihm bestellen.« Man hatte Caroline beigebracht, daß sie vor den vornehmen Kundinnen ihres Vaters zu knicksen hatte. Aber jetzt auf einmal brachte sie es nicht fertig.
Nicht vor dieser Frau – und nicht vor Pierre.
In den siebzehn Jahren ihres Lebens war es ihr immer herzlich gleichgültig gewesen, daß sie die Tochter eines Schneidermeisters war, ein Bürgermädchen, das zwar mit einer Baronesse zusammen erzogen wurde und alles viel leichter lernte als die blonde, pummelige Friederike, das aber dennoch gesellschaftlich auf einer niedrigeren Stufe stand. Doch in diesem Augenblick wünschte sie sich mit heißem Herzen, auch ein Fräulein von Stand zu sein.

Eines, zu dem Charlotte von Wardenburg nicht so herablassend sprechen würde. Eines, das dazugehörte zu der feinen Gesellschaft, dem man mit Achtung begegnete und vor dem man sich verneigte. Unsinn, sagte eine kleine böse Stimme in ihr, du willst ja nur, daß Pierre dich bewundert. Du willst genauso viel sein wie er — oder besser noch mehr, damit die Wardenburg neben dir verblaßt. Aber bilde dir nichts ein! Solche wie dich küßt man im Dunkeln an der Haustür und faßt ihnen an die Brust. Und im nächsten Moment ist es vergessen. Du zählst doch gar nicht . . .
»Sie kann gehen«, hatte Charlotte von Wardenburg gesagt. Ach, Caroline hätte wer weiß etwas darum gegeben, wenn sie ihr wenigstens die Zunge hätte herausstrecken dürfen. Oder ihr das wunderschöne neue Kleid mit einer Schere zerfetzen. Wie sie sich schon wieder vor dem Spiegel drehte!
»Was meinen Sie, Chevalier de Lancourt«, sagte sie. »Soll ich meinen Amethystschmuck dazu tragen? Er ist zwar nicht besonders kostbar, aber die Steine passen so gut zu dem Stoff.«
»Was auch immer Sie tragen, Gräfin, es wird Ihnen bezaubernd stehen«, erwiderte Pierre, aber er sah nicht Charlotte dabei an, sondern Caroline. Und dann formten seine Lippen einen Kuß in ihre Richtung. Caroline starrte ihn einen Moment lang sprachlos an, bevor sie sich herumwarf und aus dem Boudoir rannte. Krachend fiel die Tür hinter ihr zu.
»Mon dieu«, sagte die Wardenburg, »der Kleinen hat man auch nicht beigebracht, wie man sich in einem guten Hause zu benehmen hat.«
Caroline ging nicht sofort heim. Sie rannte in den Hirschgarten, und dort warf sie sich auf eine Bank und brach nun doch in Tränen aus. »Ich hasse ihn«, stieß sie zwischen heftigen Schluchzern hervor. »Er ist gemein und macht sich über mich lustig . . . und alles ist für ihn nur ein Spaß.«

Die Tränen erleichterten sie etwas, und nach einer Weile putzte sie sich die Nase und strich sich das Haar aus dem Gesicht. Mit gerunzelter Stirn blickte sie vor sich hin. Nein, es freute sie nicht, daß Pierre ihr beim Abschied einen Kuß zugeworfen hatte. Es bestätigte nur ihre Meinung, daß sie für ihn nichts weiter war als ein naives Ding, mit dem er nach Lust und Laune umgehen konnte. Vermutlich hielt er sie sogar für dumm genug, um nicht zu merken, daß er der Liebhaber der Wardenburg war.
Ha, dachte Caroline, dabei ist es doch in der ganzen Stadt bekannt, daß die Gräfin ihrem Mann Hörner aufsetzt. Er war zwanzig Jahre älter als sie, ein stiller Gelehrter, dessen Interesse der Philosophie und den Naturwissenschaften galt. Charlotte hingegen war eine lebenslustige, eitle Frau, die sich bei ihm langweilte.
Caroline rümpfte die Nase. Pierre ist dumm, dachte sie, nicht ich! Er bildet sich wahrscheinlich noch etwas darauf ein, daß er die Wardenburg erobert hat. Dabei kann jeder sie haben, wenn er nur hübsch und jung ist. Aber froh machte sie dieser Gedanke auch nicht.
Als sie eine halbe Stunde später heimkam, fand sie ihre Mutter in heller Aufregung vor.
Sie saß in der Wohnstube, und Malwine Vogel hockte wie ein schwarzer Unglücksrabe auf dem Sofa vor dem Fenster, schluchzend ein Taschentuch vor die Augen gepreßt.
»Ach, mein armes Kind!« sagte Marie Weikersheim, als sie ihrer Tochter ansichtig wurde. »Was für ein Unglück! Carolinchen, du mußt jetzt sehr tapfer sein.«
Das Mädchen wurde blaß. »Leonhard?« stammelte es mit zitternden Lippen und dachte: O Gott, das ist die Strafe dafür, daß ich die ganze Zeit nur Pierre im Kopf gehabt habe. »Ist etwas mit Leonhard passiert?«
»Sie haben ihn verhaftet und in die Zitadelle gebracht«, erklärte Leonhards Mutter mit erstickter Stimme. »Vor zwei Stunden war die französische Geheimpolizei da . . .«
Carolines erste Reaktion war Erleichterung. Leonhard war

also nicht tot, nicht verunglückt, wie sie im ersten Augenblick befürchtet hatte. »Aber . . . aber warum denn? Was hat er denn getan?«

Malwine Vogel blickte auf. »Ich weiß es nicht genau. Ich war viel zu aufgeregt, um alles zu verstehen. Sie haben von einer politischen Verschwörung geredet . . . von Volksaufwiegelung gegen den Kaiser. Es soll sogar ein Attentat geplant worden sein. Als sie Leonhard fortführten, habe ich gesehen, daß sie draußen noch ein paar andere bei sich hatten – alle in Ketten wie die Schwerverbrecher. Der Geheime Rat Wendlandt war darunter, der Bäckermeister Siebner und der Druckereibesitzer Mergenthin. Ich glaube, auch der Kunstmaler Dornbach und Herr Kremer vom ›Erfurter Boten‹, sowie der Stadtschreiber Pretorius . . .«

»Und Leonhard soll mit diesen Männern an einer Verschwörung . . .« Carolin konnte es nicht glauben. Ausgerechnet Leonhard, dieser besonnene, stille Mann, dessen Bedächtigkeit sie oft genug geärgert hatte!

»Ich weiß es doch nicht!« weinte Malwine Vogel auf. »Herr Kremer und Herr Mergenthin sind ja einigemale bei uns gewesen. Dann haben sie bis tief in die Nacht hinein in Leonhards Studierstube miteinander geredet. Und in der letzten Zeit ist er auch des Abends aus dem Haus gegangen, ohne mir zu sagen, wohin, und stundenlang fortgeblieben. Aber ob er wirklich einem Verschwörerzirkel angehört hat . . .«

»Dein Vater ist in die Stadt gegangen, in der Hoffnung, Näheres zu erfahren«, sagte Marie Weikersheim. »Vielleicht sucht er Frau Mergenthin oder die Siebners auf . . . Meine liebe Frau Vogel, ich bitte Sie, beruhigen Sie sich. Noch wissen wir ja nicht, was man Ihrem Sohn vorwirft. Vielleicht wird er schon morgen wieder auf freien Fuß gesetzt, weil sich alles als Irrtum herausgestellt hat.«

»Es ist kein Irrtum«, beharrte Malwine. »Ich habe es Leonhard angemerkt, als sie ihn abholten. Er sah aus, als hätte er es erwartet. O Gott, was werden sie mit ihm machen! Wenn sie ihn zu jahrelanger Festungshaft verurteilen oder gar erschießen – das überlebe ich nicht!« Caroline hätte ihr gern etwas Tröstendes gesagt, aber die kühle Art, mit der Leonhards Mutter sie bisher behandelt hatte, hinderte sie daran. So murmelte sie nur: »Wir müssen warten, bis Vater zurückkommt. Vorher hat es gar keinen Sinn, sich vor Angst halb verrückt zu machen.«

Aber sie selbst hatte auch Angst, denn sie wußte, wie die Franzosen mit politischen Aufrührern verfuhren. Da machte man wenig Federlesens.

Meister Jakob kam erst am Nachmittag wieder. Als er die Stube betrat, war sein Gesicht so ernst, daß Malwine Vogel sofort wieder in Tränen ausbrach. »Ich hab's gewußt, ich hab's gewußt! O Gott, mein Leonhard, was hast du mir nur angetan!«

Jakob Weikersheim legte Hut und Stock auf die Anrichte. »Er ist tatsächlich auf dem Petersberg eingekerkert, und man darf nicht zu ihm. Ich hab's versucht, aber ich bin abgewiesen worden. Von Frau Mergenthin habe ich schließlich erfahren, was man Leonhard und ihrem Mann vorwirft – und natürlich allen anderen, die heute verhaftet worden sind. Insgesamt sind es zwölf. Man beschuldigt sie, aufrührerische Schriften gegen den Kaiser und die Franzosenherrschaft verfaßt und verbreitet zu haben. Und das stimmt auch. Mergenthin hat die Flugblätter und Broschüren gedruckt. Man hat in seinem Haus und der Druckerei alles durchgewühlt und den Betrieb geschlossen.«

»Und was hat es mit der Verschwörung auf sich, dem angeblichen Attentat gegen den Kaiser?« fragte Caroline.

Ihr Vater hob bedrückt die Schultern. »Davon wußte Frau Mergenthin nichts. Vielleicht ist das lediglich ein Gerücht ... Man kann nur hoffen.«

Seitdem hatte Caroline nur einen Gedanken: Pierre de Lancourt. Er gehörte zur Umgebung des Kaisers. Er sah Napoleon fast täglich, wie er erzählt hatte, und gewiß hatte er Gelegenheit, hin und wieder mit ihm zu reden.

Pierre mußte ihr eine Audienz bei Napoleon verschaffen, damit sie um Gnade für Leonhard bitten konnte.
Am Abend – Meister Jakob hatte Frau Vogel nach Hause gebracht, und Marie Weikersheim wirtschaftete noch in der Küche herum – verließ Caroline heimlich das Haus. Sie hatte niemandem etwas von ihrem Vorhaben gesagt, denn ihr Vater würde ihr gewiß nicht erlauben, sich an Pierre de Lancourt um Hilfe zu wenden, nicht einmal um Leonhards willen. Dazu war sein Franzosenhaß zu groß. In ihr Cape gehüllt, die Kapuze über den Kopf gezogen, huschte Caroline über den dunklen Hausflur und öffnete die schwere Bohlentür zur Straße.
Da schrak sie zurück. Hermann lehnte an der Mauer und sah sie an, als hätte er sie erwartet.
»Wohin geht's denn, Mamsell Caroline?« fragte er mit seinem freundlichen Lächeln.
»Das geht dich nichts an«, sagte sie so schroff, wie sie noch nie zu ihm gesprochen hatte. »Laß mich vorbei.«
»Aber es wird dunkel. Ihr solltet um diese Zeit nicht mehr auf der Straße sein, jedenfalls nicht allein. Erlaubt, daß ich Euch begleite.« »Nein!« sagte Caroline entsetzt. »Bitte, Hermann, frag mich nichts. Aber ich muß wirklich fort, und ich muß allein gehen. Mein Vater kann jeden Augenblick zurückkommen. Dann müßte ich es später noch einmal versuchen.«
»Ihr wollt zu dem französischen Leutnant, nicht wahr?« fragte Hermann ruhig. »Und für den Herrn Bibliothekar bitten? Tut das nur, Mamsell Caroline. Aber laßt mich Euch begleiten. Ich hätte sonst keine ruhige Minute.«
»Dann komm«, erwiderte sie, weil ihr die Zeit unter den Nägeln brannte. Außerdem war sie froh darüber, daß Hermann sie verstand. Merkwürdig, niemand außer ihm vermochte mit so schlafwandlerischer Sicherheit zu erraten, was in ihr vorging. »Wie machst du das nur?« fragte sie, während sie rasch neben ihm die Straße entlanglief. »Was mache ich?« Hermann blickte sie von der Seite an.

»Du weißt fast immer, was ich will. Das ist geradezu unheimlich. Schon früher konnte ich nichts aushecken, ohne daß du nicht dahintergekommen wärst.«
»Nun ...« Hermanns Stimme klang ein wenig belegt. »Ihr seid nicht sehr schwer zu durchschauen, Mamsell Caroline. Wenn Ihr etwas ausbrütet, sieht man es Euch an der Nasenspitze an. Ich frage mich dann immer: Was kann es sein, Hermann? Wenn du Mamsell Caroline wärest – was würdest du an ihrer Stelle tun? Und im nächsten Moment weiß ich's.«
»Ach, Hermann ...« Für einen Moment griff sie nach seiner Hand, und er sah, daß in ihren Augen Tränen standen. »Meinst du, daß sie Leonhard ... daß er in ernstlicher Gefahr ist?«
»Ich fürchte, ja. Aber noch ist nicht aller Tage Abend. Und wer könnte Euch schon widerstehen, Mamsell Caroline, wenn Ihr um etwas bettelt.«
»Ja. Ja, das will ich. Ich will den Chevalier de Lancourt solange anbetteln, bis er verspricht, mir zu helfen. Sie dürfen Leonhard nichts tun.«
»Aber ein Gardeleutnant wird da vielleicht nicht viel ausrichten können ...«
»Er nicht. Aber der Kaiser.«
»Ich verstehe.« Hermanns Gesicht wurde noch eine Spur sorgenvoller. »Nun, dann Gott mit Euch, Mamsell Caroline. Wenn Ihr mit dem Leutnant sprecht, werde ich mich abseits halten. Er braucht gar nicht zu wissen, daß ich da bin. Aber ich passe auf Euch auf und bringe Euch wieder heim. Wo wollt Ihr den Leutnant überhaupt treffen?«
»Ich versuche es zuerst im Ballhaus der Universität an der Futterstraße. Dort findet eine Theateraufführung statt. Und da der Kaiser ihr beiwohnt, wird der Chevalier de Lancourt vermutlich gleichfalls dort sein. Zumindest aber kann man mir sagen, wo ich ihn finde.« Pierre de Lancourt war tatsächlich im Theater und sah sich den berühmten französischen Schauspieler François-Joseph Talma in

»Oedipus« an. Das erfuhr Caroline von einem Wachtposten in der Halle. Allerdings war es ganz unmöglich, Pierre aus der Vorstellung herauszuholen. Falls er Dienst beim Kaiser hatte, saß er vermutlich sogar in dessen Loge.
»Aber ich muß ihn sprechen«, sagte Caroline beschwörend. »Es ist so wichtig. Bitte, Monsieur, geben Sie ihm wenigstens Nachricht, daß ich hier auf ihn warte. Sagen Sie nur, Mademoiselle Caroline sei da . . .«
»Ich will es versuchen«, versprach der junge Soldat. »Aber erst, wenn die Aufführung beendet ist.«
Caroline wartete in der Halle des Ballhauses fast zwei Stunden.
Hermann stand unterdessen auf der Straße, und inzwischen war sie aufrichtig froh über seine Begleitung. Sie hätte sich gefürchtet, so spät noch allein durch die dunklen Gassen nach Hause zu laufen. Aus dem Zuschauerraum hörte sie donnernden Applaus, Hochrufe auf Talma und die anderen Schauspieler und zuletzt immer wieder »*Vivent les empereurs*« das Zeichen, daß sich Napoleon und Alexander von ihren Plätzen erhoben hatten und nun offenbar dem Ausgang zustrebten.
Die breiten Flügeltüren sprangen auf, und eine festlich gekleidete Gesellschaft drängte in die Halle.
Man bildete ein Spalier, durch das Napoleon und der russische Zar mit ihrer Begleitung schritten. Caroline, die etwas abseits wartete, tat ein paar Schritte nach vorn und stellte sich auf die Zehenspitzen, um Pierre zwischen all den Uniformen und Galaroben zu entdecken.
Mutlos wollte sie sich schon eingestehen, daß sie umsonst hergekommen war, als sie plötzlich beim Arm ergriffen wurde.
Es war der junge Wachsoldat. »Kommen Sie, Mademoiselle, Leutnant de Lancourt wartet auf Sie.«
Sie konnte nur ein kurzes »Danke« stammeln, bevor sie Pierre in dem Säulengang entdeckte, der draußen im Freien das vorspringende Dach des Ballhauses trug.

Caroline lief auf ihn zu. »Du bist es also tatsächlich«, sagte Pierre. »Ich wollte es gar nicht glauben, nachdem du mich heute morgen so unfreundlich angesehen hast, obwohl ich wahrhaftig nicht weiß, womit ich das verdient habe.«
Die Theaterbesucher hatten sich allmählich verlaufen. Nur unten auf der Straße, wo die Kutschen vorgefahren waren, herrschte noch Gedränge. »Haben Sie ein paar Minuten Zeit?« fragte Caroline. »Sonst sagen Sie mir, wann und wo ich Sie treffen kann. Aber es muß bald geschehen ... Es geht um Leben und Tod.«
Er sah, wie erregt sie war, und nahm ihre Hände. »Ich habe Zeit, mein Dienst ist für heute beendet. Zwar hätte ich Seine Majestät noch in den Gouverneurspalast zurückbegleiten müssen, doch das hat Leutnant Rigaud für mich übernommen, nachdem ich deine Nachricht erhielt. Aber was gibt es denn nur?«
Sie holte tief Atem. »Sie haben Leonhard verhaftet ... Er ist auf dem Petersberg. Es heißt, er habe mit einigen anderen Flugschriften und Ähnliches verfaßt, in denen zum Widerstand gegen die Franzosenherrschaft aufgerufen wird – und gegen Ihren Kaiser«, fügte sie stockend hinzu.
Pierre pfiff leise durch die Zähne. »Sieh an, der Herr Bibliothekar, der sich so ungern von mir helfen ließ! So viel Courage hätte ich ihm gar nicht zugetraut. Ich hielt ihn für langweilig und ehrpusselig, aber nicht für einen Aufrührer.«
»Das ist Leonhard auch nicht. Er ist der anständigste Mensch, den ich kenne. Irgendwelche Leute müssen ihn beschwatzt haben, daß er sich für etwas ... etwas Ungesetzliches hergegeben hat.«
»Und nun sitzt er also in der Festung!« Pierres Stimme klang amüsiert, und das reizte Carolines Zorn.
»Sie haben gut lachen! Sie sind Franzose, und niemand hat Ihr Land besetzt und Sie gezwungen, dem Sieger zu huldigen.«

»Pssst«, machte er und legte ihr einen Finger auf die Lippen. Die kleine Berührung bewirkte, daß ein prickelndes, warmes Gefühl in ihr aufstieg. Am liebsten hätte sie Pierres Hand festgehalten.

Was bin ich nur für ein abscheuliches Geschöpf, dachte sie. Leonhard sitzt in irgendeinem finsteren Verlies und muß um sein Leben fürchten, und ich . . .

Sie trat einen Schritt zurück. »Bitte, helfen Sie uns, Chevalier de Lancourt«, bat sie. »Ich will nicht, daß Leonhard im Gefängnis bleibt. Ich könnte es nicht ertragen.«

»So sehr liebst du ihn, deinen bleichgesichtigen, langnasigen Herrn Bibliothekar?« fragte er lächelnd.

»N-nein . . . ja! Ich meine, das hat mit meiner Liebe für ihn gar nichts zu tun. Er ist ein guter Mensch und verdient es einfach nicht, daß er . . .« Aus Angst und Verwirrung begann sie zu weinen. »Bitte, bitte, helfen Sie uns!«

»Hmhm . . . Und wie stellst du dir das vor?«

»Der Kaiser kann Leonhard begnadigen, egal, was er getan hat. Deshalb flehe ich Sie an, mir eine Audienz bei ihm zu verschaffen.« »Ich? Aber wie stellst du dir das vor? Denkst du, ich könnte so einfach zum Kaiser gehen und sagen: Sire, da ist ein junges Fräulein, dessen Verlobter von Ihrer Polizei verhaftet wurde. Es möchte um Gnade für ihn bitten, und Sie müssen es einfach empfangen?! Was, glaubst du, wird der Kaiser mir antworten?«

»Aber Sie sehen ihn doch alle Tage! Sie haben auch gesagt, er sei sehr liebenswürdig zu seinen Soldaten . . . Bitte, bitte, versuchen Sie es wenigstens! Ich hätte keine frohe Stunde mehr, wenn Leonhard etwas geschieht.«

Verdammt, sie sollte ihn nicht so anschauen mit diesen großen, in Tränen schwimmenden Augen und den zitternden Lippen! Pierre de Lancourt schluckte. Seit er Caroline heute vormittag wiedergesehen hatte, spukte sie ihm im Kopf herum, und die Erinnerung, wie er sie geküßt hatte, war plötzlich auf eine unglaublich hartnäckige Art zum Leben erwacht.

Er hatte sie zu ersticken versucht, indem er Charlotte von Wardenburg, als sie allein waren, das schöne neue Ballkleid ausgezogen und sie ins Schlafzimmer getragen hatte. Aber während er bei ihr lag, hatte er an Caroline gedacht, und Charlotte hatte hinterher zu ihm gesagt: »Du wirst alle Tage verrückter nach mir, *chéri.* Wie soll das nur enden?«

»Ich habe morgen Dienst beim Kaiser«, sagte Pierre jetzt und unterdrückte den Impuls, Caroline in die Arme zu nehmen. Merkwürdig – er war doch sonst nicht so! Er war dreiundzwanzig Jahre alt und hatte sich immer genommen, was das Leben an Vergnügungen bot, ohne Gewissensbisse zu verspüren.

Wer wußte denn, ob man morgen nicht schon tot war, gefallen in irgendeiner Schlacht, gestorben an einer Seuche, aus dem Hinterhalt erschossen, bei einem Aufstand von Rebellen ermordet?

Er hatte als Kind die Revolution und die nachfolgende Schreckensherrschaft nur überlebt, weil ein Diener seiner Eltern ihn zu seinen Verwandten in der Nähe von Versailles gebracht und man ihn dort versteckt gehalten hatte.

Seine Eltern, seine Großmutter und sein älterer Bruder waren guillotiniert worden. Später war Pierre zu den Soldaten gekommen, und seitdem hatte er so gelebt, als ob jeder Tag sein letzter hätte sein können. Er hatte alles hineingepreßt, was es an Lachen und Lieben gab und nie nach den Folgen gefragt.

Nur bei Caroline war das anders. Pierre hatte genügend Erfahrung, um zu wissen, daß sie ihm zufallen würde, wenn er es darauf anlegte. Aber plötzlich scheute er davor zurück.

Es lag an ihr. Sie hatte etwas an sich, das ihn rührte. Deshalb wollte er ihr nicht weh tun. Sie würde eine Affäre viel zu ernst nehmen, und es würde ihr das Herz brechen, wenn er sie verließe.

Pierre seufzte. »Ich kann dir nichts versprechen, aber ich

will versuchen, daß der Kaiser dich empfängt. Wie kann ich dir eine Nachricht schicken?«
»Ich komme morgen früh zum Gouvernementsgebäude«, sagte Caroline und fühlte sich ganz schwach vor Erleichterung. Die erste Hürde war genommen, und sie zweifelte nicht daran, daß Pierre erreichen würde, worum sie ihn bat. Wer könnte ihm irgend etwas abschlagen? »Sagen Sie mir nur die Uhrzeit.«
»Vielleicht gegen zehn. Es kann aber sein, daß du ganz umsonst kommst. Mach dir nicht zu große Hoffnungen.«
Sie wischte sich über die Augen und strahlte ihn an. »Sie werden es möglich machen, da bin ich ganz sicher.«
»Mon dieu, was hast du nur für eine Meinung von mir! Ich bin nicht der liebe Gott«, knurrte er. »Danke mir jetzt noch nicht. Dafür ist es in jedem Fall zu früh. Und nun komm, ich bringe dich heim.«
»Das ist nicht nötig. Unser Geselle wartet auf mich. Bis morgen also ...«
Er blickte ihr nach, wie sie die Stufen hinunterlief. Aus dem Schatten eines Hauses löste sich eine Gestalt, mit der sie davonging.
Verdammt, dachte Pierre de Lancourt, auf was habe ich mich da eingelassen! Der Kaiser hat seit Tagen schlechte Laune. Es kann sein, daß er mir eine Vase an den Kopf wirft, wenn ich ihn bitte, eine Schneidermeisterstochter zu empfangen, deren Bräutigam gegen ihn konspiriert hat.

Pierre hatte Glück: Napoleon war an diesem Morgen des 8. Oktober weder reizbar noch unzugänglich.
Das lag daran, daß sein Außenminister Champany ihm eine kurze Nachricht hatte zukommen lassen, er sei mit Rumjantzew und Herrn Speranskij ein gutes Stück weitergekommen, und man gehe jetzt daran, die einzelnen Punkte des Abkommens zwischen Rußland und Frankreich schriftlich zu fixieren.
Als Nachsatz hatte er noch hinzugefügt: »Außerdem ver-

handeln General de Caulaincourt und die Obengenannten — natürlich mit aller gebotenen Delikatesse — über eine mögliche familiäre Annäherung zwischen dem Hause Romanow und Euer Majestät. Ebendieselbe wäre eine unverbrüchliche Garantie für die Allianz zwischen Frankreich und Rußland, und Seine Majestät, der Zar, hat mich wissen lassen, wie sehr er es begrüßen würde, wenn Euer Majestät hochdero Lebenswerk mit der Gründung einer neuen Dynastie krönen wolle.«
Besonders dieser Nachsatz war die Ursache für Napoleons gelöste, ein wenig weiche Stimmung.
Er selbst hatte mit dem Zaren nicht über diese Angelegenheit gesprochen, da er es für taktisch unklug hielt. Man wies den Kaiser der Franzosen nicht ab, wenn er persönlich um eine Schwester Alexanders anfragte. Deshalb war es zunächst Sache der Diplomaten, die Meinung des Zaren dazu zu ergründen.
Aber da gab es diese Katharina Pawlowna, Alexanders Lieblingsschwester. Im richtigen Alter, um eine Ehe einzugehen, dazu klug und gesund und zweifellos in der Lage, ihrem Gatten Kinder zu schenken. Sie stand auf Napoleons Liste seiner möglichen Heiratskandidatinnen an oberster Stelle.
Freilich, es würde ihm nicht leicht fallen, sich von Josephine scheiden zu lassen. Seit langem hatte er diesen Entschluß vor sich hergeschoben. Er wußte, daß die Franzosen Josephine liebten. *Notre Dame de la Victoire* hatte man sie genannt, man hatte sie ihrer Schönheit und ihrer Eleganz halber bewundert, man hatte versucht, ihren Lebensstil nachzuahmen, die leichte Hand, ihre ganz persönliche spielerische, ein wenig morbide Anmut, man hatte ihr ihre Eskapaden verziehen und ihre gelegentliche Indifferenz — genauso, wie er es immer wieder getan hatte.
Ach, was hatte er in früheren Jahren um sie gelitten! Er hatte sie so glühend, so ausschließlich geliebt, regelrecht verzehrt hatte er sich nach ihr und wäre für sie gestorben.

Aber sie hatte ihn betrogen, wieder und wieder, und irgendwann war er nicht mehr fähig gewesen, darum zu leiden. Es war, als wäre er ausgebrannt gewesen, und Josephine hatte die Macht verloren, ihn glücklich oder unglücklich zu machen.

Jetzt betrog sie ihn nicht mehr, sondern zitterte vor dem Tag, an dem er sie verlassen könnte. Sie, die unfruchtbare Frau, die zu alt geworden war, ihm Kinder zu gebären.

Sie welkten rasch dahin, die Frauen Westindiens. Sie waren wie die Blumen in ihrer Heimat, von verschwenderischer Farbenpracht und bezauberndem Duft – und schnell verblüht.

Aber Napoleon hing dennoch an Josephine und brachte es nichtfertig, ihr aus voller kalter Überlegung heraus weh zu tun. War es Sentimentalität – die Erinnerung an die Zeit, wo er, der kleine Sansculottengeneral, niemanden gehabt hatte, dem er seine hochfliegenden Träume anvertrauen konnte? Josephine war die einzige gewesen, die ihm damals zugehört hatte, und er hatte ihre Freundlichkeit, von der er inzwischen wußte, daß sie sie jedermann entgegenbrachte, weil sie ein Teil ihres Wesens war, für Zuneigung gehalten.

Ach, Josephine ... Napoleon empfand ein weiches Gefühl, als er an sie dachte. Nein, es würde nicht einfach werden, sich von ihr zu trennen. Aber irgendwann mußte es sein. Er brauchte den Erben für die Kaiserkrone, und das sollte sein leiblicher Sohn sein, nicht einer seiner Neffen.

Napoleons sentimentale Stimmung hielt den ganzen Morgen über an. Und so geschah es, daß Pierre de Lancourt, als er mit seinem Anliegen zu ihm kam und ein wenig herumdruckste, freundlich aufgefordert wurde: »Was haben Sie auf dem Herzen, Leutnant? Reden Sie frei heraus, es bedarf keiner umständlichen Einleitung.« »Es handelt sich um ein Mädchen, Sire, eine junge Deutsche ...«

Napoleon lachte und drohte ihm mit dem Finger. »Haben Sie wieder einmal einem Frauenzimmer den Kopf ver-

dreht, Lancourt? Und was wollen Sie jetzt? Sonderurlaub?«
»Nein, Sire. Es geht gar nicht um mich, nur um das Mädchen. Es ist eine hiesige Schneidermeisterstochter.«
»Hübsch? Jung?«
»Gerade siebzehn – und eine Schönheit, Sire. Sie werden sich selbst davon überzeugen können ...«
Napoleon hob die Augenbrauen. »Wieso? Wollen Sie sie mir vorstellen?«
»Wenn Euer Majestät erlauben ... Mademoiselle Caroline Weikersheim bittet alleruntertänigst um die Gnade, von Eurer Majestät in Audienz empfangen zu werden.«
»Ach ... Und weshalb?«
»Sie will für ihren Verlobten bitten. Er ist in irgendeine politische Affäre verwickelt. Aber das kann sie Ihnen am besten selbst sagen, Sire. Ich meine, falls Sie die Gnade haben, sie vorzulassen.«
»Sie ist also verlobt? Und Sie verwenden sich für die Kleine? Lancourt, Lancourt, Sie werden doch nicht aus purer Selbstlosigkeit einem hübschen Mädchen einen Gefallen tun! Das wäre ja eine ganz neue Seite an Ihnen.«
Pierres Augen funkelten vergnügt. »Ich wundere mich über mich selbst, Sire, aber es ist so.«
Napoleon dachte ein paar Sekunden nach. Dann schlug er Pierre auf die Schulter. »Sie haben mich neugierig gemacht, Leutnant. Ich möchte das Mädchen kennenlernen, das so erstaunliche Dinge bei Ihnen zuwege bringt. Warten Sie ... um zehn kommt der Geheime Rat von Göt noch einmal aus Weimar herüber. Wir haben neulich ein so angenehmes Gespräch miteinander gehabt, das ich gern fortsetzen möchte. Also bringen Sie Ihre Kleine gegen zwölf.«
Diesmal kam Caroline allein, weil Hermann in der Schneiderwerkstatt beschäftigt war. Pierre führte sie ins Vorzimmer, wo sie noch eine Weile warten mußte. Sie hatte ihr hübschestes Kleid angezogen. Es war aus changierendem grünem Taft mit schwarzer Spitze am Saum, Ausschnitt

und den Ärmeln. Darüber trug sie einen schwarzen Samtmantel. Ins Haar hatte sie eine grüne Taftschleife gebunden. »Du siehst süß aus«, sagte Pierre. »Ich hoffe nur, dein blaßgesichtiger Bücherwurm weiß deine Bemühungen um ihn zu schätzen.« Er strich ihr sacht über die Wange. »Aufgeregt?«

Sie nickte stumm und biß die Zähne aufeinander, um nicht laut damit zu klappern. Immer, wenn sie erregt war, fror sie dermaßen, daß ihre Zähne aufeinanderschlugen.

In diesem Augenblick öffnete sich die Tür zu Napoleons Arbeitszimmer, und er selbst erschien auf der Schwelle, begleitet von einem graumelierten Herrn in taubenblauem Frack, weißen Seidenhosen und einem breiten Ordensband über der Brust.

Beide blickten Caroline an, die in einer tiefen Verbeugung versank. »Majestät«, sagte Pierre de Lancourt, »erlauben Sie mir, daß ich Ihnen Mademoiselle Caroline Weikersheim vorstelle.«

Der Grauhaarige, es war der Geheime Rat Johann Wolfgang von Goethe, schmunzelte. In seinen großen, auffallend schönen und noch immer feurigen Augen blitzten Überraschung und Wohlwollen.

»Reizend, reizend ... Ich hoffe, Sie grollen mir nicht, Majestät, daß ich Sie so lange von dieser entzückenden Dame ferngehalten habe. Aber wer das Vergnügen genießt, mit Ihnen zu plaudern, vergißt die Zeit.«

Napoleon reichte ihm die Hand. »Leben Sie wohl, Monsieur Göt ... Oh, ich werde es nie lernen, die deutschen Namen korrekt auszusprechen. Vergeben Sie mir das. Und was das Vergnügen anbetrifft, so lag es ganz auf meiner Seite. Sie sind ein großer Mann, Monsieur, und eine Stunde mit Ihnen ist eine Feierstunde für den Geist. Ich danke Ihnen, Leutnant de Lancourt, begleiten Sie Monsieur Göt zu seinem Wagen.«

Nachdem Pierre und der Geheime Rat von Goethe gegangen waren, deutete Napoleon auf sein Arbeitszimmer.

»Kommen Sie, Mademoiselle. Leutnant de Lancourt hat Sie mir warm ans Herz gelegt. Also sagen Sie ohne Scheu, was Ihnen auf der Seele brennt.«
Er setzte sich hinter seinen Schreibtisch und betrachtete sie. »Haben Sie Monsieur Göt erkannt? Wissen Sie, wer er ist?«
»O ja, Majestät...« Caroline räusperte sich, weil ihr ein Kloß in der Kehle saß. »Wer kennt ihn hier nicht, da er doch nicht weit von hier lebt. Und wer kennt vor allem nicht seine Werke. ›Die Leiden des jungen Werther‹, ›Egmont‹, ›Hermann und Dorothea‹... Ach, und die wundervollen Gedichte...«
»Seit wann wissen Schneidermeisterstöchter so gut in der Literatur Bescheid? Ist das hierzulande üblich?«
»Ich lese gern. Und ich hatte den Vorzug, durch meine Patin, die Baronin Rodenbach, eine gute Erziehung zu erhalten. Ich wurde viele Jahre lang zusammen mit ihrer Tochter und den beiden jüngeren Söhnen unterrichtet.«
»So, so. Nun, auf jeden Fall hat man Ihnen ein ausgezeichnetes Französisch beigebracht.«
»Gewiß. Ich habe auch Voltaire gelesen und Chateaubriands Roman *Atala*...«
»Erstaunlich!« Napoleon lächelte. »Und was können Sie sonst noch?«
»Oh, ich spiele ganz leidlich Cembalo, male ein wenig und reite sehr gern. Der Reitlehrer der beiden jungen Herren von Rodenbach behauptet, ich säße besser im Sattel als mancher Mann.«
»Aha! Und wie steht es mit Ihren hausfraulichen Talenten? Die sind dabei vermutlich zu kurz gekommen?«
»Aber nein. Dafür hat meine Mutter gesorgt. Ich kann kochen und backen... Zum Geburtstag meiner Mutter im Februar habe ich einmal ganz allein das Essen zubereitet. Wildbret und Klöße, vorher natürlich eine Suppe und als Nachtisch...« Caroline stockte.
Du lieber Gott, sie stand hier vor Napoleon, dem verhaß-

ten, gefürchteten Kaiser der Franzosen, dem korsischen Ungeheuer – und unterhielt sich mit ihm wie mit irgendeinem Nachbarn!

Unsicher sah sie zu ihm auf. Hatte er die Stirn gerunzelt? Sprühten seine Augen Feuer? Braute sich nicht im nächsten Moment ein fürchterliches Donnerwetter zusammen, weil sie gewagt hatte, mit ihm, dem Kaiser, so zu reden?

»Nun, was gab es als Nachtisch?« fragte Napoleon, dem das frische, hübsche rothaarige Mädchen immer besser gefiel. Nein, hübsch war wohl nicht der richtige Ausdruck. Die Kleine war eine Schönheit mit dem dichten, kräftigen, gekräuselten Haar, der geraden kleinen Nase und dem weichgeschwungenen Mund.

»Quark... Quarkkeulchen«, stotterte Caroline auf deutsch.

»Um Gottes willen, was ist das?« wollte der Kaiser wissen.

Sie versuchte, es ihm zu erklären. »Meine Mutter stammt aus Sachsen. Es ist ein Rezept ihrer Heimat aus geriebenen gekochten Kartoffeln, viel Quark, Zucker und Mehl. Dann kommen noch Eier, Rosinen und – wenn man hat – ein wenig geriebene Zitronenschale hinzu. Das Ganze wird in heißem Fett gebacken und mit Zucker und Zimt bestreut. Dazu gibt es Apfelkompott.«

Der Kaiser lächelte. »Das hört sich gut an. Ich esse leidenschaftlich gern Süßspeisen, aber ich vertrage sie nicht mehr sehr gut.«

Caroline war immer noch schwindelig, und sie hatte das Empfinden, einen verrückten Traum zu erleben, aus dem sie im nächsten Moment erwachen mußte. So etwas gab es doch nicht in Wirklichkeit! Der Kaiser der Franzosen ließ sich von ihr erklären, wie man Quarkkeulchen zubereitete! Wahrhaftig, wenn sie das einem Menschen erzählte, würde er sie für eine Lügnerin oder eine arme Irre halten.

»Tja...« Napoleon stand auf und begann mit auf dem Rücken verschränkten Armen hin und her zu wandern. »Und nun erwarten Sie also meine Hilfe. Leutnant de

Lancourt hat es mir bereits gesagt. Ihr Bräutigam sitzt im Gefängnis, und ich soll ihn begnadigen. Ich habe mich inzwischen informiert, was man ihm vorwirft. Er hat sich an einer Hetzkampagne gegen mich und mein Land beteiligt. Er hat die Bevölkerung zum Widerstand aufgerufen. Was halten Sie von derlei Umtrieben, Mademoiselle?«
Jetzt kommt's, dachte Caroline, und ihr Mund wurde ganz trocken. Lieber Gott, hilf, daß ich das Richtige antworte, sonst schreit er mich im nächsten Augenblick an, und alles ist umsonst gewesen.
»Ich ... ich glaube, Majestät, daß Sie und Frankreich größer sind als Ihre hiesigen Stellvertreter...« begann sie vorsichtig.
»Was soll das heißen?«
Ein wenig mutiger fuhr sie fort: »Ich kenne den Kampfruf der französischen Revolution: Freiheit, Gleichheit, Brüderlichkeit. Sie, Majestät, und Ihre Armeen haben diesen Ruf in Europa verbreitet. Leonhard, mein Verlobter, hat oft gesagt, daß es damals wie ein Aufatmen überall im Land gewesen sei. Es muß hier viele gegeben haben, die den Sieg der Revolution auch für sich ersehnten. Ich bin nur ein Mädchen, Sire, und kenne mich in der Politik nicht besonders aus. Aber ich kann sehen, ob einer nur von Freiheit redet – oder ob er auch nach seinen Worten tut. Und damit liegt es bei uns doch recht im Argen.«
Napoleons Brauen hatten sich zusammengeschoben. »Wissen Sie, was Sie da sagen, Mademoiselle?«
Caroline hielt seinem Blick stand. »Wir sind ein besetztes Land, Majestät. Ich will nicht über die Steuerlasten lamentieren und die Zwangsrequirierungen. Derlei gehört wohl dazu, wenn man Geld braucht für seine Armeen, für neue Feldzüge, für was weiß ich. Aber die Leute, die hier an Ihrer Statt regieren, mißbrauchen ihre Macht, indem sie aufrechte, ehrenwerte Männer für politische Querköpfe halten und mundtot machen. Warum soll einer nicht sagen

dürfen, was ihm nicht paßt? Hat er recht damit, sollte man es sich anhören und überlegen, ob man etwas ändern kann. Hat er aber unrecht, wird das sowieso offenbar werden und niemand mehr ihm zuhören.«

Napoleon verzog den Mund. »Unsinn! Es gibt nichts, was die Leute nicht glauben, wenn man es ihnen nur lange und überzeugend genug vorredet. Dafür gibt es tausend Beispiele in der Geschichte. Derartige Elemente sind eine Gefahr für das Gemeinwohl, und man muß sie unschädlich machen.«

»Und das mit Gewalt«, sagte Caroline. »Aber wo bleibt die Freiheit?«

»Ihr Volk muß erst lernen, damit umzugehen, Mademoiselle, genau wie Frankreich es erst lernen mußte. Wir haben einen langen, blutigen Weg hinter uns, und er hätte unausweichlich in die Anarchie geführt, wenn nicht einige vernünftige Männer das Steuer herumgerissen hätten. Leider ging auch das nicht ohne Gewalt ab, und es hat wiederum Tote gefordert. Ich persönlich bedaure das, aber ich habe keinen anderen Weg gesehen. Ordnung und Sicherheit haben ihren Preis.«

»Vermutlich haben Sie recht, Sire. Aber ich möchte nicht in Ihrer Haut stecken.«

Napoleon hielt in seiner Wanderung inne und blickte sie verdutzt an. Dann brach er plötzlich in Gelächter aus. »Wissen Sie eigentlich, wie viele mich um das beneiden, was ich bin?«

»Bestimmt eine ganze Menge, Sire«, erwiderte sie aufrichtig.

»Aber ich finde es besser, nicht so große Macht über Menschen zu haben, weil es sehr schwer ist, sie nicht verkehrt anzuwenden. Man begeht so leicht Fehler, meinen Sie nicht? Wenn ich denke, was ich schon alles falsch gemacht habe . . . Müssen Sie nicht manchmal Angst davor haben, eine verkehrte Entscheidung zu treffen?«

»Jetzt reden Sie fast wie meine Mutter«, sagte Napoleon

mit einem halben Lächeln. »Ihr gefällt es nicht, daß ich Kaiser bin – aus eben den Gründen, die Sie gerade angeführt haben. Sie denkt, es sei meinem Charakter – und auch wohl meinem Seelenfrieden – abträglich, daß ich soviel Macht besitze.«

»Sehen Sie ...« rutschte es Caroline heraus, und sie biß sich auf die Lippen. »Vergebung, Sire ...«

Seine Gereiztheit von eben war verflogen. Noch immer stand er vor Caroline und wippte auf den Fußspitzen. »Aber jetzt möchten Sie, daß ich kraft meiner Macht Ihren Bräutigam begnadige. Und Sie sind sicher, daß dies keine falsche Entscheidung wäre, die eine Menge Schwierigkeiten nach sich ziehen könnte?«

Verzeih mir Leonhard, dachte Caroline, aber es muß sein. Und laut sagte sie: »Was kann ein unbedeutender Erfurter Bibliothekar schon gegen den Kaiser der Franzosen und sein Volk ausrichten? Es ist Ihrer unwürdig, Majestät, solche Dinge ernst zu nehmen. Was kümmert es den Mond, wenn ihn die Hunde anbellen?«

Er runzelte die Stirn. »Eben haben Sie noch anders geredet. Sie haben behauptet, daß ich Unfreiheit gebracht hätte und daß es durchaus ehrenswerte Leute sind, die dagegen aufbegehren.«

»Ich glaube, niemand läßt sich gern von fremden Besatzern regieren«, antwortete sie gepreßt. »Dagegen werden sich immer Stimmen erheben. Sie können nicht alle in die Zitadelle sperren!«

»Nein, aber ich kann ein Exempel statuieren, um die übrigen in Schach zu halten.«

»Sie könnten auch großmütig sein, Sire ... Das hätte vielleicht eine bessere Wirkung.«

»Hmm ...« Wieder wanderte er auf und ab und hielt den Kopf gesenkt, um das belustigte Zucken seiner Lippen vor ihr zu verbergen. »Sie sind nicht ungeschickt, Mademoiselle, und wissen Ihre weibliche Diplomatie gut einzusetzen. Wann wollten Sie denn heiraten?«

»Im nächsten Sommer . . .« antwortete Caroline rasch.
Napoleon betrachtete sie mit zusammengekniffenen Augen. »Ich vermute, daß Sie Ihrem Herrn Bibliothekar dann mit anderen Dingen den Kopf heiß machen werden, so daß er von seinen politischen Querelen abgelenkt ist. Dazu rate ich Ihnen jedenfalls gut, Mademoiselle. Halten Sie ihn in Atem, so daß er für anderes weder Zeit noch Lust hat.«
»Soll das heißen . . .«
Napoleon wandte sich um und kehrte zu seinem Schreibtisch zurück. Dort warf er ein paar Zeilen auf ein Blatt Papier, schüttete Streusand darüber und reichte es ihr.
»Hier haben Sie die Order, daß Ihr Monsieur Vogel sofort auf freien Fuß zu setzen ist und daß jede Verfolgung seiner Vergehen zu unterbleiben hat.«
»O Sire . . .« Es hätte nicht viel gefehlt, und Caroline wäre ihm um den Hals gefallen. »Ich weiß gar nicht, wie ich Ihnen danken soll . . .«
»Dann lassen Sie's«, meinte er mit gutmütigem Spott. »Sie haben mich in einer guten Stunde angetroffen. Ich bin nämlich launisch, und wenn ich schlechter Stimmung und Sie weniger reizend gewesen wären, wäre diese Unterredung anders verlaufen. Und jetzt gehen Sie, bevor ich mir die Sache doch noch anders überlege.«

Leonhard Vogel wurde noch am selben Vormittag auf freien Fuß gesetzt. Aber wenn Caroline erwartet hatte, er werde ihr dafür voller Überschwang danken, so sah sie sich getäuscht.
»Du hättest dich nicht um mich kümmern sollen«, sagte er. »Es war unnötig, und ich habe dich nicht darum gebeten.« Es war das erste Mal, daß er so kühl und finster zu ihr sprach.
»Du meinst, ich hätte zulassen sollen, daß sie dich zu jahrelanger Haft verurteilen oder sogar erschossen hätten?« fragte sie fassungslos.
»Es ist das Schicksal, das meinen Freunden immer noch

bevorsteht«, erwiderte er gequält. »Ich müßte bei ihnen sein. Wir gehören zusammen.«
»Heißt das nicht, die Loyalität ein wenig zu weit treiben? Leonhard, ich glaube, du bist dir gar nicht darüber klar, in welcher Gefahr zu geschwebt hast, und ich danke Gott, daß ich zum Kaiser gegangen bin und ihn gnädig stimmen konnte.«
Er biß die Kiefer aufeinander. »Eine schöne Gnade – nun wie ein Verräter an unserer Sache dazustehen.«
Sie dachte an die Angst, die sie um ihn ausgestanden und was sie auf sich genommen hatte, um ihm zu helfen, und wurde wütend.
»So siehst du das also! Pfui, Leonhard! Ich hätte nicht gedacht, daß du so verbohrt und selbstsüchtig bist. Jawohl, selbstsüchtig! Ach, ihr Männer! Ihr habt nur euren dummen Ehrenkodex im Kopf und das, was ihr für edel und mutig haltet! Immer wollt ihr euch wie die Helden aufspielen, und was dabei aus uns wird, schert euch keinen Pfifferling. Wir Frauen können nachher die Scherben auflesen, die ihr zerschlagen habt.«
»Ich kann eben nicht mit den Händen in den Taschen zusehen, wie unser Vaterland vor die Hunde geht!«
»Nein, lieber geht ihr vor die Hunde – und eure Mütter, Kinder und Frauen mit euch. Frau Mergenthin hat drei kleine Buben und ist schon wieder schwanger. Bäckermeister Siebner ist verwitwet und hat fünf Kinder daheim – das Jüngste ist erst zwei Jahre alt. Der Geheime Rat Wendland muß genau wie du für seine alte Mutter sorgen. Herr Kremer hat gleichfalls eine junge Frau und einen Säugling, nur der Kunstmaler Dornbach ist ein freier Mann, der nach niemandem fragen muß. Seid ihr denn alle ohne Verstand, daß ihr die Euren dem Elend preisgeben wollt, nur weil ihr euch in den Kopf gesetzt habt, zu rebellieren? Leben ist wichtig, Leonhard, überleben – dann kommen auch wieder einmal andere Zeiten. Nur der Tod ist so schrecklich endgültig, und wenn man euch gehenkt

oder auch nur jahrelang gefangengehalten hätte, so hättet ihr auch nichts mehr gegen die Franzosenherrschaft ausrichten können.«

»Aber wir hätten ein Zeichen gesetzt«, beharrte er eigensinnig. »Du verstehst das nicht, Caroline. Du bist ein Mädchen und siehst nur dein eigenes kleines Glück, deine eigene Sicherheit und Zufriedenheit.«

Glück? dachte sie plötzlich in seltsamer Hellsichtigkeit. O nein, Leonhard, du bist nicht mein Glück. Was ich getan habe, geschah um deinetwillen. Und vielleicht, weil ich das Empfinden hatte, an dir etwas gutmachen zu müssen. Ich liebe dich nämlich nicht, jedenfalls nicht so, wie eine Frau ihren Mann lieben sollte. Und ich frage mich seit Tagen, ob ich dich unter diesen Umständen überhaupt heiraten darf.

Sie hatte Angst gehabt, ihm das zu sagen, weil sie ihm nicht weh tun mochte. Aber jetzt schien es ihr, als gäbe es in seiner Männerwelt noch so manches andere, das ihm ebenso wichtig war wie sie. Oder sogar noch wichtiger.

Das würde ihm helfen, wenn sie einander adieu sagten.

»Laß uns nicht streiten«, bat sie versöhnlich. »Es wird schon alles recht werden.«

Er warf ihr einen düsteren Blick zu. »Denkst du? Nun ja, lassen wir die Sache. Es ist ohnehin nichts mehr zu ändern. Ich darf nur nicht an die anderen denken.«

Sie trat zu ihm und strich ihm über die Wange. »Du kannst ihnen helfen, indem du ihren Familien beistehst. Mach Frau Mergenthin einen Besuch und sprich ihr Mut zu. Kümmere dich darum, daß die Kinder von Meister Siebner versorgt werden ... Und deine Mutter könnte der alten Frau Wendlandt Gastfreundschaft anbieten, damit sie nicht so allein ist. Frau Kremer wird vermutlich bei ihren Eltern Unterschlupf finden. Aber sie alle werden Zuspruch nötig haben. Vielleicht könnte man auch eine Sammlung veranstalten, damit ein bißchen Geld zusammenkommt. Du siehst, es gibt genug zu tun.« Seine Miene hellte sich ein wenig auf. »Du hast recht, Caroline. Daran habe ich noch gar nicht gedacht. Am besten, ich rede gleich mit meiner Mutter wegen Frau Wendlandt. Sie könnte das Erkerzimmer im ersten Stock haben. Und dann gehe ich zu den Siebner-Kindern. Sicher findet sich eine verläßliche Frau, die zu ihnen zieht und das Hauswesen besorgt. Das wäre besser, als die fünf auseinanderzureißen, indem man sie in verschiedenen Familien unterbringt.« Bevor er ging, nahm er ihre Hände. »Was bist du nur für ein Mädchen! Geht einfach zum Kaiser Napoleon! Wie war es nur möglich, daß er dich empfangen hat?«

Wohlweislich hatte sie niemandem etwas von Pierres Fürsprache erzählt und auch Hermann eingeschärft, kein Wort davon zu erwähnen.

Caroline lächelte. »Ich habe eben Glück gehabt.«

Am nächsten Tag beim Abendessen erzählte ihr Vater, daß die Gräfin Wardenburg schon wieder einige neue Kleider bei ihm bestellt habe. »Ein Reisekostüm, eine komplette Reitausstattung sowie zwei Tageskleider und eine Abendrobe. Sie sagt, sie wolle demnächst verreisen und müsse dafür sehr elegant ausstaffiert sein. Ich werde meine liebe Not haben, alles zu dem vorgegebenen Termin fertig zu bekommen.«

»Und wohin fährt sie die Frau Gräfin?« erkundigte sich die alte Ernestine.

»Das hat sie nicht erwähnt.«

Wilhelm, der zweite Geselle, grinste. »Vielleicht nach Paris, wer weiß! Ich frage mich nur, was sie ihrem Mann erzählen wird, damit er sie allein fortläßt. Denn ihn wird sie wohl kaum dabeihaben wollen.« »Vielleicht hat sie irgendwo eine kranke Tante, die sie pflegen muß«, meinte Ludwig, der Lehrbub, spöttisch.

Marie Weikersheim hatte verständnislos von einem zum anderen geblickt. »Ich verstehe keine Wort . . .«

»Je nun, Frau Meisterin . . .« Das war wieder Wilhelm.

»Die gnädigste Frau Gräfin hat einen neuen Galan. Ich weiß es von der Gertrude, die bei ihr Hausmädchen ist. Ein französischer Gardeoffizier soll es sein, und er geht seit Tagen bei ihr ein und aus, während Graf Wardenburg auf Reisen ist.«

Caroline glitt der Löffel aus der Hand und fiel auf den blankgescheuerten Holzfußboden. Sie bückte sich und hob ihn auf.

»Jetzt haltet doch den Mund!« schalt Meister Jakob. »Das ist ja alles nur Geschwätz.«

»Aber ich hab's doch von der Gertrude, und die muß es wissen.« beharrte Wilhelm.

»Ach was, die Dienstboten tratschen immer und machen aus einer Mücke einen Elefanten. Und selbst wenn die Sache stimmt, so geht es uns nichts an. Die Gräfin Wardenburg ist eine Kundin, und ich kann es auf den Tod nicht ausstehen, wenn über solche Leute geredet wird.«

Caroline schob ihren Teller zurück. »Darf ich aufstehen, Vater? Ich wollte noch auf eine Stunde zu den Kaysers. Gretchen Kayser hat neue Noten für das Cembalo vom Herrn Hofkapellmeister Spohr aus Gotha bekommen. Sie sagt, ich darf sie mir kopieren. Es sollen einzig schöne Stücke darunter sein.«

»Aber du hast ja kaum etwas gegessen«, wandte Marie ein. »Nimm dir doch noch ein Stück Zwiebelkuchen.«

»Ich habe keinen Appetit, Mutter.«

Marie betrachtete sie besorgt. »Du siehst auch blaß aus, Kind. Du wirst doch nicht etwa krank werden.«

»Unsinn. Es geht mir gut. Aber Zwiebelkuchen liegt mir immer schwer im Magen.«

»Na, dann geh nur«, meinte Meister Jakob. »Aber nicht länger als eine Stunde. Ich schick dir die Ernestine, um dich abzuholen.«

In ihrem Zimmer warf sich Caroline ein wollenes Umschlagtuch über. Dann verließ sie hastig das Haus.

Kaysers wohnten am Hirschlachufer, es waren nur ein paar

Schritte bis dahin. Aber Caroline ging langsam, als hätte sie Eisenketten an den Füßen.
Pierres Affäre mit der Wardenburg war also bekannt geworden! Und was war, wenn der Graf davon erfuhr? Es gab immer Leute, die derlei Dinge dem Betroffenen voll hämischer Genugtuung steckten. Oder der Graf kam ganz von selbst dahinter. Dann war Pierre in ernstlicher Gefahr. Man müßte ihn warnen, dachte Caroline. Aber ob er darauf hört? Sie stieß mit der Fußspitze einen kleinen Stein vor sich her. Verflixter Pierre! Warum ließ er sich auch auf eine Liaison mit einer verheirateten Frau ein! Ob er so unsterblich in die Wardenburg verliebt war? Der Stein flog, von einem neuen zornigen Fußtritt getroffen, in den Rinnstein, und Caroline warf den Kopf in den Nacken.
Ich sollte mir wirklich keine Sorgen machen. Es ist seine Sache, was er tut. Das Dumme war nur, daß sie sich trotzdem ängstigte.

Am nächsten Nachmittag machte eine andere Neuigkeit die Runde. Caroline erfuhr sie von Friederike von Rodenbach, die auf einen Sprung bei ihr vorbeigekommen war, um ihr von den Fortschritten des kleinen Welpen zu berichten, den Caroline sich am Tag von Napoleons Ankunft in Gut Rodenbach ausgesucht hatte.
»Er ist der größte und frechste des ganzen Wurfs«, sagte sie. »Unsere Betsy hat schon ein paarmal nach ihm geschnappt, weil er sie beim Herumtoben so drangsaliert. Aber glaub ja nicht, daß sie ihn damit einschüchtern kann. Er setzt sich nur einen Moment auf sein rundes Hinterteil, wedelt ein paarmal mit dem Schwanz – und springt sie von neuem an. In vier Wochen kannst du ihn sicherlich abholen, Caroline. Hast du dir schon einen Namen für ihn ausgedacht? Dann könnten wir ihn schon einmal daran gewöhnen.«
»Filou«, sagte Caroline, ohne nachzudenken, und Friederike blickte sie verblüfft an.
»Du willst deinem Hund einen französischen Namen ge-

ben? Na, ob das deinem Vater gefällt ... Apropos französisch: Wie hieß noch gleich der junge Offizier, der dir und Leonhard und unserem Kutscher neulich zu Hilfe gekommen ist? Lancourt, nicht wahr? Nun, der sitzt jetzt offenbar selbst in der Bredouille. Heute mittag hatten wir Besuch von Frau von Schelling, und sie erzählte uns, daß Graf Wardenburg letzte Nacht von einer Reise zurückgekehrt ist und wohl früher, als seine Frau ihn erwartet hatte. Jedenfalls hat er besagten Herrn de Lancourt mit seiner Frau im Schlafzimmer ertappt und zum Duell gefordert. Wie es heißt, wollen sich die zwei morgen früh im Steiger schießen. Wie findest du das, Caroline? Also ich muß sagen, der Graf hätte eher seine Frau ...« Sie verstummte, weil Caroline mit einem Ächzen die Hände vor den Mund geschlagen hatte.

»Was ist denn los, um Himmels willen? Du bist ja käsebleich geworden. He, Caroline ... Linchen ... komm zu dir.«

Sie sprang herzu, weil Caroline schwankte, und hielt sie an den Schultern fest. »Sag nur, die Geschichte hat dich so erschreckt.«

»Sie ... sie wollen sich duellieren?« fragte Caroline zitternd.

»Ja, aber was regt dich das so auf? Du weißt doch, wie es bei Duellen zugeht. Die beiden Kontrahenten zielen aufeinander, aber nur ja nicht so genau, damit es keine Toten gibt. Man verletzt sich ein wenig, daß Blut fließt, und damit ist der beleidigten Ehre Genüge getan.«

»Glaubst du?«

»Natürlich. Mag sein, daß solche Ehrenhändel früher auf Leben und Tod ausgefochten wurden, doch das ist lange her. Heutzutage sind Duelle nur noch eine Formsache.«

»Und wenn es Graf Wardenburg ernst ist? Wenn er Pierre erschießen will?«

»Er sollte lieber seine Frau hinauswerfen!« sagte Friederike empört. »Es ist doch nicht das erste Mal, daß sie ...

Aber Carolinchen, warum weinst du denn? Und du nennst diesen Franzosen Pierre? Kennst du ihn etwa näher?«
»Nein«, sagte Caroline mit zusammengebissenen Zähnen, denn sie wußte, daß Friederike kein Geheimnis für sich behalten konnte. »Ich finde es nur scheußlich, daß sich zwei Männer wegen einer Frau wie der Wardenburg womöglich umbringen wollen. Ich finde Duelle überhaupt scheußlich. Und soweit ich weiß, sind sie auch verboten.« Friederike betrachtete sie mißtrauisch. »Trotzdem, so aufgelöst habe ich dich noch nie gesehen. Sag mir die Wahrheit: Du bist doch nicht etwa in diesen Franzosen verliebt?«
»Du bist wohl verrückt! Schließlich habe ich ihn nur einmal gesehen.«
»So etwas soll manchmal genügen! Der berühmte *coup de foudre . . .«* Friederike kicherte. »Ich wünschte, daß mir so etwas einmal passieren würde: einen Mann nur ansehen — und rettungslos verloren sein!« »Du spinnst«, sagte Caroline grob. Und sie dachte: So geh doch endlich! Ich muß jetzt allein sein, nachdenken, was ich tun kann . . . Dieses Duell darf einfach nicht stattfinden.
Sie erinnerte sich, daß Graf Wardenburg ein leidenschaftlicher Jäger und deshalb mit Sicherheit ein exzellenter Schütze war. Und bestimmt wollte er kein Pro-forma-Duell, sondern Rache. Er würde den Geliebten seiner Frau töten wollen.
Glücklicherweise verabschiedete sich Friederike bald darauf, da sie noch Tanzunterricht hatte.
»Willst du nicht mitkommen?« fragte sie beim Abschied, aber Caroline schüttelte den Kopf.
»Ein anderes Mal. Ich muß meiner Mutter helfen. Sie hat Berge von Pilzen in der Küche, die Ernestine heute vom Markt mitgebracht hat. Wir müssen sie putzen und zum Trocknen auf Schnüre reihen.«
»Na, dann viel Spaß«, sagte Friederike naserümpfend und verschwand.
An diesem Abend wartete Caroline, bis im Haus alles

schlief. Dann schlich sie auf Strümpfen über die Holzveranda und die Diele und dann die Treppe hinunter.
Die Haustür war verriegelt, und Caroline schob den schweren Riegel zentimeterweise auf. Die Tür kreischte verräterisch in den Angeln, als sie sie öffnete und hinausschlüpfte.
Mit den Schuhen in der Hand lief Caroline ein paar Häuser weiter, duckte sich dann in eine Mauernische und zog sie an. Im Zurückschauen meinte sie, im ersten Stock ihres Elternhauses Licht aufflackern zu sehen, aber sie kümmerte sich nicht darum, sondern rannte weiter.
Falls jemand ihr Fernbleiben bemerkte, so war beim Heimkommen immer noch Zeit, sich eine Erklärung auszudenken. Jetzt mußte sie erst einmal zu Pierre.
Caroline lief zum Gouvernementsgebäude. Als sie einen Wachtposten nach Pierre de Lancourt fragte, schüttelte der den Kopf. »Der hat heute nacht keinen Dienst. Ich weiß es zufällig, weil ich ihn habe fortgehen sehen.«
»Und wo finde ich ihn? Bitte, sagen Sie es mir; es ist sehr wichtig!« »Wie soll ich wissen, wo sich der Herr Leutnant in der Nacht vergnügt? Vielleicht hockt er in irgendeinem Wirtshaus, vielleicht ist er bei einem hübschen Mädchen ... Geh nach Hause, Kleine, und such dir einen anderen Schatz. Leutnant de Lancourt hält es bei keiner lange aus. Heute die, morgen eine andere ... Du bist schön dumm, wenn du ihm nachläufst. Außerdem ist die Herrlichkeit in vier Tagen sowieso zu Ende. Dann reist der Kaiser ab – und seine Garde mit ihm.«
»Ich bin keines von seinen Liebchen«, widersprach Caroline ärgerlich. »Ich habe nur eine Nachricht für ihn und muß ihn deshalb unter allen Umständen sprechen.«
»Aber ich weiß wirklich nicht, wo er ist. Geh zum ›Goldenen Schwan‹, dort sind die Reitenden Jäger der Kaisergarde untergebracht, wenn sie keinen Dienst bei Seiner Majestät haben. Vielleicht hast du ja Glück, und der Leutnant liegt tatsächlich in seinem Bett.«

»Danke«, sagte Caroline und wollte sich schon abwenden, als ihr noch etwas einfiel. »Noch eine Frage, Monsieur: Ist es den Angehörigen der kaiserlichen Armee eigentlich erlaubt, sich zu schlagen?«
»Du meinst – prügeln?« fragte der Wachtposten, ein dicklicher Mann mit einem rotwangigen Hamstergesicht.
»Nein, ich meine Duelle. Wo man mit Degen oder Pistolen aufeinander losgeht...«
»Das? Das ist sogar strengstens verboten. Zuwiderhandlungen werden hart bestraft. Die Soldaten Seiner kaiserlichen Majestät haben in der Schlacht zu sterben und nirgendwo sonst.«
»Danke«, wiederholte Caroline und hastete davon.
Im Gasthof ›Zum Goldenen Schwan‹ saßen einige Gardisten in der Wirtsstube, tranken und würfelten. Als Caroline eintrat, wurde sie mit Gegröle und bewundernden Pfiffen empfangen. In der Eile, von daheim fortzukommen, hatte sie ihr Haar nicht aufgesteckt. Es fiel ihr lang und glänzend wie Kupfer über den Rücken.
Ein Sergeant mit einer Narbe, die wohl von einem Säbelhieb herrührte und sich quer über die rechte Wange zog, erhob sich torkelnd. »Ich werd' verrückt, wen haben wir denn da? Guten Abend, schönstes Fräulein... Kommen Sie, trinken Sie ein Glas mit uns. Vergolden Sie uns diesen erbärmlichen Abend in dieser erbärmlichen Stadt...« Er rülpste und fuhr mit der Hand über ihre Haare. »Finger weg!« sagte Caroline so couragiert, wie sie es gerade noch fertig brachte.
Der Soldat lachte und faßte ihre Locken im Nacken zusammen. »Schön... wunderschön! Nun komm schon.«
Hätte ich doch nur Hermann mitgenommen, dachte Caroline verzweifelt. Aber diesmal war es ihr klüger erschienen, sich allein auf den Weg zu machen. Nicht einmal Hermann, der Gute, Verständnisvolle, hätte begriffen, warum sie schon wieder zu Pierre wollte.
»Laß mich los!« fauchte sie. »Ich bin nicht zu dir gekom-

men, sondern zu Leutnant Pierre de Lancourt. Sag ihm Bescheid, daß ich da bin, aber schnell, sonst kannst du was erleben.«

Der Sergeant gab sie tatsächlich frei und blickte sie, plötzlich tief betrübt, aus seinen wässerigen Trinkeraugen an. »Ah, der Leutnant de Lancourt. Verdammt, ja, hätte ich mir denken können, daß so was wie du nichts für unsereinen ist. Verdammt, verdammt! Leutnant müßte man sein! Und so aussehen wie das Jungchen mit den Kirschaugen! Ha, das wär ein Leben! Nichts als Weiber, junge, schlanke, dicke, blonde, schwarze, bis man kaputtgevögelt ist.«

Er lachte und torkelte davon, eine Treppe hinauf, die im Hintergrund der Schankstube in den Oberstock führte.

Als er zurückkam, war Pierre in seiner Begleitung.

»Caroline!« rief er erstaunt. »Was willst du denn hier?«

»Ich muß Sie sprechen«, sagte sie leise. »Aber nicht hier. Lassen Sie uns irgendwo hingehen, wo wir ungestört sind.«

Er nahm sie beim Arm. »Komm mit in mein Zimmer.«

Irgend etwas warnte sie. Es war nicht recht, mit Pierre allein in einem Hotelzimmer zu sein. Ganz bestimmt war es nicht recht. Andererseits . . .

Er hatte ihr Zögern bemerkt und lachte. »Komm schon, ich fresse dich nicht!«

Da ließ sie sich von ihm die Treppe hinaufführen.

Pierres Zimmer war ein großer, recht behaglich eingerichteter Raum. Braune Samtportieren hingen vor den Fenstern, ein Teppich lag auf dem Boden. Vor dem Kamin, in dem ein Feuer brannte, stand ein Lehnstuhl, und in der Mitte des Raumes befand sich ein großer ovaler Tisch mit vier hochlehnigen Stühlen. Das Bett im Alkoven war aufgeschlagen, die Kissen waren zerdrückt, als hätte Pierre schon darauf gelegen. Aber er war angekleidet, in weißen Kniehosen und einem weißen Hemd. Außerdem gab es

noch ein Lavoir und einen großen Schrank aus Kirschbaumholz mit hübschen Intarsien über der Tür. Auf dem Kaminsims brannte ein sechsarmiger Leuchter und spendete matte Helligkeit.
»Komm her«, sagte Pierre, »setz dich.« Er führte Caroline zum Lehnstuhl und drückte sie hinein. »Du hast ja ganz eisige Hände. Armes Mädchen, draußen ist es scheußlich kalt, was?«
Er behielt ihre Finger in den seinen und rieb sie.
Caroline betrachtete sein lächelndes Gesicht, das ihr auf einmal so nahe war, und ein kleiner Schauder überlief sie.
»Besser?« fragte Pierre nach einer Weile und sie nickte.
»Nun, dann sag mir, weshalb du mitten in der Nacht zu mir kommst. Gibt es wieder Schwierigkeiten mit deinem ehrwürdigen, langnasigen Bücherwurm? Aber soweit ich weiß, ist er doch freigelassen worden. Oder hat man ihn schon wieder eingesperrt?«
Caroline schüttelte den Kopf. »Ist es wahr, daß Sie ... daß du dich morgen früh mit dem Grafen Wardenburg duellierst?«
Er pfiff durch die Zähne. »Donnerwetter, hier sprechen sich die Ereignisse aber schnell herum!«
»Es ist also wahr?«
Pierre richtete sich auf und strich sich die dunklen Locken zurück. »Bist du etwa deshalb zu mir gekommen?«
»Ja. Pierre, du darfst dich nicht mit ihm schießen. Er wird dich umbringen!«
»Aber *ma petite,* das haben schon andere versucht, und es ist ihnen nicht gelungen. Vergiß nicht, ich bin Soldat, ich war im Krieg...« »Trotzdem«, beharrte sie. »Bilde dir nicht ein, daß es Graf Wardenburg nicht ernst ist. Er ist im allgemeinen ein ruhiger, beherrschter Mann. Wenn er dich zum Duell gefordert hat, muß er rasend vor Zorn sein. Und es heißt, daß er ein ausgezeichneter Schütze ist. Er wird dich mit tödlicher Sicherheit treffen.«
»Falls ich nicht mehr Glück habe!«

»Aber er hat den ersten Schuß, nicht wahr? Pierre, du darfst nicht sterben. Bitte, geh nicht zu diesem Duell!«
»Kätzchen«, sagte er überrascht, »du hast ja tatsächlich Angst um mich. Also das ist... das ist einfach süß von dir!« Er stützte seine Arme auf die Sessellehnen und berührte mit den Lippen ihre Wange. »Ich will nicht, daß du stirbst! Schon gar nicht für etwas so Dummes, Sinnloses... Charlotte von Wardenburg hat ihren Mann schon öfter betrogen. Und sie wird das auch weiterhin tun. Sie ist es gar nicht wert, daß du dich ihretwegen in solche Gefahr begibst.«
»Schscht«, machte Pierre und fuhr fort, ihre Wange mit seinen Lippen zu streicheln. »Du schmeckst gut, Kätzchen...«
Caroline stemmte ihre Hände gegen seine Brust. »Hast du mir überhaupt zugehört?«
»Natürlich. Du sagst, daß Charlotte von Wardenburg es nicht wert ist, daß ich mich ihretwegen mit ihrem Mann schieße. Stimmt. Es ist auch gar nicht ihretwegen. Es ist seinetwegen. Ich habe ihm eine Beleidigung zugefügt, und dafür verlangt er Genugtuung.«
»Unsinn! Man kann einen Mann nicht beleidigen, wenn man eine Affäre mit seiner Frau hat, die es vordem schon mit wer weiß wie vielen anderen...« Sie verstummte und wurde rot. »Glaub mir, ich will sie nicht in deinen Augen herabsetzen. Aber sie ist so!«
»Das weiß ich doch!« Er wickelte sich eine Strähne ihres Haares um den Finger.
»Und trotzdem liebst du sie?«
Pierre starrte sie einen Moment lang verdutzt an. Dann begann er zu lachen. »Ach, *ma petite*... Verzeih mir, das ist wirklich zu komisch.«
Da war sie nun mitten in der Nacht zu ihm gelaufen, die Angst um ihn hatte sie halb verrückt gemacht, und was tat er? Er lachte sie aus! Wütend sprang Caroline auf. »Ich weiß zwar nicht, was Sie so amüsiert, Leutnant de Lan-

court, aber es ist sicherlich sehr erheiternd. Da mir jedoch unklar ist, worum es sich handelt, ist es vermutlich besser, wenn ich gehe.«
»Nein, bleib!« Sie war schon an der Tür, als er sie einholte. »Ich wollte dich nicht kränken, *ma petite!* Es ist nur ... Was um alles in der Welt hat dich auf den Gedanken gebracht, ich könnte Charlotte lieben?«
»Nun, immerhin haben Sie mit ihr ...« Carolines Stimme brach. Ihr Kopf sank nach vorn, gegen seine Brust.
Pierre legte die Arme um sie und wiegte sie sacht hin und her.
»Herrgott, wie soll ich es dir nur erklären, das mit Charlotte und mir ... Nun ja, wir hatten beide Appetit aufeinander, und dem haben wir nachgegeben. So etwas gibt es, *ma petite.* Zwei Menschen sehen sich und begehren einander. Mit wirklicher Liebe hat das nichts zu tun.«
»Du liebst sie also nicht?« fragte Caroline ungläubig.
»Ebensowenig wie sie mich liebt«, beteuerte Pierre.
»Und trotzdem hast du mit ihr ...«
Er grinste schief. »Das eine muß mit dem anderen nicht unbedingt etwas zu tun haben. Aber das verstehst du nicht, *chérie* – noch nicht! Du bist so ganz und gar unschuldig, und ich ... ich bin in deinen Augen wohl ein verdammt schlechter Kerl, was?«
»Nein«, sagte sie und war verwirrt und ratlos wie nie zuvor in ihrem Leben. Nur eines hatte sie begriffen: Pierre liebte Charlotte von Wardenburg nicht.
»Ach, Pierre!« Caroline seufzte, weil ihr bewußt wurde, daß er sie in den Armen hielt. Seine Nähe, die Wärme seines Körpers, die sie durch ihr Kleid hindurch spürte, machten sie ganz schwach.
Zögernd löste sie sich von ihm. »Aber wenn das so ist, warum willst du dann dein Leben für sie riskieren?«.
»Weil ihr Mann mich gefordert hat«, erwiderte er.
»Und wenn du nun einfach nicht hingehst?«
»Dann wäre ich kein Ehrenmann.«

Sie blinzelte zu ihm hoch. »Das warst du auch vorher nicht, weil du mit seiner Frau ... Ein Ehrenmann tut so etwas nicht.«

»Das verstehst du nicht«, wiederholte er, und ihre Augen verschatteten sich.

»Das ist wohl die Formel aller Männer, wenn man ihnen nicht nach dem Munde redet, was?«

Er lachte leise. »Vielleicht!« Und dann küßte er sie.

Und es war wieder wie in jener Nacht.

Carolines Lippen öffneten sich, sie schlang die Arme um Pierres Hals und preßte sich an ihn. Sie spürte das Blut in ihren Schläfen klopfen, spürte, wie sie ganz weich wurde, ganz offen ...

»Pierre«, murmelte sie, »ach Pierre ...«

»Ma petite ...«

Diesmal war er es, der sich von ihr losriß und einen Schritt zurücktrat. »Geh jetzt, Caroline«, sagte er heiser. »Geh rasch. Ich bin auch nur ein Mann. Aber ich bin, verdammt noch mal, kein solcher Lump, daß ich ...«

Ach, er hatte viel zuviel an sie gedacht in den letzten Tagen! Er war verrückt nach ihr, er wollte sie haben. Aber er wußte auch, daß sie keine Frau für ein Abenteuer war. Sollte sie ihren langnasigen, bleichgesichtigen Bücherwurm heiraten und ihm ebensolche bleichgesichtigen, langnasigen Kinder gebären. Das würde sie immer noch glücklicher machen, als von ihm, Pierre, genommen und hinterher verlassen zu werden.

In vier Tagen reisten sie von Erfurt ab. Danach würde der Kaiser nach Paris zurückkehren, aber gewiß nicht für lange. Es hieß, daß er nach Spanien wollte, und Pierre würde ihn begleiten.

Gut! Gut so! Er war der ewigen Bankette, Bälle, Theateraufführungen und Galaempfänge sowieso überdrüssig. Er war auch Charlottes überdrüssig.

Nach ihr würden andere Frauen kommen, heißes, williges, lüsternes Fleisch, das ihm Befriedigung schenkte und Be-

friedigung suchte. Ein Mädchen wie Caroline gehörte nicht dazu.
Pierre wandte sich ab und goß sich am Tisch aus einer Karaffe Wein in ein Glas, den er hastig hinunterstürzte.
Nein, dachte er, nicht Caroline. Das wäre eine Gemeinheit.
Sie stand noch immer bei der Tür, mit diesem offenen flammenden Haar und einem Ausdruck in den Augen, den Pierre nur allzu gut kannte. Warum zum Teufel ging sie nicht?
Langsam kam sie auf ihn zu. »Pierre«, sagte sie leise. »Bitte, geh morgen nicht zu diesem Duell. Sag, was ich tun soll, um dich davon abzuhalten.«
»Nichts. Du kannst gar nichts tun.«
Da war sie bei ihm, warf sich in seine Arme. Und sie dachte: Wenn ich bei ihm bleibe, wenn ich die ganze Nacht bei ihm bin, wird er morgen früh nicht fortgehen. Es ist das einzige Mittel, ihn festzuhalten. Und es ist das, was ich will.
Lieber Gott, ja, ich will bei ihm sein. Ich will ihn lieben, und er soll mich haben. Niemals zuvor habe ich etwas so gewollt.
Sie bebte, als sie ihn umarmte, sie war scheu und gleichzeitig voll wilder Entschlossenheit. Und als sie an seiner Brust lag, hatte sie das Empfinden, als sei dies der einzige Platz auf der Welt, wo sie hingehörte.
Diesmal war sie es, die ihn küßte, und ihr Gefühl für ihn, dieses so viele Tage und Nächte lang niedergekämpfte Gefühl, über das sie keine Macht mehr hatte, überwältigte sie.
»Pierre«, sagte sie erstickt, weil sie nichts anderes wußte, um ihrer Liebe, ihrem Verlangen Ausdruck zu geben. »Pierre . . . Pierre . . . Pierre . . .«
Und dann waren seine Hände da, die sie umfaßten. Er bog ihren Kopf zurück, als er seine Lippen heiß auf ihre preßte. Er küßte ihren Mund, ihre geschlossenen Augen, ihren

Hals, den Ansatz ihrer Brust. Und jetzt bebte auch er. »Willst du es, *ma petite?* Willst du es wirklich?«

Statt einer Antwort drängte sie sich noch enger an ihn, und sie ließ ihn auch nicht los, als er sie hochhob und zum Bett trug.

In seinen Augen war ein wildes Leuchten. »Sag nicht, daß ich dich nicht gewarnt hätte«, flüsterte er. »Erinnere dich daran, daß ich dich habe fortschicken wollen. O Caroline, *mon amour*...«

Mit zitternden Fingern knöpfte er ihr Kleid auf. Sie half ihm dabei, und als er ihr den Stoff von den Schultern streifte, bog sie sich ihm entgegen.

Ein paar Sekunden lang betrachtete er ihre nackten Brüste, dann preßte er seine Lippen darauf.

Caroline stöhnte, als er ihre Brustwarze mit seinem Mund umschloß. Sie faßte in sein Haar und drückte ihn fester an sich.

Pierre zog ihr das Kleid aus, die Wäsche. Dann entledigte er sich seiner Sachen. Das Hemd, die Hose, fielen zu Boden. Nackt kam er zu ihr, rieb seine Haut an ihrer und küßte sie, wohin er traf.

Caroline schrie auf, als er zu ihr kam, doch er erstickte ihren Schrei mit seinen Lippen.

Und nach dem Schmerz kam die Lust. Caroline spürte Pierre in sich und öffnete die Augen, um sein Gesicht zu sehen.

Sie las das Entzücken darin, und es war auch das ihre.

»Ja«, keuchte sie, »ja, ja, ja!«

Es war das, was sie gewollt hatte, und es war ihr wichtiger als alles andere. Sie fragte nicht mehr nach morgen, nach dem, was nach jener Nacht kommen würde. Leonhard, ihre Eltern, die Zukunft – das alles würde sich finden – irgendwann. Jetzt zählte es nicht. Jetzt zählte nur, daß sie liebte und wiedergeliebt wurde.

Caroline erwachte, als eine frühe, wässerige Sonne ins Zimmer schien. Blinzelnd öffnete sie die Augen, räkelte sich, tastete nach dem Körper, der in der Nacht neben ihr gelegen hatte. So warm war er, so fest. Und so unersättlich! Sie wollte sich erneut in seine zärtliche Umarmung schmiegen, Haut an Haut, Lippe an Lippe – und versteifte sich.

Der Platz neben ihr war leer.

»Pierre«, murmelte sie schlaftrunken.

Aber da war niemand. Keiner, der sie umarmte, keiner, der sie küßte und mit dieser aufregenden Stimme *»ma petite«* sagte ...

Caroline setzte sich auf. »Pierre«, wiederholte sie lauter. »Wo bist du?«

Doch niemand antwortete. Pierre war fort. Er mußte so leise aufgestanden sein und sich angezogen haben, daß sie nicht davon erwacht war. Und dann war er ohne Abschied gegangen.

Caroline sprang aus dem Bett und stürzte zum Fenster. Unten vor dem Haus stand eine Kutsche, und sie sah, wie ein beleibter Offizier einstieg. Der Kutscher knallte mit der Peitsche, und die Pferde zogen an.

Ein Soldat lehnte pfeiferauchend an der Hauswand und blickte ihm nach. Auf dem Trottoir ging eine Frau in einem braunen Umschlagtuch vorbei, einen großen Deckelkorb am arm. Ein paar Kinder spielten in einer Pfütze. In der Nacht hatte es geregnet, aber jetzt war der Himmel klar, blankgefegt vom Wind, der knarrend die Äste der Kastanie vor dem Haus bog.

Die Uhr auf dem Kaminsims holte zu einem silberhellen Schlag aus. Es war halb acht Uhr morgens.

Caroline fröstelte, denn das Feuer war erloschen, und sie war nackt. Hastig schlüpfte sie in ihre Kleider, die auf dem Boden verstreut lagen.

Und da sah sie das Blatt Papier auf dem Tisch.

»Caroline, *mon amour«*, hatte Pierre geschrieben. »Du bist zauberhaft! Es fällt mir schwer, Dich zu verlassen, aber ich habe Graf Wardenburg mein Wort gegeben – das

Wort eines französischen Offiziers –, um acht zu seiner Verfügung zu sein. Das kann ich auch Deinetwegen nicht brechen, so gern ich Dich noch eine kleine Weile in meinen Armen behalten hätte. Ich stehle mich ein wenig früher davon, um nicht Gefahr zu laufen, daß Du erwachst. Hab keine Angst um mich, *chérie,* ich habe vor, noch lange Zeit lebendig zu bleiben. Ich küsse Dich überall. Pierre.«

Sie faltete den Zettel zusammen und steckte ihn in ihre Kleidertasche. Dann warf sie ihr Tuch über und verließ das Zimmer.

Glücklicherweise war die Wirtsstube leer, die Zecher von gestern abend schienen noch zu schlafen. Durch die halb offene Tür, die in die Küche führte, sah Caroline eine Magd, die Geschirr spülte.

Sie rannte aus dem Haus.

Draußen preßte ihr der Herbstwind den Rock zwischen die Beine. Sie raffte ihn und wickelte sich fester in ihr Tuch.

Ihr war noch immer kalt, aber es war eine Kälte, die von innen kam. Pierre, o Pierre, dachte sie, warum hast du das getan?

Sie wäre gern zornig auf ihn gewesen, aber sie war es nur auf sich selbst. Wie dumm, sich einzubilden, eine Nacht mit ihr hätte ihn abhalten können, zu tun, was er wollte – oder nach seinem unverständlichen, törichten Ehrenkodex zu müssen glaubte.

Vor dem Gouvernementsgebäude stand ein anderer Wachtposten als gestern. Caroline blickte unschlüssig zu ihm hinüber und ging dann rasch auf ihn zu. Vielleicht war es noch nicht zu spät.

In selbstquälerischer Phantasie stellte sie sich vor, wie Pierre gerade im Steiger ankam. Graf Wardenburg wartete bereits auf ihn. Jeder der beiden Duellanten hatte einen Sekundanten mitgebracht. Sie trugen die Kästen mit den Pistolen. Die Waffen wurden geladen, die Schritte ausgezählt. Dann nahmen Pierre und der Graf Aufstellung. Je-

der legte die linke Hand auf den Rücken. Einer der Sekundanten zählte. Die beiden Männer hoben die Pistolen, zielten. Knackend spannten sie die Abzugshähne . . .
Nein, dachte Caroline, nein, nein, nein!
»Ich hätte eine Meldung zu machen, Monsieur«, sprach sie den Soldaten an. »Es handelt sich um ein Duell zwischen dem Chevalier Pierre de Lancourt, Leutnant der Reitenden Jäger der Garde, und dem Grafen Wardenburg. Gerade jetzt treffen die beiden im Steiger zusammen. Das ist ein Wäldchen vor der Stadt. Wenn Sie wollen, zeige ich Ihnen den Weg. Aber beeilen Sie sich, um Gottes willen, es geht um Minuten.«

Marschall Ney betrachtete Pierre mit finster gerunzelten Brauen. »Was, in drei Teufels Namen, haben Sie sich dabei nur gedacht, Leutnant de Lancourt! Eine Affäre mit einer verheirateten Frau – und sich hinterher mit dem betrogenen Ehemann schießen. Das sind Sitten aus der Zeit Ludwigs des XVI., von denen ich glaubte, daß wir sie ein für allemal ausgerottet hätten! Nun, Leutnant, ich warte auf Ihre Erklärung! Was haben Sie sich dabei gedacht?«
Pierre biß sich auf die Lippe. »Ich . . . ich weiß es nicht, Exzellenz. Es gibt Situationen, wo man bedauerlicherweise nicht allzu viel denkt.« »Ich habe mit dem Kaiser über Sie gesprochen. Er ist entsetzt. Jawohl, Leutnant, entsetzt! Sie haben gegen ein ausdrückliches Verbot gehandelt, gegen einen kaiserlichen Befehl! Was werden Sie als nächstes tun? Auf die Anordnungen Seiner Majestät spucken? Für Sie gelten wohl andere Gesetze als für gewöhnliche Sterbliche? Wissen Sie nicht, daß unbedingter Gehorsam eine der Haupttugenden eines guten Soldaten ist? Ich verlange ihn jedenfalls! Ich verlange Disziplin und dulde keine Auflehnung!«
»Jawohl, Exzellenz . . .«
»Jawohl, Exzellenz, jawohl, Exzellenz!« äffte Ney ihn nach. »Mehr fällt Ihnen wohl nicht ein! Wenn die Feldgen-

darmen nur zwei Minuten später eingetroffen wären, wären Sie jetzt vielleicht ein toter Mann – oder jedenfalls ein Krüppel. Oder Sie hätten sich schuldig gemacht, einen anderen erschossen zu haben. Einen Bürger dieser Stadt, dem Sie vorher einen ungeheuerlichen Schimpf angetan haben! Mein Gott, muß denn der Kaiser auch noch einen Befehl gegen die Hurerei seiner Offiziere erlassen? Gibt es nicht genügend willige Frauenzimmer, mit denen Sie sich ins Bett legen können – muß es ausgerechnet eine verheiratete Frau sein! Wahrhaftig, ich hätte nicht übel Lust, Ihnen Stockhiebe verabreichen zu lassen!«

»Ich sehe ein, daß ich Strafe verdient habe, Exzellenz«, sagte Pierre mit bleichen Lippen.

»Wie schön von Ihnen! Wie überaus großmütig«, höhnte der Marschall und erhob sich aus seinem Armsessel. Die goldenen Verschnürungen und Achselstücke seines blauen Uniformrocks funkelten. Goldgestickt war auch die Schärpe um seinen etwas fülligen Bauch. »Dann dürfen wir also hoffen, daß Sie dem Befehl Seiner Majestät unverzüglich Folge leisten werden. Leutnant de Lancourt, Sie haben sich auf der Stelle nach Spanien zu begeben und sich im Hauptquartier von General Lefèvbre vor Durengo zu melden. In zwei Stunden sind Sie unterwegs!«

Pierre salutierte militärisch. »Jawohl, Exzellenz.« Dabei dachte er: Das ist noch glimpflich abgegangen. Eine Strafversetzung – das allerdings. Aber wenigstens bin ich nicht degradiert worden. Und mein Regiment wird ohnehin bald mit dem Kaiser nach Spanien aufbrechen. Mag sein, daß ich dann wieder in Gnaden aufgenommen werde. Der Kaiser war mir immer wohlgesonnen und hat über manche meiner Eskapaden hinweggesehen. Pierre, alter Junge, du hast wieder mal Glück gehabt.

»Gehen Sie, gehen Sie«, sagte Ney und kehrte ihm den Rücken zu. Da verließ Pierre das Zimmer.

Während er in den »Goldenen Schwan« hinüberging, um seine Sachen zu packen, dachte er an Caroline. Schade, er

würde sie nicht wiedersehen. Dazu reichte die Zeit nicht mehr aus.
Nun, er würde ihr von unterwegs schreiben. Oder auch nicht ... Pierre de Lancourt hielt nichts davon, eine einmal beendete Sache aufzuwärmen. Aber sie war wirklich süß gewesen, die kleine rothaarige Erfurterin. Und so leidenschaftlich. Bei Jungfrauen war das selten. Sie stellten sich meist zimperlich und schrecklich ungeschickt an. Aber Caroline – *mon dieu* –, er hätte sich gern noch eine Zeitlang mit ihr vergnügt! Sie gehörte zu den Frauen, die für die Freuden der Liebe geschaffen waren.
Wirklich schade, daß er sie nach dieser einzigen Nacht hergeben mußte.

****

4

Das Haus der Babette Schollmeyer in Stendal lag in einer engen, dunklen Gasse, die zum Marktplatz führte.
Wenn Caroline aus dem Fenster ihrer Mansardenstube blickte, sah sie auf die Schieferdächer und Schornsteine der engbrüstigen Häuser und die Domtürme.
Unten, auf dem holprigen Kopfsteinpflaster, lärmten ein paar Spatzen und stritten sich tschilpend um die Brotbröckchen, die Caroline hinuntergeworfen hatte.
Sie flogen erst auf, als ein Wagen vorüberschwankte, hochbeladen mit Fässern, den ein magerer Klepper zog.
Es war ein trüber, regenverhangener Novembertag, und Caroline fror. Tante Babette war eine sparsame Frau. »Zum Schlafen brauchst du es nicht warm«, sagte sie. »Das ist sowieso nicht gesund. Und tagsüber kannst du dich unten in der Küche oder der Wohnstube aufhalten.«
Deshalb brannte in Carolines Zimmer kein Feuer im Ofen, und auf dem Tisch stand nur eine einzige Kerze auf einem angeschlagenen Porzellanteller.
Wenigstens das Bett war warm, mit dicken Daunenkissen, und wenn Caroline sich abends hineinlegte, stopfte sie die Decke fest um sich und rollte sich zusammen wie ein frierendes, verlassenes Kind.
Tante Babette war die verwitwete Schwester ihres Vaters. Marie Weikersheim hatte ihre Tochter vor drei Wochen hierhergebracht und war gleich am nächsten Morgen mit der Postkutsche zurückgefahren.
Beim Abschied hatte Marie geweint; sie hatte überhaupt

viel geweint, seit Caroline in jener Oktobernacht nicht nach Hause gekommen war.
Sie verstand das alles nicht. Da war ihnen nach Gottfrieds Tod nur diese einzige Tochter geblieben, und Jakob und sie waren immer so stolz auf sie gewesen. Caroline war hübsch, klug und gesund, allezeit hatte sie den Kopf hochgetragen und ihnen nie ernstliche Sorgen bereitet. Im kommenden Sommer hätte sie geheiratet – einen ehrlichen, anständigen Mann, der sie liebte, und Marie hatte sich insgeheim schon darauf gefreut, ihr erstes Enkelkind in den Armen zu halten.
Und dann auf einmal blieb diese Tochter über Nacht fort, und als sie heimkam, sagte sie nur: »Ich war bei einem Mann. Es ist der Mann, den ich liebe. Ich erwarte nicht, daß ihr mich versteht, aber ich habe zu ihm müssen.«
Dann war sie in ihr Zimmer gegangen und hatte die Tür hinter sich verriegelt.
Marie hatte sie drinnen schluchzen gehört, aber als sie an die Tür geklopft hatte, hatte Caroline nicht geöffnet.
Sie hatte erst aufgemacht, als ihr Vater mit den Fäusten dagegen hämmerte: »Mach auf, Caroline, sonst schlage ich die Tür ein.«
Er war ganz außer sich gewesen, und als die Tochter vor ihm stand, hatte er sie an den Schultern gepackt und hin und her geschüttelt wie eine Stoffpuppe.
»Wer ist der Kerl, mit dem du dich herumgetrieben hast? Los, sag es oder bei Gott, ich prügle seinen Namen aus dir heraus.«
Caroline war weiß wie die Wand gewesen, aber sie hatte keinen Ton von sich gegeben. Da hatte Meister Jakob auf sie eingeschlagen. »Den Namen will ich wissen! Den Namen, du Hure! Du Dreckstück, du verkommenes Frauenzimmer!«
Marie war ihrem Mann in den Arm gefallen. »Hör auf, du bringst sie ja um! Um Christi Barmherzigkeit willen, Jakob, laß sie doch in Ruhe! Egal, was passiert ist, wir können es nicht mehr ungeschehen machen.«

Da hatte er von Caroline gelassen. Sie war gegen die Wand zurückgetaumelt und dann langsam zu Boden gerutscht.
Ihre Lippe war aufgeplatzt und blutete, und ihre Augen ... Marie wußte, daß sie nie in ihrem Leben den Ausdruck von Carolines Augen vergessen würde.
Meister Jakob hatte sich abgewandt. »Ich gehe zu Leonhard Vogel. Wir sind es ihm schuldig, die Wahrheit zu bekennen. O mein Gott, ich war allezeit ein Mann, der sich vor niemandem zu schämen brauchte. Ich konnte jedem frei in die Augen sehen. Aber jetzt ... jetzt schäme ich mich.«
Caroline hatte eine Bewegung zu ihm hin gemacht. »Laß mich mit ihm sprechen. Ich will es Leonhard sagen.«
Ihr Vater hatte sich nicht einmal nach ihr umgedreht. »Du bleibst hier – bis ich beschlossen habe, was mit dir geschieht.« Dann war er gegangen.
Marie hatte Caroline zu Bett gebracht. Sie hatte ihr das Blut abgewaschen und die blau unterlaufenen Male von Jakobs Schlägen mit einer Salbe eingerieben. »Warum nur, Kind, warum?« hatte sie ein über das andere Mal gefragt, und Caroline hatte geantwortet: »Ich mußte es tun. Sagen Sie das dem Vater, wenn er zurückkommt, Mutter: Es war mein eigener freier Wille. Es tut mir in der Seele leid, daß ich Ihnen damit Schmerz bereitet habe – und wohl auch Schande – aber ich konnte nicht anders.«
»Aber wer ... wer ist es denn bloß?« hatte Mutter Marie gefragt, von einer großen Hilflosigkeit erfüllt. »Sag mir's doch, Kind. Mein Gott, ich versteh' das alles nicht. Wir haben doch über jeden Schritt von dir Bescheid gewußt, du hast doch nie Heimlichkeiten vor uns gehabt, und ich dachte, du wärest glücklich mit dem Leonhard.«
Caroline hatte den Kopf zur Wand gedreht. »Fragen Sie mich nicht, Mutter, ich bitte Sie.«
Es war Hermann gewesen, der am Abend – denn natürlich hatten alle im Haus, einschließlich der Lehrbuben ge-

wußt, was mit Caroline passiert war – zu Marie gesagt hatte: »Es wird der Franzose sein, dieser Chevalier de Lancourt ... Sie hat ihn wiedergesehen, freilich nur, um über ihn eine Audienz beim Kaiser Napoleon zu bekommen.« Seine Augen waren ganz dunkel gewesen vor Kummer, und als Marie entsetzt stumm geblieben war – du lieber Himmel, ein Franzose! –, hatte er nach ihrer Hand gegriffen. »Sagt das bloß nicht Eurem Mann, Frau Meisterin, es würde alles noch schlimmer machen.«
Das hatte Marie eingesehen und so wußte Meister Jakob auch heute noch nicht, wer der Liebhaber seiner Tochter gewesen war.
Marie aber war, nachdem sie zwei ziemlich schlaflose Nächte und einen zergrübelten Tag verbracht hatte, zum Gouvernementsgebäude gegangen und hatte verlangt, den Leutnant de Lancourt zu sprechen.
Da hatte man ihr mitgeteilt, daß der, nach dem sie fragte, abgereist sei.
Wen wunderte es da, daß Marie seitdem nahe ans Wasser gebaut war? Ihr Kind, ihre schöne, stolze, fröhliche Caroline – und hatte sich an einen Mann weggeworfen, dem sie gerade für eine Nacht lang gut genug gewesen war!
Jedesmal, wenn Marie ihrer Tochter das Essen gebracht hatte, denn auf Anordnung von Meister Jakob durfte Caroline bis auf weiteres ihr Zimmer nicht verlassen, hatte ihr der Anblick ihres Kindes das Herz zerrissen. Und einmal, das war am fünften Tag gewesen, hatte sie sie bei den Armen genommen und ein wenig hin und her geschüttelt: »Gräm dich doch nicht so, Caroline. So ein Kerl ist es nicht wert! Du warst dumm und leichtgläubig, und das ist schlimm. Aber die Welt geht deswegen nicht unter.«
Für einen Augenblick war Carolines starrer, fremder Gesichtsausdruck gewichen, und sie hatte weich und verletzlich ausgesehen. »Ach, Mutter, Mutter! Was wissen Sie denn davon?«
»Alles«, hatte Marie geantwortet. »Ich war dort ... Ich

habe mit ihm reden wollen. Ich dachte, wenn er dich auch liebt – vielleicht kann noch alles gut werden. Freilich, der Vater hätte nie seine Einwilligung gegeben, aber dann hättet ihr eben heimlich fort müssen ... Aber er war gar nicht mehr da. Er hat die Stadt verlassen ...«
Caroline hatte sie groß angesehen. »Ist das wahr, Mutter? Sie haben ...«
»Ich will doch, daß du glücklich bist, Kind. Aber mit dem ...« Maries Miene war abweisend geworden, »mit dem wärst du nur in dein Unglück gerannt.«
Caroline hatte vor sich hingestarrt. »Ich dachte mir, daß er fort ist. Haben Sie nichts von dem Duell zwischen Graf Wardenburg und Pierre de Lancourt gehört, Mutter? Die halbe Stadt hat doch darüber geredet. Nun, ich habe an jenem Morgen die Feldgendarmen zum Steiger gebracht. Sie haben Pierre mitgenommen, das habe ich noch gesehen. Er selbst hat mich gar nicht bemerkt. Ich bin ein Stück zurückgeblieben, als die Gendarmen ihn und Graf Wardenburg ergriffen. Und dann bin ich heimgelaufen. Ich wollte ja nur, daß er nicht erschossen wird ... Aber gewiß hat man ihn degradiert oder fortgeschickt oder beides ... Er wird irgendwo sein, wo Krieg ist, Mutter ... So machen sie es mit ungehorsamen Soldaten ...«
»Und was soll nun werden?« hatte Marie gefragt, und Caroline hatte die Schultern gezuckt. »Ich weiß es nicht.«
Am Abend hatte Meister Jakob gesagt, daß Caroline aus dem Haus müsse – auf unbestimmte Zeit. »Sie kann bei meiner Schwester in Stendal unterkommen. Hier jedenfalls kann sie sich vorläufig nicht blicken lassen. Die Leute zeigen ja mit den Fingern auf sie. Du, Marie, bringst sie hin. Ich gebe dir einen Brief für meine Schwester mit, in dem alles steht, was sie wissen muß. Bleib eine Nacht dort und komm mit der nächsten Postkutsche zurück. Die erforderlichen Reisepapiere für dich und Caroline habe ich besorgt. Morgen früh um sieben brecht ihr auf.«
Wenn ihr Mann in diesem Ton etwas anordnete, gab es

keinen Widerspruch, das wußte Marie. Deshalb war sie still geblieben und hatte sich daran gemacht, Carolines Sachen zu packen. Aber insgeheim hatte sie gehofft, daß die Zeit für sie arbeite.

Irgendwann mußte sich Jakobs Zorn gelegt haben, irgendwann würde er anfangen, Caroline zu vermissen – und dann konnte man sie zurückholen. Bis dahin mochte es wirklich besser sein, wenn sie dem Vater aus den Augen war.

Das war jetzt vier Wochen her, und seitdem lebte Caroline im Hause ihrer Tante.

Sie begehrte nicht dagegen auf, daß Babette Schollmeyer sie wie eine Magd behandelte und sie von morgens bis abends mit allerlei Arbeiten herumscheuchte. Sie klagte nicht über ihr kaltes, unfreundliches Zimmer und nicht über das kärgliche Essen, das die Tante ihr zubilligte, ja nicht einmal über die gehässige Art, mit der die dicke, rotwangige Witwe, deren Seliger ihr eine gut florierende Bäkkerei hinterlassen hatte, ihre »in Schande gefallene« Nichte behandelte. Jakob Weikersheim hatte seiner Schwester mitgeteilt, weshalb seine Tochter einige Zeit aus Erfurt fort müsse, und Tante Babette, die alle Sonntage in die Kirche ging und jeden Abend eine Hausandacht abhielt, hatte sich vor Entrüstung kaum zu lassen gewußt.

Ein leichtfertiges, gottloses Ding war sie, die Caroline! Man mußte ein strenges Auge auf sie haben und sie vor allem hart arbeiten lassen, damit ihr die sündigen Gedanken ein für allemal ausgetrieben wurden. Vermutlich hatte man sie zu Hause viel zu sehr verwöhnt, ihr viel zuviel durchgehen lassen – und genau das war der Boden, auf dem Unbotmäßigkeit und Schlechtigkeit gediehen.

»Laß sie nur hier, Marie«, hatte Frau Babette beim Abschied zu ihrer Schwägerin gesagt. »Jakob mag beruhigt sein. Ich werde dafür sorgen, daß das Mädchen seine Missetat bereut und seinen Lebenswandel von Grund auf ändert.«

Und so hieß es nun für Caroline, des Morgens um fünf Uhr aufzustehen, in der Backstube zu helfen, später den Morgenkaffee für die Tante zuzubereiten, das Haus zu putzen, das Essen zu kochen und die Wäsche zu waschen.
Abends war sie oft so müde, daß sie während der Andacht, die die Tante abhielt und an der auch die Gesellen und Lehrjungen aus der Bäckerei teilnehmen mußten, beinahe einschlief. Wie zerschlagen fiel sie hinterher in ihr Bett, aber sie weinte nicht, und sie beklagte sich auch nicht.
Es war ihr klar, was sie durch ihr Verhalten ihrem Vater und auch Leonhard angetan hatte, und sie nahm die Zeit, die sie hier verbringen mußte, als Buße dafür.
Manchmal fragte sie sich, ob Pierre ihr wohl indessen einmal geschrieben hatte. Sie würde es wohl nie erfahren, es sei denn, ihre Mutter hatte den Brief entgegengenommen und bewahrte ihn heimlich für sie auf. Aber das war höchst unwahrscheinlich. In der Regel wurde die wenige Post, die die Weikersheims erhielten – ab und zu einen Brief von Tante Babette oder von Maries Geschwistern aus Riesa – in der Werkstatt abgegeben, wo ihr Vater sie öffnete und las. Dann erst bekamen die anderen Familienmitglieder sie zu Gesicht. Falls Pierre geschrieben hatte, würde der Vater also jetzt wissen, wer der Mann war, den seine Tochter liebte, und vermutlich würde das seinen Groll auf sie nur steigern. Er würde Pierres Brief ins Feuer werfen und niemandem ein Wort davon sagen.
Ach, Pierre, Pierre ...
Caroline wußte, daß es töricht und aussichtlos war, noch immer an ihn zu denken. Vermutlich würde sie ihn nie wiedersehen. Aber dennoch konnte sie nicht aufhören, ihn zu lieben und sich nach ihm zu sehnen. Manchmal träumte sie von ihm. Dann waren sie wieder zusammen. Pierre nannte sie zärtlich *»ma petite«*, er küßte sie und sagte ihr, daß er sie liebe ...
Aber es gab auch Träume, in denen er sie verlachte, weil

sie ihm nachgelaufen war, und andere, in denen er schwer verwundet irgendwo auf einem Acker lag, während ringsum eine Schlacht tobte. Und während Caroline versuchte, ihn unter Aufbietung all ihrer Kräfte fortzubringen, starb er.

Dann erwachte sie schweißgebadet, mit wild klopfendem Herzen und konnte lange nicht wieder einschlafen.

Sie wußte, daß der Kaiser Napoleon indessen nach Spanien aufgebrochen war, um Madrid zurückzuerobern. Ab und zu drangen Nachrichten von der Front auch nach Stendal. Soult hatte Anfang des Monats Burgos eingenommen, und Marschall Ney führte seine Divisionen gegen General Castaños, um die Schlappe, die der spanische Feldherr wenige Wochen zuvor General Dupont zugefügt hatte, wieder wettzumachen.

Insgesamt standen zweihunderttausend französische Soldaten in Spanien, und Caroline fragte sich, ob Pierre unter ihnen sei.

Und dann, im Dezember, kam die Meldung, daß der Kaiser den Somosierra-Paß überschritten und die Spanier entscheidend geschlagen habe. Damit war der Weg nach Madrid frei, und es war nur noch eine Frage von wenigen Tagen, bis er in der spanischen Hauptstadt einmarschieren würde. –

Der Krieg freilich war dadurch noch nicht entschieden, denn in Salamanca und in La Coruña lag die Royal Navy vor Anker, um die strategisch wichtigen Häfen zu verteidigen.

Also tobte der Krieg auf der Iberischen Halbinsel weiter, und der endgültige Sieg, auf den Napoleon gesetzt hatte, rückte in bedenklich weite Ferne.

In Stendal aber wurde Caroline klar, daß ihre Nacht mit Pierre nicht ohne Folgen geblieben war.

Sie hatte sich einige Male des Morgens gleich nach dem Aufstehen heftig übergeben. Auch tagsüber litt sie häufig unter Übelkeit, und der Geruch aus der Backstube nach warmem, säuerlichem Brotteig, nach Hefegebäck und den

Pfefferkuchen, die in der Vorweihnachtszeit gebacken wurden, verursachte ihr einen solchen Brechreiz, daß sie hinausrannte und sich draußen erbrach.
Zuerst vermutete sie, daß sie sich den Magen verdorben hätte. Aber eines Morgens, als sie mit kaltem Schweiß auf der Stirn gerade noch bis zu ihrer Waschschüssel kam und würgend gegen eine Ohnmacht ankämpfte, begriff sie, daß sie schwanger war.
Sie fing an nachzurechnen und kam darauf, daß ihre Monatsblutung schon zweimal ausgeblieben war, eine Tatsache, der sie nach allem, was auf sie eingestürmt war, bisher keine Beachtung geschenkt hatte.
Doch nun auf einmal stürzte es wie mit Keulenschlägen über sie her: Sie erwartete ein Kind.
Eine Weile war Caroline wie betäubt von dieser Erkenntnis. Sie starrte in den fleckigen Spiegel über dem Waschtisch und sah in ein bleiches, gleichsam vor Furcht erstarrtes Gesicht. Dann wankte sie zu ihrem Bett zurück und ließ sich darauf niederfallen.
Ein Kind ... Ich bekomme ein Kind, war alles, was sie denken konnte.
Wie lange sie so dalag, mit geschlossenen Augen und von einer Kälte erfüllt, die sie lähmte, wußte sie nicht zu sagen.
Irgendwann hörte sie Tante Babette rufen: »Caroline! Caroline, wo bleibst du denn? Komm herunter, du faules Ding! Der Tisch ist noch nicht gedeckt und kein Feuer im Ofen gemacht. Soll ich denn alles allein tun?«
Halt den Mund, dachte Caroline. Um Gottes willen, halt deinen widerlichen, ekelhaften Mund. Sie ballte die Fäuste und merkte, daß sie am ganzen Körper zitterte.
Auf einmal erschien ihr alles hier unerträglich, die scheltende Stimme der Tante, ihr armseliges kaltes Zimmer unter dem Dach, die Behandlung, die ihr zuteil wurde, ihr ganzes demütigendes Leben, seit sie gewagt hatte, zu tun, wozu ihr Herz und ihre Sinne sie trieben.
Sie hörte, wie Tante Babette die Treppe hinaufstampfte.

Gleich darauf wurde die Tür zu Carolines Kammer aufgerissen.
»Da liegt sie im Bett, die feine Dame! Wartet sie vielleicht darauf, daß ich ihr heiße Schokolade und frisches Gebäck bringe? Darf es vielleicht auch ein wenig Butter und Honig sein? Oder willst du lieber dunkles Brot mit Speck und einen Krug Bier dazu? Los, los, steh auf! Mach, daß du an die Arbeit kommst!«
Babette Schollmeyer, noch mit einer weißen Nachthaube auf den silbergrauen Löckchen, in einem türkisch gemusterten Hausmantel, beugte sich über Caroline. Sie sah rosig, dick und gesund aus, und Caroline spürte ein jähes Gefühl des Hasses in sich aufsteigen.
»Lassen Sie mich los!« sagte sie leise, mit zusammengebissenen Zähnen. »Und raus aus meinem Zimmer, aber schnell!«
Frau Babette starrte sie mit offenem Mund an. Es hätte komisch gewirkt, wären nicht die wutfunkelnden blauen Augen gewesen. »Was erlaubst du dir, du Schlampe! Auch noch frech werden, was? Auch noch auftrumpfen! Dir werde ich's zeigen, du!«
»Raus!« wiederholte Caroline, während sie sich aufsetzte, und etwas in ihrem Gesicht bewirkte, daß die Tante den schon erhobenen Arm sinken ließ und zurückwich.
»Das ... das ist ... Du bist wohl übergeschnappt! Was fällt dir ein!« Caroline schob sie einfach zur Tür hinaus, warf sie zu und legte den Riegel vor.
»Caroline!« schrie die Tante von draußen. »Caroline, mach sofort auf! O Gott, sie ist verrückt geworden! Sie muß den Verstand verloren haben! Caroline ...«
Sie zeterte noch eine Weile herum, aber da Caroline keine Antwort gab, wurde sie schließlich still und stampfte die Treppe wieder hinunter.
Caroline lief zum Fenster und stieß es weit auf, um die kalte, klare Dezemberluft einzuatmen. Es hatte in der Nacht ein wenig geschneit, und die Dächer und das schad-

hafte Kopfsteinpflaster der Karthäusergasse wirkten wie mit Zuckerguß überzogen.
Ein Kind, dachte sie wieder. Ich bekomme ein Kind von Pierre.
Sie spürte, wie es ihr heiß in die Augen schoß, aber sie kämpfte die Tränen nieder.
Auf einmal hatte sie wieder Mut; die dumpfe Niedergeschlagenheit, die sie in den vergangenen Wochen gelähmt hatte, das peinigende Schuldgefühl, das sie stumm und demütig hatte werden lassen, waren verschwunden.
Und plötzlich wußte sie, was sie zu tun hatte.
Sie würde nicht hierbleiben. Und sie würde auch nicht nach Erfurt zurückkehren.
Ihr Vater hatte sie fortgeschickt in einem Augenblick, als sie die Wärme ihres Elternhauses am nötigsten gebraucht hätte, und ihre Mutter hatte es geschehen lassen, mit wehem Herzen zwar, aber doch bereit, den Willen ihres Mannes als unabänderliches Gesetz hinzunehmen, so wie sie ihn immer hingenommen hatte.
Und Tante Babette? Caroline konnte sich vorstellen, wie sie reagieren würde, wenn ihre Schwangerschaft offenbar wurde. Ein Kind der Sünde, ein nie mehr zu vertuschender Makel! Wahrscheinlich erwartete sie, daß Caroline für den Rest ihres Lebens in Sack und Asche einherging, eine Büßerin, der am Ende doch niemand verzieh.
O nein, in solch einer erstickenden, muffigen Welt sollte ihr Kind nicht aufwachsen.
Marie hatte ihrer Tochter, bevor sie nach Hause zurückfuhr, ein wenig Geld zugesteckt.
»Falls du einmal ein paar neue Kleider, einen warmen Mantel oder sonst etwas brauchst. Für Unterkunft und Verpflegung lasse ich deiner Tante genug da, dies hier ist nur für dich.«
Caroline blickte in den Himmel, dessen milchige Farbe noch mehr Schnee versprach, und dachte: Heute nacht laufe ich fort. Ich will versuchen, bis Berlin zu kommen.

Das ist eine große Stadt, dort kann ich am ehesten Arbeit finden. Und wenn ich mich als Hausmagd verdinge... Das ist immer noch besser, als hier der Gehässigkeit der Tante ausgesetzt zu sein.
Außerdem will ich versuchen, Pierre zu finden. Er soll wissen, daß wir ein Kind haben werden.
Sie schloß das Fenster und lehnte die Stirn gegen die Scheibe. Und nun weinte sie doch. Sie war siebzehn Jahre alt und ganz allein auf sich gestellt. Aber sie würde es schaffen, mit dem Leben zurechtzukommen – irgendwie. Und vielleicht würde sie ja auch nicht immer allein bleiben. Wenn Pierre erfuhr, daß sie sein Kind erwartete... Ach ja, dann würde er gewiß kommen und ihr helfen.

Der französische Intendanturrat Henri Beyle, ein knapp fünfundzwanzigjähriger junger Mann, hatte an jenem Abend lange in der Bibliothek seines Amtssitzes am Markt gesessen und geschrieben.
Er hörte, wie der Nachtwächter die dritte Morgenstunde ausrief, und stand auf, um seinen schmerzenden Rücken zu strecken.
Henri Beyle, ein entfernter Verwandter von Martial Daru, dem Generalintendanten der Grande Armée, und ein Protegé des allmächtigen Talleyrand, liebte es, in der Nacht zu arbeiten.
Dann, so behauptete er, hatte er die besten Gedanken, und die geistreichen oder zartfühlenden Formulierungen für eine Novelle oder die Reime für ein neues Poem flögen ihm nur so zu.
Im Augenblick schrieb er an dem Entwurf eines Romans, der ihn weit mehr beschäftigte als seine amtlichen Aufgaben in Stendal.
Henri Beyle war ein hübscher, schwarzhaariger Mann mit rundem Gesicht, dichtem Backenbart und wachen, spöttischen Augen. Das feste Kinn verriet Energie, der Mund Humor und Sinnenfreude.

Er nahm den Kerzenleuchter vom Tisch und ging in den angrenzenden Salon, um sich noch ein Glas Rotwein einzuschenken.
Im Vorzimmer saß sein Diener Baptiste und war eingeschlafen. Er schrak hoch, als Henri die Tür öffnete, und rappelte sich vom Stuhl auf. »Haben Sie noch einen Wunsch, Herr Leutnant?«
Henri lächelte. Baptiste redete ihn immer noch mit seinem militärischen Rang an. Sie hatten gemeinsam an den Italienfeldzügen des Generals Bonaparte teilgenommen, und Baptiste war damals Soldat in der Kompanie des blutjungen, auf Kriegsruhm erpichten Dragonerleutnants Henri Beyle gewesen. Er hatte bei Marengo durch eine feindliche Kugel das linke Auge verloren und trug eine schwarze Binde darüber.
»Geh schlafen, Baptiste«, sagte der Intendanturrat. »Ich werde noch ein paar Minuten frische Luft schöpfen.«
Er warf sich einen wollenen, innen mit Fell gefütterten Mantel über und verließ das Haus.
Draußen atmete er in tiefen Zügen die klare Dezemberluft ein. Der Marktplatz war verschneit, und der steinerne Roland auf seinem Denkmalssockel trug eine hohe weiße Mütze.
Henri Beyle überquerte den Platz und wollte gerade die Richtung zur Jakobikirche einschlagen, als er Räderrasseln vernahm. Ein Planwagen kam von der Elbischen Straße her, die zum östlichen Stadttor führte.
Beyle blieb stehen und gewahrte, wie das Fahrzeug vor dem Torbogen des Gefängnisses hielt, das sich an das Rathaus anschloß.
Zwei Gendarmen in Uniform stiegen aus, während der Pferdelenker auf dem Bock sitzen blieb. Sie hatten eine Frau in der Mitte, die sie an beiden Armen festhielten.
Neugierig geworden, ging der Intendanturrat näher.
»Wen bringt ihr denn da?« fragte er und betrachtete die junge Frauensperson, die einen erschöpften, niedergeschlagenen Eindruck machte.

»Was geht's Euch an, Herrchen«, erwiderte einer der beiden Gendarmen, aber der Wachtposten, der aus seinem Schilderhaus neben dem Torbogen herausgekommen war, stieß ihn in die Rippen.
»Bist du verrückt? So redet man nicht mit Seiner Gnaden, dem Herrn Intendanturrat Beyle.«
Der Gendarm zuckte zusammen und salutierte. »Verzeihung, Herr, das konnte ich nicht ahnen. Wir haben das Frauenzimmer acht Meilen von hier an der Elbe aufgegriffen. Es wollte wohl ins Brandenburgische hinüber, aber es hat keine Ausweispapiere und keinen Passierschein bei sich. Außerdem weigert es sich, uns seinen Namen zu nennen. Also eine höchst suspekte Person, Herr. Deshalb haben wir sie erst mal mitgenommen.«
Henri Beyle betrachtete das Mädchen näher. Es hatte rote Haare, die unter dem schneefeuchten Kopftuch hervorquollen, und ein feines, jetzt allerdings total verängstigtes Gesicht.
Wie eine Herumtreiberin sah sie nicht aus.
»Es ist besser, wenn du deinen Namen sagst«, redete er sie freundlich auf deutsch an, das er inzwischen ein wenig gelernt hatte, aber zu seiner Verblüffung antwortete sie ihm in tadellosem Französisch:
»Ich habe meine Gründe, es nicht zu tun, Monsieur. Allerdings kann ich Ihnen versichern, daß es keine unehrenhaften sind. Ich möchte nur nicht, daß man Nachforschungen anstellt, woher ich gekommen bin.«
»Dann bist du also jemandem davongelaufen? Deiner Herrschaft? Weshalb? Hat man dich schlecht behandelt — oder hast du etwas gestohlen?«
»Nein. Trotzdem will ich um keinen Preis wieder dorthin zurück, wo ich hergekommen bin. Aber das hat rein persönliche Ursachen!«
»Hmmm ...« Dieses Mädchen, das so gut französisch sprach und sich keineswegs wie ein Dienstmädchen oder eine Bauernmagd ausdrückte, begann ihn zu interessieren.

»Und wo wolltest du hin?« »Nach Berlin. Ich wollte mir dort Arbeit suchen . . .«
»Aber das ist ohne amtlichen Passierschein unmöglich. Hast du das nicht gewußt?«
Sie senkte den Kopf. »Doch. Aber wie hätte ich mir so etwas besorgen sollen? Ich dachte, ich schaffe es vielleicht auch so.«
Henri Beyle lächelte. »Nun, da hast du dich geirrt. Was sollen wir also jetzt mit dir machen?«
»Ich weiß es nicht, Herr. Sie sind der französische Intendanturrat Beyle? Dann kann ich Sie nur anflehen, mir zu helfen. Ich bin keine Verbrecherin, keine Diebin, und ich hege auch keine finsteren Absichten, die irgend jemandem schaden könnten.«
Henri Beyle überlegte. Er hatte eine Schwäche für weibliche Schönheit und eine noch größere für fremde Schicksale. Schließlich war er Schriftsteller – und als solcher geradezu verpflichtet, überall Geschichten aufzuspüren.
»Laßt sie los«, sagte er zu den beiden Gendarmen. »Ich will mich noch eine Weile mit ihr unterhalten und nehme sie mit.«
Ihr Wortführer zögerte. »Halten zu Gnaden, Herr, aber Ihr solltet mit so einer nicht allein bleiben. Plötzlich haut sie Euch eins über den Schädel, bestiehlt Euch und ist über alle Berge, bevor Ihr wieder die Augen auftut.«
Henri Beyle lachte. »So sieht sie nicht aus. Und wenn sie es vorhätte – ich bin nicht so leicht zu übertölpeln.«
»Aber sie soll doch ins Gefängnis . . .«
»Wenn ich mit ihr gesprochen habe und ebenfalls zu dieser Meinung gelange, liefere ich sie persönlich dort ab.« Henri Beyle streckte die Hand aus. »Nun komm, Mädchen.«
Baptiste, sein Diener, war doch noch nicht zu Bett gegangen. Er hörte, wie sein Herr die Haustür aufschloß, und kam ihm mit einer Kerze in der Hand entgegen, um ihm die Treppe hinaufzuleuchten. Er warf einen neugierigen Blick auf Henris Begleiterin. »Wer ist denn das?«

»Das ist . . . ach, wie heißt sie noch gleich?«
»Caroline«, sagte das Mädchen. »Ich heiße Caroline . . .«
»Da du nun einmal hier bist«, meinte Henri Beyle im Vorsaal zu seinem Diener, »kannst du uns noch einen heißen Gewürzwein machen. Caroline braucht etwas Warmes, sie ist durchnäßt und halb erfroren.« Dann öffnete er die Tür zu seiner Bibliothek. »Komm und setz dich – hier, nahe beim Kamin, und deinen Mantel nimmt Baptiste in die Küche mit, um ihn zu trocknen.«
Caroline gehorchte stumm und streckte die klammen Hände zum Feuer, um sich zu wärmen. Allmählich wich die Verstörtheit aus ihrem Gesicht. »Danke«, murmelte sie. »Sie sind sehr freundlich zu mir, Herr Intendanturrat.«
»Sagen wir es so: Ich bin neugierig, und ich hoffe, du erzählst mir deine Geschichte. Vielleicht kann ich dir helfen.«
Ihr Blick wurde unruhig. »Aber ich gehe nicht dorthin zurück, woher ich gekommen bin, das sage ich Ihnen gleich. Um keinen Preis der Welt tue ich das.«
Baptiste kam mit dem dampfenden Weinkrug und zwei Gläsern herein. Henri nahm ihm das Tablett ab und setzte es auf einen kleinen Tisch. Dann goß er die Gläser voll und reichte eines Caroline. »Hier, trink, ich möchte nicht, daß du eine Erkältung bekommst.«
Folgsam setzte sie das Glas an die Lippen. Der Wein war süß und stark und rann wie Feuer durch ihre Kehle. Allmählich breitete sich Wärme in ihr aus, und der Kopf wurde ihr schwer. Doch es war keine unangenehme Schwere.
Henri hatte lächelnd beobachtet, wie die Farbe in ihre Wangen zurückkehrte und ihre Augen Glanz bekamen. »Besser?« fragte er, und Caroline nickte aufatmend. »Viel besser.«
»Dann erzähl«, forderte er sie auf, während er ihr gegenüber in einem zweiten Fauteuil Platz nahm. »Du bist irgendwo fortgelaufen und wolltest nach Berlin. Warum?«

»Ich bin schwanger«, sagte sie nach einem kurzen Zögern. »Und ich will nicht, daß es jemand der Meinen erfährt.«

»Warum nicht? Hast du Angst vor deiner Familie? Nun ja, ein Kind ohne Vater ist gewiß kein Anlaß zum Jubeln. Hat der Bursche dich im Stich gelassen – oder warum sonst heiratest du ihn nicht?«

Nach und nach holte Henri Beyle aus Caroline die ganze Geschichte heraus. Dieser junge französische Beamte flößte ihr Vertrauen ein. Er war liebenswürdig, ohne aufdringlich zu sein, und schien ihr in allen Punkten Glauben zu schenken.

Als sie geendet hatte, schwieg er eine Weile. Dann meinte er: »Aber warum willst du nun unbedingt nach Berlin? Wäre es nicht vernünftiger, nach Frankreich zu reisen? Dort kannst du viel besser nach deinem Leutnant de Lancourt forschen, und falls er wirklich in Spanien sein sollte, so wird er doch ohne Zweifel irgendwann nach Paris zurückkehren. Wirklich, du solltest dorthin fahren und auf ihn warten.«

»Dafür reicht mein Geld nicht«, antwortete Caroline. »Und außerdem – Sie sehen es ja – ich brauche Papiere, um die Grenzen passieren zu können.«

»Die könnte ich dir ausstellen«, meinte Henri Beyle. »Und was die Reise betrifft – nun, vielleicht gibt es eine Möglichkeit. Ich denke da an eine ganz bestimmte Person – eine Dame, die zur Zeit in Stendal ist und in den nächsten Tagen nach Paris zurückkehren möchte. Vielleicht ist sie nicht abgeneigt, dich als Zofe mitzunehmen. Aber das kann ich erst morgen früh erfragen.«

Er gähnte. »Indessen sollten wir zusehen, daß wir noch ein wenig Schlaf bekommen.«

»Ich ... ich muß also nicht ins Gefängnis?« fragte Caroline.

»Was sollst du dort? Natürlich war es nicht recht von dir, daß du ohne Passierschein über die Grenze nach Brandenburg wolltest, aber das halte ich deiner besonderen Lage

zugute. Du kannst hier schlafen – ich werde Baptiste bitten, dir ein Lager auf dem Sofa herzurichten. Und morgen sehen wir weiter. Einverstanden?«
»Einverstanden«, erwiderte Caroline mit einem tiefen Atemzug. »Und – ich danke Ihnen sehr, Monsieur Beyle.«

Madame Louise Grangette erschrak ein wenig, als ihr am nächsten Vormittag ein Bote des Intendanturrates Henri Beyle gemeldet wurde. Sie logierte seit zwei Tagen im Hotel »Zur Kanne«, und wollte morgen in aller Frühe nach Paris weiterreisen.
Nach ihren Angaben, die sie bei ihrer Ankunft gemacht hatte und die, wie es Vorschrift war, der französischen Kommandantur gemeldet werden mußten, war sie auf der Durchreise, von Berlin kommend. Dort habe sie eine entfernte Verwandte, die Witwe eines französischen Hutmachers, Madame Eugenie Lébrune, besucht.
Madame Grangette war eine stattliche Frau Mitte der Fünfzig, sehr auffallend gekleidet, ein wenig füllig, mit grau-blondem Haar. Sie schminkte sich und trug selbst jetzt, um die Vormittagsstunde, Unmengen von Schmuck.
Baptiste, den Henri Beyle in die ›Kanne‹ geschickt hatte, wurde sogleich bei ihr vorgelassen. Er brachte einen Brief seines Herrn.
»Aber natürlich«, rief sie, nachdem sie ihn gelesen hatte. »Es ist mir eine Freude, wenn ich dem Herrn Intendanturrat einen Gefallen erweisen kann. Wo ist das junge Mädchen, das er mir so warm ans Herz legt?«
»Ich könnte sie herbringen«, erwiderte Baptiste. »Wäre es Ihnen in einer Stunde recht?«
Caroline schlief noch, als er heimkam und sie weckte. Sie war von der halb durchwachten Nacht und all den hinter ihr liegenden Aufregungen zu Tode erschöpft. Doch als Baptiste ihr erklärte, daß Madame Grangette ihren Besuch erwarte, war sie sogleich hellwach.
Eilig machte sie Toilette, flocht das lange Haar zu einem

dicken Zopf, den sie am Hinterkopf aufsteckte, und zwang sich dazu, ein Glas Milch zu trinken und einen Butterwekken zu essen, den Baptiste ihr gebracht hatte. Allerdings wurde ihr danach wieder übel, aber wenigstens mußte sie sich nicht übergeben.

Auf ihre Frage nach Henri Beyle erklärte ihr der Diener, daß der Herr Leutnant sich in seinen Amtsräumen befinde. »Er bleibt dort in der Regel bis zum späten Nachmittag, aber er läßt dir ausrichten, daß du zu ihm kommen sollst, nachdem du bei Madame Grangette warst.« Ein wenig ängstlich verließ Caroline das Haus des Intendanturrates. Es ging inzwischen auf den Mittag zu, und auf dem Marktplatz herrschte ein ständiges Kommen und Gehen.

Hausfrauen trugen ihre Einkäufe heim, eine Schar Kinder lieferte sich eine Schneeballschlacht, Wagen rumpelten über das holprige Pflaster, und vor dem ockergelb getünchten spitzgiebligen Gebäude des ›Stendaler Landboten‹ stand eine Gruppe von Männern und studierte die neueste Ausgabe der Zeitung, die draußen in einem Glaskasten angeschlagen war.

Ein paar französische Soldaten schlenderten vorüber, und vor dem Gefängnis, zu dem Caroline einen scheuen Blick hinüberwarf, patrouillierten die Wachtposten.

Eilig, mit gesenktem Kopf, das auffallende Haar unter einem Tuch verborgen, huschte Caroline über den Platz und bog in die Kaufmannstraße ein, an deren Ende der Gasthof »Zur Kanne« lag.

Glücklicherweise begegnete sie niemandem, der sie kannte.

Madame Grangette empfing Caroline in dem für vornehme Reisende reservierten Speiseraum hinter der Schankstube. Sie hatte eine dampfende Suppe vor sich stehen, die sie mit großem Behagen löffelte. »Ah, da bist du ja, mein Kind«, sagte sie, als Caroline von einer Hausmagd hereingeführt worden war und höflich knickste. »Wie heißt du noch gleich?«

»Caroline, Euer Gnaden. Caroline Weikersheim.«
»Du kannst mich Madame nennen, das genügt«, erklärte die Grangette leutselig und deutete auf einen Stuhl. »Komm, laß dich anschauen. Leg dieses unförmige Tuch ab, und dann setz dich zu mir. Möchtest du mit mir essen?«
»Vielen Dank, Madame, aber ich bin nicht hungrig. Ich habe gerade beim Herrn Intendaturrat etwas bekommen.«
Ungeniert betrachtete Louise Grangette das Mädchen von oben bis unten. »Reizend, ganz reizend ... Man sollte es nicht für möglich halten, was für Schönheiten sich in der Provinz verstecken. Und nun willst du also nach Paris? Weshalb? Hast du Verwandte dort?«
In der Nacht war Caroline mit Henri Beyle übereingekommen, Madame Grangette nichts von ihrer Flucht und ihrer Schwangerschaft zu erzählen. Deshalb erwiderte sie jetzt: »Nein, Madame. Ich bin alleinstehend, ich habe niemanden, seit ... seit meine Eltern gestorben sind. Aber es gibt jemanden, den ich in Paris suchen möchte ...«
»Einen Mann?« fragte die Grangette sofort und lachte. »Was für eine Frage! Natürlich einen Mann.«
Caroline senkte den Kopf. »Er ist Leutnant bei der Kaisergarde. Irgendwann wird er nach Paris zurückkehren, und dann will ich dort sein.«
»Ich verstehe. Der Herr Intendanturrat schreibt, daß du eine Stellung suchst. Gesetzt den Fall, wir verstehen uns gut: Würdest du dann auch in Paris bei mir bleiben wollen?«
»Aber ja, Madame! Das heißt, wenn Madame Verwendung für meine Dienste hat.«
»Das wäre möglich. Für die Reise jedenfalls denke ich schon, daß ich dich gebrauchen kann. Es ist ein gutes Stück bis Paris, und ich bin nicht mehr jung und kräftig genug, um Tag und Nacht zu fahren. Des Abends will ich ein gutes Bett und ein anständiges Essen in einem Gasthaus. Wir werden also eine Weile unterwegs sein, und ich habe schon mit Schrecken an die vielen einsamen Stunden in

meiner Kutsche gedacht. Da kam mir die Bitte des Herrn Intendanturrates, dich mitzunehmen, gerade recht. Also, mein Kind, die Sache ist abgemacht. Du gefällst mir, und ich erwarte von dir, daß du, abgesehen von ein paar kleinen Handreichungen wie frisieren, meine Sachen in Ordnung zu halten und dafür zu sorgen, daß ich meine Bequemlichkeit habe, mir die Zeit mit netten Plaudereien verkürzt. Dafür bezahle ich dein Essen und dein Zimmer in den jeweiligen Herbergen. Na, was sagst du dazu?«

»Von ganzem Herzen ja, Madame!« erwiderte Caroline und strahlte Louise Grangette an.

Der Wirt erschien und räumte die Suppe ab. Dann kam die Magd und brachte einen Schweinebraten mit Kraut, dazu einen Krug Bier.

»Na?« fragte die Grangette. »Hast du noch immer keinen Appetit, Caroline? Du brauchst dich nicht zu genieren.«

»Ich weiß. Trotzdem danke, Madame. Ich bin wirklich nicht hungrig.«

»Dann geh jetzt und hole deine Sachen. Am Nachmittag erwarte ich dich wieder. Du schläfst am besten heute nacht schon hier, da wir morgen in aller Frühe aufbrechen.« Die Grangette lächelte. Sie hatte sehr helle blaue Augen, die ein wenig wie Glasmurmeln wirkten. Außerdem war sie, fand Caroline, zu stark geschminkt. Das machte sie etwas vulgär.

Im gleichen Augenblick schämte sich Caroline dieses Gedankens. Ein Mensch, der so freundlich, ja geradezu herzlich war, war gewiß nicht gewöhnlich. Und auf jeden Fall mußte Madame Grangette eine überaus vornehme Gesinnung besitzen. Wie taktvoll sie jede Frage nach Pierre vermieden hatte! Eine andere hätte gewiß solange gebohrt, bis sie auch die kleinste Einzelheit über den Mann, den Caroline in Paris wiederzutreffen hoffte, aus ihr herausgeholt hätte. Nein, nein, Madame Grangette war schon recht. Caroline seufzte glücklich. Besser hätte sie es gar nicht antreffen können.

Während der langen Reise wurde Caroline in ihrer Meinung über Louise Grangette noch bestärkt.
Die ältere Frau behandelte sie nicht wie einen Dienstboten, sondern wie eine liebe junge Freundin oder Verwandte. Nicht nur, daß sie immer wieder beteuerte, wie froh sie über Carolines Begleitung sei, sie ließ es sich auch nicht nehmen, sie unterwegs von Kopf bis Fuß neu einzukleiden.
Es waren so viele Sachen, Kleider, Wäsche, Hüte, Schuhe und Taschen, dazu ein warmer, pelzgefütterter Mantel, daß man einen großen Schließkorb erstehen mußte, um alles unterzubringen.
Doch wenn Caroline ihre Dienstherrin bat, um Himmels willen nicht so viel Geld für sie auszugeben, lachte die Grangette nur.
»Es macht mir Freude, Kind. Du siehst so hübsch in den neuen Kleidern aus! Aber wenn es dein Gewissen beruhigt, so schreiben wir alles auf, was ich für dich ausgelegt habe, und ziehen es später nach und nach von deinem Gehalt ab.«
Für sie war es längst beschlossene Sache, daß Caroline auch in Paris bei ihr bleiben würde. »Freilich nicht als Zofe, daheim habe ich für derlei Arbeiten die Lisette, und die würde es mir sehr übelnehmen, wenn ich ihre Pflichten auch nur teilweise jemand anderem überließe. Aber ich habe mir schon immer eine junge Gesellschafterin gewünscht und nur noch nicht die richtige gefunden. Ich bin wohl ziemlich wählerisch, denn keine, die sich mir vorgestellt hat, erschien mir geeignet. Entweder waren es junge Dinger, die eine solche Stellung nur dazu benutzen wollten, möglichst schnell eine gute Partie zu machen, oder langweilige, verblühte alte Jungfern, die es Gott und der Welt übelnahmen, daß sie sitzengeblieben waren. Wirklich, Caroline, du bist die erste, die meinen Vorstellungen entspricht.«
Caroline lachte. »Aber vergessen Sie nicht, Madame, daß auch ich eines Mannes wegen nach Paris will.«

»Nun ja ... aber wer weiß, wo dein Leutnant de Lancourt jetzt ist und wann er zurückkommt. Darüber kann viel Zeit vergehen. Ganz abgesehen davon, Kindchen, ich will dir nicht weh tun, aber du weißt im Grunde doch recht wenig von diesem Menschen. Vielleicht hat er in Paris eine Frau und ein paar Kinder ... Oder er ist verlobt ... oder inzwischen längst in eine andere verliebt. Da ist es nur gut, wenn du nicht auf ihn angewiesen bist.«
»Gewiß«, murmelte Caroline. »Ich bin Ihnen auch unendlich dankbar, Madame, daß Sie so viel Gutes für mich tun.«
Die Grangette legte ihre Hand mit den vielen kostbaren Ringen auf ihren Arm. »Weißt du, Caroline, ich halte nicht viel von den Männern. Dazu kenne ich sie zu gut. Natürlich gibt es Ausnahmen, und ich hoffe um deinetwillen, daß dein Leutnant eine ist ... aber verlaß dich um Himmels willen nicht zu fest darauf.«
Caroline schüttelte den Kopf und blickte aus dem Kutschenfenster. Draußen breitete sich eine flache, eintönige Landschaft aus. Ein heftiger Wind trieb mit Schnee vermischten Regen vor sich her und beugte die Pappeln am Straßenrand.
Caroline unterdrückte einen Seufzer. Irgendwann, dachte sie, werde ich Pierre wiedersehen. Bis dahin will ich daran glauben, daß er mich nicht vergessen hat. Es war die Zauberformel, an die sie sich klammerte, sobald Mutlosigkeit in ihr aufstieg.
Madame Grangette wußte immer noch nichts von dem Kind, das sie erwartete. Caroline hatte schon ein paarmal angesetzt, es ihr zu sagen, und war jedesmal davor zurückgeschreckt.
Die Aussicht, auch in Paris bei Louise Grangette bleiben zu dürfen, war die einzige Sicherheit, die sie hatte. Irgendwann freilich würde Madame ihren Zustand erkennen, aber Caroline hoffte, daß sie sie dann lieb genug gewonnen hätte, um sie nicht aus dem Haus zu werfen.

Und auf jeden Fall hatte sie bis dahin ein Dach über dem Kopf, etwas zu essen und vielleicht ein wenig Geld gespart.
Freilich, wenn sie nachrechnete, was Madame Grangette alles für sie gekauft hatte, dann wurde es Caroline himmelangst. Wie sollte sie das jemals bezahlen – auch wenn ihre Herrin ihr in Paris ein angemessenes Salär für ihre Dienste in Aussicht gestellt hatte?
Ich darf nicht zuviel darüber nachgrübeln, dachte Caroline, sonst werde ich verrückt. Bis jetzt habe ich so viel Glück gehabt. Vielleicht bleibt es mir treu. Und wenn nicht, so ist dann immer noch Zeit, nach einem Ausweg zu suchen.
Unbewußt hatte sie die Hände über dem Leib gefaltet. Die Schwangerschaft machte ihr glücklicherweise kaum mehr Beschwerden. Die morgendliche Übelkeit war verschwunden; geblieben war nur ein gelegentlicher Widerwille gegen bestimmte Speisen und Gerüche, doch dies hatte Caroline bis jetzt vor Madame verbergen können. Nein, sie konnte ihr noch nicht sagen, daß sie schwanger war. Erst wenn sie eine Weile in Madames Haus in Paris gelebt hatte. Und vielleicht war ja indessen auch Pierre aufgetaucht ...
Ach, Pierre, Pierre! Caroline geriet ins Träumen, und Madame Grangette beobachtete sie unter halbgeschlossenen Augenlidern.
Dummes Ding, dachte sie. Bildet sich ein, der Kerl, der mit ihr herumgehurt hat, würde sie lieben und heiraten. Wenn sie aus ihren idiotischen Träumen erwacht ist, wird sie froh sein, daß sie bei mir Unterschlupf gefunden hat. Wahrhaftig, sie ist eine Schönheit. Sie wird Furore machen, die Kleine. Und auf keinen Fall ist sie eine Fehlinvestition. Freilich ist sie eigenwillig und hat einen harten Kopf. Aber damit werde ich schon fertig.
»Sind Sie müde, Madame?« fragte Caroline, weil die Grangette einen zufriedenen Seufzer ausgestoßen hatte. »Wollen Sie sich hinlegen? Warten Sie, ich schiebe Ihnen ein Kissen unter den Kopf und lege Ihnen die Decke um.«

»Danke, Kindchen«, sagte die Grangette, während Caroline aufstand und auf der Kutschenbank ein Lager für ihre Herrin bereitete. »Sie sind wirklich ein Engel.« Genüßlich streckte sie sich aus. »Ich wollte, wir wären schon in Liège. Wir legen dort einen Tag Ruhe ein, bevor wir weiterfahren.«

»Warten Sie, ich ziehe Ihnen die Schuhe aus«, sagte Caroline. »Dann haben Sie es bequemer.«

Die Grangette griff nach ihrer Hand. »Wirklich, ein Engel«, wiederholte sie, und Caroline lachte.

»Reden Sie doch nicht so! Alles, was ich tue, ist doch nur ein Bruchteil dessen, was ich Ihnen verdanke.«

Und dann trafen sie in Paris ein.

Madame Grangette hatte Caroline nicht viel von ihrem Leben dort erzählt. Das Mädchen wußte nur, daß sie ein großes Haus in der Rue de Buci bewohnte. Offenbar verfügte sie über eine Menge Dienstboten und deshalb vermutlich über viel Geld. Woher dieses Geld kam, darüber schwieg Madame sich aus.

Caroline hielt sie für eine vermögende Witwe, da Louise einmal erwähnt hatte, daß sie in jungen Jahren verheiratet gewesen war. Allerdings hatte sie es in einem Ton getan, der Caroline verbot, sich näher nach Monsieur Grangette zu erkundigen. Er war offenbar ein Tunichtgut gewesen, dessen einziger Vorzug darin bestanden hatte, daß er seine Frau mit einem beträchtlichen Vermögen zurückließ.

Es war eine bitterkalte Nacht, als die schwere Reisekutsche der Grangette durch die Straßen von Paris rumpelte. Madame schlief mit halb offenem Mund und schnarchte, doch Caroline war hellwach. Sie zog den Vorhang vor dem vereisten Fenster zur Seite und blies ihren warmen Atem dagegen, um hinaussehen zu können.

Paris! Sie war in Paris!

Viel sah sie freilich nicht davon, jetzt um vier Uhr morgens. Zunächst die Vorstadt mit kleinen, engen, geduckten Häusern; aus einem fiel der mattgelbe Schein einer Ölfunzel, und Caroline erkannte zwei, drei Gestalten in einem düsteren Treppeneingang. Ein anderes Mal ratterte die Kutsche an einem Krüppel vorbei – offenbar ein Bettler – der auf zwei Krücken gestützt, den Hut tief in die Stirn gezogen, im Schutz der Mauern dahinhumpelte, und, als der Wagen gefährlich nahe vorbeischwankte, drohend die Faust hob und etwas hinterherschrie.

Irgendwann fuhren sie über eine Brücke, und Caroline sah unter sich das dunkle Wasser der Seine und die schwarzen Umrisse der Boote am Ufer. Sie bogen in eine breitere Straße ein, zu deren beiden Seiten sich graue Gebäude erhoben, vier- oder fünfstöckig, mit dicken Mauern und tiefen bogenförmigen Fenstern. An ihrem Ende befand sich ein Platz mit einer von Bäumen umstandenen Kirche.

Fabien, der Kutscher, ein finsterer, schweigsamer Mann, dem Caroline während der langen Reise nicht ein Sterbenswörtchen über seine Herrin und ihre Lebensumstände hatte entlocken können, lenkte die Pferde hinter dem Kirchplatz um die Ecke und brachte sie ein paar Häuser weiter vor einem großen, aus hellem Sandstein erbauten Haus zum Stehen.

Das untere Geschoß war erleuchtet, worüber sich Caroline ein wenig verwunderte. Schließlich hatte niemand wissen können, daß Madame Grangette gerade heute nacht nach Hause zurückkehren würde, also war es unwahrscheinlich, daß man sie erwartete.

Da die Kutsche nicht mehr schwankte und rüttelte, erwachte die Grangette und rieb sich verschlafen die Augen. »Was ist? Sind wir schon da?«

»Ich glaube ja, Madame.« Caroline öffnete die Kutschentür und spähte hinaus.

Fabien war vom Bock gesprungen und die Stufen zum Portal hinaufgestiegen. Dort schlug er mit einem Messingklopfer gegen die Tür.

Wenig später wurde sie geöffnet, und eine Frauensperson in einem roten Rock und weißer Bluse kam heraus.

Caroline vernahm Geschrei und Gelächter aus dem Inneren des Hauses und gewahrte hinter den Fenstern, Schattenrissen gleich, die Gestalten eines Mannes und einiger Frauen. Sie wollte aussteigen, doch die scharfe Stimme der Grangette hielt sie zurück. »Warte noch, wir fahren in den Hof. Margot muß erst das Tor öffnen.«
Die Frau im roten Rock kam auf die Kutsche zugelaufen. »Willkommen daheim, Madame«, sagte sie und knickste. Dann schlug sie die Arme um sich, um sich in der grimmigen Kälte zu wärmen. »Was für ein Wetter! Kommen Sie rasch ins Haus, da haben Sie es behaglicher.«
»Ja gleich«, sagte die Grangette. »Ich habe übrigens jemanden mitgebracht.«
Ein neugieriger Blick streifte Caroline. »Ein neues Mädchen?«
»Was geht's dich an? Laß die dummen Fragen. Mademoiselle Caroline bekommt das Zimmer im Hinterhaus, du weißt schon, Margot, das mit dem Alkovenbett und den grünen Samtvorhängen im zweiten Stock. Und nun geh und mach das Hoftor auf, ich bin todmüde und möchte so schnell wie möglich ins Bett.«
»Sehr wohl, Madame.« Margot verschwand eilig im Haus und kam wenige Minuten darauf mit einer Lampe wieder. »Das Tor ist offen. Soll Robert das Gepäck in Ihre Wohnung bringen, Madame?«
»Fabien kann ihm dabei helfen. Und der Schließkorb kommt in Carolines Zimmer.«
Der Kutscher hatte indessen wieder den Bock bestiegen und die Pferdezügel ergriffen. Er schnalzte, und die beiden Braunen zogen an. Ein paar Meter neben dem Hausportal befand sich ein Torbogen, durch den er die Kutsche lenkte.
Madame Grangette ließ es sich nicht nehmen, Caroline in das für sie bestimmte Zimmer zu begleiten. Während ein Hausknecht ihre Sachen brachte und eilends ein kräftiges Feuer im Kamin anfachte, zündete Margot die Kerzen an,

die in einem vierarmigen Silberleuchter auf dem Tisch standen.
»Nun, wie gefällt dir dein Reich?« erkundigte sich die Grangette und tätschelte Carolines Wange. »Meinst du, daß du es hier aushalten kannst?«
»Es ist sehr schön«, sagte Caroline ein wenig beklommen. »Und im Grunde viel zu elegant für mich.«
Der Raum war in Grün-Gold gehalten, mit einem Bett dessen Himmel von gedrechselten Säulen und vergoldeten Amoretten getragen wurde.
Ein großes Gemälde zeigte eine Nymphe, die von einem lüsternen Faun verführt wurde. Überall standen Vasen, Porzellanfiguren und Kristallschalen, an den Wänden hingen zahlreiche Spiegel und dazwischen wiederum Bilder mit galanten Szenen.
Es war wahrhaftig ein sehr reich ausgestattetes Zimmer, wie es Caroline weder bei den Rodenbachs noch bei der Wardenburg oder anderen vornehmen Kundinnen ihres Vaters gesehen hatte. Dennoch gefiel es ihr nicht unbedingt. Es wirkte irgendwie überladen und schwülstig.
Die Grangette lachte. »Du wirst dich daran gewöhnen, Herzchen. Möchtest du noch etwas essen? Margot bringt dir einen Imbiß und ein Glas Wein. Und dann geh zu Bett und schlaf dich aus. Deine Sachen kann man morgen auspacken. Da wirst du auch meinen Neffen Gilbert und die anderen Hausbewohner kennenlernen. Gute Nacht, Caroline.«
Damit verschwand die Grangette, und das Mädchen blieb allein. Die Luft im Zimmer war abgestanden und roch nach dem Rauch des Kaminfeuers. Caroline ging zum Fenster, zog die schweren Vorhänge zur Seite und öffnete es für einen Moment.
Da hörte sie wieder das Lachen und Lärmen aus dem Vorderhaus. Offenbar feierte Madame Grangettes Neffe dort ein Fest. Aber daß es so laut dabei zuging! Und wie viele Zimmer erhellt waren! Offenbar hatte Monsieur Gilbert noch nicht mit der Heimkehr seiner Tante gerechnet.

Louise Grangette hatte Caroline erzählt, daß ihr Neffe der einzige Sohn ihrer Schwester sei, den sie nach dem Tod seiner Eltern aufgenommen und großgezogen habe. Jetzt fungiere er als eine Art Sekretär bei ihr und beriete sie in ihren Vermögensangelegenheiten. Nach einem Anklopfen erschien Margot und brachte ein Tablett, auf dem sich ein Krug heißen Gewürzweins mit einem Glas und ein Teller mit kaltem Hühnerfleisch und Brot befanden. Sie stellte es auf den Tisch und warf ein paar Holzscheite auf das Feuer. »Bald wird es hier warm und behaglich sein.«

Caroline bedankte sich und versuchte zaghaft, ein Gespräch in Gang zu bringen. »Sind Sie schon lange bei Madame Grangette beschäftigt?«

Margot hielt die Hände über die Flammen. »Ein paar Jahre.«

»Dann gefällt es Ihnen offenbar sehr gut hier ...«

»Es läßt sich aushalten, wenn man sich erst einmal eingewöhnt hat ... Auf jeden Fall ist es nie langweilig. Im übrigen kannst du ruhig du zu mir sagen. Hier im Haus die Mädchen duzen sich alle.« Sie goß Caroline den Wein ein. »Hier, trink, damit du gut schläfst. Der Wein ist stark und wärmt von innen.«

Caroline war durstig und fror, deshalb nahm sie ein paar große Schlucke, und Margot schenkte ihr sofort wieder nach. »Du kommst aus Deutschland, hat Madame gesagt. Warst du dort auch schon in solch einem Haus wie hier?«

»Nein«, erwiderte Caroline. »Mein Vater ist Schneidermeister. Ein herrschaftliches Haus wie dieses hatten allenfalls die Damen, für die er gearbeitet hat. Bei uns sah es viel bescheidener aus. Madame Grangette ist sicherlich sehr reich, nicht wahr?«

Margot starrte sie einen Augenblick verblüfft an. Sie öffnete den Mund, als wollte sie etwas sagen, und schlug sich dann mit der flachen Hand davor. »Ich glaube, da hat jemand nach mir gerufen. Ich muß weg. Gute Nacht, Herzchen, und schlaf schön!«

Draußen war sie. Ihre Schritte verklangen auf der Treppe. Caroline blickte ihr stirnrunzelnd nach. Sie war ganz sicher, daß niemand nach Margot gerufen hatte. Sie hatte das nur als Vorwand genutzt, um davonzulaufen. Aber warum?
Sie versuchte, ihre Unterhaltung mit der Hausmagd zu rekapitulieren, doch sie fand nichts, was Margots überstürzten Aufbruch gerechtfertigt hätte.
Es lag wohl an dem Wein, daß ihr auf einmal das Denken so schwerfiel. Lustlos aß Caroline ein paar Happen Fleisch und biß ein paarmal in das Brot. Aber selbst zum Essen war sie plötzlich zu müde.
Allmählich breitete sich Wärme im Zimmer aus. Caroline trank noch einen Schluck Wein, bevor sie die Tür verriegelte. Dann zog sie sich aus.
Robert, der Hausdiener, hatte ihren Schließkorb neben das Alkovenbett gestellt. Caroline öffnete ihn und nahm sich ein Nachthemd heraus. Sie hätte sich gern gewaschen, aber sie konnte nirgendwo eine Waschgelegenheit entdecken. Erst als sie eine kleine Tapetentür neben dem Fußende des Bettes gewahrte und sie neugierig öffnete, sah sie dahinter einen kleinen fensterlosen Raum, in dem sich ein Lavoir mit einem gefüllten Wasserkrug befand.
Caroline lächelte. Wirklich, es war ein fürstliches Zimmer! Vielleicht ein wenig zu schwelgerisch eingerichtet, aber auf jeden Fall sehr elegant. Nie hätte sie sich träumen lassen, daß sie einmal so vornehm wohnen würde.
Sie lächelte noch, als sie im Bett lag.
Und wie immer war Pierre ihr letzter Gedanke.
Caroline schloß die Augen und versuchte, sich sein Gesicht in die Erinnerung zurückzurufen und den Klang seiner Stimme, wenn er sie *»ma petite«* genannt hatte. Beides nahm sie mit hinüber in den Schlaf. Sie war erbarmungswürdig ahnunglos.

Als Caroline erwachte, lag das Zimmer im Dunkeln, und sie brauchte eine Weile, bis sie wußte, wo sie war.

Dann fiel ihr ein, was sie geweckt hatte. Jemand hatte an die Tür geklopft. Sie sprang aus dem Bett und ging öffnen. Draußen stand Robert, der Hausknecht. »Ich wollte Feuer machen«, sagte er und musterte Caroline dreist in ihrem Nachtgewand.

Hastig warf sie sich einen Mantel über. »Wie spät ist es denn?«

»Oh, fast sechs Uhr abends. Madame hat mir aufgetragen, dich zu wecken. In einer Stunde erwartet sie dich unten im gelben Salon. Ich komme dich abholen, weil du den Weg ja nicht kennst.«

»Um Himmels willen«, sagte Caroline erschrocken. »Da habe ich ja den ganzen Tag verschlafen. Ist Madame sehr ärgerlich darüber?«

»Aber nein, ihr seid ja erst um fünf oder so ins Bett gekommen. Madame ist auch gerade erst aufgestanden. Nach so einer langen Reise ist man müde, was?«

Seine Stimme klang freundlich, aber sein flinker, unsteter Blick gefiel Caroline nicht. Robert war ein kleiner dürrer Mann mit auffallend langen Armen. Er hatte schütteres Haar und eine fleckige Haut. Die Nase war aufgestülpt, der Mund schmallippig und ein wenig schief. Wenn er grinste, entblößte er gelbliche Hamsterzähne.

Caroline spürte, wie er ihr nachsah, als sie zum Fenster ging und die Vorhänge zur Seite zog. Der Himmel war dunkel und sternenlos, und ein offenbar heftiger Wind wehte ein paar wässerige Schneeflocken gegen das Fenster. Im Vorderhaus gegenüber waren schon wieder alle Fenster im Parterre erleuchtet.

»Es ist nicht mehr so kalt wie heute nacht«, sagte Robert. »Der Schnee taut gleich weg, und die Straßen sind schmutzig.«

Er ging zur Tür und kam gleich darauf mit einem Tablett zurück, das er offenbar draußen abgestellt hatte. »Heiße Schokolade und Buttergebäck. Das magst du doch, was? Aber glaub ja nicht, daß du alle Tage im Zimmer bedient wirst. Das ist nur, weil du neu bist. Ab morgen nimmst du die Mahlzeiten mit den anderen ein. Madame wird es dir schon erklären. Du bist hübsch. Wenn du dich anstrengst, kannst du sogar Madeleine den Rang ablaufen. Sie ist schon ein paar Jahre bei Madame und nicht mehr so frisch und jung wie du. Madeleine stammt aus der Provence, da verblühen die Mädchen schneller. Trotzdem hat sie noch immer die meisten und freigebigsten Kavaliere.«

Caroline fuhr herum. »Was soll das heißen? Wer ist Madeleine?« »Na – eines der Mädchen von Madame. Insgesamt sind es elf. Du kannst dir was darauf einbilden, daß sie dich genommen hat. Das Haus von Madame ist in ganz Paris dafür bekannt, daß es die verführerischsten und gleichzeitig erfahrensten Mädchen hat. Hier kommt wirklich jeder auf seine Kosten. Andererseits haben es auch die Mädchen gut bei Madame. Sie hält sie sehr anständig. ›Jedem das Seine‹ ist ihre Devise, und darin ist sie wirklich reell. Hier wird keine über Gebühr strapaziert. Darauf achtet Madame streng, ebenso wie auf gutes Essen und ausreichenden Schlaf. Sie will keine abgewrackten Huren, verstehst du. Na, das wirst du gleich selbst sehen, wenn du runterkommst und Madeleine und die anderen kennenlernst.«

Caroline hatte das Empfinden, als sei sie in Eis getaucht worden. Sie hatte Mühe, zu atmen, und ihre Stimme klang wie eingerostet, als sie fragte: »Wo, sagtest du, erwartet mich Madame Grangette? In einem der Salons? Bitte, Robert, komm in einer Viertelstunde wieder. Ich will mich nur rasch ankleiden und dann zu ihr.«

»Aber das eilt doch nicht. Du kannst erst in Ruhe etwas essen.«

»In einer Viertelstunde«, beharrte Caroline. Und sie dachte: O Gott, laß alles nur ein Irrtum sein, ein Mißverständnis. Es ist doch nicht möglich . . .

Die Grangette war nicht allein, als Robert Caroline zu ihr brachte. Ein junger Mann war bei ihr. Er hatte bleiche, lasterhafte Züge mit merkwürdig kalten, bernsteinfarbenen Augen und war stutzerhaft gekleidet.

»Ist sie das, *ma tante?*« fragte er und betrachtete Caroline ungeniert. Keine Einzelheit entging ihm, weder das hastig aufgesteckte üppige Haar noch das gelbe Tuchkleid mit der schwarzen Samtpaspelierung. Es lag eng über ihren hochangesetzten festen Brüsten. Ihre Taille war noch schmal, und sie sah sehr schön aus mit ihren blitzenden Augen und dem leidenschaftlichen Gesicht.

»Ja«, erwiderte die Grangette, »das ist Caroline. Komm her, mein Kind, begrüße meinen Neffen Gilbert Desgrain.«

Gilberts feuchter roter Mund verzog sich zu einem Lächeln. »Da haben Sie einen guten Fang gemacht, *ma tante.* Ich bin entzückt, Ihre Bekanntschaft zu machen, Mademoiselle. Willkommen in Paris und ganz besonders bei uns.«

»Madame ...« Caroline beachtete ihn kaum, sondern wandte sich an die Grangette. »Madame, ich bin außer mir. Robert hat so merkwürdige Andeutungen über Sie und dieses Haus hier gemacht. Bitte sagen Sie, daß es nicht wahr ist. Es ist doch unmöglich, daß Sie mich dermaßen getäuscht und in ein Bordell gelockt haben.«

Die Grangette lehnte sich in ihrem Stuhl zurück. Auch dieser Raum war mit der Überladenheit eingerichtet, die zwar teuer aber nicht vornehm wirkte. Gelbe Seidentapeten, die von riesigen Spiegeln unterbrochen wurden, schwere Vorhänge, dicke Teppiche und Sofas mit zahllosen Kissen. Es roch nach einem süßlichen Parfüm, und in einer Ecke stand die lebensgroße Statue eines nackten Paares, das sich umarmte. In der Mitte befand sich ein Springbrunnen, dessen Aufsatz eine galante Schäferszene darstellte.

»Wieso habe ich dich getäuscht, Caroline?« fragte die Grangette, während sie mit der Seidenkordel ihres pompösen schwarzen Negligés spielte. »Du hast mich nie gefragt,

womit ich mein Vermögen verdient habe, und ich habe dir keine Lügen aufgetischt.«
»Aber Sie haben gesagt, Sie wollten mich als Gesellschafterin engagieren . . .«
Gilbert lachte. »So kann man Ihre Tätigkeit durchaus nennen, meine Liebe. Sie leisten einigen wohlerzogenen, durchaus liebenswürdigen Herren Gesellschaft und bemühen sich um ihre Zerstreuung. Dafür zahlen sie, und ich kann Ihnen versichern, daß Knauser und Geizhälse nicht darunter sind. Darauf achten wir streng.«
Er ging um Caroline herum. »Sie sind wirklich reizend, Mademoiselle, so daß es Ihnen an Kavalieren nicht mangeln wird. Ich wette, daß Ihnen innerhalb kürzester Zeit halb Paris zu Füßen liegt – jedenfalls der männliche Teil, der die Freuden des Lebens zu schätzen weiß.«
Caroline wurden die Knie weich. Sie setzte sich auf eines der Sofas. »Sie . . . Sie wollen mich also zur Hure machen, Madame Grangette!« Die Grangette zog die Augenbrauen hoch. »Was für ein häßliches Wort! Eine Hure ist ein Frauenzimmer, das sich auf der Straße verkauft und ihre Kunden in einem elenden, schmutzigen Hinterzimmer oder auf einer Parkbank befriedigt. Ich habe ein erstklassiges Haus, das beste von ganz Paris; meine Mädchen sind nicht nur schön und jung, sondern verfügen über gute Umgangsformen und wissen einen Mann ebenso im Schlafzimmer wie im Salon zu unterhalten. Sie können musizieren, singen, tanzen . . . Wahrhaftig, ich muß es deiner Unkenntnis zugute halten, daß du sie als Huren bezeichnest. Sonst könntest du mich ernstlich damit aufbringen.«
»Aber was gibt es sonst für ein Wort für dieses Gewerbe . . . Sie alle verkaufen sich doch für Geld!« Caroline brach in Tränen aus. »Ich kann das nicht, Madame. Ich werde es nie können! Und wenn Sie mir von Anfang an gesagt hätten, welche Art von . . . Dienstleistung Sie von mir erwarten, dann wäre ich niemals mit Ihnen gekom-

men.« Die Grangette stand auf. Ihr sorgsam geschminktes Gesicht war zornig, und ihre Stimme klang schneidend. »Jetzt hör mir einmal gut zu, du dummes Ding! Du hast Schulden bei mir, und zwar erhebliche. Es sind genau dreitausendneunhundert Franc. Ich lasse dich laufen, wenn du die Summe hier auf den Tisch legst. Sonst hast du zwei Möglichkeiten: Entweder du bleibst und tust, was man von dir erwartet, oder ich gehe zur Gendamerie und zeige dich an. Dann kommst du ins Gefängnis, und wenn du da wieder heraus bist, wirst du froh sein, wenn du noch als Hure auf der Straße ein paar Sous verdienst, so heruntergekommen wie du dann sein wirst. Dann kannst du zusehen, ob ein paar Seineschiffer oder Lastenträger, betrunkene Soldaten und Fabrikarbeiter auf deine spärlichen Reize hereinfallen. Und irgendwann wirst du in der Gosse verrekken.«

Sie stieß mit dem Finger gegen Carolines Brust. »Wenn du aber hierbleibst, kannst du dein Glück machen, du kleine Idiotin. Vielleicht verliebt sich einer der Herren in dich, die hier ein und aus gehen, und nimmt dich mit, weil er dich für sich haben will. Derlei ist schon einige Male vorgekommen, das versichere ich dir. Und wenn nicht, so kannst du dir im Lauf der Zeit immer noch so viel Geld zurücklegen, daß du in späteren Jahren einen kleinen Laden, ein Restaurant oder meinetwegen sogar ein eigenes Bordell eröffnen kannst. Auf jeden Fall wirst du nicht auf der Straße enden, wenn du gescheit und nicht allzu verschwenderisch bist. Frag meine Mädchen. Ich bin keine Halsabschneiderin, sondern lasse ihnen einen anständigen Anteil von dem, was sie verdienen – trotz der Annehmlichkeiten, die sie bei mir haben. Hier ist keine mager und schlecht ernährt, wenn eine krank wird, hole ich den Arzt, und ich achte genau darauf, daß sie genügend Ruhe haben. Und sag selbst: Hast du jemals in einem schöneren Zimmer gewohnt als in dem, das ich dir zugewiesen habe!«

»Nein, Madame, gewiß nicht.« Caroline kämpfte ihre Angst und ihre Tränen nieder, weil sie begriff, daß beides ihr nicht weiterhalf. »Aber ich kann das nicht tun, was Sie von mir erwarten. Ich ... ich eigne mich nicht dafür.«

Die Grangette lachte. »Du hast Feuer im Hintern, das habe ich sofort gemerkt, als du zu mir kamst. Glaubst du, sonst hätte ich mir so viel Mühe mit dir gegeben? All die Sachen, die ich dir gekauft, die Freundlichkeiten, die ich dir erwiesen habe ...«

»Sie können die Sachen zurückhaben, Madame. Ich habe sie sorgsam gepflegt, sie sind noch so gut wie neu. Und was dann noch von meinen Schulden bleibt, will ich gern abarbeiten. Lassen Sie mich meinetwegen Küchendienste tun und die Fußböden scheuern ... alles, alles will ich machen, nur nicht das, was Sie von mir verlangen!« »Ich will deine Kleider nicht, und für die Hausarbeit sind andere da, weniger hübsche als du. Ich wollte schon immer eine Rothaarige unter meinen Mädchen, weil manche Männer ein Faible dafür haben. Und jetzt hör auf, die verfolgte Unschuld zu spielen. Schließlich hast du schon mit einem Mann im Bett gelegen. Du weißt, wie man es macht, und wirst schnell dahinterkommen, daß es nicht nur mit diesem einen Vergnügen bereiten kann.«

O Gott, Pierre ... Für einen Moment drehte sich alles um Caroline. In all den Wochen hatte sie von der Vorstellung gelebt, ihn irgendwann wiederzusehen. Aber wenn er sie in einem Bordell fand ... Es war unerträglich.

»Ich liebe diesen Mann«, sagte sie leise. »Deshalb ist es ganz unmöglich, daß ich mit irgendeinem anderen ... Verstehen Sie das doch, Madame. Ich bin hergekommen, um nach Pierre de Lancourt zu suchen. Und ich bin überzeugt, daß er meine Schulden bei Ihnen bezahlen wird, wenn er erfährt, warum ich in eine solche Notlage geraten bin. Er wird nicht zulassen, daß ich mich verkaufe. Bitte, haben Sie solange Geduld. Ich verspreche Ihnen, daß ich alle Hebel in Bewegung setzen werde, damit Leutnant de Lancourt von meiner Situation unterrichtet wird. Dann wird er kommen, um mich bei Ihnen auszulösen, dessen bin ich gewiß. Wenn er aber herausfindet, wozu Sie mich gezwungen haben, werden Sie ernsthafte Schwierigkeiten bekommen. Piere de Lancourt gehört zur Kaisergarde. Er hat alle Tage Gelegenheit, mit Seiner Majestät zu sprechen. Wollen Sie wirklich riskieren, daß er informiert wird, auf welche Weise Sie ein Mädchen zur Hure machen?«

Die Grangette lachte, aber in ihren Augen stand eine Spur Unsicherheit. »Das wird den Kaiser einen Dreck interessieren! Aber gut, ich bin kein Unmensch. Ich räume dir eine Frist von einem Monat ein. In dieser Zeit lasse ich nach deinem Leutnant forschen, und wenn er tatsächlich bereit ist, deine Schulden zu bezahlen, so wird er dich ebenso mitnehmen können, wie er dich verlassen hat. Tut er es nicht, erstattest du mir das Geld auf die Art und Weise, wie wir besprochen haben.«

Gott sei Dank, dachte Caroline, ich habe erst einmal Zeit gewonnen. Vielleicht war Pierre schon längst in Paris. Und wenn nicht, so würde sie gewiß seinen Aufenthaltsort erfahren und ihm Nachricht senden können. Er würde sie bestimmt nicht im Stich lassen. Und außerdem gab es in diesen vier Wochen eventuell eine Möglichkeit, davonzulaufen . . .

»Aber bilde dir nicht ein«, sagte die Grangette in diesem Augenblick, als hätte sie Carolines Gedanken erraten, »daß du mir entkommen kannst. Du bleibst hier, bis die Angelegenheit geklärt ist. Mein Neffe Gilbert kann sich um die Nachforschungen nach deinem Leutnant kümmern.«

»Ja, Madame«, murmelte Caroline und stand auf. »Kann ich dann gehen?«

An der Tür wandte sie sich noch einmal um. »Ich will nicht umsonst in Ihrem Haus leben. Tragen Sie mir irgendeine Arbeit auf und wenn es die schmutzigste ist . . . Ich werde alles tun, was Sie von mir verlangen – außer dem einen.«

»Das wird sich finden«, sagte die Grangette höhnisch. »Auf jeden Fall werde ich die Miete für dein Zimmer und was dein Essen kostet, zu deinen bisherigen Schulden dazurechnen. Sollte dein Leutnant dich auslösen, geht das dann in einem hin.«

****

5

Über Madrid hing ein bleigrauer, regnerischer Himmel. Pierre de Lancourt stand in der Fensternische eines mit grüner Seide ausgeschlagenden Boudoirs und blickte auf einen der zahlreichen Innenhöfe des Palacio Real. Gerade eben ritt eine französische Husarenpatrouille ein. Ihr Anführer sprang vom Pferd und holte aus der Ärmelstulpe einen großen Umschlag, den er dem wachhabenden Offizier zeigte.
Dieser studierte das rote Siegel, salutierte und winkte einen Wachtposten heran, den er dem Husarenleutnant als Begleitung mitgab. Die beiden verschwanden im Portal des gegenüberliegenden Traktes, in dem, wie Pierre wußte, der Stab des Kaisers untergebracht war. »Was gibt es denn so Interessantes unten zu sehen?« fragte eine Frauenstimme, und Pierre wandte sich um.
Pauline Borghese, Napoleons Schwester, lag in einem Negligé aus fleischfarbenem Musselin, durch das ihre hochangesetzten Brüste mit den großen dunklen Höfen schimmerten, auf einer Ottomane. Sie war barfuß und trug goldene Reifen um die schmalen Fesseln. Das Haar war in griechischem Stil frisiert und aufgesteckt.
Pierre zog den Fenstervorhang zu und lächelte. »Nichts Interessantes. Irgendein Kurier von irgendeinem General, damit der Kaiser informiert ist, welche Guerillas den Unseren wieder einmal ein Scharmützel geliefert haben.«
»Das klingt aber nicht sehr patriotisch, *chéri.*« Pauline lachte. »Wieso bist du nicht von heiliger Empörung erfüllt, daß unsere Soldaten von halbwüchsigen Knaben, alten

Männern und Bauernlümmeln mit Äxten und Knüppeln überfallen werden.«
Sie klopfte mit der Hand auf den freien Platz auf der Ottomane. »Komm her zu mir.«
Er tat es und legte sich mit hinter dem Kopf verschränkten Armen zurück. »Empört? Das war ich anfangs. Aber indessen habe ich mich daran gewöhnt, daß man bei jedem Ausritt riskiert, aus dem Hinterhalt überfallen zu werden. Das ist der Alltag hier, Pauline. Ich hab' sogar schon Frauen gesehen, die Felsbrocken hinunterstürzten, wenn wir durch eine Schlucht ritten, oder von den Hausdächern Kübel mit Unrat über uns ausleerten. Sie sind ein fanatisches, verrücktes Volk, die Spanier, und ich bin ihrer herzlich überdrüssig. Das sind keine Gegner, die man in einer offenen Feldschlacht besiegen kann. Sie kämpfen heimtükkisch, sie sind überall und nirgends wie Hornissenschwärme, und so etwas ist einfach zermürbend. Ich hab' nichts gegen einen ehrlichen Kampf Mann gegen Mann, aber alles gegen diese Art von Widerstand.«
»Also doch heilige Empörung«, sagte Pauline neckend und begann, sein Hemd aufzuknöpfen.
Vor zehn Tagen war sie nach Madrid gekommen, sehr zum Unwillen Napoleons, um, wie sie erklärte, ihn und ihren Bruder Joseph wiederzusehen. Und seit neun Tagen war Pierre ihr Geliebter.
Sie kannte ihn aus Paris, da er häufig Dienst bei ihrem Bruder getan hatte, aber damals war sie allzu sehr in die leidenschaftliche Affäre mit ihrem Stallmeister Roger de St. Clair verstrickt gewesen. Jedoch war ihr schon zu diesem Zeitpunkt der gutgewachsene, junge Leutnant mit den kecken braunen Augen aufgefallen.
Pierre war erst wenige Tage zuvor mit General Lefèvbre in Madrid eingetroffen, der ihn zu seinem Adjutanten gemacht hatte.
Zuvor hatte er bei Durengo gegen General Blake gekämpft, der zwar nicht besiegt, aber doch immerhin zu-

rückgeschlagen worden war; danach war der Befehl gekommen, daß sich Lefèvbres Männer bei Aranda mit den Truppen des Kaisers zu vereinigen hätten.
In Eilmärschen war die Strecke zurückgelegt worden, gleichwohl waren sie immer wieder durch Guerilleros aufgehalten worden, die ihre Feldlager überfielen, Straßen unpassierbar machten, um sie in einen Hinterhalt zu locken, und ihnen ständige Scharmützel lieferten.
Bei Aranda erwartete sie Napoleon mit fünfundvierzigtausend Mann, und fünf Tage später – die französische Streitmacht war indessen durch die Armeen der Marschälle Soult und Ney auf hundertdreißigtausend angewachsen – befahl der Kaiser den Vorstoß auf Madrid.
Es wurde ein mörderischer Marsch über den winterlichen Somosierra-Paß, den neuntausend Soldaten der spanischen Armee immer wieder zu blockieren versuchten. Bei Sturm und Regen, der in den Niederungen die Straße aufweichte und für Pferde und Wagen unpassierbar machte und auf den Höhen zu wässerigem Schnee wurde, der zu einer spiegelglatten Eisschicht gefror, kämpfte sich die französische Armee sechs Tage und Nächte zu den Retiro-Höhen durch. Am Abend darauf war Madrid dann in französischer Hand und die spanische Zentraljunta nach Badajoz geflohen.
»Heh«, sagte Pauline Borghese und küßte Pierres nackte Brust, »wo bist du mit deinen Gedanken? Wir haben nicht mehr viel Zeit, *chéri,* oder hast du vergessen, daß heute abend Seine Majestät, der König von Spanien, zu Ehren Napoleons ein großes Galadiner mit anschließendem Ball gibt? Es wird tödlich langweilig werden, fürchte ich, wie alles, was mein Bruder Joseph an Vergnügungen auf die Beine stellt, aber wir werden es über uns ergehen lassen müssen.«
Pierre wandte sich ihr zu und lächelte schuldbewußt. »Verzeih, Schönste. Es ist schandbar, in deiner Nähe geistesabwesend zu sein.«

»Und woran hast du gedacht?« Sie sah ihm in die Augen.

»An diesen Krieg. Ich glaube, ich habe in meinem ganzen Leben noch nie so gefroren wie in diesem elenden Guadarrama-Gebirge.«

»Dafür wirst du im Sommer hier schwitzen, daß du meinst, dein Blut sei gestockt«, sagte Pauline.

»Du meinst also, daß ich im Sommer noch hier sein werde?« fragte Pierre, und sie zuckte mit den schönen, fülligen Schultern.

»Wenn ich könnte, würde ich dich nach Paris mitnehmen. Oder nach Italien ... Aber ich fürchte, mein kaiserlicher Bruder bekäme einen Tobsuchtsanfall, wenn ich ihn damit behelligte.«

»Es wäre nicht der erste, den du verursachst, nicht wahr«, sagte Pierre und schob das Negligé zur Seite, um ihre malvenfarbenen Brustspitzen zu küssen.

»Nein, wahrhaftig nicht. Ich würde es auch auf mich nehmen, wenn ich mir Erfolg davon verspräche, denn ich bin sicher, daß wir noch viel Freude aneinander haben könnten, *chéri.* Aber in deinem Fall wird Napoleon hart bleiben, und zwar kaum um meines ohnehin katastrophalen Rufes willen. Vielmehr wird er es als ein Unding ansehen, die Armee auch nur eines einzigen kampffähigen Offiziers zu berauben.«

»Ja, denkst du denn, daß der Krieg hier noch lange weitergeht? Immerhin haben wir Madrid erobert, Blake zum Rückzug gezwungen, Palafox und Castaño im Osten eingeschlossen und auf diese Weise praktisch ausgeschaltet. General Lefèvbre meint, es sei nur noch eine Frage von wenigen Wochen, bis die spanische Junta kapituliert.«

»Da hat er General Moore vergessen«, sagte Pauline. »Ich habe heute beim Mittagessen gehört, daß Soult bereits den Abmarschbefehl erhalten hat. Moore ist mit fünfundzwanzigtausend englischen Soldaten auf dem Weg von Salamanca nach Sahagun, um Blakes Nachfolger, General La Romana, zu entsetzen. Ich bin sicher, daß die gesamte Armee mit dem Kaiser an der Spitze in den nächsten Tagen ebenfalls gegen Sir John Moore marschiert. Vergiß nicht, *chéri,* in La Coruña liegt die englische Flotte vor Anker, bereit, ihre Soldaten zu evakuieren, wenn die Situation allzu brenzlig wird, um bei nächster Gelegenheit von neuem loszuschlagen. Um dies zu verhindern, wird Napoleon alles daransetzen, General Moore vorher zu schlagen und seine Armee aufzureiben.«

Sie zog Pierre zu sich hinunter. »Sieh nicht so unglücklich drein! Selbst wenn Napoleon euch mit der Peitsche antreiben wollte, wird er frühestens in fünf Tagen aufbruchbereit sein. Fünf Tage und Nächte, in denen wir einander noch sehr viel Vergnügen bereiten werden.«

»Du hast recht«, sagte er und fing an, ihr Gesicht, ihren Hals und die Brust mit kleinen Küssen zu bedecken. »Ach, meine Schöne, ich will alles tun, was dir gefällt. Wenigstens sollst du weinend hinter der Gardine stehen, wenn ich Madrid verlasse. Das wird mich trösten.«

»Zieh dich aus«, sagte sie mit ihrer heiseren, immer ein wenig atemlos klingenden Stimme. »Ich will dich nackt haben . . .«

Natürlich wußte er, daß Pauline Borghese eine Hure war. Sie hatte zahllose Affären, und sie dauerten nie lange. Wäre ihr Bruder nicht Kaiser von Frankreich geworden und sie in Korsika geblieben, so wäre zweifellos eine temperamentvolle, verrufene Kleinstadtschöne aus ihr geworden, um die sich die jungen Burschen rauften und in deren Haus sich die verheirateten Männer heimlich in der Nacht schlichen.

Jetzt war sie die Gattin des alternden Fürsten Borghese und Herzogin von Guastalla, und dummerweise erwartete ihr kaiserlicher Bruder von ihr, daß sie sich ihrem Rang entsprechend – oder was er darunter verstand – aufführte.

Pauline lachte ihm ins Gesicht, pfiff auf alle Vorhaltungen und Ermahnungen, ließ Napoleons ständig wiederkehrende Wutausbrüche über sich ergehen – und tat weiterhin,

worauf sie Lust hatte. Sie gehörte zu den Frauen, die nicht nein sagen konnten – sich selbst nicht und erst recht nicht einem Mann, der ihr gefiel.
Sie war gutmütig, lasterhaft, großzügig, meist gut gelaunt und mit einem unglaublich treffenden Witz begabt. Im Grunde, dachte Pierre, ist sie die netteste der ganzen Familie Bonaparte. Natürlich schmeichelte es ihm, daß die Schwester des Kaisers seine Geliebte war, auch wenn er diesen Vorzug mit vielen teilen mußte, und er war sogar ein wenig in sie verliebt, weil sie in der Tat ganz bezaubernd und verführerisch sein konnte.
Schade, daß ihnen nur noch fünf Tage blieben.
Mit Pauline machte die Liebe Spaß. Sie war erfinderisch und wollüstig wie eine Katze; sie wand sich unter Pierre, stieß kleine gurrende Laute aus und flüsterte ihm unanständige Zärtlichkeiten zu, während er zwischen ihren Schenkeln lag.
Sie liebten einander, bis es dunkel geworden war. Dann zog Pauline an der grünseidenen Klingelschnur und befahl dem eintretenden Diener, die Kerzen zu entzünden und einen Imbiß zu bringen. Es genierte sie nicht im geringsten, daß Pierre neben ihr lag. Sie hatte nur eine dünne Decke über sie beide gezogen, unter der ihre Schultern und die nackten Beine hervorlugten.
»Aber beeil dich, Maurice«, trug sie dem Diener auf. »Und sag Jeanette, daß ich sie in einer halben Stunde zum Ankleiden erwarte. Sie soll mir das weiße Atlaskleid zurechtlegen – das mit dem Schwanenfederbesatz. Und dazu den Rubinschmuck.«
Als der Diener ein Tablett mit kleinen Kuchen, Obst und Champagner brachte und es auf einem niedrigen Tischchen neben der Ottomane abstellte, fütterte sie Pierre mit kleinen Stückchen einer zerteilten Birne. Kichernd registrierte sie seine Verlegenheit, als sie mit ihrem Fuß über seine Schenkel und Lenden strich, während Maurice den Champagner in die Gläser goß.

»Seit wann bist du so prüde?« fragte sie, nachdem der Diener das Boudoir verlassen hatte. »Maurice ist verschwiegen wie eine Gruft und so wenig zu beeindrucken wie ein Steinklotz. Ich könnte vor seinen Augen die verrücktesten Dinge tun, er würde nicht einmal mit dem Mundwinkel zucken.«

»Hast du das etwa schon ausprobiert?« erkundigte sich Pierre und griff nach dem Champagnerglas.

»Nicht direkt«, erwiderte sie freimütig. »Aber er ist vier Jahre bei mir und allerhand von mir gewöhnt.«

Sie tändelten noch eine Weile herum, dann warf Pauline die Decke zur Seite und stand auf. Nackt und barfuß lief sie zum Fenster und blickte in den Hof, der jetzt von Fakkellicht und einem Feuer erhellt war.

»Der Himmel ist sternenklar; es scheint wieder kälter zu werden.« Sie wandte sich um und präsentierte sich Pierre in einer verführerischen Pose.

»Es gibt hier einen berühmtem Maler. Goya heißt er, und er war der Hofmaler der spanischen Majestäten. Er wohnt ganz in der Nähe, in der Calle de Arenal, und mein Bruder Joseph hat mir versprochen, ihn einzuladen. Was meinst du, ob ich ihn dazu bewegen kann, auch mich einmal zu malen?«

»Wenn er dich so sieht, gewiß«, sagte Pierre und nahm sie in die Arme. Ihre Haut war heiß und glatt, und ihr Körper hatte noch die Ausdünstung der eben genossenen Liebe.

Pauline lachte. »Aber er soll schon recht alt sein. Ich mag die jungen Maler lieber.« Sie preßte sich an ihn, dann gab sie ihm einen Klaps auf den nackten Rücken. »Laß mich jetzt allein, es wird höchste Zeit, daß ich mich für die Cour ankleide. Und du mußt auch noch deine Galauniform anziehen.«

»Noch fünf Minuten«, bettelte Pierre, doch Pauline blieb fest.

»Keine einzige, *chéri,* so schwer es mir auch fällt. Aber der Ball dauert ja nicht ewig, und wir müssen nicht länger als der Kaiser bleiben. Sobald Napoleon sich zurückzieht, verschwinden auch wir, willst du?«

Joseph Bonaparte, Napoleons ältester Bruder und König von Spanien, betrachtete mit gelangweilter Miene, wie die Paare zu den Klängen einer Pavane tanzten.

Das Orchester befand sich auf einer Empore über dem riesigen Ballsaal des Palacio Real. Flackerndes Kerzenlicht ließ Goldschmuck und Juwelen, Seide und bestickten Musselin aufglänzen. Epauletten, Orden und Tressen blitzten auf bunten Uniformröcken, es roch nach Parfüm und Schweiß, heißem Bienenwachs und den stark duftenden Blumenarrangements aus Flieder und Narzissen der königlichen Treibhäuser.

Als die Pavane beendet war, kam die Herzogin von Atri am Arm des Brigadegenerals Darvieux zu Joseph. Erhitzt und lachend warf sie sich in den Lehnsessel neben ihm und wedelte sich mit ihrem Spitzenfächer Luft zu.

General Darvieux zog sich mit einer Verbeugung zurück.

Die Herzogin betrachtete Joseph mit hochgezogenen Brauen. Sie war seit einiger Zeit seine Geliebte, eine durchschnittlich hübsche, mollige Frau von verträglicher Wesensart und anspruchslosem Charakter. »Sie sehen erschöpft aus, mein Freund. Aber ich hoffe doch, Sie wollen sich noch nicht zurückziehen. Es ist ein so gelungenes Fest . . .«

»Finden Sie?« Josephs griesgrämige Miene wurde noch finsterer. Er hatte Sodbrennen, eine Folge des zu reichlich genossenen, stark gewürzten Essens. Aber möglicherweise lag ihm auch die bevorstehende Auseinandersetzung mit seinem kaiserlichen Bruder im Magen.

In der Tat hätte er sich gern zurückgezogen, aber da Napoleon noch anwesend war, war das unmöglich. Außerdem hatte der Kaiser ihm sagen lassen, daß er nach dem Ball mit ihm zu sprechen wünsche. »O ja«, erwiderte die Herzogin von Atri und strich sich eine feuchte Haarsträh-

ne aus der heißen Stirn. »Nach all diesen Wochen, in denen man von nichts anderem als von verlorenen oder gewonnenen Schlachten reden hörte, ist solch ein Ball doch eine Labsal. Es macht Spaß, zu tanzen und wieder einmal Komplimente gesagt zu bekommen... wenngleich Sie mich in diesem Punkt heute sträflich vernachlässigen. Sie haben mir noch nicht einmal gesagt, ob Ihnen meine Ballrobe gefällt.«
Joseph ließ seinen Blick über ihre rundliche Gestalt gleiten. Ihr Kleid war aus erbsengrüner Seide, mit weißen Maiglöckchenbuketts bestickt. Da sie einen zarten, rosigen Teint besaß, stand es ihr gut. »Doch ja, sehr hübsch«, sagte er ein wenig ungelenk und unterdrückte ein Aufstoßen. Ich hätte vor dem Diner Natron nehmen sollen, dachte er. Dann ginge es mir jetzt wohler.
Die Herzogin winkte einem vorübergehenden Lakaien und nahm zwei Weingläser von seinem Tablett. Eines reichte sie Joseph. »Hier, trinken Sie, mein Freund... Himmel, habe ich Durst!«
Der König von Spanien nippte nur an seinem Glas. Eine verdrossene Falte stand auf seiner Stirn, als er seine Schwester Pauline entdeckte, die mit einem jungen Leutnant in einer Fensternische lehnte. Der Leutnant nahm ihre Hand, drehte sie herum und küßte die Innenfläche.
»Wer ist das?« fragte Joseph.
Die Herzogin von Atri folgte seinem Blick und lächelte belustigt. »Pierre de Lancourt. Wie es heißt, ist er der neueste Liebhaber Ihrer Schwester.«
Wenn möglich, wurde Josephs Gesicht noch grämlicher. »Er scheint jünger als sie zu sein...«
»Allerdings. Aber die Fürstin Borghese ist so reizend, daß sie alle Männer von siebzehn bis siebzig in ihren Bann zieht.«
»Sie ist nicht reizend, sie ist ein liederliches...« Joseph verschluckte das letzte Wort und sagte statt dessen: »Ich wünschte, sie wäre nicht hergekommen. Dem Kaiser sind

ihre Amouren ein Dorn im Auge. Es wird seine Laune noch verschlechtern, mitanzusehen, wie Pauline sich aufführt. Hoffentlich reist sie bald ab.«
In diesem Augenblick näherte sich einer der Adjutanten Napoleons und meldete, daß der Kaiser sich in sein Arbeitszimmer zurückgezogen habe und den König von Spanien dort zu sehen wünsche.
Wider Erwarten war Napoleon an diesem Abend recht friedlicher Stimmung. Er hatte eine Karte auf einem Tisch ausgebreitet, auf der mit kleinen Fähnchen die Strecke markiert war, die General Moore bislang von Salamanca zurückgelegt hatte.
»Komm her, Joseph«, sagte er, »sieh dir das an. Die Engländer stehen jetzt ungefähr hier, ein paar Meilen hinter Sahagun. Marschall Soults zweites Korps hat sie erfolgreich am Vormarsch gehindert. Wenn wir in den nächsten Tagen aufbrechen und der Marschall die Truppen des Generals so lange festhält, bis wir sie erreicht haben und in die Zange nehmen können, sind sie erledigt. Wir werden sie von hier – und von hier – angreifen. Und den Rückzug schneidet Soult ihnen ab.«
»Ich verstehe«, sagte Joseph lahm. »Aber es ist eine Frage der Zeit. Der Marsch über das Gebirge wird nicht so schnell vonstatten gehen, wie du dir das vorstellst.«
Napoleon runzelte die Stirn. »Weshalb?«
Der König von Spanien hob die Schultern. »Die unfreundliche Witterung. Der Guadarrama-Paß ist verschneit. Ich habe sagen hören, daß dies der kälteste Winter seit Menschengedenken in Spanien ist.«
»Und?« Der Kaiser schlug mit der flachen Hand auf den Tisch. »Du bist ein abscheulicher Kleingeist, Joseph! Die Grande Armée hat am Nil und am Njemen gekämpft, sie hat in beispiellosen Eilmärschen den Großen St. Bernhard-Paß überschritten, und nun willst du mir allen Ernstes weismachen, sie würde vor einer jämmerlichen spanischen Gebirgsüberquerung kapitulieren!«

»Ich will dir gar nichts weismachen, Napoleon. Ich möchte nur deinen Überschwang dämpfen. Dieses Spanien flößt mir Unbehagen ein. Wir hätten uns nicht auf das Abenteuer seiner Eroberung einlassen sollen, zum mindesten nicht jetzt.«
»Ach, und wann sonst? Begreif es doch, du Narr – ich muß Spanien und Portugal in die Knie zwingen, um die Blockade gegen England lückenlos zu machen.«
Er warf sich in einen Sessel. »Ich weiß, du trauerst deinem Königreich Neapel nach. Aber ich habe dich auf den Thron von Spanien gesetzt, weil ich glaubte, du würdest in deinem Krämergehirn begreifen, wie wichtig dieses Land für mich ist, allein wegen unserer Vormacht im Mittelmeer. Geht das nicht in deinen Kopf, Joseph?«
»Ja, schon ... Aber es gibt kaum einen Spanier, der für mich wäre. Wie soll ich dieses Volk regieren?«
Napoleon warf ihm einen verächtlichen Blick zu. »Auf jeden Fall nicht mit deinen törichten liberalen Maßnahmen, wie du sie in Neapel einführen wolltest. Also bilde dir nicht ein, du könntest unseren Soldaten auch hier das Beutemachen untersagen, da dies doch die beste Möglichkeit ist, sie zu verpflegen und ihnen die Unbilden eines Feldzuges durch Taschen voller Geld zu versüßen.« »Sie sollen also stehlen!« fuhr Joseph auf. »Plündern und morden – bei einer Bevölkerung, die ohnehin bettelarm ist.«
»Nicht arm genug, da die Leute doch immerhin imstande sind, ihre Guerillatruppen auszurüsten und zu unterhalten. Merke dir eins, Joseph: Nachgiebigkeit hält dieses Volk für Schwäche, und der vielgerühmte spanische Stolz kann nur durch Gewalt gebrochen werden. Was willst du denn? Diesen Narren, die, obwohl es ihnen wahrhaftig erbärmlich geht, nach ihrer Inquisition weinen und sich lieber von ihren provinzialen Zollbehörden ausnehmen lassen, eine liberale Verfassung geben? Sie werden dir ins Gesicht spukken – und die Aristokratie, die sich bislang an ihren ein-

träglichen Provinzzöllen gemästet hat, wird dich als ihren ärgsten Feind ansehen, übrigens mit Recht. Also schlag dir deine kindischen Ideale aus dem Kopf und sei ein König, wie es ihr heißgeliebter Karl war, indem du auf alle Reformen verzichtest. Erwarte nicht, daß die Spanier dich lieben. Sieh zu, daß sie dich fürchten.«

Joseph schluckte. Wieder einmal verfluchte er den Augenblick, in dem er sich hatte breitschlagen lassen, die spanische Krone anzunehmen. Er dachte an Mortefontaine, seinen französischen Landsitz, zwischen Paris und Chantilly gelegen. Wälder, Seen, ein Fluß und endlose Wiesen gehörten dazu. Es war so friedlich dort, so schön. Julie, seine Frau, und seine Töchter lebten dort. O, Julie war klug; sie wußte, warum sie die anmutige Beschaulichkeit von Mortefontaine ihrem Königreich vorzog. In diesem Punkt ließ sie, die sonst so Nachgiebige, nicht mit sich reden. Nicht einmal Napoleon hatte es fertiggebracht, sie nach Madrid zu locken.

»Gut, gut«, murrte Joseph, »sie sollen mich also fürchten, die Spanier. Und wie, bitte schön, soll ich das bewerkstelligen, wenn du mit allen Streitkräften aus Madrid abziehst? Die paar Regimenter, die du hierläßt, reichen nicht einmal aus, im Ernstfall den Palast zu verteidigen.«

»Schwachkopf!« erwiderte Napoleon lachend. »Was soll dir hier schon geschehen, da die Spanier doch alle Militärs gegen mich konzentrieren werden! Im übrigen erinnere dich daran, mit was für einer Armee ich meinen Italienfeldzug begonnen habe. Verluderte Banditen in zerlumpten Uniformen, mit ebenso verluderten Waffen. Eine Sansculotten-Soldateska aus dem Languedoc und der Provence, barfüßig, ohne Disziplin, mit leeren Bäuchen . . . Die Herren in den Pariser Ministerien hatten mir ganze zweitausend Louisdors zur Verfügung gestellt, um aus diesem armseligen Haufen eine schlagkräftige Armee zu machen. Und dennoch haben wir in zwei Wochen Piemont erobert und die Lombardei überrannt . . . Und du jammerst um die vage Möglichkeit, man könnte wiederum versuchen, dich aus Madrid zu vertreiben.«

»Ich bin eben kein solches Genie wie du.« Josephs Stimme klang beleidigt. »Sondern ein Krämergehirn! Aber da ich rechnen kann, mußt du mir schon gestatten, mir Sorgen zu machen.«

»Sorge dich, soviel du willst! Wenn du nur tust, was ich von dir erwarte!« Napoleon stand auf. Wie meist trug er eine einfache grüne Jägeruniform mit weißer Weste.

Vor Toulon hatte er sich die Krätze geholt, die ins Blut übergegangen war. Der Juckreiz war manchmal unerträglich, besonders, wenn er sich erregte. So war es auch jetzt. Nur mühsam unterdrückte er den Impuls, sich am ganzen Körper zu kratzen. Ich muß mich zurückziehen, dachte er. Roustam muß mir ein Bad bereiten ... mit diesen Kräutern, die ein wenig Linderung bringen.

»In fünf Tagen breche ich auf«, sagte er kurz und unfreundlich. »Und ich erwarte von dir, daß du dich so verhältst, wie wir es besprochen haben.«

Besprochen, dachte Joseph wütend. Es ist doch wie jedesmal. Napoleon befiehlt, und wir müssen gehorchen. Er ist größenwahnsinnig, mein Herr Bruder, und eines Tages wird er uns alle mit in den Abgrund reißen. Verdammter Napoleon!

Sie ritten hintereinander, da jeweils nur ein Pferd auf der gewundenen Paßstraße Platz hatte. In quälender Langsamkeit, so schien es Pierre de Lancourt, suchten sich die Tiere ihren Weg über mit einer dünnen Eisschicht überzogenes Geröll und zwischen übermannshohen Felsblöcken hindurch.

Glücklicherweise war der Himmel klar, und es hatte seit Tagen nicht geschneit. Die Mittagssonne hatte die Schneefelder teilweise weggetaut, nur an den Nordhängen glitzerten sie noch in makellosem Weiß, und in den kalten Nächten gefroren Matsch und Nässe und verwandelten den Weg in eine gefährliche Eisbahn.

Pierre gehörte zur Vorhut des französischen Heeres. Bislang war er mit seiner Schwadron ohne ernstliche Zwischenfälle vorwärtsgekommen, wenn man davon absah, daß einer der Soldaten mit seinem Pferd in die Tiefe gestürzt war. Auf Pierres Befehl hin waren ihm zwei Kameraden nachgeklettert. Sie hatten ihn auf einem überhängenden Felsvorsprung gefunden. Sein Pferd lag weiter unten und war tot.
Die beiden Soldaten hatten den schwerverletzten Mann hinauftragen wollen, aber er wußte, daß dies nur Zeit gekostet hätte und zu guter Letzt doch umsonst gewesen wäre. »Mit mir ist es aus«, hatte er gesagt. »Gebt euch keine Mühe mehr mit mir.« Und da sie sich weigerten, ihn einfach liegen zu lassen, hatte er seine Pistole gezogen und sich in den Mund geschossen, um seine Leiden abzukürzen.
Das war gestern gewesen. Pierres Schwadron hatte die Nacht in den Höhlen verbracht, die es hier überall in der Felsregion gab, und heute nachmittag hatten sie die Paßhöhe überschritten. Von da an ging es allmählich bergab, und nach der Karte, die Pierre bei sich trug, müßten sie noch vor dem Abend ein kleines spanisches Dorf erreichen.
Santa Maria del Guadarrama hieß es, und hinter sich hörte Pierre seine Männer darüber reden. »Bestimmt gibt es dort eine Kirche, einen Pfarrer und einen Alkalden«, sagte der kleine Melfort. »Das heißt, wir bekommen alle ein Dach über den Kopf und ein warmes Feuer, an dem man Fleisch braten kann. Und dazu gibt es dann heißen Wein ...«
»Halt's Maul«, erwiderte der rothaarige Massillon. »Mach uns nicht den Mund wässerig! Noch sind wir nicht da. Und vielleicht besteht das ganze Kaff nur aus drei Hütten – ohne Kirche und Alkalden. Dann gibt's kein Nachtquartier beim Bürgermeister ...«
»Unsinn, solche Dörfer gibt es in ganz Spanien nicht. Hier

hat jedes eine Kirche.« Der kleine Melfort lachte. »Ich wär' ja schon mit der Sakristei zufrieden, wenn man da ein Feuer machen kann. Und dann saufen wir den Meßwein aus und knöpfen den Bauern ein par Hühner ab. Man kann sie braten – oder auch eine gute Suppe daraus kochen.« Massillon stöhnte. »Maul halten, habe ich gesagt. Für einen *Coq au vin* könnte ich dem Teufel meine Seele verschreiben. Mensch, hab' ich einen Kohldampf.«
Pierre wandte den Kopf. »Da seid ihr nicht die einzigen. In einer halben Stunde machen wir Rast. Dann gibt es was zu essen.«
»Und was belieben Euer Gnaden diesmal zu bestellen?« fragte der kleine Melfort lachend. »Lammbrust à la Clamont oder einen gebratenen Karpfen? Sehr zu empfehlen wäre auch gespickter Rehrücken in Rotweintunke. Oder ziehen Euer Gnaden trockenes Brot mit Dörrfleisch vor? Und zum Dessert einen Becher heißen Wassers? Das ist hier besonders köstlich, da man es aus geschmolzenem Schnee zubereiten kann. Es sei denn, wir entdecken einen Bach und schlagen ein paar Eisschollen los.«
»Gewiß, und damit kühlen wir den Champagner für Euer Gnaden«, fügte Massilon hinzu.
Der kleine Melfort seufzte. »Was mich betrifft, so bleibe ich beim Meßwein des Pfarrers von Santa Maria del Guadarrama. Und vielleicht können wir vor dem Abend sogar noch ein paar Schnepfen oder einen Fasan schießen. Oder wenigstens ein Kaninchen . . .«
Er sollte weder Meßwein noch Braten mehr bekommen. Die schmale Paßstraße beschrieb eine Biegung, und auf den Felsen zur rechten Hand tauchten plötzlich einige Dutzend Spanier auf. Diesmal waren es keine Guerilleros, sondern reguläre Soldaten. Sie eröffneten das Feuer, und der erste, der von einer Kugel in die Brust getroffen wurde, war der kleine Melfort.
Während sein Pferd wiehernd hochging und dann in einen rasenden Galopp verfiel, kippte er aus dem Sattel und

rollte ein paar Meter die abschüssige Straße hinunter, bis er in einem Gestrüpp halb über dem Abgrund hängenblieb.
Ein spanischer Soldat sprang von oben auf Pierres Pferd und versuchte, ihm seinen Degen in den Rücken zu rammen.
Pierre duckte sich und warf sich seitlich hinunter. Er rutschte auf dem eisglatten Boden aus, schaffte es aber noch, hinter einem Felsvorsprung Deckung zu beziehen und riß seine Pistole aus dem Gürtel.
Er feuerte, was das Zeug hielt, und gewahrte mit grimmiger Befriedigung, daß seine Leute indessen den Schrecken der Überrumpelung überwunden hatten und sich wie die Teufel wehrten. Etliche waren von den Pferden gesprungen und hatten gleich ihm Deckung gesucht. Von dort aus schossen sie, während die anderen ihre Säbel gezogen hatten und sich durchzukämpfen versuchten.
Es war ein heftiger Kampf Mann gegen Mann, denn auch die Spanier fochten mit wahrem Heldenmut. Außerdem waren sie in der Überzahl, und ihre Position war die bessere, da sie von oben kamen und die Franzosen in die Zange genommen hatten.
Verdammt, dachte Pierre, wo ist bloß Brianville! Der junge Gascogner, der die zweite Schwadron der Vorhut befehligte, war am Morgen nach dem Aufbruch mit seinen Leuten dicht hinter ihm geritten, aber irgendwann war er zurückgeblieben, und Pierre konnte nur hoffen, daß er nahe genug war, um durch die Schüsse alarmiert zu werden. In einer Feuerpause verließ er seine Deckung und schwang sich auf das Pferd eines Gefallenen. »Mir nach!« schrie er und riß seinen Säbel heraus. »Auf zur Attacke!«
Er ritt an, hinein in das wildeste Kampfgetümmel. Aus den Augenwinkeln sah er, wie Massillon und vier, fünf andere dicht hinter ihm waren. Sie schlugen und stachen um sich. Grabœuf, einer seiner Leute, wehrte sich mit dem Mut der Verzweiflung gegen drei Spanier gleichzeitig. Ei-

ner stach ihm das Pferd unter dem Leib weg, ein zweiter drang mit dem Säbel auf ihn ein, und ein dritter versetzte ihm einen scharfen Hieb auf den Arm. Mit einem Schrei ließ Grabœuf seine Waffe fallen. Blut spritzte aus seinem Ärmel. Aber da war Pierre bei ihm und rannte einem der blauberockten Spanier den Stahl durch die Brust. Im nächsten Augenblick wandte er sich gegen den zweiten und schlug ihm die Hand ab, die den Degen hielt.
Den dritten übernahm einer hinter ihm, Crenny mit Namen.
Einmal meinte Pierre, zwischen all dem Schreien und Schießen, dem Sirren und Schlagen der Schwerter Trompetensignale zu hören. Das mußte Brianville sein! Gott gebe, daß er bald hier war.
Er gewahrte, wie Massillon, von einer Musketenkugel getroffen, mit einem wilden Aufschrei vornübersank. Der Spanier, der sie abgefeuert hatte, warf gleich darauf die Arme hoch, da ihn eine französische Kugel erwischt hatte, und kullerte, sich mehrmals überschlagend, den Abhang hinunter.
Eine andere Kugel zischte an Pierres Kopf vorbei und schlug kurz vor ihm in den Boden. Wiehernd ging sein Pferd hoch, und für Sekunden hatte er alle Hände voll zu tun, es am Durchgehen zu hindern.
Da – wieder hörte er Trompetengeschmetter, diesmal schon ganz nahe. Es war Brianville, dem Himmel sei Dank!
Pierre wandte den Kopf und spürte plötzlich einen harten Schlag an seiner Schulter. Der Schmerz kam erst Sekunden später, heiß und brennend wie die Hölle. Verdammt, dachte er, diesmal hat's mich erwischt. Ein neuer Schuß ließ sein Pferd unter ihm zusammenbrechen.
Pierre wollte aus dem Sattel rutschen, doch er schaffte es nicht mehr. Das zu Tode getroffene Tier fiel zur Seite und begrub ihn halb unter sich, während es noch ein paarmal wild mit den Hufen schlug.
Und der Schmerz in Pierre wuchs und wuchs, er wollte

schreien und konnte es nicht mehr. Mit einer letzten verzweifelten Kraftanstrengung versuchte er, unter dem Pferd hervorzukriechen, aber als er sich halb aufrichtete, wurde der Himmel schwarz vor seinen Augen, und er fiel zurück und wußte von nichts mehr.

Im nämlichen Augenblick dröhnte die Erde unter dem Trommeln herangaloppierender Pferde.

»Attacke!« schrie die durchdringende, helle Stimme Leutnant Brianvilles. »Gebt's den verfluchten spanischen Blauröcken!«

In weniger als fünf Minuten war alles vorüber.

Brianvilles Leute, voller Wut, daß man ihren Kameraden einen Hinterhalt gelegt hatte und so viele von ihnen gefallen waren, fuhren wie ein Donnerwetter zwischen die Spanier, die sich angesichts der plötzlichen Übermacht zur Flucht wandten.

Etliche von ihnen wurden niedergemacht, die anderen entkamen, und Brianville verzichtete darauf, sie zu verfolgen, da es ratsamer schien, sich um die eigenen Verwundeten zu kümmern.

Pierre de Lancourt war noch immer bewußtlos, als man ihn unter seinem toten Pferd hervorzog, und hatte viel Blut verloren.

Brianville, der sich während des Spanienfeldzuges mit ihm angefreundet hatte, zerquetschte einen Fluch zwischen den Zähnen.

Man legte Pierre einen notdürftigen Verband an, er erwachte für einen Augenblick, als ihn zwei Männer anhoben und zu einer aus Reisig und Ästen zusammengezimmerten Bahre trugen.

Leutnant Brianville kommandierte ein paar Männer ab, Pierre und die übrigen Verwundeten zum Troß zurückzubringen. Dort gab es Feldschere, die sich um sie kümmern würden.

Pierre blickte in den blauen Himmel über sich. Und er dachte: Verdammter Krieg. Aber ich hab's gewußt, daß es

mich irgendwann auf den Rücken wirft. Wieso auch nicht, wo doch jeden Tag so viele dran glauben müssen!
In seinem Körper tobte der Schmerz, aber allmählich wurde er ferner und ferner, und eine angenehme Mattigkeit hüllte ihn ein. Alles verschwamm, verlor die scharfen Konturen, und Pierre meinte, daß dies vielleicht der Tod sei. Schade, dachte er. Ich hätte gern noch eine Weile meinen Spaß auf dieser buckligen Welt gehabt. Es gibt so viele hübsche Weiber hier.
Und dann dachte er merkwürdigerweise: Caroline ...
Nicht Pauline, nicht Teresa, wie die braunhäutige spanische Krämerstochter in Burgos geheißen hatte, nicht Estelle, die Marketenderin in Valladolid gewesen war, als sie ein paar Wochen dort lagen. Nein, er dachte sehr klar und deutlich: Caroline.
Langes rotes Haar, dem das Kerzenlicht den Ton alten Goldes verliehen hatte, grüne Augen, ein weicher, schmiegsamer Leib, Haut, die nach Jugend und Sauberkeit roch, und eine Stimme, die mit soviel Zärtlichkeit »Pierre, Pierre, mein Liebster ...« geflüstert hatte.
Pierre de Lancourt lächelte, und er nahm dieses Lächeln mit hinüber in die Bewußtlosigkeit.

Louise Grangette starrte Doktor Labille aus wutfunkelnden Augen an. »Was sagen Sie da? Das Mädchen ist schwanger? Sind Sie sicher, Monsieur?«
Der dickliche kleine Arzt mit dem kahlen Schädel, der gelegentlich, wenn es sein Geldbeutel erlaubte, auch zu den Kunden der Grangette gehörte und immer dann gerufen wurde, wenn jemand in ihrem Haus krank war, schloß seine schwarze Tasche. »So sicher, wie man nur sein kann, meine liebe Madame Louise. Das Kind wird im Juli geboren werden. Im übrigen hat das Mädchen eingestanden, daß es um seinen Zustand wußte.«
»Das ... das ist ...« Der Grangette verschlug es die Sprache.

Sie wandte sich an ihren Neffen, der gerade aus einem der Salons auf den Flur trat. »Stell dir vor, Gilbert, diese Caroline, diese kleine schmutzige Heuchlerin, kriegt ein Kind.«

Monsieur Desgrain kniff die Lippen zusammen. Wie immer war er schwarz gekleidet, was ihm von den Mädchen der Grangette den Spitznamen »der Abbé« eingetragen hatte. Sein hageres, bleiches Gesicht war spöttisch verzogen. »Das durchkreuzt Ihre Pläne, *ma tante* – wenigstens vorläufig. Aber was soll's! Aufgeschoben ist nicht aufgehoben.«

»Dieses Luder!« wütete die Grangette. »Diese abgefeimte Lügnerin! Weiß der Himmel, ich habe noch mit keinem Mädchen so viel Ärger gehabt wie mit Caroline. Erst trotzt sie mir einen Monat Zeit ab, mit dem Hinweis auf ihren nebulösen Gardeleutnant, der kommen und ihre Schulden bei mir bezahlen werde, dann legt sie sich mit einem Lungenfieber ins Bett und jetzt kriegt sie auch noch ein Kind! Einen verdammten kleinen Bastard!«

»Ja, ich muß weiter.« Doktor Labille knöpfte seinen Mantel zu. »Dieses naßkalte Winterwetter beschert uns Ärzten viel Arbeit. Halb Paris niest und hustet – oder hat wie Mademoiselle Caroline angegriffene Lungen. Denn das müssen Sie ihr glauben, Madame, sie ist wirklich krank. Es war gut, daß Sie mich gerufen haben.«

Er grinste schief. »Immerhin ist sie ein sehr hübsches Mädchen, und die Schwangerschaft wird daran nichts ändern. Deshalb wäre es auch für Sie ärgerlich, wenn sie etwas an der Lunge zurückbehielte. Die meisten Männer mögen keine hustenden ... nun ja ...« Er räusperte sich. »Dazu hat heutzutage jeder viel zuviel Angst vor der Schwindsucht.«

Er war kaum gegangen, als die Grangette die Treppen zu Carolines Zimmer hinauflief.

Es war nicht mehr das elegante grüne Boudoir, das sie in der ersten Nacht bewohnt hatte, sondern eine bescheidene Kammer unter dem Dach.

Auf Befehl der Grangette war Caroline gleich am Abend nach ihrer Auseinandersetzung dort einquartiert worden. Sie hatte das Haus nicht verlassen dürfen, und die Grangette hatte ihr durch Margot jeden Tag Wäsche zum Bügeln und Ausbessern hinaufbringen lassen. Manchmal hatte sie auch in der Küche geholfen, Geschirr gespült und das Gemüse geputzt, und allabendlich, wenn sie allein in ihrer Kammer war, hatte sie die Musik, das Lachen und Kreischen aus den Parterreräumen des großen Hauses gehört. Dann hatte sie den Kopf in den Kissen vergraben und aus lauter Angst und Hilflosigkeit geweint.
Je mehr Zeit verstrich, um so mehr schrumpfte auch ihre Hoffnung, Pierre sei in Paris und käme, um sie hier fortzuholen.
Natürlich hatte Caroline auch an Flucht gedacht. Aber sie wußte nicht, wie sie sie bewerkstelligen sollte. Ihr Zimmer lag unter dem Dach, es war unmöglich, durch das Fenster zu entkommen. Der einzige Weg hinaus führte durch die große Eingangshalle, und dort war immer jemand, der sie dabei hätte beobachten können.
Vormittags waren dort Robert und die Hausmägde mit Aufräumen und Saubermachen beschäftigt, und am Nachmittag, wenn die ersten Besucher kamen, thronte entweder die Grangette oder Gilbert in der Halle, um sie zu begrüßen.
Gegen Morgen aber, wenn der letzte endlich gegangen war und alle Hausbewohner sich schlafen legten, wurde die schwere Tür verschlossen, und niemand konnte hinaus.
Außerdem hatte Caroline Angst, einfach davonzulaufen. Sie hatte fast viertausend Franc Schulden, und wenn man sie ergriff, würde man sie deswegen ins Gefängnis werfen.
In der letzten Woche hatte die Grangette sie rufen lassen. »Dein Leutnant de Lancourt ist unauffindbar«, hatte sie gesagt. »Wer weiß, wo er ist und ob er überhaupt noch lebt, falls er nicht sowieso nur in deiner Phantasie existiert.

Vielleicht hast du die ganze Geschichte ja nur erfunden, um nach Paris zu kommen.«
»Nein, o nein, Madame!« Caroline hatte sich sterbenselend gefühlt. Schon seit Tagen plagte sie ein abscheulicher Husten, und in der Nacht hatte sie abwechselnd geschwitzt und gefroren. Als sie aufgestanden war, hatten ihr die Glieder geschmerzt, und sie war sicher gewesen, daß sie Fieber hatte. »Ich habe Ihnen doch gesagt, er ist Leutnant der Reitenden Jäger bei der Kaisergarde. Bitte, bitte, fragen Sie noch einmal herum. Er muß dort sein, wo sich der Kaiser aufhält.«
»Dann ist er in Spanien, und du kannst lange warten, bis er zurückkommt.«
»Aber vielleicht ist es möglich, ihm Nachricht zu senden. Wenn ich seinen Aufenthaltsort kenne, könnte ich ihm schreiben. Bitte, Madame, erkundigen Sie sich noch einmal bei seinem Regiment.«
»Soll ich vielleicht in die Tuilerien oder nach St. Cloud fahren? Oder am besten gleich nach Malmaison, um die Kaiserin Josephine zu fragen, ob ihr Gatte ihr seinen augenblicklichen Aufenthaltsort mitgeteilt hat und sie ihm gerade durch einen Kurier einen Brief überbringen läßt, dem man dein Geschreibsel mitgeben könnte?«
Die Grangette hatte mit der Hand auf den Tisch geschlagen, daß die goldgeränderte Porzellantasse mit Schokolade, die vor ihr stand, klirrte. »Du hast noch genau fünf Tage Zeit, um zur Vernunft zu kommen, du starrsinniges Ding, oder im Gefängnis zu landen. Weiß der Himmel, wieso ich überhaupt so lange Geduld mit dir gehabt habe. Ich mache mich ja zum Gespött mit meiner Gutmütigkeit. Aber in der nächsten Woche ist das vorbei. Da ziehen wir andere Saiten auf, Fräulein Rühr-mich-nicht-an!«
In der Nacht war bei Caroline das Fieber gestiegen, und als Margot am Morgen kam, um ihr wiederum einen Berg Wäsche zu bringen, lag sie im Bett und phantasierte.
Die Grangette hatte zwei Tage lang gezögert, einen Arzt

zu rufen, aber dann hatte sie es doch getan, weil sie nicht wollte, daß Caroline womöglich starb. Dann hätte sie von ihrem Geld keinen Sou mehr gesehen.
Und nun hatte Doktor Labille bei seiner Untersuchung festgestellt, daß Caroline schwanger war.
Die Grangette riß die Tür zu ihrer Kammer auf. Margot war noch bei dem Mädchen und hatte gerade das Bett frisch bezogen. Caroline lag mit fieberheißem Kopf und unnatürlich glänzenden Augen da. Ihr Atem ging pfeifend, aber sie erkannte die Grangette, als sie sich über sie beugte.
»Doktor Labille hat mir alles gesagt!« kreischte Madame. »Du elende, dreckige kleine Schlampe! Schleicht sich bei mir ein und hat ein Hurenbalg im Bauch! Aber diesen Betrug hast du nicht umsonst begangen. Warte nur, den wirst du mir büßen! Die schmutzigste Arbeit lasse ich dich tun, bis der Bankert da ist. Und dann machst du jede Nacht die Beine breit, solange, bis du mir jeden Sou mit Zins und Zinseszins zurückgezahlt hast. Und wenn ich dich eigenhändig dazu prügeln muß, du ... du ...« Sie griff nach Carolines Schultern und wollte sie hin und her schütteln, aber Margot fiel ihr in den Arm.
»Lassen Sie sie, Madam, sie ist ja gar nicht bei sich. Geben Sie ihr eine Tracht Prügel, wenn sie wieder klar bei Verstand ist, damit sie auch etwas davon hat. Jetzt vergeuden Sie nur Ihre Kräfte – und die da meint hinterher, sie hätte nur einen Fiebertraum gehabt. Warten Sie ein paar Tage, bis sie wieder auf den Beinen ist. Der Doktor sagt, sie braucht jetzt Ruhe und gute Pflege. Ich kümmere mich schon um sie.«
»Ruhe! Pflege!« keifte die Grangette. »Auf die Straße setzen sollte man sie!«
»Es wäre schade drum«, erwiderte die Hausmagd, die genau wußte, wie sie ihre Herrin zu nehmen hatte. »Die wird noch Furore machen, und Sie kriegen Ihr Geld schneller wieder, als Sie jetzt meinen. Das ist besser, als sie krepie-

ren zu lassen. Ich will ihr schon den Kopf zurechtsetzen, wenn sie wieder gesund ist. Überlassen Sie sie nur mir. Außerdem – Doktor Labille meint, daß ihre Krankheit ansteckend ist. Deshalb sollten Sie ihr nicht zu nahe kommen. Nicht, daß Sie auch noch Fieber kriegen und ins Bett müssen.«

Die Grangette wich zurück, als habe sie eine giftige Spinne auf Carolines Bett entdeckt. »Das fehlte noch! Na schön, Margot, ich verlasse mich auf dich. Aber wenn es ihr besser geht und sie dann noch Schwierigkeiten macht, nehme ich sie mir vor, und ich wette, daß sie danach grün und blau am ganzen Körper ist.«

Als die Tür hinter ihr zufiel und ihre Schritte sich auf der Treppe entfernten, zog Margot die Decke über Caroline. »So, Herzchen, die sind wir fürs erste los. Und da sie vor Krankheiten mehr Angst hat als vor dem Teufel, wird sie auch so schnell nicht wiederkommen.«

»Danke ...« murmelte Caroline matt. »Du ... bist sehr lieb ...«

Margot lächelte schief. Lieb? Sie selbst hätte sich kaum so bezeichnet. Sie war eine Frau, die das Leben gelehrt hatte, niemandem zu trauen, sich bis aufs Messer zu wehren, wenn einem jemand ans Leder wollte, und möglichst zuerst Püffe und Tritte auszuteilen, bevor es die anderen taten. Schlau mußte man sein und verschlagen, und vor allem durfte man sein Herz an keinen Menschen hängen.

In Margots Augen, die in der Pariser Vorstadt im Hinterzimmer einer armseligen Kneipe groß geworden war, war das der einzige Weg, um einigermaßen unbeschadet durch dieses Dasein zu kommen. Edle Gefühle konnten sich die anderen leisten, die, die genug Geld hatten, die sich nicht schon als Kinder um ein Stück Brot und eine warme Suppe hatten prügeln müssen, sondern von weißen Damastdecken und goldbemalten Porzellantellern speisten. Die man in der Kutsche spazierenfuhr, während sie und ihresgleichen in der Gosse standen und mit leerem Magen, voller Krätze und Ungeziefer, die vornehmen Püppchen hinter den Spitzengardinen der Kutschenfenster begafften. Margot war vierzehn gewesen, als der Sturm auf die Bastille losbrach; sie war johlend und schreiend mit den Guillotinenweibern zum Richtplatz gelaufen, wo Tag um Tag die Köpfe der verhaßten Reichen, des adligen Gesindels in den Korb mit Sägespänen fielen, und sie hatte gemeint, es sei recht so, und endlich bräche eine bessere Zeit an. Eine Zeit, in der niemand mehr in feuchten Kellerlöchern hausen mußte, niemand mehr Hunger hatte, daß es die Eingeweide zerriß, wo kein Kind mehr achtzehn Stunden und länger in den Manufakturen am Webstuhl stand und Unzählige an der Schwindsucht und ihrer hoffnungslosen, bitteren Armut verreckten.

Sie hatte gemeint, nun werde alles anders und gerechter, und die Reichen seien nicht mehr gar so reich und die Armen nicht mehr so grauenhaft arm. Aber indessen wußte sie, daß auch diese Hoffnung sie betrogen hatte.

Die Revolutionäre von einst trugen inzwischen brillantenbesetzte Schuhe und goldverschnürte Uniformen. Sie hatten vornehme Titel und fuhren in prunkvollen Karossen an den zerlumpten Gaffern am Straßenrand vorüber. Jetzt wohnten sie in den Palästen derer, die sie guillotiniert hatten, und saßen mit den Überlebenden der alten Zeit bei Tische und soffen und fraßen.

Und sie, Margot, war immer noch Dienstmagd und knickste, wenn man ihr ein paar Sous Trinkgeld hinwarf, und hatte Angst davor, eines Tages zu alt zu sein und nicht mehr arbeiten zu können und dann irgendwo unter den Seinebrücken oder in einem schmutzigen Hinterhof wie eine Ratte zu krepieren.

Das hatte Margot hart gemacht und voll der Aufsässigkeit der ewig Benachteiligten, der ewig übers Ohr Gehauenen.

Aber da war nun diese Caroline . . .

In den paar Wochen, in denen sie im Haus der Grangette lebte, hatte Margot sie beobachtet. Und sie war zu dem

Schluß gekommen, daß dieses junge Mädchen etwas Besonderes war. Es war verängstigt, eingeschüchtert, aber dennoch hatte es eine Haltung, die Margot Respekt abnötigte. Sie war weder unterwürfig noch hochfahrend, weder frech noch allzu duldsam.

Sie hat Kraft, die Kleine, hatte Margot manchmal gedacht. Die fällt mal hin, aber die bleibt nicht liegen. Die ist wie ein Rassepferd, das man aus hundert Schindmähren herauskennt, auch wenn es ungepflegt und heruntergekommen ist. Und auf jeden Fall ist sie zu schade, um eine Hure oder eine Küchenmagd zu werden.

Manchmal, wenn sie das Essen oder die Bügelwäsche brachte, hatte Margot ein Weilchen mit Caroline geschwatzt und auf ihre stachlige Art versucht, ihr ein bißchen Mut zu machen. Und seit sie krank war, hatte Margot echte Besorgnis empfunden.

Weiß der Teufel, ich hab' das Mädchen gern, hatte sie gedacht und sich selbst darüber gewundert, da es doch seit so vielen Jahren niemanden mehr gegeben hatte, dem sie auch nur einen Funken Gefühl entgegengebracht hätte.

Und nun war das arme Ding schwanger . . .

»Ich hab' mir auch mal ein Kind andrehen lassen, als ich noch so jung und ahnungslos war wie du«, sagte Margot spröde. »Der Kerl hat mich sitzenlassen, und das Kleine ist zwei Tage nach der Geburt gestorben. Es war zu schwach, weißt du . . . Na ja, so geht das in diesem Scheißleben.«

»Pierre . . .« flüsterte Caroline, weil das Fieber wieder ihr Denken verwirrte. »Pierre soll kommen. Bitte, bitte . . .«

Margot griff nach ihren unruhigen, heißen Händen. »Ich hör' mich nach ihm um, ich verspreche es dir. Und wenn ich ihn finde, bringe ich ihn her – und müßte ich ihn an den Haaren herschleifen. So, und jetzt nimmst du die Medizin, die der Doktor dagelassen hat, und danach wird geschlafen.«

•

Die Grangette ließ sich nicht mehr bei Caroline blicken.

Nur ihr Neffe Gilbert kam eines Vormittags, gefolgt von Margot, die wie ein Wachhund in der Tür stehen blieb, bereit, dazwischenzufahren, wenn jemand dem armen kranken Ding etwas zuleide tun wollte. Aber Gilbert hielt sich nicht lange auf. Wahrscheinlich hatte seine Tante ihm eingeschärft, Caroline nicht zu nahe zu kommen, um sich keiner Ansteckungsgefahr auszusetzen.

»Wenn du wieder auf bist und nicht mehr so abscheulich hustest«, sagte er, »wirst du unten im Haus arbeiten. Du kannst die Wäsche waschen, die Fußböden scheuern und am Abend die Gäste bedienen. Und bilde dir nicht ein, daß du geschont wirst, nur weil du ein Kind bekommst. Sobald es da ist, wird Madame es fortbringen lassen. Danach wird man weitersehen.«

Als er gegangen war, brach Caroline in Tränen aus, und Margot setzte sich zu ihr ans Bett.

»Nun heul doch nicht. Erst mal mußt du das Kleine zur Welt bringen, und das dauert noch eine gute Weile. Vielleicht taucht dein Pierre inzwischen auf – und alles löst sich in Wohlgefallen auf.«

»Und wenn nicht?« Carolines verzweifelte Augen taten der Magd in der Seele weh. »Ach, Margot, Margot, was soll ich nur machen? Wenn ich wenigstens weglaufen könnte . . .«

»Das würde ich dir nicht raten«, sagte die ältere Frau. »Wo willst du denn hin – in deinem Zustand? Ganz abgesehen davon, daß Madame Grangette dich todsicher irgendwann finden würde. Und dann ist alles noch schlimmer. Weißt du, manchmal kommt sogar der Polizeiminister Fouché zu uns. Nicht allzu oft, aber immerhin . . . Und er beschäftigt ein Heer von Polizisten und Spitzeln. Wenn Madame ihm damit in den Ohren liegt, wird er sicherlich nach dir suchen lassen. Und Fouchés Leute stöbern sogar eine einäugige Maus in einem Getreidespeicher auf. Nein, nein, es ist das Beste, wenn du hierbleibst. Hier hast du wenigstens ein Dach über dem Kopf und genug zu essen.

Und ich will schon aufpassen, daß du nicht allzu schwer arbeitest und damit dir und dem Kleinen Schaden zufügst.«
Caroline ballte die Fäuste. »Aber sie sollen es mir nicht wegnehmen, Margot! Das halte ich nicht aus! Es ist mein Kind, und ich will es behalten! Lieber bringe ich mich um, als daß ich es hergebe!«
»Schscht«, sagte Margot, »wer wird sich denn so aufregen! Das ist nicht gut für dich. Umbringen – so ein Unsinn! Davon hat dein Kindchen nun am allerwenigsten.«
Sie strich Caroline über den Kopf. »Leg dich noch ein Weilchen nieder. Und versprich mir, daß du dich nicht aufregst über das, was ich dir jetzt sage.«
»Was denn? Margot, hast du ... hast du ... Nachricht von Pierre?« Die Magd nickte. »Ich war in der Kaserne der Kaisergarden. Es war nicht einfach, eine Auskunft zu bekommen, aber schließlich hab' ich es geschafft. Dein Pierre ist in Spanien, und so, wie es aussieht, wird er noch eine Weile dort bleiben müssen. Er ist verwundet worden ... Aber wo genau er ist, habe ich nicht erfahren können. Doch man redet davon, daß der Kaiser bald nach Paris zurückkehrt, und wenn du Glück hast, ist dein Pierre bei ihm.«
Um Caroline drehte sich alles. Sie war noch recht schwach, und Margot drückte sie auf das Bett zurück. »Verwundet ...« murmelte sie. »Ach Gott. Und du weißt nicht, wie schwer?«
Margot schüttelte den Kopf. »Aber er lebt, das ist wenigstens sicher. Und wie es aussieht, braucht er vorläufig nicht mehr in den Krieg. Also kann er auch nicht fallen. Das ist eine Beruhigung, findest du nicht?«
Caroline umklammerte ihre Hände. »Danke, Margot. Ach, ich danke dir so sehr!«
»Ich wünschte, ich hätte mehr erreicht. Wenn man seinen Aufenthaltsort wüßte, könntest du ihm vielleicht schreiben. Aber das ist unmöglich. Es war schon schwer genug,

überhaupt etwas zu erfahren. Viermal bin ich zur Kaserne gelaufen. Da war ein Sergeant, dem habe ich damit in den Ohren gelegen. Ich habe behauptet, ich sei Magd bei einem vornehmen Fräulein, das unsterblich in den Leutnant de Lancourt verliebt und, da es seit Monaten keine Nachricht von ihm habe, vor lauter Kummer krank geworden sei. Es war ein hartes Stück Arbeit, sag' ich dir, den sturen Kerl so weit zu bringen, daß er endlich Erkundigungen nach deinem Pierre einzog. Als ich ihn dann auch noch fragte, ob man dem Leutnant einen Brief schicken könne, hat er mich rausgeworfen. Der kaiserliche Kurierdienst zum Kriegsschauplatz in Spanien sei für andere Dinge da, als Liebesbriefe zu befördern, hat er gebrüllt. Auskünfte über die Soldaten Seiner Majestät dürfe man ohnehin nur den engsten Angehörigen erteilen und keinem hergelaufenen Frauenzimmer wie mir. Und wenn ich ihn nicht endlich in Ruhe ließe, würde er mich festnehmen.«
Margot lachte. »Da habe ich natürlich gemacht, daß ich fortkam.« Von da an gab es wieder ein wenig Hoffnung. Pierre lebte, er war in Spanien – und vielleicht kam er bald mit Napoleon nach Paris zurück. Caroline klammerte sich an diesen Gedanken, und er half ihr, die folgende Zeit zu überstehen.
Sobald sie wieder gesund war, nahm sie ihre Arbeit im Haus der Grangette auf. Margot machte ihr Versprechen wahr und gab acht, daß sie sich nicht überanstrengte. Sie sorgte dafür, daß Caroline nicht die schweren Wasserzuber und die Körbe mit der nassen Wäsche schleppen mußte, sondern ließ sie lieber die Fußböden aufwischen und in der Küche Geschirr spülen. Und sie war auch immer in der Nähe, wenn Caroline des Abends die Bordell-Gäste bedienen mußte.
Die schöne rothaarige Hausmagd der Grangette erregte Aufsehen, und es gab oft genug Zudringliche, die ihr in den Ausschnitt griffen oder ihr unter den Rock zu fassen versuchten.

Freilich hatte Caroline eine Art, sie aus ihren grünen Augen anzusehen, daß den Dreisten der Mut sank, doch es gab auch solche, die sich dadurch nicht abhalten ließen, ihr nachzustellen.
Dann kam es vor, daß der eine oder andere die Grangette fragte, warum sie denn ein so aufregend schönes Mädchen nur als Magd beschäftige, wobei Madame regelmäßig ein geheimnisvolles Lächeln aufzusetzen pflegte: »O Monsieur, dafür gibt es triftige Gründe, die ich leider nicht ausplaudern darf. Vielleicht hat unsere liebe Caroline einen unbekannten Gönner, der sie mir aus ganz bestimmten Gründen anvertraut hat? Vielleicht braucht sie auch nur ein wenig Zeit, um... nun, nennen wir es... gewisse Schwierigkeiten zu überwinden? Ich bitte Sie, dringen Sie nicht in mich – ich darf Ihnen nicht mehr sagen. Haben Sie Geduld und bleiben Sie unserer bezaubernden Caroline gewogen.«
Derlei bewirkte, daß sich bald allerlei phantastische Geschichten um Caroline rankten und sie, da sie von dem Schleier des Geheimnisvollen umgeben war, für die jungen Stutzer und alternden Lebemänner, die Madame Grangettes Etablissement besuchten, nur noch interessanter wurde. Und genau das war es, was die Grangette beabsichtigte.
Sie war wütend auf Caroline, weil ihre Schwangerschaft ihre Pläne durchkreuzt hatte, aber sie hatte sie deswegen nicht aufgegeben. Ein Mädchen wie Caroline hatte das Zeug, eine der begehrtesten Huren von ganz Paris zu werden. Hätte sie sonst selbst jetzt solches Aufsehen erregt?
Die Mädchen der Grangette waren, bis auf zwei Ausnahmen, gutmütige Dinger. Sie waren allesamt jung und hübsch, es mangelte ihnen nicht an Liebhabern, und wenn Caroline ihre Zimmer saubermachte, behandelten sie sie freundlich und ohne Spott.
Nur Florence, eine hellhäutige, üppige Blondine, und Cléo, eine Achtzehnjährige mit langem, schwarzem, stark gekräuseltem Haar und einem zierlichen, braunhäutigen

Körper, waren offensichtlich eifersüchtig, da sie in Caroline für die Zukunft eine erfolgreiche Konkurrentin sahen. Sie waren hochmütig und gehässig zu ihr, nörgelten an allem herum, was sie tat, und stichelten ständig gegen die »fuchshaarige Deutsche«, die sich anscheinend etwas Besseres dünkte, da sie sich so beharrlich geweigert hatte, ihr, Cléos und Florences, Gewerbe auszuüben.
»Sie wartet auf ihren Prinzen, der sie auf sein Schloß holt«, sagte Cléo, »zusammen mit ihrem kleinen Bastard.«
Und Florence lachte: »Einen Dreck wird er. Was soll er denn mit so einer? Er hat sein Vergnügen gehabt – und noch dazu umsonst; danach hat er sich aus dem Staub gemacht. Anscheinend kann sie's nicht sehr gut im Bett, sonst wäre er wiedergekommen.«
Manchmal machten sie sich auch einen Spaß daraus, Caroline zu verhöhnen, indem sie sich übertrieben vor ihr verneigten und sie mit »Euer Wohlgeboren« ansprachen. Gelegentlich schütteten sie auch Wasser oder Wein auf den Fußboden und befahlen ihr, es aufzuwischen, und wenn Caroline dann mit dem Scheuerlappen vor ihnen kniete, stießen sie sie an, daß sie hinfiel, oder traten ihr auf die Hand. Meist ertrug sie die Schikanen der beiden schweigend, wohl wissend, daß Aufbegehren alles nur noch ärger gemacht hätte. Aber eines Abends, als Caroline gerade mit einem Tablett voller Gläser in den großen Salon kam, in dem die Mädchen mit ihren Galanen Karten spielten und herumschäkerten, versetzte Cléo ihr absichtlich einen Knuff, so daß ihr das Tablett aus der Hand rutschte und die Gläser klirrend zu Boden fielen.
»Kannst du nicht aufpassen, du Trampel!« fuhr Cléo auf. »Sogar das Kleid hat sie mir bespritzt!« Sie holte aus und gab Caroline eine Ohrfeige. »Das hast du absichtlich getan! Aber ich will dich lehren, so hinterhältig und frech zu sein!«
Cléo trug ein seitlich gerafftes Schleiergewand in griechischem Stil, durch das man ihre kleinen hochangesetzten

Brüste und das dunkle Vlies ihres Schoßes schimmern sah. Anklagend breitete sie den champagnerfarbenen Stoff aus. »Alles voller Rotweinflecken! Los, los, steh nicht da und gaff! Komm mit und hilf mir beim Umziehen. Und dann mach das Kleid sauber. Aber wehe, wenn man noch einen Flecken sieht. Dann schlage ich es dir um deinen dummen Kopf.«

Caroline war blaß geworden, und ihre grünen Augen funkelten. »Ziehen Sie sich allein um, Mademoiselle Cléo«, sagte sie leise. »Und die Rotweinflecken können Sie ebenfalls selbst auswaschen. Es war Ihre Schuld, daß mir das Tablett aus der Hand gefallen ist. Und nun gehen Sie mir aus dem Weg, damit ich die Scherben aufsammeln kann.«

Sie bückte sich und hob das Tablett auf. In diesem Moment prasselte ein Hagel von Schlägen auf sie nieder. Cléo kreischte und schlug mit ihren kleinen Fäusten auf Carolines Rücken und ihren Kopf ein.

Caroline fuhr hoch. Grellheißer Zorn schnürte ihr die Kehle zu. Sie ließ das Tablett fallen und stürzte sich auf ihre Angreiferin. Cléo wollte ihr mit den Nägeln ins Gesicht fahren, doch Caroline wich ihr aus und versetzte ihr ein paar klatschende Schläge. Sie war rasend vor Wut, und da sie kräftiger als Cléo war, gelang es ihr mühelos, das Mädchen quer durch den großen Salon zu treiben.

Cléo schrie, als stecke sie am Spieß, während Caroline immer weiter auf sie einschlug. Sie verspürte einen grimmigen, heißen Triumph dabei. Zu lange hatte sie Demütigungen, Kummer und Angst schweigend ertragen, nun war es wie eine Befreiung, einmal dagegen aufzubegehren.

»Sie ist verrückt geworden!« schrie Cléo. »Hilfe! So helft mir doch!«

Aber weder Florence noch die beiden anderen Mädchen, die sich im Salon aufhielten, wagten Caroline in den Arm zu fallen. Und die jungen Stutzer, die bei ihnen waren, hielten alles für einen großen Spaß und lachten aus vollem Halse.

Durch den Lärm angelockt, erschien Madame Grangette in der Tür, gefolgt von Margot.
»Caroline!« rief sie scharf. »Cléo! Was soll das? Hört sofort auf. Was sind das für Sitten!«
Es war Margot, die Caroline schließlich zurückriß. »Laß es gut sein«, sagte sie ruhig. »Du bringst sie ja um.«
Am ganzen Körper zitternd ließ Caroline von dem Mädchen ab. Cléo sank laut heulend auf ein Sofa. Sie blutete aus der Nase, ihre Schminke war zu einer grotesken Maske verschmiert und das Kleid zerrissen.
Caroline richtete sich auf und strich sich das Haar aus dem Gesicht. Noch immer war sie leichenblaß, und ihre Augen funkelten so grün wie die einer angriffslustigen Katze.
»Was zum Teufel ...« zeterte die Grangette aufgebracht, doch im nächsten Moment klappte sie den Mund zu, und die Schelte erstarb ihr auf der Zunge angesichts von Carolines Augenausdruck.
»Sie hat angefangen«, sagte Caroline mit steifen Lippen. »Seit Wochen läßt sie mich nicht in Ruhe. Ich hab' ihr nur gegeben, was sie herausgefordert hat. Und ich werd's wieder tun, wenn sie nicht aufhört. Ich bring' sie eines Tages wirklich um.«
»Geh ... geh auf dein Zimmer«, stotterte die Grangette. »Wir reden später darüber. Und du geh auch, Cléo! Himmel, wie siehst du nur aus. Man muß dir kalte Kompressen machen, damit du morgen wieder ...«
Sie brach ab und wandte sich an die drei jungen Männer, die am Spieltisch saßen. »Ich bitte tausendmal um Vergebung, Messieurs. Ein überaus peinlicher Zwischenfall ... Ich verbürge mich, daß so etwas nicht mehr vorkommt.«
Margot führte Caroline hinaus.
In der Halle brach sie plötzlich in Tränen aus. Es war ein lautloses, verzweifeltes Weinen, das sie schüttelte.
Fort war der Triumph, das Gefühl der Befreiung. Was blieb, war tiefe Beschämung.
Sie hatte sich mit einer Hure geprügelt. Sie war nicht viel

besser als Cléo. Wie eine Furie war sie gewesen, eine ordinäre, hemmungslose Schlampe aus der Gosse, die sich in einem Bordell mit einer anderen Schlampe in die Haare geriet, und die Freier hatten dazu gelacht.

»Was ist denn, Herzchen? Was hast du denn?« fragte Margot und legte die Arme um sie. »Hat sie dir weh getan? Spürst du irgendwo Schmerzen?«

Vor lauter Weinen konnte Caroline kaum sprechen. »Ich schäme mich so«, flüsterte sie. »Ich wollte, ich wäre tot.«

»Nun, nun«, murmelte Margot beruhigend. »Es war schon recht, daß du es dem Luder mal gegeben hast. Die wird sich hüten, dir noch mal ein Leid zuzufügen – und die Florence auch. Respekt hast du dir verschafft, und das war ganz in Ordnung.«

Sie wollte Caroline zur Treppe ziehen, aber die stolperte blind vor Tränen, und ließ sich weinend auf die unterste Stufe fallen.

»Ich schäme mich so«, wiederholte sie. »O Gott, Margot, was ist nur aus mir geworden!«

So sah der Vicomte de la Moreau sie zum ersten Mal.

Er war vor zwei Stunden in das Etablissement der Grangette gekommen, zusammen mit drei Freunden, Offiziere wie er, die ihn dazu überredet hatten.

Charles de la Moreau war Adjutant des Generals de Broc, ein junger Offizier von fünfundzwanzig Jahren, mit sanften, klugen, blauen Augen.

Er hatte mit seinen Freunden in einem der oberen Säle diniert und sich gelangweilt.

Bordelle, auch ein so elegantes wie das der Grangette, gefielen ihm nicht, und er bereute, daß er überhaupt hergekommen war. Die Mädchen, so reizend sie auch sein mochten, weckten kein Verlangen in ihm, denn er war nicht imstande, auch nur einen Augenblick lang zu vergessen, daß ihr schmachtendes, verführerisches Gehabe zu ihrer Profession gehörte. Nein, er fand keinen Geschmack an der käuflichen Liebe, im Gegensatz zu seinen Freun-

den, die sich mit dreien der willigen, halbnackten Schönen blendend amüsierten.
Die vierte hatte sich vergeblich um Charles bemüht. Ihre verschleierten Blicke und ihre Liebkosungen ließen ihn kalt, und so hatte er sie schließlich, der ganzen Komödie überdrüssig, von sich geschoben und beschlossen, nach Hause zu fahren.
Die Kleine, eine niedliche Brünette namens Danielle, hatte einen Flunsch gezogen, war aber rasch versöhnt gewesen, als er ihr ein Geldstück zusteckte.
»Kommen Sie ein anderes Mal wieder, Monsieur le Vicomte?« hatte sie gezwitschert, und er hatte halbherzig genickt, um sie nicht zu kränken.
»Vielleicht.« Schließlich hatte sie sich Mühe gegeben, und es war nicht ihre Schuld, daß er keinen Appetit auf sie hatte.
Als Charles die Treppe hinunterging, entdeckte er Caroline. Sie saß auf der letzten Stufe und blickte mit verweinten Augen zu ihm hoch. Er sah ihre zitternden Lippen, das halb aufgelöste rote Haar, und blieb stehen.
Ein paar Sekunden starrten sie einander an, der Vicomte Charles de la Moreau und Caroline – und die kurze Zeit genügte, daß sein Herz von einer jähen, heißen Empfindung ergriffen wurde.
Caroline erhob sich unsicher und raffte ihr Kleid über der Brust zusammen. Während der Prügelei mit Cléo waren ein paar Knöpfe abgesprungen.
In den Kandelabern brannten Kerzen, ebenso in dem großen Kristallüster, der von der Decke hing. Es war hell genug, daß Caroline den Gesichtsausdruck des fremden Mannes erkennen konnte. Staunen lag darin, und mehr noch – eine jähe Freude, als habe er etwas gefunden, das er schon lange gesucht hatte.
»Bitte, Monsieur«, sagte Caroline und trat zur Seite, um Charles vorbeizulassen.
»Danke, Mademoiselle«, erwiderte er mechanisch, ging

aber keinen Schritt weiter, sondern fuhr fort, sie anzustarren.
Margot, die von Charles bis zu diesem Augenblick überhaupt nicht wahrgenommen worden war, räusperte sich. »Komm, Caroline, ich bringe dich in dein Zimmer.«
Caroline hieß sie also! Und sie hatte geweint ...
»Mademoiselle?« fragte Charles leise und wunderte sich selbst, wie atemlos seine Stimme klang. »Kann ich irgend etwas für sie tun? Haben Sie Schwierigkeiten? Brauchen Sie Hilfe?«
Sie biß sich auf die zitternden Lippen. »Vielen Dank, Monsieur, bemühen Sie sich nicht.« Damit drückte sie sich an ihm vorbei die Treppe hinauf.
»So warten Sie doch!« rief Charles und machte eine Bewegung, als wolle er ihr folgen. Aber da mischte sich Margot ein.
»Lassen Sie sie nur. Ich kümmere mich schon um sie.« Sie lief Caroline nach.
Charles de la Moreau blickte den beiden hinterher.
Was für ein Mädchen, dachte er. Ob sie ... Nein, das war sicherlich keine von denen, die hier im Haus der Grangette ihrem Gewerbe nachgingen. Sie war hübsch angezogen gewesen, aber nicht so aufreizend und halbnackt wie die Huren. Und überhaupt – so sah keine Hure aus!
Oder doch? Charles senkte den Kopf, und irgend etwas in seinem Inneren tat auf einmal abscheulich weh. Er kannte sich nicht so aus mit solchen Mädchen. Aber die Vorstellung, daß diese Caroline für jeden zu haben war, der genug zahlte, war ekelhaft. Es war, als hätte man ihm etwas Wunderschönes gezeigt und dann hohnlachend in den Sumpf geworfen.
Oben in ihrer Kammer aber fragte Caroline: »Wer war das, Margot? Kennst du ihn?«
Die Magd schüttelte den Kopf. »Nein. Ich habe ihn noch nie hier gesehen.«

Sie sollten bald erfahren, wer er war, denn schon am übernächsten Abend kam Charles de la Moreau wieder, um sich nach Caroline zu erkundigen.
Diesmal empfing ihn Gilbert, und er erwiderte auf Charles' unsichere Frage: »Ein rothaariges Mädchen, sagten Sie? Das kann eigentlich nur Caroline sein. Sie ist hier Hausmagd ... wenigstens vorläufig. Wollen Sie sie sehen? Ich verhehle Ihnen nicht, daß Caroline ziemlich eigensinnig und schwierig ist. Falls Sie also mit bestimmten Absichten hergekommen sind, so fürchte ich, daß sie sich nicht erfüllen lassen, jedenfalls für den Augenblick nicht. Es sei denn ...« Er lachte unangenehm, »Sie bringen zuwege, daß sie ...«
Charles unterbrach ihn. »Ich möchte nur reden mit ihr, wenn das möglich ist.« Und als er Gilberts Zögern gewahrte, fügte er schroff hinzu: »Ich zahle das Übliche.«
»Ich lasse sie rufen«, erklärte Gilbert geschmeidig und öffnete eine der Türen, die von der Halle abgingen. Dahinter lag ein einfenstriges Kabinett, das mit ein paar rotsamtenen Fauteuils, einem Intarsientisch und einem breiten Diwan möbliert war. An den Wänden hingen goldgerahmte Spiegel.
»Bitte, warten Sie hier.«
Caroline erschien ein paar Minuten später. Gilbert hatte ihr gesagt, daß ein Herr sie zu sprechen wünsche, und für eines Herzschlags Länge hatte sie die ganz und gar unsinnige Vorstellung gehabt, es sei Pierre.
An diesem Abend hatte sie das dicke rote Haar in der Mitte gescheitelt und am Hinterkopf aufgesteckt und trug einen grünen Tuchrock mit ebensolchem Mieder und einer weißen Bluse darunter. Als sie Charles de la Moreau erblickte, sank ihre Hoffnung.
»Sie ...« sagte sie gedehnt, denn sie erkannte ihn sofort wieder.
»Haben Sie jemand anderen erwartet?« fragte Charles, dem die Veränderung in ihrem Gesicht nicht entgangen war.
»Ja ... nein. Das heißt ...« Sie fuhr sich über das Ge-

sicht, als müsse sie Spinnweben fortwischen. Dann schloß sie die Tür hinter sich, blieb aber, die Klinke in der Hand, auf der Schwelle stehen. »Was wünschen Sie von mir, Monsieur?«
»Ich heiße Charles de la Moreau, und ich wollte Sie wiedersehen«, sagte er. »Ich habe seit vorgestern ständig an Sie denken müssen ...« Ihre Miene verschloß sich, wurde geradezu feindselig. »Warum? Ich gehöre nicht zu den Mädchen von Madame, und falls Sie hofften, sich trotzdem mit mir amüsieren zu können, so haben Sie sich geirrt. Wenn Sie wollen, lasse ich Ihnen Danielle rufen oder Eugénie oder Madeleine ... Sie können auch in den großen Salon gehen und sich umsehen. Um diese Zeit sind sie alle dort, denn es ist noch früh am Abend.«
Charles war so erleichtert, daß er am liebsten gelacht hätte. Dem Himmel sei Dank, daß sie so reagierte! Er hatte sich also nicht getäuscht. Dieses Mädchen war nicht zu haben – jedenfalls nicht für einen, der es mit Geld bezahlen wollte.
Er kam auf sie zu und zog sacht ihre Hand von der Klinke weg, um sie in seiner zu behalten. »Kommen Sie her und setzen Sie sich«, bat er lächelnd. »Ich will doch nur mit Ihnen reden. Ich habe mich unablässig gefragt, warum Sie vorgestern abend so geweint haben. Am liebsten hätte ich mich bei Madame Grangette nach Ihnen erkundigt, aber dann dachte ich, es wäre Ihnen vielleicht nicht recht, und Sie würden mir lieber selbst erzählen, wer Sie sind und was Sie in dieses Haus gebracht hat.«
Caroline runzelte die Stirn. »Weshalb wollen Sie das wissen?« Ihre Stimme klang immer noch abweisend, aber immerhin ließ sie es zu, daß er sie zu einem Sessel zog und sie hineindrückte.
»Es interessiert mich eben«, erwiderte er leichthin und setzte sich ihr gegenüber.
»Wenn Sie Geschichten lieben, Monsieur, sollten Sie Romane lesen, aber nicht eine Dienstmagd in einem Bordell ausfragen.«

Charles schlug die Beine übereinander. »Es freut mich, daß Sie so abweisend sind, Mademoiselle Caroline. Wahrhaftig, es freut mich aufrichtig.«
»Ach, hören Sie doch auf!« sagte sie ruppig und strich sich eine Haarsträhne hinter das Ohr. »Ich bin noch nicht lange hier, aber eines habe ich inzwischen gelernt: Hier kommt niemand wie Sie her, ohne eine bestimmte Absicht damit zu verbinden. Sie werden keine Ausnahme sein, auch wenn Sie einen für ein solches Haus recht ungewöhnlichen Umweg einschlagen. Aber ich habe es Ihnen schon einmal gesagt: Bei mir haben Sie kein Glück. Und falls Ihnen Monsieur Desgrain irgendwelche Versprechungen gemacht hat, so hat er gelogen.«
In diesem Augenblick wurde die Tür geöffnet, und Margot erschien auf der Schwelle. Sie knickste vor Charles. »Haben Sie irgendeinen Wunsch, Monsieur? Darf ich Ihnen etwas zu trinken bringen – oder ein wenig Gebäck?«
»Gern«, erwiderte er. »Wenn ich Mademoiselle Caroline dazu einladen darf.«
»Ich trinke nichts«, sagte Caroline prompt.
»Also keinen Wein«, entschied Charles. »Vielleicht eine heiße Schokolade – oder ein Glas Zuckerwasser mit Orangenblüten. Das ist das Lieblingsgetränk Seiner Majestät, des Kaisers. Wußten Sie das, Mademoiselle? Sie sollten es einmal versuchen . . .«
»Ich möchte wirklich nichts«, beharrte Caroline und gewahrte, daß Margot ihr hinter Charles' Rücken zuzwinkerte. Ich bleibe in der Nähe, hieß das. Ich passe auf!
Und laut sagte Margot: »Zwingen Sie sie nicht, Monsieur. Schwangere Frauen haben ebenso oft Vorlieben für ein bestimmtes Gericht oder Getränk wie Abneigungen. Wenn Caroline sagt, daß sie nichts möchte, ist das sicherlich besser für sie. Aber Ihnen darf ich doch eine Flasche Wein bringen. Wir haben einen ausgezeichneten Burgunder. Oder ziehen Sie Champagner vor?«
»Bringen Sie, was Sie wollen«, sagte Charles, während er

Caroline anstarrte. Er beugte sich nach vorn. »Sie ... Sie sind verheiratet? Sie erwarten ein Kind?«
»Muß man dazu verheiratet sein?« fragte sie angriffslustig, während Margot verschwand.
»Nein, aber ...«
Seine Betroffenheit machte, daß Caroline auf einmal fast ein wenig Mitleid für ihn empfand. Dieser Charles de la Moreau hatte ein ehrliches Gesicht und eine freundliche Art. Früher hätte sie ihn vielleicht ganz liebenswert gefunden. Früher – das hieß: vor den Erfahrungen, die sie indessen gemacht hatte.
Die Lügen, mit denen die Grangette sie eingefangen hatte, hatten Carolines Zutrauen zu den Menschen zerstört. Sie war nicht mehr das dumme Kind, das auf freundliche Worte und scheinbare Zuneigung hereinfiel.
»Nun ja,«, sagte Caroline herb, »damit wissen Sie eigentlich schon das Wichtigste von mir. Sie waren doch so erpicht darauf, es zu erfahren, Monsieur. Ich bin unverheiratet und erwarte ein Kind.«
»Aber Kinder haben auch einen Vater ...«
Caroline verschränkte die Hände im Schoß. »Gewiß. Seinetwegen bin ich nach Paris gekommen. Aber er ist im Krieg, und wenn er nicht bald zurückkehrt ... Er weiß nicht, daß ich hier auf ihn warte und daß ich sein Kind ...« Sie brach ab und biß sich auf die Lippen.
»Haben Sie deshalb neulich so geweint?« fragte Charles, und als sie nicht antwortete, stand er auf und ging zu ihr.
Er unterdrückte den Impuls, ihr über das Haar zu streichen, sondern legte nur seine Hand auf ihre Schulter.
»Sie ... Sie lieben diesen Mann?«
Seine Frage brachte sie auf. »Glauben Sie, ich bekäme sonst ein Kind von ihm?« Mit einer heftigen Bewegung schüttelte sie seine Hand ab. »Denken Sie ja nicht, daß ich ein leichtsinniges Frauenzimmer bin, das sich heute mit dem und morgen mit jenem abgibt.«
»Aber wie kommen Sie dann in dieses Haus?«

Ihre grünen Augen wurden hart. »Das geht Sie nichts an. Und wenn Sie Madame Grangette danach fragen, so wird sie Ihnen gewiß nicht die Wahrheit sagen!«
Margot kam zurück und brachte einen Krug Wein und ein Glas. Mißtrauisch blickte sie zwischen Charles und Caroline hin und her. Dann meinte sie: »Ich weiß ja nicht, was Sie mit Mademoiselle Caroline zu sprechen haben, Monsieur. Aber wenn es möglich ist, sollten Sie sie nicht zu lange aufhalten. Soeben ist der Graf von Belleville mit einem halben Dutzend Begleitern vorgefahren, und Caroline würde beim Bedienen gebraucht. Sie wollen doch gewiß nicht, daß Sie Ärger mit Madame bekommt, weil sie mit Ihnen zuviel Zeit verplaudert.«
Caroline stand sofort auf. »Da hören Sie es, Monsieur de la Moreau. Ich muß gehen. Madame kann sehr ärgerlich werden, wenn man seine Pflichten vernachlässigt.«
Charles begriff, daß er nichts mehr bei ihr erreichte. Er war niedergeschlagen, und es tat ihm weh, daß er seine Hoffnung begraben mußte.
Jetzt gestand er es sich ein: Er hätte sich in Caroline verlieben können. Aber sie bekam ein Kind von einem anderen, und diesem Mann galt offenbar all ihre Zuneigung.
»Natürlich«, sagte er, »gehen Sie nur. Und – viel Glück, Mademoiselle . . .«
In den folgenden Tagen versuchte er vergeblich, nicht mehr an das schöne rothaarige Mädchen in Madame Grangettes Etablissement zu denken. Aber die Erinnerung war hartnäckig.
Außerdem sorgte er sich um Caroline. Er konnte nicht vergessen, wie bitterlich sie an jenem Abend geweint hatte. Gewiß war sie unglücklich im Hause der Grangette und mußte doch froh sein, daß sie in ihrem Zustand einen Unterschlupf gefunden hatte. Aber was war, wenn der Mann, den sie liebte, nichts mehr von ihr wissen wollte – oder im Krieg gefallen war?
Wenn er sich diese Möglichkeit vorstellte, wäre Charles am

liebsten auf der Stelle zur Grangette gefahren, um sich nach Caroline zu erkundigen. Ein paarmal war er sogar in der Nähe ihres Hauses vorbeigegangen, doch er hatte nicht den Mut gefunden, an der Tür zu läuten. Was hatte es für einen Sinn, ein Mädchen wiederzusehen, das einen anderen liebte und von ihm ein Kind erwartete?
Und dann traf er eines Tages Margot.
Der Vicomte de la Moreau bewohnte ein Stadtpalais am linken Seineufer, und von den Fenstern seines Frühstückszimmers aus konnte er über den Fluß mit seinen Brücken, Lastkähnen und Schifferbooten hinweg zur Ile de la Cité und den Türmen von Notre Dame blicken. Er liebte dieses Haus, so alt, zugig und verwinkelt es auch war mit seinen spitzbogigen Fenstern und den zahlreichen Steinfiguren auf Mauersimsen und über säulengetragenen Portalen. Es stammte noch aus der Zeit Ludwigs X., und einer der ersten de la Moreaus hatte es erbaut.
Charles liebte es auch, an den inzwischen milderen Abenden am Seineufer entlangszuschlendern, da und dort an den Ständen haltzumachen, an denen gebratene Fische, Wein oder kleine heiße Kuchen feilgeboten wurden, oder den Gauklern zuzuschauen, die ihre dressierten Bären und Äffchen tanzen ließen und der staunenden Menge waghalsige Kunststücke wie Feuerschlucken oder Seiltanzen vorführten.
Eines Abends nun, als er gerade an einem steinernen Brückengeländer lehnte und auf den Fluß hinunterblickte, über dem die ersten Nebelschwaden aufzogen, begegnete er Margot.
Die Magd wollte mit einem kurzen Gruß an ihm vorbeilaufen, doch er trat auf sie zu und lächelte sie freundlich an.
»Wie geht es Ihnen, Madame?«
»Oh, vielen Dank, recht gut. Ich habe für Madame Grangette eine Besorgung in der Rue Farlaine gemacht; es gibt dort einen Apotheker, der die besten Cremes und Salben

für wehe Füße herstellt, auf deren Wirkung meine Herrin schwört. Aber bitte, Monsieur le Vicomte, nennen Sie mich nicht Madame. Margot genügt ...«

»Also schön, Margot. Und was macht Mademoiselle Caroline? Ist sie wohlauf?«

Ein rascher, wägender Blick traf ihn, dann senkte Margot den Kopf. »Je nun, sie ist gesund. Aber das ist auch schon alles, Monsieur le Vicomte. Wie kann es ihr in ihrer Lage wohl gehen? Sie sorgt sich, das arme Ding, und grübelt ...«

»Sie ist also noch bei Madame Grangette?«

»Gewiß, wo sollte sie sonst hin?«

Charles nahm ihren Arm. »Madame ... Verzeihung, Margot, ich habe den Eindruck, daß Sie Mademoiselle Caroline wohlgesonnen sind. Nun, ich bin es auch, und wenn es irgend etwas gibt, das ich für sie tun kann, so sollten Sie es mich wissen lassen.«

»Ich weiß nicht, Monsieur le Vicomte ...« sagte Margot in ihrer unverblümten Art. »Aber zwischen meiner Zuneigung für Caroline und der Ihren besteht doch wohl ein Unterschied.«

Er lachte. »Nun, ich werde sie nicht belästigen – wenn es das ist, was Sie meinen.«

Wieder traf ihn ihr abschätziger Blick. Dann lächelte Margot auf einmal breit. »Hol's der Teufel, das glaub' ich Ihnen sogar. Sie haben ein ehrliches Gesicht, Monsieur le Vicomte, und ich wünschte, Caroline würde sich von Ihnen helfen lassen.«

»Kommen Sie«, sagte Charles, »gehen wir dort drüben in den Gasthof ›Zum schwarzen Hahn‹. Dann erzählen Sie mir bei einem Becher Wein, worin diese Hilfe bestehen könnte.«

Eine Viertelstunde später kannte er Carolines ganze Geschichte, und er war wütend wie selten in seinem Leben.

»Man sollte sie anzeigen, diese Madame Grangette!« sagte er aufgebracht. »Auf diese Weise ein junges ahnungsloses

Mädchen an sich zu binden! Was für eine bösartige alte Kupplerin!«
»Ich fürchte, mit einer Anzeige würden Sie nicht viel erreichen, Monsieur le Vicomte«, meinte Margot. »Vergessen Sie nicht – Madame hat einflußreiche Freunde – bis hinauf zum Polizeiminister. Abgesehen davon würde sie natürlich bis aufs Messer bestreiten, Carolines Vertrauensseligkeit ausgenutzt und sie mit einer Lüge eingefangen zu haben. Und wem würde man wohl mehr glauben – Madame Grangette oder Caroline?«
Sie seufzte. »Für Caroline gibt es nur eine Hoffnung, nämlich, daß Leutnant de Lancourt demnächst nach Paris zurückkehrt, ihre Schulden bezahlt und sie mitnimmt.«
»Lancourt?« fragte Charles. »Meinen Sie den Chevalier Pierre de Lancourt?«
»Kennen Sie ihn etwa, Monsieur le Vicomte? Wissen Sie etwas über seinen Verbleib?«
»Ich kenne ihn flüchtig«, sagte Charles düster. »Er ist ein Schürzenjäger und hat alle paar Tage eine neue Affäre.«
»Genau das habe ich befürchtet!« Margot trank einen Schluck Wein und setzte den Becher mit grimmiger Miene auf den Holztisch zurück. »Aber für Caroline ist er der Rettungsanker, an den sie sich klammert. Das arme, dumme Ding – wie soll man ihr nur beibringen, daß sie bei solch einem Kerl verraten und verkauft ist?«
»Nun«, meinte Charles zögernd, »vielleicht ist er besser als sein Ruf. Wir werden es erfahren, wenn der Kaiser nach Paris zurückkommt. Wie man hört, hält er sich nicht mehr am Kriegsschauplatz auf, sondern hat sich nach Valladolid begeben. Das könnte ein Zeichen sein, daß er die Heimkehr erwägt.«
Margot griff nach seiner Hand. »Ich weiß, es ist viel verlangt, aber würden Sie die Freundlichkeit haben, mich oder Caroline zu benachrichtigen, wenn Leutnant de Lancourt in Paris eintrifft? Oder wenn Sie sonst etwas über ihn erfahren?«

Er nickte, und er war glücklich und unglücklich zugleich. Es war schön, etwas für Caroline tun zu können. Aber es war abscheulich, sie vielleicht auf diese Weise mit dem Mann zusammenzubringen, in dem er seinen Rivalen sah.
Zum Teufel mit Pierre de Lancourt, dachte er. Ich wünschte, er bliebe in Spanien – oder sonstwo, nur möglichst weit fort von Paris, damit Caroline ihn nie wiedersieht.
Dann wollte ich ihr schon beibringen, ihn zu vergessen.

****

6

Das Hôtel de Monaco im Faubourg Saint-Germain strahlte im Glanz von Hunderten von Kerzen. Charles-Maurice von Talleyrand-Périgord, Fürst von Benevent und Vice-Grand-Electeur des französischen Kaiserreichs, hatte in seinem neu erworbenen Stadtpalais zum Empfang geladen.
Während vor dem Portal mit der breiten Freitreppe die Prunkkarossen vorfuhren, stand Talleyrand in der pompösen Eingangshalle, um seine Gäste zu begrüßen. Wie immer war er überaus elegant gekleidet in einen violetten Seidenfrack und weißen Escarpins, wie immer trug er das Haar gepudert und war von einer Parfümwolke umgeben.
Das Stehen strengte ihn wegen seines zu einem Klumpfuß verkrüppelten rechten Beins an, dennoch verzichtete er darauf, sich zu setzen, während das Defilee der Ankommenden an ihm vorüberzog. Er hatte das gesamte Diplomatische Corps zu sich gebeten, die Würdenträger und Minister Frankreichs, dazu alles, was sonst in Paris Rang und Namen hatte.
Soeben meldete der Haushofmeister die Ankunft der Fürstin von Vaudémont und des österreichischen Gesandten Graf Clemens von Metternich. Neben Talleyrand stand seine Frau, eine verblühte Schönheit, die vor ihrer Ehe nur eine einfache Cathérine Grand gewesen war. Während sie mit der Fürstin von Vaudémont ein paar Worte wechselte, verneigte sich Graf Metternich vor dem Gastgeber.
»Mein lieber Freund«, sagte Talleyrand, und in seinen dunklen Augen stand ein merkwürdiges Funkeln, »wie

freue ich mich, daß Sie meiner Einladung Folge geleistet haben! Ich heiße Sie auf das herzlichste willkommen. Seien Sie versichert, daß ich alle Anstrengungen unternommen habe, um diesen Abend zu einem Ereignis zu gestalten, an das Sie sich noch lange erinnern werden.«
»Daran zweifle ich nicht.« Metternich erwiderte Talleyrands Blick und fuhr betont lässig fort: »Ich bin auch mit großen Erwartungen hergekommen, nicht nur, weil Ihr Ruf als Gastgeber ein wahrhaft königlicher ist, sondern weil ich schon seit langem wahre Wunderdinge von Ihrem neuen Haus gehört habe. Ganz Paris spricht von seiner erlesenen Einrichtung und den Kunstschätzen, die Sie zusammengetragen haben.«
»Ganz Paris übertreibt – wie immer«, versetzte Talleyrand. »Aber ich schmeichle mir, daß ich ein paar sehr schöne Skulpturen und einige interessante Schätze für meine Bibliothek erworben habe. Wir werden nach dem Essen sicherlich Zeit finden, daß ich Sie Ihnen zeigen kann.«
»Es wird mir ein Vergnügen sein.« Abermals verneigte sich Metternich, während der Haushofmeister die nächsten Gäste anmeldete.
»Madame Mère, die Mutter Seiner allergnädigsten Majestät, des Kaisers, und Seine Eminenz Kardinal Fesch, Kardinal-Erzbischof von Lyon.«
Letizia Bonaparte, eine füllige Frau mit scharfen Gesichtszügen und gelblichem Teint, war wie immer in Schwarz gekleidet, recht schlicht, aber mit auserlesen schönen Brillanten um den Hals und im graumelierten Haar. Ihre dunklen Vogelaugen blieben ernst und unfreundlich, während sie Talleyrand begrüßte, dem sie nicht traute und vor dem sie ihren Sohn schon unzählige Male gewarnt hatte.
Ihr wesentlich jüngerer Stiefbruder im Kardinalsgewand, das seinen gewaltigen Bauch nicht verbarg, näherte sich gemessenen Schrittes. Er hatte die gleichen Augen wie Madame Mère, versteckte aber ihren wachen Ausdruck zumeist hinter halbgesenkten Lidern. Gleichwohl entging

Fesch nichts, weder Talleyrands brillantenbesetzter Frack noch die goldgestickte Galarobe seiner Gattin, noch das überdimensionale Gemälde an der Stirnseite der Halle, eine Jagdszene darstellend, in dem der Kardinal unschwer ein Werk des Malers Léjeune erkannte.
Er beobachtete, wie Graf Metternich mit Blanc d'Hauterive sprach, einem Mitglied des Auswärtigen Amtes und Talleyrands rechte Hand, als dieser noch Außenminister gewesen war. Die beiden standen etwas abseits, und aus ihren Mienen war zu schließen, daß sie keine Belanglosigkeiten austauschten, sondern etwas sehr Wichtiges. Beide blickten zum Portal hin, als erwarteten sie jemanden mit allergrößter Spannung.
Unwillkürlich wandte Kardinal Fesch den Kopf, sah aber nur den Vicomte und die Vicomtesse de Laval eintreten. Auch diese beiden gesellten sich nach der Begrüßung durch die Gastgeber zu Metternich und Blanc d'Hauterive und redeten leise miteinander.
Kardinal Fesch nahm Madame Mères Arm. »Kommen Sie, meine Liebe, lassen Sie uns dieses Werk von Meister Léjeune betrachten. Es interessiert mich ungemein.« Und leiser fügte er hinzu: »Ich weiß nicht, wieso, aber ich habe das untrügliche Gefühl, daß wir heute abend noch eine Überraschung erleben werden – und zwar eine recht bedeutsame, vielleicht sogar unangenehme.«
Madame Mère runzelte die starken schwarzen Brauen. »Was bringt Sie auf diese Vermutung?« fragte sie in ihrem harten, schlechten Französisch.
»Es ist nur ein Gefühl, aber meine Ahnungen haben mich selten getäuscht, wie Sie wissen.«
»Glauben Sie, daß es mit Napoleon zusammenhängt? Ich habe Nachricht von ihm – er ist aus Valladolid abgereist. Sein Brief war voller merkwürdiger Andeutungen ... Je größer Napoleon geworden ist, um so mißtrauischer wird er. Er fühlt sich von allen Seiten angefeindet, verraten und bedroht. Früher war er nicht so.«

»Wir verändern uns alle, meine liebe Letizia«, sagte der Kardinal, »je nachdem, auf welchen Platz uns das Schicksal stellt.«

»Nun, ich bin immer noch die, die ich war«, widersprach sie, und er lachte.

»Das bilden Sie sich nur ein. Immerhin legen Sie jetzt nicht Franc auf Franc, um zu sparen, sondern Million auf Million.«

»Seien Sie still!« zischte Madame Bonaparte, die für ihren Geiz und ihre Habgier berüchtigt war. »Was verstehen Sie davon! Für Ihren Lebensunterhalt wird immer die Kirche aufkommen. Aber wir anderen stehen und fallen mit Napoleon. Deshalb muß ich vorsorgen.«

Sein fleischiger Mund verzog sich spöttisch. »Aber, aber, meine Teure, was Sie da sagen, grenzt an Hochverrat. Sie wollen doch nicht behaupten, daß der Thron meines erlauchten Neffen eines Tages ins Wanken geraten könnte!«

Während ihres Gesprächs hatten sie eine Reihe von Salons durchquert, von den Anwesenden durch tiefe Verneigungen begrüßt. Kardinal Fesch nahm einem Lakaien zwei Gläser Champagner ab und reichte eines seiner Stiefschwester. Sie trank einen Schluck und verzog angewidert das Gesicht. »Ich mag diese kalte Zeug nicht. Es macht mir Magendrücken. Außerdem graut mir vor dem endlosen Diner, das uns bevorsteht. Beim letzten Mal hat uns Talleyrands Koch allein mit über vierzig Vorspeisen traktiert. Was für eine Verschwendung, da man nicht einmal die Hälfte probieren kann.«

»Aber es war köstlich«, sagte der Kardinal, der die Freuden der Tafel durchaus zu schätzen wußte. »Ich wünschte, man könnte dem Fürsten seinen Monsieur Boucher ausspannen. Er ist ein Künstler seines Fachs.«

»Ah bah ...« Voller Ironie sah Madame Mère zu ihm auf. »Solch ein Koch wäre Ihr früher Tod. Sie sollten sich lieber im Fasten üben – oder wenigstens darin, einfache und

gesunde Kost zu essen. Das wäre Ihnen zuträglicher als die Völlerei, der Sie sich hingeben.«
Fesch seufzte. »Nicht jeder hat Ihre Charakterfestigkeit, meine Beste.«
In diesem Augenblick verstummten fast schlagartig sämtliche Gespräche. Es wurde so still wie in einer Kirche während der Heiligen Wandlung. Alle Köpfe wandten sich der Tür zu, und niemand vermochte recht zu glauben, was er sah. Fürst Talleyrand, schon weithin sichtbar durch die lange Zimmerflucht, hatte die Halle verlassen und durchschritt mit seinem merkwürdig gleitenden Gang, durch den er sein Hinken auszugleichen suchte und von dem manche behaupteten, er erinnere an das Kriechen einer Schlange, die Salons. Und an seiner Seite ging Polizeiminister Fouché, Herzog von Otranto. Der Erzfeind Talleyrands hatte seiner Einladung Folge geleistet und besuchte ihn im Hôtel de Monaco.
Ganz Paris hatte sich an der geradezu sprichwörtlichen Feindschaft der beiden Männer erhitzt, man hatte darüber gelästert, man hatte für den einen und wider den anderen Partei ergriffen und über die Spitzen und Bosheiten gelacht, die sie gegeneinander losließen. Und heute abend war Fouché Talleyrands Gast!
Mitten in das Schweigen hinein hörte man Talleyrands klare, ein wenig singende Stimme: »Mein verehrter Herzog, was tragen Sie für einen wundervollen Saphir! Ich habe noch selten ein so reines Feuer bei einem Juwel dieser Größe gesehen.«
Und Fouché erwiderte, während er den Ring an seiner Rechten zum Licht hob: »Es freut mich, daß er Ihnen gefällt, Teuerster. Damit ist mir der Stein noch wertvoller geworden.«
Teuerster? Mein verehrter Herzog? Das war eine Sensation! Die beiden tauschten Liebenswürdigkeiten aus, waren offenbar die besten Freunde geworden. Was, um alles in der Welt, hatte das zu bedeuten?

Man kannte Talleyrand. Er war ein Mann, der nichts ohne Absichten tat. Irgendwann hatte er sich mit Fouché versöhnt, und nun benutzte er diesen Abend, um sein Einverständnis mit dem einstigen Widersacher vor aller Augen zu offenbaren. Aber weshalb? Welche Pläne verbargen sich dahinter, daß die zweifellos gefährlichsten Männer des Kaiserreichs sich zusammentaten?
Kardinal Fesch stieß zischend den Atem aus, nachdem da und dort die jäh unterbrochenen Gespräche wieder aufgenommen wurden und Talleyrand und Fouché sich zu einer Gruppe um Außenminister Champagny gesellten. Der Kardinal hatte Metternich beobachtet, der in einer Fensternische lehnte, und für einen Moment das zufriedene Aufblitzen der blauen Augen gesehen, bevor der österreichische Gesandte wieder sein undurchsichtiges Diplomatengesicht aufgesetzt hatte.
»Fouché und Talleyrand!« sagte der Kardinal. »Das war es also, was Graf Metternich in solche Spannung versetzte. Er wußte bereits von dem Einverständnis der beiden und wartete auf die Wirkung, wenn es bekannt wurde.«
»Wieso?« fragte Madame Letizia stirnrunzelnd. »Was hat der österreichische Gesandte damit zu tun?«
»Nichts – und alles«, erwiderte Fesch. »Meine Liebe, wir sollten heute abend zusehen, daß wir in der Nähe des Herzogs von Otranto bleiben, um zu hören, was und mit wem er redet.«
»Das heißt, wir sollen ihn belauschen?«
»Vermutlich wird es nicht schwierig sein. Er und Talleyrand müssen sich sehr sicher fühlen, wenn sie ihre Verbindung vor aller Welt dokumentieren«, meinte er düster.
Er hatte recht. Während des Essens saßen er und Madame Mère in der Nähe von Talleyrand und dem Polizeiminister, und die beiden redeten ziemlich unverblümt über Napoleons Schwierigkeiten in Spanien und daß es ein Fehler gewesen sei, gegen dieses Volk Krieg zu führen.
Der Plan des Kaisers, General Moore einzukreisen und

seine Armee aufzureiben, war mißlungen. Moore war ihm immer eine Nasenlänge voraus, er verwickelte die französische Vorhut in zahllose Gefechte und erreichte La Coruña, wo die Royal Navy vor Anker lag. An der Entscheidungsschlacht hatte der Kaiser nicht mehr teilgenommen, sondern das Kommando Marschall Soult übertragen, während er einen Teil seiner Truppen nach Madrid zurückführte, um Josephs unsichere Position in der Hauptstadt zu festigen. Sir John Moore fiel in dieser Schlacht, aber seine Soldaten konnten von der englischen Flotte evakuiert werden.
»Die Briten werden zurückkehren«, prophezeite Talleyrand, »und ich bin sicher, daß es dem Kaiser bis dahin nicht gelingen wird, Spanien vollends zu unterwerfen. Man kann gegen Kaiser und Könige Krieg führen, aber nicht gegen ein Volk, das sich bis zum letzten Mann gegen ein aufgezwungenes System wehrt. Das habe ich Seiner Majestät oft genug vor Augen gehalten, doch bedauerlicherweise hat er seine eigenen Intentionen verfolgt.«
»Immerhin haben Sie ihn zu seinen spanischen Siegen jedesmal überschwenglich beglückwünscht und sich – verzeihen Sie den unverblümten Ausdruck – zum Gefängnisaufseher der spanischen Prinzen in ihrem Schloß Valençay machen lassen«, warf Kardinal Fesch ein, doch Talleyrand lächelte nur.
»Gewiß, denn das eine hat mit dem anderen wenig zu tun, Eminenz. Da Seine Majestät den spanischen Infanten im vergangenen Jahr eine Falle gestellt hat, um sie zu verhaften, war es notwendig, sie standesgemäß unterzubringen – und wo wäre das besser möglich gewesen als eben in Valençay? Ich habe mich an die Instruktionen des Kaisers gehalten und ihnen den Aufenthalt so angenehm wie möglich zu machen versucht.«
»Wahrhaftig, das haben Sie«, fiel Fesch ihm sarkastisch ins Wort. »Sie waren nach allem, was man gehört hat, ein Gastgeber par excellence, da Sie doch sogar Ihre Gemahlin für das Wohlbefinden Ihrer hochedlen Gefangenen ein-

gespannt haben, und besonders für das ihres Haushofmeisters, des Herzogs von San Carlos.«
Talleyrand warf ihm einen undefinierbaren Blick unter halb gesenkten Augenlidern hervor zu. »Was nun meine Gratulation an Seine Majestät betrifft«, fuhr er so ungerührt fort, als habe der Kardinal gar nichts gesagt, »so kamen sie aus aufrichtigem Herzen. Man kann einen Krieg verurteilen und dennoch das Genie eines Feldherrn bewundern.«
»Ist das nicht ein wenig doppelbödig?«
»Nicht doppelbödiger als die Politik der Kirche, Eminenz, an deren Unfehlbarkeit Sie doch ohne jeden Zweifel glauben. Seit Jahrhunderten bekennen sich die Päpste zu der Unantastbarkeit der zehn Gebote als göttliche Willensäußerungen. Darin aber heißt es sehr klar und deutlich ›Du sollst nicht töten‹ und ›Du sollst nicht begehren ...‹ Gleichwohl hat die Kirche sich nie gescheut, die Waffen zu segnen und eine Unzahl irdischer Güter zu begehren – wohlgemerkt zu ihrem unbestreitbaren und daher sicherlich ebenfalls gottgewollten Nutzen.«
Fesch schwieg verärgert, und Talleyrand lächelte ihm zu. »Probieren Sie noch ein wenig von dieser köstlichen Forellen-Mousseline oder dem getrüffelten Saibling.«
»Danke«, sagte der Kardinal. »Es ist sicherlich alles ausgezeichnet, aber ich möchte kein Magendrücken riskieren.«
Talleyrand lachte. »Manchmal könnte man meinen, der Magen sei der Sitz der Seele. Er reagiert allzu empfindlich auf alles, was uns freut oder grämt.«
»Wenn es so wäre, haben Sie sicherlich eine Seele aus Eisen«, erwiderte Fesch, »da Sie sich doch eines so ausgezeichneten Appetits rühmen können.«
»Das ist wahr.« Talleyrand spießte ein Stückchen Fisch auf seine Gabel und führte sie zierlich zum Munde. »Es ist vermutlich der Ausgleich für meine anderen Gebrechen.«
»Um auf unser Thema zurückzukommen«, meinte Fesch. »Sie verurteilen also den spanischen Feldzug Seiner Majestät?«

»Ich habe ihm gesagt: ›Sire, führen Sie Krieg gegen den spanischen König, doch nicht gegen sein Volk!‹ Es war notwendig, die Bourbonen in Madrid zu stürzen. Aber es war ein schlechter Dienst an Frankreich, ein tapferes, freiheitsliebendes Volk mit Waffengewalt zu überrennen. Da der Kaiser es nicht bezwungen hat und vermutlich auch nicht bezwingen wird, wird Spanien ein Eiterherd unter all seinen Eroberungen bleiben. Das aber ist gefährlich, da man es als ständigen Beweis ansehen kann, daß Napoleon nicht unbesiegbar ist.«

Überraschend wandte sich Fesch an Fouché. »Was sagen Sie dazu, verehrter Herzog? Sind die Reden des Herrn von Talleyrand nicht bedenklich defaitistisch?«

Fouché, rothaarig, die bläßliche Haut von Leberflecken übersät, richtete den Blick seiner ständig entzündeten, blutunterlaufenen Augen auf den Kardinal. Er lächelte dünn. »Ich glaube, sie entspringen der Sorge um Frankreich. Das ist ein durchaus ehrenwertes Motiv, Eminenz. Bedenken Sie, daß unser Land nicht nur aus der Person des Kaisers besteht, auch wenn manche das kurzsichtigerweise so sehen wollen. In diesem Sinne muß ich Herrn von Talleyrand beipflichten. Auch ich bin in großer Unruhe, daß das spanische Abenteuer dem Staat, den wir lieben und den wir mitgeschaffen haben, einen nicht wieder gutzumachenden Schaden zufügen könnte. Wenn Sie das als Defaitismus bezeichnen, steht es Ihnen frei, mich in die Schar der zersetzenden Elemente einzureihen.«

»Ich glaube«, knurrte Fesch, nun ernstlich verärgert, »der Kaiser ist zu lange aus Paris fort. Es wird Zeit, daß er zurückkehrt, um den allzu Besorgten die Lächerlichkeit ihrer Ängste klarzumachen.«

»Wozu er kraft seiner unnachahmlichen, unwiderstehlichen Persönlichkeit zweifellos in der Lage sein wird«, erwiderte Talleyrand und ließ sich von einem Lakaien Wein nachschenken. Er hob sein Glas und prostete Fesch zu. »Trinken wir auf eine glückliche Heimkehr Seiner Majestät!«

Gegen Mitternacht – Kardinal Fesch und Madame Letizia hatten sich kurz zuvor verabschiedet, beide entschlossen, noch heute Napoleon Nachricht über die Neuigkeiten dieses Abends zu senden – zog sich Talleyrand mit Fouché und Clemens Metternich in ein stilles, abgelegenes Kabinett hinter der Bibliothek zurück.

Sie konferierten über eine Stunde miteinander, und dieses Gespräch war die Fortsetzung vieler anderer zwischen Talleyrand und dem österreichischen Gesandten, zu denen während der Fürstentage zu Erfurt der Grundstein gelegt worden war.

Metternich war zwar nicht in Erfurt gewesen, aber Talleyrand hatte von dort aus mit ihm korrespondiert und sich einige Male mit Herrn von Vincent, dem inoffiziellen Abgesandten Österreichs, getroffen. Was dabei besprochen wurde und was in den Briefen an Metternich stand, war nicht mehr und nicht weniger, als daß Talleyrand bereit war, gegen Napoleon zu konspirieren. Er war für ein Bündnis mit Österreich und gegen seine Niederwerfung durch Frankreich, wie sie Napoleon vorschwebte. Talleyrand wollte, daß das Blutvergießen der ewigen Feldzüge ein Ende hätte, und er hatte, seit Napoleon sich mehr und mehr zum Despoten entwickelte, einen scharfen Unterschied zwischen der Treue zu ihm und der französischen Nation gemacht.

Diese Nation brauchte Frieden, ebenso wie der übrige Teil Europas. Und so hatte Talleyrand an Metternich geschrieben: »Es erfordert das Interesse unserer Länder, daß die Mächte, die fähig sind, Napoleon Widerpart zu bieten, sich zusammentun, um seinem unersättlichen Ehrgeiz, sich zum Beherrscher der Welt aufzuschwingen, Einhalt zu gebieten. Napoleons Sache ist nicht mehr die Sache Frankreichs. Europa kann nur gerettet werden, indem Österreich und Rußland sich zusammentun.«

Das war Hochverrat gegen den Kaiser, und dennoch hatte Fouché, der Talleyrands Korrespondenz hatte überwachen lassen, dazu geschwiegen. Er hatte auch gewußt, daß Talleyrand Ähnliches dem Zaren in Erfurt gesagt hatte. Kein anderer als er war es nämlich gewesen, der den Bündnisvertrag zwischen Alexander und Napoleon so lange verzögert hatte, indem er dem Russen ständig in den Ohren lag, keine neuen Zugeständnisse zu machen, sondern sich auf die Abmachungen von Tilsit zu berufen und sie für ausreichend zu erklären.

»Rußland und Österreich müssen zusammengehen«, hatte er dem Zaren wieder und wieder gesagt. »Sie müssen Europa retten, Majestät, und das kann Ihnen nur gelingen, wenn Sie Napoleon die Stirn bieten. Das französische Volk ist kultiviert, sein Herrscher ist es nicht. Der Herrscher Rußlands ist kultiviert, sein Volk ist es nicht. Folglich muß der Beherrscher Rußlands der Verbündete der französischen Nation werden, denn Napoleon ist nicht mehr Frankreich.« Er hatte es schließlich erreicht, daß der Zar dem österreichischen Kaiser schrieb, wie er sich eine geheime Annäherung der beiden Staaten vorstellte, und in Wien war man sehr erleichtert über diese Sinneswandlung seit Tilsit gewesen. Im Verborgenen begann man für einen neuen Krieg gegen Napoleon zu rüsten, wohl wissend, daß Rußland sich nicht einmischen werde.

In all dieser Zeit hatte Talleyrand gewußt, auf welch gefährlichem Parkett er sich bewegte. Das Doppelspiel, das er trieb, hätte ihn den Kopf kosten können – aber Fouché hatte weiterhin geschwiegen. Und Talleyrand hatte begriffen, daß der Polizeiminister ihn aus denselben Gründen deckte, aus denen auch er sich gegen Napoleon stellte. Die Feinde von einst hatten plötzlich ein gemeinsames Interesse: den Sturz des Kaisers, der Frankreich eines Tages durch seine Maßlosigkeit ins Unglück führen mochte.

Und nun saßen sie hier beisammen, Fouché, Talleyrand und Metternich. Der Polizeiminister war der erste, der das Wort ergriff.

»Ich bin Ihrem Wunsche gefolgt, Monsieur de Talleyrand,

und habe durch mein heutiges Erscheinen unser Einverständnis publik gemacht. Damit ist, so denke ich, die Zeit des Vortastens und Theoretisierens vorüber. Wir werden in aller Öffentlichkeit handeln müssen und das bald.«
Talleyrand zupfte an seinen Spitzenmanschetten. »Ich bin entschlossen, die Gelegenheit zu ergreifen, wenn sie sich bietet.«
Metternich blickte von einem zum anderen und begriff: Hier war von der Entthronung Napoleons die Rede – vielleicht sogar von einem Attentat auf ihn. Fouchés nächste Worte bestätigten es.
»Ich wundere mich seit langem darüber, daß sich bei uns kein Jacques Clément gefunden hat, der seinerzeit Frankreich von Heinrich III. befreite. Gäbe es doch jemanden wie diesen Mönch, um den Korsen zu erledigen.«.
Talleyrand verzog den Mund. »Sie sehen, mein Freund, mit der Kirche geht es bergab. Aber noch können wir hoffen – auf die spanischen Patrioten, zum Beispiel. Mag sein, daß sie uns die Mühe abnehmen.«
»Und was geschieht dann?« fragte Metternich. »Mit dem Sturz eines einzelnen ist nicht viel getan. Wichtiger ist, zu wissen, wie es weitergeht.«
»Ganz recht«, stimmte Fouché zu. »Darüber wollen wir mit Ihnen sprechen.«
»Sie denken also an eine Ersatzregierung? Und aus wem soll sie bestehen?«
»Nun«, sagte Talleyrand, »zunächst aus uns beiden, dem Herzog von Otranto und mir. Aber es gibt noch genügend andere. Die Opposition gegen den Kaiser ist in den letzten Monaten gewachsen. Außerdem haben wir das Volk hinter uns. Exzellenz, Sie sehen in Frankreich eine Nation, die von jahrelangen blutigen Anstrengungen erschöpft ist. Allein als die Armée d'Espagne im vergangenen Jahr geschaffen wurde, hat es an die dreihunderttausend Männer gegeben, die sich nicht mehr in den Kriegsdienst pressen lassen wollten. Die Volksmeinung steht hinter ihnen. Der

Kaiser ist nicht mehr der umjubelte Gott, sondern einer, der die Söhne Frankreichs um seiner wahnsinnigen Ziele willen sterben läßt. Er hat es ja selbst gesagt: ›Was kann ich dafür, daß mich ein Übermaß an Macht zur Diktatur der Welt zwingt?‹ Und ein anderes Mal hat er es noch deutlicher ausgedrückt: ›Europa ist nichts als eine alte verkommene Hure, mit der ich mit achthunderttausend Mann machen werde, was mir beliebt.‹ Achthunderttausend Franzosen, Graf, die weder sterben noch zu Krüppeln geschossen werden wollen. Nein, vom Volk haben wir bei einem Umsturz nichts zu fürchten. Und in meinen Kreisen gibt es genügend angesehene Männer, mit denen man dieses Volk regieren kann.«

»Und wer soll das Oberhaupt sein?« fragte Metternich.

»Wir brauchen jemanden, den die Leute lieben – eine Galionsfigur gewissermaßen«, sagte Fouché zögernd. »Aber es muß gleichzeitig jemand sein, der in unserem Sinne beeinflußbar ist. Er darf keinen falschen Ehrgeiz und keine Ambitionen à la Napoleon haben.«

»Machen Sie es kurz, Exzellenz«, sagte Metternich. »An wen haben Sie gedacht? Doch an keinen von Napoleons Brüdern?«

»Nein, wahrhaftig nicht«, antwortete Talleyrand indigniert. »Das sind allesamt Versager und Hohlköpfe, und niemand liebt sie. Es gibt eigentlich nur einen – den Schwager des Kaisers und König von Neapel, Joachim Murat. Er sieht gut aus, hat den Ruf der Tapferkeit, ist, kurz gesagt, in den Augen des Volkes ein Held. Aber gleichzeitig unbedeutend genug, um keine eigenen Initiativen zu entwickeln. Im Einverständnis mit dem Herzog von Otranto habe ich Murat bereits Nachricht gesandt, er solle sich bereithalten, auf schnellstem Wege nach Paris zu kommen, sobald er vom Ende des Kaisers hört.«

»Murat? Nun ja, vielleicht«, sagte Metternich gedehnt. »Und Sie fürchten nicht, daß er dem Kaiser das Komplott aufdeckt?«

»Warum sollte er, da er doch sein Nachfolger werden kann!« Talleyrand lächelte dünn. »Und selbst wenn er es aus falsch verstandener Loyalität erwägen sollte, so würde ihn seine Gattin daran hindern. Madame Caroline Murat, die Schwester des Kaisers, brennt vor Ehrgeiz und würde alles tun, um Josephines Nachfolgerin auf dem Thron zu werden.« Er zögerte unmerklich. »Wir müssen natürlich sichergehen, Exzellenz, daß Ihr Land im Falle eines Umsturzes alle Feindseligkeiten gegen Frankreich unterläßt.«
»Das wird sich nach der neuen französischen Regierung richten«, sagte Metternich zurückhaltend.
»Ich kann Ihnen versichern, daß diese Regierung die Grenzen Frankreichs nach französischen Errungenschaften ziehen wird. Der Rhein, die Alpen und die Pyrenäen gehören dazu, nicht aber die weiteren Eroberungen Napoleons. Im Klartext, Exzellenz: Es wird kein französisches Département mit der Hauptstadt Hamburg oder Rom geben. Auf diese Weise kann man Europa einen dauerhaften Frieden sichern, meinem Vaterland eine blühende Wirtschaft, die unter der napoleonischen Ära fast zum Erliegen gekommen ist, da des Kaisers Augenmerk nur auf neue Armeen und gefüllte Kriegskassen gerichtet war.«
»Ich verstehe.« Metternich lächelte. »Unter diesen Umständen kann ich, so glaube ich, garantieren, daß es keinen österreichisch-französischen Konflikt geben wird.«
»Darauf lassen Sie uns trinken, Messieurs«, sagte Talleyrand und hinkte zum Tisch, um Champagner in die Gläser zu füllen.

In Paris läuteten die Glocken. Napoleon Bonaparte, Kaiser von Frankreich, war zurückgekehrt. Von Valladolid aus hatte er fünf Tage gebraucht, um in seine Hauptstadt einzuziehen. Er war wie der Teufel gefahren, hatte die Pferde zuschanden treiben lassen und sich und seiner Begleitung das Äußerste abverlangt.
Ein unbändiger Wille trieb ihn vorwärts; der Kaiser war

bleich, düster, voll mühsam zurückgehaltener Wut, die sich einem Unwetter gleich über die Köpfe derer entladen mußte, die seine Person, seinen Thron hatten antasten wollen. Madame Mères Brief über die aufsehenerregende Versöhnung zwischen Talleyrand und Fouché hatte ihn unterwegs erreicht. Zuvor aber hatte er jenen anderen erhalten – den, den Talleyrand an Joachim Murat, König von Neapel, gerichtet hatte. Eugène Beauharnais, Napoleons Stiefsohn, hatte ihn abgefangen und seinem Kaiser gesandt.
Fouché also auch, dieses kleine, miese, rothaarige Schwein! Der ehemalige halb verhungerte Mathematiklehrer, der Königsmörder, der Geizkragen, der sein Vermögen hortete und wie ein schmutziger Wucherer aus der Vorstadt von dünner Suppe und billigem Fleisch lebte, der Henker, der in den Tagen der Revolution und des Direktoriums Tausende und Abertausende hatte umbringen lassen, eine endlose Blutspur seiner Verbrechen ... Einer, den ich zertreten kann wie einen Wurm, dachte Napoleon und wußte doch gleichzeitig, daß er es nicht tun würde.
Es gab keinen zweiten Fouché in Frankreich, keinen, der sich dazu hergeben würde, so unbewegt, so bar jeden Gewissens der Arm des Herrschers für die Dreckarbeit zu sein, ohne die man nicht auskam. Man brauchte die Schleimer, die Spitzel, die Denunzianten, die lautlosen Mörder – und keiner war darin perfekter und skrupelloser als Fouché.
Er wird kuschen, dachte der Kaiser weiter. Er ist nur stark darin, anderen Leid zuzufügen; er selbst ist feige. Er wird zittern, wenn er mich sieht, weil er sein schändliches Doppelspiel aufgedeckt weiß – und hinterher um so eifriger bemüht sein, die verlorengegangene Gnade zurückzugewinnen. Das wird ihn mir noch nützlicher machen.
Aber Talleyrand! Napoleon erstickte fast an seiner Wut, wenn er an seinen einstigen Außenminister dachte. Er war der Kopf dieses Komplotts, dieser hinterhältige Verräter!

Doch er, Napoleon, würde sich nicht die Hände an ihm schmutzig machen! Sein Zorn würde Talleyrand zerschmettern, und das war Strafe genug für einen Mann seiner Machtgier und seiner Raffsucht. Er, Napoleon Bonaparte, den der hochwohlgeborene Fürst insgeheim immer ein wenig verachtet hatte, würde ihm die Maske vom hochmütigen Gesicht reißen, würde den parfümierten, in Seide und Spitzen gehüllten Grandseigneur als das darstellen, was er war: ein widerwärtiger, erfolgloser Intrigant. Das würde Talleyrand ins Nichts schleudern, und sein aufgeblasener Stolz würde platzen wie ein übelriechender Eierbovist.

Nachdem er die letzte Nacht durchgefahren war, traf Napoleon gegen acht Uhr morgens in den Tuilerien ein und befahl sofort seinen engsten Mitarbeiterstab zu sich. Talleyrand und Fouché wurden nicht gerufen. Sollten sie zittern, wenn sie von seiner überraschenden Ankunft erfuhren, und sich in ihren Palais verkriechen, voller Angst, was er tun werde.

Zunächst einmal ließ der Kaiser die Richtigkeit der Informationen nachprüfen, die er erhalten hatte. Er empfing seine Mutter, Kardinal Fesch, die Kaiserin Josephine und die Königin von Holland, seine Stieftochter Hortense, die sich bei ihrer Mutter in Malmaison aufhielt.

Mit den beiden Damen besichtigte er die Fortschritte der Bauarbeiten am Louvre und empfing einige ausländische Gesandte. Dann, fünf Tage später erst, berief er Minister und Höflinge in den Thronsaal der Tuilerien, dazu Fürst Talleyrand und den Polizeiminister.

Napoleon ließ sie warten. Fast eine Stunde nach der angegebenen Zeit wurden die weiß-goldenen Flügeltüren aufgerissen, und die Hofmarschälle verkündeten: »Seine Majestät, der Kaiser!«

Er kam mit dem Gefolge seiner Generäle, deren prunkvolle Uniformen wie stets von seinem einfachen grünen Jägerrock mit weißer Weste abstachen. Talleyrand lehnte

am Kamin unter dem Napoleonbild des Malers David, das den Kaiser auf weißem Pferd in rotem, wallendem Umhang, den goldbetreßten Zweispitz auf dem Kopf, beim Überschreiten des Großen St. Bernhardpasses zeigte. Fouché stand bleich und verkniffen vor den Stufen des Throns, dessen Baldachin von zwei vergoldeten Adlersäulen getragen wurde.
Das Geplauder der Höflinge verstummte, man verneigte sich, die Damen versanken in einem tiefen Hofknicks. Napoleon ging raschen Schrittes auf seinen Thron zu. Doch er verzichtete darauf, sich zu setzen. Noch vor den Stufen fuhr er herum, und seine Augen waren von einem kalten, mörderischen Feuer erfüllt. Sein Blick suchte Talleyrand, den Kopf der Verschwörung, wie er indessen bestätigt bekommen hatte. Fouché, die Ratte, war nur ein Mitläufer, einer, der meinte, Wasser auf beiden Schultern tragen zu müssen, um die eigene Haut zu retten.
Ah, wie er sich diesen Augenblick ausgemalt, wie er ihn herbeigesehnt hatte! Warte nur, dachte Napoleon, warte, während er Talleyrands gelassenes, ausdrucksloses Gesicht fixierte. Ob er blaß war? Nicht einmal das konnte man sehen, da er sich wie immer sorgfältig gepudert hatte.
Dann begann der Kaiser zu sprechen, leidenschaftslos zunächst, mit abgehackten, sorgfältig zurechtgelegten Worten. Aber jeder merkte die Wut, die dahinter schwelte.
Einige Börsenspekulanten hätten eine Baisse an der Börse hervorgerufen. Die Mitglieder des *Corps législatif* hätten unverschämterweise gegen einige Verfügungen des *code civil* Einspruch erhoben und Änderungen verlangt, etwas, das man zweifellos nicht gewagt hätte, wenn er, der Kaiser, in Paris gewesen wäre, wie auch sonst einige Unverschämte schlangengleich ihre Häupter erhoben hätten, um gegen ihn zu konspirieren.
»Man hat meine Politik in Zweifel gezogen. Man hat darüber beraten, was nach meinem Tode geschehen solle, man hat Verfügungen getroffen, wie mein Erbe, die Kai-

serkrone, die eroberten Gebiete, die Verantwortung für die Geschicke Frankreichs und Europas zu verteilen und in wessen Hände diese Zuständigkeiten zu legen seien. Man hat sich aufgeführt, als sei ich bereits tot und meine Hinterlassenschaft etwas, um das man schachern dürfe.«
Er blickte in die Runde und sah in betretene, bleiche Gesichter. Triumphierend fuhr Napoleon fort:
»Ich weiß, was hinter meinem Rücken geredet wurde! Und möge sich niemand auf seine Sorge um Frankreichs Zukunft herausreden. Derlei zweiflerische Gedanken sind nicht nur unangebracht – sie sind Verrat! Diejenigen, die ich zu Ministern und Großwürdenträgern gemacht habe, sind nicht mehr frei, zu denken und zu sagen, was sie wollen. Sie sind nur noch dazu da, meine Befehle auszuführen!« Im nächsten Augenblick fuhr er herum und auf Talleyrand zu. Er hatte erwartet, nun auch in dessen Gesicht Angst oder zumindest Betroffenheit zu entdekken, doch es war unbewegt wie eh und je, als höre er notgedrungen einen Vortrag an, der ihn nicht im mindesten interessierte.
Das brachte Napoleons Wut zum Überkochen. Er schrie Talleyrand an, und seine Stimme überschlug sich: »Für Sie hat dieser Verrat bereits begonnen, als Sie sich erlaubten, zu zweifeln. Er ist vollendet, wenn aus dem Zweifel Abweichung wird.«
Alle kaiserliche Würde fiel von Napoleon ab, er brüllte und gestikulierte, eine Flut von Beschimpfungen ergoß sich über den Vice-Grand-Electeur. Talleyrand war einen Kopf größer als der Kaiser. Er blickte auf den kleinen dicklichen Mann mit der gelblichen Haut und dem schütter gewordenen, in die Stirn gekämmten Haar hinunter, und kein Muskel zuckte in seinem Gesicht.
Napoleon drohte ihm mit der Faust. »Dieb!« schrie er. »Sie sind ein Dieb! Und ein Feigling dazu! Ein Mensch ohne Glauben sind Sie! Sie glauben nicht an Gott, und Ihr Leben lang haben Sie Ihre Pflichten vernachlässigt. Sie ha-

ben alle Welt ständig betrogen und verraten, und nichts ist Ihnen heilig. Sie würden sogar noch Ihren Vater verkaufen, wenn es Ihnen einen erbärmlichen kleinen Nutzen einbrächte. Ich hatte Sie mit Wohltaten überhäuft, und es gibt nichts, keine Gemeinheit, zu der Sie nicht gegen mich fähig wären. Was sind Ihre Absichten? Wagen Sie es, Sie mir ins Gesicht zu sagen! Mir, Ihrem Kaiser! Sprechen Sie Ihren unglaublichen, unfaßlichen Verrat aus!«

Und da Talleyrand immer noch schwieg, schrie der Kaiser mit überkippender Stimme weiter: »Sie verdienten, daß ich Sie wie Glas zerbreche. Ich habe die Macht dazu, aber ich verachte Sie zu sehr, um mir diese Mühe zu machen. *Ja, hören Sie, Sie sind nur Scheiße in einem Seidenstrumpf!*«

Talleyrand blieb stumm. Sein Bein schmerzte unerträglich vom langen Stehen, und er lehnte sich mit dem Rücken an den marmornen Kamin. In diesem Augenblick war er sicher, daß Napoleon ihm den Prozeß machen und ihn hinrichten lassen würde. Er fühlte eine jähe Schwäche, und er dachte: Nimm dich zusammen. Haltung ... Er ist nur ein korsischer Emporkömmling, und er benimmt sich auch so. Diesem Menschen wirst du nicht die Genugtuung gönnen, daß du vor ihm zitterst.

Napoleons Gesicht verzerrte sich. Speichel stand in seinen Mundwinkeln, und er sagte höhnisch, als könne er seinem Vice-Grand-Electeur auf diese Weise die Ohrfeige versetzen, die er ihm am liebsten gegeben hätte: »Ach, und Ihre Frau ... Sie haben mir nicht mitgeteilt, daß der Herzog von San Carlos der Liebhaber Ihrer Frau ist!«

Für eine Sekunde verdunkelte sich Talleyrands Blick, und Napoleon dachte: Jetzt, jetzt habe ich ihn getroffen. Gleich wird er zusammenbrechen, winseln ...

Aber der Fürst erwiderte nur mit steinerner Ruhe: »Wahrhaftig, Sire, das habe ich nicht. Ich dachte nicht, daß ein Bericht darüber für den Ruhm Eurer Majestät oder den meinen von Bedeutung sein könnte.« Durch die roten

Schleier seiner Wut empfand Napoleon plötzlich etwas wie Hochachtung für diesen Mann. Er hatte mit einer einzigen Bemerkung seine, des Kaisers, Waffen stumpf werden lassen. Mit einemmal fühlte er sich erschöpft, ausgelaugt wie nach einer verlorenen Schlacht. Er wandte sich ab, streifte Fouché an den Stufen des Thrones mit einem verächtlichen Blick. »Seien Sie gewiß: Sollte es eine Revolution geben, an der Sie in irgendeiner Weise teilgenommen haben, so würden Sie alle beide von ihr zermalmt werden.«

Er ging. Die Lakaien rissen die Flügeltüren vor ihm auf, die Anwesenden verneigten sich. Dann war er fort.

Für einen Moment schloß Talleyrand die Augen. Er spürte, wie alle ihn ansahen. Niemand sprach ein Wort. Da richtete er sich sehr gerade auf und humpelte zur Tür. Im Rahmen wandte er sich noch einmal um.

»Wie schade, Messieurs, daß ein so großer Mann so schlecht erzogen ist.« Damit verließ er den Thronsaal.

Am nächsten Tag sprach man in den Pariser Salsons von nichts anderem als von dem Sturz Talleyrands. Er hatte nicht nur Freunde, und so gab es viele, die meinten, so etwas habe längst geschehen müssen, da der Fürst eine zwielichtige, in allerlei dunkle Machenschaften verstrickte Persönlichkeit sei.

Aber es waren auch solche da, die Talleyrands Beweggründe für sein Doppelspiel guthießen. Auch auf den Straßen und Plätzen von Paris wurden derlei Stimmen laut. Die kleinen Leute, die Dienstboten, die Seineschiffer, Lastenträger, Manufakturarbeiter, ihnen allen waren das Jubelgeschrei und die Hochrufe der vergangenen Jahre bitter geworden.

Ein Wort Napoleons machte die Runde: Er könne jedes Jahr an die hunderttausend Soldaten »verbrauchen«. Was für eine grausame Menschenverachtung lag darin. Es war wahr – sie waren ihm einst voller Begeisterung nachgefolgt. Sie hatten gemeint, unter diesem Mann bräche ein

neues goldenes Zeitalter an. Es war herrlich gewesen, eine Siegesnachricht nach der anderen zu hören, herrlich, sich als Angehöriger einer großen, unbesiegbaren Nation zu fühlen, die berufen war, mit diesem Mann an der Spitze dem alten feudalen, unter Duodezfürsten und Kirchenherren niedergeknüppelten Europa den Freiheitsgeist der Revolution zu bringen. Es hatte nicht nur gewaltsam Besiegte gegeben; überall war es wie ein Aufatmen durch die Völker gegangen: Fort mit den muffigen Schranken von einst! Schneidet sie ab, die alten Zöpfe der Engstirnigkeit, des Standesdünkels, des Kastengeistes! Teilt nicht länger die Welt in Herrscher und Geknechtete, stellt den Adel der Geburt nicht mehr über den des Geistes.
Aber was war daraus geworden? Die Freiheit erstickte unter Soldatenstiefeln, die Hoffnung starb auf Schlachtfeldern, und die Tyrannei erhob wieder ihr Haupt. Diesmal trug sie die Züge Napoleons.
Es ist wohl wahr, daß beim Volk das »Hosianna« und das »Kreuzige ihn« oft nahe beieinander liegen. Doch diesem Mann war es lange treu geblieben. Das war keiner, der mit einem goldenen Löffel im Mund geboren worden war. Der kam von unten und hatte dennoch Großes erreicht. Wenn sie ihm zugejubelt hatten, dann auch deshalb, weil er ihnen wie ein Sinnbild der neuen Möglichkeiten erschienen war, die sich jedem von ihnen erschlossen, wenn er nur mutig und unbeirrbar ein großes Ziel anstrebte.
Doch allmählich dämmerte es den Menschen, daß dieser Kaiser sie abgeschrieben hatte. Für ihn waren sie nur noch das Material, mit dem er seine persönlichen Pläne verwirklichte.
So kam es, daß das Volk plötzlich auf Seiten Talleyrands stand. Furchtsam zwar und hinter vorgehaltener Hand sagte es einer dem anderen: »Er hat recht getan, dem Kaiser Einhalt zu gebieten. So geht es doch nicht weiter mit immer neuen Rekrutenaushebungen, neuen Abgaben, Steuern und Feldzügen. Frankreich blutet aus unzähligen Wun-

den; es wird Zeit, sie zu verbinden, statt ständig neue aufzureißen.«
Es machte auch die Runde, welche Beschimpfungen Talleyrand sich von Napoleon hatte anhören müssen. Der Fürst läge seitdem zu Bett, von einem heftigen Unwohlsein befallen, und erwarte stündlich seine Verhaftung. Ganz Paris erwartete sie nach dem wilden, hemmungslosen Zornesausbruch des Kaisers.
Doch nichts geschah. Es gab keine weiteren Untersuchungen, keine Festnahmen möglicher Mitverschwörer, keinen Hochverratsprozeß. Talleyrand erhielt lediglich eine Order, daß er seiner Stellung als Großkämmerer enthoben sei. Damit hatte er das Privileg verloren, jederzeit zum Kaiser Zutritt zu erlangen, und vierzigtausend Franc Pension. Doch dies war zu verschmerzen.
Napoleon wußte wohl, daß es ein gut Teil Sentimentalität war, die ihn zurückhielt, mit aller Härte gegen Talleyrand vorzugehen. Wie lange war der Fürst sein Vertrauter gewesen, sein Förderer sogar in den Tagen des Direktoriums und später sein engster Berater. Ach, und wie hatte der junge Napoleon den Fürsten damals bewundert um seines diplomatischen Geschicks, seiner Gewandtheit auf höfischem Parkett und seiner unnachahmlichen Lebensart willen. Und so gab der Kaiser seiner sentimentalen Regung nach. Seine Wut hatte sich in jenem Ausbruch vor ein paar Tagen erschöpft. Was nun blieb, war Enttäuschung, Mißtrauen – und ein Gefühl der Trauer. Etwas war zu Ende gegangen, und an seine Stelle war einmal mehr das Gefühl des Alleinseins getreten.
Sei's drum! Es war der Preis für die Macht, und da er diese nicht opfern wollte, mußte er lernen, mit ihren Schattenseiten zu leben. Außerdem gab es bald anderes, das den Kaiser beschäftigte. Er ließ Metternich, den österreichischen Gesandten, rufen und empfing ihn allein in seinem Arbeitszimmer in den Tuilerien.
Der österreichische Diplomat war voller Unruhe. Er wuß-

te, daß Napoleon ihn nicht sonderlich schätzte, daher konnte es kaum etwas Gutes bedeuten, daß er ihn zu sich befahl.

Gleichwohl erwiderte er Napoleons finsteren Blick mit einem Lächeln, setzte zu einer längeren, wohlgedrechselten Rede an, in der er seiner Freude Ausdruck gab, den Kaiser so wohlauf zu sehen.

Napoleon hörte ihm eine Weile zu, dann fiel er ihm ins Wort: »Genug der Komplimente, Graf, lassen Sie uns zur Sache kommen. Ich habe Sie hergebeten, um mit Ihnen über Ihre Konspiration mit dem Fürsten von Benevent zu sprechen.«

»Sire, ich habe nie . . .«

»Lügen Sie nicht!« sagte Napoleon grob. »Ihre Korrespondenz und Ihre geheimen Treffen mit Talleyrand sind mir bekannt. Daher weiß ich auch, daß Sie, durch ihn ermutigt, den Kaiser von Österreich in einen neuen Krieg mit Frankreich treiben wollen. Nennen Sie das Ihrem Lande dienen? O, ich weiß wohl, daß Sie in Wien bei manchen Leuten damit offene Türen einrennen. Erzherzog Carl brennt darauf, sich Feldherrenruhm zu erwerben, Graf Stadion träumt von einer neuen Allianz zwischen Österreich und Rußland und setzt alles daran, daß der Zar die mit mir geschlossenen Verträge bricht – und Ihr Kaiser soll durch Ihre Bestrebungen zum Meineidigen werden. Oder ist Ihnen etwa nicht bekannt, daß er mir bei Saroschütz geschworen hat, keinen Krieg mehr wider mich zu führen? Wie vereinbart sich das mit der hastigen Aufrüstung, von der ich Kenntnis habe?«

Metternich schlug die Beine übereinander. Seine blauen Augen waren aufmerksam und scheinbar arglos. »So sehr es mir schmeichelt, daß Euer Majestät mir einen derart großen Einfluß zutrauen, so wenig stimmt diese Vermutung. Es ist wahr, ich habe mich einige Male mit Herrn von Talleyrand über die österreichische und französische Außenpolitik unterhalten, und wir sind beide zu dem

Schluß gekommen, daß Europa des Gleichgewichts der Kräfte bedarf, um auf die Dauer ein friedliches Zusammenleben zu gewährleisten. Darüber habe ich nach Wien berichtet und der Hoffnung Ausdruck gegeben, durch entsprechende Verhandlungen einen Zusammenschluß zwischen Frankreich, Österreich und gegebenenfalls Rußland als der dritten Großmacht zu erreichen.«

»Nach meinem Sturz!« fuhr Napoleon auf. »Aber da Sie ein vorausschauender Staatsmann sind, Exzellenz, haben Sie für den Fall, daß ich Kaiser der Franzosen bleibe, gleichzeitig zu neuen Kriegsvorbereitungen geraten. Leider hat man dem in Wien Gehör geschenkt. Man träumt dort genau wie Sie von Ihrem ›Gleichgewicht der Kräfte‹ – nur unter österreichischer und eventuell noch russischer Vorherrschaft. Und womöglich wäre England der Dritte im Bunde.«

Er beugte sich nach vorn. »Aber Sie haben die Rechnung ohne mich gemacht. Berichten Sie das nach Wien. Schreiben Sie Ihrem Kaiser und Ihrem Grafen Stadion, daß Frankreich für die Idee der europäischen Einheit zuviel geopfert hat, als daß es seine Vormachtstellung jemals kampflos aufgeben würde. Und wenn ich eine neue Armee aus dem Boden stampfen müßte – ein Krieg gegen uns wäre in jedem Fall Österreichs Untergang.«

»Gewiß, Sire«, sagte Metternich geschmeidig, und er dachte: Man wird sehen. Er hat sich zuviel vorgenommen, der kleine Korse: ein Europa, über das er herrscht wie einst Cäsar über das römische Weltreich. Aber seine Stiefel sind nicht groß genug, um überall die Brände auszutreten. Das werde ich nach Wien berichten. Die Zeit des Stillhaltens geht dem Ende zu. Wir müssen vorbereitet sein.

Charles de la Moreau hatte sein Margot gegebenes Versprechen wahrgemacht: Er hatte Erkundigungen über Pierre de Lancourt eingezogen, und zwei Wochen nach Napoleons Eintreffen in Paris schickte er Margot ein kurzes Billett, in dem er sie bat, ihn aufzusuchen.

Sie kam schon am nächsten Vormittag und traf ihn an, als er gerade zu einer in St. Cloud angesetzten Truppenparade fahren wollte.
»Kommen Sie mit«, sagte er und half ihr beim Einsteigen in seine Equipage. »Sobald der Kutscher mich in der kaiserlichen Residenz abgesetzt hat, kann er Sie nach Paris zurückbringen.«
Während der Fahrt berichtete er ihr, was er von Pierre de Lancourt wußte. »Er gehört schon seit einigen Monaten nicht mehr zur Garde Seiner Majestät. Irgendein Skandal, in den er verwickelt war, ist der Grund, daß er an die spanische Front zu General Lefèvbre versetzt wurde. Dort ist er verwundet worden, aber indessen wieder genesen.«
»Und wo ist er jetzt? Kann man ihm Nachricht senden?« fragte Margot aufgeregt.
Charles wich ihrem Blick aus. »Das wohl. Aber ich fürchte, daß diese Nachricht nicht viel bewirken wird. Nach meinen Informationen ist Leutnant de Lancourt seit einiger Zeit der Geliebte der Fürstin Pauline Borghese.«
»Der... der Schwester des Kaisers?« stotterte Margot. »Oh, verdammt! Verzeihung, ich meine...«
»Schon gut«, sagte er mit einem halben Lächeln. »Ich verstehe, wie Ihnen zumute ist, und ich wünschte, ich hätte Ihnen Besseres erzählen können.«
»Und es gibt gar keinen Zweifel? Sind Sie sicher, daß Sie nicht bloß einem Gerücht aufgesessen sind?«
»Ich habe mich bei einem gewissen Leutnant Rigaud erkundigt, der zu den Reitenden Jägern der Garde gehört. Er kennt Pierre de Lancourt persönlich und hat ihn in Madrid einige Male gesehen und gesprochen. Es tut mir sehr leid, aber alles, was ich Ihnen gesagt habe, ist wahr.«
»Männer!« murmelte Margot wütend. »Da hat er so ein armes, dummes Ding wie Caroline ins Unglück gestürzt und denkt nicht mal mehr an sie. Wenn sie ihm schriebe, würde er sich vermutlich kaum an ihren Namen erinnern,

geschweige denn an die viertausend Franc für sie lockermachen.«
»Das steht zu befürchten.« Charles zögerte. »Hören Sie, ich habe ein paar Tage lang Zeit gehabt, über die Sache nachzudenken. Es gibt trotzdem einen Weg, Mademoiselle Caroline zu helfen. Ich könnte das Geld an Madame Grangette bezahlen und Caroline mitnehmen.« Margot starrte ihn mit offenem Mund an. »Sie machen Witze, was?« »Ich meine es vollkommen ernst, Margot.«
»Hol's der Teufel, Sie sehen tatsächlich so aus. Aber – Moment mal – so was tun Sie doch nicht ohne Gegenleistung?«
»Ich verlange nichts, was Caroline mir nicht eines Tages freiwillig zu geben bereit wäre«, sagte er und nahm durch ein Lächeln seinen Worten das Gewicht. »Aber natürlich erhoffe ich etwas, und das ist sicherlich kein Verbrechen. Doch ich verspreche Ihnen, daß ich es sie nicht entgelten lassen werde, wenn sich meine Hoffnungen nicht erfüllen. Die viertausend Franc zur Bezahlung ihrer Schulden sind ein Geschenk. Danach soll sie nur Gastfreundschaft in meinem Hause genießen.«
»Sie müssen verrückt sein!« sagte Margot überwältigt.
Er lachte. »Ich bin nur reich. Was sind da viertausend Franc?«
»Augenblick mal, Monsieur le Vicomte ...« Margot runzelte die Stirn. »Haben Sie vergessen, daß Caroline schwanger ist? Was soll mit dem Kind werden?«
»Wollen Sie das nicht Mademoiselle Caroline und mir überlassen? Es sind ja noch ein paar Monate bis dahin.«
Sie forschte in seinem Gesicht, und ihr altes Mißtrauen, das Mißtrauen der ewig Geprügelten, Übervorteilten, Betrogenen stieg in ihr auf. Sie verdrängte es. Du lieber Himmel, was dieser Mann anbot, war die Rettung für Caroline! Sie hatte ja nur die Wahl zwischen dem Bordell und ihm.
Margot schluckte aufgeregt. »Ich werde in jeder Kirche

von Paris eine Kerze anzünden, wenn Caroline Ihr Angebot annimmt. Aber ich fürchte, es wird ein hartes Stück Arbeit sein, sie dazu zu bewegen – trotz allem. Sie ist einmal von der Grangette eingewickelt worden, das hat sie verprellt. Außerdem – wie wird sie reagieren, wenn sie die Neuigkeiten über ihren Pierre de Lancourt erfährt? Ich habe regelrecht Angst, ihr damit zu kommen.«
Erstaunlicherweise nahm Caroline Margots Bericht ganz ruhig auf. Sie weinte nicht, sie begehrte nicht auf, sie sagte nur: »Die Schwester des Kaisers also! Nun, dagegen kann ich nicht ankämpfen. Ich bin also einem Phantom nachgelaufen, Margot. Aber das ist vermutlich meine eigene Schuld, da ich so dumm war . . .«
»Herzchen«, murmelte Margot furchtsam, weil ihr der Ausdruck von Carolines Augen nicht gefiel. »Mach dir nichts draus. Er ist es nicht wert, der Kerl. Kein Mann ist es wert, daß unsereinem das Herz darüber bricht.«
»Vermutlich nicht«, sagte Caroline, und Margot wünschte, daß sie weinen würde oder wenigstens einen Wutanfall bekäme – irgend etwas, das diese schreckliche Ruhe durchbrach. »Aber was soll nun aus mir werden, Margot?«
In diesem Augenblick wurde die Küchentür aufgerissen, und Gilbert Desgrain erschien auf der Schwelle. »Hier steckst du, Caroline! Los, komm, da ist ein Gast, der von dir bedient werden möchte.«
»Geh nur, Herzchen«, sagte Margot. »Wir reden später weiter. Ich hab' dir nämlich noch eine wundervolle Neuigkeit zu erzählen.«
Monsieur Pourdan ging seit einiger Zeit in Madame Grangettes Etablissement ein und aus. Er war ein hagerer, ältlicher Mann, immer dunkel gekleidet, und die Mädchen nannten ihn ›den Fisch‹, weil er so kalte, hervorstehende Augen hatte. Er sollte Advokat sein, aber einer von der gut verdienenden Sorte, denn er fuhr immer in einer vornehmen Equipage vor, trug einen großen Solitär am Finger, und seine Anzüge waren aus feinstem Tuch.

An diesem Tag hatte sich Monsieur Pourdan bei Gilbert melden lassen. Der Neffe der Grangette hatte ihn mit ausgesuchter Freundlichkeit empfangen. »Welche Freude, Monsieur, daß Sie uns wieder einmal die Ehre erweisen. Was kann ich für Sie tun? Soll ich Madeleine rufen lassen oder Elaine? Oder gefällt Ihnen die kleine Cléo besser?«
Monsieur Pourdan hatte sich die blassen Hände über dem Kaminfeuer gerieben. »Sie haben da eine Hausmagd, Monsieur, so ein hübsches rothaariges Ding . . .«
»Caroline?« hatte Gilbert rasch gefragt. »Meinen Sie die?«
»Ja, ich glaube, so heißt sie. Haben Sie nie daran gedacht, daß sie . . . nun ja, sie ist eine wirkliche Schönheit und könnte Ihre anderen jungen Damen weit in den Schatten stellen.«
Gilberts Augen waren schmal geworden. »Damit haben Sie zweifellos recht. Aber sie hat einen äußerst widerborstigen Charakter, diese Caroline. Gewiß würde sie Ihnen nicht mit der nötigen Liebenswürdigkeit begegnen . . .«
»Gleichviel«, hatte Aristide Pourdan mit einem häßlichen Lächeln erwidert, »ich möchte sie sehen. Wer weiß, vielleicht muß man nur die richtige Art finden, sie kirre zu machen.«
»Wenn Sie darauf bestehen . . . Gut, ich hole Caroline. Aber seien Sie nicht verärgert, wenn sie Schwierigkeiten macht.«
Gilbert hatte Pourdan in einen Salon geführt. Dann hatte er sich auf die Suche nach Caroline gemacht.
»Monsieur hat Champagner bestellt«, sagte er nun. »Nimm ihn gleich mit. Aber trödle nicht herum! Saumselige Frauenzimmer können wir nicht gebrauchen.«
Pourdan saß auf einem roten Plüschsofa, als Caroline eintrat. Er hatte seinen Überrock abgelegt und trug nur noch Hemd und Hose. Als Caroline den Champagner auf den Tisch stellte, griff er nach ihr. Es kam so überraschend für

sie, daß sie das Gleichgewicht verlor und gegen seine Brust fiel.
»Na siehst du«, sagte Pourdan grinsend, während er sie festhielt und versuchte, ihr die Bluse herunterzustreifen. »Der Anfang ist gemacht. Und jetzt gib mir einen Kuß, meine Kleine.«
Sie bog den Kopf zurück, so daß seine Lippen nur ihren Hals streiften. »Lassen Sie mich, Monsieur. Ich gehöre nicht zu den Mädchen von Madame. Ich bin hier nur Hausmagd.«
»Ich weiß, ich weiß«, sagte er. »Trotzdem habe ich mir in den Kopf gesetzt, mich mit dir zu vergnügen. Ich bin ganz wild nach dir, du rothaarige Hexe.«
Er war kräftiger, als sie erwartet hatte, und drückte sie mit seinem Gewicht auf das Sofa. Carolines Bluse zerriß unter seinen gierigen Fingern. Pourdan schob den Stoff zur Seite und beugte sich über ihre nackten Brüste.
»Komm, wehr dich nicht! Ah, wie schön du bist! Und daß du keine richtige Hure bist, macht dich nur noch begehrenswerter. Du wirst es nicht bereuen, wenn du mir zu Willen bist. Ich gebe dir ein paar Goldstücke extra, und Madame braucht nichts davon zu erfahren. Na, was hältst du davon?«
Caroline schrie auf, als er ihre Brüste zwischen seinen Händen knetete und die rosigen Burstwarzen küßte. Er saugte und zog daran und tat ihr weh. Sie versuchte, ihn von sich zu schieben, und schaffte es schließlich, ihm zu entkommen. Verzweifelt wollte sie zur Tür flüchten, aber als sie sie aufriß, stand Gilbert davor und stieß sie grob ins Zimmer zurück. »Nichts da, Mademoiselle Rührmich-nicht-an! Du bleibst hier!« Dann warf er die Tür von draußen ins Schloß und drehte den Schlüssel herum. »Sie brauchen nur zu läuten, Monsieur Pourdan, ich bleibe in der Nähe und öffne Ihnen, sobald Sie es wünschen.«
»Sehr gut, Monsieur, ich danke Ihnen!« Pourdan grinste

und kam wieder auf Caroline zu. »So, Herzchen, und jetzt sei vernünftig!« Sie wollte ihm mit den Nägeln ins Gesicht fahren, als er wieder nach ihr griff, aber er drückte ihre Hände herunter. »Willst du Prügel?« fragte er drohend. »Ich habe da einen hübschen festen Spazierstock mit einem silbernen Knauf.« Er zerrte sie mit sich zum Tisch und nahm den Stock hoch. »Na, was meinst du? Wenn ich dich damit traktiere, wirst du nicht mehr so hübsch aussehen wie jetzt und ein paar Tage lang nicht auf deinem reizenden Hintern sitzen können. Willst du das?«

Caroline verlegte sich aufs Bitten. »Ich beschwöre Sie, Monsieur, lassen Sie mich in Frieden. Was für eine Freude könnte ich Ihnen schon machen, wenn Sie mich mit Gewalt nehmen? Seien Sie doch vernünftig.«

»Zieh dich aus«, befahl er kurz und ließ den Stock ein paarmal dicht neben ihrer Schulter heruntersausen. »Na, wird's bald?«

Caroline sah ein, daß sie in der Falle saß. Trotzdem rührte sie sich nicht, und diesmal schlug Pourdan zu. Der Hieb brannte wie Feuer auf ihrer Schulter, und sie stieß einen hellen Schmerzensschrei aus. Im nächsten Augenblick ließ er den Stock fallen und riß ihr die Kleider vom Leib. Dann warf er sie auf den Teppich und fing wieder an, sie abzuküssen. Er drückte sein Knie zwischen ihre Beine und griff nach ihrer Scham.

Caroline wurde ganz starr vor Entsetzen. Für ein paar Augenblicke wehrte sie sich nicht, und Pourdan hielt das für das Zeichen, daß sie ihren Widerstand aufgegeben hätte. Er richtete sich auf und versuchte hastig, sich seiner Beinkleider zu entledigen.

Rasend vor Angst tastete Caroline nach seinem Stock und bekam ihn zu fassen. Und als Pourdan sich wieder auf sie werfen sollte, schlug sie zu. Sie traf ihn über den Kopf.

Schreiend wich er zurück und preßte die Hände gegen seinen Schädel.

Von draußen ertönte Gilberts Stimme: »Monsieur Pour-

dan, um Himmels willen, was haben Sie?« Er schloß die Tür auf und stürzte herein.
Pourdan hielt sich noch immer den Kopf. Er wollte zu einem Sessel wanken, aber er schaffte es nicht, sondern rutschte davor auf den Boden. Dort blieb er sitzen und schwankte stöhnend hin und her. Mit einem wütenden Aufschrei fuhr Gilbert auf Caroline los, die inzwischen aufgesprungen war und ihren Rock an sich gerafft hatte. Schützend hielt sie ihn vor sich. »Du Luder!« kreischte Gilbert. »Du elendes, dreckiges Rabenaas! Warte, das wirst du noch bereuen!« Aufgebracht schüttelte er sie. Aber ein erneutes Wimmern von Pourdan ließ ihn innehalten.
»Einen Arzt!« keuchte der Advokat. »Ich brauche einen Arzt! Sie hat mir den Schädel eingeschlagen!«
Gilbert beugte sich über ihn. »Beruhigen Sie sich doch, Monsieur Pourdan. Es wird gleich besser werden. Kommen Sie, ich helfe Ihnen, daß Sie sich niederlegen können.« Er zog ihn vom Boden hoch, und diesen Augenblick nutzte Caroline, um aus dem Zimmer zu flüchten.
Als sie die Treppe zu ihrer Dachkammer hinaufrennen wollte, tauchte Margot auf. »Herzchen! Bei allen Heiligen, was ist passiert?« Sie brachte die an allen Gliedern Zitternde in ihre eigene Kammer und drückte sie aufs Bett.
Caroline bebte und war kaum fähig zu sprechen. Die Furcht vor dem, was Gilbert oder die Grangette mit ihr anstellen würden, schnürte ihr den Hals zu. Allmählich nur holte Margot die Geschichte aus ihr heraus. Als Caroline geendet hatte, setzte sich die Hausmagd neben sie und drückte sie an sich.
»Du mußt keine Angst haben, Kindchen. Wir gehen jetzt in dein Zimmer, und du packst deine Sachen. Danach verläßt du dieses Haus, und niemand wird dir ein Haar krümmen. Jedenfalls hoffe ich, daß du nach dem eben Erlebten so vernünftig bist, zu tun, was ich dir rate.«
Dann rückte sie mit dem heraus, was Charles de la Moreau ihr aufgetragen hatte.

Caroline hörte stumm und ungläubig zu. »Ist das wirklich wahr?« fragte sie schließlich. »Der Vicomte de la Moreau will mich bei Madame auslösen und mitnehmen?«
»Genau das hat er gesagt, und es ist ihm völlig ernst damit. Er ist ein guter Mensch. Du weißt, ich halte nicht viel von den Männern, aber der Vicomte ist eine Ausnahme. Du kannst ihm vertrauen, ganz abgesehen davon, daß er die einzige Rettung für dich ist.«
»Ich soll also die Hure eines Mannes werden, um nicht die von vielen zu sein«, sagte Caroline langsam. Und als Margot widersprechen wollte, verzog sie den Mund zu einem bitteren Lächeln. »Laß nur. Es ist besser, die Dinge beim Namen zu nennen. Dann kann man nicht enttäuscht werden.«
»Er . . . er liebt dich, denke ich«, erwiderte Margot so zaghaft, als spräche sie etwas ganz und gar Unglaubhaftes aus. »Ich weiß nicht, wieso, aber ich habe Vertrauen zu ihm. Und ich wünschte, du hättest es auch.«
Caroline blickte auf ihre Hände. Margot hatte recht. Das Angebot des Vicomte war ihre einzige Rettung. Sie hatte gar keine andere Wahl, als es anzunehmen.
Sie stand auf und streifte ihren Rock über. In diesem Augenblick ertönten Schritte auf der Treppe und Gilberts wütende Stimme: »Caroline! Wo steckst du, du Luder! Komm sofort her!«
Margot drückte sie aufs Bett zurück. »Bleib hier. Ich rede mit ihm.« Sie ging hinaus und schloß die Tür hinter sich.
»Caroline ist da drin, Monsieur«, sagte sie, während sie sich mit verschränkten Armen dagegenlehnte. »Aber Sie werden sie in Frieden lassen müssen, es sei denn, Sie möchten sich mit dem Vicomte de la Moreau anlegen. Caroline steht nämlich unter seinem ganz persönlichen Schutz. Er wird nachher kommen, um bei Ihrer Tante die Schulden des Mädchens zu bezahlen und es mitzunehmen. Seien Sie froh, wenn Caroline ihm nicht erzählt, wozu Sie sie heute haben zwingen wollen. Das könnte Ihnen eine Menge Ärger einbringen, Monsieur Desgrain.«

Charles kam am Abend, nachdem Margot ihm Nachricht gesandt hatte, und Caroline empfing ihn in ihrem schönsten Kleid. Margot hatte darauf bestanden, daß sie es anzog. »Es gehört sich so«, hatte sie gesagt. »Schließlich hast du ihm eine Menge zu verdanken.«
Das Kleid war aus Samt und grün wie ihre Augen, und sie hatte ein wenig Rouge aufgelegt, um ihre Blässe zu verbergen. Man sah ihr nicht an, daß sie heute Stück um Stück ihrer zärtlichen, romantischen Träume und all ihre Hoffnungen auf Pierre begraben hatte. Sie hatte die Tränenspuren getilgt und wirkte ruhig und sicher.
Charles und sie redeten nicht lange miteinander. Caroline sagte: »Margot hat Ihnen mitgeteilt, Monsieur le Vicomte, wieviel mir Ihr großmütiges Angebot bedeutet. Sie werden in mir allezeit Ihre ergebene Schuldnerin sehen.«
Und er antwortete; »Sie schulden mir nichts, Mademoiselle. Schlechte Menschen haben Sie in diese Notlage gebracht, und ich bin froh, daß ich Ihnen da heraushelfen kann.« Als er ihre Hand ergriff, um sie zu küssen, zog sie ihre Finger zurück.
»Sie wissen alles von mir, deshalb werden Sie einsehen, daß ich ... ein bißchen Zeit brauche, um mit den veränderten Umständen fertig zu werden.«
Da lächelte er, und seine blauen Augen waren voller Wärme. »Sie haben alle Zeit der Welt, Caroline. Ich will mich nicht besser machen, als ich bin. Ich bin ein Mann und habe die Wünsche eines Mannes. Aber im Augenblick liegt mir nur eines am Herzen: daß Sie ohne Angst sind.«
Für einen Augenblick zerbrach ihre Gefaßtheit, und in ihre Augen trat ein weicherer Glanz. »Sie sind sehr gütig. Danke ...«
»Dann werde ich jetzt zu Madame Grangette gehen«, sagte Charles, »um Ihre Verbindlichkeiten zu regeln.«
Er zahlte viertausendfünfhundert Franc, denn soviel hatte Madame indessen für Carolines Kost, Logis und die Arztkosten draufgeschlagen, und dabei stellte sie sich noch an,

als hätte sie Caroline aus lauter Barmherzigkeit solange in ihrem Hause behalten.
Charles feilschte nicht um die Summe. Er schrieb eine Anweisung auf sein Bankhaus aus, ließ sich von Madame eine Quittung geben, in der sie bestätigte, daß damit alle Forderungen gegen Mademoiselle Caroline Weikersheim abgegolten seien, und ging, um sie zu holen. Seine Kutsche wartete vor dem Portal. Der Kutscher verstaute Carolines Gepäck, während sie sich von Margot verabschiedete, dann half Charles ihr beim Einsteigen.
Als die Pferde anzogen, brach Margot in Tränen aus und rannte neben dem eleganten Gefährt mit dem vergoldeten Wappen an den Türschlägen her. »Gott sei mit dir, Kindchen!« rief sie heulend. »Vergiß mich nicht ganz! Laß mich wissen, wie es dir geht. Und wenn du in Not bist, so weißt du, wo die alte Margot zu finden ist!« Als die Kutsche um die Ecke der Rue de Buci bog, blieb die Magd zurück und schneuzte sich die Nase.
»Und gnade dir Gott, feines Herrchen, wenn sie eines Tages tatsächlich vor meiner Tür steht«, murmelte sie. »Dann mach' ich Frikassee aus dir, so wahr ich Margot Vallon heiße.«

****

7

Der April war ungewöhnlich heiß in diesem Jahr. Während die Bäume noch Knospen trugen, brannte die Sonne mit sommerlicher Kraft von einem wolkenlosen Himmel, und in den Nächten gab es Wärmegewitter, ohne Abkühlung zu bringen. Caroline saß in einem weiten zitronenfarbenen Musselinkleid im Park des Moreauschen Palais' auf einer Ottomane unter der Sonnenmarkise und las.
Sie war jetzt im sechsten Monat und die Schwangerschaft ihr deutlich anzusehen. Aber es ging ihr wohl; sie hatte frische Farben und klare, glänzende Augen.
»Mir liegt nur eines am Herzen«, hatte Charles de la Moreau gesagt, »daß Sie ohne Angst sind«. Daran hatte er sich gehalten. Er behandelte Caroline wie einen lieben Gast. Sie nahmen gemeinsam die Mahlzeiten ein, plauderten miteinander oder fuhren spazieren, wenn sein Dienst es erlaubte – aber nie, mit keinem einzigen Wort, hatte er je zu verstehen gegeben, daß er irgendwann einen Lohn erwartete.
Anfangs hatte Caroline sich im Haushalt nützlich machen wollen, doch das hatte er nicht geduldet. »Sie sind keine Dienstmagd, Mademoiselle. Dafür sind andere da. Ich möchte, daß Sie sich in meinem Hause wohlfühlen, aber nicht arbeiten.«
»Ich langweile mich doch«, hatte sie widersprochen. »Irgend etwas muß ich tun!«
»Lesen Sie, musizieren Sie, malen Sie – wozu Sie Lust haben. Lassen Sie mich nur wissen, wenn Sie etwas benötigen, ich werde es besorgen lassen.«

Im Palast gab es eine große wertvolle Bibliothek. Es gab einen Musiksalon, in dem ein Hammerklavier stand, wie sie seit kurzem in Mode waren, und sogar Malutensilien hatte Caroline entdeckt, die früher Charles' Mutter gehört hatten. Caroline besaß kein besonderes Maltalent, aber es machte ihr Freude, kleine anspruchslose Bilder anzufertigen – den Blick vom Fenster ihres Schlafzimmers über die Seine und die Ile de la Cité hin, die Pergola im Park oder auch nur einen Strauß weiß-gelber Narzissen in einem bauchigen Krug. Gelegentlich spielte sie auch Klavier, aber vor allem las sie mit wahrer Besessenheit, was ihr in die Hände fiel. Es machte ihr Freude, in der Bibliothek zu stöbern, und Charles meinte lachend, wenn er Caroline im ganzen Haus nicht finden könne und sie auch auf sein Rufen keine Antwort gäbe, sei sie todsicher in irgendein Buch versunken. Sie las Voltaire und Diderot, Montesquieu und Chateaubriand sowie die alten Ausgaben des *Moniteur*, die Charles in den letzten Jahren, seit er wieder in Paris lebte, gesammelt hatte. Besonders die Lektüre der Zeitungen bereitete ihr großes Vergnügen, da sie sich daraus am anschaulichsten ein Bild von den Ereignissen, Meinungen und deren teilweiser Wandlung seit der Zeit des Directoire machen konnte.
Als Charles an diesem Nachmittag gegen fünf aus dem Palais Luxembourg heimkehrte, fand er Caroline noch immer im Garten. Die Sonne stand schon schräg, und Caroline, ermüdet vom langen Lesen, war eingeschlafen. Sie hörte Charles' Schritte nicht, und er blieb vor ihr stehen und betrachtete sie eine Weile.
Wie hübsch sie war! Die langen Wimpern sahen wie kleine braungoldene Halbmonde aus, ihre Haut war glatt und schimmerte wie mattes Elfenbein, und auf der schmalen Nase saßen ein paar Sommersprossen. Der Mund war leicht geöffnet, und Charles kämpfte die Versuchung nieder, sich herunterzubeugen und Caroline zu küssen. Es ist noch zu früh, dachte er. Sie fängt ja gerade an, wieder sie

selbst zu werden, Vertrauen zu haben. Wie könnte ich das aufs Spiel setzen? Und da war ja auch noch das Kind ...
Charles de la Moreau war kein Heiliger. Er liebte Caroline und begehrte sie mit einer Heftigkeit, die ihn manchmal erschreckte, weil er nie zuvor ähnliches empfunden hatte. Deshalb kam ihm die Tatsache, daß sie das Kind eines anderen erwartete, als wachsende Bedrohung seiner Wünsche und Hoffnungen vor. Wenn es erst da war, dieses Kind, würde es Caroline immer an den Mann erinnern, den sie geliebt hatte. In seinem Gesicht würde sie Züge von Pierre de Lancourt wiederentdecken, seine Gesten, sein Lächeln würden die Erinnerung an den einstigen Geliebten wachhalten. Wie sollte er, Charles, dann jemals imstande sein, das Bild dieses Mannes in ihr auszulöschen?
Charles schluckte, während er die schlafende junge Frau anstarrte. Er sah ihren gewölbten Leib, und Furcht stieg in ihm auf. Ein Kind konnte ein starkes Bindeglied zwischen zwei Menschen sein. Auch zwischen Caroline und Lancourt, wenn er eines Tages nach Paris zurückkehrte? Vielleicht würde sie dann wieder mit ihm leben wollen?
Ich kann sie nicht hergeben, dachte Charles. Ich bringe es nicht mehr fertig.
Caroline bewegte sich im Schlaf, und dann erwachte sie und sah Charles neben sich stehen. Hastig setzte sie sich auf. »Sind Sie schon lange hier? Ich habe Sie gar nicht kommen gehört.«
Er setzte sich zu ihr und nahm ihre Hand. »Was tut's? Sie sehen sehr reizend aus, wenn Sie schlafen. Ich habe Sie eine kleine Weile betrachtet.«
»Das sollten Sie aber nicht.«
»Und warum nicht, wenn es mir Freude macht?«
»Ach, ich weiß nicht ... Ich finde es irgendwie indiskret, einen schlafenden Menschen zu beobachten. Er kann sich nicht wehren.« Er legte ihre Hand gegen seine Wange. »Wogegen sollten Sie sich bei mir wehren? Ich tue Ihnen doch nichts.«

»Gewiß nicht. Oder doch ... Sie tun mir viel, viel Gutes an.«
»Haben wir nicht beschlossen, nicht mehr darüber zu reden? Ich will nicht, daß Sie mir dankbar sind. Ich will nur ...«
Daß du mich liebst, wollte er sagen. So wie du Pierre de Lancourt geliebt hast. Aber er sagte es nicht, sondern fuhr fort: »Sie haben es so schwer gehabt. Ich möchte, daß dies in Vergessenheit gerät. Sie sollen sich sicher und glücklich fühlen. Sie schulden mir nichts, Caroline, deshalb vergessen Sie endlich Ihre Dankbarkeit. Sie wäre nur eine neue Last für Sie.«
Caroline wich seinem Blick aus. Auch wenn er es nicht aussprach, so wußte sie doch, was er empfand. Ich bin eine Gans, dachte sie. Eine unverbesserliche, sentimentale Gans. Irgendwann wird Charles' Geduld erschöpft sein, und er wird sich nehmen, was er möchte. Oder er wird seiner ewigen Guttaten und meiner Starrköpfigkeit überdrüssig und setzt mich vor die Tür. Verdient hätte ich es.
»Es wird kühl«, sagte er. »Wir sollten ins Haus gehen.«
Als sie aufstand, nahm er ihren Arm. »Und wie haben Sie den heutigen Tag verbracht?«
»Am Vormittag war Margot für eine Stunde hier. Sie meint, ich müßte langsam damit beginnen, die Ausstattung für mein Kind anzufertigen. Für die Windeln wollte sie schon sorgen, aber das andere, die kleinen Steckkissen, Jäckchen und Mützchen, sei meine Angelegenheit.«
Charles zwang sich zu einem Lächeln. »Sie werden nicht viel Arbeit damit haben. Fragen Sie Henriette. Soweit ich weiß, hat sie den größten Teil meiner Kindersachen für meine zukünftigen Söhne oder Töchter aufgehoben. Sie soll auf den Speicher gehen und die Truhen plündern. Nehmen Sie sich, was Sie brauchen. Und wenn Sie außerdem noch etwas benötigen, lassen Sie es besorgen. Sie sollen sich nicht mit Näh- oder Strickarbeiten herumplagen.«
Henriette war Charles' alte Kinderfrau, eine gebrechliche

Siebzigjährige, die im Haus lebte, ein wenig wunderlich schon und krumm von der Gicht. Caroline war ihr einige Male begegnet, aber die Greisin hatte sie recht unfreundlich behandelt. Offenbar mißfiel es ihr, daß Caroline im Haushalt des Vicomte lebte und von ihm wie ein lieber Gast behandelt wurde.
Deshalb meinte Caroline zögernd: »Das wird Henriette nicht recht sein. Wenn sie all diese Sachen so viele Jahre hindurch für Ihre Kinder aufbewahrt hat, wird sie sie nicht gern mir überlassen wollen.«
Charles zuckte mit den Schultern. »Wer weiß, ob ich jemals eigene Kinder haben werde. Aber schön, ich werde selbst mit Henriette sprechen.« Er öffnete die Seitenpforte, die vom Park aus in das Palais führte, und ließ Caroline vorangehen. »Leisten Sie mir noch bis zum Essen Gesellschaft?«
Seine Privaträume lagen im ersten Stock, bestehend aus zwei großen Salons, einem kleineren Speisezimmer dazwischen, dem Ankleideraum und dem Schlafzimmer. Antoine, sein Diener, wartete im Vorsaal und nahm ihm das Portepée ab. Im Salon ließ sich Charles in einen mit grüngoldenem Brokat bespannten Sessel fallen. »Ich muß etwas mit Ihnen bereden, Caroline. Sie haben davon gehört, daß sich in den letzten Monaten die Lage zwischen Frankreich und Österreich bedenklich zugespitzt hat. Kaiser Franz rüstet seit Monaten gegen uns, und inzwischen ist ein bewaffneter Konflikt unvermeidlich geworden. Der Kaiser verläßt morgen mit einem Teil des Heeres Paris, um gegen die Österreicher zu marschieren.«
»Nein!« Erschrocken blickte sie ihn an. »Heißt das, daß auch Sie fortmüssen?«
»Vorläufig nicht. General de Broc bleibt noch hier mit dem Auftrag, die Rekrutenaushebungen, die für das kommende Jahr vorgesehen waren, schon jetzt durchführen zu lassen. Das wird etwa zwei Monate in Anspruch nehmen.«
»Und danach?«

»Danach werden wir ebenfalls an die Front aufbrechen, es sei denn, dem Kaiser gelingt es, die Österreicher schon jetzt so vernichtend zu schlagen, daß der Feldzug damit beendet wäre. Doch damit kann man nicht rechnen. Wahrscheinlich ist, daß ich Sie im Sommer verlassen muß.«
Caroline verkrampfte die Hände im Schoß. Das kleine bißchen Sicherheit, das sie in den letzten Wochen gehabt hatte – war es schon wieder dahin? »Das klingt schrecklich. Es gibt also wieder Krieg ...«
»Wir haben ihn schon«, erwiderte Charles ernst. »Österreichische Truppen sind in Bayern eingefallen, Marschall Berthier hat ihnen die Korps von Davout, Oudinot und Lefèvbre bei Regensburg entgegengeworfen, aber sie werden die österreichische Übermacht nicht lange aufhalten können. Darum begibt sich der Kaiser selbst dorthin und übernimmt den Oberbefehl über die gesamten Streitkräfte.«
Caroline erinnerte sich daran, wie sie den Krieg vor ein paar Jahren erlebt hatte, bevor die Franzosen in Erfurt einmarschiert waren. Tagelanger Kanonendonner, niedergewalzte Äcker, zerstörte Wiesen, ausgebrannte Häuser und überall Angst, Elend und Tod. Sie erinnerte sich an das Läuten der Sturmglocken, als der Feind näherrückte, an die Flüchtenden mit ihren armseligen Wagen, auf denen sie ihr Hab und Gut mitschleppten, an die Verwundeten, die zuhauf in die Stadt kamen, und den Geruch von Pulverdampf und Feuer, nach Blut und Verwesung, der tagelang wie eine giftige Dunsthaube über der Stadt gelegen hatte.
Krieg ... Die Generäle mochten ihn als herrliches Männerabenteuer darstellen. Aber sie logen damit. Krieg war schmutzig und hassenswert. Wie nur konnte Charles so gelassen darüber reden?
»Wird es auch in anderen Ländern Krieg geben?« fragte sie und dachte an ihr Zuhause.

»Ich hoffe nicht. Erzherzog Carl von Österreich hat vor Eröffnung der Feindseligkeiten zwar einen Aufruf an die deutsche Nation gerichtet, an die Rheinbundstaaten und Preußen, sich ihm anzuschließen, aber er ist ohne Echo geblieben. Vermutlich wartet man ab. Allerdings – falls der Kaiser Niederlagen hinnehmen muß, werden sie überall gegen ihn aufstehen.«
»Das heißt, es kann ein Krieg werden, der sich über viele Monate, vielleicht sogar Jahre hinzieht. Und Sie werden dabei sein.«
»So ist es. Aber Sie müssen sich keine Sorgen machen, Caroline. Für Sie ändert sich nichts. Sie haben hier ein Zuhause, das Ihnen niemand nehmen soll. Vor meiner Abreise werde ich entsprechende Verfügungen treffen. Nicht wahr, Sie werden doch bleiben?«
»Fürs erste bestimmt. Was später wird ... Irgendwann werde ich mir schließlich Arbeit suchen müssen, wenn das Kind da ist. Ich kann nicht ewig von Ihrer Großmut leben.«
Er blickte sie mit einem liebevollen Lächeln an. »Darüber reden wir noch. Und vielleicht bleibt es mir ja auch erspart, mich von Ihnen zu trennen. Der Kaiser hat schon aus hoffnungsloseren Situationen die überwältigendsten Siege gemacht.«
»Sie haben sehr viel Vertrauen zu ihm.«
»Das stimmt. Er ist ein wahrhaft großer Mann, egal, was andere über ihn denken und reden. Seine Idee von einem vereinigten Europa ist grandios, und die Gesetze, die er geschaffen hat, sind eine Hoffnung für Millionen Menschen, die bis dahin allein der Gnade oder Willkür ihrer Oberen ausgeliefert waren. Sehen Sie mich nicht so skeptisch an, Caroline. Und wenn Napoleon in seinem ganzen Leben nichts anderes zustandegebracht hätte als den *code civil,* so reichte allein dies aus, seinen Namen unsterblich zu machen.«
»Nun, das ist er vermutlich schon«, versetzte sie ein wenig

bitter. »Allerdings weniger als Gesetzgeber denn als Eroberer.« Sie legte ihm die Hand auf den Arm, als er etwas erwidern wollte. »Lassen Sie uns nicht streiten, das führt zu nichts. Akzeptieren Sie es einfach, daß ich nicht besonders gut auf Ihren Kaiser zu sprechen bin. Ich bin keine Französin und muß schon deshalb vieles anders sehen als Sie. Und im Augenblick, muß ich gestehen, habe ich sogar einen rechten Zorn auf ihn. Soll es denn nie ein Ende haben mit all diesen Kriegen und Feldzügen?«

»Dann sollten Sie aber diesmal mehr Zorn auf den Kaiser von Österreich haben.«

»Ach was! Der Urheber ist doch Napoleon! Warum ist er nicht in Frankreich geblieben? Warum mußte er seine ganze Familie zu europäischen Fürsten und Königen machen? Eine wahrhaft großartige Idee eines vereinten Europa, muß ich sagen! Napoleonische Vasallenstaaten, die nur bei der Stange bleiben, wenn er jeden Widerstand mit seinen Armeen niederknüppelt. Wissen Sie, was ich denke? Die großen Eroberer haben immer behauptet, der Welt etwas Neues, nie Dagewesenes zu bringen, das Heil schlechthin, und es mag sogar sein, daß sie anfangs daran geglaubt haben. Aber irgendwann ist alles nur noch Selbstzweck gewesen, und ihre vorherigen Ideale waren lediglich die Ausrede für ihre Unersättlichkeit. Ich habe, seit ich hier bin, viel in Ihren Büchern gelesen, und darüber bin ich recht mißtrauisch geworden, was die Weltverbesserer mit dem Schwert in der Hand anbelangt. Zu guter Letzt haben sie alle in Tyrannei geendet.«

»Sie müssen nicht nur die Gegenwart sehen«, entgegnete er, »sondern viel mehr die Zukunft, die . . .«

»Was für eine Zukunft denn?« fiel sie ihm ins Wort. »Und wann soll sie stattfinden? In zehn oder zwanzig – oder erst in fünfzig Jahren? Wir leben jetzt, Charles, und ich möchte, daß unsere Gegenwart schön ist. Ach, es macht mich ganz krank, zu denken, daß Sie fort müssen und ich nicht einmal weiß, ob ich Sie wiedersehe.« Sie hatte Trä-

nen in den Augen. »Ich hasse diesen Krieg! Und ich hasse Ihren Kaiser, weil er wieder einmal in das Leben derer eingreift, über die er zu befehlen hat.«
»Caroline«, bat er weich, »bitte weinen Sie nicht. Und haben Sie keine Sorge. Ich werde gewiß wieder heimkommen.«
»Was macht Sie darin so sicher? Hat Ihr Kaiser es Ihnen versprochen?«
Sie weinte heftiger, und Charles zog sie an seine Brust. Er empfand ein jähes Glücksgefühl. Sie hatte Angst um ihn. Sie wollte ihn nicht verlieren. Er strich über ihr Haar, und sie dachte, während sie das Gesicht an seine Schulter preßte: Es ist wahr: Ich möchte, daß er hierbleibt. Ich möchte nicht ohne ihn sein.
Sie spürte, daß Charles ihr Haar küßte und sie fester an sich drückte. Es tat ihr wohl, und einen Moment lang war sie versucht, der zärtlichen Wärme, die von ihm ausging, nachzugeben . . .
In diesem Moment bewegte sich das Kind in ihr, und Caroline stemmte die Hände gegen Charles' Brust. Er ließ sie sofort los.
»Verzeihen Sie«, murmelte sie. »Ich bin dumm. Anstatt Ihnen Mut zu machen, heule ich Ihnen etwas vor. Seien Sie mir nicht böse.«
Sie sah, daß seine Hand zitterte, als er über sein dunkles Haar strich, und hätte ihn am liebsten wieder umarmt.
»Wie könnte ich das! Sie haben meinetwegen geweint, und ich bin selbstsüchtig genug, mich darüber zu freuen. So widersprüchlich ist der Mensch. Schließlich habe ich mir vorgenommen, allen Kummer von Ihnen fernzuhalten.«
»Dazu müßten Sie schon der liebe Gott sein«, sagte Caroline mit einem schwachen Lächeln. »Oder wenigstens Ihr Kaiser Napoleon.«

Ihr Kind wurde im Mai geboren, zwei Monate zu früh. Es war während der Nacht, als die ersten Wehen einsetzten, und Caroline war allein in ihrem Zimmer. Sie scheute sich, jemanden zu wecken, sondern blieb im Bett liegen und dachte: Vielleicht vergehen die Schmerzen wieder. Es ist doch noch lange nicht soweit.

Aber sie vergingen nicht, und als Charles am Morgen aufstand, wunderte er sich, daß Caroline nicht wie sonst am Frühstückstisch auf ihn wartete. Er mochte sie nicht wecken und frühstückte allein, aber als sie auch nach einer Stunde noch nicht auf war, schickte er Antoine zu ihr.

Wenig später war der Diener zurück. »Ich glaube, das Kind kommt. Madame Caroline liegt im Bett und stöhnt, daß es einem durch Mark und Bein fährt. Sie sagt, das ginge schon seit heute nacht so, und man müsse die Wehmutter holen. Es kommt zu früh, das arme Wurm.« Es wurde eine lange und schwere Geburt. Als Charles gegen Abend heimkam – er hatte ausgerechnet an diesem Tage mit General de Broc einen Inspektionsritt nach Vincennes unternehmen müssen, wo die eilig ausgehobenen Rekruten für die Armée d'Austria lagen –, war das Kind immer noch nicht da und Caroline so erschöpft von den Schmerzen, daß sie kaum mehr Kraft zum Schreien hatte.

Madame Joubert, die Hebamme, und zwei Hausmägde waren bei ihr. »Das Kind liegt falsch«, sagte die Joubert. »Ich versuche seit Stunden, es zu drehen, aber ich schaffe es nicht. Und sie ist zu schwach, um richtig mitzuhelfen.«

»Und warum haben Sie keinen Arzt geholt?« fragte Charles aufgebracht.

Die Hebamme zuckte mit den Schultern. »Was kann er tun, was ich nicht auch könnte?« Sie beugte sich über Caroline, die gerade eine neue Wehe hatte. »Ja, ja, Kindchen, so ist es recht. Komm, schrei, wenn dir danach ist. Aber nicht den Kopf zurückwerfen, hörst du? Drück das Kinn auf die Brust, damit du nicht oben im Hals preßt. Ja, so ... komm, streng dich an.« Sie drängte Charles zur Seite und schlug die Decke zurück. Wieder versuchte sie, das

Kind zu drehen, und wieder gelang es ihr nicht. Charles wandte den Kopf ab, weil er Carolines Anblick kaum ertrug. Ihre Lippen waren blutig gebissen, und die Handflächen wiesen Nägelmale auf, weil sie sich vor Schmerzen die Haut aufgerissen hatte. Zwischen den einzelnen Wehen war sie halb besinnungslos, aber jede neue riß sie wieder aus ihrem Dämmerzustand und ließ sie die ganze messerscharfe Marter empfinden.
Sie wußte nicht mehr, wie lange dies nun schon währte, ob es Tag war oder Nacht, die Gesichter um sie herum verschwammen, und sie lag da und kämpfte, kämpfte, ohne recht mehr zu wissen, weshalb und wofür. Sie hatte es haben und lieben wollen, dieses Kind, sie hatte sich sogar darauf gefreut, seit sie wußte, daß es ein Dach über dem Kopf und ein warmes Bett hatte, aber dies alles war von der Qual der letzten Stunden verdrängt worden. Unklar dachte sie manchmal, daß es wohl sterben würde, ihr Kind. Wie sollte es so etwas aushalten, da es doch viel zu früh kam. Und vielleicht würde auch sie sterben ... Charles befahl, sofort einen Arzt zu holen. Doktor Guerlot kam rasch. Er untersuchte Caroline und nahm Charles dann zur Seite. »Ist das Ihre Frau, Monsieur le Vicomte? Ich muß Ihnen sagen, es sieht kritisch aus. Madame verliert sehr viel Blut. Sie sollten vielleicht nach einem Priester schicken.«
»Nein!« Charles verbarg das Gesicht in den Händen. Keinen Priester, dachte er. Sie wird nicht sterben, sie darf es nicht! Einen Priester holen, der ihr die Sterbesakramente reichte – das war, als ob man dem Tod schon die Tür öffnen wolle.
»Tun Sie doch etwas, Doktor«, brachte er hervor. »Wozu sind Sie Arzt? Sie können sie doch nicht einfach liegen lassen.«
»Ich tue, was ich kann«, versetzte Doktor Guerlot gekränkt.
Madam Joubert wischte Caroline das Gesicht ab. Sie hob

ihren Kopf an und flößte ihr ein wenig Tee ein. »Armes Ding«, murmelte sie. »Armes, armes Ding.«
Charles hörte es, und in diesem Moment haßte er das Kind, das Caroline solche Qualen zufügte, haßte es mit einem so schrecklichen abgrundtiefen Haß, daß er es hätte töten können.
Caroline fing von neuem an zu stöhnen und zu wimmern: »Pierre ...« sagte sie. Und immer wieder: »Pierre, Pierre ...« Es hieß: Warum geschieht mir das? Warum muß ich so zahlen dafür, daß ich dich geliebt habe?
Charles aber hörte nur eines heraus: daß sie jetzt, in der Stunde ihrer allergrößten Schmerzen, nach ihrem Geliebten verlangte, der der Vater dieses dreimal verfluchten Kindes war. Der Mann, den sie nie vergessen würde, falls es am Leben blieb. Es würde sie ansehen mit seinen Augen, seinem Lächeln. Vielleicht hatte es seine Züge vererbt bekommen, seine Bewegungen, seine schwarzen Locken. Und immer, wenn Caroline es ansah, würde sie sich an Pierre de Lancourt erinnern. Was hatte er, Charles, da für eine Chance?
»Pierre, ach, Pierre ...« wimmerte Caroline, und Charles war zumute, als risse sein Herz entzwei. Verfluchter Pierre! Verfluchtes Bastardbalg, das sie von ihm empfangen hatte! Ich habe mich überschätzt, dachte Charles dumpf. Ich dachte, ich könnte dieses Kind dulden, mitansehen, wie Caroline es in den Armen hält und herzt. Aber, bei allen Teufeln, ich kann's nicht.
Es war sehr dunkel um Charles de la Moreau in dieser Nacht. Dennoch blieb er bei Caroline. Er hätte es nicht ertragen, hinauszugehen und sie ihrem Schicksal zu überlassen. So blieb er und hörte ihr heiseres Wimmern. Sie rief nun nicht mehr nach Pierre, sondern bettelte nur noch kraftlos: »So helft mir doch ... helft mir, ich halte es nicht mehr aus!«
Die Luft war dumpf und stickig von den vielen Kerzen, die entzündet waren, und Doktor Guerlot sagte: »Gleich ...

gleich ist es vorüber. Noch einmal, Madame, ich beschwöre Sie ... pressen Sie, Madame, nehmen Sie alle Kraft zusammen.«
Und Caroline schrie wieder, hell und hoch auf einmal wie ein sterbendes Tier, bevor sie mit verdrehten Augen zurückfiel. Doktor Guerlot aber hatte das Kind geholt und hielt es hoch, ein blutiges kleines Bündel Mensch, und Madame Joubert gab ihm ein paar klatschende Schläge auf das Hinterteil, worauf es in klägliches Geschrei ausbrach.
Charles starrte das Neugeborene an, und etwas in ihm rührte sich, wollte den Haß vertreiben, doch er drängte die weiche Regung zurück. Er sah Caroline an, über die sich der Arzt beugte, nachdem er der Hebamme das Kind zum Abnabeln gegeben hatte, und fragte: »Ist ... ist sie ...« Seine Stimme bebte vor Furcht.
»Nein«, sagte Doktor Guerlot, »sie ist nicht tot. Sie kommt schon wieder zu sich. Sie hat es überstanden und das Kind auch.«
Es war ein Sohn, den Caroline geboren hatte, ein schwächlicher kleiner rotgesichtiger Säugling mit schrumpeliger Haut und einem dünnen, heiseren Stimmchen, aber er lebte. Charles war dabei, als sie ihn zum ersten Mal in den Arm gelegt bekam, nachdem Madame Joubert ihn gebadet und gewickelt hatte, und er sah die überströmende Liebe in Carolines erschöpften Augen, als sie auf ihn herunterlächelte und den schwarzen Flaum auf seinem Köpfchen küßte. »Mein kleiner Armand«, sagte sie leise mit ihren geschwollenen, blutig gebissenen Lippen. »Mein lieber kleiner Armand ...«
Und da war er wieder da, der Haß in Charles' Herzen.
Er bestand darauf, daß das Kind für den Rest der Nacht in ein anderes Zimmer kam. Es lag dem von Caroline gegenüber und war schon vor Tagen für das Neugeborene hergerichtet worden. Charles befahl, die alte Henriette, seine Kinderfrau, zu wecken, und hieß sie, im Zimmer des Säuglings zu bleiben.

»Sie brauchen jetzt Ruhe, Caroline«, sagte er. »Sie müssen schlafen und erst wieder zu Kräften kommen. Wenn der Kleine schreit, wird er Sie stören.«
»Aber ich würde ihn so gern behalten . . .«
»Nichts da! Morgen, wenn Sie ausgeruht sind, können Sie ihn wiedersehen.« Er blieb bei ihr, bis Henriette das Kind mitgenommen hatte. Man hatte Carolines Bett frisch bezogen, sie in ein sauberes Nachtgewand gekleidet und ihr die Haare zu einem Zopf geflochten. Wie er sie liebte! Und wie glücklich er in dieser Nacht gewesen wäre, wenn das Kind nebenan seines gewesen wäre.
Charles de la Moreau blies die Kerze aus, die noch auf der Truhe neben Carolines Bett brannte, und verließ das Zimmer.
Eine Stunde später schrak die alte Henriette in ihrem Stuhl neben der Kinderwiege hoch, als die Tür in ihrem Rücken geöffnet wurde. Sie war ein wenig eingenickt und rieb sich verschlafen die Augen, als sie Charles erkannte. Er trug eine Decke über dem Arm.
»Wickele das Kind darin ein und komm mit«, befahl er. Er sah schrecklich aus, bleich, mit dunklen Schatten um die Augen, und als er näherkam, roch sie, daß er getrunken hatte.
»Aber warum? Was soll ich . . .« stammelte die alte Frau.
»Frag nicht soviel. Ich erkläre es dir unterwegs.« Dann nahm er das Neugeborene aus der Wiege und legte es Henriette in den Arm. »Komm, der Wagen wartet vor dem Parktor.«
Er ließ Henriette mit dem Kind in die Kutsche einsteigen und setzte sich selbst auf den Bock. Rumpelnd setzte sie sich in Bewegung.
Sie fuhren über den Pont Neuf ans andere Seineufer und von dort aus die Rue de Rivoli entlang. Hinter der Bastille bog Charles in eine Seitenstraße ein. Vor dem Kloster der Heiligen Margareta in der Rue Vincent, das dem Karmeliterorden gehörte, hielt der Wagen. Es war Neumond, und die Nacht war finster, aber mild.

Charles riß die Kutschentür auf. »Gib das Kind her!« verlangte er gehetzt. Er nahm es Henriette ab, schlug die Tür zu, und sie sah, wie er es vor die Stufen des Klosterportals legte. Dann zog er einen Lederbeutel aus seiner Tasche und stopfte ihn in die Decke, in die das Neugeborene gehüllt war. Anschließend zog er an der Glocke neben der schweren Bohlentür und schwang sich eilig wieder auf den Kutschbock. Die Pferde trabten an, und Charles ließ die Peitsche um ihre Köpfe sausen. Erschrocken fielen sie in einen schnellen Galopp.
Charles kehrte zur Gartenpforte seines Palais zurück. Dort ließ er Henriette aussteigen. Sie starrte ihn aus angstvollen Augen an. »Was habt Ihr getan, Herr . . .«
»Ich werde Madame Caroline morgen sagen, daß ihr Sohn gestorben ist. Und du wirst es bestätigen, Henriette.«
»Aber . . .«
»Du mußt tun, was ich verlange. Um meinetwillen mußt du's tun. Du hast mich doch lieb, nicht wahr, Henriette? Hast du mich nicht großgezogen und mir die ersten Schritte beigebracht und mich auf deinen Armen getragen?« Er sprach wie im Fieber.
»Gewiß.« Die Alte zitterte, und Charles umarmte sie einen Moment. »Ich habe etwas sehr Schlimmes getan, Henriette. Aber du wirst schweigen, nicht wahr? Dieses Kind mußte fort. Ich kann es nicht um mich ertragen, verstehst du? Ich kann es einfach nicht.«
»Ja, Herr«, stammelte die Alte.
»Madame Caroline wird lange schlafen. Und wenn sie erwacht, sagen wir ihr, daß wir das Kind schon haben begraben lassen. Hier im Park, in der Gruft der Vicomtes de la Moreau in der Kapelle. Kannst du dir das merken, Henriette?«
»In der Gruft . . . in der Kapelle«, wiederholte sie wie ein Kind.
Charles nickte. »Dort liegt es jetzt im Sarkophag von Guillaume de la Moreau, verstanden? Und du schwörst mir,

daß du niemandem etwas anderes sagen wirst? Keinem Menschen? Du wirst immer daran denken, daß du mich sonst sehr unglücklich machen würdest, Henriette.«
»Ich schwöre es.«
Er schob sie zu der Gartenpforte. »Dann geh jetzt schlafen. Und mach dir keine Gewissensbisse. Ich werde ab und zu einen Geldbetrag für das Kind zu den Karmeliterinnen schicken. Es wird gut versorgt werden und soll eine anständige Erziehung bekommen. Nur hierbehalten konnte ich es nicht.«

Caroline blieb sehr still, als Charles ihr am Mittag erzählte, daß der kleine Armand tot sei. Sie schrie nicht, sie haderte nicht, sie sagte nur: »Ach, wäre ich doch bei ihm gewesen. Hätte ich ihn doch nicht hergegeben. Mit meinem Körper hätte ich ihn gewärmt, und vielleicht, wenn er meine Liebe gespürt hätte . . .« Sie brach ab und senkte den Kopf. Sie weinte, aber es war ein lautloses Weinen, bei dem kein Ton über ihre Lippen kam. Nur die Tränen liefen ihr die Wangen hinunter.
Charles machte eine Bewegung, als wolle er sie in die Arme nehmen, aber dann zuckte er zurück und setzte sich nur an ihr Bett. »Es tut mir sehr leid. Aber er war wohl arg schwächlich. Ein Kind, das so früh auf die Welt kommt – und dazu die schwere Geburt . . .«
»Ja«, flüsterte Caroline. Er war ein Mann, er konnte es nicht ermessen, was der Verlust ihres Kindes für sie bedeutete. Nur ein paar Minuten hatte sie es sehen und an sich drücken dürfen. Aber sie hatten genügt, um sie das überwältigende, mit nichts zu vergleichende Glück aller Mütter empfinden zu lassen, die zum ersten Mal ihr Kind in den Armen hielten. So winzig war es gewesen, so armselig. Ein Kind ohne Vater, von niemandem außer ihr geliebt und von niemandem außer ihr beschützt.
»Gehen Sie, Charles«, bat sie leise. »Ich möchte jetzt eine Weile allein sein.«

»Aber ich würde Ihnen so gern helfen.« Er biß sich auf die Lippen. Erst jetzt wurde ihm richtig bewußt, was er getan hatte. Doch er konnte es nicht mehr ungeschehen machen.
»Danke«, sagte Caroline, »Sie sind sehr lieb. Nur – wer könnte mir dabei helfen? Das ist etwas, mit dem ich allein fertig werden muß.« Da ging er hinaus.
Körperlich erholte sie sich recht schnell von der schweren Geburt. Aber sie blieb ernst, still und niedergedrückt. Sie hatte ein Kind gehabt und verloren. Das war nichts, was man abschütteln und wonach man weiterleben konnte, als wäre nichts geschehen.
Als sie wieder aufstehen durfte, ging Caroline oft in die alte Kapelle am Ende des Parks. Dann stand sie vor dem Steinsarkophag des Vicomte Guillaume de la Moreau, der, wie die Inschrift verriet, im Jahre 1603 gestorben war, nachdem er fünfundvierzig Jahre gelebt hatte. Ihr Kind, ihr kleiner Armand, hatte nicht einmal einen ganzen Tag lang gelebt, und es gab auch keine Inschrift, die von diesem kurzen Dasein kündete. Caroline brachte Blumen in die Kapelle, sie versuchte, mit ihrem toten Kind zu sprechen und dafür zu beten, aber alles, was sie zustande brachte, waren nur ein paar Worte: »Mein armer kleiner Armand . . . Gott schenke dir Frieden.«
Sie selbst fand keinen Frieden dabei. Sie hatte leere Arme und ein leeres Herz. Manchmal fragte sie sich, ob sie nicht nach Hause, nach Erfurt, zurückkehren sollte. Was wollte sie noch in Paris? Hatte sie nicht hauptsächlich des Kindes wegen alles auf sich genommen – ihre Flucht, die Zeit im Hause der Grangette, die Suche nach Pierre?
Aber sie wußte nicht, ob ihre Eltern sie aufnehmen würden. Vielleicht schlug ihr der Vater die Tür vor der Nase zu, und sie war wieder einmal heimatlos.
Margot kam sie einige Male besuchen, meist nur auf eine halbe Stunde, weil sie nicht mehr Zeit erübrigen konnte, und sie versuchte, Caroline aufzuheitern. Es gelang ihr nur unvollkommen.

Auch Charles versuchte es. Er brachte ihr kleine Geschenke mit – ein Seidentuch, einen Fächer, eine dünne goldene Kette mit einem Anhänger in Form eines Hufeisens, das mit winzigen Smaragdsplittern besetzt war, Konfekt, die neueste Ausgabe eines Romans. Er unternahm Spazierfahrten mit ihr und lud Gäste ein, deren Geplauder sie von ihren Grübeleien ablenken sollte; junge Offiziere wie er mit ihren Freundinnen oder Frauen, und aus diesen Zusammenkünften ergab sich, daß er und Caroline danach zu anderen Gesellschaften eingeladen wurden.
Natürlich hielt man sie für Charles' Geliebte, doch daran nahm niemand Anstoß. Wer hatte heutzutage keine Geliebte? Man ließ sich scheiden, wenn einem die Ehe langweilig geworden war, man kokettierte, lachte, tanzte, amüsierte sich. Es war Krieg – wieder einmal – und wer wußte, ob er in einem Monat oder einem Jahr noch lebte!
Vom Kriegsschauplatz drangen regelmäßig Meldungen in die Hauptstadt. Zuerst die Siegesnachrichten von Eckmühl, Abensberg und Regensburg. Während der Schlacht um die alte Donaustadt war der Kaiser leicht verwundet worden, was ihn aber nicht gehindert hatte, die Armee des österreichischen Erzherzogs Carl donauabwärts zu verfolgen. Am 13. Mai schon hatte Wien dem Franzosenkaiser die Tore geöffnet, dennoch war damit der Krieg noch nicht beendet.
Aus Italien rückte die Armee des Erzherzogs Johann in aller Eile an, und Carl konzentrierte in der Nähe von Wien hundertfünfzigtausend Mann. In der Schlacht bei Aspern wurde Napoleon von den Österreichern vom Nordufer der Donau zurückgeschlagen, und die Franzosen retteten sich unter großen Verlusten auf die Insel Lobau. Selbst die verbrämten Meldungen, daß der Kaiser den Rückzug lediglich befohlen habe, um die Lobau als sicheren Stützpunkt auszubauen und um die Artillerie zu verstärken, während neue Truppenzusammenziehungen erfolgen sollten,

täuschten niemanden in Paris darüber hinweg, daß Napoleon in Aspern besiegt worden war.
Die Parteigänger Talleyrands, die sich bis dahin still verhalten hatten, triumphierten. Da sieht man es, er ist nicht unschlagbar, der größenwahnsinnige Korse. Und Aspern ist erst der Anfang. Ist es nicht ein einfaches Rechenexempel? Ein einziges Land, und sei es noch so groß, wird niemals imstande sein, einen ganzen Kontinent zu unterjochen. Wie soll er die eroberten Gebiete auf die Dauer halten, der Kaiser? Wo will er die Soldaten hernehmen, die er allein dafür braucht, jede Erhebung im Keim zu ersticken? Will er ganz Europa, von Spanien bis Holland, von Warschau bis Sizilien, zu einem französischen Kasernenhof machen?
Wieder fanden Truppenverlegungen und Rekrutenaushebungen statt, und Mitte Juni schon wußte Charles, daß er mit General de Broc und seinen Divisionen ebenfalls an den Kriegsschauplatz aufbrechen würde.
Er sagte es Caroline eine Woche vor seiner Abreise. Sie hatte es erwartet; dennoch traf sie seine Eröffnung. Sie verfärbte sich, und er sah mit Rührung, wie ihre Augen ganz dunkel wurden vor Jammer. »Und wann müssen Sie fort?«
Er nahm ihre Hände. »In acht Tagen.«
»Ach Gott«, sagte sie, und er merkte, daß sie zitterte.
Da legte er die Arme um sie, und all seine Liebe, das Gefühl seiner Schuld, gegen das er in den vergangenen Wochen vergebens angekämpft hatte, die Sorge um sie und seine Sehnsucht nach ihr überwältigten ihn. »Sei still, sag nichts«, bat er und drückte sein Gesicht in ihr Haar. »Es schnürt mir ja selbst das Herz ab, daß ich dich allein lassen muß. Aber du wirst hierbleiben, nicht wahr? Versprichst du es mir? Wie soll ich sonst fortgehen, wenn ich nicht sicher sein kann, daß ich dich hier wiedersehe?«
Er hielt sie ein Stück von sich ab, und in seinen Augen war ein so flehentlicher Ausdruck, daß sie nickte. Er nahm ihre

Hand, küßte die Innenfläche und legte sie gegen seine Wange. »Ich werde dir Nachrichten senden, so oft ich kann. Du sollst dir keine Sorgen um mich machen.«

Keine Sorgen machen! Natürlich würde sie Angst um ihn haben, und wenn sie tatsächlich einen Brief von ihm bekam, so würde sie nicht wissen, ob er, während sie ihn las, noch am Leben war.

Unvermittelt warf sie die Arme um seinen Hals. Er war so gut zu ihr gewesen in all der Zeit. Er war die einzige Sicherheit, die sie hatte, der einzige Mensch, der ihr soviel Wärme und Zuneigung geschenkt hatte.

»Ich will nicht, daß du gehst«, stammelte sie außer sich, das Gesicht an seine Brust gepreßt. »Ich will nicht wieder allein sein, Charles.« Als er sie küßte, hielt sie ganz still. Es war, als lausche sie in sich hinein. War es das, was sie wollte? Seine Arme, die sie festhielten, sein Körper, der sich gegen ihren preßte?

Pierre, dachte sie verschwommen. Aber Pierre war fort, er hatte sie längst vergessen, und für sie war es an der Zeit, die Erinnerung, die sie so schmerzlich und so starrsinnig gehütet hatte, endlich abzustreifen.

Carolines Lippen öffneten sich. Sie ließ sich hineinfallen in Charles' Umarmung und spürte eine jähe Schwäche. Sie war so lange allein gewesen, so lange ohne diese zitternde, süße Erregung, die ihren Körper erfaßte und ihr Herz jagen ließ.

Etwas von der früheren ungestümen Caroline wurde in ihr wach, jener Caroline, die schon bei Leonhards züchtigen Umarmungen nach mehr verlangt hatte, die lieben und lachen wollte, schenken und beschenkt werden.

Als Charles' Lippen über ihren Hals fuhren, bog sie den Kopf zurück. Sie schauerte zusammen, als er ihre Brust berührte, und stöhnte leise auf. »Willst du?« fragte er heiser. »Willst du es wirklich?« Und als sie nickte, hob er sie hoch und trug sie aus dem Zimmer die Treppe hinauf.

Er brachte sie in sein Schlafzimmer und legte sie auf dem Bett nieder, und sie wußte, daß sie den Ausdruck seiner Augen nie im Leben vergessen würde. Noch nie hatte ein Mann sie so voller grenzenloser Liebe angesehen.

»Komm«, flüsterte sie und umschlang ihn mit den Armen, als er sich mit einem tiefen, kehligen Stöhnen über sie warf.

Charles de la Moreau war kein unerfahrener Liebhaber. Er hatte seine Affären gehabt und genossen, auch wenn sein Herz dabei nicht sonderlich beteiligt gewesen war. Aber dieses Mal liebte er, liebte mit aller Leidenschaft, zu der er fähig war, und einer geradezu überwältigenden Zärtlichkeit.

Als Caroline nackt vor ihm lag, streichelte und küßte er sie so lange, bis sie selbst mit allen Sinnen nach ihm verlangte. Und auch dann noch legte er seiner Begierde Zügel an und kam sanft, beinahe vorsichtig zu ihr.

Er blickte sie an, blickte in dieses so geliebte Gesicht und wartete hungrig auf jede Regung. War sie bereit für ihn? Empfand auch sie, daß es schön war? Fand sie Lust in seinen Armen?

»Charles«, flüsterte sie. »Charles, Charles...« Sie umschlang ihn fester und drängte sich gegen seinen Schoß, und ihr Gesicht war voller Verlangen. Ach ja, sie wollte es. Sie wollte ihn lieben, und er sollte ihr gehören, und sie genoß es, daß sie in diesen Augenblicken eine so große zarte Gewalt über ihn hatte.

Als es vorüber war, hielt er sie noch immer umarmt und löste sich nicht aus ihr. Es war Caroline, die ihn schließlich mit einem leisen Lachen von sich schob. »Du bist so schwer.«

Da glitt er an ihre Seite und zog ihren Kopf an seine Brust. Sie spürte seinen heftigen Herzschlag, der sich nur langsam beruhigte, und küßte die dunklen kleinen Härchen auf seiner Brust. »Meine Liebste«, sagte Charles. »Meine schöne, einzige Geliebte.«

Sie schwieg und empfand eine tiefe neue Zärtlichkeit für ihn, eine Vertrautheit, die sie froh machte. Mit einem langen Atemzug sog sie seinen Körpergeruch ein. Er roch gut, fand sie, und er war sehr, sehr liebenswert. Er war ein Mann, der eine Frau glücklich machen konnte.

Sie liebten sich noch zweimal in dieser Nacht, und Charles sagte: »Ich werde nie genug von dir bekommen. Sag mir, daß du bei mir bleibst, egal, was geschieht. Sag mir, daß du mich nie verlassen wirst.«

Und sie antwortete, gefangen in der Wärme seiner Umarmung, gefangen in dem Gefühl, was sie ihm war und was er in ihr zu wecken vermochte: »Ich verspreche es.«

Am übernächsten Morgen fuhren sie zusammen nach Malmaison, dem Schloß der Kaiserin Josephine.

Charles hatte ihr am Vortag einen Boten geschickt und darum gebeten, daß sie ihn empfangen möge, und die Kaiserin hatte sofort mit ein paar liebenswürdigen Zeilen geantwortet: »Kommen Sie, lieber Freund, und bleiben Sie, solange Sie wollen. Ich freue mich.« Während der Fahrt erfuhr Caroline, daß Charles mit Josephine entfernt verwandt war und die Kaiserin deshalb seit jeher einen zwar zwanglosen, aber doch recht freundschaftlichen Kontakt zu ihm unterhielt. Caroline war beklommen zumute. »Ich weiß nicht, ob es ihr recht ist, daß du in meiner Begleitung kommst. Wäre es nicht angebrachter gewesen, du hättest sie allein aufgesucht?«

»Aber ich fahre doch hauptsächlich deinetwegen zu ihr. Ich möchte, daß sie dich kennenlernt und dich vor allem liebgewinnt.« Er gab ihr rasch einen Kuß. »Doch daran zweifle ich nicht. Wer hätte dich nicht lieb, Caroline.«

»Aber warum soll die Kaiserin ausgerechnet mich kennenlernen?« »Ich möchte dich heiraten, Caroline«, sagte er da ernsthaft. »Und zwar bevor ich zur Armee aufbreche. Als meine Frau bist du in jedem Fall versorgt, und das wäre eine große Beruhigung für mich. Ich bin kein armer Mann, weiß du . . .«

»Das ist völlig ausgeschlossen! Hast du vergessen, wer ich bin? Eine Deutsche, die Tochter eines Schneidermeisters . . .«
»Der Kaiser ist der Sohn eines Advokaten. Hast du das vergessen?« Seine blauen Augen glänzten, als er sie anblickte. »Oder willst du mich nicht?«
Sie schwieg einen Moment, verwirrt und ratlos. Es wäre jetzt leicht, ihm nein zu sagen, und sicherlich wäre es in seinem Interesse. Der Kaiser hatte seine bescheidene Herkunft längst vergessen und war, was die Abstammung eines Menschen betraf, recht dünkelhaft geworden. Er hatte seine Geschwister und die Kampfgefährten früherer Jahre zu Fürsten und Königen gemacht und entsprechend verheiratet, und als sein Bruder Jérôme vor einigen Jahren eine bürgerliche Amerikanerin zur Madame Bonaparte gemacht hatte, hatte Napoleon alles darangesetzt, die unwillkommene Schwägerin wieder loszuwerden und Jérôme anschließend mit der Tochter des Königs von Württemberg zu vermählen. Lucien, sein anderer Bruder, der sich zweimal nach Napoleons Meinung unstandesgemäß verehelicht hatte und nicht so nachgiebig wie Jérôme gewesen war, war seitdem in Ungnade.
Ganz zweifellos würde Charles Schwierigkeiten bekommen, wenn er ein einfaches deutsches Bürgermädchen zur Frau nahm.
»Es geht nicht, sieh es doch ein«, beharrte Caroline.
»Du bist Offizier, du kannst beim Militär oder bei Hof Karriere machen. Das wäre alles vorbei, wenn du dich mit mir belastest.«
»Eben deshalb will ich dich ja der Kaiserin vorstellen. Sie hat immer noch Einfluß auf den Kaiser. Wenn sie unsere Verbündete ist, wird niemand wagen, dich und mich zu brüskieren.« Charles warf einen Blick aus dem Kutschenfenster. Sie passierten gerade ein Dorf, und ein paar Hühner flogen gackernd zur Seite, als das vierspännige Gefährt mit dem Wappen der Vicomtes de la Moreau auf den Tür-

schlägen vorüberfuhr. »Wir sind gleich da. Also sag mir schon, ob du mich heiraten willst, Liebes.«
Sie schwieg und blickte zu den kleinen weißen Schäfchenwolken am Himmel auf. Charles heiraten? dachte sie. Vor einem Priester schwören, ihm treu zu bleiben in guten und in bösen Tagen, ihn lieben und ehren, bis der Tod uns trennt . . .
Caroline hatte keine leichtfertige Meinung von der Ehe. Freilich wußte sie, daß man sich heutzutage wieder scheiden lassen konnte, aber das, so fand sie, war irgendwie frivol, nicht anders, als habe man einen feierlichen Eid schon mit dem Hintergedanken geleistet, ihn wieder zu brechen. Wenn sie einmal heiratete, so hatte sie gedacht, sollte es für immer sein. Und Charles würde es genauso sehen, dessen war sie sicher. »Es . . . es kommt so überraschend. Ich habe nie erwartet, daß du mich zu deiner Frau machen würdest. Und du mußt es auch nicht, weil du dich für mich verantwortlich fühlst.«
»Ich habe einen viel besseren Grund, mein Herz. Den besten, den es gibt: Liebe.« Er nahm, wie er es gern tat, ihre Hand und legte sie gegen seine Wange. »Ich habe dich so lieb, daß ich es gar nicht sagen kann. Und ich kann mir nicht mehr vorstellen, jemals wieder ohne dich zu sein.«
Konnte sie es sich vorstellen? Ach, es war wohl so, daß er sie mehr liebte. Aber diese Erkenntnis erfüllte Caroline mit Rührung und auch mit einer Spur schlechten Gewissens. Er hatte das nicht verdient.
Caroline seufzte. »Laß uns abwarten, was die Kaiserin von deinen Absichten hält. Ich will nicht, daß du dir Nachteile einhandelst. Aber wenn sie unsere Eheschließung für möglich hält . . .«
»Also sagst du ja!« Er drehte sie zu sich herum und küßte sie. »Ach, Caroline, *mon amour,* du wirst die bezauberndste Vicomtesse de la Moreau sein, die es jemals gegeben hat.«

Josephine, Kaiserin von Frankreich, zog den dünnen Seidenschal fester um ihre Schultern. Sie fröstelte, trotz der sommerlichen Wärme, und ihre dunklen, ausdrucksvollen Augen hatten einen fiebrigen Glanz.
»Wie reizend Sie aussehen, meine Liebe«, sagte sie mit ihrer leisen, angenehmen Stimme und lächelte Caroline zu. »Die Luft von Malmaison bekommt Ihnen.«
Sie saßen im Schatten auf der säulengetragenen Terrasse. Überall blühten Rosen in einer Fülle, wie Caroline sie noch nie gesehen hatte. Die Lieblingsblumen der Kaiserin rankten an den weißen Mauern empor, schmückten in großen Rondells die Rasenflächen, leuchteten vom zartesten Rosa bis zum tiefsten, samtigen Dunkelrotin Bosketten und großen Marmorschalen. Die Fenstertüren zum Musiksalon waren geöffnet, und ein paar Spinettöne wehten heraus.
Caroline erwiderte das Lächeln der Kaiserin. »Es ist schön hier. Wie sollte man sich da nicht wohlfühlen, Majestät.«
»Dann hoffe ich, daß Sie mich öfter besuchen werden?« fragte Josephine freundlich. »Ich lebe hier ja recht zurückgezogen jedenfalls neuerdings. Da ist mir jede Abwechslung willkommen.« Caroline sah die Traurigkeit in ihren Augen und versicherte hastig: »Ich komme gern. Euer Majestät brauchen es nur zu befehlen.«
Josephine verzog den Mund. »Ich befehle nichts, dergleichen habe ich immer nur sehr ungern getan. Aber es soll mich freuen, wenn ich Sie bald wiedersehe.« Sie summte die Melodie mit, die drinnen auf dem Spinett gespielt wurde. »Er hat einen guten Anschlag, unser lieber Charles de la Moreau. Wann werden Sie denn heiraten?«
»Ich weiß noch nicht«, erwiderte Caroline verwirrt. »Wir haben noch keinen Termin festgesetzt. Und überhaupt ... Hat er Ihnen nichts von meinen Bedenken gesagt?«
»Gewiß. Sie fürchten, daß der Kaiser ungehalten sein wird, wenn einer seiner Offiziere eine Bürgerliche heiratet. Mag sein. Aber warum soll Sie das hindern? Sie, meine

Liebe, sind reizender als die meisten adeligen Damen, die ich in den letzten Jahren kennengelernt habe, dazu natürlicher, aufrichtiger – kurzum erfrischender. Das werde ich Seiner Majestät sagen, falls er Charles' Heirat tatsächlich für eine Mesalliance hält.« Sie lachte leise. »Und wenn das nicht hilft, werde ich ihn daran erinnern, daß ich damals auch mit ihm eine Mesalliance eingegangen bin. Immerhin war ich eine Vicomtesse de Beauharnais und konnte keinesfalls ahnen, daß mein Gemahl eines Tages Kaiser der Franzosen sein würde.«

»Sie würden also wirklich für den Fall, daß Charles Schwierigkeiten bekommt ...«

»Ich werde für Sie sprechen, ja«, bestätigte Josephine. »Erstens, weil ich Charles sehr gern habe und er so fürchterlich verliebt in Sie ist, und zum anderen, weil ich auch Sie mag.«

»Ach, Majestät!« Caroline wollte der Kaiserin die Hand küssen, doch Josephine zog die Finger zurück.

»Lassen Sie das doch! Kommen Sie mich lieber bald wieder besuchen. Ich werde zusehen, daß es nicht zu langweilig für Sie wird. Ein paar junge Leute werden wir schon zusammenbekommen, zumal ja auch meine Tochter hier ist. Jedermann weiß, daß der Kaiser Hortense sehr gern hat. Sie war immer sein Liebling, lediglich mein Sohn Eugène hat sie manchmal in der Gunst Seiner Majestät übertrumpft. Aber das lag einfach daran, daß er Soldat ist, ein Mann also, mit dem man über Feldzüge und Uniformen, Waffen und militärische Disziplin reden kann. Immerhin, die Anwesenheit der Königin von Holland in Malmaison wird sich in Paris herumsprechen, und ich möchte wetten, daß sich alsbald etliche, die sich Protektion erhoffen, hierher auf den Weg machen werden.«

Sie nahm einen Schluck von der Limonade, die neben ihr auf dem weißen Marmortisch stand. »Sehen Sie mich nicht so betreten an, meine Liebe. Es werden ein paar ganz amüsante Kavaliere darunter sein. Ich jedenfalls habe mich nie gelangweilt, als man mich noch aus diesen Gründen hofierte.«

»Aber ich finde das abscheulich«, platzte Caroline heraus. »Jemandes Gesellschaft nur zu suchen, weil man sich Vorteile davon verspricht. Und noch abscheulicher ist, daß man Sie inzwischen ...« Sie stockte und biß sich auf die Lippen. »Verzeihung, das sollte ich wohl nicht sagen.«

»Warum nicht?« fragte Josephine so leichthin, daß man merkte, wie sie dahinter ihre wahren Empfindungen zu verbergen trachtete. »Glauben Sie, ich wüßte nicht, daß man mich in Hofkreisen mehr oder weniger abgeschrieben hat, seit der Kaiser neue Heiratspläne hegt? Ich bin mir über meine Lage klar. Früher oder später wird Bonaparte sich von mir scheiden lassen – und dann bin ich nichts als eine alternde Frau ohne Bedeutung.«

»Das werden Sie nie sein!« sagte Caroline impulsiv. »Sie sind so schön, so charmant, und daran ändert sich nichts, ob Sie nun Kaiserin sind oder nicht. Man wird Sie immer lieben und bewundern.«

»Nun ja, ein paar gute Freunde werden mir bleiben – und vielleicht auch die Zuneigung des Volkes. Aber dies könnte mir sogar schaden, wenn es eine neue Kaiserin gibt.«

»Sie sagen das alles so, als hätten Sie sich damit abgefunden. Noch ist doch gar nichts entschieden. Der Kaiser liebt Sie, das habe ich immer wieder sagen hören, und seit ich Sie kenne, bin ich davon überzeugt. Er wird Ihnen nichts Böses zufügen, wenn Sie es nicht zulassen.«

Josephine lehnte den Kopf zurück und verschränkte die Arme im Nacken. Für ein, zwei Sekunden war ihr Gesicht bar jeder Verstellung, das Gesicht einer verzweifelten, angstvollen Frau, die sich krampfhaft bemühte, den Schein aufrechtzuerhalten. »Ach, Kind! Freilich hängt er an mir – in gewissem Sinne. Aber lieben? Ich fürchte, ich habe in früheren Jahren seine Neigung für mich allzusehr strapaziert. Und als ich mich ändern wollte, war irgend etwas in ihm kaputt gegangen. Vermutlich war es meine Schuld, ich weiß es heute nicht mehr. Mag sein, daß er irgendwann auch ohne die Fehler, die ich begangen habe, meiner überdrüssig geworden wäre. Trotzdem – Sie können etwas daraus lernen. Charles betet Sie an, er würde alles für Sie tun. Gehen Sie niemals leichtfertig damit um, damit Ihnen nicht das Gleiche wie mir geschieht: daß Sie eines Tages mit leeren Händen dastehen.«

Drinnen im Salon brach das Spinettspiel ab, und gleich darauf trat Charles auf die Terrasse, gefolgt von einem livrierten Diener.

»Soeben ist die Kutsche Ihrer Majestät, der Königin von Holland, vorgefahren«, meldete der Lakai.

Josephine erhob sich. »Dann ist meine Tochter mit den Kindern schon von ihrer Ausfahrt zurück. Lassen Sie uns ins Haus gehen. Ich habe Lou versprochen, ihm meine Spieluhrensammlung zu zeigen.«

Lou – oder richtiger Napoleon Louis – war der zweite Sohn von Hortense und Napoleons Bruder Louis, jetzt allerdings, nach dem Tod seines erstgeborenen Bruders, der älteste. Er war ein niedlicher kleiner Junge mit den blonden Haaren seiner Mutter, aber den dunklen Augen und dem Temperament der Bonapartes. Madame de Boubers, die Erzieherin von Hortenses Kindern, hielt ihn an der Hand, während eine Kammerfrau das jüngste Kind, Charles Louis Napoleon, knapp ein Jahr alt, auf dem Arm trug.

Hortense lächelte ihrer Mutter zu. »Sie hätten uns begleiten sollen, Mama. Es war himmlisch. Wir sind fast bis Versailles gewesen. Auf dem Rückweg haben wir auf einer Wiese am Fluß Picknick gemacht. Ein paar Ziegen grasten dort, und Lou wollte unbedingt auf einer reiten. Wir haben Tränen gelacht.«

»Sie hat mich immer wieder abgeworfen!« erklärte der kleine Junge aufgebracht. »Und nach mir gestoßen. Aber ich habe ihr gesagt, daß ich Seiner Majestät, dem Kaiser, darüber Bericht erstatten werde und er sie streng bestrafen wird.«

Josephine nahm ihn auf den Arm. »Das wird er zweifellos. Ich fürchte, man wird die arme Ziege in die Bastille werfen. Oder standrechtlich erschießen. Schließlich hat sie Majestätsbeleidigung begangen.«
»Ich will auch eine Ziege«, verlangte Lou. »Dann bringe ich ihr bei, daß sie mich auf ihren Rücken lassen muß.«
»Ach, ich weiß nicht«, meinte seine Mutter. »Eine Ziege wäre doch ein ziemlich lächerliches Reittier für jemanden wie dich, findest du nicht, mein Sohn? Solltest du es nicht lieber mit einem Pony versuchen! Am Ende lacht man sonst über dich.«
Lou runzelte die runde Stirn. »Über mich darf überhaupt niemand lachen. Dann trete ich ihn in den Hintern.«
»Lou!« rief seine Mutter entsetzt. »Wo hast du nur diese schrecklichen Redensarten her!«
»Von Papa!« krähte der Kleine. »Ich habe gehört, wie er das zu seinem Kammerdiener Emile sagte. Er sagte, er würde jeden in den Hintern treten, der seinen Befehlen zuwiderhandelt.«
»Zweifellos eine von Louis' seltenen Anwandlungen von Autorität«, sagte Josephine trocken, und alles lachte.
In den Tagen, die Caroline mit Charles in Malmaison verbracht hatte, erfuhr sie, daß Hortense sich endgültig von Louis Bonaparte getrennt hatte. Sie war vor einigen Wochen aus Amsterdam gekommen, und der Kaiser hatte widerstrebend eingesehen, daß eine Versöhnung zwischen den Gatten nicht mehr möglich war. Ihre Ehe war von Anfang an denkbar unglücklich gewesen, und Caroline vermutete, daß die Schuld bei Louis lag. Hortense war eine reizende, kluge, warmherzige Frau, die von ihrem Mann ständig mit krankhafter Eifersucht, später mit regelrechtem Haß verfolgt worden war.
Josephine legte ihrer Tochter den Arm um die Schulter. »Ich bin froh, daß das Kapitel Louis hinter dir liegt, Liebes. Du weißt gar nicht, wie oft ich mir Vorwürfe gemacht habe, daß ich dich seinerzeit zu der Ehe mit ihm gedrängt

habe. Und es war ja auch ganz umsonst, daß du dich für mich opfern solltest.« Sie fing Carolines fragenden Blick auf und fügte hinzu: »Der Kaiser wollte einen Erben. Und da ich keine Kinder von ihm bekam, war er auf den Gedanken verfallen, einen Sohn von Louis und Hortense zu seinem Nachfolger zu bestimmen. Deshalb war Hortenses Heirat so wichtig für mich. Ich bildete mir ein, sie erspare mir die Scheidung.«

An diesem Abend kamen Gäste aus Paris zum Essen, der Chevalier de Floret mit seiner Frau, Graf und Gräfin Garat, sowie Madame de Souza, die Gattin des portugiesischen Gesandten.

»Sie hat einen Sohn, Charles de Flahaut«, erklärte Charles, als er vor dem Diner ein paar Minuten mit Caroline allein war, »dessen Vater Talleyrand sein soll. Neuerdings gibt es Gerüchte, daß General de Flahaut der Geliebte von Königin Hortense ist.«

»Ach!« Caroline lächelte. »Kennst du ihn? Ist er nett? Ich würde es der Königin von Holland wünschen, daß sie glücklich ist. Sie hat offenbar eine schreckliche Zeit hinter sich.«

»Das stimmt. Louis ist vermutlich nicht ganz normal, die Folgen einer früheren Syphilis. Seine Szenen haben Hortense das Leben sehr schwer gemacht. Außerdem heißt es, daß er die Männer den Frauen vorzieht. Und was Charles de Flahaut betrifft – ich bin ihm früher öfter begegnet, als er noch zum Stab von General de Broc gehörte. Er ist recht sympathisch. Im Augenblick ist er, glaube ich, bei der Armee in Österreich«

Das bestätigte sich während des Essens, als Madame de Souza, von Josephine befragt, ziemlich weitschweifig über den letzten Brief ihres Sohnes vom Kriegsschauplatz berichtete.

»Ich denke, daß er im nächsten Monat für ein paar Tage auf Urlaub nach Paris kommt«, sagte Madame de Souza. »Jedenfalls hat er mir Hoffnung darauf gemacht.« Sie

blickte Josephine an. »Es wäre ihm eine große Ehre, wenn er Euer Majestät dann seine Aufwartung machen dürfte.«
»Aber gewiß.« Die Kaiserin lächelte und fütterte ihre Hunde, die neben ihrem Stuhl saßen, mit kleinen Häppchen der Wildpastete. »General de Flahaut wird uns allen willkommen sein.«
Madame de Floret wandte sich an Charles. »Wie ich höre, brechen auch Sie in den nächsten Tagen nach Österreich auf.«
»Am Montag. Wir haben Befehl, uns dem Korps Masséna anzuschließen, das im Augenblick auf der Lobau stationiert ist. Der Kaiser plant offenbar von dort aus die entscheidende Offensive.« »Aber vorher«, sagte Josephine herzlich, »wird der Vicomte noch heiraten – unsere reizende Mademoiselle Caroline.«
»Wahrhaftig?« Eugénie de Floret klatschte in die Hände. »Das freut mich aber.«
Caroline fühlte sich ein wenig überrumpelt, weil ihr plötzlich alle gratulierten. Hortense küßte sie auf beide Wangen, Madame de Souza umarmte sie, Graf und Gräfin Garat und die Damen und Kavaliere von Josephines kleinem Hofstaat schüttelten ihr die Hände.
Anschließend wurde Charles beglückwünscht, die Herren klopften ihm auf die Schulter und zogen ihn mit gutmütigem Spott auf, daß er sich habe ins Ehejoch zwingen lassen.
»Und wann soll die Hochzeit sein?« erkundigte sich Madame de Souza. Charles blickte zu Caroline hin, und als sie schwieg, schwand der glückliche Ausdruck aus seinem Gesicht und machte Unsicherheit Platz. Da empfand sie plötzlich wieder jene große warme Zärtlichkeit für ihn wie in ihrer ersten Nacht. »Übermorgen«, sagte sie und lächelte ihm zu.

Es war nicht die Hochzeit, von der sie geträumt hatte. Sie trug kein weißes Kleid mit einem langen Schleier, und

nicht ihr Vater führte sie, während eine Orgel spielte, an den Altar einer mit Blumen geschmückten Kirche.
Sie heirateten auf dem *Maison commune*, es war abends um neun Uhr, und Charles wäre fast zu spät gekommen, da er den ganzen Tag im Kriegsministerium bei General de Broc festgehalten worden war. Ein verschlafener Beamter namens Dubois, der ständig mit dem Gähnen kämpfte und abscheulich schmutzige Fingernägel hatte, kontrollierte Charles' und Carolines Papiere, sowie die der Trauzeugen, die zu Charles' Bekanntenkreis gehörten. Danach stellte er mit leiernder Stimme fest, daß die Anwesenden sich ordnungsgemäß ausgewiesen hätten und das Brautpaar nunmehr seinen Willen, die Ehe miteinander einzugehen, durch ein Ja zu bekunden habe. Nachdem dies geschehen war, erklärte er Caroline und Charles als rechtmäßig verheiratet und fügte hinzu: »Ich wünsche Ihnen Glück, Madame und Monsieur.«
Charles legte die Arme um Caroline, und sie spürte seine Lippen warm und fest auf ihrem Mund. »Danke, mein Herz«, sagte er leise, und seine blauen Augen leuchteten. »Gott segne dich.« Und dies war der einzige Augenblick, in dem Caroline ein wenig nach Feierlichkeit zumute war. Sie lehnte den Kopf gegen Charles' Brust und fühlte sich geborgen und beschützt.
Monsieur Dubois unterdrückte schon wieder ein Gähnen. »Sie müssen jetzt die Trauungsurkunde unterzeichnen. Sie, Monsieur le Vicomte, hier und Ihre Gattin daneben.«
Und Caroline schrieb zum ersten Mal: Caroline Vicomtesse de la Moreau, geborene Weikersheim. Es war ein aufregendes Gefühl, dabei zu denken: Das bin nun ich. Eine Vicomtesse – und Charles' Frau.
Zu Hause hatte Charles ein Souper vorbereiten lassen. Ein paar seiner Freunde waren erschienen, und die Dienerschaft hatte sich in der Halle versammelt, um ihm und »Madame la Vicomtesse« Glück zu wünschen.
Caroline hatte auch Margot eingeladen und eigens einen

Diener mit ein paar Zeilen ins Haus der Grangette geschickt, doch Margot hatte ausrichten lassen, daß sie bei der vornehmen Hochzeitsgesellschaft fehl am Platze sei und deshalb lieber ein andermal vorbeikäme, um zu gratulieren.

Es war gegen zwei Uhr morgens, als sich die Gäste verabschiedeten. In seinem Schlafzimmer schloß Charles seine Frau in die Arme. Caroline hatte erwartet, daß er sie sogleich entkleiden und zum Bett drängen werde. Aber er hielt sie nur fest und lehnte sein Gesicht gegen ihr Haar. »Meine Frau«, sagte er. Dann hob er ihren Kopf und küßte ihre Stirn. »Du hast heute abend ein paarmal so traurig ausgesehen. Magst du mir sagen, warum?«

»Ich habe an meine Mutter denken müssen und wie gern ich sie heute um mich gehabt hätte. Und daran, daß du übermorgen fortgehst. Und daß es eine so schrecklich eilige Hochzeit war. Nicht einmal deinen Bruder hast du verständigen können.«

»Meinem Bruder habe ich noch gestern nacht geschrieben. Er und seine Frau werden sich freuen. Und du solltest deinen Eltern auch mitteilen, daß sie nun einen Schwiegersohn haben. Vielleicht wird danach wieder alles gut zwischen euch. Und daß ich fort muß ... Ach, *chérie*, du weißt nicht, was ich darum gäbe, wenn ich bei dir bleiben könnte. Aber es wird nicht lange dauern, dann komme ich zurück. Oder du reist mir nach, wenn die Straßen sicher sind. Willst du das tun?«

»Ja«, erwiderte sie, während ein Weinen in ihr aufstieg. »Laß es mich nur wissen. Ich komme, sobald es möglich ist.«

»Nun, inzwischen wirst du hier sehr viel zu tun haben. Du bist jetzt die Herrin dieses Hauses. Wenn du einen Rat oder Hilfe brauchst, wende dich an meinen Anwalt, Monsieur Larennes. Er ist unglaublich verläßlich und hat eine reizende Frau. Die beiden können dir in all den Dingen beistehen, in denen du dich noch unsicher fühlst. Und wenn du magst, hol dir Margot ins Haus.«

Sie wischte sich über die Augen. »Das würde ich gern tun. Ich habe schon selbst daran gedacht, aber ich wußte nicht, ob es dir recht wäre.«

»Margot hat dich lieb, Caroline, und das ist in meinen Augen das Wichtigste. Biete ihr meinetwegen eine Stellung als deine Kammerfrau an, denn wie ich sie kenne, wird sie darauf bestehen, sich ihren Lebensunterhalt zu verdienen. Und mir wäre es eine Beruhigung zu wissen, daß jemand um dich ist, der dich gern hat und auf dich achtgeben wird.«

In dieser Nacht liebten sie einander nicht mit dem leidenschaftlichen Hunger ihrer ersten Begegnungen, sondern voller Zärtlichkeit und wortlosem Verstehen. Und als Caroline später in Charles' Armen einschlief, spürte er ihre Wärme und atmete den Geruch ihrer Haut, und das Gefühl seiner Schuld, das ihn seit jener Nacht, in der er ihren Sohn fortgebracht hatte, nie ganz verlassen hatte, selbst in seinen glücklichsten Augenblicken nicht, schien ihm mit einemmal leichter zu ertragen. Sie würde es vergessen, dieses Kind, genauso wie den Mann, von dem sie es hatte, wenn nur ihm, Charles, die Zeit blieb, sie glücklich zu machen.

Am übernächsten Morgen war er fort. Zusammen mit seinem Diener Antoine und einigen Offizieren, die ihn abholen kamen, verließ er im Morgengrauen das Haus.

Caroline brachte ihn vor das Portal, wo die anderen warteten. Ein Reitknecht hatte die Pferde für Antoine und Charles vorgeführt. Er trug schon Felduniform, und Caroline warf sich noch einmal an seine Brust. Der Himmel war noch von Nachtgewölk bedeckt. Nur im Osten zog eine frühe, perlmutterfarbene Dämmerung herauf, die allmählich einen rosigen Schimmer annahm. Dunkel zeichneten sich die Türme von Notre Dame dagegen ab. Der Fluß war bleigrau, und die Brücken spannten sich wie Scherenschnitte darüber.

»Komm wieder«, flüsterte Caroline erstickt und zog Charles' Kopf zu sich herunter. »Ich bitte dich, komm wieder.« Sie liebte ihn nicht mit dem bedenkenlosen Ungestüm, mit dem sie Pierre geliebt hatte. Aber er war ihr Mann und ihr Freund, und sie wollte ihn behalten. In Erfurt hatte sie gesehen, wie manche Frauen ihren Männern und Söhnen das Kreuzzeichen auf die Stirn malten, wenn sie in den Krieg zogen. Jetzt tat sie es bei Charles und empfand unklar den Trost, der in solch einer kleinen Geste liegen kann.

Und dann kam der schreckliche Augenblick, in dem Charles sich abwandte, um auf sein Pferd zu steigen. Er hob noch einmal grüßend die Hand, bevor er anritt und den anderen folgte. Caroline lief noch ein paar Schritte neben ihm her, dann wurde er schneller, und sie blieb stehen und sah ihm nach, bis er den Pont des Arts erreicht hatte und die kleine Kavalkade hinter den Brückenpfeilern verschwand.

****

8

Über Paris dröhnten die Siegesglocken. An den Plätzen und Straßen sammelten sich die Menschen, um die Flugzettel mit den neuesten Nachrichten vom Kriegsschauplatz zu ergattern. Sie drängten sich vor dem *Moniteur* und den öffentlichen Gebäuden, wo die Siegesmeldungen angeschlagen waren.

In einer tagelang währenden Schlacht waren die österreichischen Armeen besiegt worden. Von der Lobau aus hatte Napoleon des Nachts mit seinen Truppen auf das Nordufer der Donau übergesetzt. Dort trafen sie nur auf die österreichische Vorhut, die man rasch überwältigen konnte. Erzherzog Carl hatte seine Hauptstreitkräfte in der Nähe des Marchfeldes und des Dorfes Deutsch-Wagram zusammengezogen.

Am Morgen nahmen die Franzosen Groß-Enzersdorf und begannen mit dem Bau einer neuen Pontonbrücke. Am Nachmittag wurden Aspern und Eßling erobert, und am frühen Abend bildeten die französischen Armeen mit den Korps Masséna und Bernadotte, der aus Italien anmarschierten Armee unter dem Kommando von Eugène Beauharnais, sowie den Korps Oudinot und Davout eine einheitliche Frontlinie. Am rechten Flügel wurden sie von der Kaisergarde und einer achttausend Mann starken Kavallerie-Division flankiert, die die Armee des Erzherzogs Johann aufhalten sollte, die von Preßburg aus heranzog.

Nach einigen Anfangserfolgen der Österreicher übernahm

Napoleon am zweiten Tag vor Wagram die Leitung der Schlacht, und am Abend war alles entschieden. Davout gelang es, die österreichische Linke über Markgrafneusiedl zurückzudrängen, und Eugène Beauharnais' Italienarmee stürmte nach vorn. Erzherzog Johann traf nicht mehr rechtzeitig aus Preßburg ein, so daß Carl am Abend den Rückzug befahl.
Dennoch dauerte es noch vier volle Tage, in denen die Franzosen die fliehenden Österreicher in unzählige kleine Scharmützel verwickelten, bis Carl endlich um Waffenstillstand bat.
In Paris aber jubelten die Menschen. Kaiserin Josephine kam aus Malmaison, und als sie durch die Straßen fuhr, brauste der alte Ruf aus den Tagen des Italien- und Ägyptenfeldzuges wieder auf: »Vive Notre-Dame-de-la-Victoire! Vive le grand Napoleon!«
Sie winkten der zierlichen, in Weiß gekleideten Frau zu, ein Blumenregen ging auf ihre offene Karosse nieder, die Männer warfen ihre Hüte und Mäntel auf die Straße, so daß die kaiserlichen Pferde wie über einen bunten Teppich aus Stoff und Blumen traten. Der Sieg des Kaisers hatte die Massen wieder mit ihm versöhnt, wenigstens fürs erste. Freilich, als Tage später die ersten Verlustlisten eintrafen, wurde die Siegesfreude gedämpfter, und in den Kirchen wurde kein Tedeum mehr abgehalten, sondern man las Messen für zweiunddreißigtausend gefallene französische Soldaten. Es hieß zwar, daß die Osterreicher weit über vierzigtausend Tote zu beklagen hätten, doch dies tröstete keinen, der um einen Vater oder Bruder, Sohn oder Freund weinte.
Die Kaiserin Josephine kehrte wieder nach Malmaison zurück und machte das Versprechen wahr, daß sie Charles beim Abschied gegeben hatte. Zwei Tage später brachte ein Bote eine Einladung in das Moreausche Palais. Ihre Majestät würde sich freuen, wenn die Vicomtesse Caroline de la Moreau eine Zeitlang Gast in Schloß Malmaison wä-

re. Der Sommer in Paris sei heiß und ungesund, ein Aufenthalt auf dem Lande werde der Vicomtesse zweifellos bekömmlicher sein.

Caroline hatte die Tage seit Charles' Abreise recht einsam und in großer Unruhe verbracht. Ihre liebste Gesellschaft war Margot gewesen, die ihre Stellung bei der Grangette aufgegeben hatte und zu ihr übersiedelt war.

»Und wie gern tu' ich das, Herzchen«, hatte sie erklärt, als Caroline sie darum gebeten hatte. »Oder nein, Verzeihung – jetzt muß ich Madame la Vicomtesse sagen. Aber das macht mir absolut nichts, im Gegenteil. Die Worte fließen mir wie Sahne über die Lippen. Madame la Vicomtesse ... Ha, welch ein Jammer, daß Sie nicht dabei sein können, wenn ich der Grangette den Dienst aufsage und sie wissen lasse, zu wem ich gehe! Ihr Gesicht müßten Sie sehen. Es würde Sie für vieles entschädigen, was Sie bei der alten Kupplerin ausstehen mußten.«

Caroline hatte protestiert. »Hör mit dem Sie auf, Margot. Du warst die erste und beste Freundin, die ich hier hatte, und das werde ich dir nie vergessen.«

Aber die Magd hatte entschieden den Kopf geschüttelt. »Vergessen müssen Sie es ja nicht gerade, Madame la Vicomtesse. Aber Sie und ich – das sind jetzt zwei Paar Schuhe. Es schickt sich nicht, daß ich mit Ihnen umgehe, als wären Sie noch Hausmagd bei der Grangette und eine ihrer zukünftigen Huren. Jetzt sind Sie eine Dame von Stand, und ich will nicht, daß sich die Leute das Maul darüber zerreißen, wenn ich mit Ihnen auf allzu vertrautem Fuß stehe.«

Sie war davon nicht abzubringen gewesen, und außerdem bereitete es ihr zuviel Genugtuung, daß Caroline nun eine Adlige war, als daß sie darauf verzichtet hätte, ihren Titel zu verwenden. Vielmehr sprach sie ihn bei jeder Gelegenheit mit wahrer Begeisterung aus. »Madame la Vicomtesse wünschen ... Madame la Vicomtesse haben befohlen ...«

Dabei umsorgte sie Caroline mit rührender Anhänglich-

keit. Wenn es nach Margot gegangen wäre, hätte Caroline keinen Handschlag mehr selbst tun dürfen. Margot scheuchte die Dienerschaft herum, beaufsichtigte die Küchenmädchen und schaute mißtrauisch den beiden Zofen auf die Finger, die Charles noch vor der Hochzeit für Caroline eingestellt hatte.
»Diese Lucille«, pflegte Margot von der einen zu sagen, »ist ein leichtsinniges, freches Ding. Man darf ihr nichts durchgehen lassen, sonst hält sie Ihre Kleider nicht anständig in Ordnung oder bestiehlt Sie sogar.« Und von der anderen, Adrienne mit Namen, behauptete sie, daß sie faul und stupide sei und man ihr ständig im Nacken sitzen müsse, damit sie ihre Pflichten nicht vernachlässige. »Die ist so träge, daß ihr beim Kauen das Brot im Maul schimmelt. Aber ich werde sie schon in den fetten Hintern treten, wenn sie Ihre Befehle nicht flink genug ausführt, Madame la Vicomtesse.«
Von Charles hatte Caroline zweimal Nachricht erhalten. Er hatte beide Briefe einem Kurier mitgegeben, der gleichzeitig wichtige diplomatische Post nach Paris gebracht hatte. Aber seit Wagram hatte Caroline nichts mehr von ihrem Mann gehört. Zwar war sein Name nicht auf den Verlustlisten aufgetaucht, so daß sie sicher sein konnte, daß er die Schlacht überlebt hatte. Gleichwohl wußte sie nicht, ob er verwundet oder bei späteren Kämpfen ums Leben gekommen war. »Sie dürfen nicht so viel darüber nachgrübeln, Madame la Vicomtesse«, sagte Margot. »Glauben Sie einfach an Ihr Glück, das Ihnen bisher treu geblieben ist. Wem passiert schon so viel Gutes, wie es Ihnen widerfahren ist? Schließlich hätte alles auch ganz anders ausgehen können, nachdem Sie bei der Grangette dermaßen in der Bredouille gesessen haben.«
Caroline seufzte. »Damit hast du recht, Margot, aber gerade das macht mir ja angst. Den wenigsten Menschen geht es ununterbrochen gut, weil Freude und Kummer ständig abwechseln.«

»Stimmt«, erwiderte Margot unbeirrt. »Und bei Ihnen ist die Zeit des Kummers gerade erst vorbei. Also werden die guten Tage noch eine Weile anhalten. Ihr Gatte wird unversehrt aus dem Krieg heimkehren, und dann fängt Ihr gemeinsames Leben erst richtig an.«
Margot hatte Charles ins Herz geschlossen, und für sie stand fest, daß Caroline in ihm den besten Mann der Welt bekommen hatte. Dieser andere, der ihr das Kind gemacht hatte – pah, der taugte nichts, und für Margots Empfinden trauerte man solch einem Menschen auch nicht nach. Man strich ihn einfach aus seinen Gedanken.
»Nicht einmal ein dreijähriges Kind ist so dumm, sich ein zweites Mal absichtlich die Hände an einem heißen Ofen zu verbrennen«, pflegte sie zu sagen. »Soll eine erwachsene Frauensperson blöder sein?«
Daß Caroline ihr Kind verloren hatte, war freilich bitter, und Margot krampfte es jedesmal das Herz zusammen, wenn sie ihre Herrin täglich zum Grab des kleinen Armand gehen sah. Es ist nicht gut, daß sie ausgerechnet jetzt so allein ist, dachte sie dann. Ihr Mann sollte bei ihr sein, und wer weiß – vielleicht liegt dann bald wieder etwas Kleines in der Wiege. Aber da das durch diesen verdammten Krieg im Augenblick nicht möglich ist, muß man sich etwas anderes einfallen lassen, um die Ärmste abzulenken.
Und da war nun diesc Einladung der Kaiserin Josephine! Für Margot war es geradezu eine Majestätsbeleidung, daß Caroline zögerte, ihr Folge zu leisten. »Haben Sie mir nicht erzählt, was für eine liebenswürdige Frau die Kaiserin ist? Also geben Sie Befehl, Ihre Sachen zu packen, und fahren Sie nach Malmaison. Wirklich, Madame la Vicomtesse, ich begreife nicht, daß Sie nicht schon auf dem Wege dorthin sind.«
Caroline seufzte. »Ich fürchte, ich passe dort nicht hin. Ich kann mich nicht so benehmen, wie man es von einer Vicomtesse de la Moreau erwartet, und ich würde es nicht

ertragen, wenn man hinter meinem Rücken über mich lachte.«
»Sie können sich überall benehmen!«
»Aber ich kann nicht tanzen – jedenfalls nicht die höfischen Tänze, die im Augenblick Mode sind, und ich bin nicht so gewandt im Umgang mit der vornehmen Gesellschaft . . .«
»Ach, hören Sie doch auf!« unterbrach Margot sie. »Haben Sie mir nicht erzählt, daß Sie mit einer Baronesse zusammen aufgewachsen sind und akkurat dieselbe Erziehung genossen haben?«
»Ja, aber das war in Erfurt und nicht am Hof der französischen Kaiserin.«
»Und? Schließlich waren Sie schon in Malmaison und haben sich ganz gewiß nicht schlecht aufgeführt, sonst hätte Ihre Majestät Sie nicht wieder eingeladen. Wissen Sie was, Madame la Vicomtesse? Sie brauchen nur noch ein paar elegante Kleider, um in Malmaison zu bestehen. Die bestellen wir bei Monsieur Le Roy, der meines Wissens auch für die Königin Hortense und die Schwestern Seiner Majestät arbeitet. Er wird zwei Wochen brauchen, um Sie auszustaffieren, und in dieser Zeit engagieren Sie einen Tanzlehrer und meinetwegen auch jemanden, der Sie in den höfischen Zeremonien unterweist. Danach werden Sie so gerüstet sein für Malmaison, daß jeder dort Sie für eine geborene Vicomtesse hält.«
Margot setzte Ihren Kopf durch. Caroline bestellte bei Le Roy drei Ballroben und zwei bezaubernde Tageskleider mit passenden Schutenhüten und anderen Accessoires, dazu Negligés, Mäntel und Reitkleidung, und am folgenden Tag erschienen Monsieur Grenouille, ein zierliches, dürres Männchen, um ihr Tanzunterricht zu erteilen, und Madame Héloise de Saint-Claveaux, die vor der Revolution die Erzieherin der Kinder des Herzogs von Choiseul gewesen war. Madame de Saint-Claveaux war ihr von Monsieur Larennes, Charles' Anwalt, und dessen Frau empfohlen

worden und hatte die Aufgabe, Caroline beizubringen, wie man sich in den vornehmen Salons zu bewegen hatte, in welchem Ton man mit Untergebenen sprach, wie man eine ältere höhergestellte Dame zu ihrem Platz geleitete, bei einem Essen die Tischordnung zusammenstellte, welche Toiletten man zu welchem Anlaß trug und was für Einzelheiten man bei einem höfischen Zeremoniell zu beachten hatte.

Es war nicht nur wegen ihres Aufenthalts in Malmaison, daß Caroline bestrebt war, all diese Dinge zu lernen. Sie dachte dabei hauptsächlich an Charles. Er hatte sie zu seiner Frau gemacht, und er sollte sich niemals ihrer schämen müssen. Dies, so fand sie, schuldete sie ihm ebenso wie Dankbarkeit und Zuneigung.

Der Kaiserin hatte sie indessen ein paar Zeilen gesandt und ihr für die Einladung gedankt; sie werde ihr Anfang August mit großer Freude Folge leisten.

Und noch etwas tat Caroline in diesen Tagen: Sie faßte sich ein Herz und schrieb einen Brief an ihre Eltern.

Der Anfang war schwierig. Sie hatte wohl zehnmal die ersten Sätze zu Papier gebracht und anschließend den Bogen zerknüllt und weggeworfen. Sie hatte nichts vergessen. Nicht, wie ihr Vater sie geschlagen und fortgeschickt hatte, und auch nicht die schreckliche Zeit bei Tante Babette.

Aber es war wohl so, daß gerade Väter hart an den Enttäuschungen durch ihre Töchter trugen, weil sie in ihnen so gern etwas Besonderes, Einmaliges sahen, und daß sie deshalb so unverhältnismäßig streng reagierten, wenn die Töchter ihre eigenen Wege gingen.

Caroline lächelte ein wenig, und auf einmal fiel es ihr ganz leicht, diesen Brief abzufassen.

»Lieber Herr Vater, liebe Frau Mutter«, schrieb sie.

»Ich weiß, was ich Ihnen für Kummer zugefügt habe, aber da Sie immer für Ehrlichkeit waren, kann ich Ihnen nicht einmal heute versichern, daß ich, wenn ich die Zeit zurückdrehen könnte, etwas anders machen würde. Denn

dies bitte ich Sie, mir zu glauben: Ich habe nicht aus Schlechtigkeit so gehandelt, sondern aus Liebe.
Ich kann Sie nur bitten, mir das zu verzeihen, um der Liebe willen, die Sie, Herr Vater, für meine Mutter hegen. Oder hätten Sie sich um ihretwillen nicht auch mit Ihren Eltern, vielleicht sogar mit der ganzen Welt angelegt?
Natürlich wäre ich gern die Tochter gewesen, die Sie in mir sehen wollten, aber es war mir nicht möglich. Es würde zu weit führen, Ihnen und Mama in allen Einzelheiten zu schildern, was ich seitdem erlebt habe. Aber vielleicht haben Sie trotz allem manchmal an mich gedacht und darum gebetet, daß es mir nicht allzu schlecht ergehen möge. Wenn ja, so waren es diese Gebete, die mich beschützt und meinem Leben eine so überraschende Wende zum Guten gegeben haben.«
Von ihrem Aufenthalt im Hause der Grangette schrieb sie nichts, auch nicht von dem Kind, das sie erwartet und wieder verloren hatte. Sie berichtete nur von Charles, den sie in Paris kennengelernt und geheiratet hatte.
»Er ist ein Mann, wie Sie, meine Eltern, ihn mir gewünscht hätten, treu, zuverlässig, ehrenhaft, und er liebt mich sehr. Und daß er Franzose ist ... ich bitte Sie sehr, mein liebster Herr Vater, machen Sie sich davon frei, einen Menschen nur nach seiner Geburt zu beurteilen oder zu verurteilen. Wer von uns kann sich die Wiege aussuchen, in die er gelegt wurde?«
Sie fügte noch ein paar Abschiedsworte hinzu und unterschrieb den Brief mit »Ihre Tochter Caroline, die sich nichts sehnlicher wünscht, als daß Sie sie noch liebhätten.«
Eine Woche später hieß sie ihre Zofen, einen großen Schließkorb mit ihren Kleidern zu packen – die neuen hatte Monsieur Le Roy inzwischen geliefert –, sandte einen Boten mit der Nachricht ihrer Ankunft nach Malmaison und brach am Vormittag darauf mit der Kutsche auf.
Sie nahm nur Margot und Adrienne mit, deren in der Tat ein wenig träge, wortkarge Art ihr lieber war als das flinke

Mundwerk der kessen Lucille. Madame Goutier, der Wirtschafterin, hatte sie eingeschärft, sogleich jemanden nach Malmaison zu schicken, wenn eine Nachricht von Charles einträfe.

Die Kaiserin empfing sie voller Herzlichkeit, aber sie erschien Caroline verändert, voll aufgesetzter, gespielter Fröhlichkeit, hinter der sie nur unvollkommen ihre Unrast verbarg. Ihre Augen waren manchmal verweint, und sie sah elend aus. Darüber täuschte auch die sorgsam aufgetragene Schminke nicht hinweg.

»Sie macht sich große Sorgen, weil der Kaiser in Österreich gesiegt hat«, sagte Hortense eines Spätnachmittags, während sie mit Caroline einen Spaziergang unternahm. Sie blieben an einem Teich stehen, auf dem einige weiße Schwäne schwammen. Aus einiger Entfernung hörte man das Lachen und Schwatzen von Hortenses Begleitung. Caroline blickte die Königin von Holland verblüfft an. »Aber wieso ...«

»Für meine Mutter wäre es besser gewesen, er hätte diesen Feldzug verloren. Jetzt kann er dem österreichischen Kaiser einen Friedensvertrag zu seinen Bedingungen aufzwingen. Oder nein, in den Vertrag wird dieser Punkt natürlich nicht aufgenommen werden. Aber er wird trotzdem ein sehr wesentlicher Bestandteil der Verhandlungen sein, und Kaiser Franz wird kaum darum herumkommen, zuzustimmen.«

»Was meinen Sie denn nur, Majestät?«

»Napoleon will Marie Louise von Habsburg, die Tochter des österreichischen Kaisers, heiraten«, sagte Hortense. »Erst war die russische Großfürstin Katharina, die Schwester des Zaren, im Gespräch, aber in Petersburg zeigte man sich wenig geneigt, dieser Verbindung zuzustimmen. Darum soll es jetzt eine österreichische Prinzessin sein. Meine arme Mutter wird dabei auf der Strecke bleiben.«

»Aber sie sind doch schon so lange verheiratet.«

»Dreizehn Jahre.« Hortense warf einen Kieselstein flach

über das Wasser. Sie tat es nach Art der kleinen Jungen, und der Stein sprang dreimal wieder hoch, bevor er endgültig versank. »Das habe ich von meinem Bruder Eugène gelernt«, erklärte sie, »als wir noch Kinder waren und in Fontainebleau lebten. Er konnte es viel besser als ich, und ich habe stundenlang heimlich geübt, um ihn übertrumpfen zu können.«
Sie runzelte die Stirn. »Vielleicht wäre alles anders, wenn mein kleiner Non-non noch lebte. Der Kaiser wollte ihn zu seinem Nachfolger machen. Ursprünglich wollte er ihn sogar adoptieren, doch das hat mein Mann verhindert. Er war wie verrückt vor Eifersucht und behauptete sogar, das Kind sei nicht von ihm, sondern von Napoleon. Nun ja, Non-non ist tot. Er hatte Diphtherie, und ich habe Tag und Nacht an seinem Bett gesessen. Nur ein einziges Mal bin ich aus dem Zimmer gegangen, um etwas zu erledigen, und als ich zurückkam, war alles schon vorbei. Er ist erstickt, und ich war nicht bei ihm.«
»Ich . . . ich habe auch ein Kind verloren«, sagte Caroline leise. »Gleich nach der Geburt. Es hat nur ein paar Stunden gelebt.«
Hortense blickte sie überrascht an. »Dann wissen Sie also, wie einem danach zumute ist.«
»O ja.« Ein Schleier legte sich über Carolines Augen und teilte das in der Sonne glitzernde Wasser in tausend kleine Facetten. »Es ist sehr schlimm. Ich war ebenfalls nicht dabei, als mein kleiner Junge starb. Charles sagte es mir am nächsten Tag. Da war er schon begraben.« Hortense legte ihr den Arm um die Schultern. »Diese Welt ist so schön – und gleichzeitig so schrecklich grausam. Ich frage mich manchmal, warum die Menschen unbedingt noch Grausamkeiten dazu ersinnen müssen. Genügen nicht die, die uns schon von der Natur auferlegt werden? Aber nein, wir erfinden noch Kriege und Mord und Foltern und alle möglichen Niederträchtigkeiten. Was für ein Wahnsinn!«
Sie schwieg eine Weile und meinte dann in verändertem

Ton: »Habe ich Ihnen eigentlich schon erzählt, daß wir morgen Besuch bekommen? Meine Schwägerin, die Fürstin Borghese, hat sich angesagt. Sie ist seit ein paar Wochen aus Spanien zurück und wohl der strengen Aufsicht ihrer Mutter überdrüssig. Madame Mère behandelt ihre Kinder immer noch so, als hingen sie in Korsika an ihrer Schürze. Selbst der Kaiser bleibt nicht davon verschont. Wenn Madame Mère sagt: ›Napoleone, das finde ich aber nicht vernünftig. Du solltest auf meinen Rat hören und nicht immer so eigensinnig sein‹, dann zieht sogar er den Kopf ein.«
»Die Fürstin Pauline Borghese kommt nach Malmaison?« Carolines Stimme klang verstört.
»Ja, aber warum erschreckt Sie das? Polette, wie die Fürstin im Familienkreis genannt wird, ist noch die netteste der ganzen Bonapartes, ein bißchen ordinär, aber gutherzig und großzügig. Die beiden anderen Schwestern des Kaisers sind viel unangenehmer. Na ja – und die Brüder ...« Sie schnitt eine Grimasse. »Wirklich, mit der Fürstin Borghese ist noch am ehesten auszukommen, und ich hoffe, daß sie mit ihrem erfrischenden Mundwerk meine Mutter ein wenig aufheitert.«
Caroline hatte nur mit halbem Ohr hingehört. In ihrem Kopf drehte sich alles. Pauline Borghese kam hierher! Und wenn sie nun nicht allein kam? Wenn sich etwa Pierre de Lancourt in ihrer Begleitung befand? Gott im Himmel, was sollte sie sagen, was tun, wenn sie ihn wiedersah?
»Hat sich die Fürstin mit größerer Begleitung angesagt?« fragte sie und zupfte nervös an der blaßgelben Rose herum, die den Ausschnitt ihres Kleides zierte.
»Sie ist immer von einem Schwarm Leute umgeben.« Hortense setzte sich auf eine Marmorbank im Schatten eines Lindenbaumes und warf ihren Sonnenhut neben sich. »Meist amüsante junge Nichtstuer. Und sie muß ständig etwas unternehmen. Machen Sie sich auf Picknicks und abendliche Tanzvergnügungen gefaßt. Und wahrscheinlich

werden uns auch einige Konzerte nicht erspart bleiben, denn ihr augenblicklicher Liebhaber soll ein junger Musikant sein. Er soll recht hübsch komponieren und ausgezeichnet Cembalo spielen.«
»Sie hat sehr viele Liebhaber, nicht wahr?«
Hortense lachte. »Polette ist wie ein Kind. Was ihr gefällt, muß sie haben. Der Kaiser hat ihr schon die ärgsten Szenen gemacht, aber sie schert sich nicht darum, sondern tut immer nur das, was ihr paßt. Manchmal könnte ich sie darum beneiden.«

Am nächsten Nachmittag war sie da. Sie kam mit einer Berline und hatte noch vier weitere Kutschen im Schlepptau. Kammerfrauen und Lakaien trugen ihr Gepäck in die für sie bestimmten Zimmer, Berge von Hutschachteln, Kleiderkästen, Schatullen mit Schmuck und Schminke, Parfüms, Bänder und Federn. Dabei wollte Pauline Borghese, wie sie erklärte, nur ein paar Tage bleiben.
In ihrer Begleitung befand sich ein bleicher junger Mann, den Pauline als François Patou vorstellte, den sie aber immer nur mit Jou-Jou anredete. Er hörte dies offenbar nicht gern, denn sein Gesicht verzog sich jedesmal, wenn sie ihn so nannte, aber im übrigen schien er der Schwester des Kaisers leidenschaftlich ergeben zu sein, denn er ließ kaum einen Blick von ihr und folgte ihr auf Schritt und Tritt.
Caroline fühlte bodenlose Erleichterung, als sie unter Paulines Begleitung nirgendwo Pierre entdeckte. Es waren acht oder neun Herren, Offiziere zumeist, und vier junge Frauen, deren Namen Caroline bei der allgemeinen Vorstellung nicht behielt. Erst am Abend während des Diners lernte sie die einzelnen näher kennen.
Pauline saß mit ihrem Jou-Jou am Ende der Tafel, der Kaiserin gegenüber. Caroline schaute immer wieder zu ihr hin, beobachtete, wie sie redete und lachte, Jou-Jou mit allerlei Häppchen fütterte und dafür sorgte, daß ihr Glas immer wieder nachgefüllt wurde. Dazwischen küßte sie ihren

Liebhaber ungeniert oder fuhr mit ihren ringgeschmückten Fingern durch seine wildgelockte Haarmähne.
»Ich glaube, Sie hören mir gar nicht zu«, beschwerte sich der junge Offizier, der an Carolines linker Seite saß. Er hatte ein lustiges, stupsnäsiges Gesicht und einen kleinen Oberlippenbart. »Bin ich ein so langweiliger Unterhalter?«
»Pardon, Leutnant Trenton.« Caroline lächelte ihn schuldbewußt an. »Ich war tatsächlich mit meinen Gedanken woanders.«
»Er ist eben ein Langweiler, der gute Trenton«, ließ sich ein anderer junger Mann ihr gegenüber vernehmen. In seinen Augen stand Bewunderung für Caroline. »Aber ich verspreche Ihnen, Vicomtesse, daß ich Sie für die erlittene Unbill entschädigen werde, wenn Sie mir das Vergnügen machen, nach dem Diner mit mir zu plaudern.«
Und ein dritter, von dem sie inzwischen wußte, daß er Fernand de Clambéry hieß, behauptete lachend: »Da kämen Sie vom Regen in die Traufe, Madame. Der Chevalier de Frombard ist dafür berüchtigt, daß er zwar wie ein Wasserfall reden kann, aber genauso einschläfernd wirkt.«
Caroline lachte. »Ich weiß nicht, ob ich nach diesem hervorragenden Essen noch fähig bin, eine geistreiche Unterhaltung zu verkraften.« Fernand de Clambéry, der auf ihrer rechten Seite saß, beugte sich näher zu ihr. »Wie kommt es, daß man Sie noch nie in Paris gesehen hat, Vicomtesse? Sind Sie erst vor kurzem in die Hauptstadt gekommen?«
»O, ich bin schon seit dem vergangenen Winter hier. Aber ich habe sehr zurückgezogen gelebt.«
»Hat Ihr Gatte Sie eifersüchtig versteckt? Verstehen könnte man es bei einer solchen Schönheit, obwohl es natürlich sehr, sehr selbstsüchtig ist. Ist es wahr, daß Sie aus Deutschland stammen?«
»Ja, allerdings.«
»Interessant!« Leutnant Trenton trank ihr zu. »Sind die Damen dort alle so schön wie Sie? Dann werde ich Mar-

schall Ney darum bitten, demnächst dorthin versetzt zu werden. Dieser Moreau ist ein Glückspilz! Lernt die aufregendste rothaarige Schönheit kennen, die in letzter Zeit nach Paris gekommen ist, und erobert sie sofort. Ich muß Ihren Gatten fragen, wie er das angestellt hat.«

Sie waren nett, diese jungen Kavaliere, heiter und charmant, und Caroline begann, sich in ihrer Gesellschaft wohlzufühlen. Allmählich wich der Druck von ihr, den sie seit Charles' Abreise empfunden hatte. Und auch die Anwesenheit von Pauline Borghese machte ihr nichts mehr aus. Hortense hatte recht: Die Fürstin war in der Tat eine vergnügliche, unterhaltsame Person, die trotz ihrer exaltierten Aufmachung – sie trug an diesem Abend ein leuchtend rotes, mit schwarzen Straußenfedern besetztes Kleid, das aus so dünnem Stoff war, daß sie fast nackt darin wirkte – eine unkomplizierte Gutherzigkeit ausstrahlte. Und überhaupt, was ging es sie, Caroline, noch an, daß die Schwester des Kaisers in Spanien einen Geliebten namens Pierre de Lancourt gehabt hatte!

Nach dem Essen wurde tatsächlich musiziert. Jou-Jou gab einige Kompositionen zum besten. Sie klangen recht hübsch, und später wurde getanzt. Zum Haushalt der Kaiserin gehörten natürlich auch Musikanten, die auf einer Empore im Gartensaal aufspielten. Die Fenstertüren waren offen, die weißen Tüllgardinen bauschten sich im Wind, und Fackellicht erhellte die kiesbestreuten Wege und Rasenflächen mit Josephines Rosenbeeten.

Caroline war froh, daß sie zwei Wochen lang täglich Tanzunterricht genommen hatte. So beherrschte sie wenigstens einen Teil von den komplizierten Figuren der Contretänze, und beim Wiener Walzer, der seit ein paar Jahren in Mode gekommen war, schwebte sie, wie Leutnant Trenton behauptete, »anmutig wie eine Sylphide« über das Parkett.

Und wie gut, dachte sie, daß ich Margots Rat gefolgt bin und mir ein paar neue Kleider habe schneidern lassen. Sogar Pauline Borghese machte ihr in einer Tanzpause ein

Kompliment über ihre zartgrüne Abendrobe mit der Silberstickerei und der dunkelgrünen Schleppe.
»Ich vermute, Sie haben es bei Le Roy arbeiten lassen«, sagte sie und setzte sich neben sie in das mit cremefarbener Atlasseide bezogene Sofa. »Ich kenne niemanden, der es besser versteht, die Vorzüge einer Frau zu unterstreichen und die kleinen Mängel zu kaschieren.« Ungeniert ließ sie ihren Blick über Carolines Figur gleiten. »Wobei man in Ihrem Fall kaum von Mängeln sprechen kann. Sie sind sehr hübsch, Vicomtesse. Wenn wir wieder in Paris sind, müssen Sie mich unbedingt besuchen. Sie werden Eindruck machen, da gehe ich jede Wette ein.«
»Wie liebenswürdig von Ihnen, Fürstin, das zu sagen«, murmelte Caroline, und Pauline lachte. Sie hatte weiße, ein wenig unregelmäßige, spitze Zähne, das Gebiß einer Wildkatze.
»Nur aufrichtig. Und ein bißchen boshaft. Es würde mir großen Spaß bereiten, zuzusehen, wie Madame Récamier, Tereza Tallien und was es sonst noch für hochgelobte Schönheiten in den Pariser Salons gibt, grün vor Neid werden, wenn Sie sie in den Schatten stellen.«
Plötzlich mußte Caroline an jenen Vormittag im Boudoir der Gräfin Wardenburg denken, als sie eine Balltoilette ihres Vaters abgeliefert und Pierre bei der Gräfin vorgefunden hatte. Einmal dazugehören dürfen, hatte sie damals gedacht. Einmal jemand wie die Wardenburg sein, bewundert werden, schöne Kleider haben, Pferde, Kutschen, Dienerschaft ...
Mit welch heißem Herzen hatte sie sich das gewünscht und nie erwartet, daß es jemals für sie Wirklichkeit werden könnte. Aber nun es war geschehen. Sie, die Schneidermeisterstochter Caroline Weikersheim, saß hier im Gartensaal der französischen Kaiserin, und Pauline Borghese, Herzogin von Guastalla, behauptete, sie werde die berühmtesten Pariser Schönheiten übertrumpfen.
Caroline lächelte. Nach dem, was hinter ihr lag, war es

einfach herrlich, reich und angesehen zu sein, schöne Kleider zu tragen und bewundert zu werden!
Charles, dachte sie, lieber, lieber Charles, und das alles verdanke ich dir!
Am nächsten Morgen kam Marcel, einer der Pferdeknechte aus dem Moreauschen Palais, nach Malmaison geritten und brachte einen Brief für Caroline mit. Er war von Charles und kam aus Wien.
Wie er schrieb, hatte er sich in der Schlacht bei Wagram ausgezeichnet und war zum Capitaine befördert worden. »Außerdem hatte Seine Majestät, der Kaiser, die Gnade, mich in seinen Stab zu berufen. Ich bin jetzt Adjutant Seiner Majestät, werde häufig in seiner Nähe sein und hoffe, daß ich bald Gelegenheit bekomme, mit ihm über Dich zu sprechen, mein liebes Herz. Wir werden eine Zeitlang in Wien bleiben, sicherlich bis zum Herbst, wenn nicht länger, denn die Friedensverhandlungen, die nun folgen, werden nicht in zwei oder drei Tagen beendet sein. Ich träume davon, Dich in dieser Zeit bei mir zu haben. Wie gesagt, Seine Majestät ist mir im Augenblick sehr gnädig gesonnen, und ich muß nur einen günstigen Augenblick abpassen, in dem ich ihn um die Erlaubnis bitten kann, Dich herzuholen. Danach werde ich sogleich alles in die Wege leiten, damit Du ein *Laissez-Passer* für Dich und Deine Begleitung bekommst. Bereite immerhin schon einmal Deine Abreise vor. Ach, ich bin ganz verrückt vor Freude bei der Vorstellung, daß ich Dich vielleicht schon bald wieder in die Arme schließen kann. Ich küsse Dich tausendmal. Und gib gut auf Dich acht, denn vergiß nicht, daß Du für mich der wichtigste Mensch auf der Welt bist.«
»Natürlich müssen Sie reisen«, meinte die Kaiserin, als Caroline ihr freudestrahlend von dem Brief erzählte. »Der Kaiser wird nichts dagegen haben, denn er ist bereits von mir unterrichtet worden, was für eine bezaubernde Frau die frischgebackene Vicomtesse de la Moreau ist.« Sie lächelte mit geschlossenen Lippen, wie sie es immer tat, da

sie ein wenig schadhafte Zähne hatte. Sie war sehr sorgsam geschminkt, mit silbern schimmernden Augenlidern, und mit den hochgekämmten Ringellöckchen und den Perlenschnüren im Haar sah sie anmutig und noch immer sehr jung aus.

Jünger jedenfalls als der Kaiser, dachte Caroline, obwohl sie doch einige Jahre älter ist als er.

»Das war sehr gütig von Ihnen, Majestät«, sagte sie. »Ich würde auch sehr gern zu meinem Mann fahren. Schließlich waren wir seit unserer Hochzeit nur zwei Tage zusammen, danach mußte er fort.«

»Hoffen wir, daß es die erste und letzte Trennung in Ihrer Ehe ist.«

Josephine ordnete ein paar Blumen in einer Schale. »Diese ewigen Feldzüge müssen doch einmal ein Ende haben.« Sie setzte sich in einen Brokatsessel und schlug die Beine übereinander. An den nackten Füßen trug sie silberne Sandalen.

In der Nacht hatte es ein Gewitter gegeben, seitdem war das Wetter umgeschlagen. Es war kühl und regnerisch, und die Kaiserin zog fröstelnd die Schultern hoch.

»Soll ich Eurer Majestät einen Schal holen?« fragte Caroline sofort, doch Josephine winkte ab. »Das kann Madame de Vaumont tun.« Sie zog an einer Klingelschnur und bat die eintretende Hofdame, ihr einen Kaschmirschal zu bringen. Lächelnd hüllte sie sich darin ein, während sich die Vaumont mit einer Verbeugung zurückzog.

»Er ist aus England. Ich habe neulich eine ganze Sendung gekauft. Der Kaiser würde toben, wenn er es wüßte. Aber ich liebe diese Schals, auch wenn es in den Augen Seiner Majestät eine Art Hochverrat ist. Ich weiß nicht, wie es vonstatten geht, aber irgendwo wird immer die Blockade durchbrochen, und man bekommt englische Waren zu kaufen. Als Louis noch König von Holland war, hat er ebenfalls beide Augen zugedrückt, wenn englische Handelsschiffe an der Küste landeten. Wahrscheinlich hat es ihm sogar ein boshaftes Vergnügen bereitet, den Befehlen seines Bruders zuwiderzuhandeln.«

Die Kaiserin lachte und hielt dabei graziös die Hand vor den Mund. »Sie machen ein Gesicht, als wüßten Sie nicht, was Sie antworten sollten.«

»Das stimmt auch, Majestät. Ich möchte nichts Verkehrtes sagen.« »Nun, was die schrecklichen Bonapartes betrifft, so sage ich, was mir gefällt. In meinen Augen taugen sie alle nichts. Sie sind undankbar, raffgierig und – jeder auf seine Weise – intrigant, die Fürstin Borghese ausgenommen. Polette ist ständig mit ihren Liebschaften beschäftigt, so daß ihr keine Zeit bleibt, sich um andere Dinge zu kümmern. Ich bin neugierig, wie lange sie es mit ihrem Jou-Jou aushält.«

Sie unterbrach sich, weil ihre Tochter eintrat. Die Königin von Holland nickte Caroline, die sich erhob, freundlich zu. »Behalten Sie Platz, meine Liebe. Sie haben Nachricht von Ihrem Gatten, höre ich. Darf man wissen, wie es ihm geht?«

Caroline berichtete, was in Charles' Brief stand, und Hortense setzte sich ihr gegenüber an den runden Intarsientisch. »Dann werden Sie uns also bald verlassen, um nach Wien zu reisen.«

»Wenn ich die Genehmigung dazu erhalte – ja.«

»Adèle de Broc wird sicherlich auch zu ihrem Mann wollen. Vielleicht können Sie die Reise gemeinsam machen. Dann wäre es nicht so langweilig für Sie beide.«

»Falls es der Generalin de Broc nicht lieber ist, allein zu fahren«, meinte Caroline zögernd.

»Gewiß nicht«, antwortete Hortense resolut. »Ich schreibe ihr ein paar Zeilen und lege Sie ihr ans Herz. Wie ich meine gute Adèle kenne, wird sie sowieso in den nächsten Tagen herkommen, um mich zu besuchen. Wir waren zusammen im Internat von St. Germain-en-Laye, und Adèle gehörte bis zu ihrer Heirat mit dem General zu meiner engsten Umgebung. Sie ist einer der nettesten, aufrichtigsten

Menschen, die ich kenne. Sie brauchen also keine Angst zu haben, daß ich Ihnen eine unangenehme Person aufdrängen will.«

Sie blickte zum Fenster. »Sehen Sie nur, es hat aufgehört zu regnen. Was halten Sie von einem Spaziergang? Wir könnten Lou und den Kleinen mitnehmen.«

Eine Viertelstunde später schlenderten die beiden jungen Frauen durch den Park, in einiger Entfernung von Madame de Boubers gefolgt, die die beiden Kinder der Königin an der Hand führte. Der kleine Charles Louis Napoleon, der im April ein Jahr alt geworden war, hatte lautstark protestiert, als man ihn in einen Wagen setzen wollte.

»Laufen«, hatte er beharrt und mit seinen stämmigen Beinchen aufgestampft. Aber da er nur langsam vorwärtskam, blieb Madame de Boubers mit den Kindern immer weiter zurück.

»Ich hoffe, daß Sie nach Ihrer Wiener Reise . . .« Hortense verstummte jäh, als ein Offizier auf dem Weg auftauchte.

»Das ist doch . . . General de Flahaut! Wie kommen Sie denn hierher – und so überraschend? Ich wähnte Sie in Österreich.«

»Da war ich auch, bis mich Seine Majestät mit wichtigen Depeschen nach Paris schickte. Gestern bin ich angekommen – und heute hier, um der Kaiserin meine Aufwartung zu machen.«

Caroline beobachtete, wie Charles de Flahaut sich vor Hortense verneigte und sie einander anblickten. Sie liebt ihn tatsächlich, dachte sie. Hortenses etwas farbloses Gesicht war plötzlich regelrecht hübsch, und selbst ihre Stimme klang anders als sonst, als sie fragte: »Waren Sie schon bei Ihrer Majestät?«

»Gewiß. Sie hatte die Güte, mir zu sagen, wo ich Sie finden könnte. Darf ich meiner Bewunderung für das blühende Aussehen Eurer Majestät Ausdruck verleihen? Euer Majestät werden alle Tage schöner.«

»Und Sie sind immer noch der alte Schmeichler!« Mit

strahlenden Augen wandte sich Hortense zu Caroline um. »Darf ich Ihnen den Brigadegeneral de Flahaut vorstellen, meine liebe Madame de la Moreau. Seine Mutter, Madame de Souza, kennen Sie ja bereits. Sie kommen also vom Kriegsschauplatz, General?«

»In Österreich herrscht Waffenstillstand, Majestät. Die Kampfhandlungen sind eingestellt, und die Friedensverhandlungen haben bereits begonnen.« Charles de Flahaut lächelte auf gewinnende Art. Er war kein schöner Mann mit dem etwas schütteren, blaßblonden Haar und dem runden Gesicht, aber er hatte fröhliche Augen und eine sympathische Ausstrahlung. »Sie also sind die Vicomtesse de la Moreau! Ich habe auch einen Brief Ihres Gatten für Sie mitgebracht und auf Befehl Seiner Majestät, des Kaisers, bereits das erforderliche *Laissez-Passer* für Sie und Ihre Begleitpersonen beantragt. Sie können reisen, sobald Sie wollen, Vicomtesse. Das gleiche gilt übrigens auch für Madame de Broc, Euer Majestät«, fügte er an Hortense gewandt hinzu. »Der General brennt verständlicherweise darauf, seine junge Frau wiederzusehen. Als ich ihr heute vormittag die Nachricht brachte, gab sie sogleich Befehl, ihre Sachen zu packen. Im übrigen hat sie mich gebeten, Euer Majestät ihre ergebensten Grüße auszurichten.«

»Dann werde ich Adèle also nicht mehr vor ihrer Abreise sehen. Schade.« Hortense nahm Charles' Arm. »Und Sie, meine liebe Vicomtesse, werden Malmaison vermutlich auf dem schnellsten Wege verlassen wollen.«

»Wenn es nicht allzu unhöflich erscheint...« Caroline blickte Hortense unsicher an, und die junge Frau lachte. »Sie haben keinerlei Verpflichtungen, Vicomtesse, außer der, Ihren Mann glücklich zu machen – und das per Extrapost, wenn es nötig sein sollte.«

Drei Tage später verließ die schwere Reisekutsche der Moreaus mit Caroline und Adèle de Broc Paris. In zwei weite-

ren Kutschen folgten die Bediensteten der beiden und das Gepäck.
Als Caroline von Malmaison aufgebrochen war, hatte Hortense ihr einen Brief an Adèle de Broc mitgegeben, und die lebhafte, sehr herzliche Frau des Generals hatte bereits am folgenden Nachmittag Besuch bei Caroline gemacht. »Die Königin von Holland hat mir geschrieben, daß Sie eine liebenswerte, fröhliche junge Frau sind, und jetzt finde ich diesen Eindruck bestätigt. Also würde ich vorschlagen – falls ich Ihnen nicht zuwider bin –, daß wir das Kreuz dieser langen Fahrt gemeinsam auf uns nehmen. Ich verspreche Ihnen auch, nicht ununterbrochen zu reden.«
Sie fuhren über Nancy und Strasbourg und dann quer durch das südliche Deutschland nach Österreich. Es war eine Reise, bei der es viel zu sehen gab, alte malerische Städte, satte Landschaften im Glanz einer wahrhaft goldenen Septembersonne – aber auch Schlachtfelder. Verwüstete Äcker, verbrannte Gehöfte, endlose Reihen von Erdhügeln mit einfachen Holzkreuzen darauf – Soldatengräber von Franzosen, Österreichern, Bayern, stumme Zeugen grauenvollen Kämpfens und tausendfachen Sterbens.
Adèle de Brocs Munterkeit verstummte angesichts dessen, und Caroline begriff während dieser Reise eines: daß die Menschen eines Volkes gleichgültig, ob es nun Sieger oder Besiegte waren, das gleiche Leid trugen und der Begriff Feind darüber unwesentlich wurde. Ein toter Franzose war ebenso Opfer wie ein toter Deutscher, und für sie gab es weder Triumph noch Niederlage, auch wenn die Lebenden dies manchmal meinen mochten.
In der zweiten Septemberhälfte erreichten sie Wien. Napoleon hatte sein Hauptquartier im Schloß Schönbrunn aufgeschlagen. Als die staubigen Kutschen die breite Auffahrt hinauffuhren und im Ehrenhof vor der großen Freitreppe hielten, eilten einige Gardisten herbei. Der Wagenschlag der ersten Kutsche wurde aufgerissen, und Adèle de Broc

stieg aus. Sie schüttelte ihr zerknittertes Reisekleid aus und rückte sich den lila Hut mit der großen Taftschleife zurecht. »Madame«, sagte der Wachhabende, ein älterer Sergeant mit einem gewaltigen grauen Schnauzbart.

»Ich bin Madame de Broc. Und dies ist die Vicomtesse de la Moreau.« Adèle deutete auf Caroline, die gleichfalls aus der Kutsche stieg. Im selben Augenblick rief vom Portal her eine Männerstimme:

»Caroline! Mein Gott, sie ist es wirklich! Caroline!« Charles de la Moreau kam, immer zwei Stufen auf einmal nehmend, die Treppe hinunter. Caroline raffte ihre Röcke und lief ihm entgegen. Auf dem untersten Treppenabsatz hatten sie einander erreicht und fielen sich in die Arme. Charles küßte seine Frau, er hob sie hoch und hielt sie an sich gepreßt, daß ihr die Rippen schmerzten.

»Wie überaus rührend«, sagte Adèle de Broc. »Würden Sie mir das gleiche Vergnügen gönnen, Sergeant, und meinem Gatten melden, daß ich eingetroffen bin?«

In der Nacht ging ein heftiges Gewitter über Wien nieder. In Charles' Schlafzimmer brannte nur eine einzige Kerze, dennoch wurde es häufig taghell von den grellen Blitzen. Im Park von Schönbrunn köpfte der Gewittersturm die blühenden Chrysanthemen, und der Regen verwandelte die Wege in lehmigen Morast mit spiegelnden Wasserpfützen.

Caroline lag nackt in Charles' Armen, ihr rotes Haar war auf den Laken ausgebreitet, und Charles wickelte sich eine Strähne um die Hand. »Wie schön du bist«, murmelte er und küßte ihre geschlossenen Augen.

Caroline lachte leise. »Wir sind ganz schön verrückt, wir beide. Dabei war ich vorhin noch so müde von der Reise, daß ich mir nichts mehr wünschte, als zwölf Stunden hintereinander zu schlafen.«

»Das sollst du auch, mein Herz. Ich habe morgen früh Dienst beim Kaiser, aber das muß dich nicht stören. Schlaf, solange du willst. Ich werde ganz leise sein, wenn ich aufstehe.«

»Und wann ist das?« erkundigte sie sich schläfrig.
»Um sechs ... also in vier Stunden. Doch das soll dich nicht kümmern.« Er küßte sie wieder. »Ich fühle mich frisch und ausgeruht und weiß nicht, ob ich jetzt überhaupt schlafen kann. Ich möchte lieber wach bleiben und dich ansehen, deinen Atem hören und wissen, daß du bei mir bist.«
»Du lieber Verrückter«, murmelte sie und drehte sich so, daß sie in seinen Armen bleiben konnte. Den Kopf auf seiner Brust, so schlief sie fast übergangslos ein.
Zwei Tage später wurde Caroline zum Kaiser befohlen. Sie war ein wenig erschrocken, als Charles ihr die Nachricht brachte. »Warum will er mich sehen? Gibt es einen besonderen Grund dafür?«
»Madame de Broc hat ihm von dir erzählt, das hat ihn vermutlich neugierig gemacht. Außerdem ist es nicht unüblich, daß der Kaiser die Frauen seiner Stabsoffiziere kennenlernen möchte.« Charles setzte sich auf ein Sofa und zog sie auf seinen Schoß. »Mach nicht solch ein Gesicht. Er wird dir ein paar Fragen stellen und ohne Zweifel sehr liebenswürdig zu dir sein. Seine Majestät hat ein Auge für Frauenschönheit.«
»Aber er kennt mich doch schon. Meinst du, daß er sich daran erinnert?«
»Wäre das denn schlimm?«
»Ich weiß nicht ...« Trotz Charles' Unbekümmertheit empfand sie ein ungutes Gefühl. »Hoffentlich mache ich bloß alles richtig. Es wäre mir schrecklich, wenn du meinetwegen Ärger bekämst.«
Napoleon hatte sie für ein Uhr mittags zur Audienz befohlen. Ein paar Minuten vor der Zeit ließen sich Charles und Caroline durch Bourienne, seinen Sekretär, melden. Das kleine dürre Männchen verschwand im Arbeitszimmer des Kaisers und kam nach wenigen Augenblicken wieder zurück. »Seine Majestät bittet Sie zu warten. Es wird einige Minuten dauern.«

Caroline und Charles setzten sich im Vorsaal auf die hochlehnigen Stühle. Plötzlich hörte man Napoleons laute, aufgebrachte Stimme. »Das ist eine Unverschämtheit! Ein Affront gegen meine Person! Bestellen Sie das Ihrem Kaiser! Ich bleibe bei dem, was ich gesagt habe, und niemand wird mich davon abbringen!«
Jemand entgegnete etwas in gemäßigterem Ton, doch der Kaiser brüllte ihn nieder. Er bekam einen seiner gefürchteten Wutanfälle, schrie und tobte, und zu guter Letzt flog irgend etwas gegen die Wand und zerschellte klirrend.
Und noch immer schrie Napoleon, schrie mit scharfer, sich überschlagender Stimme und hämmerte dazu offenbar mit den Fäusten auf einen Tisch. Caroline verstand: ». . . hat mich in diesen Krieg getrieben . . . in der Hoffnung, ich werde untergehen . . . Woher nehmen Sie die Frechheit zu glauben, ich würde mich nunmehr, da ich siegreich war, mit Almosen zufriedengeben . . . Verlange Triest, Friaul, Kroatien und Dalmatien. Verlange fernerhin, daß Sie, Graf Stadion, zurücktreten . . . Sie, das Haupt der Erhebung . . .«
Caroline blickte Charles nervös an. »Sollten wir nicht lieber gehen? Vielleicht kann ich mich unter einem Vorwand entschuldigen lassen?«
In diesem Augenblick gingen die Flügeltüren zu Napoleons Arbeitszimmer auf, und Graf Stadion, der österreichische Außenminister, erschien. Er war bleich, und um seinen Mund lag ein verkniffener Zug. In seiner Begleitung befanden sich einige Herren.
Grußlos ging die Gruppe an Charles und Caroline vorbei. Sie griff nach dem Arm ihres Mannes und wollte ihn mit sich ziehen. Doch da tauchte Bourienne wie ein Schatten von irgendwoher auf und bedeutete ihnen mit einer Handbewegung, zu warten. Er verschwand im Arbeitszimmer des Kaisers und meldete: »Der Capitaine de la Moreau und die Vicomtesse de la Moreau bitten untertänigst, Eurer Majestät ihre Aufwartung machen zu dürfen.«

»Sollen hereinkommen«, hörte man Napoleons Stimme.
Sein Arbeitszimmer war ein saalartiger Raum, an dessen Ende der Schreibtisch des Kaisers stand. Napoleon lehnte in der dahinter befindlichen Fensternische. Als einzigen Orden trug er das Kreuz der von ihm gestifteten Ehrenlegion. Er hatte die Arme vor der Brust verschränkt, und seine Augen, mit denen er Caroline musterte, waren finster.
Er ist noch dicker geworden, dachte sie, und er sieht krank aus. So gelb im Gesicht.
»Sire«, sagte Charles, »darf ich Ihnen meine Frau vorstellen? Sie möchte Ihnen danken, daß Sie ihr gestattet haben, hierher zu kommen.«
Napoleon stieß sich von der Fensterbank ab und marschierte mit kurzen, knallenden Schritten auf sie zu. Vor Caroline blieb er stehen, die Arme noch immer vor der Brust verschränkt, und wippte mit den Fußspitzen. »Sie«, sagte er, »Sie sind die Vicomtesse de la Moreau? Meinen Glückwunsch, Madame. Hoffentlich wechseln Sie Ihre Ehemänner nicht so rasch wie Ihre Verlobten.«
Caroline wurde es siedendheiß. »Majestät erinnern sich also . . .«
»Natürlich«, erwiderte Napoleon mit einem unangenehmen Auflachen. »Sie sind sehr hübsch, Madame. Rote Haare, grüne Augen, so etwas prägt sich ein. Aber ebenso erinnere ich mich an das Gespräch mit Ihnen. Sie hatten ein paar recht aufrührerische Gedanken im Kopf, die ich einem deutschen jungen Mädchen, das mit einem deutschen jungen Mann verlobt war, nicht allzu übelgenommen habe. Anders ist es, wenn diese Dame mit einem meiner Adjutanten verheiratet ist.«
»Sire«, sagte Charles, doch der Kaiser schnitt ihm mit einer Handbewegung das Wort ab.
»Sie sind still, Moreau! Ich habe Sie nicht zum Sprechen aufgefordert. Die Kaiserin hat mir geschrieben, daß Sie eine Deutsche geheiratet haben. Normalerweise hätte mich

schon das verärgert. Gibt es in Frankreich nicht genügend junge Damen aus angesehener Familie für meine Offiziere? Aber Ihre Majestät hat ein wahres Loblieb auf den Charme und den Liebreiz Ihrer Frau gesungen, so daß ich beschloß, über ihre Herkunft hinwegzusehen. Aber ich wäre mit aller Schärfe gegen Ihre Eheschließung eingeschritten, wenn ich gewußt hätte, wer diese Frau ist. Oder hat sie Ihnen nicht erzählt, daß sie in Erfurt zu mir kam, um um Gnade für ihren damaligen Bräutigam zu bitten, der in sehr undurchsichtige Machenschaften gegen Frankreich und meine Person verstrickt war?«
»Doch, Majestät, das hat sie!«
»Dann sind Sie dümmer, als ich dachte, Capitaine! Und Sie, Madame«, der Kaiser fuhr zu Caroline herum, »Sie sind im Herzen vermutlich immer noch dieselbe, die Sie damals waren. Was wollen Sie hier? Herumspionieren und alles, was Ihnen von Wichtigkeit erscheint, nach Hause berichten? Ihrem Gatten mit Ihrem rebellischen Gefasel über ein aufgezwungenes französisches Joch und die himmelschreiende Ungerechtigkeit, die man Ihrem Vaterland zufügt, in den Ohren liegen?«
Caroline schluckte. »Ich möchte nichts als bei meinem Mann sein, Sire, der zwei Tage nach unserer Hochzeit an die Front aufbrechen mußte.«
»Mußte?« wiederholte Napoleon. »Also vermutlich wieder etwas, das Sie mir anlasten, was? Der Tyrann, der nichts als Schlachten und Kriege im Sinn hat und dafür Männer aus den Armen ihrer Frauen reißt! Wissen Sie am Ende gar nicht, daß Österreich es war, das die Feindseligkeiten gegen mich eröffnet hat?«
»Natürlich weiß das meine Frau, Sire«, erwiderte Charles an Carolines Stelle. »Und ich bitte alleruntertänigst . . .«
»Sie halten den Mund!« bellte Napoleon wieder, und Caroline dachte: Wie ist es nur möglich – ein so großer Mann, ein Feldherr, vor dem die halbe Welt zittert – und ist plötzlich so klein in seinem Denken!

Der Zeigefinger des Kaisers stieß vor. »Und von Ihnen, Madame, möchte ich wissen, weshalb Sie so süffisant lächeln. Komme ich Ihnen dermaßen erheiternd vor?«
»Nein, Sire«, platzte Caroline heraus. »Ich frage mich nur, ob Sie es nötig haben, sich um die Meinung einer so unbedeutenden Person wie mich zu kümmern und mit meinen Äußerungen Wortklauberei zu betreiben.«
Sekundenlang war es so still, daß man auf dem Kaminsims die große Uhr unter dem Glassturz ticken hörte. Dann brüllte Napoleon:
»Abtreten, Capitaine de la Moreau! Kümmern Sie sich darum, daß Ihre Frau innerhalb von vierundzwanzig Stunden Wien verlassen hat. Im übrigen sollten Sie sich Gedanken darüber machen, was Ihnen wichtiger ist: Ihre übereilte Eheschließung oder Ihre militärische Karriere!«

»Ich habe es gewußt! Ich habe es die ganze Zeit gewußt und gefürchtet! Aber du hast mir ja nicht glauben wollen!« In Charles' Wohnung, die er in einem der zahllosen Nebengebäude des Schlosses innehatte, warf sich Caroline auf das Bett und brach in Tränen aus. »Da hast du ihn, deinen Kaiser! Ein widerlicher, selbstherrlicher Tyrann ist er! Bis zum Kragen seiner Chasseuruniform vollgestopft mit Vorurteilen und Aufgeblasenheit! Und launisch wie eine Primadonna der Pariser Oper. Was hat er denn erwartet? Daß ich mich ihm zu Füßen werfe und ihn unter Weinen anflehe, in seinem göttlichen Dunstkreis bleiben zu dürfen?«
»Ich vermute, das hätte in seiner augenblicklichen Verfassung auch nichts genützt.« Charles setzte sich neben sie auf das Bett und umfaßte ihre Schultern. »Die ganze Sache war von Anfang an verfahren. Das war mir klar, als wir ihn im Vorsaal schreien hörten. Ich bitte dich, Liebes, weine doch nicht so. Seine Majestät hat schließlich nur angeordnet, daß du Wien verlassen mußt. Du wirst in der Nähe bleiben, und ich komme zu dir, so oft ich kann.«

»Heimlich?« fragte sie noch immer schluchzend. Aber es waren Tränen der Wut. »Du hast es doch gehört – dein grandioser Kaiser stellt dich vor die Wahl zwischen mir und deinem Weiterkommen. Er wird verlangen, daß du dich scheiden läßt.«

»Das werde ich nie tun«, sagte Charles und küßte sie. »Und ich lasse dich auch nicht fort. Heute nachmittag nimmt der Kaiser eine Truppenparade ab. Da muß ich dabei sein. Aber anschließend suchen wir in der Nähe ein Haus für dich, in dem du dich für die nächsten Wochen einmieten kannst. Hat Margot deine Sachen schon alle ausgepackt? Dann müssen wir ihr sagen, daß sie sie wieder einpacken soll. Und der Kutscher soll gegen fünf vorfahren. Dann steige ich zu dir in den Wagen, und wir kümmern uns um eine Unterkunft für dich.«

Caroline putzte sich die Nase. »Mußt du gleich zu dieser Parade?« »Sie ist für drei Uhr angesetzt. Vorher essen wir noch zusammen.« Sie verzog den Mund. »Mir ist ganz elend. Ich werde keinen Bissen hinunterbekommen.«

»Unsinn. Die Wiener Küche ist berühmt. Sie wird dir schmecken.« Sie schmeckte Caroline tatsächlich, und sie wunderte sich, mit welch gutem Appetit sie die Suppe, einen in Butter gebratenen köstlichen Donaufisch und den in Backteig gewendeten Kapaun aß. Als Nachtisch gab es noch ein schaumiges Dessert, und danach behauptete Caroline: »Ich hätte lieber hungrig bleiben sollen. Ein so gutes Essen stimmt versöhnlich. Dabei wollte ich doch meinen Zorn behalten.«

Charles lachte. »Vielleicht kommt er wieder, wenn du weniger satt bist.«

»Vielleicht«, sagte sie und legte ihre Hand in seine. »Mußt du schon gehen?«

»Leider ja. Sieh dir doch die Parade an. Der Kaiser hat ja nur verlangt, daß du innerhalb von vierundzwanzig Stunden Wien verläßt.«

»Charles de la Moreau«, erwiderte sie stirnrunzelnd, »ich

fürchte, du bist ein ebensolcher Wortklauber wie dein Napoleon.«

Nein, sie wollte sich die Parade nicht ansehen. Sie hatte nicht die geringste Lust, Napoleon zu bewundern, wie er inmitten seiner Marschälle das Defilée der Soldaten abnahm und sich feiern ließ.

Aber nachdem Charles fort war und Margot erschien, um den großen Schließkorb zu packen und zwischendurch immer wieder ans Fenster lief, durch das Kommandos und Marschtritte, Trommeln, Pfeifen und Clairons hereinklangen, meinte Caroline schließlich: »Du willst die Parade sehen, was? Dann geh doch und pack nachher weiter. Heute nacht bleiben wir ja sowieso noch hier.«

»Und Sie, Madame la Vicomtesse? Wollen Sie nicht mitkommen? Solch eine Parade werden Sie vielleicht kein zweites Mal im Leben sehen ... Ach, hören Sie nur, jetzt spielen sie die Marseillaise. Das ist das Zeichen, daß der Kaiser kommt!«

Brausende Hochrufe wurden laut: »*Vive l'empereur!*« und die Kanonen schossen Salut.

»Geh nur allein!« schrie Caroline gegen den Lärm an, doch Margot schüttelte den Kopf.

»Wenn Sie bleiben, bleibe ich auch!« Sie beugte sich wieder aus dem Fenster und fing an, die Marsailleise mitzusingen:

»Aux armes, citoyens,
formez vos bataillons,
marchon, marchon ...«

»Aber du kannst doch gar nichts sehen!« Caroline war gleichfalls ans Fenster getreten. Doch man hatte von dort aus nur den Blick auf eine Mauer. Dahinter sah man lediglich die Kokarden und Federbüsche an den Helmen der Berittenen. Fahnen und Feldzeichen wurden vorbeigetragen, und Caroline erinnerte sich an jenen Septembertag in Erfurt, an dem sie ihren Vater bestürmt hatte, den Einzug des Kaisers mitansehen zu dürfen.

»Jetzt kommen die Reitenden Jäger der Garde!« rief Margot. »Voran die Trompeter mit den weißen Kolpacks und der blau-roten Kokarde!«
Die Marsailleise war verklungen. Eine andere Marschmelodie ertönte, schnell und mitreißend, und Margot sang wieder mit:

»J'aime l'oignon frit à la l'huile . . .«

Dazu lachte sie über das ganze Gesicht.
»Ihr habt merkwürdige Märsche«, sagte Caroline. »*Ich liebe die Zwiebel in Öl gebraten* — was für ein Text!«
»Das ist ein Lied aus einer Operette«, erklärte Margot. »In früheren Jahren wurden mehr die alten Revolutionslieder gespielt, doch der Kaiser hat das abgeschafft. Also, was ist nun? Gehen wir uns die Parade anschauen, Madame la Vicomtesse?«
»Meinetwegen, du Quälgeist.« Caroline setzte sich ihren Hut auf und ließ sich von Margot ein Cape umlegen. Draußen schien zwar die Sonne, aber nach dem Gewitter der Nacht war es kühl geworden, und die Luft roch schon ein wenig nach Herbst.
Die Straßen vor dem Schloß waren voller Menschen. Kopf an Kopf standen sie, aber Margot, die Robuste, drängelte sich nach vorn. »Kommen Sie nur, Madame la Vicomtesse!« rief sie. »Halten Sie sich dicht hinter mir.« Sie schob ein paar Halbwüchsige zur Seite. »Wollt ihr wohl Platz machen! Das ist die Vicomtesse de la Moreau. Ihr Gatte ist Adjutant Seiner Majestät. Ihr steht ein Platz in der ersten Reihe zu.«
Die jungen Männer verstanden zwar nicht, was sie sagte, aber ihr Ton war so entschieden, daß sie Caroline durchließen.
»Sehen Sie, Madame la Vicomtesse«, rief Margot, als sie sich nach vorn geschoben hatte. »Da drüben sitzt der Kaiser auf seinem Pferd. Kommen Sie mit, von dort haben wir den besten Überblick!«
Sie drängte weiter durch die Menschenmenge, während

die eigentliche Parade, die erst nach dem Erscheinen des Kaisers und seiner Gardejäger begann, ihren Anfang nahm.
Zuerst kamen die Grenadiere zu Fuß, angeführt von ihrem Musikkorps. Es folgten die Fahnenträger mit dem Kaiseradler und den blau-weiß-roten Bannern. Caroline und Margot hatten fast die Absperrung der berittenen Feldgendarmen erreicht, hinter der Napoleon reglos wie ein Standbild auf seinem Pferd saß, umgeben von seinen Stabsoffizieren. Caroline reckte den Hals, um Charles zu entdecken.
In diesem Augenblick drängte sich ein halbwüchsiger Junge an ihr vorbei. Er trug blau karierte Hosen, eine graue Jacke, aus der er herausgewachsen war, und eine Mütze auf dem Kopf. Caroline fiel auf, daß die Jackenärmel viel zu kurz waren, die mageren Arme lugten ein gutes Stück daraus hervor. Und dann sah sie, daß der Junge ein langes, spitzes Messer umklammert hielt.
In der nächsten Minute riß die Absperrung der Feldgendarmen auseinander, weil ein Pferd scheute und wiehernd hochging.
Diesen Moment nutzte der Junge, um sich nach vorn zu werfen. Caroline sah, wie er mit zwei langen Sätzen auf die Tribüne zujagte, auf der sich der Kaiser befand. In seiner Hand blitzte das Messer. Unwillkürlich schrie Caroline auf. »Um Gottes willen, nein!« Sie hatte es auf deutsch gerufen, aber der Schreck in ihrer Stimme ließ die Feldgendarmen herumfahren. Zwei von ihnen warfen sich auf den Jungen, bevor er sich auf den Kaiser stürzen konnte. Es gab ein kurzes Handgemenge, dann lag der jugendliche Angreifer auf dem Boden. Man hatte ihm das Messer entwunden, einer der Gendarmen hob es auf, während die beiden anderen den Jungen hochrissen und ihm die Arme auf den Rücken drehten.
Er hatte seine Mütze verloren, und seine Jacke war zerrissen. Und er war ganz gewiß nicht älter als fünfzehn Jahre.

In seinem noch kindlichen Gesicht stritten Fassungslosigkeit und Verzweiflung.
»Er wollte den Kaiser umbringen!« rief Margot entsetzt und griff nach Carolines Arm. »Wenn Sie nicht geschrien hätten, Madame la Vicomtesse, wäre es ihm womöglich gelungen.«
Die Parade war ins Stocken geraten. Caroline sah, wie Napoleon zu ihr hinüberblickte und sie erkannte. Dann gab er den Feldgendarmen einen Wink und ließ sich den jugendlichen Gefangenen vorführen. Er redete ein paar Worte mit ihm, aber der Junge schwieg und senkte den Kopf. Es sah aus, als ob er mit den Tränen kämpfe. Dann jedoch spuckte er vor Napoleon auf den Boden.
Einer der Gendarmen versetzte ihm eine Ohrfeige, von der er taumelte. Dann brachte man ihn auf Befehl des Kaisers fort.

Der Attentäter hieß Friedrich Staps, und er war nicht fünfzehn, sondern zwölf Jahre alt. Das berichtete Charles, als er nach der Parade zu Caroline in die Kutsche stieg. »Er ist ein Deutscher, Sohn eines Pfarrers in Naumburg, und hat – welch merkwürdiger Zufall oder meinetwegen auch eine Ironie des Schicksals – drei Jahre lang in einer Erfurter Fabrik gearbeitet. Rothfeld oder so ...«
»Rothstein, Lentin & Co?« fragte Caroline, und ihr Mann nickte. »Ja, ich glaube. Ich war dabei, als sie den Jungen verhörten. Im Sommer hat er sich auf den Weg nach Österreich gemacht, wie er gestand, in der Absicht, den Kaiser zu ermorden.«
»Schrecklich«, murmelte Caroline. »Ein Kind von zwölf Jahren ... Was wird mit ihm geschehen?«
Charles hob die Schultern. »Der Kaiser will ihn sich morgen vorführen lassen. Wäre der kleine Staps erwachsen, würde er hingerichtet werden. Aber da er ein Kind ist, bin ich sicher, daß Seine Majestät ihn begnadigt. Außerdem will der Kaiser dich sehen.«

»Mich? Aber warum? Und wann?«
»Morgen nachmittag. Du sollst dich bereithalten.«
Sie hob die Augenbrauen. »Da muß ich Wien doch längst verlassen haben.«
»Das gilt doch jetzt nicht mehr. Natürlich ist nicht sicher, ob der kleine Staps es geschafft hätte, Napoleon zu erstechen, aber der Augenblick war gut gewählt, weil alle in seiner Umgebung auf das scheuende Pferd achteten und nicht auf den Kaiser. Es wäre also durchaus möglich gewesen, daß der Junge ihn zumindest verletzt hätte. Das hast du verhindert.«
Sie dachte plötzlich an zu Hause und den Franzosenhaß ihrer Landsleute. Der kleine Staps war nicht allein. Es gab viele, die Napoleon den Tod wünschten, und auf einmal fühlte sich Caroline zwiespältig und zerrissen.
»Ich will aber nicht, daß der Kaiser mir dankbar ist. Ich habe gar nicht nachgedacht, als ich den Jungen mit dem Messer sah. Ich war nur erschrocken und habe geschrien. Das war alles.«
»Trotzdem wirst du dir gefallen lassen müssen, daß er dir dankt«, erwiderte Charles mit einem halben Lächeln.
»Meinst du, daß ich bei dieser Gelegenheit für Friedrich Staps bitten kann? Es wäre mir schrecklich, indirekt daran schuld zu sein, daß sie ihn ergriffen haben. Ein Kind von zwölf Jahren ...«
»Du solltest es auf jeden Fall versuchen«, riet Charles, und Caroline nickte.
»Also gut, dann gehe ich morgen zu ihm. – Wohin fahren wir eigentlich«, erkundigte sie sich dann und warf einen Blick aus dem Kutschenfenster.
»Nach Nußdorf. Das ist ein kleiner Ort bei Wien. Dort ist, wie Antoine in Erfahrung gebracht hat, ein Haus zu vermieten. Vielleicht gefällt es dir, und du möchtest dort wohnen.«
»Aber ich denke, ich brauche Wien nicht mehr zu verlassen, nachdem ich eurem Kaiser das Leben gerettet habe?« fragte sie spöttisch.

»Vermutlich nicht. Aber du hättest es dort schöner. General de Broc sucht auch nach einem Haus für seine Gattin, und einige andere Offiziere haben das längst getan.«

Das Haus gehörte einem Apotheker, der vor einigen Wochen aus Altersgründen zu seiner verheirateten Tochter nach Sievering gezogen war. Verkauft sollte es nicht werden, nur vermietet, und eine wortkarge, ältliche Frau hielt es in Ordnung. Sie führte den französischen Offizier mit seiner Gattin herum und taute erst auf, als Caroline mit ihr deutsch sprach. Sie werde gern bleiben, sagte sie, um die Hausarbeiten zu übernehmen. Auch habe sie immer zur Zufriedenheit des Herrn Apothekers gekocht, seit seine Frau vor fünf Jahren gestorben sei.

Das Haus hatte freundliche Zimmer und einen kleinen Garten, in dem bunte Astern und mannshoher Sommerflieder blühten. Caroline gefiel es auf Anhieb mit seiner behaglich-behäbigen Einrichtung, und Charles mietete es für vorläufig zwei Monate. Danach, so meinte er, werde der Kaiser sicherlich nach Paris zurückkehren.

Am nächsten Vormittag erschien eine Ordonnanz des Kaisers und überbrachte Caroline eine kleine Elfenbeinschatulle, in der sich eine goldene Brosche in Form eines Skarabäus befand. Eine Karte lag bei. ›Madame, nehmen Sie diesen bescheidenen Schmuck als Zeichen meines Dankes. Den alten Ägyptern galt der Skarabäus als Glücksbringer. Möge er diese Aufgabe auch bei Ihnen erfüllen.‹

Unterschrieben waren die Zeilen mit einem schwungvollen ›N‹.

Um fünf Uhr nachmittags erschien ein anderer Offizier und teilte Caroline mit, daß Seine Majestät sie zu sehen wünsche.

Diesmal empfing Napoleon sie in einem bezaubernd eingerichteten achteckigen Salon mit ausgemalter Kuppeldekke und Wandbespannungen aus grüner Seide. Caroline war allein gekommen und trug die Brosche mit dem Skarabäus am Revers ihres fliederfarbenen Kostüms. Der Rock lief in einer kleinen Schleppe aus.

Napoleon kam auf sie zu, kaum daß sie den vorgeschriebenen Hofknicks gemacht hatte, und ergriff ihre Hände, um sie hochzuziehen. Er lächelte und schien strahlender Laune. »Ich sehe, Sie tragen den Skarabäus. Das freut mich. Ich bin Ihnen zu großem Dank verpflichtet, Madame. Sie haben mich vor einer Verwundung, vielleicht Schlimmerem bewahrt und das, obwohl ich mich Ihnen gegenüber nicht besonders freundlich gezeigt habe. Um so mehr weiß ich Ihr Verhalten zu würdigen.«

Caroline hatte sich ein paar höfliche Sätze zurechtgelegt, aber sie hatte sich kaum für die Brosche bedankt, als der Kaiser sie unterbrach: »Setzen wir uns und trinken wir Tee miteinander. Sie haben mich gestern in einer ärgerlichen Verfassung angetroffen, und das bedaure ich. Lassen Sie es mich wieder gutmachen, ja?«

Er zog an einer Klingelschnur und befahl der eintretenden Ordonnanz, Tee und Gebäck zu servieren. Nachdem das geschehen war, lehnte sich Napoleon in dem zierlichen Louis-Seize-Sessel zurück und betrachtete Caroline ungeniert. »Sie waren schon sehr hübsch, als ich Sie das erste Mal in Erfurt sah. Aber jetzt sind Sie eine Schönheit. Ihre Majestät, die Kaiserin, hat nicht übertrieben, als sie von Ihnen schwärmte. Erzählen Sie mir doch, wie Sie nach Frankreich gekommen sind und wo Sie den Capitaine de la Moreau kennengelernt haben.«

»Ich bin von daheim fortgelaufen, Sire«, gestand Caroline. »Eine französische Dame hat mich mitgenommen. In ihrem Haus bin ich meinem Gatten begegnet.«

»Interessant. Und warum sind Sie fortgelaufen?«

»Mir war klar geworden, daß ich meinen damaligen Verlobten nicht heiraten konnte.«

»Und da sind Sie einfach bei Nacht und Nebel ...«

»Ja, Sire.« Nervös rührte Caroline in ihrer Teetasse.

»Der Zucker ist längst aufgelöst. Trinken Sie«, sagte der Kaiser.

Hastig nahm sie einen Schluck und fing prompt an zu hu-

sten. Napoleon sah sie belustigt an. »Mir scheint, Sie sind sehr impulsiv und sogar ein wenig unüberlegt, Madame. Man verschwindet doch nicht einfach aus seinem Elternhaus und fährt nach Paris. Sie haben großes Glück gehabt, daß Sie jemanden fanden, der sich Ihrer annahm.«
Caroline nickte heftig. »Das ist wahr, Sire. Charles . . . ich meine, mein Mann ist der beste Mensch unter der Sonne.«
Er lachte. »Zweifellos müssen Sie das so sehen. Aber ich dachte erst in zweiter Linie an den Capitaine de la Moreau. Ich meinte jene Dame, die Sie bei sich aufnahm. Wer war es denn, und wo wohnt sie?«
Caroline hustete. »Madame . . . Madame Duclos. Sie hat ein Haus in der Rue d'Anjou.«
»Aha«, sagte der Kaiser freundlich. Er nahm sich einen der hellgelben Butterkekse aus der Silberschale und steckte ihn in den Mund. »Und nun haben Sie das Haus des Apothekers Weinzierl in Nußdorf gemietet, wie ich hörte, schon gestern abend. Sie hatten also gar nicht die Absicht, nach Paris zurückzukehren.«
»Nein, Sire«, gestand Caroline überrumpelt. »Ich wollte unbedingt in der Nähe meines Mannes bleiben. Aber woher wissen Sie das?« Auf einmal sah er regelrecht verschmitzt aus. »Ich bin der Kaiser. Ich weiß alles.« Wieder nahm er einen Keks. »Sie waren also davon überzeugt, daß ich Sie bitten würde, hierzubleiben, nachdem Sie das Attentat dieses Jungen durch Ihre Aufmerksamkeit verhindert haben?«
»Nicht unbedingt, Sire. Aber Sie hatten nur gesagt, ich solle Wien innerhalb von vierundzwanzig Stunden verlassen. Von Nußdorf war keine Rede.«
Er kniff die Augen zusammen. »Sie sind ganz schön spitzfindig, Madame. Schon gut, schon gut, sehen Sie mich nicht so erschrocken an. Ich habe nichts dagegen, wenn Sie bleiben. Ihr gestriges Eingreifen hat mir klargemacht, daß mein Mißtrauen gegen Sie unangebracht war. Im Grunde ist es mir ganz lieb, wenn die Frauen meiner Offiziere hier

sind. Da besteht wenigstens keine Gefahr, daß sie sich mit liederlichen Frauenzimmern abgeben. Ich habe während des Italien- und Ägyptenfeldzuges auch sehr gewünscht, daß Ihre Majestät, die Kaiserin, bei mir wäre. Leider war es ihr nicht immer möglich ... Sie waren in Malmaison. Wie geht es Ihrer Majestät? Ist sie wohlauf?«
»Ich denke schon«, erwiderte Caroline zögernd. »Allerdings war sie bei meinem letzten Besuch nicht so heiter und gelassen wie beim ersten.«
»So?« fragte er kurz, und Caroline fuhr freimütig fort:
»Ihre Majestät hängt mit großer Zuneigung an Ihnen, Sire. Sie sorgt sich ...«
»Das muß sie nicht«, erwiderte er rasch und ein wenig unwillig. Dann wechselte er das Thema und erkundigte sich nach Carolines Eltern. »Wissen Sie inzwischen, was aus ihnen geworden ist?«
»Ich habe es ihnen vor meiner Abreise nach Wien geschrieben, Sire.« »Das war gut. Man soll Eltern nicht unnötig in Unruhe lassen. Ich habe sieben Geschwister. Da können Sie sich vorstellen, wie oft meine Mutter durch eines von uns in Aufregung versetzt wurde.«
Es war wie damals in Erfurt. Sie plauderten miteinander, Napoleon gab sich heiter und wohlwollend, und Caroline dachte: Wenn er so ist, kann man verstehen, daß seine Soldaten für ihn durchs Feuer gehen. Wenn er es darauf anlegt, kann er die Leute um den Finger wickeln.
Nach einer halben Stunde erhob sich der Kaiser und warf einen Blick auf die Uhr. »Ich würde mich gern noch länger mit Ihnen unterhalten, Madame la Vicomtesse, aber für fünf Uhr habe ich Order gegeben, daß man mir diesen Jungen, der übrigens ein Landsmann von Ihnen ist, vorführt. Ich möchte ihn selbst verhören.«
»Sire ...« Caroline hatte sich gleichfalls erhoben. »So froh ich auch darüber bin, daß ich Euer Majestät vor Schaden bewahren konnte, so sehr bedrückt es mich andererseits, daß ein zwölfjähriger Junge als Attentäter verurteilt wer-

den soll. Er ist doch noch ein Kind und war sich vermutlich gar nicht darüber klar, was er anrichten konnte.« »Das eben möchte ich herausfinden.« Napoleons Miene hatte sich verändert, war wieder kühl und unnahbar geworden. »Danach werde ich meine Entscheidung treffen.«

»Aber darf ich um Gnade für ihn bitten ...«

»Gewiß, Madame.«

»Sehr ermutigend klingt das nicht, Majestät.«

»Wundert Sie das? Schließlich wollte er mich umbringen, und wenn es ihm gelungen wäre, hätte es für mich keine Rolle gespielt, ob er zwölf oder fünfzig Jahre alt gewesen wäre. Ich wäre in jedem Fall tot gewesen.«

»Das stimmt. Aber einem Zwölfjährigen sind die Konsequenzen seiner Tat nicht so bewußt wie einem Erwachsenen.«

»Das ist mir klar, Madame, und deshalb will ich mich persönlich mit ihm unterhalten. Wenn ich den Eindruck gewinne, daß er ein Kind ist, das man verhetzt und auf diese Weise mißbraucht hat, werde ich Gnade vor Recht ergehen lassen. Dem Kaiser der Franzosen liegt nichts daran, Kinder zu töten.«

»Er ist mit Sicherheit verhetzt worden und hat sich deshalb eingebildet, den Helden spielen zu müssen. Sie waren doch auch einmal ein zwölfjähriger Knabe, Sire. Haben Sie da nicht von großen Taten geträumt, die zu vollbringen Ihnen Erwachsene als erstrebenswert dargestellt haben?«

Napoleon lächelte schmal. »Sie sind eine gute Fürsprecherin, Madame. Seien Sie versichert, daß ich mir Ihre Argumente längst zu eigen gemacht habe. Ich bin kein blutrünstiges Ungeheuer, und ich liebe Kinder. Ich hasse nur die Manipulationen, die man mit ihnen anstellt. Dagegen muß und werde ich mit aller Schärfe vorgehen.« »Aber Sie können nicht alle zum Tode verurteilen, die die Meinung von Friedrich Staps und seinesgleichen geformt haben. Würden Sie es wirklich fertigbringen, ihn stellvertretend für diese erschießen zu lassen?«

Er schob den Unterkiefer vor, und seine Augen schillerten. »Es machte mir keine Freude. Aber wenn ich ein Exempel statuieren muß, um seinesgleichen abzuschrecken, so ist das eine Notwendigkeit. Lassen Sie es gut sein, Madame. Wenn es mir gelingt, diesem Kind die Unsinnigkeit und Verwerflichkeit seines Handelns klarzumachen, werde ich es begnadigen, schon um keinen Märtyrer zu schaffen. Aber ich werde es nicht tun, wenn ich hinter seiner Tat Symptomatischeres sehen muß als die unsinnigen Träume eines Zwölfjährigen vom Heldentum. Geht das in Ihren hübschen Kopf?« »Lassen Sie meinen Kopf aus dem Spiel, Sire«, sprudelte Caroline heraus. »Falls er hübsch ist, so kann ich nichts dafür. Aber wenn Sie hübsch mit töricht gleichsetzen, so sind Sie gewaltig im Irrtum.«

Einen Herzschlag lang sah er sie ausgesprochen grimmig an. Dann begann er plötzlich zu lachen. »Das ist mir schon in Erfurt bei unserer ersten Begegnung aufgefallen: Sie sind ungeheuer erfrischend, Madame, und wenn man Sie ärgert, haben Sie vor nichts und niemandem Respekt. Das gefällt mir. Die Herrscher früherer Zeiten haben sich Hofnarren gehalten, um sich von ihnen gelegentlich die Wahrheit sagen zu lassen, und allmählich beginne ich zu begreifen, warum sie das taten. Es tut wohl, jemanden zu haben, der einem *paroli* bietet, ohne daß man unbedingt darauf hören muß.«

»Ach, Sire . . .« Caroline wußte nicht, ob sie lachen oder aufgebracht sein sollte. »Die Vorstellung, Ihr Hofnarr zu sein, ist nicht besonders schmeichelhaft für mich.«

»So habe ich es auch nicht gemeint, Madame.« Er seufzte. »Ich werde es wohl nie lernen, einer Dame angenehme Komplimente zu machen. Ich bin kein Mann für so etwas. Es hat mir in früheren Jahren oft Verdruß bereitet.«

»Wie gut, daß Sie jetzt Kaiser sind«, sagte Caroline und erwiderte sein Lächeln. Sie verneigte sich und wollte, wie es die Etikette vorschrieb, rückwärtsgehend zur Tür, aber Napoleon hielt sie noch einmal auf.

»Sagen Sie Ihrem Gatten, daß ich ihm, wenn er mich vor seiner Verheiratung gefragt hätte, von der Ehe mit Ihnen abgeraten hätte. Man sagt den Deutschen sehr viel Starrköpfigkeit nach – und rothaarigen Frauen ebenfalls. Er wird es nicht leicht mit Ihnen haben. Aber da sich der Mensch bekanntlich einen Großteil seiner Leiden nur allzu gern selbst antut, mag er zusehen, wie er damit fertig wird.«

Als Caroline in den Vorsaal kam, brachte man gerade den kleinen Staps. Zwei Feldgendarmen hatten ihn in die Mitte genommen. Daneben ging ein jüngerer Mann in Zivil, offenbar der Dolmetscher. Friedrich Staps hatte die Hände gefesselt und trug die Male von Schlägen im Gesicht. Seine Augen sahen verweint aus, und sie wirkten stumpf und hoffnungslos. Die Augen einer getretenen, armseligen Kreatur in einem Kindergesicht.

Caroline würgte es im Halse, und sie blieb stehen. Friedrich Staps warf der schönen, reich gekleideten Dame einen scheuen Blick zu. Er wußte nicht, wer sie war, denn bei seinem mißglückten Attentat hatte er sie überhaupt nicht wahrgenommen. Er hatte nur Napoleon gesehen und nicht einmal den Schrei gehört, der die Gendarmen auf ihn aufmerksam machte.

»Ich komme gerade vom Kaiser«, sagte Caroline auf deutsch zu dem Jungen. »Er wird dich begnadigen, Friedrich, wenn du ihn um Verzeihung bittest. Sei klug und tu's. Wirf dich ihm zu Füßen und sage ihm, daß du deine Tat bereust. Bitte, versprich mir, daß du das tun wirst.«

Die beiden Feldgendarmen betrachteten sie mißtrauisch, zumal sie nicht verstanden, was sie sagte. »Es ist verboten, mit dem da zu reden«, knurrte der eine, ein untersetzter Mann mit einer klobigen Nase. »Machen Sie uns keine Scherereien, Madame.«

Caroline hob die Hand und strich dem kleinen Staps über das Haar. »Versprichst du's?« drängte sie.

Friedrich schüttelte den Kopf und preßte die Lippen zu-

sammen. Er war gestern noch bis spät in die Nacht hinein verhört worden. Wieder und wieder hatte man ihm dieselben Fragen gestellt:
»Wer hat dich geschickt? Wer hat dich für deine Tat bezahlt? Du kannst uns doch nicht weismachen, daß du das alles auf eigene Faust unternommen hast. Nenn uns die Namen derer, die dich geschickt haben! Waren es Deutsche? Oder Österreicher? Die Namen wollen wir hören!«
Ein Dolmetscher hatte alles übersetzt. Und wenn Friedrich immer wieder beteuert hatte, daß er ganz allein den weiten Weg von Erfurt nach Wien gekommen war und daß er mit niemandem über sein Vorhaben gesprochen, niemanden darin eingeweiht hatte, hatte es Schläge gesetzt.
Er war hungrig gewesen, durstig und todmüde. Aber sie hatten ihm nichts gegeben, nicht einmal einen Schluck Wasser, um den er schließlich gebettelt hatte, weil ihm der Mund so trocken gewesen war.
Statt dessen hatten sie gesagt: »Für einen wie dich, einen so verstockten, dreckigen Mörder, ist selbst ein Fingerhut voll Wasser zu schade. Aber beruhige dich, morgen wirst du keinen Durst mehr haben. Weil du dann dein gottverdammtes Leben aushauchen wirst.«
Und der Korporal, der ihm zuvor mit einem kurzen dicken Stock die Finger blutig geschlagen und ihn mit Fußtritten traktiert hatte, hatte hinzugefügt: »Es sei denn, Bürschchen, du gestehst, was wir wissen wollen. Kann sein, daß man dich dann laufen läßt. Also los, mach endlich das Maul auf, bevor ich dir die Zähne einschlage.«
Aber er hatte ja nichts zu gestehen gehabt, nichts außer seinem Haß auf diesen Kaiser Napoleon, dessen Armeen seine Heimat verwüstet hatten und der deshalb sterben sollte. Dann, so hatte der kleine Staps gemeint, werde alles anders und besser werden. Nur Napoleon mußte fort, dann würden auch seine Soldaten verschwinden, und es würde endlich Frieden sein.
Darum hatte er sich von Erfurt aus auf den Weg gemacht.

Zu Fuß war er gewandert, viele Wochen lang. Nachts hatte er in Heuschobern und oft auch unter freiem Himmel geschlafen. Manchmal hatte er sich etwas zu essen gestohlen, manchmal hatte er gebettelt oder in der Erntezeit bei einem Bauern ein paar Tage lang gearbeitet. Aber wenn man ihm gesagt hatte: »Bleib hier, Bub. Du bist fleißig und anstellig, und wir können jemanden wie dich gebrauchen«, dann hatte er den Kopf geschüttelt. »Ich muß weiter. Ich will nach Wien. Ihr wißt doch, dort lebt meine Mutter. Eine Witwe war sie, und sie hat wieder geheiratet. Jetzt hat sie mir einen Brief geschickt, ich solle zu ihr kommen. Der neue Mann hat eine Schuhmacherei, dort kann ich mithelfen.«

Und dann hatte er sich wieder auf den Weg gemacht, das Messer, mit dem er seine Tat vollbringen wollte, sorgsam in dem Bündel versteckt, das er bei sich trug.

Es wird ganz leicht gehen, hatte er gemeint. Ich bin ja noch ein Junge. Den werden sie nicht verdächtigen, etwas gegen ihren Kaiser im Schilde zu führen. Irgendwie werde ich's schon schaffen, in seine Nähe zu gelangen. Und dann steche ich zu.

Der Korporal hatte ihm mit seinem Stock eins über den Schädel gegeben. »Du kleine verlogene Ratte! Gesteh endlich, wer die Hintermänner sind! Herrgott, so was Verstocktes ist mir mein Lebtag nicht über den Weg gelaufen.«

Und der kleine Staps hatte gedacht: Schlag noch einmal zu. Schlag fester. Vielleicht verliere ich dann das Bewußtsein, und sie lassen mich endlich in Ruhe.

Irgendwann, als er sich wirklich nicht mehr auf den Beinen halten konnte, hatten sie tatsächlich von ihm abgelassen und ihn abgeführt. Den Rest der Nacht hatte er in einem Kellerraum verbracht, dessen Tür verriegelt und vor dem trotzdem noch eine Wache postiert worden war.

Friedrich hatte auf dem Steinboden geschlafen. Er war oft aufgeschreckt, weil er Schmerzen hatte und weil ihm die Kälte in alle Glieder kroch. Und dann hatte er Angst gehabt.

Morgen, hatte er gewußt, werden sie mich erschießen. Oder vielleicht aufhängen. Oder ob man ihm den Kopf abschlug?
Wie war das wohl, der Tod? Und was kam danach?
»Jesus erwartet uns, wenn wir recht gelebt haben und recht gestorben sind«, hatte sein Vater gesagt. Pfarrer Staps war ein tief gläubiger, aufrechter, herzensguter Mann. »Und dann dürfen wir in alle Ewigkeit bei ihm geborgen sein.«
Aber was hieß das – recht gelebt und recht gestorben? Schloß das auch solche ein, die den Kaiser der Franzosen hatten töten wollen und dafür hingerichtet wurden? Oder gehörte er, Friedrich, nun zu den anderen, von denen der Vater gesagt hatte, sie würden ins Höllenfeuer geworfen um ihrer Sünden willen? Du sollst nicht töten – das war ein Gebot Gottes. Und daß er, Friedrich, dagegen nicht verstoßen hatte, lag nur daran, daß man ihn vorher ergriffen hatte. Er hatte töten wollen – einen Menschen, in dessen Namen tausendfach getötet worden war. Wer war nun der größere Sünder? Der, der diesen einen hatte umbringen wollen, oder der andere, dessen Untaten zum Himmel schrien? Der kleine Staps hatte sich auf dem feuchten Steinboden zusammengekrümmt. Ach, Herr Jesus, hatte er gedacht. Du weißt, daß ich dich immer liebgehabt habe. Ich hätte auch die zu töten versucht, die dich damals ans Kreuz geschlagen haben. Doch ja, das hätte ich. Und dann hätten sie mir meinetwegen hinterher den Kopf abschlagen können. Gelt, dann hättest du mich erwartet, wenn ich in dein Reich gekommen wäre? Aber wie ist es jetzt? Ich wollte es ja nicht für mich tun, den Kaiser Napoleon erstechen, sondern für alle die, die unter ihm leiden und denen er Gewalt antut. Sie sagen, daß du alles weißt und alles siehst. Dann weißt du auch, wie es bei uns zugeht, seit die Franzosen in unser Land eingefallen sind, und du tust nichts, gar nichts dagegen. Warum eigentlich nicht, wo du doch allmächtig bist? Er fand keine Antwort auf seine

Frage, der kleine Staps, und auch die Angst verließ ihn nicht. Ob es wohl weh tat, das Sterben? Und was, um Gottes willen, kam danach? Und nun war er auf dem Weg zum Kaiser, der befohlen hatte, ihn zu sich zu bringen, und die schöne rothaarige Dame hatte ihn auf deutsch angesprochen. Friedrich Staps blickte noch immer Caroline an, und dann verzog er die zerschlagenen, geschwollenen Lippen zu der Andeutung eines Lächelns.
»Wer sind Sie?«
Caroline schluckte und wich seinem Blick aus. »Ich komme aus Deutschland – wie du. Aus Erfurt. Friedrich, bitte! Sag dem Kaiser, daß du deine Tat bereust. Dann wird er dich begnadigen.«
Seine beiden Bewacher stießen ihn in den Rücken. »Los, los, weiter! Und Sie, Madame, lassen Sie uns vorbei. Es ist streng untersagt, mit dem Bengel zu sprechen. Er ist ein Hochverräter.«
»Machen Sie sich nicht lächerlich, Sergeant!« Caroline funkelte den knollennasigen Mann aufgebracht an. »Das ist doch ein Kind!«
»Dann wissen Sie wohl nicht, was er getan hat? Er hat gestern versucht, unseren allergnädigsten Kaiser zu ermorden!«
»Das ist mir bekannt. Ich komme gerade von Seiner Majestät und ...« Sie wurde unterbrochen, weil die Tür zu Napoleons Zimmer geöffnet wurde. Der Kaiser stand im Rahmen.
»Ah, da ist er ja, der zwölfjährige Held, der so erpicht auf meinen Tod war. Herein mit ihm.«
Die beiden Gendarmen salutierten und ergriffen Friedrich Staps an beiden Armen. So zerrten sie ihn in den Salon mit der bezaubernd ausgemalten Kuppeldecke und den grünen Seidentapeten.
Caroline stand da und blickte auf die weiß-goldene Tür, die sich hinter ihnen und dem Dolmetscher schloß. Sie hatte einen kleinen heißen Stein im Magen, der grö-

ßer und größer zu werden schien und ihr Übelkeit verursachte.
Aber was hätte ich denn tun sollen, dachte sie. Den Mund halten, als ich sah, wie der Junge gestern auf Napoleon zustürzte? Dann hätten sie ihn nach dem Attentat ergriffen. Entkommen wäre er auf keinen Fall ... O Gott, mach, daß er Napoleon um Gnade bittet. Und daß der Kaiser sie ihm gewährt! Er kann doch keinen Zwölfjährigen zum Tode verurteilen!

Der kleine Staps bat nicht um Gnade. Er sagte zu Napoleon: »Sie tun meinem Vaterland Böses an. Deshalb wollte ich Sie töten. Es tut mir leid, daß es nicht gelungen ist.«
Zu Napoleons Ehre sei gesagt, daß er alles versuchte, um das Kind zum Eingeständnis seiner Reue zu bewegen. Er liebte Kinder wirklich, und es mochte sogar sein, daß ihm der Mut des Jungen Achtung abnötigte. Gleichwohl verurteilte er ihn zum Tode.
Caroline erfuhr es von Charles, als er am Abend nach Nußdorf kam, wo sie sich inzwischen einigermaßen häuslich eingerichtet hatte. Er war blaß und verstört, und als Caroline fassungslos sagte: »Aber er kann ihn doch trotzdem begnadigen! Man muß ihn nur darum bitten«, erwiderte Charles mit gesenktem Kopf: »Das habe ich, das haben General de Broc, Madame de Broc, Marschall Bernadotte und noch einige andere getan. Der Kaiser ist hart geblieben. Er meint, er dürfe nicht nachgeben, selbst gegen sein Empfinden nicht. Das sei er Frankreich und der Ehre des Kaiserhauses schuldig.«
»Eine schöne Ehre! Ein schönes Kaiserhaus!«
»Schweig«, murmelte Charles gequält und barg das Gesicht in den Händen.
»Und wann soll es geschehen?«
»Morgen in aller Frühe. Sie werden ihn erschießen. Das war der einzige Gnadenbeweis. Wenigstens bleibt ihm das Hängen erspart. Er wird sterben wie ein Soldat.«

»Wunderbar!« höhnte Caroline. »Ein zwölfjähriges Kind!«
»Der Kaiser sagt, sein Alter spiele keine Rolle, nachdem er vor ihm bekannt hat, daß er seine Tat jederzeit wiederholen würde, wenn er Gelegenheit dazu hätte. Das, so sagt er, wäre nicht die Art von Kindern, sondern von unversöhnlichen Feinden. Und wie ein solcher soll Friedrich Staps behandelt werden.« Er blickte auf. »Hast du etwas zu trinken im Haus? Wein – oder noch besser Schnaps?«
Sie ging und holte ihm ein Glas Branntwein. Er stürzte es in einem Zug hinunter. »Schenk mir nach, ich brauche mehr . . . Ich muß morgen dabei sein, wenn es geschieht.«
»Du meinst, wenn sie den Jungen erschießen?«
»Ich und alle Offiziere des kaiserlichen Stabes. Befehl Seiner Majestät. Offenbar will er ein besonders wirkungsvolles Exempel, um potentielle Nachahmer abzuschrekken . . .« Seine Stimme brach.
Caroline legte die Arme um ihn und führte ihn zu einem Sofa. Dann goß sie ihm das Glas noch einmal randvoll. »Trink, soviel du magst. O Gott, Charles, wie ist das nur möglich! Glaubst du, daß es nützen würde, wenn ich noch einmal nach Schönbrunn fahre und versuche, mit dem Kaiser zu sprechen?«
»Vermutlich würdest du gar nicht vorgelassen.«
»Aber ich habe ihm den Jungen praktisch ausgeliefert!«
»Denk nicht mehr darüber nach«, bat er müde. »Ob du oder ein anderer – was macht das für einen Unterschied? Er wäre in jedem Fall festgenommen worden.«
»Ein Kind!« sagte sie und brach in Tränen aus. »Dein großer genialer Kaiser rächt sich an einem Kind.«
»Ja«, erwiderte Charles dumpf. »Mein großer, genialer Kaiser!« Der kleine Staps starb am Morgen nach Sonnenaufgang. Sie hatten ihm die Augen verbunden, und ein Geistlicher war bei ihm. Er trat erst zurück, als sie den Jungen an die Mauer stellten, vor der das Erschießungskommando aufmarschiert war.
Ein junger Leutnant befehligte es. Er war grün im Gesicht

und zögerte, das Kommando zum Feuern zu geben, als erwarte er, daß in letzter Minute die Nachricht von der Begnadigung des Jungen einträfe.
Friedrich Staps hatte seine karierte Hose und die kurze Jacke an, aus der seine mageren Bubenarme hervorschauten. Die gefesselten Hände hielt er gefaltet, und seine Lippen bewegten sich, als ob er bete.
»Legt das Gewehr an!« schrie der junge Leutnant. Seine Stimme kippte über, und er wischte sich über das Gesicht.
Der kleine Staps hob den Kopf. »Es lebe die Freiheit!« rief er. »Es lebe die Freiheit! Es lebe . . .«
»Feuer!« schrie der Leutnant, und die Gewehrsalve ließ die Knabenstimme stumm werden.

****

9

Der November war ungewöhnlich mild in diesem Jahr und so sonnig, wie es sonst nur der Oktober war.

»Irgendwie«, meinte Caroline, als sie mit ihrem Mann von einer Ausfahrt aus dem Bois de Boulogne in das Moreausche Palais zurückkehrte, »kommt es mir merkwürdig vor, die kahlen Bäume zu sehen und dabei die warme Sonne auf der Haut zu spüren. Es paßt nicht zusammen. Im November muß es regnen und stürmisch sein und voller Nebel. Gehst du auch so gern im Nebel spazieren?«

Charles küßte sie auf die Wange. »Nicht besonders gern. Die Nässe ist doch recht ungemütlich. Ich halte es mehr mit der Sonne.«

»Aber Nebel ist romantisch«, beharrte sie. »Alles wird dabei so leise. Schritte, Stimmen, das Rasseln einer Kutsche – alles wirkt wie in Wolle gepackt. Wenn einem jemand begegnet, sieht er wie ein schwarzer Schatten aus, und die Laternen sind wie kleine verhangene Monde. Nur Schneegestöber ist noch schöner. Daheim in Erfurt haben wir viel Schnee. Meist fällt der erste Anfang Dezember. Bald darauf frieren die Teiche zu und im Januar meist sogar die Gera, so daß man von einem Ufer zum anderen laufen kann.«

»Und das findest du schön? Schnee und Kälte . . .«

Sie lachte. »Ja, du dummer Franzose, wunderschön! Im Winter muß es so kalt sein, daß der Schnee unter den Füßen knirscht, und die Dächer müssen hohe weiße Hauben und ellenlange Eiszapfen haben. Hast du schon einmal ›Engel gemacht‹?«

»Nein, was ist das?« interessierte sich Charles lachend.
»Ein Spaß für Kinder. Man legt sich in den unberührten Schnee und breitet die Arme aus. Dann bewegt man sie langsam nach unten, und wenn man aufsteht – das ist das schwierigste dabei, denn man darf seinen Abdruck nicht beschädigen, – sieht es aus, als hätte ein Engel mit großen Flügeln im Schnee gelegen.«
Charles verzog den Mund. »Ein sehr frostiges Vergnügen, bei dem man sich Schnupfen und Husten holen kann, fürchte ich.«
»Ach was! Zu Hause werden die nassen Sachen am Kachelofen getrocknet. Es gibt heiße Milch und das erste Weihnachtsgebäck, das meine Mutter immer in großen Steinguttöpfen aufbewahrt und von dem sie in der Vorweihnachtszeit immer nur ganz kleine Rationen herausgibt, damit der Appetit darauf bis zu den Festtagen erhalten bleibt.«
Er sah die Trauer in ihren Augen und legte den Arm um sie. »Heimweh?« fragte er, und als sie nickte: »Vielleicht fahren wir einmal nach Erfurt und besuchen deine Eltern.«
»Ich glaube nicht, daß das ein guter Einfall ist.«
Als sie vor zwei Wochen aus Wien zurückgekehrt waren, hatte Caroline sehr darauf gehofft, einen Brief von daheim vorzufinden. Aber niemand hatte geschrieben, und seitdem war sie sicher, daß ihre Eltern unversöhnlich waren. Sie verziehen ihr nicht, daß sie aus Stendal fortgelaufen war – und wahrscheinlich noch weniger, daß sie einen französischen Offizier geheiratet hatte.
Charles drückte ihre Schulter. »Wer weiß. Wenn sie mich kennenlernen, sieht vielleicht alles anders und besser aus. Ich möchte es jedenfalls irgendwann ausprobieren.«
Am Abend – Caroline war in ihrem Boudoir und ließ sich von Lucille und Adrienne beim Umkleiden helfen, da sie für neun Uhr zu einem Empfang in die Tuilerien eingeladen waren – erschien Margot und meldete, daß ein Mann vor dem Portal stehe und Caroline zu sprechen verlange.

»Er spricht ein grauenhaftes Französisch, Madame la Vicomtesse, und sieht ziemlich abgerissen aus. Aber er behauptet, aus Erfurt zu kommen und ein Freund von Ihnen zu sein.«

Caroline fuhr herum, was Lucille, die ihr gerade das Haar aufsteckte, zu einem ärgerlichen Seufzen veranlaßte. »Hat er seinen Namen genannt, Margot?«

»Ja, aber man kann ihn kaum aussprechen. German Dabersé oder so ähnlich. Und er hat einen mordsmäßigen Buckel.«

»Hermann Daberstedt!« Caroline sprang ungeachtet der halb vollendeten Frisur auf. »Es ist Hermann, der Schneidergeselle meines Vaters. Wo ist er, Margot? Lauf rasch und bring ihn her! Ich habe dir doch so oft von Hermann erzählt.«

»Aber nicht, daß er einen Buckel hat!« erklärte Margot und verschwand. Als sie zurückkam, war Hermann in ihrer Begleitung.

Lucille hatte inzwischen mit fliegenden Fingern die kunstvolle Frisur beendet und Caroline ein Perlendiadem ins Haar gesteckt. Sie trug eine Abendrobe aus schwarzer Atlasseide mit Perlenstickerei und Goldsandalen an den Füßen. »Jetzt noch der Schmuck, Madame la Vicomtesse«, sagte Adrienne und stellte die Schatulle vor sie hin. Aber Caroline hatte keinen Blick dafür. Sie schob die Zofen zur Seite und lief mit ausgebreiteten Armen auf den Buckligen zu.

»Du bist es also wirklich! Ach, Hermann, Hermann, mein Guter! Ich kann dir gar nicht sagen, wie ich mich freue!«

Sie umarmte ihn und drückte ihn an sich, während Margot mit mißbilligender Miene in der Tür stehengeblieben war.

Hermanns blasses Gesicht hatte sich gerötet. Er sah in der Tat recht armselig aus in einem abgeschabten, vielfach geflickten Mantel und mit schmutzigen, ausgetretenen Schuhen. In den Händen hielt er eine speckige Mütze.

»Mamsell Caroline ...« stammelte er. »Verzeihung, ich

meine Madame la Vicomtesse. So heißt Ihr doch jetzt, nicht wahr?«

Caroline lachte und weinte in einem. »Ja, aber das ist nicht so wichtig. Wie ist es nur möglich, daß du in Paris bist, Hermann? Und seit wann?«

»Ich bin vorhin angekommen und habe mich gleich zu Eurem Haus durchgefragt. Und ich komme geradewegs aus Erfurt. Das heißt, unterwegs habe ich ein paarmal Pause gemacht und mich bei einem Schneider verdingt. Eben nur so lange, bis ich das Geld für die Weiterreise beisammen hatte. Das letzte Stück von Lagny allerdings haben mich ein paar Gaukler mit ihrem Pferdewagen mitgenommen.«

Sie drückte ihn in einen Sessel. »Bist du hungrig, Hermann? Margot, steh nicht herum, sondern laß Wein und etwas zu essen bringen. Und ihr, Lucille und Adrienne, laßt uns allein. Ich läute, wenn ich euch brauche.«

»Aber der Schmuck, Madame la Vicomtesse. Sie müssen doch den Schmuck anlegen«, protestierte Adrienne.

»Später«, erklärte Caroline ungeduldig. »Es ist ja noch Zeit.« Als sie mit Hermann allein war, zog sie sich einen zweiten Sessel heran.

»Haben meine Eltern dich geschickt?«

Er wich ihren Augen aus. »Sie wußten, was ich vorhatte. Eure Mutter hat mir einen Brief für Euch mitgegeben. Das ist nämlich so, Mamsell ... Madame la Vicomtesse. Ihr kennt ja den Meister. Dickköpfig war er schon immer, aber seit Ihr fort seid, ist es noch schlimmer mit ihm geworden. Es hat ihn wohl arg getroffen, daß Ihr ... nun ja. Aber ehe der Meister den Kopf hängen läßt, rettet er sich in Zorn. Das ist seine Art, mit den Dingen fertig zu werden. Aus diesem Grund hat er auch, nachdem die Nachricht kam, daß Ihr aus Stendal verschwunden seid, einfach verboten, jemals wieder Euren Namen zu nennen. Er habe keine Tochter mehr – punktum! Tja, und dann ist Euer Brief eingetroffen ...«

»Hat er ihn gelesen?« fragte Caroline nervös.

»Ich denke schon, auch wenn er kein Wort darüber verloren hat. Es war Eure Mutter, die mir davon erzählte. Sie war sehr erleichtert, daß Ihr lebt und daß es Euch allem Anschein nach gut geht.« Hermann blickte sich in dem hellen, in Weiß und Rosé gehaltenen Raum um. »Das ist offenbar der Fall, was? Ihr seht jedenfalls sehr schön und sehr elegant aus. Und Ihr lebt wie eine Prinzessin in einem Schloß.«

»Doch ja – es geht mir gut, Hermann.«

»Ihr seid also glücklich? Nun, genau das wollte ich wissen, und deshalb bin ich gekommen. Vielleicht braucht sie Hilfe, habe ich gedacht. Vielleicht ist gar nicht alles so großartig, wie sie schreibt, und sie hat niemanden, an den sie sich wenden kann, wenn sie in Bedrängnis ist. Darum wollte ich lieber nach Euch sehen.«

Seine guten Augen, die vertraute, so lange nicht gehörte heimatliche Mundart, die Treue zu ihr und die Sorge, die aus jedem seiner Worte sprach, trieben Caroline die Tränen in die Augen. Sie entsann sich, daß Hermann früher immer erklärt hatte, es ließe sich nirgendwo so gut leben wie in Erfurt, und er dächte gar nicht daran, jemals fortzugehen. »Wenn der Meister mich behält«, hatte er gesagt, »werde ich bei ihm bleiben, bis ich sterbe. Wo soll ich sonst hin, ein buckliger Schneidergeselle, den sie überall nur verlachen?«

Er hatte immer eine große Scheu gehabt, unter Menschen zu gehen, die ihn nicht kannten. Und nun hatte er sich ihretwegen auf den Weg nach Paris gemacht.

»Ach, Hermann, du Lieber«, sagte Caroline und drückte seine Hände. »Wie soll ich dir das jemals vergelten.«

Margot erschien mit einem Krug Wein und einem Tablett mit Suppe, Brot und kaltem Braten, und Caroline stand auf. »Stell alles dort drüben auf den Tisch. Und dann komm und iß erst einmal, Hermann.«

Die Hausmagd betrachtete ihn stirnrunzelnd. »Er wird wohl hierbleiben, was? Ich habe Anweisung gegeben, daß man ihm eine Kammer herrichtet und heißes Wasser für ein Bad. Wenn Sie erlauben, Madame la Vicomtesse, werde ich auch ein paar Sachen zum Anziehen für ihn besorgen. Fernand, der Gärtner, hat zwar keinen Buckel, aber einen breiten Rücken und in etwa seine Größe. Ich denke, daß ihm seine Kleider passen werden.«

»Das ist lieb von dir, Margot, danke.« Caroline lächelte ihr zu, und die Magd wandte sich zur Tür.

»Sagen Sie ihm, daß er sich mit dem Essen beeilen soll. Sie können hier nicht ewig sitzen und mit ihm reden. Dann kommen Sie zu spät zum Kaiser.«

»Was hat sie gesagt?« fragte Hermann, als die Tür hinter Margot zufiel, und Caroline übersetzte es ihm.

»Ein Bad wäre schön – und ein Bett zum Ausschlafen auch. Aber andere Kleider brauche ich nicht. Ich habe mein Sonntagsgewand in dem Bündel, das ich unten in der Halle lassen mußte, als sie mich zu Euch brachte.« Er fing an, seine Suppe zu löffeln, und die Art, wie er aß, verriet, daß er sehr hungrig sein mußte.

Aber dann unterbrach er das Essen. »Ach Gott, das hätte ich fast vergessen. Hier ist der Brief von der Frau Meisterin.« Er zog einen zerknitterten braunen Umschlag aus der Hosentasche und reichte ihn Caroline.

Ihre Mutter hatte ihr sehr liebevoll geschrieben.

»Mein geliebtes Kind, ich hoffe zu Gott, daß Hermann Dich gesund antrifft. Hier ist alles sehr freudlos ohne Dich, aber immerhin weiß ich nun, daß Du lebst. Dein Vater tut so, als sei es ihm ganz und gar gleichgültig, was aus Dir geworden ist, aber ich kenne ihn besser. Insgeheim mag er oft an Dich denken.

Ach, Caroline, wie konnte dies alles nur geschehen! Und nun ist mein kleines Mädchen verheiratet – mit einem französischen Offizier. Das macht mir manchmal Angst, und es ist nicht dazu angetan, Deinen Vater versöhnlicher zu stimmen. Bist Du denn glücklich, Caroline? Dann will ich es auch sein. Und Papa mußt Du eben Zeit lassen.

Schreibe mir aber um Gottes willen weiterhin, und ich will Dir antworten. Das lasse ich mir nicht verbieten, wo ich doch schon Gottfried habe hergeben müssen. Wenn Du aber unglücklich bist, komm auf jeden Fall heim. Ich werde nicht zulassen, daß Dein Vater Dir die Tür verschließt. Ich umarme Dich, meine liebe Caroline. Deine Mutter.«

Caroline ließ das Blatt sinken und blickte Hermann an, der indessen seine Suppe ausgelöffelt hatte und zu Brot und Fleisch übergegangen war.

»Die Meisterin hat mir gesagt, was sie Euch geschrieben hat. Aber Ihr werdet wohl nicht mit mir heimkommen wollen . . .«

Sie schüttelte den Kopf. »Nein, Hermann. Ich habe einen guten Mann, der mich liebt.«

»Aber es ist nicht der, um dessentwillen Ihr damals fortgelaufen seid?« fragte der Bucklige zögernd. »Der hieß anders, wenn ich mich recht entsinne.«

»Das stimmt.« Caroline legte den Brief ihrer Mutter vor sich auf den Tisch und strich ihn mit der Hand glatt. »Den Vicomte de la Moreau habe ich erst hier kennengelernt.«

»Da bin ich aber froh . . . ich meine, daß Ihr den Leutnant von damals nicht geheiratet habt. Der hat nicht recht an Euch gehandelt. Einem Mädchen wie Euch den Kopf zu verdrehen und dann zu verschwinden, ohne jemals wieder etwas von sich hören zu lassen! Nein, das wäre nicht der Richtige für Euch gewesen.«

Caroline betrachtete ihn gerührt. »Ach, Hermann, ich kann es noch immer nicht fassen, daß du hier bist! Sag, willst du bei mir bleiben? Oder mußt du wieder nach Erfurt zurück?«

»Je nun . . . der Meister hat zwar gesagt, daß es für immer wäre, wenn ich ginge, nachdem er wußte, daß ich zu Euch wollte. Aber das hat er gewiß nicht ernst gemeint. Er würde mich schon wieder nehmen. Freilich, eine Weile bliebe ich gern hier, wenn Ihr Arbeit für mich hättet. Wenigstens

über den Winter, weil das Reisen da doch recht beschwerlich ist.«
»Bleib, solange du willst«, sagte Caroline herzlich. »Am liebsten für immer.«

Hermann bezog eine Kammer im Bedienstetentrakt, und da er keiner war, dem man die Arbeit antragen mußte, sondern von selbst mit anpackte, war er bald von morgens bis abends beschäftigt. Er half den Hausmädchen beim Silberputzen und Bügeln, er werkelte im Park herum und übernahm sämtliche Näharbeiten, die anfielen, mochte es sich nun um abgerissene Wäscheknöpfe, eine lose Naht, Löcher in den Leintüchern und der Tischwäsche oder um Carolines Garderobe handeln.
Da stichelte er an den Kleidern herum, besserte Säume und Spitzenbesätze aus, nähte Schleifen fest und brachte neue Haken und Ösen an den Miedern an.
Er war nie mißgelaunt, freundlich gegen jedermann, und damit besiegte er sogar Margots anfängliches Mißtrauen.
Anfangs war sie recht ruppig zu ihm gewesen, und obwohl Hermann nicht immer verstand, was sie ihm an den Kopf warf, so spürte er doch, daß sie ihm nicht wohlgesonnen war. Und so hatte er eines Tages in seinem mühsamen Französisch zu ihr gesagt:
»Warum Sie sein immer so böse zu mir, Madame Margot? Wir sie doch beide lieben, und ich denken, das eine Grund sein, uns auch zu lieben ein bißchen. Madame Caroline mir sagen, wie Sie geholfen ihr, als es ihr gehen schlecht, und das machen, daß Sie haben eine große Stein in meine Brett. Deshalb ich nehmen auch nicht übel, daß Sie immer machen böse Gesicht, wenn mich sehen. Aber wäre viel mehr schön, wenn das anders. Wollen nicht versuchen?«
»Verlangt er etwa eine Extrawurst, der Herr?« hatte Margot zurückgebissen, wie es ihre Art war. »Ich bin, wie ich bin, und ich werde mich gewiß nicht Ihretwegen ändern.«
»Nicht ändern. Nur viel nett sein zu mir . . .«

Sie hatte verächtlich durch die Nase geschnaubt. »Männer! Selbst mit einem Buckel halten sie sich noch für eine besondere Spezies, die man mit Samthandschuhen anfassen muß!« Aber von da an war sie in der Tat netter zu Hermann gewesen, und einmal hatte sie sich sogar dazu aufgeschwungen, Caroline gegenüber zu erklären: »Er ist nicht übel, dieser Bucklige, und für einen Deutschen erstaunlich wenig borniert. Verzeihung, Madame la Vicomtesse, aber Ihre Landsleute besitzen in der Tat ein gut Teil mehr Borniertheit als wir Franzosen. Wir sind wendiger und verstehen immer, einer Sache, und mag sie noch so schlecht sein, noch irgendeine gute Seite abzugewinnen, wohingegen die Deutschen alles furchtbar ernst und schwer nehmen.«
»Ach, und woher beziehst du deine Weisheit?« hatte Caroline sich amüsiert erkundigt.
Margot hatte breit gelacht. »Aus dem Haus der Grangette natürlich. Gelegentlich haben uns dort nämlich auch deutsche Herren einen Besuch abgestattet. Hui, da ging es vielleicht militärisch streng zu! Die Mädchen mußten aufmarschieren wie eine Kompanie Soldaten. Danach wurde genau festgelegt, was und für wieviel ...« Sie war verlegen verstummt, als sie einen Blick von Caroline auffing, und hatte sich geräuspert. »Nun ja, ich sollte das besser nicht erzählen. Es war kein besonders guter Gedanke, Sie an das Haus in der Rue de Buci zu erinnern ...«
Hermann aber war glücklich in Paris. Er war bei Caroline, er konnte sie alle Tage sehen und sich daran erfreuen, daß es ihr so wohl ging. »Eine große Dame ist sie geworden«, schrieb er an Marie Weikersheim. »Ihr müßt Euch wirklich keine Sorgen machen, Frau Meisterin. Es fehlt ihr an nichts. Sie hat eine eigene Kutsche, lebt in einem Palast und wird wie eine Prinzessin bedient. Ihr Gatte, der Vicomte, ist ein guter Mann, und er liebt sie sehr. Wir müssen Gott danken, daß er alles so gefügt hat.«
Er schrieb auch, daß Caroline am Kaiserhof verkehre und

wie oft sie mit ihrem Gatten in die Tuilerien oder nach St. Cloud eingeladen wurde.
»Besonders die Kaiserin Josephine und deren Tochter, die Königin von Holland, die jetzt ebenfalls in Paris lebt, sind Madame Caroline wohlgesonnen. Neulich hat der Vicomte einen Ball gegeben, und da sind außer dem Kaiserpaar und der Königin Hortense auch die Fürstin Borghese und der König und die Königin von Neapel zu Gast gewesen. Die beiden Damen sind Schwestern des Kaisers, und ich habe von der Galerie aus beobachtet, wie sie getafelt und anschließend getanzt haben. Gestern hatten wir die Königin von Spanien zu Besuch. Sie heißt Julie und ist mit Joseph Bonaparte, dem ältesten Bruder Seiner Majestät, verheiratet. Aber wie eine Königin sieht sie nicht aus, dazu ist sie viel zu unscheinbar, obwohl sie sich immer sehr kostbar kleidet. Da könnte man unsere Madame Caroline viel eher für eine Königin halten.
Ich schreibe Euch dies nur, damit Ihr seht, was für ein glänzendes Leben unsere Madame Caroline jetzt führt. Wenn wir beisammen sind, muß ich ihr immer von Euch erzählen, Frau Meisterin. Alles will sie wissen, ob Ihr gesund seid und ob die Werkstatt des Meisters gut floriert. Und ob Ihr diesen Sommer wieder so viele Erdbeeren im Garten hattet und auch, wie es dem Herrn Bibliothekar Vogel ergeht. Als ich ihr berichten konnte, daß er wieder verlobt sei – mit Hanna, der Tochter des Stadtkassiers Seidel, war sie sehr erleichtert. Und als sie erfuhr, daß die alte Ernestine so arg das Reißen hat, mußte sie ihr unbedingt einen warmen, pelzgefütterten Mantel für den Winter schicken. Sie hat ihn an die Baronin Rodenbach gesandt, weil der Meister es vielleicht nicht gern sieht, wenn sie der Ernestine ein Geschenk macht. Bitte tragt dafür Sorge, daß der Mantel abgeholt wird.«
Von dem Kind, das Caroline von Pierre de Lancourt erwartet und wieder verloren hatte, schrieb Hermann nichts. Caroline hatte ihm dies auch nicht erzählt. Er hatte nur

beobachtet, wie sie fast täglich in die Schloßkapelle ging, immer mit frischen Blumen aus den Gewächshäusern, und sich unter den Bediensteten umgehört. Da hatte er denn erfahren, was geschehen war. Freilich waren die Dienstboten der Meinung, das Kind sei von Charles de la Moreau gewesen, und Hermann widersprach ihnen nicht. Aber insgeheim hatte er nachgerechnet und war auf die Wahrheit gekommen. Seitdem war ihm klar, warum Caroline damals so Hals über Kopf nach Paris geflüchtet war, und seine Hochachtung für Charles de la Moreau war gestiegen.

Wie sehr mußte dieser Mann Caroline lieben, daß er sie trotzdem in seinem Haus aufgenommen hatte.

Einmal war auch Hermann in die Schloßkapelle gegangen. Er hatte eine Weile vor dem Sarkophag gestanden, in dem der Vicomte Guillaume de la Moreau lag und wo man nun den Namen »Armand« hinzugefügt hatte. Dann hatte Hermann sich in eine der altersdunklen Bänke gesetzt und die Hände gefaltet.

»Natürlich wäre ich lieber in eine protestantische Kirche gegangen«, hatte er in Gedanken gesagt. »Aber ich fürchte, so etwas gibt es hier nicht, und ich kann nicht ganz Paris danach ablaufen, um am Ende doch keine zu finden. Warum auch? Ich denke, daß man auch hier mit dir reden kann, Herr. Ich weiß nicht, wie du es mit den Konfessionen hältst und ob dir ein lutherischer Pastor lieber ist als ein katholisches Pfäfflein. Wahrscheinlich nicht, denn es gibt überall schwarze und weiße Schafe, und du mußt mit den Ochsen pflügen, die du hast.

Ich will dich nicht lange aufhalten, lieber Gott. In diesen unruhigen Zeiten hast du mehr zu tun, als dir mein Gerede anzuhören. Ich will dir nur danke sagen. Einmal habe ich dir Carolines wegen recht hart zugesetzt. So darf man eigentlich nicht mit dir reden. Um so mehr rechne ich es dir an, daß du trotzdem getan hast, worum ich dich gebeten habe. Ich werde es nicht vergessen, Herr, sondern mich

immer daran erinnern, wenn ich wieder einmal mit dir rechten will, weil mir etwas bitter aufstößt.
Ich bin sehr froh, daß du für die Caroline alles so gut gefügt hast, und ich will dir nicht gleich wieder mit einer neuen Bitte kommen. Sonst würde ich nämlich sagen: Hab auch in Zukunft ein Auge auf sie, damit alles so bleibt. Vielleicht tust du's ja auch ohne mein Drängen, Herr ...«
Er blieb noch eine Weile in der Bank sitzen, der Hermann, blickte auf das Ewige Licht über dem Altar und wie eine blasse Novembersonne ihre schrägen Strahlen durch das bunte Kirchenfenster schickte, und fühlte eine glückliche Ruhe in sich. Als er dann zum Schloß zurückkehrte, begegnete ihm Charles de la Moreau in der Halle.
Er lächelte dem Buckligen freundlich zu. »Hast du einen Spaziergang gemacht, Hermann? Aber du hättest einen Mantel mitnehmen sollen, es ist doch schon recht kalt draußen.«
Wie immer, wenn jemand französisch mit ihm sprach, überlegte Hermann eine Weile, bevor er antwortete. Freilich lernte er die fremde Sprache mit jedem Tag besser, aber er hatte doch noch Mühe damit.
»Ich war in Kapelle, Herr, und nicht habe gefroren. Aber das Tuch auf Altar sein recht alt. Wenn Herr erlauben, ich werde besorgen Samt und besticken und mit Borte säumen. Oder nicht wollen, Herr?«
»Warum sollte ich? Tu nur, was du für nötig hältst, mein Guter. Mich soll es freuen.«
Hermann fing schon am nächsten Tag mit seiner Näharbeit an, und er begnügte sich nicht damit, den gekauften Samt einfach nur mit einem simplen Muster zu besticken. Nein, er entwarf ein richtiges Bild, das die Auferstehung Jesu darstellte und an dem er viele Wochen arbeitete. Die Vorlage dazu hatte er in einem alten ledergebundenen Folianten in der Bibliothek gefunden, in dem biblische Szenen abgebildet waren.
»Das wird ja ein richtiges Kunstwerk«, sagte Caroline, als

sie Hermann in seiner Kammer besuchte, wie sie es gelegentlich tat, um einen Schwatz mit ihm zu halten.
Er hockte mit gekreuzten Beinen auf dem Tisch und ließ den Stoff sinken. »Es macht mir Spaß, und ich gebe mir auch große Mühe damit. Wenn es fertig ist, werde ich ein Ballkleid für Euch nähen, Madame Caroline, und lauter Perlen hineinsticken. Perlen passen am besten zu Eurer Haut. Es muß aus hellgrüner Seide sein, und darüber müßt Ihr einen Mantel aus dunkelgrüner Seide tragen. Ihr werdet wunderschön darin aussehen.«
»Und die Königin von Neapel und wer sonst noch alles werden platzen vor Neid!« Caroline lachte. »Sie werden alle bei dir arbeiten lassen wollen, Hermann, wenn ich ihnen verrate, wem ich eine solche Toilette verdanke. Wer weiß, vielleicht läufst du noch Le Roy den Rang ab und wirst reich und berühmt.«
»Darauf lege ich keinen Wert. Ich bin schon zufrieden, wenn ich bei Euch bin.« Er betrachtete sie. »Das Kleid, das Ihr anhabt, ist auch sehr schön. Geht Ihr aus?«
»In die Oper. Der Kaiser und die Kaiserin werden auch da sein. Anschließend sind wir noch in die Tuilerien befohlen.«
»Macht Euch das nicht stolz?«
Sie seufzte. »Es geht dort immer schrecklich steif zu. Alles steht herum, weil Seine Majestät selten ruhig auf einem Stuhl sitzt. Immer läuft er von einem zum anderen, und niemand darf Platz nehmen, wenn der Kaiser es nicht zuvor getan hat. Ach, und die Gespräche . . .«
Caroline verdrehte die Augen. »Die einen sind damit beschäftigt, an Napoleons Lippen zu hängen und ihm beizupflichten, was er auch sagt. Die anderen belauern sich gegenseitig, ob nicht irgend jemand etwas redet, was dem Kaiser mißfallen könnte. Seine Schwestern sind eifersüchtig aufeinander und giften sich an, seine Mutter hat ein grämliches Gesicht, als ob sie insgeheim überschlüge, was der Champagner kosten mag, der herumgereicht wird, und

die Kaiserin ... Ach, Hermann, sie ist eine so bezaubernde Frau. Aber aus Angst, Napoleons Unwillen zu erregen, tut sie kaum mehr den Mund auf, und wenn er eine unfreundliche Bemerkung zu ihr macht, kämpft sie mit den Tränen.«

»Das ist freilich arg«, meinte Hermann. »Margot hat erzählt, die Kaiserin wäre wie ein Engel zu Euch gewesen. Und sie behauptet, der Kaiser sei Euch ebenfalls zugetan.«

Caroline lachte. »Margot übertreibt wie immer. Aber es stimmt, daß der Kaiser im Augenblick sehr freundlich zu mir ist. Neulich in St. Cloud hat er sich nach dem Konzert eine Stunde mit mir unterhalten. Er wollte wissen, wie man in meiner Heimat Weihnachten feiert. Und dann hat er gefragt, ob man dem ältesten Sohn der Königin von Holland wohl die Miniaturuniform eines Marschalls von Frankreich schenken könne.«

»Und was habt Ihr geantwortet?«

Sie lächelte schief. »Daß er das besser die Königin Hortense fragen solle, da ich in solchen Dingen nicht objektiv sei. Ich würde kleine Knaben überhaupt nicht gern in einer Uniform sehen. Sie erinnere mich immer daran, daß aus dem Spiel in ein paar Jahren blutiger Ernst werden könne.«

»Das habt Ihr Euch getraut? Und was hat der Kaiser darauf erwidert?« »Er hat gelacht und gemeint, ich solle erst einmal eigene Söhne in die Welt setzen. Vielleicht wäre ich dann sehr geschmeichelt, wenn sie eines Tages aus seiner Hand eine militärische Auszeichnung empfingen. ›Da sei Gott vor‹, habe ich entgegnet. ›Meinen Söhnen wünsche ich, daß Frieden herrscht, wenn sie groß sind, und deshalb gar keine kriegerischen Ehren mehr erringen können. Darauf hat er mir die Hand geküßt. ›Nun, für diesen Fall werde ich mir etwas Neues für Ihre Söhne einfallen lassen, Madame.‹«

Hermanns Augen waren groß und rund vor Staunen. »Dann hat Margot aber recht, und er ist Euch wirklich zugetan.«

»Mag sein, doch das kann sich rasch ändern. Napoleon ist launisch, weißt du, und deshalb unberechenbar. Er war auch schon anders zu mir – damals in Wien zum Beispiel, als er verlangte, ich solle sofort abreisen.«
»Aber das war, bevor Ihr ihm das Leben gerettet habt.«
Ihre Augen verdunkelten sich. »Übertreibe nicht so. Ich habe nur die Feldgendarmen auf einen Attentäter von zwölf Jahren aufmerksam gemacht. Das war keine Heldentat, und manchmal wünschte ich . . .« Sie verstummte und schüttelte den Kopf. »Ich begreife immer noch nicht, wie der Kaiser es fertiggebracht hat, dieses Kind erschießen zu lassen. Immer wenn ich ihn mit den Söhnen der Königin Hortense sehe, wie er mit ihnen spielt und sich alles mögliche von ihnen gefallen läßt, muß ich daran danken.«
Sie wußte, daß auch Charles oft daran dachte und sich damit herumquälte. Er war so bedingungslos in seiner Verehrung für Napoleon gewesen und so stolz darauf, daß er diesem Kaiser dienen durfte. Doch seine Ergebenheit hatte seit dem Tod von Friedrich Staps einen tiefen Riß bekommen. Aber er hatte auch zu Caroline gesagt:
»Dennoch weiß ich nicht, was nach Napoleon kommen sollte. Ich sehe keine Alternative. Die Rückkehr zum Königtum etwa? Oder zu einer Republik, die ohne ihn zu einem Futtertrog herabgewürdigt würde, an dem sich unzählige Geschäftemacher mästen wollen? Glaub mir, was nach Napoleon kommt, wird ungleich schlimmer sein.«
Sie hätte ihm erwidern können, daß es auch unter der napoleonischen Aera viele gab, die sich mästeten, in erster Linie seine Familie, aber sie hatte es nicht getan. Charles' unglücklicher Augenausdruck hatte sie daran gehindert.
Caroline seufzte. »Ich muß gehen, Hermann. Hoffen wir, daß es ein angenehmer Abend wird und der Kaiser guter Stimmung ist.«

Ihr Wunsch erfüllte sich nicht. Napoleon war schlecht gelaunt, und Kaiserin Josephine hatte verweinte Augen. Er

verließ die Oper bereits nach dem zweiten Akt und mokierte sich, kaum in den Tuilerien, laut und zornig über die silbergraue Robe der Kaiserin. »Sie sollten nicht halbnackt herumlaufen, Madame! Überlassen Sie das Jüngeren, deren Gesundheit weniger anfällig ist. Ihr ewiger Husten ist nicht dazu angetan, Sie reizvoller zu machen.«
Daraufhin bat Josephine bleich und zitternd, sich zurückziehen zu dürfen, doch der Kaiser fuhr sie grob an: »Sie gehen erst, wenn ich es Ihnen gestatte!«
Pauline Borghese kicherte ungeniert, was ihr einen wutfunkelnden Blick ihres Bruders eintrug. »Und Sie, Madame, sollten endlich lernen, wie sich eine Dame Ihres Ranges zu benehmen hat. Ihre Juwelen reichen nicht, um aus Ihnen eine Herzogin zu machen.« Er betrachtete sie von oben bis unten. »Sie behängen sich wie eine drittklassige Operndiva – nur mit dem Unterschied, daß bei dieser der Schmuck unecht ist. Muß man denn alles pfundweise zur Schau stellen?«
Darüber war nun wieder Caroline Murat, die Königin von Neapel, hocherfreut. Scheinheilig tätschelte sie ihrer Schwester den Arm. »Siehst du, Polette, wir bekommen alle unsere Rüffel. Gestern war ich dran, weil ich angeblich zu stark geschminkt war, und du hast dir die Hände gerieben. Es soll wahrhaftig niemand sagen, Seine Majestät wäre nicht gerecht im Verteilen seiner Ungnade.«
»Ach, halt deinen ungewaschenen Mund!« fauchte Pauline wenig fürstlich und spülte ihren Ärger mit Champagner hinunter.
Die Stimmung blieb gedrückt und – was die Bonapartes betraf – gereizt. Wie es seine Art war, ging Napoleon von einem zum anderen, wechselte mit jedem ein paar Worte und setzte seinen Rundgang fort.
Josephine kämpfte immer noch mit den Tränen. Sie hatte sich mit ihrer Tochter in eine Fensternische zurückgezogen und flüsterte mit ihr. Charles war in ein Gespräch mit General de Flahaut und der jungen Marschallin Ney vertieft,

und Caroline überlegte gerade, ob sie zur Kaiserin und Hortense hinübergehen solle, als Napoleon vor ihr stehenblieb. Er hatte die Hand in seinen Uniformrock geschoben, ein sicheres Zeichen dafür, daß er Magenschmerzen hatte.
Caroline versank in dem vorgeschriebenen Hofknicks und lächelte den Kaiser an.
»Nun, Madame?« fragte er. »Wie hat Ihnen denn die Aufführung von ›Julius Caesar‹ gefallen? Und die Musik Ihres Landsmannes Monsieur Händel?«
»O, ich war begeistert. Besonders Madame Loriel hat gesungen wie ein Engel, Sire, fanden Sie nicht?«
Er schob die Brauen zusammen. »Mag sein. Aber das Libretto ist eine einzige Schmiererei! Diese Bejubelung der Auflehnung gegen einen großen Geist! Diese primitive Verherrlichung dessen, was ein paar Hohlköpfe unter Freiheit verstehen! Wahrhaftig, eine Provokation! Nun ja, Händel! Was soll man von einem Deutschen erwarten, der die meiste Zeit seines Lebens in England verbracht hat – als Hofmusikus eines englischen Königs, dessen ausschweifender Lebenswandel sprichwörtlich ist. Was seine Musik anbelangt, so scheint sie mir recht oberflächlich. Ein hohles Getöne, das durch Effekte ersetzen will, was ihm an Tiefe und Innigkeit mangelt.«
Er fixierte Caroline aus funkelnden Augen. »Sie machen ein Gesicht, als wollten Sie mir widersprechen. Nur zu, Madame, ich höre!« Er nahm einem Lakaien ein Glas Champagner vom Tablett, doch Caroline schüttelte den Kopf.
»Ich weiß nicht, ob das gut für Sie ist, Sire. Der Champagner ist sehr kalt. Er macht Magenbeschwerden und ...«
»Was zum Teufel geht Sie mein Magen an! Und wer sagt Ihnen überhaupt ...«
»Sie haben heute das Gesicht eines Magenkranken, Sire. Sehen Sie nur in den Spiegel. Fahle Haut, herabgezogene Mundwinkel, Falten von der Nase bis zum Kinn. Und Ihre

Gereiztheit spricht ebenfalls dafür. Man sagt nicht umsonst: Das liegt mir im Magen.«
Napoleon stellte sein Glas ab, ohne daraus getrunken zu haben. »Ich bin nicht gereizt!«
»Nein? Dann haben Sie es aber vortrefflich gespielt. Wirklich, Sie haben uns allen hier Angst eingejagt.«
Napoleon stieß die angehaltene Luft aus, und einen Moment fürchtete Caroline, er werde sie anschreien. »Wollen Sie sich über mich lustig machen?«
Sie schenkte ihm ihr bezauberndstes Lächeln. »Nein. Nur den Hofnarren spielen, damit sich Ihre Stimmung bessert, Sire.«
Er sah sie an und lächelte flüchtig. »Was wissen Sie schon von meiner Stimmung. Geht es nicht in Ihren Kopf, daß auf meinen Schultern Dinge lasten, die schwerer als die üblichen Sorgen eines Mannes sind?«
»Ich begreife schon, daß Sie es nicht leicht haben. Nur – wollten Sie es anders? Ich glaube, trotz allem sind Sie doch sehr gern Kaiser von Frankreich. Sie hätten sich nie mit einem durchschnittlichen Leben zufriedengegeben.«
Diesmal lachte er. »Sie haben also kein bißchen Mitleid mit mir?«
»Doch«, sagte Caroline. »Wegen Ihrer Magenschmerzen. Aber dagegen kann man etwas tun. Sie müssen sich mit dem Essen in acht nehmen. Nichts zu Scharfes, nichts zu Saures, nichts zu Süßes. Kein Gebratenes und wenig Fett. Trinken Sie Kamillentee statt Champagner und essen Sie weißes gedünstetes Fleisch. Und sehen Sie zu, daß Sie ausgeglichener werden.«
Er nahm ihren Arm und winkte Charles zu. »Capitaine de la Moreau, ich entführe Ihnen Ihre Gattin für eine Viertelstunde.«
Napoleon zog Caroline mit sich. Sie durchschritten eine Anzahl kleinerer Säle, bis er die Tür zu einem Salon öffnete. Die kassettierten Wände waren mit Szenen aus der griechischen und römischen Mythologie bemalt. In einer

Nische stand eine Marmorstatue der Artemis. Die Seidenportieren vor den Fenstern waren mit den napoleonischen Bienen auf cremefarbenem Grund bestickt.

»Setzen Sie sich«, sagte der Kaiser. »Ich muß mit Ihnen reden.« Er warf sich auf ein Sofa und schlug die Beine übereinander. »Sie sind eine Freundin der Kaiserin... Nein, widersprechen Sie nicht. Ihre Majestät hat Sie ins Herz geschlossen, und Sie bewundern sie. Das sieht man Ihnen an, sobald Sie mit der Kaiserin reden.«

»Ich wollte gar nicht widersprechen. Ich wollte nur sagen, daß es mir nicht zusteht, Ihre Majestät als meine Freundin zu bezeichnen.«

»Sie tut es jedenfalls«, erklärte Napoleon ungeduldig. »Das hat sie mir selbst gesagt, und ich bin sehr erleichtert darüber. Ihre Majestät braucht Freunde. Keine Hofschranzen, die ihr Mäntelchen nach dem Wind hängen, niemanden, der nur nach seinem Vorteil fragt, sondern ein paar Menschen, die ihr wirklich zugetan sind. Sie wird bald sehr isoliert sein, und da baue ich auf Sie und Ihren Gatten und vielleicht noch ein paar andere. Wollen Sie mir versprechen, Ihrer Majestät, egal, was geschieht, eine treue Freundin zu sein?«

Caroline blickte ihn offen an. »Es ist also wahr? Sie wollen sich von ihr trennen?«

»Ich will nicht, ich muß«, versetzte er gereizt. »Ich bin kein Privatmann, der tun und lassen kann, was ihm behagt. Ich habe Rücksichten zu nehmen – auf Frankreich, auf den Fortbestand meiner Familie...«

»Ihre Familie ist groß, Sire.«

»Neffen und Nichten – Geschwister, die... Aber lassen wir das. Sie verstehen mich auch so, Madame. Ich brauche einen Sohn, den Thronfolger.«

»Aber der kleine Lou...«

Wieder ließ er sie nicht ausreden. »Ich wollte ihn adoptieren – und zuvor seinen älteren Bruder. Man hat mir Steine in den Weg gelegt. Freilich hätte ich meinen Willen

durchsetzen können, aber inzwischen bin ich zu der Überzeugung gelangt, daß ein leiblicher Erbe wichtiger ist. Ihm kann man die Thronfolge in keinem Fall streitig machen.«
Fast hätte sie gesagt: Aber Sie haben doch schon einen Sohn, Sire. Das Kind dieser polnischen Gräfin Maria Walewska.
Im letzten Augenblick schluckte sie die Bemerkung hinunter. Sie wäre höchst unklug gewesen, da Napoleon nicht von selbst die Rede darauf brachte.
Er sprang auf und zog den Fenstervorhang zur Seite. »Ich muß es tun«, sagte er mit abgewandtem Gesicht. »Ich muß mich scheiden lassen. Die Kaiserin ahnt es seit langem. Trotzdem wird es sie furchtbar treffen, wenn mein Entschluß unverrückbar ist. Wollen Sie mir versprechen, daß Sie ihr dann zur Seite stehen werden?«
»Das bedarf keines Versprechens. Ich würde es auch ohne Ihre Aufforderung tun, Majestät, wenn ich den Eindruck habe, daß es ihr hilft.«
»Zum Teufel, natürlich hilft es ihr! Tun Sie doch nicht so, als wären Sie eine langweilige, unliebenswürdige Person. Fast jeder mag Sie, mich eingerechnet, Madame. Denken Sie, ich würde sonst so offen mit Ihnen reden?«
»Dann ... dann wird es also bald eine neue Kaiserin von Frankreich geben, Sire?«
Er fuhr herum. »Das habe ich nicht gesagt. Erst muß die Scheidung erledigt sein. Danach wird man weitersehen.«
»Ach, Sire«, rutschte es Caroline heraus, »reden wir doch nicht um den heißen Brei herum, wo es in Paris bereits die Spatzen von den Dächern pfeifen. Sie ist blond, nicht wahr, die österreichische Erzherzogin, und nicht einmal zwanzig Jahre alt. Und die Habsburger sollen eine sehr fruchtbare Familie sein.«
»Stimmt. Aber mich haßt sie. Sie soll gesagt haben, daß sie lieber aus dem Fenster springen würde, als mich zu heiraten. Sie sehen, noch ist gar nichts sicher. Metternich, der neue österreichische Außenminister, behauptet

zwar, daß die Angelegenheit so gut wie perfekt ist und die Erzherzogin eine folgsame Tochter. Sein Kaiser, sagt er, habe inoffiziell bereits unserer Verbindung zugestimmt. Aber kann man einem so aalglatten Diplomaten wie Metternich glauben? Der ist doch ein Lügner, wie er im Buche steht!«

»Und warum muß es gerade die Erzherzogin Marie Louise sein?«

»Weil ich der künftigen Loyalität Österreichs sicher sein will!« Napoleon lachte unfroh. »Sie sehen, Madame, es gibt genügend Gründe, weshalb ich nicht ausgeglichen sein kann.«

»Sire«, sagte Caroline nach einem kurzen Schweigen, »selbst auf die Gefahr hin, daß Sie mich gleich anschreien werden: Ich finde es abscheulich, daß Sie sich um dieser Dinge willen, und mögen sie sich noch so vorteilhaft anhören, von Ihrer Majestät scheiden lassen wollen. Die Kaiserin liebt Sie. Sie werden nie wieder jemanden finden, der Ihnen mehr Zuneigung entgegenbringt, und das, finde ich, ist auch für Sie mehr wert als ein möglicher Thronfolger, der der Enkel des österreichischen Kaisers ist.«

Wider Erwarten blieb Napoleon still. Er kehrte zu seinem Sofa zurück, setzte sich und stützte den Kopf in die Hände. »Glauben Sie, das hätte ich mir nicht selbst gesagt? Ich weiß wohl, was ich aufgebe und dagegen eintausche: eine Frau, die von Kindesbeinen an dazu erzogen worden ist, mich zu verabscheuen. Und doch – ich muß das Wagnis auf mich nehmen. Mein ganzes Leben lang habe ich das Unmögliche gewagt – und oft genug bekommen.«

»Aber die Kaiserin wird von dem französischen Volk geliebt. Viele werden es Ihnen verübeln, wenn Sie sie im Stich lassen.«

»Sie wird gut versorgt sein«, sagte Napoleon knapp. »Und das Volk ... Ach Gott, das Volk ist zu beeinflussen. Man muß ihm nur ein prächtiges Schauspiel bieten. Ob diese Kaiserin oder jene – die Leute werden jubeln, wenn sie nur eine goldene Staatskarosse und prunkvolle Gewänder und Juwelen sehen.«

»Kaiserin Josephine ist mehr als eine schön gekleidete Puppe. Sie strahlt so viel Anmut aus, und sie hat soviel Charme. Außerdem ist sie voller Güte. Ich habe sie beobachtet. Wenn ihr jemand vorgestellt worden ist, weiß sie noch nach Wochen, wie er heißt und was er ist. Wenn sie mit jemandem spricht, erweckt sie den Anschein, als ob sie nur für ihn da sei. Sie ist hilfsbereit und großzügig . . .«

»Das weiß ich doch alles. Schließlich habe ich sie geliebt – nicht zuletzt wegen dieser Eigenschaften. Es war schmerzlich für mich, eines Tages zu begreifen, daß ihre Liebenswürdigkeit nicht viel zu bedeuten hat. Sie ist ein verspieltes, reizendes Kind – aber ohne großen Tiefgang.«

Caroline starrte ihn an. »Wie können Sie das sagen, Sire! Sie sehen doch, wie sie Ihretwegen leidet.«

»Wirklich meinetwegen? Ist es nicht viel mehr, weil sie das Empfinden hat, man zöge ihr den vertrauten Boden unter den Füßen weg? Die Kaiserin haßt Veränderungen. Davor hat sie Angst. Außerdem fürchtet sie sich davor, alt und vergessen zu sein. Aber dies alles hat weit mehr mit Eigenliebe zu tun.«

»Es ist auch schrecklich, verlassen zu werden«, murmelte Caroline, und Napoleon stand auf und kam zu ihr.

»Sie sagen das, als kennten Sie dieses Gefühl. Aber nein, Sie sind zu jung und zu schön. Ihnen widerfährt so etwas nicht.«

»Meinen Sie, Sire?« fragte sie ein wenig spöttisch.

Napoleon nickte, und für einen Moment spürte sie seine Lippen auf ihrer Stirn. Caroline erschrak und bog den Kopf zurück, und der Kaiser richtete sich auf.

»Sie riechen gut«, meinte er lächelnd. »Was ist das – Veilchenparfüm? Sehen Sie mich nicht so verstört an. Ich habe Sie wirklich sehr gern, aber ich würde nie Ihre Treue zu Ihrem Gatten auf die Probe stellen. Und einfach befehlen, nur weil ich der Kaiser bin? Nein, Madame, denn das wür-

de mich in meinem männlichen Stolz kränken. Im übrigen habe ich wirklich Magenschmerzen.«
»Dann sollten Sie aber ...«
»Psst ...« Noch immer lächelnd legte er den Finger an die Lippen. »Ich mag es nicht, wenn eine junge hübsche Frau mir mütterliche Ratschläge erteilt. Für meinen Magen ist mein Leibarzt Doktor Corvissart zuständig.«
»Aber hören Sie auch auf das, was er Ihnen empfiehlt?«
»Gelegentlich«, erwiderte er leichthin und bot ihr seinen Arm. »Kommen Sie, Madame, gehen wir zu den anderen zurück. Ich habe Lust auf eine Partie Whist.« In der Tür blieb er noch einmal stehen und betrachtete sie aus seinen zwingenden Augen. »Und denken Sie daran, worum ich Sie gebeten habe: Seien Sie der Kaiserin eine treue Freundin.«

Die Scheidung von Napoleon und Josephine wurde am 15. Dezember ausgesprochen.
Caroline und Charles waren nicht zugegen, aber am frühen Nachmittag stattete ihnen Hortense einen Besuch ab und erzählte, wie es gewesen sei.
»Es war ein abscheuliches, niederdrückendes Theater«, sagte sie. »Und ich begreife nicht, wieso der Kaiser darauf bestanden hat. Hätte es nicht genügt, sich einfach scheiden zu lassen? Nein, er mußte eine offizielle Zeremonie in Anwesenheit der ganzen Familie daraus machen, die für meine arme Mutter eine einzige Tortur bedeutete.« Caroline und Charles wußten, daß der Kaiser sämtliche Familienmitglieder, sogar seinen Adoptivsohn Eugène Beauharnais, zu diesem Zweck nach Paris beordert hatte. Auch Louis, Hortenses Gatte, war erschienen, aber er wohnte bei seiner Mutter und war nur ein- oder zweimal mit seiner Frau und den Kindern zusammengetroffen.
Lediglich Julie und Joseph hatten nicht kommen können, da ihre Anwesenheit in Madrid erforderlich war. Sie waren beide vor wenigen Tagen hastig dorthin aufgebrochen.

»Außer Madame Mère hatte sich die ganze schreckliche Familie herausgeputzt, als ginge es zu einer Hochzeit«, sagte Hortense bitter. »Pauline in Karmesinrot, mit noch mehr Juwelen als sonst, Caroline in Knallgelb, wozu die Hosen und Schuhe ihres Gatten paßten. Freilich trug er dazu noch ein güldenes Wams und einen Hut mit wallenden weißen Federn. Elisa, die eigens aus Lucca angereist war, war in fleischfarbene Trikots und eine Robe in den Farben des Regenbogens gekleidet.« Sie verzog den Mund. »Auch Louis war sehr elegant in einem schwarzen Seidenrock, der mit rosafarbenem Taft gefüttert war, und einer Weste mit Brillantknöpfen. Der Kaiser hatte eine Erklärung abgefaßt, die er mit feierlichgerührter Stimme vorlas. Er sagte, meine arme Mutter habe sein Leben dreizehn Jahre lang verschönt und die Erinnerung daran werde stets in seinem Herzen lebendig bleiben.«
»Und die Kaiserin?« fragte Caroline.
»Auch sie hatte eine Rede vorbereitet, so wollte es das vom Kaiser festgelegte Protokoll. Aber sie weinte dermaßen, daß sie nicht sprechen konnte, so daß der Großkämmerer an ihrer Stelle die paar Sätze vorlas. Danach unterschrieben Napoleon und sie und sämtliche Familienmitglieder die Scheidungspapiere, und alles war vorüber.«
Hortense blickte in den Dezemberregen. »Er hat ihr noch zum Abschied die Hand geküßt und gesagt, daß er sie bald in Malmaison besuchen werde. Wir fahren noch heute hin. Mutter wird vorläufig dortbleiben, nehme ich an, obwohl ihr der Kaiser das Elysée-Palais zur Verfügung gestellt hat, falls sie in Paris Aufenthalt nehmen möchte. Außerdem behält sie Rang und Titel einer Kaiserin mit entsprechender Apanage und muß nur — falls es eine neue Kaiserin gibt — dieser bei offiziellen Anlässen den Vortritt lassen. Und vor allem hat er, wohl zum erstenmal in ihrer Ehe, Mutters Schulden ohne Murren und Vorhaltungen bezahlt.«
Caroline hatte heißen Gewürzwein und Gebäck servieren

lassen. Sie schenkte Hortenses Glas noch einmal voll. »Und wie geht es Ihrer Majestät jetzt?«

»Sie hat sich ein wenig beruhigt. Als ich sie verließ, hatte sie gerade ein Glas Orangenwasser mit Äther getrunken und sich niedergelegt. Wahrscheinlich fühlt sie sich so wie die meisten Menschen, wenn eine lange erwartete Katastrophe endlich eingetreten ist: erschöpft und gleichzeitig erleichtert, da das Gefürchtete nun geschehen ist und es eigentlich nichts mehr gibt, vor dem man sich ängstigen muß. Morgen wird sie erst einmal erleichtert sein, in Malmaison zu erwachen, aber ich vermute, daß die nächsten Monate trotzdem sehr bitter für sie sein werden.«

Caroline wechselte einen Blick mit Charles, und er sagte: »Wir würden Ihrer Majestät gern in Malmaison Besuch machen. Lassen Sie mich wissen, ob es ihr genehm ist?«

Hortenses Miene erhellte sich. »Aber ja! Nichts wäre ihr lieber. Kommen Sie, sobald Sie können, und bleiben Sie, solange Sie mögen.«

Sie fuhren gleich nach den Weihnachtstagen nach Malmaison und fanden Josephine heiterer vor, als sie erwartet hatten. Der Grund dafür wurde ihnen klar, als am Abend die kaiserliche Karosse vor dem Schloß vorfuhr.

»Das ist schon sein dritter Besuch, seit ich hier bin«, flüsterte die Kaiserin Caroline zu, bevor sie in die Halle ging, um Napoleon willkommen zu heißen.

Er umarmte seine geschiedene Frau und küßte sie auf beide Wangen. »Sie sehen wohl aus, meine Liebe.« Dann begrüßte er Hortense, schwenkte ihre beiden Kinder herum, denen er Zuckerzeug mitgebracht hatte, und lächelte Caroline und Charles zu. »Da ich Sie' Capitaine, beurlaubt habe, wußte ich, daß Sie hier sein würden. Trotzdem freue ich mich, Sie und Ihre Gattin hier zu sehen.«

Er war so charmant an diesem Abend, wie Caroline ihn selten erlebt hatte. »Ein Freund unter Freunden«, wie er es während des Essens ausdrückte, bevor er der Tafelrunde zutrank. Später plauderte er mit den Damen, machte ihnen Komplimente über ihre Kleider und ihr Aussehen, ließ es sich nicht nehmen, seinen beiden kleinen Neffen gute Nacht zu sagen, nachdem sie zu Bett gebracht worden waren, und ärgerte sich nicht einmal, als er beim anschließenden Pharaospiel laufend verlor.

Dabei war er sonst ein schlechter Verlierer; er liebte es, zu mogeln, und zwar auf eine so offensichtliche, schamlose Art, daß jeder es merkte. Aber an diesem Abend verzichtete er auf alle Tricks und lachte nur, als der Chevalier de Brigaud, der zu Josephines kleinem Hofstaat gehörte, eine Partie nach der anderen gewann.

Es war rührend und ein wenig peinlich zugleich zu beobachten, wie Josephine in Napoleons Gegenwart aufblühte, und Caroline dachte: Sie ignoriert einfach, daß sie nicht mehr mit ihm verheiratet ist. Vor allem will sie nicht wahrhaben, daß seine Liebenswürdigkeit einer gehörigen Portion schlechten Gewissens entspringt, der ein gut Teil Sentimentalität beigemischt ist. Arme Josephine! Wenn er erst seine neue Kaiserin hat, wird er dies alles abschütteln. Dann erst wird sie begreifen, daß sie ihn verloren hat.

Caroline blickte zu Charles hinüber, und ein herzliches, warmes Gefühl erfaßte sie. Er würde ihr niemals antun, was der Kaiser Josephine angetan hatte, dessen war sie sicher. Nie würde sie die beschämende Empfindung kennenlernen, von ihm beiseitegeschoben zu sein, weil er sich von einer neuen Verbindung anderes und Vorteilhafteres erhoffte. Er war ihr Mann und ihr Freund, und manchmal fragte sie sich, womit sie soviel Glück verdient hatte.

Charles merkte, daß sie ihn ansah, und lächelte ihr zu. Am liebsten wäre Caroline aufgestanden und zu ihm hingegangen.

Da fiel plötzlich ein Name, der sie innerlich erstarren ließ. Leutnant Saint-Etienne, der zur Begleitung des Kaisers gehörte, hatte ihn ausgesprochen. Er saß neben einer von Josephines Hofdamen, der Baronin Duroc, einer jungen, et-

was blassen Person, die ständig kicherte und sich betont kindlich gab.
»Übrigens«, hatte Saint-Etienne gerade gesagt, »habe ich vor einigen Tagen den Chevalier de Lancourt in Paris getroffen. Er ist aus Spanien zurück, und wie er mir erzählte, bekleidet er neuerdings einen Posten im Kriegsministerium. Aus dem aktiven Militärdienst mußte er ausscheiden, da er von einem Schulterschuß einen steifen Arm zurückbehalten hat.«
»Ach, der Ärmste!« Der Stimme der Duroc war anzuhören, daß sie brennend interessiert war, mehr über Pierre de Lancourt zu erfahren. »Und wie geht es ihm sonst? Erzählen Sie doch, Leutnant. Was hat er für einen Eindruck auf Sie gemacht?«
Honoré Saint-Etienne schlug die Beine übereinander.
»Oh, er scheint noch immer der verrückte, lebenslustige Kerl von früher zu sein. Ich traf ihn bei Frascati, und wir dinierten zusammen. Er war in Begleitung einer sehr hübschen Spanierin, einer gewissen Mademoiselle Pilar. Die Kleine war wirklich süß, und nachdem sie einige Gläser Champagner getrunken hatte, tanzte sie einen Fandango, daß das ganze Lokal ihr applaudierte.«
Caroline wurde von dem Baron de Sénarmont angesprochen. Er fragte sie etwas, und sie antwortete ganz automatisch, ohne zu wissen, was sie gefragt worden war und was sie erwidert hatte. In ihrem Kopf wiederholte sich ständig der eine Satz: Pierre de Lancourt ist in Paris ...
Sie warf einen Blick auf Charles, aber der unterhielt sich gerade mit dem Comte de Vaubois und hatte das kurze Gespräch nicht mitbekommen. Caroline biß sich auf die Lippen. War sie denn verrückt, daß schon die bloße Erwähnung von Pierres Namen genügte, um sie außer Fassung zu bringen? Es war doch vorbei, das mit Pierre!
Caroline winkte einem Diener und ließ sich Champagner nachschenken. Ihr Mund war trocken, und ihr Gesicht brannte. Charles lachte gerade über einen Scherz, den der

Comte de Vaubois gemacht hatte. Mein Mann und mein Freund, dachte Caroline wieder. Aber die Wärme, die sie eben noch dabei empfunden hatte, wollte sich nicht wieder einstellen.

Im Februar sah sie Pierre wieder. Es war während eines Balles in der österreichischen Botschaft, zu dem Charles und sie geladen waren. Auch der Kaiser war anwesend, und man stieß auf die Verlobung zwischen ihm und der österreichischen Erzherzogin Marie Louise an.

Napoleon hatte seine knapp zwanzigjährige Braut noch nie gesehen. Die Hochzeit war für den 11. März festgesetzt worden, und anschließend würde die neue Kaiserin ihren Einzug in Paris halten.

Der Kaiser trug ein Miniaturbildnis seiner zukünftigen Gemahlin mit sich herum. Er zeigte es auch Charles und Caroline.

»Ist sie nicht reizend?« fragte er. »So frisch und unschuldig.«

Marie Louise besaß dichtes Haar und den rosigen Teint der Blondinen. Ihre blauen Augen waren ein wenig vorstehend, und sie hatte die schwere Unterlippe der Habsburger. Aber ihr Lächeln war anmutig, und ihre Jugend verlieh ihr in der Tat einen gewissen Schmelz. Caroline hatte sagen hören, daß sie sehr groß sei. Vermutlich überragte sie Napoleon, und er mußte ständig zu ihr aufsehen, etwas, das ihm bestimmt nicht gefallen würde.

Doch jetzt schien er regelrecht verliebt in seine zwanzig Jahre jüngere Braut, denn er sprach von fast nichts anderem.

Fürst Schwarzenberg, der neue österreichische Botschafter, schien außerordentlich zufrieden, daß diese Verbindung endlich zustandegekommen war, für die er sich in den letzten Wochen sehr engagiert hatte. »Der Initiator ist allerdings Metternich«, sagte Charles zu Caroline. »Seit er Außenminister ist, hat er diesen Plan verfolgt und sogar seine

Frau nach Paris geschickt, um Schwarzenberg zu unterstützen.« Er deutete auf eine magere, unscheinbare Frau in einem grünen Taftkleid, die gerade mit dem Erzkanzler Cambacérès tanzte. »Das ist sie übrigens.«
»Was?« Caroline war betroffen. »Das ist die Frau von ›le beau Clement‹?« Sie war Metternich in Schönbrunn begegnet und hatte gefunden, daß er seinem Ruf gerecht wurde. Er war einer der bestaussehenden Männer, die sie je getroffen hatte.
»Ja, das ist Eleonore von Metternich, Enkelin des berühmten Kanzlers von Kaunitz. Sie ist eine sehr kluge, warmherzige Frau, und trotz aller Seitensprünge ihres Gatten ist die Ehe durchaus glücklich.«
»Merkwürdig!«
»Findest du?« fragte Charles belustigt. »Sie hat sich eben an seine ständigen Eskapaden gewöhnt – vermutlich weil sie weiß, daß sie nichts zwischen ihr und ihrem Gatten ändern. Er ist ihr sehr zugetan, das merkt man, wenn man sie zusammen sieht.«
»Also eine mehr platonische Liebe?« fragte Caroline ironisch, und Charles lachte.
»Sie haben immerhin zwei Kinder!«
»So etwas werde ich nie begreifen!«
Er gab ihr einen raschen Kuß auf die nackte Schulter. »Das mußt du auch nicht, mein Herz. Ich bin kein Metternich, sondern ein langweiliger, treuer Ehemann. Tanzt du mit mir?«
»Aber gern!« Sie stand sofort auf, und Charles zog sie mit sich. Während des Wiener Walzers, der gerade gespielt wurde, kamen sie auch in die Nähe der Gräfin Metternich. Sie kannte Charles und lächelte ihm erfreut zu.
»Was für ein wundervolles Fest! Stellen Sie sich nur vor, Vicomte, Seine Majestät hat den Wunsch geäußert, perfekt Walzer tanzen zu lernen, um seine Braut damit zu erfreuen. Ich habe ihm vorhin schon eine Lektion erteilt, und er hat sich überraschend talentiert erwiesen.«

Charles verneigte sich leicht. »Das wird an seiner Lehrmeisterin liegen.«
Die Gräfin bedachte Caroline mit einem neugierigen Blick. »Sie sind sicherlich die Vicomtesse de la Moreau. Ich habe schon von Ihnen gehört, aber Sie sind in Wahrheit noch viel schöner, als man mir erzählt hat. Sie müssen sehr glücklich sein, mein lieber Freund – mit einer solchen Frau.«
Cambacérès lachte. »Sieht man ihm das nicht an?«
»O ja!« Eleonore Metternich winkte Charles und Caroline verabschiedend zu, bevor sie mit dem Erzkanzler davontanzte. »Wir müssen uns nachher unbedingt ein ruhiges Plätzchen suchen, um uns zu unterhalten.«
»Sie ist wirklich sehr sympathisch.« Caroline blickte ihr nach. »Um so weniger begreife ich, daß . . .« Sie stockte und senkte die Stimme. »Du sagst, sie sei eigens nach Paris gekommen, um Fürst Schwarzenberg bei dem Heiratsplan zu unterstützen? Ob sie das nur ihrem Mann zuliebe getan hat?«
»Kaum. Die Gräfin Metternich hat sehr viel politisches Verständnis. Sie wird aus Überzeugung gehandelt haben. Andernfalls hätte sie sich nicht dazu hergegeben.«
»Aber denkt denn niemand daran, wie schrecklich es für die Erzherzogin sein muß, den Mann zu heiraten, in dem sie bisher den schlimmsten Feind ihres Heimatlandes gesehen hat? Das arme Ding tut mir leid.«
»Warum? Schließlich wird sie Kaiserin von Frankreich. Das ist eine grandiose Partie. Weißt du, *chérie,* der Kaiser hätte sich auch an anderen Fürstenhöfen nach einer Frau umsehen können. Außer dem russischen Zaren wären wenige gewesen, die ihm nein gesagt hätten. Und für das Haus Habsburg ist diese Ehe ungemein nützlich. Frankreich und Österreich werden Verbündete, und Rußland wird dadurch in den Hintergrund gedrängt. Genau das war Metternichs Absicht, nachdem er seinen ursprünglichen Plan, Frankreich zu besiegen, begraben mußte. Wen man nicht umbringen kann, den muß man hofieren, ist seine

Devise. Unter normalen Menschen könnte man das als Charakterlosigkeit bezeichnen. In der hohen Politik ist es ein diplomatischer Schachzug.«
Caroline seufzte. »Ich glaube, ich bin schrecklich naiv. Ich habe bei all dem nur gesehen, daß zwei Frauen unglücklich werden – die Kaiserin Josephine und die Erzherzogin.«
»Psst, mein Herz«, sagte Charles amüsiert. »Laß das bloß niemanden hören. Marie Louise von Österreich ist schließlich in jedem Fall zu beneiden, da der Kaiser in sie verliebt ist.«
Sie kicherte. »Aber er tanzt so erbärmlich schlecht. Ob er wirklich bis zur Hochzeit den Wiener Walzer erlernt hat?«
»Du tanzt ihn jedenfalls ausgezeichnet«, sagte Charles und drehte sich mit ihr im Kreis. Dabei trat sich Caroline versehentlich auf die Schleppe ihres weißen, mit Goldfäden bestickten Ballkleides, und der zarte Spitzenstoff zerriß.
Sie schrie unterdrückt auf. »Von wegen ausgezeichnet! Da siehst du, wie ungeschickt ich bin.« Sie war stehengeblieben, und Charles führte sie aus dem Kreis der Tänzer.
»Es ist nur ein kleiner Riß«, meinte er tröstend. »Er wird sich leicht beheben lassen.«
»Ich nähe ihn lieber sofort. Irgend jemand wird mir Nadel und Faden besorgen können.« Caroline verließ den hell erleuchteten Ballsaal. Auch in den angrenzenden Salons drängten sich die Gäste. Und da geschah es, daß Caroline plötzlich Pierre de Lancourt gegenüberstand.
Er lehnte an einem Türvorhang, hatte ein Champagnerglas in der Hand und lächelte ihr flüchtig zu, als sie an ihm vorbei wollte. Es war offensichtlich, daß er sie nicht erkannte, jedenfalls nicht sofort. Wie hätte er auch in der schönen, kostbar gekleideten Frau, die zu den Gästen des österreichischen Botschafters gehörte, das junge Mädchen vermuten können, das in Erfurt so angstvoll und so entschlossen, seine Geliebte zu werden, in sein Hotel gekommen war?

Caroline blieb stehen. Seit sie wußte, daß er in Paris war, hatte sie damit gerechnet, Pierre irgendwann zu begegnen, und sie hatte gemeint, inzwischen dagegen gewappnet zu sein. Aber das war ein Trugschluß gewesen.
»Madame«, sagte Pierre und verneigte sich leicht. Er hatte noch immer diese seidenweiche, einschmeichelnde Stimme.
»Pierre«, flüsterte sie, »kennst du mich denn nicht mehr?«
Im nächsten Augenblick hätte sie die Worte gern zurückgenommen. Hatte sie nicht vorgehabt, ihm ganz anders zu begegnen, kühl, selbstsicher, unverbindlich?
Sie straffte die Schultern. »Freilich, es ist lange her, und gewiß haben Sie nicht damit gerechnet, mich einmal wiederzusehen. Ich war im Vorteil, da ich wußte, daß Sie aus Spanien zurück sind.«
In seinem Gesicht stritten Zweifel, Unsicherheit, Erkennen. »Das ist doch nicht möglich! Vergebung, Madame, aber Sie erinnern mich tatsächlich an jemanden.« Er betrachtete sie von oben bis unten und schüttelte den Kopf.
»Doch«, sagte sie. »Ich bin es – Caroline. Ich lebe seit zwei Jahren in Paris.«
Er stellte sein Glas auf einem Tischchen ab und ergriff ihre Hand. Dabei sah sie, daß sein linker Arm steif war. »Caroline! Was für eine Überraschung! Wahrhaftig, ich weiß gar nicht, was ich sagen soll ...«
Jetzt müßte sie ihm zunicken und freundlich, aber bestimmt ihre Finger zurückziehen. »Ja, die Welt ist voller Zufälle. Aber nun entschuldigen Sie mich, Chevalier, mein Mann wartet im Ballsaal auf mich ...«
Sie sagte nichts dergleichen. Sie blickte in sein Gesicht, in dem nicht das geringste Schuldbewußtsein stand, nicht die leiseste Erkenntnis von dem, was er ihr angetan hatte, und wünschte sich, ihn hassen zu können. Wie unverschämt er strahlte! So als seien sie die besten Freunde, die sich für kurze Zeit getrennt und nun wiedergefunden hatten.
»Komm«, sagte Pierre und wollte den gesunden Arm um ihre Schulter legen. »Laß uns irgendwohin gehen, wo wir

ungestört miteinander sprechen können. Du mußt mir unbedingt erzählen, was dich nach Paris verschlagen hat und wie es dir geht. Ich sterbe vor Neugier.«
Da erst wich die Erstarrung von ihr, und sie schüttelte seinen Arm ab. »Ich habe mir mein Kleid zerrissen. Ich muß es nähen. Außerdem . . .«
»Wie schön du geworden bist!« Er musterte sie lächelnd. »Und so elegant. Wie ist das nur möglich?«
»Das ist eine lange Geschichte. Ich werde sie dir vielleicht einmal erzählen, doch nicht jetzt. Ich habe wirklich keine Zeit.«
»Aber *ma petite* . . .«
»Laß mich vorbei, bitte!« Er sollte aufhören, sie so anzusehen. Und er sollte sie nicht in diesem verdammten, seidenweichen, verführerischen Ton *ma petite* nennen! Als Pierre keine Anstalten machte, ihr den Weg freizugeben, schob sie ihn einfach zur Seite und ging davon. Im nächsten Salon stieß sie mit einem Herrn im fliederfarbenen Frack zusammen. »Pardon«, murmelte sie und trat einen Schritt zurück. Er betrachtete sie lächelnd. »Was für eine angenehme Überraschung, verehrte Vicomtesse!«
»Guten Abend, Monsieur Floret. Bitte, entschuldigen Sie mich. Ich bin in Eile.« Caroline drängte sich durch die Gäste und erreichte endlich das Vestibül. Ihr war heiß, und sie fühlte sich so verwirrt und aufgewühlt wie seit langem nicht mehr.

»Übrigens«, sagte Caroline, als sie spät in der Nacht mit Charles in das Moreausche Palais zurückgekehrt war, »habe ich heute den Chevalier de Lancourt wiedergesehen.«
»Ach!« Charles wandte sich um. Er hatte gerade seinen Uniformrock abgelegt und sich von Antoine aus den Stiefeln helfen lassen. Caroline stand in der Verbindungstür zwischen ihren Schlafzimmern. Sie trug ein Negligé aus cremefarbenen Spitzen, und Adrienne hatte ihr das Haar gebürstet.

»Ja, er war auch auf dem Ball. Ich dachte, du solltest es wissen, da wir uns in Zukunft vielleicht öfter in Gesellschaft begegnen werden.«
Die Zofe hatte auch die Schminke aus Carolines Gesicht entfernt. Sie sah ein wenig blaß aus, fand Charles. Er wandte sich an den Diener. »Danke, Antoine, du kannst schlafen gehen. Gute Nacht.«
Als sie allein waren, zog Charles seine Frau ins Zimmer und schloß die Verbindungstür. »Was hat er gesagt?«
Sie zwang sich zu einem Lächeln. »Er war natürlich sehr erstaunt. Wir haben nur ein paar Worte gewechselt. Dann bin ich gegangen und habe mein Kleid in Ordnung gebracht.«
Charles legte ihr die Hände auf die Schultern. »Du bist ja eiskalt. Komm ins Bett, sonst holst du dir noch einen Schnupfen in dem dünnen Nachtgewand.
»Ja«, sagte sie. »Ich friere auch. Du mußt mich wärmen, Charles.«
Sie preßte sich an ihn, als er neben ihr lag, und küßte ihn mit geschlossenen Augen. »Sag mir, daß du mich liebst.«
Er hatte die Kerzen gelöscht, und das Zimmer lag nur noch im Schein des flackernden Kaminfeuers. »Natürlich liebe ich dich. Das weißt du doch, Caroline.«
»Dann zeig es mir«, flüsterte sie an seinem Hals und umschlang ihn mit den Armen. Als er anfing, sie zu streicheln, stöhnte sie auf. »Ja, das ist gut, so gut . . .«
Er wollte nichts denken, aber da war plötzlich eine kleine gehässige Stimme in ihm: Warum ist sie ausgerechnet heute so leidenschaftlich? Will sie etwas damit verdrängen?
Charles de la Moreau besaß, was Caroline betraf, die Hellsicht des Liebenden. Und so wußte er auch in dieser Nacht, weshalb sie mit solcher Heftigkeit nach ihm verlangte. Die Begegnung mit Pierre de Lancourt hatte etwas in ihr aufgestört, das sie betäuben wollte.
Charles riß Caroline an sich und begann, sie wild und gierig zu küssen. Sein Griff mußte ihr weh tun, aber sie wehr-

te sich nicht dagegen, sondern drängte sich enger in seine Umarmung. Als er in sie eindrang, begann sie mit den Hüften zu kreisen, um ihn noch fester und tiefer in sich zu spüren.
Es war, als kämpften sie miteinander, und Charles dachte, während er sich heftiger in ihr bewegte: Bei Gott, du sollst ihn vergessen! Ich will jeden Gedanken an ihn in dir auslöschen. Du gehörst mir, und ich gebe dich nicht wieder her.
Sie keuchte und stöhnte unter ihm, und als sie kam, hielt er sie an sich gepreßt und stammelte: »Sieh mich an! Ich bitte dich, sieh mich an!«
Sie gehorchte, und er sah die Ekstase in ihren Augen und wußte: Dieses Mal hatte er Gewalt über sie, und sie war wirklich sein. Und der Schatten Pierre de Lancourts war fort.
Doch später, als Caroline neben ihm schlief, tauchte er von neuem auf. Und noch etwas anderes: das Bild eines Neugeborenen ...
Ich habe ein nicht wieder gutzumachendes Verbrechen begangen, dachte Charles. Ich habe einer Mutter ihr Kind genommen und einem Kind seine Mutter. Er hatte sich deswegen verflucht. Er hatte, um sein Gewissen zu beruhigen, schon zweimal des Nachts einen Beutel mit einer großen Geldsumme vor dem Portal des Karmeliterklosters in der Rue Vincent niedergelegt, und auf dem beigefügten Zettel hatte gestanden:
»Dieses Geld ist für die Pflege des Findelkindes Armand bestimmt. Behandelt ihn gut. Ich will nicht, daß ihm irgend etwas fehlt. Für seine spätere Ausbildung wird ebenfalls gesorgt werden. In regelmäßigen Abständen werdet Ihr Geld erhalten ...«
Charles starrte an die Decke, auf die der Flammenschein ein unruhiges Muster aus Licht und Schatten malte. Eines würde Carolines Sohn auf jeden Fall fehlen: die Liebe seiner Mutter.

Vielleicht, dachte Charles, während sich Caroline aus seinen Armen löste, um abgewandt von ihm weiterzuschlafen, vielleicht werde ich bestraft, indem ich Caroline eines Tages verliere. Und möglicherweise hatte seine Bestrafung in dem Augenblick begonnen, in dem sie Pierre de Lancourt wiedersah.

Am nächsten Tag erhielt Caroline einen Brief von Pierre.

»Ich habe mich bei Monsieur Engelbert Floret nach Dir erkundigt, nachdem ich beobachtet hatte, daß Ihr Euch kennt. Meinen Glückwunsch, *ma petite*, du hast einen hervorragenden Mann geheiratet. Monsieur Floret wußte auch zu berichten, daß Du in der Gunst des Kaisers stehst und die Kaiserin Josephine und die Königin von Holland Dir freundschaftlich zugetan sind. Nicht genug damit, scheint man in allen Pariser Salons Dein Loblied zu singen, wie klug, liebenswürdig und schön Du bist. Nun, das weiß ich auch, schließlich war ich der erste, der all diese Eigenschaften an Dir zu würdigen wußte. Denkst Du noch manchmal daran, *ma petite?*

Sei gewiß, daß wir uns bald wiedersehen werden. Ich habe mir vorgenommen, öfter in Gesellschaft zu gehen – und sei es nur, um die schöne Vicomtesse de la Moreau zu treffen.«

Nachdem sie ihn gelesen hatte, zerriß Caroline den Brief und warf ihn ins Kaminfeuer. Charles sagte sie nichts davon.

Am liebsten wäre sie eine Weile in Malmaison geblieben, um Pierre nicht begegnen zu müssen. Aber Napoleon hatte Josephine das Herzogtum Navarre überschrieben und befohlen, daß sie sich auf der Stelle dorthin zu begeben habe. Er wollte seine geschiedene Frau nicht in der Nähe wissen, wenn die neue Kaiserin in Paris einzog. Josephine brach es fast das Herz, ihr geliebtes Malmaison verlassen zu müssen, und als Charles und Caroline ihr einen Abschiedsbesuch abstatteten, empfing sie sie in Tränen aufgelöst.

»Warum nur soll ich fort? Ich gönne ihm doch sein Glück. Hätte ich mich sonst geopfert? Was glaubt er denn? Daß ich nach Paris fahre um der neuen Kaiserin eine Szene mache? Ach, wie kann er nur so grausam sein und mich in die Verbannung schicken!«

»Aber vielleicht gefällt es Ihnen in Navarre«, meinte Caroline in dem schwachen Versuch, sie zu trösten.

»Niemals! Navarre ist eine gottverlassene Gegend, und das Schloß von Evreux, habe ich mir sagen lassen, grau und kalt – eine regelrechte Bergfestung. Nie, nie werde ich mich dort wohlfühlen. Ach, wenn ich doch wenigstens Hortense mitnehmen dürfte!«

Auch Hortense sah verweint und unglücklich aus. »Ich habe die Ehre, die Kaiserin Marie Louise in Compiègne willkommen zu heißen. Zusammen mit der Königin von Neapel werde ich sie auf ihrer Weiterreise nach Paris begleiten.«

»Aber ich dachte ...« Charles verstummte verwirrt.

»Daß ich mich von Louis scheiden lassen werde und deshalb nicht mehr zur kaiserlichen Familie gehöre? Irrtum, Vicomtesse! Seine Majestät stimmt der Scheidung nicht zu. Er akzeptiert zwar, daß Louis und ich nicht mehr miteinander leben, aber er möchte nicht, daß die Allgemeinheit den Eindruck bekommt, durch seine Scheidung von meiner Mutter habe er mit allen Beauharnais' gebrochen. Oder die Beauharnais' mit den Bonapartes – wie man's nimmt.«

Sie stand auf und ging zum Fenster. Eine Weile starrte sie in den winterlichen Park. Josephines Rosen waren längst verblüht. Die Gärtner hatten sie im Spätherbst zurückgeschnitten und mit Tannenzweigen bedeckt, um sie vor dem Frost zu schützen. Der Rasen war braun, mit großen Wasserpfützen, denn es regnete seit Tagen.

»Das alles tut mir sehr leid«, murmelte Caroline.

Josephine schluchzte auf. »Ich gehe nicht fort! Ich kann es nicht ertragen! Mag er befehlen, was er will!«

»Mutter!« Hortense lief wieder zu ihr und zog ihren Kopf an ihre Brust. »Bitte, weinen Sie doch nicht so. Es ist ja gewiß nur für eine Weile, dann wird man Ihnen die Rückkehr gestatten.«
»Meinst du?«
»Ganz bestimmt. Schließlich ist er kein Unmensch, trotz allem nicht.«
Caroline setzte sich an die andere Seite der Kaiserin. »Sie haben so viele Freunde, Majestät. Sie alle werden den Kaiser darum bitten, Ihnen die Heimkehr nach Malmaison bald zu erlauben.«
»Aber ich habe ihn doch selbst angefleht, hierbleiben zu dürfen. Ich habe ihm geschrieben, wieder und wieder. Er hat mir nicht einmal geantwortet.« Tränen erstickten Josephines Stimme.
»Wissen Sie, was ich denke?« Caroline streichelte ihre Hand. »Der Kaiser befürchtet, daß man Sie mehr lieben könnte als die Erzherzogin Marie Louise. Deshalb schickt er Sie für eine Weile fort. Haben Sie es nicht gemerkt? Die Leute haben Ihnen immer zugejubelt, aber noch nie so wie in der letzten Zeit. Nach Ihrer Scheidung hat man Ihnen Ovationen gebracht, wie sie nicht einmal der Kaiser bekommen hat.« Josephines Gesicht belebte sich ein wenig.
»Das ist wahr. Die Menschen sind zusammengelaufen, als ich nach Paris kam. Es waren Tausende, sie haben mir Blumen zugeworfen, und die Frauen und Kinder haben die Hände nach mir ausgestreckt. Es war der reinste Triumphzug.«
»Sehen Sie. Und genau deshalb möchte Sie der Kaiser für eine Weile fern von der Hauptstadt haben. Die Begeisterung, die Sie hervorrufen, sobald Sie sich in der Öffentlichkeit zeigen, muß die neue Kaiserin ja entmutigen. Das wäre kein guter Anfang für sie, der sich gewiß auch auf ihren Ehefrieden auswirkte.«
»Wie recht Sie haben, Vicomtesse! Von dieser Seite habe ich es noch gar nicht betrachtet.« Auf einmal konnte Jose-

phine wieder lächeln – wie ein Kind, dessen Tränen man mit ein wenig Zuckerzeug getrocknet hatte. »Ach ja, ich habe dem Glück des Kaisers viele Opfer gebracht. Ich werde auch dieses noch bringen.«

Hortense warf Caroline einen dankbaren Blick zu. »Und ich komme Sie in Evreux besuchen, sobald ich kann, und berichte Ihnen, was es währenddessen Neues in Paris gegeben hat.«

Josephine hüllte sich in ihren Kaschmirschal. »Sie wird es schwer haben, die neue Kaiserin. Die Franzosen haben schon ihre Tante, die Königin Marie Antoinette, nicht geliebt – und zudem noch vor kurzem gegen Österreich gekämpft. Viele Männer sind dort gefallen. Wie sollen ihre Hinterbliebenen da einer Österreicherin Sympathien entgegenbringen? So schnell lernen die Leute nicht umzudenken.« Die Zufriedenheit in ihrer sanften Stimme war unüberhörbar.

Auf einem Maskenball im Hause des Grafen Alexandre de Laborde sah Caroline Pierre de Lancourt wieder.

Er trug das Kostüm eines indischen Maharadschas und war maskiert, da es noch vor Mitternacht war. Gleichwohl erkannte sie ihn sofort, als er während eines Walzers ihrem Partner auf die Schulter klopfte und dann mit ihr davontanzte.

»Endlich!« sagte er, und seine Augen funkelten hinter der goldenen Maske. »Warum hast du nur deine Haare versteckt, *ma petite?* Ich habe eine halbe Stunde gebraucht, um dich unter all den Maskierten herauszufinden.«

Caroline hatte sich als deutsches Ritterfräulein verkleidet und trug eine hohe, spitze Haube mit einem Schleier daran.

»Aber du siehst wunderschön aus«, fuhr Pierre fort, »und deine grünen Augen haben dich zu guter Letzt doch verraten.«

Er wollte sie an sich ziehen, aber sie wich zurück. »Muß das sein? Ich bitte dich, laß mich zufrieden.« Suchend

blickte sie sich nach Charles um, aber er war nirgendwo zu sehen. Anfangs hatten sie miteinander getanzt, doch schließlich waren sie in dem allgemeinen Trubel getrennt worden, und Caroline hatte ihn aus den Augen verloren.
»Ja«, sagte Pierre, »das muß sein. Vielleicht ist es verrückt, Caroline, aber ich denke seit Tagen an nichts anders, als wie ich dich wiedersehen könnte. Ich war schon drauf und dran, dir einfach einen Besuch zu machen.«
»Das ist wirklich verrückt. Zwei Jahre lang hast du vermutlich keinen Gedanken an mich verschwendet, und jetzt auf einmal...« »Was kann ich dafür? Ach, *ma petite,* es ist Himmel und Hölle in einem, dich wiederzusehen. Wann kann ich dich allein sprechen? Es gibt so vieles, was ich dir sagen muß – und noch mehr, was ich von dir wissen möchte.«
Wieder zog er sie an sich. Sein Atem streifte ihre Wange, und Caroline spürte erschrocken, wie der alte gefährliche Zauber Macht über sie gewann.
Zum Teufel mit Pierre de Lancourt, der es fertig brachte, daß sie sich plötzlich wieder wie siebzehn fühlte, verwirrt, sehnsüchtig und ganz und gar unvernünftig! Was hatte dieser Mann an sich, daß er immer noch imstande war, solche Empfindungen in ihr zu wecken? »Ich möchte dich küssen«, sagte Pierre leise. »Ich möchte dir diese schwarze Maske abnehmen und dein Gesicht mit meinen Lippen streicheln und diese Haube herunterreißen, um dein Haar zwischen meinen Fingern zu fühlen. Caroline, Caroline, was hast du nur mit mir gemacht?«
Sie biß die Zähne aufeinander. »Hör sofort auf, Pierre!«
»Weshalb? Gefällt es dir nicht, was ich sage, oder gefällt es dir zu gut, meine bezaubernde Vicomtesse de la Moreau?« Er lachte. »Ich sehe deine Augen, *chérie.* Und ich kann darin lesen. Sag mir, wann wir uns allein treffen können!«
»Überhaupt nicht. Ich bin verheiratet, und ich will dich nicht wiedersehen!«

»Liebst du deinen Mann denn tatsächlich, chérie?«
»Natürlich . . .«
»Und was ist mit mir? Einmal hast du doch mich geliebt.«
»Das ist lange her. Eine Ewigkeit.«
»Und warum zitterst du dann in meinen Armen?«
»Pierre«, flehte sie, »bitte! Wenn du mich nur ein kleines bißchen gern hast, laß mich in Frieden!«
»Gut, gut, *chérie,* ich tu's. Aber erst, nachdem du dich mit mir getroffen hast. Einmal, ein einziges Mal. Das kannst du mir nicht abschlagen nach allem, was zwischen uns war.«
Was war denn zwischen uns, dachte Caroline. Eine Nacht – und danach bist du fortgegangen und hast andere Frauen geliebt. Ich aber, ich war schwanger von dir und bin nach Paris gekommen, um dich wiederzufinden. Ich habe in einem Bordell gelebt, Pierre, und ich habe es nur meinem Mann zu verdanken, daß ich keine Hure geworden bin. Sonst hättest du mich jetzt haben können, Pierre, für fünfzig Franc oder so . . .
Aber das sollte er vielleicht wissen. Und vielleicht würde er sie dann tatsächlich in Ruhe lassen, weil er sich ein wenig schämte.
»Also gut«, sagte Caroline. »Morgen um drei im Bois de Boulogne. An dem Rondell mit dem kleinen Pavillon, in dessen Mitte eine Dianafigur steht.«
Damit befreite sie sich aus seinen Armen und ließ ihn stehen.
Pierre war schon da, als sie am nächsten Nachmittag in den Bois de Boulogne kam. Sie hatte ihre Equipage an einer Wegkreuzung stehenlassen und war zu Fuß weitergegangen.
Es war ein kühler, nebliger Tag, und die Bäume versprühten kleine Nässeschauer, wenn der Wind hindurchfuhr.
Es waren kaum Menschen unterwegs, ein paar Reiter, einige Kutschen und vereinzelte Spaziergänger.
Als Caroline die Stufen zu dem säulengetragenen offenen

Pavillon hinaufstieg, erhob sich Pierre von einer Steinbank. Er trug einen braunen langen Mantel und den hohen Hut in der Hand. »Du bist also wirklich gekommen«, sagte er und wollte Caroline an sich ziehen, doch sie wich ihm aus. »Laß das. Das ist kein Rendezvous, Pierre.«
Die Enttäuschung in seinen Augen versetzte ihr unsinnigerweise einen Stich. Er betrachtete sie ein paar Augenblicke lang schweigend. Dann deutete er auf seinen linken Arm. »Ist es deswegen?«
Sie durchschaute nicht die Taktik, die hinter seinen Worten steckte. »Was für ein Unsinn! Du hättest als Krüppel zurückkommen können, und es hätte mich nicht gestört, wenn ...«
»Wenn was?« fragte er, da sie stockte.
»Wenn du zu mir zurückgekehrt wärst, Pierre. Aber das sind Hirngespinste, und es ist zu spät, darüber zu reden. Ich habe dir gestern gesagt, daß ich meinen Mann liebe. Er ist der beste, gütigste Mensch, der mir je begegnet ist, und ich verdanke ihm alles, was ich heute bin. Du wirst mich nicht dazu bringen können, das zu vergessen.«
Sie setzte sich auf die Marmorbank. »Ich will dir erzählen, was du so unbedingt erfahren möchtest. Danach wirst du mich hoffentlich begreifen.«
Und dann sagte sie ihm, was sie seit ihrer Trennung erlebt hatte. Sie ersparte ihm nichts. Sie berichtete über ihre Verzweiflung im Hause der Grangette und was Charles für sie getan hatte. Sie erzählte Pierre von der Geburt seines Sohnes und dessen Tod, und als sie geendet hatte, empfand er tatsächlich so etwas wie Scham.
Aber er wäre nicht Pierre de Lancourt gewesen, wenn er nicht gleichzeitig bestrebt gewesen wäre, die Situation trotzdem zu seinen Gunsten zu beeinflussen.
Es war wahr: Seit er Caroline wiedergesehen hatte, ging sie ihm nicht aus dem Kopf. Er war von neuem verliebt in sie, viel mehr sogar als früher, und daß sie verheiratet war ... Ach, du lieber Gott, die meisten Leute heirateten

irgendwann, ohne daß es sie gehindert hätte, ihr Vergnügen auch außerhalb des ehelichen Schlafzimmers zu suchen.

Kein Mensch war imstande, einen anderen Menschen ewig zu lieben; Ehegatten bildeten darin keine Ausnahme. Und er, Pierre, hatte genügend verheiratete Frauen besessen und ihre Boudoirgeheimnisse gekannt, um zu wissen, daß heutzutage in der Regel jeder jeden betrog. Was war denn schon dabei?

»Mein Liebling«, sagte Pierre zerknirscht, »mein armer, armer Liebling, was hast du meinetwegen gelitten, und ich hatte keine Ahnung davon! Warum hast du mir denn nicht geschrieben? Ich wäre auf der Stelle zu dir gekommen – oder hätte zumindest alles getan, um dir zu helfen. Willst du mir das wenigstens glauben?«

»Ich weiß nicht«, erwiderte sie zögernd. »Es ist ja auch müßig, noch darüber zu sprechen. Ich wollte nur, daß du alles weißt. Und nun muß ich gehen.«

»Nein!« Pierre sprang auf. »So kann ich dich nicht fortlassen!« Er strich ihr eine Haarsträhne unter die Kapuze ihres Mantels. *»Ma petite,* was für ein Unglück habe ich über dich gebracht! Und wir hatten ein Kind miteinander, einen Sohn . . .«

»Hör auf, ich bitte dich«, murmelte sie gequält, denn es tat ihr immer noch weh, von Armand zu sprechen.

»Jetzt verstehe ich auch, warum du nichts mehr mit mir zu tun haben willst«, fuhr Pierre fort. »Du mußt mich ja hassen.«

Sie blickte ihn an und schüttelte den Kopf. »Nein, Pierre, ich hasse dich nicht.«

»Aber du liebst mich auch nicht mehr, und ich verstehe das.«

»Ich muß gehen«, wiederholte sie. »Leb wohl.«

Aber bevor sie sich abwenden konnte, hatte er sie in die Arme genommen. Mit dem rechten gesunden Arm faßte er in ihr Haar unter der Kapuze und bog ihren Kopf zurück.

»Nicht so, Caroline«, bat er. »Erst mußt du mir sagen, daß du mir verzeihst. Ich habe schlecht an dir gehandelt, und ich würde Jahre meines Lebens dafür geben, wenn ich meine Gedankenlosigkeit ungeschehen machen könnte.

Wie wollte ich dich lieben und verwöhnen, wenn ich ein Recht dazu hätte.«

Und dann küßte er sie.

Es war ein heißer, stürmischer Kuß, in dem all sein augenblickliches Verlangen nach ihr lag, und Caroline ließ es wie betäubt geschehen. Sie verabscheute sich selbst deswegen, sie verabscheute ihren elenden, erbärmlichen Körper, der auf dieses Verlangen Antwort gab, aber sie wehrte sich nicht dagegen.

Einmal nur, dachte sie. Ein einziges Mal . . . und wußte doch gleichzeitig, daß es danach nicht zu Ende sein würde. Pierre hatte noch immer Macht über sie, und alles, was sie mit Charles verband, trat für den Augenblick zurück.

Erst als Pierre unter ihren Mantel tastete und anfing, ihre Brüste zu streicheln, kam sie zur Besinnung.

»Nein!« rief sie. »Ich will das nicht. Laß mich los!« Und als er nicht sofort gehorchte, holte sie aus und schlug ihm ins Gesicht.

Er fuhr zurück. »Natürlich willst du's. Gib es doch zu.« Er verstummte vor ihrem Blick.

»Verzeih«, sagte sie leise, mit zusammengebissenen Zähnen. »Ich hätte nicht dich, sondern mich schlagen sollen.«

Und als er einen Schritt auf sie zumachte, schrie sie: »Rühr mich nicht mehr an, Pierre de Lancourt! Geh mir aus den Augen!« Sie fiel auf die Bank zurück und schlug die Hände vor das Gesicht.

»Gut«, sagte Pierre nach einer Weile. »Ich gehe für heute. Aber wir werden uns wiedersehen, Caroline. Ich gebe dich nicht auf.« »Charles wird dich töten, wenn er es merkt«, murmelte sie, ohne aufzusehen.

»Mag sein, daß er es versucht. Das muß ich in Kauf nehmen.«
»Du bist wahnsinnig. Ich werde nie, nie deine Geliebte.«
»Und ich werde davon träumen, daß du es wirst«, sagte Pierre und ging davon.

****

10

Pierre hielt Wort. In den folgenden Wochen begegnete ihm Caroline fast jedesmal, wenn sie ausging.
Er schien zu wissen, welche Empfänge sie besuchte und auf welchen Bällen sie erschien, er fand heraus, wann sie spazieren fuhr, und tauchte mit tödlicher Sicherheit zu Pferd oder in seiner eigenen Equipage neben der ihren auf, und er war auch jedesmal in den Tuilerien oder St. Cloud, wenn sie und Charles an den Hof kamen. Bald wurde darüber geklatscht.
»Haben Sie schon gehört, meine Liebe? Der Chevalier de Lancourt ist unsterblich in die Vicomtesse de la Moreau verliebt. Ständig heftet er sich an ihre Fersen und schmachtet sie an. Ich wundere mich nur, daß der Vicomte ihn noch nicht gefordert hat.«
Man redete auch über die kleine Spanierin, die Pierre aus Madrid mitgebracht hatte. Die einen wollten wissen, daß er sie vor die Tür gesetzt habe, andere wieder, daß sie aus Gram über seine Verliebtheit in die Vicomtesse in die Seine gesprungen und in letzter Minute gerettet worden sei, und wieder andere, daß sie jetzt mit einem seiner Freunde, dem Gardeleutnant Jacques de Vidal zusammenlebe.
Letzteres entsprach der Wahrheit. Allerdings hatte nicht Pierre das Mädchen fortgeschickt, sondern es hatte ihn eines Tages verlassen, weil es sich in Vidal verliebt hatte.
Pierre nahm es ihr nicht krumm; Pilar hatte unbedingt nach Frankreich gewollt und sich wie eine Klette an ihn

gehängt. Da er für sie sorgte und ihr ein Dach über dem Kopf gab, hatte sie mit der Münze bezahlt, die sie besaß, aber Liebe war dabei nicht im Spiel gewesen. Im übrigen hatte Pierre in der Tat nichts anderes im Kopf als Caroline. Er war ernstlich in sie verliebt, und er hatte genügend Erfahrung mit Frauen, um zu spüren, daß sie seinem Werben gegenüber nicht unempfänglich war. Er hatte, dessen war er sicher, noch immer eine gewisse Macht über sie, und es war in seinen Augen nur eine Frage der Zeit und seiner Hartnäckigkeit, bis er ans Ziel gelangte.

Es war Pierre nicht oft geschehen, daß eine Frau ihm nein sagte. Daß Caroline es tat, machte sie nur noch begehrenswerter für ihn. Er wollte sie wiederhaben, und da er selbstsüchtig und bedenkenlos war, kümmerte es ihn nicht, was er Charles de la Moreau damit antat. Natürlich war es Charles nicht verborgen geblieben, daß Pierre seiner Frau nachstellte. Er litt Höllenqualen darunter, zumal er merkte, daß Caroline sich seitdem verändert hatte.

Dennoch schwieg Charles zu allem.

Er wußte besser als jeder andere, wie sehr Caroline an Pierre gehangen hatte. Er war ihr erster Mann gewesen und der Vater ihres Kindes, und er, Charles, war einem schrecklichen Trugschluß erlegen, als er sich eingebildet hatte, es genüge, nur das Kind aus ihrer Nähe zu entfernen, um sie alles, was mit Pierre de Lancourt zusammenhing, vergessen zu machen.

Er hatte ein Verbrechen begangen, aus blinder, eifersüchtiger Leidenschaft heraus, und das Bewußtsein seiner Schuld hatte von Anfang an wie ein Schatten über seiner Ehe gelegen. Und jetzt erschien es Charles fast wie eine gerechte Strafe, daß Pierre de Lancourt wieder aufgetaucht war und ihm Caroline nehmen wollte. Diese Vorstellung lähmte Charles, machte ihn unfähig, irgend etwas zu unternehmen, um sein Glück zu retten.

Er beobachtete Caroline.

Wirkte sie schuldbewußt wie eine Frau, die ihren Mann

betrogen hatte? Oder niedergeschlagen, zerquält, weil sie sich nach Pierre sehnte und dagegen ankämpfte? Verstrickte sie sich in Lügen, indem sie vorgab, da und dort gewesen zu sein, und sich in Wahrheit mit Pierre getroffen hatte? Bekam sie Briefe, die sie vor ihm verbarg, oder schickte sie Margot heimlich mit Botschaften fort?
Charles fand nichts heraus, aber der Stachel der Eifersucht in ihm blieb.
Noch, dachte er, hat sie mich nicht betrogen. Aber sie wird es tun, eines Tages, denn sie liebt diesen Mann immer noch. Mich hat sie nie so geliebt, auch wenn sie mich geheiratet hat.
Und dann, eines Nachmittags, kam es doch zu einer Auseinandersetzung zwischen den beiden Männern.
Charles hatte Dienst beim Kaiser gehabt und mit Caroline verabredet, daß er sie in der Rue Boussy d'Anglais abholen werde, wo sie zum Tee bei der Gräfin Kielmannsegg eingeladen war.
Er hatte neuerdings fast täglich Dienst, oftmals bis spät in die Nacht hinein, da Napoleon seinen Stab ständig um sich haben wollte, während er die komplizierten Zeremonien für den Einzug der neuen Kaiserin festlegte.
Charles war nicht böse darum, war er doch auf diese Weise verhindert, allzu oft mit Caroline in Gesellschaft zu gehen und mitansehen zu müssen, wie Pierre de Lancourt ihr den Hof machte.
Und er war auch nicht mehr allzu oft mit ihr allein.
An diesem späten Nachmittag jedoch kam er früher als erwartet in die Rue Boussy d'Anglais und fand Caroline im Musiksalon. Pierre de Lancourt saß am Spinett, und sie sang dazu.
Die Gräfin Kielmannsegg, eine ältliche, streng gekleidete und voluminös wirkende Sächsin, die seit einiger Zeit in Paris lebte, hatte kurz zuvor noch Pierres Platz innegehabt. Sie hatte deutsche Volkslieder gespielt, und da Caroline eine sehr hübsche Sopranstimme hatte, hatte sie sich nicht

lange bitten lassen und einige Lieder gesungen. Pierre hatte währenddessen die Notenblätter umgedreht und schließlich darum gebeten, die Vicomtesse de la Moreau ebenfalls einmal begleiten zu dürfen, da es ihm der Klang des Spinetts angetan habe. »Ich möchte wissen, ob dies am Instrument oder an Ihrem Anschlag liegt, verehrte Gräfin.«

Als Charles, von einem Hausmädchen eingelassen, den Musiksalon betrag, sang Caroline gerade ein Bachlied. »Willst du dein Herz mir schenken . . .«

Charles kannte es. Er verstand zwar nicht den deutschen Text, aber er wußte, daß es ein Lied war, in dem die heimliche Liebe besungen wurde.

Einen Augenblick blieb er in der Tür stehen und sah seine Frau an. Ein scharfer, schneidender Schmerz durchfuhr ihn.

Caroline hatte einen so selbstvergessenen Ausdruck im Gesicht, als sei jedes Wort, das sie sang, für den Mann neben ihr bestimmt. Und Pierre de Lancourt lächelte, als habe er ihre heimliche Botschaft genau verstanden.

Es war dieses Lächeln, das Charles plötzlich bis zur Weißglut reizte. Mit raschen Schritten durchquerte er den Salon, um die Gräfin Kielmannsegg zu begrüßen. Gesang und Spinettspiel brachen ab, und Pierre de Lancourt meinte ironisch:

»Daß Ehegatten doch immer im absolut falschen Augenblick erscheinen müssen! Wir waren gerade so gut aufeinander eingestimmt, die Vicomtesse und ich.«

Die übrigen Gäste der Kielmannsegg applaudierten, und Madame de Coigny rief mit ihrer etwas schrillen Stimme: »Das ist wahr! Sie haben ganz entzückend gesungen, meine Liebe. Und Ihre Begleitung, Chevalier, war superb.«

»Du bist schon hier«, sagte Caroline und kam auf ihren Mann zu. »So früh habe ich dich gar nicht erwartet.«

»Ich hoffe, ich komme trotzdem nicht ungelegen«, erwiderte er steif und wandte sich zu Pierre. »Ich wußte gar

nicht, daß Sie ein Musikliebhaber sind, Chevalier. Man entdeckt in der Tat immer neue Talente an Ihnen.«
Pierres schwarze Augen verengten sich ein wenig. »Vermutlich hatten Sie bisher wenig Gelegenheit, sich über meine Talente zu informieren, Vicomte. Sie hätten Ihre Gattin fragen sollen ... Sie weiß, daß ich leidlich Spinett spiele und auch ein wenig Flöte und Harfe.«
»Nun, ich beglückwünsche Sie zu diesen Fähigkeiten. Sie sind zweifellos bewunderungswürdiger als einige andere, die mir bislang bekannt waren.«
»Und die wären?« fragte Pierre gedehnt.
Ich bin verrückt, dachte Charles. Warum provoziere ich ihn? Aber er hatte Lancourt schon zu lange gehaßt.
Er haßte ihn wegen der Liebe, die Caroline für ihn gehegt, und wegen der Gedankenlosigkeit, mit der dieser Mann ihre Gefühle mißbraucht hatte. Er haßte ihn, weil er Caroline nachstellte, und am meisten, weil sie deswegen zwiespältig und voll geheimer Zerrissenheit war.
Pierre lächelte, und es juckte Charles in den Fingern, in dieses glatte, unverschämte Gesicht zu schlagen.
Er steckte die Hände in die Taschen seiner Uniformjacke. »Ich vermute, Sie kennen Ihren Ruf, Chevalier de Lancourt. Deshalb ersparen Sie es mir, Einzelheiten aufzuzählen. Sie wären sicherlich peinlich für Sie.«
»Charles ...« Caroline, bleich und verstört, legte ihm die Hand auf den Arm.
Um wen hatte sie Angst? Um ihn – oder um diesen von sich selbst überzeugten Schönling?
»Schon gut, mein Herz.« Charles schob ihre Hand beiseite. »Ich bin nur gekommen, um dich abzuholen, und keineswegs, um in einem Hause, in dem wir Gast sind, einen Streit vom Zaun zu brechen. Der Chevalier de Lancourt mag so viele Talente haben, wie ihm beliebt, ich gönne sie ihm.« Er vollführte eine spöttische Verneigung in Pierres Richtung. »Trotzdem sollte er sie nicht bei verheirateten Frauen ins Treffen führen.«

Jetzt lächelte Pierre nicht mehr. »Was erlauben Sie sich? Ich habe nie ...«
»Ach nein?« fragte Charles sarkastisch. »Dann pfeifen die Spatzen auf den Dächern von Paris falsch. Sie sollten sie wegen Verleumdung zur Rechenschaft ziehen, Chevalier.«
»Ich werde Sie zur Rechenschaft ziehen, Vicomte! Ich werde ...«
Pierre verstummte, weil Charles in Gelächter ausbrach. »Sie werden gar nichts. Nähme ich ernst, was man in sämtlichen Pariser Salons flüstert, dann hätte ich das Recht, Sie zu fordern. Seien Sie also froh, daß ich dem Gerede kein Gewicht beimesse. Ich bin ein ausgezeichneter Säbelfechter und ein noch besserer Pistolenschütze. Aber ich möchte meine Frau nicht in einen Skandal hineinziehen, den sie nicht verschuldet hat.«
Er bot Caroline den Arm. »Komm, meine Liebe.« Dann wandte er sich an die Gräfin Kielmannsegg. »Sie entschuldigen uns sicher, Verehrteste.«
In der Kutsche brach Caroline in Tränen aus. Charles warf ihr einen langen Blick zu, sagte aber nichts.
Erst nach einer Weile reichte er ihr ein Taschentuch. »Hier, putz dir die Nase. Und dann hör auf zu weinen. Was sollen die Dienstboten denken, wenn sie dich in Tränen aufgelöst das Haus betreten sehen? Außerdem würde mich interessieren, weshalb du weinst.«
»Ich hatte Angst«, stieß sie hervor. »Ich dachte, du würdest dich mit ihm schlagen ...«
»Ich halte nichts von Duellen. Sie ändern nichts an den Tatsachen, um deretwillen sie ausgekämpft werden – es sei denn, man bringt seinen Widersacher um oder läßt sich umbringen – je nachdem. Dann ist die Angelegenheit durch den Tod beendet.«
»Du weißt also, daß Lancourt ...«
»Daß er in dich verliebt ist? Natürlich, Kind.«
»Und warum hast du nie etwas gesagt?«
Charles verschränkte die Arme vor der Brust. »Was denn?

Du kannst vermutlich nichts dafür. Mit welchem Recht hätte ich dir also eine Szene machen können? Und falls du Lancourts Bemühungen herausgefordert hast, so hätten Vorwürfe auch nichts geändert. Wir sind zwar verheiratet, Caroline, aber trotzdem bist du noch ein Mensch mit eigenen Regungen und einem eigenen Herzen . . .«
Es klang freundlich und verständnisvoll, und Caroline fragte sich, wieso Charles so tolerant war. Er war doch kein Übermensch. Warum, zum Teufel, war er nicht eifersüchtig?
Sie blickte ihn von der Seite an und erinnerte sich, welch eiskalter Zorn während seines Wortwechsels mit Pierre in seinem Gesicht gestanden hatte. Sie hatte wirklich gefürchtet, er werde im nächsten Augenblick den Degen ziehen und Pierre angreifen.
»Aber du warst sehr wütend vorhin . . .«
Er sah aus dem Kutschenfenster. »Das war unvernünftig, ich gebe es zu. Aber es hat mich geärgert, daß du ausgerechnet mit ihm musiziert hast. Verzeih bitte.«
»Was gibt es da zu verzeihen?« fragte sie unsicher. »Ich meine, du hattest natürlich keinen Grund, ärgerlich zu werden, denn es hat sich rein zufällig ergeben, daß Pierre . . . der Chevalier de Lancourt mich auf dem Spinett begleitete. Aber ich hatte solche Freude daran, wieder einmal deutsche Lieder zu singen.«
»Hast du deshalb so verträumt ausgesehen?«
»Habe ich das? Es ist mir gar nicht bewußt geworden.«
Er wandte sich ihr plötzlich zu und nahm ihr Gesicht zwischen seine Hände. »Hör zu, Caroline: Ich möchte um nichts in der Welt, daß du dich elend oder unglücklich fühlst. Darum bitte ich dich, immer aufrichtig zu mir zu sein. Du brauchst nicht zu Ausflüchten oder Lügen zu greifen, wenn du etwas tust, von dem du meinst, daß es mir nicht recht wäre. Laß uns dann über alles reden und gemeinsam versuchen, eine Lösung zu finden. Willst du mir das versprechen?« Ihre Augenlider flatterten. »Was

sollte ich denn vor dir verbergen müssen? Ich habe dich noch nie belogen, Charles.«
»Dann ist es ja gut«, sagte er mit einem verzerrten Lächeln.
Die Kutsche bog in die Auffahrt des Moreauschen Palais ein, und Charles griff nach seinen Handschuhen. »Ich gehe noch einmal aus. Wann ich zurückkomme, weiß ich nicht. Es kann spät werden, also warte bitte nicht auf mich.«
Er half ihr aus der Kutsche, brachte sie zum Portal und küßte ihr zum Abschied die Hand. »Gute Nacht, meine Liebe.«
Dann stieg er wieder ein und fuhr davon.
Caroline ging früh zu Bett an diesem Abend. Sie fühlte sich wie zerschlagen, aber sie konnte nicht einschlafen.
Sie lag da und starrte gegen die hohe Stuckdecke und dachte an Charles.
Warum war er noch einmal fortgegangen, ohne ihr zu sagen, wohin? Das hatte er noch nie getan. Solange sie verheiratet waren, hatte sie immer Kenntnis davon gehabt, wo er war.
Er weiß alles, dachte sie. Warum sonst hat er mich gebeten, ihn nie anzulügen. Aber was soll ich ihm denn sagen? Daß ich Pierre einmal heimlich getroffen habe und daß er mich geküßt hat?
Danach habe ich mir gewünscht, ihn nie wiedersehen zu müssen. Aber wenn ich Charles das eingestehe, wird er mich fragen, warum, und darauf kann ich ihm nicht antworten. Ich verstehe mich ja selbst nicht mehr.
Warum bringe ich es nicht fertig, kühl und unbeteiligt zu sein, wenn Pierre in meiner Nähe ist? Noch immer gelingt es ihm, mich mit einem Blick, einer zufälligen Berührung unruhig zu machen. Gott weiß, daß ich dagegen ankämpfe.
Ich fürchte mich davor, Pierre zu begegnen – und sehne es gleichzeitig herbei. Ich will nicht, daß er mich ansieht mit diesem gewissen Ausdruck in seinen Augen, der so viele Erinnerungen in mir wach werden läßt, und genieße es

doch insgeheim. Ich schäme mich dessen, aber ich komme auch nicht dagegen an.
Ach, Charles, ich habe Angst . . .

In Wien läuteten alle Glocken, und die Kanonen donnerten Salut, als Marie Louise, Erzherzogin von Österreich und neue Kaiserin der Franzosen, die Stadt verließ.
Es war der 13. März 1810, und zwei Tage zuvor war die junge blonde Frau in der Kapuzinerkapelle der Hofburg Napoleon anvermählt worden.
Als Stellvertreter des französischen Kaisers hatte der Onkel der Braut, Erzherzog Carl, fungiert. Napoleon würde Marie Louise erst in Compiègne erwarten und dann mit ihr gemeinsam in Paris einziehen.
Auf den Straßen und Plätzen drängte sich eine schier unübersehbare Menschenmenge, um der Kutsche mit dem kaiserlichen Wappen zuzuwinken. Aber die Vorhänge an den Fenstern blieben geschlossen, und niemand konnte einen Blick auf Marie Louise erhaschen. Sie lehnte mit verweinten Augen in den samtbezogenen Polstern, ihr gegenüber Madame de Montebello, ihre Hofdame und Vertraute. Marie Louise liebte das Volk nicht, weder das österreichische noch das französische. Große Menschenansammlungen weckten ihr Unbehagen, und sie fand die laute Sympathie, die ihr aus den Zurufen der Leute am Weg entgegenschlug, vulgär und unangebracht.
»Wenn sie schon unbedingt gaffen müssen«, sagte sie weinerlich zu Madame de Montebello, »so sollten sie wenigstens still sein. Dieses Geschrei macht mir Kopfweh.«
Die Montebello nahm aus ihrer Reisetasche eine große Dose mit Konfekt und hielt sie Marie Louise hin.
»Essen Sie, kaiserliche Majestät. Es dauert nicht mehr lange, dann haben wir Wien hinter uns, und es wird Ruhe eintreten.«
Gierig stopfte sich Marie Louise ein Praliné nach dem anderen in den Mund. Sie konnte Unmengen von Süßigkei-

ten vertilgen, und die Montebello dachte, während sie sie beobachtete: In ein paar Jahren wird sie fett wie ein gemästeter Kapaun sein . . .
Marie Louise verschlucke sich und preßte ein Taschentuch vor den Mund. Ihr Gesicht wurde krebsrot. Die Montebello sprang auf, um ihr den Rücken zu klopfen, und die neue Kaiserin der Franzosen rang keuchend nach Luft.
Als sie wieder zu Atem gekommen war, brach sie in Tränen aus.
»Ich will nicht weg! Ich will hierbleiben! Ich hasse Frankreich und seinen Kaiser! Ach, warum bin ich nicht tot!«
Die Montebello setzte sich neben sie und zog den Kopf der Weinenden an ihre Brust.
»Schscht . . .« summte sie, als müsse sie ein Kind beruhigen. »Diese letzten Tage waren zuviel für Eure Majestät. Es wird besser werden, wenn Sie in Paris sind. Denken Sie doch nur – Sie werden in den Tuilerien wohnen und in Versailles, in St. Cloud und Fontainebleau . . .«
Marie Louise schauderte zusammen. »Ach, seien Sie still! Ich werde überall an die arme, unglückliche Marie Antoinette denken müssen und vielleicht sogar ihr blutiges Gespenst sehen. Ich habe Angst, Madame de Montebello. Diese Franzosen sind ein grausames, blutrünstiges Volk. Vielleicht werden sie eines Tages auch mich guillotinieren wollen.«
Die Montebello lachte. »Sie werden Sie lieben und bewundern, Majestät, warten Sie es nur ab. Wenn Sie Frankreich erst den Thronfolger geschenkt haben . . .«
Marie Louises Tränen flossen heftiger. »O Gott, ich darf nicht daran denken! Diese schrecklichen, peinlichen Dinge, die Ehegatten miteinander tun!«
»Nun«, sagte die Montebello trocken, »es gibt viele, denen derlei Vergnügen bereitet. Es schickt sich vermutlich nicht, das zu sagen, Majestät, aber Sie sollten wirklich nicht mit soviel Abscheu daran denken.«
Marie Louise starrte sie aus ihren hervorstehenden blauen

Augen an. »Meinen Sie? Ich war der Ansicht, daß ... nun ja, daß es nur den Männern gefällt.«
»Wer hat Ihnen das eingeredet? Die Kaiserin Maria Ludovika?«
»Sie auch«, gestand Marie Louise. »Meine Stiefmutter behauptet, es sei entwürdigend für eine Frau. Und dann hat sie mit mir zusammen geweint.«
Das kann ich mir vorstellen, dachte die Montebello. Diese verklemmte Puritanerin! Weiß der Himmel, was Seine Majestät an ihr gefunden hat, daß er sie schon nach zwei Monaten Witwerschaft heiratete. Vermutlich war es ihre Jugend. Aber Jugend ist eben keine Garantie für Schlafzimmerfreuden.
Laut sagte sie: »Ihre Majestät, die Kaiserin Maria Ludovika, hat Sie sehr lieb. Der Abschied von Ihnen hat sie alles in einem so düsteren Licht sehen lassen. Glauben Sie mir, Majestät, die körperliche Liebe kann auch für eine Frau recht ... recht angenehm sein.«
Marie Louise schob die Unterlippe vor. »Aber doch nicht mit diesem ... diesem Ungeheuer! Solange ich denken kann, habe ich ihn gehaßt, und mein Beichtvater, Monsignore Piatelli, hat ihn immer als den Antichristen bezeichnet, der auf die Welt gekommen sei, uns alle zu verderben. O Gott, und jetzt bin ich mit ihm vermählt!«
»Mit dem mächtigsten Mann der Welt«, sagte Madame Montebello. »Schmeichelt Ihnen das nicht, Majestät? Es dürfte eine ganze Anzahl Frauen geben, die Sie darum beneiden, daß der Kaiser der Franzosen Ihnen den Vorzug gegeben hat.«
Marie Louise dachte eine Weile nach. Dann putzte sie sich die Nase. »Vielleicht haben Sie recht ... Sie meinen also, daß er in mich verliebt ist?«
»Das weiß jeder. Er wird Sie auf Händen tragen, Majestät, und Sie werden sicherlich einen großen und guten Einfluß auf ihn haben. Einfluß, den sie zum Wohle Österreichs verwenden können.«

»Ach, hören Sie bloß davon auf! Das haben mein Vater und Graf Metternich mir oft genug vorgeredet. Ich habe keine Lust, mich in die Politik einzumischen. Ich verstehe nichts davon.«
»Es werden auch noch andere Aufgaben auf Sie warten. Die Tochter des österreichischen Kaisers kann dem französischen Hof wirklichen Glanz und echte Vornehmheit verleihen.«
»Man wird sehen«, sagte Marie Louise dünkelhaft. Dann kicherte sie plötzlich. »Ich bin auf meine Schwägerinnen neugierig. Ich habe sagen hören, daß die Königin von Neapel mit Seiner Exzellenz, Graf Metternich, sehr ... nun ja, sehr intim befreundet war. Und die Fürstin Borghese soll einen geradezu skandalösen Lebenswandel führen, dem der ihrer Schwester, der Großherzogin von Toscana, allerdings kaum nachsteht.«
»Ach, es wird viel geredet«, erwiderte die Montebello ausweichend. »Eure Majestät sollten nicht allen Gerüchten Glauben schenken.«
»Aber neugierig bin ich eben doch – und wenn nur die Hälfte von all dem stimmt, das mir zu Ohren gekommen ist. Geben Sie mir noch ein Praliné, liebste Montebello.«
Marie Louise, Kaiserin von Frankreich, lernte ihre neue Familie in Compiègne kennen, das sie am späten Nachmittag des ersten April erreichte. Aber sie hatte kaum Gelegenheit, nach dem offiziellen Empfang ein paar Worte mit ihren Schwägerinnen und Schwagern zu wechseln.
Napoleon, der ihre Ankunft ungeduldig erwartet hatte, war ihr trotz des unablässig strömenden Regens vor Compiègne entgegengeritten und hatte damit das von ihm selbst festgelegte Protokoll durchbrochen, das in allen Einzelheiten dem entsprach, mit dem man einst Königin Marie Antoinette in Frankreich empfangen hatte.
Während er nun im großen Saal des Schlosses von Compiègne neben seiner jungen Frau stand und ihr die Anwesenden vorstellte, ließ er kaum einen Blick von ihr.

Wie jung sie war, wie unschuldig – die erste Jungfrau, die er besitzen würde. Er sah ihre rosige zarte Haut, den üppigen Brustansatz, das volle, seidige, glänzende Haar, und spürte, wie Begehren in ihm aufstieg.
Er, Napoleon Bonaparte, würde heute nacht die Tochter eines der ältesten europäischen Herrschergeschlechter umarmen. Welch ein Augenblick! Welch ein Triumph! Er wog die Tränen einer verblühten, alternden Frau auf, die indessen Malmaison verlassen hatte und nach Navarre übersiedelt war.
Napoleon sah, daß Marie Louise ein Gähnen unterdrückte, und sagte sofort: »Ihre Majestät ist von der Reise erschöpft. Sie bedarf der Ruhe. Wir sollten uns zurückziehen.«
»Aber nein!« Die junge Kaiserin, die ein großes Talent für Sprachen hatte und das Französische fließend beherrschte, wandte ihm lächelnd den Kopf zu. Ihr gefiel es, so gefeiert zu werden. Und erstaunlicherweise gefiel ihr auch der Mann an ihrer Seite.
Er war zwar einen Kopf kleiner als sie und schon recht beleibt, aber sie mochte keine allzu schlanken Männer. Und die Leidenschaftlichkeit in Napoleons grau-blauen glänzenden Augen erzeugte ein angenehmes Prickeln auf ihrer Haut.
Ach, vielleicht hatte Madame de Montebello recht, wenn sie ihr während der ganzen Reise immer wieder versichert hatte, daß die Ehe eine durchaus vergnügliche Angelegenheit sein konnte, wenn man nur einen in der Liebe erfahrenen Mann hatte.
Napoleon war zweifellos in der Liebe erfahren! Immerhin war er viele Jahre lang verheiratet gewesen – mit einer Frau, von der es hieß, daß sie alles andere als eine prüde, vertrocknete Person wäre. Außerdem war er etwas Besonderes, ein Genie vielleicht. Wie anders hätte man seinen beispiellosen Aufstieg erklären können.
Den mächtigsten Mann der Welt hatte Madame de Monte-

bello ihn genannt, und dieser Mann stand nun neben ihr und verschlang sie fast mit seinen Blicken.
Trotz ihrer Jugend begriff Marie Louise plötzlich, daß sie eine ganz bestimmte Macht über ihn hatte, und diese Erkenntnis weckte ein Gefühl in ihr, das sie nie zuvor empfunden hatte. Verwundert registrierte sie, daß ihr ein kleiner angenehmer Schauer über den Körper lief. Ein Verlangen, diese Macht zu erproben, diesen Mann in sich, auf sich zu spüren und dabei über ihn zu triumphieren . . .
»Aber nein«, wiederholte sie, »ich fühle mich nicht erschöpft. Im Gegenteil, ich bin ganz wach und sehr, sehr glücklich.« Ihre großen blauen Augen glänzten. »Was für ein wundervoller Tag!«
Napoleon küßte ihre Hand. »Sie sind bezaubernd, Madame . . .«
Sie spürte seinen Mund und fand auch das recht angenehm. Er hatte heiße, weiche Lippen, und der wohlige Schauer in ihr wuchs.
»Kommen Sie«, beharrte der Kaiser. »Sie müssen sich zurückziehen. Man wird Sie entschuldigen nach all den Strapazen, die hinter Ihnen liegen. Morgen, übermorgen und alle Tage darauf werden Sie Zeit haben, sich der Zuneigung und Bewunderung zu erfreuen, die man Ihnen entgegenbringt. Jetzt ist nicht der rechte Augenblick dafür.«
Was blieb ihr anderes übrig, als ihm zu folgen?
Napoleon brachte sie in das Schlafzimmer, das man für sie hergerichtet hatte. Überall brannten Kerzen, das Bett war mit Seide bezogen, und trotz der frühen Jahreszeit war die Luft süß und schwer vom Duft der Blumenarrangements.
Der Kaiser schickte die Kammerfrauen fort, die darauf gewartet hatten, Marie Louise bei der Nachttoilette behilflich zu sein, und nahm sie in die Arme, sobald sie allein waren.
»Endlich!« sagte er. »Sie wissen ja nicht, wie ich dieser Stunde entgegengefiebert habe.« Dann begann er hastig, sie zu entkleiden. Er öffnete die Haken ihres Mieders und streifte es ab.

»Bellissima!« stöhnte er, als er ihre vollen rosigen Brüste sah, und bedeckte sie mit seinen Händen. »Verzeih mir, aber ich kann nicht länger warten.«
Er drängte sie zum Bett und warf sich über sie.
»Sire«, jammerte Marie Louise, »Sie tun mir weh. Ihre Uniformtressen kratzen abscheulich, und die Knöpfe bohren sich in meine Haut. Ziehen Sie doch wenigstens den Rock und die Stiefel aus.«
Er lachte leise. »Wie süß du bist!« Er richtete sich auf und ließ seine Augen nicht von ihr, während er sich hastig seiner Kleider entledigte. Marie Louise empfand eine Mischung aus Furcht, Neugier und Erregung. Als sie ein Kind war, hatte man kein männliches Tier in ihrer Umgebung geduldet. Später hatte man aus den Romanen, die sie las, alle Liebesszenen herausgeschnitten. Alles, was sie von der Beziehung zwischen einem Mann und einer Frau wußte, hatte sie nur aus teils abfälligen, teils schamhaften Bemerkungen ihrer Zofen und Kammerfrauen und ihrer Stiefmutter Maria Ludovika aufgeschnappt. Lediglich Madame de Montebello hatte sie während der Reise – natürlich mit aller gebotenen Delikatesse – über das unterrichtet, was nun ihre »eheliche Pflicht« war. Aber das wenige hatte genügt, um Marie Louises träge Phantasie zu beschäftigen.
Offenbar war das, was ein Mann mit einer Frau tat, nicht ganz so schrecklich und unanständig, wie man sie bisher hatte glauben lassen. Abgesehen davon, daß Napoleons stürmische Leidenschaft ihr ein bißchen Schmerz zugefügt hatte, hatte sie es bis jetzt sogar als ganz angenehm empfunden.
Es gefiel ihr, daß er so offensichtlich entzückt von ihr war. Diesen Mann, vor dem ganz Europa zitterte, dermaßen außer Fassung zu bringen, verlieh ihr ein Gefühl von Wichtigkeit, das ihr Selbstbewußtsein hob.
Übrigens, so fand sie, sah er besser aus, als sie befürchtet hatte. Er hatte schöne Augen, und vor allem konnte er auf

eine Weise küssen, daß ihr ganz heiß und wirblig im Kopf geworden war.
Als Napoleon diesmal zu ihr kam und seine Lippen hungrig auf ihre preßte, schlang sie die Arme um seinen Nakken. Er stöhnte auf, als sie es tat, und drang mit seiner Zunge in ihren Mund.
Marie Louise hielt den Atem an. Dies, fand sie, war weniger angenehm. Es erschien ihr sogar ein wenig unappetitlich, zumal er vorhin ein mit Knoblauch gewürztes Ragout gegessen hatte.
Aber dann glitt sein Kopf tiefer, und er begann, ihre Brüste zu küssen. »Wie schön du bist, wie vollkommen . . .« stammelte er. »Ah, meine Süße . . .«
Marie Louise blickte auf seine Haare und überlegte, ob sie darüber streicheln sollte. Sie unterließ es schließlich, weil sie fürchtete, er werde sie dann wieder wie eben küssen, und das mochte sie nicht. Immerhin hatte sich, als Napoleon ihre Brüste liebkoste, wieder dieses aufregende kleine Prickeln eingestellt, und es bewirkte, daß die ängstliche Unsicherheit, die trotz allem in ihr war, wich. Sie entkrampfte sich und beschloß, die Dinge zu nehmen, wie sie kamen.
Draußen aber im Bankettsaal, wo noch immer der Hof und die Familie versammelt waren, sagte Caroline Murat, Königin von Neapel, mit einem boshaften Lächeln zu Hortense: »Nun, meine Liebe, ich habe mir sagen lassen, daß der Kaiser in letzter Zeit strenge Enthaltsamkeit geübt hat, um in seiner Hochzeitsnacht entsprechend leistungsfähig zu sein. Wer weiß, vielleicht macht er der Österreicherin gleich heute ein Kind. Welch ein Ärgernis für Sie, weil dadurch die Thronansprüche Ihrer Söhne in nebulöse Ferne rücken würden.«
Hortense hob die Schultern. »Ich bin nicht übertrieben ehrgeizig, Madame, und schon gar nicht für meine Kinder. Der Gedanke, ich hätte sie allein für Frankreichs Thron geboren, hat mir nie besonders behagt.«

»Aber dafür hat es Ihrer Mutter um so mehr behagt.«
Hortense blickte ihre Schwägerin ein wenig verächtlich an. »Mag sein. Es wäre verständlich. Aber das ist nicht mehr aktuell, nachdem gerade meine Mutter es war, die durch ihr Opfer diese neue Eheschließung ermöglicht hat.«
»Opfer – pah!« Caroline Murats rot geschminkte Lippen verzogen sich. »Sie hat den Kaiser lange genug festgehalten mit ihren Tränen und Szenen. Mich hat gewundert, daß er sie nicht viel eher fortgeschickt hat.«
»Warum fragen Sie nicht Seine Majestät nach dem Grund? Ich denke, er wird Ihnen die kompetentere Antwort geben können als ich.«
»Sie tragen noch immer den Kopf ziemlich hoch, Madame. Wieso eigentlich? Mit den Beauharnais' ist der Kaiser ein für allemal fertig.«

»Hat er Ihnen das gesagt?« Hortense lachte. »Warum ärgern Sie sich dann immer noch an mir, Madame? Eine besiegte, in Ungnade gefallene Feindin . . .«
Napoleons Schwester warf den Kopf zurück. »Ich war nie Ihre Feindin, Madame. Dazu waren Sie immer zu unwichtig. Ich bedaure nur meinen Bruder Louis. Hoffentlich läßt er sich bald von Ihnen scheiden.«
Hortense blickte zu ihrem Mann hin, der in einer Fensternische lehnte und mit seiner Schwester Elisa sprach. Er sah krank aus, mit fahlem Gesicht und ausgemergeltem Körper. Sie erinnerte sich an seine Feindseligkeit, seine kränkenden Eifersuchtsszenen, sein demütigendes, unberechenbares Betragen und schauderte zusammen.
»Drängen Sie darauf, teure Schwägerin«, sagte sie. »Vielleicht nimmt Louis dann seinen jämmerlichen Mut zusammen und spricht mit dem Kaiser darüber. Ich habe Seine Majestät bereits um die Scheidung gebeten, doch er hat leider abgelehnt. Vielleicht hat Louis mehr Überzeugungskraft.«
Pauline Borghese gesellte sich zu ihnen. »Ihr macht beide Gesichter, als wäret ihr auf einer Beerdigung und nicht auf

einer Hochzeit. Habt ihr gemerkt, wie verrückt der Kaiser auf Marie Louise ist? Ich wette, er hat ihr auf der Stelle die Kleider vom Leib gerissen.« Sie lachte. »Na ja, als ich zwanzig war, brauchte ich auch bloß mit dem Finger zu schnipsen.«

»Und was tust du heute?« fragte Caroline Murat boshaft.

Pauline zupfte sich ein paar blonde Löckchen in die Stirn. »Soll ich dir ein paar Tricks verraten? Dein Murat sieht zwar immer noch gut aus, aber er ist doch eine ziemlich hohle Nuß, wie die meisten schönen Männer. Du hast leider einen Hang zu solchen ständig mit sich selbst beschäftigten eitlen Laffen. *Le beau Clément* gehört ebenfalls in diese Kategorie.«

»Und du hast das Schandmaul eines Fischweibs!« Caroline war rot vor Zorn.

»Nun, immerhin verfügt Metternich über eine beträchtliche Leistungsfähigkeit im Bett«, sagte Pauline, immer noch lachend. »Außer dir hat er gleichzeitig mit Madame Junot geschlafen, ebenso mit der Fürstin Bagration, der Sagan – und ich weiß nicht, wie vielen noch. Das imponiert mir. Madame de Montebello hat mir übrigens erzählt, daß er ebenfalls auf der Reise nach Paris ist. Wer weiß, vielleicht überzeuge ich mich noch einmal von seinen Talenten. Es würde mir Spaß machen, ihn dir auszuspannen.«

»Das wird dir kaum gelingen«, antwortete Caroline giftig. »Graf Metternich hat nämlich Geschmack!« Damit wandte sie sich ab und ließ Hortense und ihre Schwester stehen.

Pauline kniff Hortense ein Auge zu. »Jetzt hat sie ihr Fett weg! Ich habe gesehen, daß sie Sie attackiert hat, und das hat mich geärgert. Ich habe Sie von den Beauharnais' immer am liebsten gemocht. Ihr Bruder Eugène war lange Zeit ein schwärmerischer Junge und viel zu hölzern für meinen Geschmack, ein Soldat eben mit diesen idiotischen Idealen von Ehre und Kriegsruhm und ähnlichem Unsinn. Und Ihre Mutter war, verzeihen Sie mir, stets ein wenig zu ... filigran, wenn Sie verstehen, was ich meine. Außerdem habe ich es ihr übelgenommen, daß sie meinen Bruder zwar geheiratet, aber nicht geliebt hat, zumindest am Anfang ihrer Ehe nicht. Napoleon hat unendlich um sie gelitten, und das hat mich wütend gemacht. Außer unserer Mutter bin ich wahrscheinlich die einzige der ganzen Familie, die Napoleon wirklich gern hat. Die anderen sehen nur einen Goldesel in ihm, den man melken muß. Aber daran haben Sie sich nie beteiligt, obwohl Sie seine Adoptivtochter sind und er eine große Schwäche für Sie hat. Das rechne ich Ihnen hoch an, Hortense, wirklich. Sie sind eine verdammt nette, anständige Person, und mein Bruder Louis hat Sie überhaupt nicht verdient.«

Sie sah, daß Hortenses Augen feucht wurden, und versetzte ihr einen freundschaftlichen Stoß in die Seite. »Jetzt werden Sie bloß nicht sentimental! Ich bin ja nur die *Madame scandaleuse* der schrecklichen Familie Bonaparte, und es gilt nicht viel, was ich rede.«

»Für mich schon«, sagte Hortense und drückte ihren Arm.

Am nächsten Tag zog Marie Louise, Kaiserin von Frankreich, in Paris ein. Napoleon saß neben ihr in der Kutsche, aber niemand erkannte ihn, da er sich unter einem großen Hut und einem weiten, dunklen Mantel verbarg. Vielmehr meinten einige Leute, daß es die Erzieherin der neuen Kaiserin sei, die den Platz neben ihr innehätte.

Es war wie in Wien, als Marie Louise Abschied genommen hatte: Die Glocken läuteten, Kanonen schossen Salut, und da und dort wurden Blumensträuße vor die Hufe ihrer Kutschpferde geworfen. Sie selbst aber saß diesmal hinter zurückgezogenen Vorhängen und winkte den Leuten am Straßenrand zu.

Ihre Augen glänzten, und ihr Lächeln war voller Zufriedenheit. Madame de Montebello hatte recht gehabt: Es war gar nicht so arg, verheiratet zu sein, und es war phantastisch, Kaiserin von Frankreich zu sein.

Am Abend, als sie ihre Gemächer in den Tuilerien bezogen hatte, schrieb sie ihrem Vater:
»Ich war zwar anfangs recht aufgeregt, als ich meinem Gemahl gegenüberstand, aber das währte nicht allzu lange dank der überaus großen Freundlichkeit, die er mir erwies.«
Sie steckte die Feder ins Tintenfaß zurück und lächelte, als sie an ihre Hochzeitsnacht dachte. Ohne Zweifel war Napoleon leidenschaftlich in sie verliebt, und das schmeichelte ihr. Sie hatte den mächtigsten Mann Europas in ihren Armen bezwungen. Welch ein Gefühl! Marie Louise stand auf. Sie trug ein blaues Samtkleid mit pastellfarbenen Bändern, und ihre Haare waren zu einer griechischen Lockenfrisur aufgesteckt. Heute morgen hatte der Kaiser ihr bei der Toilette zugesehen und ihr dichtes langes Haar bewundert. »Lassen. Sie es bloß niemals abschneiden«, hatte er gesagt. »Es wäre ein Jammer um diese goldene Pracht.«
»Aber ich habe gesehen, daß die meisten Damen Ihres Hofes die Haare kurz tragen«, hatte sie widersprochen, doch eigentlich nur, um seinen Protest zu hören. »Meinen Sie nicht, mein Gemahl, daß mich eine solche Frisur ebenfalls kleiden würde?«
»Es gibt vermutlich nichts, was Ihnen nicht steht«, hatte Napoleon erwidert. »Dennoch bitte ich Sie, nichts an Ihrem Äußeren zu verändern.«
Marie Louise blickte in den goldgerahmten Spiegel, der zwischen zwei Fenstern hing. Sie fand, daß sie ein wenig erschöpft aussah, mit bläulichen Schatten um die Augen. Nun ja, dachte sie, nach dieser Nacht! Und dann den ganzen Tag auf den Beinen.
Sie schlug die schweren Samtportieren zur Seite und öffnete ein Fenster, um frische kalte Luft hereinzulassen. Sie fand, daß es in den Tuilerien unerträglich warm war. In allen Kaminen brannten Feuer, und Lakaien kamen fortwährend, um nachzulegen.
Die Kaiserin nahm aus einer Schale ein paar Schokoladen-

kekse und aß sie mit großem Appetit, obwohl sie vor einer Stunde in der Salle des Maréchaux von einem Diner mit dreißig Gängen aufgestanden war.
Dann beendete sie den Brief an ihren Vater. Sie schloß mit den Worten:
»Ich kann Ihnen, teurer Papa, nicht genug dafür danken, daß Sie nicht auf meine Bitten gehört haben, als ich so töricht war, dieser Verbindung zu widerstreben. Ihre allzeit gehorsame Tochter.«
Sie hatte gerade Streusand darüber geschüttet und den Brief versiegelt, als Napoleon ihren Salon betrat. »Himmel«, sagte er, »was für eine Eiseskälte! Sie werden sich den Tod holen, meine Liebe.« Er schloß das Fenster und stellte sich an den Kamin, um sich zu wärmen. Marie Louise verzog den Mund. »Ich hasse überheizte Räume. Sie machen mir Kopfweh. Daheim habe ich immer ...«
Er unterbrach sie, indem er auf sie zutrat und ihr Kinn anhob. »Daheim sind Sie jetzt hier, vergessen Sie das nicht, Liebste. Oder gefällt es Ihnen hier nicht? Möchten Sie irgend etwas an der Einrichtung geändert haben? Es kostet Sie nur ein Wort.«
»Ach nein, es ist alles sehr schön. Danke, Sire.«
Natürlich hatten sie getrennte Schlafzimmer, aber in den ersten Wochen nach ihrer Vermählung verbrachte der Kaiser fast jede Nacht bei Marie Louise und verließ sie erst am Morgen, um in seine eigenen Gemächer hinüberzugehen. Meist nahm er dann zunächst ein heißes Bad, da Marie Louise in der Frage der Heizung, jedenfalls in ihren Zimmern, ihren Kopf durchgesetzt hatte.
Der Kaiser liebte türkische Bäder, und es kam häufig vor, daß er dabei Minister und hohe Regierungsbeamte empfing und stundenlang mit ihnen konferierte. Dann lag er im dampfenden Wasser, dem sein Kammerdiener Constant allerlei Essenzen zugefügt hatte, und derjenige, der zur Audienz befohlen worden war, hockte schwitzend auf einem unbequemen Hocker und mühte sich mit beschlage-

nem Lorgnon ab, die Notizen zu seinem Rapport zu entziffern oder die kurzen prägnanten Weisungen aufzuschreiben, die der Kaiser diktierte.
Trotz seiner Verliebtheit und der endlosen Festivitäten, die monatelang zu Ehren der neuen Kaiserin stattfanden, vernachlässigte Napoleon die Regierungsgeschäfte nicht. Im Gegenteil, er arbeitete unablässig und mit großem Elan und schien von unverwüstlicher Energie. Graf Metternich fand sich, seit er kurz nach der Kaiserin Marie Louise in Paris eingetroffen war, häufig in den Tuilerien ein, um vom Kaiser empfangen zu werden.
Der österreichische Außenminister handelte getreu seinem Grundsatz, man müsse denjenigen hofieren, den man nicht vernichten könne.
Die Konspirationen von einst mit Talleyrand und Fouché waren gescheitert, Österreich hatte vor den napoleonischen Armeen kapitulieren müssen, also war es das Gebot der Stunde, den französischen Kaiser als Freund und Verbündeten zu gewinnen, jedenfalls so lange, wie Napoleons Stern noch nicht im Sinken begriffen war.
Sollte dies einmal der Fall sein, konnte man sich neue Strategien überlegen und wieder in das andere Lager überwechseln. Nur jetzt noch nicht.
Auch an einem Morgen Mitte Mai hatte Metternich um Audienz nachgesucht und fand den Kaiser in übelster Laune vor. Napoleon saß hinter seinem Schreibtisch, der wie immer mit Stapeln von Schriftstücken bedeckt war. Méneval, einer seiner Sekretäre, war mit verkniffener Miene damit beschäftigt, die Blätter eines Memorandums aufzusammeln, die der Kaiser voller Wut zu Boden geworfen hatte. Als Metternich sich verneigte, nickte ihm Napoleon nur kurz zu. »Ich bin von Ignoranten und unverschämten, doppelzüngigen Verrätern umgeben! Méneval, lassen Sie das Zeug liegen und schicken Sie nach dem Finanzminister, Graf Mollien. Ich erwarte ihn in einer Stunde.«
»Sehr wohl, Eure Majestät. Aber wenn Eure Majestät gnä-

digst gestatten, Graf Mollien ist derzeit nicht in Paris. Er weilte auf seinen Besitzungen in der Bretagne, als ihn eine heftige Influenza befiel.
Wie es heißt, ist er noch nicht reisefähig.«
Napoleon zerquetschte einen Fluch zwischen den Zähnen. »Dann soll Fouché herkommen! Er muß mir erklären, auf welche Weise er von den Machenschaften dieses Bankiers Jakob Mayer Rothschild Kenntnis erhalten hat. Stellen Sie sich vor, Graf Metternich, dieser Jude – übrigens Mitglied einer Familie, die in Frankfurt und London und ich weiß nicht wo sonst noch Bankhäuser besitzt – hat Schmuggelwaren aus England eingeführt – mit einer ›Sonderlizenz‹, von der ich nicht weiß, wer sie ihm ausgestellt hat. Englische Tuche, englischen Tabak, Indigo und Maschinen. Dann hat er sie überallhin für Wuchergelder weiterverschoben.«
»Da dürfte er nicht der einzige sein, Majestät«, sagte Metternich lächelnd. »Seit der Blockade blühen solche Geschäfte, und es sind viele dabei reich geworden.«
Napoleon schlug mit der Hand auf den Tisch. »Aber man sabotiert damit meine Pläne, und ich habe den Verdacht, daß Mollien selbst die Finger im Spiel hat. Dieser Rothschild ist ein Hätschelkind von ihm. Möglicherweise hat er die ›Sonderlizenz‹ von meinem Finanzminister! Méneval, schicken Sie Mollien eine Nachricht, er habe sich auf schnellstem Wege nach Paris zu begeben, egal, wie krank er ist. Los, los, stehen Sie nicht herum, sondern führen Sie meine Befehle aus.«
Der Sekretär verschwand hastig mit einer Verbeugung. Als er die Tür hinter sich geschlossen hatte, blickte Napoleon ein paar Sekunden schweigend auf seine Hände. Dann hob er den Kopf und sah Metternich düster an.
»Nehmen Sie Platz. Ich mache mir Sorgen, Graf. Die Kaiserin ist nicht wohl. Sie leidet unter Übelkeit und Erbrechen ...«
»Ach.« Metternichs Miene erhellte sich, während er die

seidenbestrumpften Beine übereinanderschlug. »Das dürfte bei einer frisch vermählten, gesunden jungen Frau doch kein Grund zur Beunruhigung sein, eher zur Freude.«
»Das habe ich anfangs auch gedacht. Doch die Ärzte Ihrer Majestät behaupten, daß sie nicht schwanger ist, sondern an einer Magenverstimmung leidet. Der Grund: Ihre Majestät äße zuviel, zu süß und zu fett. Du lieber Himmel, eine junge Frau von eben zwanzig! Natürlich nascht sie gern und hat eine Vorliebe für Schaumrollen mit Schlagsahne. Soll man ihr diese Freude nicht gönnen?«
»Gewiß, aber vielleicht täte ein wenig mehr Zurückhaltung ...«
»Unsinn! Wenn sie's am Magen hat, soll man ihr eine Medizin geben, aber ihr nicht die harmlosen Süßspeisen verbieten. Oder ... sie ist doch schwanger, und dieser Idiot Doktor Baudeloque ist unfähig, das festzustellen.«
»Was meint denn Ihre Majestät dazu? Sie müßte doch wissen ...«
Schon wieder wurde Metternich unterbrochen. »Ich sage Ihnen doch, es geht ihr nicht wohl. Natürlich hofft Ihre Majestät genau wie ich, aber im Augenblick ist sie viel zu verstört, als daß man sie eingehend befragen könnte. Ihr ist ja ununterbrochen übel.«
»Nun ...« Metternich verbiß sich ein Lächeln und bemühte sich, ernst und teilnehmend dreinzublicken, »vielleicht handelt es sich doch um eine leichte Magenverstimmung. Ich erinnere mich, daß Ihre Majestät auch in Wien hin und wieder daran erkrankt war, aber das ist jedesmal schnell vorübergegangen. Warten Sie bis morgen, Sire. Wenn es ihr danach noch nicht besser geht, empfehle ich Ihnen, Doktor Joubinot hinzuzuziehen. Er ist der Arzt meiner Frau, die, wie Sie wissen, leider eine sehr zarte Gesundheit besitzt. Sie schwört auf Doktor Joubinot. Er wohnt in der Rue Peletier.«
Der Kaiser warf eine kurze Notiz auf einen Zettel. »Danke, Exzellenz. Ich denke, ich werde Doktor Joubinot in je-

dem Fall konsultieren.« Dann beugte er sich nach vorn. »Sie haben um Audienz nachgesucht. Weshalb?«
Metternich zögerte. Er kannte Napoleon lange genug, um zu wissen, daß es äußerst unklug war, ihn um etwas anzugehen, wenn er gereizt war. Man bekam todsicher eine Abfuhr. »Eure Majestät haben heute den Kopf mit anderen Dingen voll. Ich werde lieber zu einem anderen Zeitpunkt wiederkommen.«
»Nichts da, Sie bleiben!« sagte Napoleon kurz, und Metternich verneigte sich im Sitzen.
»Wie Eure Majestät befehlen.«
Dennoch fiel er nicht gleich mit der Tür ins Haus, sondern lenkte das Gespräch zunächst auf andere Dinge; den neuesten Pariser Klatsch, eine Aufführung von »Romeo und Julia«, die er kürzlich im Theater gesehen und die ihn weit mehr beeindruckt habe als die, die man vor Jahresfrist in Wien gegeben, und welch atemberaubende Toilette die Königin von Neapel zur Cour in St. Cloud getragen habe.

Napoleon hörte ihm eine Weile zu, und Metternich registrierte befriedigt, daß der Kaiser hin und wieder zu einer scherzhaften Bemerkung lächelte. Seine vordem finstere Miene glättete sich, und er blieb in seinem Sessel hinter dem Schreibtisch sitzen, das sicherste Zeichen, daß er entspannt und einigermaßen wohlwollend gestimmt war.
»Übrigens«, sagte Metternich, »hat meine Frau eine neue Freundin in Paris gefunden, die Vicomtesse de la Moreau. Ich hatte schon mehrmals das Vergnügen, sie in unserem Hause zu begrüßen, und bin ebenfalls entzückt von ihr.«
Napoleon hob die Brauen. »Ich hoffe, nicht zu entzückt, Exzellenz. Madame de la Moreau ist mit einem Mann verheiratet, den ich sehr schätze. Und überhaupt – ich möchte nicht noch einmal einen Fall Junot erleben.«
Metternichs gutgeschnittenes Gesicht mit den großen blauen Augen wurde eine Spur verlegen. »Sire, das sind Gerüchte, schamlos übertrieben und aufgebauscht.«
Der Kaiser lachte. »Hören Sie auf. Ich bin nicht Ihre Frau,

der Sie so etwas weismachen müssen. Wegen einer harmlosen Freundschaft wird der Herzog von Abrantes seine Gattin kaum halbtot geprügelt und sogar mit einem Messer auf sie eingestochen haben.«

»Marschall Junot neigt zur Unbesonnenheit und zum Jähzorn, leider«, sagte Metternich im Brustton der gekränkten Unschuld. »Und was meine Frau betrifft, so kennt sie mich gut genug, um zu wissen, wann man mich verleumdet und wann nicht.«

»Sie liebt sie. Deshalb hält sie zu Ihnen und verteidigt Sie sogar wider besseres Wissen. Sie haben eine großartige Frau, Graf, und ich hoffe, Sie wissen das zu würdigen.«

»O ja.« Metternich lächelte selbstgefällig. »Ich wüßte auch niemanden, gegen den ich sie eintauschen wollte. Auch nicht gegen die Vicomtesse de la Moreau, Sire, falls es das ist, was Sie beunruhigt. Wenngleich sie in der Tat eine ganz bezaubernde Person ist. Im übrigen hat das schon längst jemand anderer festgestellt.«

»Was soll das heißen?«

Metternich zupfte die Spitzen an seinem Hemd zurecht. »Ich weiß nicht, ob Sie den Chevalier de Lancourt kennen. Jedenfalls habe ich sagen hören, daß er vor dem Vicomte de la Moreau eine kurze, aber heftige Affäre mit der Vicomtesse gehabt haben soll. Er selbst hat das herumerzählt, und nun möchte er die frühere Beziehung wohl gern wieder aufleben lassen.«

Napoleon hatte die Stirn gerunzelt. »Lancourt? Freilich kenne ich ihn. Er war früher Leutnant der Kaisergarde ... Und Sie behaupten, daß er der Vicomtesse nachsteigt?«

»So kann man es nennen«, versicherte Metternich lachend. »Neulich soll er deswegen mit dem Vicomte bereits aneinandergeraten sein. Aber Madame de la Moreau ist natürlich über jeden Zweifel erhaben. Sie wird jeden unerwünschten Verehrer in seine Schranken zurückweisen.«

Der Kaiser schob seinen Stuhl zurück und stand auf. »Eigentlich, Graf Metternich, mag ich solche Klatschgeschichten nicht. Sie zeigen mir nur immer wieder, daß die meisten Menschen doch recht niedrig in ihrem Denken und Handeln sind. Die, die den Stoff für solche Histörchen liefern, und die, die ihn weitertragen. Lassen Sie uns damit aufhören und zum Wesentlichen kommen. Ich weiß schon, was Sie von mir wollen. Der Friedensvertrag, den ich Ihrem Kaiser diktiert habe, liegt Ihnen im Magen. Sie möchten bessere Bedingungen herausschlagen und hoffen, ich werde meinem Schwiegervater gegenüber weniger unnachgiebig als einem besiegten Monarchen gegenüber sein.«

»Ich hoffe«, sagte Metternich, »daß der Kaiser von Frankreich nicht nur als Feldherr, sondern mehr als Staatsmann denkt. Im Interesse des Staatsmannes kann es nämlich nicht liegen, Österreich, das ein Freund Frankreichs sein möchte, allzu geschwächt und ausgeblutet zu sehen. Die enge Verwandtschaft der beiden Herrscherhäuser gebietet, andere Grundlagen für ein dauerhaftes Bündnis zu schaffen.«

»Diese Phrasen habe ich schon einmal von Ihnen gehört, Metternich, während in Wien für einen Krieg gegen mich gerüstet wurde. Wieso erwarten Sie, daß ich heute darauf hereinfalle?«

Als der Kaiser sich erhob, sprang der österreichische Außenminister gleichfalls auf. »Was mich betrifft, Eure Majestät, waren es niemals Phrasen. Ich habe den Krieg gegen Ihr Land nicht gewollt, sondern von Anfang an darauf hingearbeitet, aus Österreich und Frankreich Verbündete zu machen. Leider war die Partei der Kriegstreiber stärker, und so ist viel Unglück über mein Land gekommen. Dies zu mildern und gleichzeitig die Versöhnung mit Frankreich herbeizuführen, war mein Bestreben, seit ich Graf Stadion im Amt nachgefolgt bin.«

Er lächelte ein wenig bitter. »Es gibt nicht wenige am österreichischen Hofe, die mir das heute noch verübeln und behaupten, ich hätte die Tochter meines Monarchen verschachert um einiger weniger Vorteile willen. Oder auch nur, um bei Ihnen, Sire, an Ansehen zu gewinnen.«

Napoleon war vor ihm stehengeblieben und sah mit schräg geneigtem Kopf zu ihm auf. »Man soll zuhören, wenn unsere Widersacher etwas gegen uns reden. Ein Körnchen Wahrheit ist meist dabei.«
Metternich seufzte. »Sie verkennen mich, Sire – und leider nicht zum ersten Mal. Vor zwei Jahren haben Sie mich beschuldigt, mit Graf Stadion und Erzherzog Carl eines Sinnes zu sein und beide in ihrem Entschluß, gegen Sie Krieg zu führen, zu bestärken. Dabei habe ich schon damals Ihre Intensionen über ein geeintes Europa geteilt und lediglich um eine möglichst vorteilhafte Position für mein eigenes Land in diesem Europa gekämpft. Eine Schwester des Zaren auf dem französischen Kaiserinnenthron hätte mein Bemühen zunichte gemacht... Wollen Sie es mir verübeln, daß ich lieber die Tochter meines Kaisers auf diesem Platz sehe?«
»*Tu felix Austria, nube*«, sagte Napoleon mit einem spöttischen Auflachen. »Und jetzt wollen Sie mir die Rechnung für diesen Handel präsentieren.«
Parvenü, dachte Metternich. Er ist und bleibt ein undiplomatischer, uneleganter Emporkömmling. Ein Wunder, daß er nicht ›Kuhhandel‹ gesagt hat! Aber seine blauen Augen blickten unvermindert freundlich und aufrichtig.
»Kein Handel, Sire, und keine Rechnung. Ich bin stolz und glücklich, daß die Tochter meines Kaisers die Gemahlin des Mannes ist, dessen Größe ich aus tiefem Herzen bewundere. Und ich wäre noch glücklicher, wenn mein Land dank dieser Verbindung endlich das werden könnte, was es in meinen Augen längst sein sollte: ein Freund und Partner Frankreichs.«
»Aha«, sagte Napoleon trocken. »Und dazu braucht es unter anderem bessere Staatsfinanzen, ein größereres Heer und territorialen Zuwachs. Denn das ist es doch, worauf Sie hinauswollen, Exzellenz. Sie möchten mich davon abbringen, die fünfundachtzig Millionen Franc Kriegsentschädigung einzutreiben, die Österreich nach dem Frie-

densvertrag von Schönbrunn zu zahlen hat. Die Begrenzung der Armee auf nur hundertfünfzigtausend Mann soll aufgehoben werden, und vermutlich wollen Sie auch noch die an uns abgetretenen slowenischen und kroatischen Gebiete, sowie die adriatische Küstenregion zurückhaben.«
»Ich möchte, daß Österreich imstande ist, Ihnen ein starker Partner zu sein. Wie könnte es das als ein armseliges, militärisch schlecht ausgerüstetes und territorial eingeschränktes Land? Auf solchem Boden gedeiht keine zuverlässige Partnerschaft. Es bliebe immer nur ein erzwungenes Bündnis zwischen Sieger und Besiegtem.«
Napoleon setzte sich wieder hinter seinen Schreibtisch. »Abgesehen von Ihren diplomatischen Floskeln und Versprechungen, Graf: Welche greifbaren Vorteile hätte ich davon, falls ich über einige Ihrer Wünsche mit mir reden lasse?«
»Gemeinsam könnten Frankreich und Österreich den Frieden in Europa besser gewährleisten als beispielsweise ein Souverän, der zu viele eigene Interessen auf dem Balkan, in der Türkei und Finnland hat, von Asien ganz zu schweigen«, erwiderte Metternich gedehnt.
Der Kaiser trommelte mit den Fingern auf die Schreibtischplatte.
»Metternich, Sie wollen mir doch nicht allen Ernstes eine antirussische Allianz vorschlagen?«
»Nein, Majestät, und ich hoffe, daß dies auch niemals nötig sein wird. Aber unsere beiden Länder sind seit Jahrhunderten Großmächte Europas. Rußland hat dies immer nur sein wollen und aus diesem Grunde oft und gern nach Europa geschielt – und blieb doch zu einem Großteil Asien. Daher meine ich, daß eine gemeinsame Tradition uns verpflichtet, miteinander und nicht gegeneinander zu gehen. In meinen Augen wäre dies die beste Garantie für das, was Sie und ich unter einem befriedeten, starken Europa verstehen. Sie, Sire, sind diese Allianz auf das glücklichste in Ihrem privaten Leben eingegangen. Lassen Sie ihr nun auch eine politische folgen.«

Der Kaiser schwieg eine Weile. Dann sagte er: »Ich weiß nicht, ob ich Ihnen und dem Wiener Hof trauen kann. Die Vergangenheit hat mich anderes gelehrt.«

»Diese Vergangenheit ist *passé.* Sie sollten den Österreichern nicht vorwerfen, daß sie auf eine Handvoll Demagogen gehört haben. Indessen sind diese unwichtig geworden und somit auch ihre Ansichten.« Metternich lächelte. »Im übrigen könnten Sie mit einem Schlag das ganze österreichische Volk auf Ihrer Seite haben, wenn Sie Großmut üben und die allzu harten Bedingungen des Schönbrunner Friedens mildern.«

»Ich werde darüber nachdenken, Exzellenz. Für heute haben wir genug geredet.« Napoleons Lächeln war dünn, und es erreichte seine Augen nicht. »Meinem Schwiegervater muß der Schönbrunner Friedensvertrag in der Tat schwer auf der Seele liegen, daß er es nicht nur seiner Tochter und seinem Gesandten überläßt, deswegen bei mir zu intervenieren, sondern sogar seinen Außenminister nach Paris schickt. Werden Sie in Wien nicht nötiger gebraucht?«

»Nichts ist nötiger als die Aufgaben, die ich hier zu erfüllen mich bemühe, Majestät. Ich wünschte, Sie könnten in mein Herz blicken. Dann wüßten Sie, wieviel mir an der Aussöhnung unserer beiden Länder liegt.«

Napoleon erhob sich zum Zeichen, daß die Audienz beendet sei. »Anfang der Woche begebe ich mich nach Fontainebleau zur Jagd. Begleiten Sie mich dorthin, Graf. Dann werden wir unsere Gespräche fortsetzen.«

Eleonore Metternich lag auf einem Sofa und hatte trotz der sommerlichen Wärme, die durch die offenen Fenstertüren in den Salon flutete, eine Decke über sich gezogen. Als ihr der Besuch der Vicomtesse de la Moreau gemeldet wurde, legte sie das Buch, in dem sie gelesen hatte, zur Seite und stand auf. Mit ausgestreckten Händen kam sie Caroline entgegen.

»Wie lieb, daß Sie mich besuchen! Kommen Sie, nehmen Sie Platz und trinken Sie eine Schale Kaffee mit mir.«
»Ich hörte, daß Sie nicht wohl seien.« Caroline lächelte der Gattin des österreichischen Außenministers zu. »Es ist doch hoffentlich nichts Ernstes?«
Die Gräfin hob die mageren Schultern. »Eine Erkältung, aber doch recht hartnäckig.« Sie sah auch erbarmungswürdig aus, noch blasser als sonst, mit geröteten, geschwollenen Augenlidern und das dünne Haar nachlässig frisiert. »Ich bin froh, daß mein Mann mit dem Kaiser in Fontainebleau ist und meinen schauderhaften Anblick nicht ertragen muß.«
Sie wandte sich an den Diener, der Caroline hereinbegleitet hatte, und trug ihm auf, Kaffee und Gebäck zu bringen. Dann setzte sie sich Caroline gegenüber an den ovalen Tisch. »Wie hübsch Sie wieder aussehen«, sagte sie neidlos und betrachtete Carolines helles Voilekleid, das über und über mit Veilchensträußchen bestickt war. Dazu trug sie einen hohen Strohhut mit kleiner Krempe und zum Kleid passenden Bändern. »Neulich hat Monsieur Talleyrand behauptet, Sie seien die bestangezogene Frau von Paris, und ich finde, er hat recht damit. Ist dieses Kleid von Le Roy?«
Caroline lachte. »Nein, von Hermann Daberstedt, dem Schneidergesellen meines Vaters, der seit dem Winter in meinem Hause lebt. Seit er hier ist, näht er die meisten meiner Sachen.«
»Ach ...« Eleonores braune Augen bekamen einen zaghaften Glanz. »Was denken Sie, ob er auch einmal für mich ... Ich finde, Monsieur Le Roy zieht mich immer recht unvorteilhaft an. Er liebt kräftige Farben, Purpurrot, Smaragdgrün, Sonnengelb – und ich sehe darin doppelt blaß und unscheinbar aus.«
»Ich will Hermann gern fragen. Wenn Sie wollen, fahren wir dann gemeinsam die Stoffe aussuchen.«
»Das wäre schrecklich lieb von Ihnen. Am ersten Juli gibt

Fürst Schwarzenberg einen großen Ball zu Ehren des Kaiserpaares, und da würde ich sehr gern gut aussehen – obwohl ich natürlich niemals mit Ihnen konkurrieren kann, meine Liebe.«

Der Diener kam und servierte den Kaffee, dazu kleine köstlich duftende *petit fours.* Während er die Tassen vollschenkte, erkundigte sich Caroline nach den Kindern der Metternichs, und die Gräfin erzählte, daß die beiden mit ihrer Kinderfrau schon am Morgen einen Ausflug aufs Land unternommen hätten. »Es ist ja so herrliches Wetter, warum sollen sie da im Haus herumhocken. Außerdem wage ich mich kaum in ihre Nähe, damit sie sich nicht mit meinem abscheulichen Husten anstecken. Franzl und Victor sind ja so zart – leider. Ich wünschte, sie hätten die robuste Gesundheit meines Mannes geerbt.«

Mit ihren dünnen Händen umfaßte Eleonore Metternich die Tasse, als wolle sie sich daran wärmen. »Ich hätte so gern noch ein drittes Kind, aber Doktor Joubinot meint, ich solle damit warten. Im Augenblick sei ich gesundheitlich nicht disponiert für eine neue Schwangerschaft.« Sie begann zu husten. Es war ein häßlicher, krampfartiger Husten, unter dem ihr magerer Körper bebte. Als sie wieder zu Atem gekommen war, wischte sie sich mit ihrem Taschentuch den Schweiß von der Stirn. »Da sehen Sie es, meine Liebe. Doktor Joubinot hat wahrscheinlich recht. Diese ewigen Erkältungen machen mich ganz schwach. Ich vertrage das Pariser Klima nicht. Wenn wir erst in Wien sind, wird es gewiß besser mit mir werden. Und dann werde ich alles daran setzen, wieder Mutter zu werden. Ich mag kleine Kinder so gern. Sie auch?«

»Natürlich.«

Eleonore lächelte. »Ihr Gatte ist ebenfalls beim Kaiser in Fontainebleau, nicht wahr? Mein Mann hat mir heute einen Brief geschickt, es wird wohl noch vierzehn Tage dauern, bis er nach Paris zurückkommt. Die Majestäten wollen in der nächsten Woche wieder hier sein, aber Clemens muß noch in einer wichtigen Mission nach Belgien. Näheres konnte er mir leider nicht mitteilen. Es scheint eine geheime Angelegenheit zu sein.«

Wie immer, wenn sie von ihrem Mann sprach, belebte sich Eleonores schmales Gesicht, und die braunen Augen erhielten Glanz und Wärme. »Der Kaiser schenkt Clemens großes Vertrauen, und ich bin sehr froh darüber. Endlich findet mein Mann die Wertschätzung, die er verdient.«

»Ja, das ist schön«, sagte Caroline. Und sie dachte: Dann begleitet Graf Metternich also Caroline Murat nach Belgien.

Charles hatte ihr geschrieben, daß der österreichische Botschafter und die Schwester des Kaisers in Fontainebleau unzertrennlich wären, genau wie vor dem Ausbruch des Krieges mit Österreich. Damals war die Affäre beendet worden, weil Metternich nach Wien zurück mußte. Aber jetzt war die Beziehung allem Anschein nach wieder aufgelebt.

»Die Majestäten planen im August eine Reise nach Belgien«, hatte in Charles' Brief gestanden. »Der Kaiser hat die Königin von Neapel vorausgeschickt, um alles für einen würdigen Empfang vorzubereiten. Übrigens haben Marschall Berthier, ich und einige andere endlich Gelegenheit gehabt, Seine Majestät für die Kaiserin Josephine zu bitten, und er hat ihr die Rückkehr nach Malmaison nach seiner Abreise gestattet. Wir haben sofort veranlaßt, daß sie davon in Kenntnis gesetzt wird . . .«

Caroline blieb noch eine halbe Stunde, dann verabschiedete sie sich. Als sie vor dem Haus in ihre Kutsche stieg, saß Pierre de Lancourt darin.

»Endlich!« sagte er und wollte sie an sich ziehen.

Mit einer heftigen Bewegung wich sie ihm aus. »Was soll das? Wieso bist du hier?«

»Weißt du das nicht, *chérie?* Seit dein Mann mit dem Kaiser in Fontainebleau ist, gehst du nicht mehr in Gesellschaft. Aber ich mußte dich einfach sehen.«

»Du bist wahnsinnig! Steig sofort aus. Was soll der Kutscher denken?«
»Ich habe ihm gesagt, daß ich dir eine dringende Botschaft zu überbringen hätte und deshalb unbedingt hier auf dich warten müsse. Die Gräfin Metternich dürfe davon nichts erfahren.«
»Und das hat er geglaubt?«
Pierre lachte. »Ein Goldstück hat das übrige getan.«
Caroline betrachtete ihn kopfschüttelnd. »Pierre, ich bitte dich, tu das nie wieder. Warum kannst du mich nicht in Ruhe lassen? Es führt doch zu nichts.«
»Wirklich nicht?« Er setzte sich neben sie und nahm ihre Hände. »Gib es doch zu, *ma petite,* insgeheim freut es dich, daß wir beisammen sind. Du mußt mich doch auch vermißt haben – wenigstens ein bißchen.«
»Nein«, sagte sie trotzig. »Absolut nicht.«
Er nahm ihre Hand und küßte ihre Finger. »Wie kann man so lügen? Schämst du dich nicht?«
Hastig zog sie die Hand zurück und rief dem Kutscher auf dem Bock zu: »Fahr los; Etienne, fahr nach Hause.«
Langsam setzte sich das Gefährt in Bewegung.
»Du hättest ihn wenigstens bitten können, einen Umweg zu machen«, meinte Pierre de Lancourt neckend. »Schon gut, schon gut, sieh mich nicht so wütend an. Ich bin's ja zufrieden, daß du mich nicht aus dem Wagen geworfen hast.«
»Ich hätte es tun sollen«, murmelte sie.
»Aber du hast es nicht, *ma petite«*. Wieder griff er nach ihrer Hand. »Bitte verzeih mir, aber ich war halb verrückt vor Sehnsucht nach dir.«
Sie rückte von ihm ab. »Pierre, in allem Ernst: Es kann so nicht weitergehen. Denkst du eigentlich nie darüber nach, was du mir mit deinem Betragen zufügst? Ich bin verheiratet ...«
Er seufzte. »Das ist mir klar. Ach, *chérie, chérie,* warum hast du das nur getan? Aber eine Ehe ist heutzutage

glücklicherweise nichts mehr für die Ewigkeit. Du wärst nicht die erste Frau, die ihren Mann verläßt.«
»Nie, nie werde ich das tun. Warum willst du das nicht einsehen? Charles liebt mich . . .«
»Ja – und? Ich liebe dich auch! Gott weiß, daß ich dagegen angekämpft habe. Aber ich habe es nicht geschafft. Es macht mich rasend, zu denken, daß du mit ihm lebst, bei ihm liegst . . . daß er dich umarmen darf und dich nackt sehen und deinen Körper besitzen. Ach Caroline, Caroline, begreif es doch endlich! Dies ist kein Spiel von mir, wie ich es oft gespielt habe. Diesmal ist es mir ernst. Ich will dich haben und behalten und nie, nie wieder hergeben.«
»Es ist zu spät«, sagte sie herb. »Und was, zum Teufel, bringt dich auf die Idee, ich könnte dir dein Gerede glauben? Ich bin nicht mehr das dumme Ding, das ich in Erfurt war. Ich weiß, was Männer alles erzählen, wenn sie ein bestimmtes Ziel verfolgen. Du, Pierre, erträgst es nur nicht, daß du mich nicht mehr haben kannst. Deshalb erscheine ich dir jetzt so kostbar. Dabei hättest du früher nur den Finger zu krümmen brauchen, und ich wäre mit dir fortgegangen, ohne zu fragen, ob es in den Himmel oder in die Hölle gewesen wäre. Aber du hast mich nicht gewollt. Und jetzt auf einmal kommst du her und trägst Unruhe in mein Leben und erwartest von mir, daß ich noch genau dasselbe Mädchen mit genau demselben törichten Vertrauen bin, das ich damals war. Ich soll den Mann verlassen, dem ich es verdanke, daß ich nicht zur Hure geworden bin, und der mich geheiratet hat, weil er mich liebt, und der sogar dein Kind aufgezogen hätte, wenn es am Leben geblieben wäre? Weshalb sollte ich das tun, Pierre? Nur weil es dir plötzlich einfällt, daß du mich liebst? Und weil du es so wortreich beteuerst?«
Er senkte den Kopf. Eine schwarze Locke fiel ihm in die Stirn, und Caroline sah, wie er die Kiefer zusammenbiß. »Du hast recht«, sagte er leise. »Ich habe nicht gut an dir

gehandelt und vermutlich ist Charles de la Moreau tausendmal mehr wert als ich. Vielleicht habe ich dies alles verdient — um deinetwillen und auch noch um einiger anderer Sünden willen. Es ist wohl wahr, daß man einen Teil davon schon hier abbüßen muß. Nun ja ...« Er hob den Kopf und lächelte verzerrt. »Aber, verdammt noch mal, ich weiß nicht, wie ich es aushalten soll. Wie hast du es denn ausgehalten — damals, als ich dich verlassen habe?«
»Man stirbt nicht daran«, murmelte Caroline. »Und du hast sowieso bessere Voraussetzungen. Du bist kein Mädchen, Pierre, das von seinen Eltern aus dem Haus geschickt wurde und ein Kind erwartete. Und irgendwann wirst du jemanden finden, bei dem du mich vergißt.«
»Hast du mich denn vergessen?«
Sie schüttelte den Kopf, weil sie einfach keine Kraft mehr zum Lügen hatte. »Nein. Aber auch damit kann man leben. Und eines Tages ist es gar nicht mehr so arg.« Sie hob die Hand und berührte seine Wange. »Ich bitte dich, Pierre, laß mir meinen Frieden.«
»Aber ich liebe dich doch«, sagte er so trotzig, als sei dies eine Zauberformel, vor der kein Widerstand bestehen könne. »Ich kann nicht ohne dich sein.«
»Natürlich kannst du«, sagte sie mit einem halben Lächeln, aber er schloß die Arme um sie.
»Caroline ...« stöhnte er. Er drückte sie zurück, so daß sie halb auf der Bank lag, und begann sie zu küssen.
Es war ein verzweifelter, beinahe schmerzvoller Kuß, während seine Hände über Carolines Hals und die Schultern glitten und schließlich ihre Brüste umfaßten. Mit seinem Gewicht hielt Pierre sie nieder und zwängte sein Knie zwischen ihre Beine.
Und da war es wieder, dieses elende, niederträchtige Verlangen, mit dem ihr Körper Antwort gab. Sie wollte es nicht, sie kämpfte dagegen und warf den Kopf hin und her, um Pierres Lippen zu entgehen, da ließ er sie plötzlich los.

Er starrte ihr ins Gesicht, und was er darin entdeckte, ließ ihn triumphieren. »Du willst es genauso sehr wie ich, nicht wahr? Nun gut, *ma petite,* ich lasse dich für eine Weile in Ruhe. Aber ich werde warten und darauf bauen, daß das, was dich zu mir treibt, stärker ist als deine Dankbarkeit für deinen Mann und was du sonst noch an schönen Gefühlen für ihn empfinden magst. Vergiß es nicht, Caroline, ich warte auf dich, und ich bin sicher, daß du eines Tages zu mir kommst. Was uns aneinanderschmiedet, ist stärker als das, was dich an Moreau bindet.«

Er richtete sich auf und klopfte an die Kutschenwand. »Halten Sie an, ich will aussteigen.«

Etienne zügelte die Pferde, und Pierre schwang sich mit einem Satz aus dem Wagen. »Adieu, Caroline!« rief er. »Wir sehen uns wieder!« Dann verschwand er in der Dunkelheit.

Er machte sein Wort wahr. In den folgenden Wochen stellte er alle Bemühungen um Caroline ein, und wenn sie ihn auf irgendeiner Gesellschaft traf, vermied er es geflissentlich, sich ihr zu nähern. Er tanzte nicht mehr mit ihr, er ritt nicht mehr aus, um ihr zu begegnen, und dies alles war Grund genug für die Klatschmäuler, Caroline nun endgültig eine Affäre mit Pierre anzudichten.

»Es ist doch sonnenklar«, hieß es. »Früher, als der Chevalier de Lancourt sein Ziel noch nicht erreicht hatte, scharwenzelte er um Madame de la Moreau herum. Nun aber tun beide so, als kennten sie sich kaum. Damit will man dem gehörnten Ehemann Sand in die Augen streuen – und allen anderen auch. Was für eine durchsichtige Komödie!«

Caroline war erleichtert, daß Pierre sich zurückhielt, und gleichzeitig ein wenig unglücklich darüber. Sie fand, daß er schlecht aussah, bleich und düster, und sie beobachtete, daß er viel trank. Seine Fröhlichkeit war dahin, und es war ganz offensichtlich, daß er litt. Charles war mit dem Kaiser nach Paris zurückgekehrt. Er hatte seit jenem Nachmittag bei der Gräfin Kielmannsegg nie wieder ein Wort über

Pierre de Lancourt verloren, aber Caroline spürte, daß er sie beobachtete. Auch war sie sich nicht sicher, ob Etienne ihm nicht berichtet hatte, wie Pierre ihr vor dem Palais Metternich aufgelauert hatte. Wer wußte schon, wieviel der Kutscher von ihrer Auseinandersetzung mitbekommen hatte? Etienne war seinem Herrn sehr ergeben; er würde gewiß kein Blatt vor den Mund nehmen, wenn Charles ihn ausfragte.
Der Sommer war heiß in diesem Jahr, und die Nächte waren schwül, ohne daß ein Gewitter Abkühlung gebracht hätte. Caroline lag oftmals wach in der dumpfen, stickigen Luft, und da die Verbindungstür zwischen ihren Zimmern offen stand, hörte sie, wie auch Charles sich in seinem Bett herumwälzte und offenbar kaum Schlaf fand.
Dann war sie drauf und dran, zu ihm zu gehen und sich an seine Seite zu legen, um ihn zu bitten: »Halt mich fest. Laß mich bei dir bleiben. Sieh, ich will es doch, ich kämpfe darum, aber du mußt mir dabei helfen. Laß uns über alles reden.«
Doch dann erinnerte sie sich an seine fremden, beobachtenden Augen bei Tag, an seine merkwürdig kühle, zurückhaltende Art neuerdings und die vielen Stunden, die er sie in letzter Zeit alleinließ und alle möglichen Dinge vorschützte, um ihr aus dem Weg gehen zu können – und unterließ es.
Es kann tödlich sein, wenn zwei Menschen nicht mehr miteinander über das sprechen können, was in ihnen vorgeht. Das Schweigen türmt Mauern auf, und dahinter wuchern Mißtrauen, Unsicherheit, falscher Stolz und Schuldgefühle wie Gestrüpp, in dem man sich verfängt.
Charles dachte: Ich werde sie verlieren, und es ist nur recht und billig für das, was ich ihr angetan habe.
Und Caroline quälte sich mit der Vorstellung herum, daß er ihr grolle. Er hat mich durchschaut, sagte sie sich, und weiß genau, daß ich es nicht fertigbringe, mir Pierre vollends aus dem Kopf zu schlagen.

Aber manchmal empfand sie auch Zorn auf Charles. Warum ließ er sie so allein in all ihrer Zerrissenheit? Warum zeigte er ihr nicht, daß er sie behalten wollte? Hielt er es für edel, sich zurückzuziehen und abzuwarten, wie sie mit der Versuchung zurechtkam, die Pierre für sie bedeutete?
Die Kaiserin Josephine war für ein paar Wochen nach Malmaison zurückgekehrt. Charles und Caroline hatten sie einige Male besucht und Josephine erstaunlich heiter vorgefunden.
Es war nicht nur die Freude über die Heimkehr, die sie aufblühen ließ. Es war weit mehr die Tatsache, daß Malmaison plötzlich zum Mittelpunkt der eleganten Pariser Gesellschaft zu werden schien.
In Josephines Salons drängten sich die Menschen. Außer den Bonapartes, die sich fernhielten, gab es kaum jemanden, der der ehemaligen Kaiserin nicht einen Besuch abgestattet hätte.
Man hatte sie vermißt. Sie hatte es verstanden, dem Hofzeremoniell Charme und Anmut zu geben, den ewigen Empfängen und Festivitäten ihren ureigenen, unverwechselbaren Stil aufzudrücken. Man entsann sich ihrer Liebenswürdigkeit, ihrer Großzügigkeit, ihrer Hilfsbereitschaft und der reizenden Lässigkeit, mit der sie ihren offiziellen Pflichten nachgekommen war.
Sie war verschwenderisch, unpünktlich, verspielt, sie hatte Napoleons ehrgeizige Ziele nie geteilt, hatte sie wohl auch nie ganz begreifen wollen, da sie ihr Unbehagen einflößten, aber sie hatte für alle und alles, einem lieben, warmherzigen Kind gleich, eine offene Hand und ein offenes Herz gehabt.
Sie war *Josephine La Française.*
Marie Louise hingegen hatte es nicht verstanden, die Menschen für sich einzunehmen. »Die Habsburgerin« nannte man sie, und es klang nicht freundlich. Man belächelte ihre Gier nach Süßspeisen, verachtete ihre dünkelhafte Art, ih-

re dümmliche Herablassung, und man haßte die Langeweile, die sie verbreitete.
»Sie ist spießig«, sagte der Herzog von Laval-Montmorency. Er war ein geckenhafter, aber sehr geistreicher Mann, der für sein Leben gern lästerte. »Ihren fehlenden Esprit ersetzt sie durch gelegentliches albernes Kichern, ihre mangelnde Würde durch steifleinenes Betragen, und die Konversation mit ihr erzeugt bei mir Gähnkrämpfe.«
Und Madame de Coigny, die mit Talleyrand erschienen war, fügte hinzu: »Es heißt, sie sei so träge, daß sie in der Nacht nicht einmal ein gewisses *Cabinet* aufsucht, sondern ein Nachtgeschirr benutzt. Allerdings ist es aus Jade.«
Die Herzogin von Luynes lachte dröhnend. Sie war ein Dragoner von Frau, hochgewachsen, vierschrötig, mit der Stimme eines Feldwebels. »Wie überaus reizvoll für Seine Majestät! Ich habe gehört, daß er ihr Schlafzimmer höchst selten und nur noch für kurze Zeit betritt, weil es ihm zu kalt ist. Aber das Nachtgeschirr wird ein übriges tun. Vermutlich verbringen sie ihre intimen Stunden nur noch in den heißen Bädern, für die sie beide eine Vorliebe haben.«
Sie warf Josephine, die gequält lächelte, einen Blick zu und legte ihr die große Hand auf den Arm. »Vergebung, Majestät, aber diese Ehe entwickelt sich wahrhaftig zu etwas absolut Lächerlichem. Wissen Sie, wie die Kaiserin Marie Louise den Kaiser nennt? ›Nana‹ oder, wenn sie besonders gut aufgelegt ist, ›Pop‹. Und wenn er sie küßt, wischt sie sich hinterher das Gesicht ab. Wir haben schon Wetten abgeschlossen, wann er seinen ersten Wutanfall vor versammeltem Hof bekommt.«
Natürlich drang auch anderer Klatsch zu Josephine, kleine Skandalgeschichten, die sie so liebte, wer mit wem eine Affäre angefangen und wer seinen Liebhaber oder seine Mätresse zum Teufel geschickt habe. Man wetzte die Zungen über Savary, Herzog von Rovigo, der dem nun wegen einer Bestechungsaffäre endgültig in Ungnade gefallenen Fouché im Amte nachgefolgt war, ebenso wie über Napo-

leons Schwester Elisa, die einen schwunghaften Handel mit den Marmorbüsten ihres kaiserlichen Bruders trieb, indem sie sie in Unmengen herstellen und überallhin zu Wucherpreisen verkaufen ließ.
Josephine genoß dies alles aus vollem Herzen. Sie war wieder Mittelpunkt der Gesellschaft. Ihre Soireen und Bälle, ihre Konzerte und Picknicks überstrahlten die Festivitäten in Paris, und alles, was Rang und Namen hatte, bemühte sich, in Malmaison eingeladen zu werden.
Natürlich waren auch die Gerüchte von der angeblichen Liaison zwischen Caroline und Pierre de Lancourt zu Josephine gedrungen, und eines Abends, als man sich mit Scharaden vergnügte und die Herzogin von Luynes gewaltigen Applaus für ihre Darstellung von Zar Peter dem Großen bekam, wie er seinen Ministern eigenhändig die Bärte abschnitt und die Zähne zog, sagte die Kaiserin leise zu Caroline: »Ich habe in Evreux oft an Sie und Ihren Gatten denken müssen, meine Liebe, und gewünscht, daß Sie recht glücklich sind. Aber jetzt hat man mir etwas zugetragen, von dem ich hoffe, daß es sich nur um unsinniges Gerede handelt.«
Caroline blickte sie verwirrt an. »Ich verstehe nicht, Majestät...« Die dunklen Augen der Kaiserin waren freundlich und voller Zuneigung. »Ich habe Sie und den Vicomte beobachtet und vermisse die Herzlichkeit, mit der Sie sonst miteinander umgingen. Falls irgendein Mißverständnis zwischen Ihnen steht, sollten Sie sich mir anvertrauen. Ich kenne Ihren Gatten lange genug, um mir ein offenes Wort erlauben zu können. Wenn ich Ihnen beiden helfen kann...«
Caroline schoß das Blut ins Gesicht. »Das ist sehr gütig von Ihnen, Majestät.«
Josephine blickte zur Bühne, von der gerade die Herzogin von Luynes mit ihren Mitspielern abgegangen war, und stand auf. »Kommen Sie, lassen Sie uns unter vier Augen reden.«

Sie nahm Caroline beim Arm und zog sie mit sich in einen kleinen Salon am Ende des Saales. »Setzen Sie sich zu mir«, bat sie und deutete auf den Platz neben sich auf einem hochlehnigen Sofa. »Und nun heraus mit der Sprache. Was ist das für eine Geschichte mit dem Chevalier de Lancourt?«

Caroline tat es plötzlich wohl, sich einem Menschen anvertrauen zu können. »Ich kenne ihn von früher«, gestand sie. »Als er aus Spanien zurückgekehrt ist, habe ich ihn wiedergesehen.«

»Und weiter?« forschte Josephine.

»Nichts weiter, Majestät. Aber mein Mann weiß, daß der Chevalier und ich früher einmal . . .«

»Sie waren Lancourts Geliebte?«

»Das ist lange her«, entgegnete Caroline verschlossen, und die Kaiserin lächelte.

»Er ist also eifersüchtig, der gute Charles? Grundlos eifersüchtig? Kommen Sie, meine Liebe, reden Sie nicht um den heißen Brei herum. Ich bin nicht engstirnig. Ich weiß, daß zwischen zwei Menschen Dinge passieren können, die besser unterbleiben sollten, und ich wäre die letzte, die Ihnen daraus einen Vorwurf machte. Also?«

»Es gibt nichts zu gestehen, Majestät«, sagte Caroline leise, »außer dem, was Sie offenbar schon wissen. Der Chevalier de Lancourt hat eine Zeitlang versucht, meine Neigung zurückzugewinnen, und das war der Anlaß für den Klatsch, den man Ihnen zugetragen hat. Ist Ihnen das nie passiert, daß man Sie einer Sache verdächtigt, die Sie nicht begangen haben?«

»O ja, oft! Allerdings hatten die Klatschmäuler auch gelegentlich recht. Ich kenne den Chevalier de Lancourt und seinen Ruf. Deshalb kann ich verstehen, daß Ihr Gatte beunruhigt ist.«

»Und warum fragt er mich dann nicht – so wie Sie mich gefragt haben?«

»Vielleicht, weil er Angst vor Ihrer Antwort hat? Wir

Menschen benehmen uns oft merkwürdig, mein Kind. Es gibt eine Art von Katastrophen, die wir nicht anzusprechen wagen, aus Furcht, sie könnten dann eintreten. So, als zöge man das Unglück durch allzu viele Fragen danach an. Ich sollte wirklich einmal mit Charles reden.«
»Es würde nichts nützen, Majestät. Er hat einmal gesagt, ich sei ein Mensch mit eigenen Regungen und einem eigenen Herzen, und daran ändere auch unsere Ehe nichts. Damit wollte er mir wohl klarmachen, daß ich mich frei entscheiden müsse. Und wahrscheinlich kommt er sich dabei noch sehr großmütig vor.«
»Aber Sie haben Ihre Entscheidung doch getroffen! Oder sind Sie am Ende doch Lancourts Geliebte . . .«
»Nein . . .«
»Aber?« forschte die Kaiserin. »Da war doch ein Aber in Ihrer Antwort.« Sie beugte sich nach vorn. »Weinen Sie etwa?«
Caroline blinzelte. Josephines wie immer sorgfältig geschminktes Gesicht mit den silbernen Lidern verschwamm. »Ich wünschte, ich müßte nicht mehr nach Paris zurück. Ich wünschte, Charles würde mit mir fortgehen – auf die Familienbesitzungen in der Vendée oder irgendwo sonst . . .«
»Kindchen! Seien Sie nicht dumm. Sie haben den besten, anständigsten Mann der Welt.« Die Kaiserin legte ihr den Arm um die Schultern. »Erinnern Sie sich, was ich Ihnen vor Ihrer Hochzeit gesagt habe?«
»Sie sagten, daß Charles mich über alles liebe und daß ich um nichts in der Welt damit leichtfertig umgehen solle. Sonst stünde ich eines Tages mit leeren Händen da.«
Josephine nickte. »Sie haben es also nicht vergessen. Wie sollten Sie auch, mit meinem Beispiel vor Augen. Glauben Sie mir, es ist nicht einfach für eine Frau in meinem Alter, allein zu sein und zu wissen, daß ich das wichtigste in meinem Leben falsch gemacht habe.«
Sie stand auf. »Ich sollte wirklich mit Charles reden. Er ist

ein Dummkopf, daß er Ihnen die Freiheit zugesteht, selbst zu entscheiden, wen Sie mehr lieben – ihn oder diesen zweifellos charmanten Windhund Lancourt. Manchmal wollen wir Frauen auch zu unserem Glück gezwungen werden. Vielleicht sollte er um Beurlaubung beim Kaiser nachsuchen und in der Tat eine Zeitlang mit Ihnen verreisen. Er ist Ihnen schließlich noch eine Hochzeitsreise schuldig, und ich gehe jede Wette ein, daß Sie danach wissen, wohin Sie gehören.«

»Sie sind sehr gütig, Majestät.« Caroline griff nach der Hand der Kaiserin und wollte sie küssen.

Lächelnd zog Josephine sie zurück. »Nicht doch! Wie viele alternde Frauen habe ich ein Faible für Liebesgeschichten mit glücklichem Ausgang, da ich selbst keine mehr erlebe. Und nun putzen Sie sich die Nase und machen Sie ein fröhliches Gesicht. Es wird schon alles in Ordnung kommen.«

Aber es kam nichts in Ordnung, und Josephine hatte auch keine Gelegenheit mehr, mit Charles über seine junge Frau zu sprechen. Am nächsten Morgen brachte Talleyrand die Nachricht nach Malmaison, daß Kaiserin Marie Louise schwanger sei.

Josephine schloß sich in ihrem Schlafzimmer ein. Lediglich ihre Tochter durfte zu ihr, und als Hortense nach zwei Stunden herunterkam, sah auch sie unglücklich und verweint aus.

»Die Kaiserin schläft jetzt. Sie bittet um Verzeihung, daß sie augenblicklich nicht in der Lage ist, die Pflichten der Gastgeberin zu übernehmen. Die Neuigkeit hat sie hart getroffen, obwohl sie natürlich wie wir alle darauf gehofft hat, daß ihr Opfer nicht umsonst war, sondern daß Seine Majestät den ersehnten Thronerben bekommt.«

Hortense lächelte traurig. »Aber zwischen dem, was Großmut oder Vernunft diktieren, und dem, was unser Herz dabei fühlt, klafft oft ein Abgrund.« Sie wandte sich an

Talleyrand. »Was meinen Sie, Fürst? Wird der Kaiser meiner armen Mutter trotzdem gestatten, in Malmaison zu bleiben?«
»Das hängt, fürchte ich, von der Kaiserin Marie Louise ab«, erwiderte er und hob bedauernd die Schultern. »Werdende Mütter haben die seltsamsten Stimmungen. Man kann sie nicht voraussehen. Mag sein, daß die Kaiserin durch die Freude ihrer Mutterschaft milde gestimmt ist, mag sein, daß sie sie empfindlicher macht. Bislang hat sie für die Kaiserin Josephine eine merkwürdige Mischung aus Furcht, Eifersucht und Bewunderung empfunden. Sie neidet ihr die Liebe der Franzosen, sie fürchtet, neben ihr unvorteilhaft abzuschneiden, und sie brennt andererseits darauf, ihr irgendwann zu begegnen, um sich mit ihr zu messen. Was wird jetzt, da sie in der glücklichen Position ist, dem Kaiser ein Kind zu schenken, überwiegen? Madame de Montebello hat mir neulich anvertraut, daß die Kaiserin Marie Louise schon ein paarmal drauf und dran war, nach Malmaison zu fahren, um ...« er lächelte schief und ein wenig boshaft, » ... *Josephine La Française* kennenzulernen, und jedesmal in letzter Minute davor zurückgeschreckt ist. Einmal hat sie sogar kurz vor Malmaison die Kutsche wieder umkehren lassen.«
»Das ist mir bekannt«, sagte Hortense. »Man hatte meiner Mutter ihren Besuch bereits angekündigt.« Sie blickte in den Garten, in dem die Rosen in voller Blüte standen. »Wenn sie nur hierbleiben könnte! Es würde ihr über vieles hinweghelfen. In Navarre war sie krank vor Heimweh.«
»Und warum versucht sie nicht, aus Evreux ein zweites Malmaison zu machen?« fragte Talleyrand.
»Sie fürchten also ...?«
Der Fürst senkte den sorgsam frisierten, gepuderten Kopf. »Der Kaiser wird tun, was seine junge Gemahlin möchte, das steht außer Zweifel. Und ihr, verzeihen Sie, traue ich eher Kleinlichkeit als großzügige Gesten zu.«
Er behielt recht. Schon am nächsten Tag traf ein Kurier

Napoleons mit der Order ein, daß Josephine sich so schnell wie möglich wieder in ihr Schloß Evreux in ihrem Herzogtum Navarre zu begeben habe. Sie reiste mit ihrem Hofstaat noch in derselben Woche ab.
In Malmaison waren in den Räumen der Kaiserin kaum die Möbel verhängt und die Fensterläden geschlossen worden, als sich in Paris eine Katastrophe ereignete.
Sie geschah an einem Sonntagabend, als Fürst Schwarzenberg zu Ehren Marie Louises einen Ball gab, zu dem eintausendfünfhundert Gäste geladen waren.
Equipage um Equipage fuhr die Rampe zum Schwarzenbergschen Palais hinauf, das von unzähligen Kerzen taghell erleuchtet war. Das Diner überbot, wie Fürst Talleyrand später sagte, selbst die Genüsse, die man an seiner Tafel gereicht bekam, und die festliche Dekoration in allen Gesellschaftsräumen, riesige Blumenarrangements sowie Draperieren und Girlanden aus Seide und Brokat, war aufwendiger als bei jedem Ball des Kaisers.
Caroline trug an diesem Abend eine jadegrüne Robe aus Musselin, auf deren tiefdekolletiertes Oberteil Hermann Perlen gestickt hatte. Adrienne hatte ihr Haar in griechischem Stil hochgerafft und Perlenschnüre hineingeflochten, und an den nackten Füßen hatte sie Goldsandalen, deren Bänder um die Fesseln geschlungen waren.
Als Charles in ihr Ankleidezimmer gekommen war, um Caroline abzuholen, war er einen Augenblick in der Tür stehengeblieben, und hatte sie angesehen. Caroline hatte sich ihm zugewandt, und er hatte eine Bewegung gemacht, als wolle er sie in die Arme ziehen.
Aber dann hatte er nur ihre Hand geküßt und gesagt: »Du wirst heute abend alle anderen Damen in den Schatten stellen, und ich fürchte, das wird dir eine Menge neidischer Blicke eintragen.«
»Nur neidische?« Noch immer hatte sie darauf gewartet, daß er sie umarmen und küssen werde.
Seine blauen Augen hatten sich verdunkelt. »So blind

kann wohl kein Mann sein, daß er bei deinem Anblick nicht entzückt wäre.«
»Dann gefalle ich dir also?«
Seine Stimme war höflich und ohne jede Wärme gewesen.
»Gewiß. Obwohl ich mir natürlich im klaren bin, daß du keineswegs für mich diesen Aufwand betrieben hast. Immerhin bin ich in der glücklichen Lage, ihn der staunenden Mitwelt präsentieren zu dürfen. Schon darum wird man mich beneiden.«
Sie waren allein, die beiden Zofen hatten bei Charles' Eintritt das Zimmer verlassen. Caroline wandte sich ihrem Toilettentisch zu und griff nach ihrem Schal und der perlenbestickten Tasche. Im Spiegel sah sie Charles' Gesicht. Es hatte sich verändert, nun, da er sich unbeobachtet glaubte. Verlangen stand darin, Liebe – und eine so schmerzliche Trauer, daß es ihr ins Herz schnitt.
Rasch drehte sie sich ihm zu und legte die Hände auf seine Schulter.
»Charles, bitte . . .«
»Ja?« Sie sah, wie er sich um seine vorherige Gelassenheit bemühte, und fügte rasch hinzu:
»Wir haben noch eine Viertelstunde Zeit. Laß uns miteinander reden.«
»Aber worüber denn?« Es war, als sei ein Vorhang über sein Gesicht gefallen. »Hast du irgendeinen Wunsch, Kind? Ein paar neue Kutschpferde? Einen Schmuck? Oder hast du vielleicht Schulden gemacht und Angst, sie mir zu gestehen? Wenn du mit der Summe nicht zurechtkommst, die ich dir monatlich zur Verfügung stelle, brauchst du es nur zu sagen. Ich bin kein Knauser, und ich möchte nicht, daß du dir irgend etwas versagst.«
Sie setzte sich in den samtgepolsterten Stuhl vor dem Toilettentisch. »Ich brauche weder Geld noch Geschenke, Charles. Ich will nur, daß es . . . wieder so wie früher zwischen uns ist.«
Er hob eine Augenbraue. »Ist es das denn nicht?«

»Wie kannst du fragen! Du hast dich verändert. Du bist kaum noch zu Hause, und wenn, dann ist es so, als wärest du nur ein höflicher, fremder Besucher. Warum bloß? Es ist doch gar nichts geschehen, das dich dazu veranlassen müßte.«

Er schwieg und blickte auf seine Schuhe. Dann fragte er: »Wirklich nicht?«

»Nein!« erwiderte sie hitzig. »Jedenfalls nichts, das ich mir vorzuwerfen hätte!«

Rasch sah er auf. »Ach – und deine Treffen mit dem Chevalier de Lancourt? Streite jetzt nichts ab, Caroline. Ich weiß, daß ihr euch gesehen habt. Man hat mir berichtet, daß er auf dich in deinem Wagen gewartet hat, als du von einem Besuch kamst. Daß er plötzlich auftauchte, wenn du eine Spazierfahrt unternommen hast. Er war auf fast allen Gesellschaften, zu denen auch du erschienen bist, und du kannst nicht erwarten, daß ich dies alles für Zufälle halte. Ein- oder zweimal mochte es hingehen – aber ständig? Das war verabredet, Caroline!«

»Ich versichere dir ...«

»Lüg nicht!« sagte er grob. In seinem Blick stritten Zorn und Kummer. »Habe ich dir nicht gesagt, daß du es niemals nötig hättest, mich anzulügen? Und hast du mir nicht versprochen, dich daran zu halten? Und trotzdem spielst du jetzt diese lächerliche Komödie, die deiner und meiner unwürdig ist.«

»Das ist nicht wahr! Ich weiß nicht, wieso Pierre jedesmal herausbekam, wo ich war und was ich vorhatte. Er muß jemanden von der Dienerschaft bestochen haben.«

»Vielleicht Etienne?« fragte er sarkastisch, und sie schüttelte den Kopf.

»Ich nehme an, daß der Kutscher dein Informant ist. Aber er ist nicht der einzige Dienstbote in diesem Hause. Jeder konnte in Erfahrung bringen, was ich vorhatte und wen ich besuchen wollte, wenn er nur ein bißchen geschickt herumfragte. Vielleicht waren es sogar Adrienne oder Lucil-

le.« Sie stockte und fügte gepreßt hinzu: »Du glaubst mir nicht, nicht wahr?«
Er blickte an ihr vorbei. »Laß uns dieses Gespräch beenden, Caroline, es führt zu nichts. Ich mache dir auch keine Vorwürfe, daß du dich mit Lancourt getroffen hast. Eine Ehe ist kein Gefängnis und keine Fessel für die Ewigkeit. Wenn du also meinst, daß du lieber mit ihm . . . Ich würde dich nicht halten!«
»Charles!«
»Du mußt das selbst wissen«, fuhr er fort, ohne ihren Einwand zu beachten. »Und sei gewiß, daß ich dich nicht beeinflussen werde. Allerdings – wenn es dir möglich ist – möchte ich dich bitten, mich nicht mehr lange in Ungewißheit zu lassen. Ich hasse ungeklärte Situationen, so oder so.«
Er wandte sich zur Tür. »Und jetzt komm, es wird Zeit. Der Kaiser würde uns eine Verspätung übel ankreiden.«
Und so waren sie zur Residenz des österreichischen Gesandten gefahren.
In der Equipage hatte Caroline noch einmal versucht, das Thema zur Sprache zu bringen, aber Charles hatte aus dem Fenster gesehen und gesagt: »Laß es gut sein, Caroline. Ich will keine Geständnisse, zu denen du dich vielleicht jetzt verpflichtet fühlst, und noch weniger rücksichtsvolle Ausflüchte. Wenn du das nur begreifen wolltest.« Da war auch sie still gewesen, aber der Zorn darüber, daß er sie verdächtigte, ihn belogen und sich heimlich mit Pierre verabredet zu haben, wuchs und wuchs und weckte ihren Trotz.
Gut, wenn er ihr nicht glaubte, würde sie eben darauf verzichten, sich zu rechtfertigen. Soll er doch in seinem albernen Mißtrauen verharren und schwarz darüber werden! dachte sie aufgebracht, als die Kutsche hielt und Charles ihr beim Aussteigen helfen wollte.
Sie übersah seine Hand, raffte ihr Kleid und den langen Musselinschal, den sie über die nackten Schultern gewor-

fen hatte, und stieg allein die ausgeklappte kleine Treppe hinunter.
Während des Diners saß sie neben dem Marquis de Grouchy und dem Grafen Edmond de Périgord, einem Neffen Talleyrands. Sie plauderte lebhaft und trank mehr Champagner als sonst, entschlossen, sich an diesem Abend zu amüsieren – und sei es nur, um Charles zu zeigen, daß ihre Auseinandersetzung von vorhin sie nicht mehr kümmerte.
Nachdem Napoleon mit Marie Louise den Ball eröffnet hatte, rissen sich die jungen Offiziere darum, mit Caroline tanzen zu dürfen. Die rothaarige Vicomtesse de la Moreau gehörte seit langem zu den umschwärmtesten Schönheiten von Paris, und auch wenn sie die schmachtenden Blicke und das allgemeine Hofieren nicht ernst nahm, so war sie doch jung genug, um sich ein wenig daran zu freuen. Auch Pierre de Lancourt war zu dem Ball des Fürsten Schwarzenberg erschienen. Allerdings tanzte er nicht, sondern begnügte sich damit, von einer Fensternische aus den Gavotten und Quadrillen, den Walzern und Mazurkas zuzusehen. Vor allem beobachtete er Caroline.
Manchmal, wenn sie in seiner Nähe vorübertanzte, wehte der Duft ihres Parfüms zu ihm hin, er sah ihre Augen, die ihm heute dunkler und glänzender als sonst erschienen, hörte ihr Lachen, wenn einer ihrer Tänzer beim Walzer den Arm um sie legte und sie herumwirbelte, gewahrte, wie sie sich bei den Contretänzen verneigte und drehte.
Verdammte Caroline, dachte Pierre. Wer ist sie denn, daß das Verlangen nach ihr meine Tage vergällt und die Vorstellung, daß sie Moreau gehört, mich krank macht? Er hatte keine Frau mehr angerührt, seit er sie wiedergesehen hatte, und das war etwas so Ungewöhnliches für ihn, daß er allmählich begann, an seinem Verstand zu zweifeln.
Sie ist ein Frauenzimmer wie hundert andere, sagte er sich, und wenn ich sie nicht haben kann, so will ich mich an irgendeiner sättigen, die nur darauf wartet.

Da war zum Beispiel die kleine Baronesse de Farmont, gerade siebzehn, blond und mit heißen Augen. Pierre wußte, er brauchte nur mit dem Finger zu winken, und sie würde ihm zufallen.
Oder die noch immer schöne, verführerische Juliette Récamier. Die meisten ihrer Verehrer hielt sie auf Abstand, sie ließ sich anschmachten und gewährte nichts außer einer romantischen Seelenfreundschaft. Aber ihm, Pierre, hatte sie zu verstehen gegeben, daß sie bereit sei, auch weiterzugehen – um seiner traurigen Augen willen, die etwas in ihr wachgerufen hätten.
Oder wieder einmal Pauline Borghese, die gerade mit ihrer neuesten Eroberung, dem vor lauter Häßlichkeit schon wieder interessanten Baron de Mussatier, tanzte, in einem Kleid, dessen Ausschnitt kaum ihre Brustwarzen bedeckte. Der Baron hatte nur ein Auge, das andere hatte er bei einem Säbelduell eingebüßt. Aber mit dem rechten gesunden verschlang er den halbnackten Körper der schönen Polette, als hätte er sie bereits in seinem Bett.
Zum Teufel mit Caroline, dachte Pierre. Heute noch wollte er sie sich aus dem Kopf schlagen – mit der erstbesten, die er haben konnte! Er stieß sich von der Wand ab und ging quer durch den Saal auf die kleine Farmont zu, die gerade mit ihrer Mutter in einer der Türen erschien. »Sie erlauben, Baronin«, sagte er zu Constance de Farmont und verneigte sich vor ihr und ihrer ganz in Rosa gekleideten Tochter. »Gewähren Sie mir die Freude, mit der Baronesse tanzen zu dürfen?« Antoinette de Farmont strahlte. »Was für ein himmlisches Fest«, sagte sie, während sie sich mit Pierre für eine Sarabande aufstellte. Sie tanzte gut, und sie war keineswegs mehr die Unschuld, die ihr züchtiges rosa Kleid signalisieren sollte. Das verrieten die Blicke, die sie Pierre zuwarf, sobald sie außer Sichtweite ihrer Mutter war, und ebenso die Art, wie sie auf seine Komplimente reagierte.
»Sie sind himmlisch«, sagte Pierre, und sie lachte.

»Werden Sie heute nacht von mir träumen?«
»Ich wüßte Besseres. Oder haben Sie noch nie davon gehört, daß die Wirklichkeit jeden Traum übertreffen kann?« Ihre Augen blitzten. »Was für ein reizend eindeutiges Angebot! Sind Sie immer so direkt?«
»Nur wo meine Ungeduld meine gute Erziehung überflügelt. Dies ist einer jener seltenen Fälle.«
Wie sie sich drehte und die Hüften bewegte! Und wie sie nach der Verneigung die junge, recht üppige Brust präsentierte!
»Es ist heiß hier, finden Sie nicht? Wenn der Tanz zu Ende ist, besorgen Sie mir einen Schluck Champagner, und dann lassen Sie uns in den Park gehen. Es gibt hier so hübsche Laubengänge mit Marmorstatuetten und Springbrunnen. Haben Sie sie schon gesehen?«
Pierre verneinte, und Antoinette legte die Hand auf seinen Arm. »Dann zeige ich sie Ihnen. Die Fürstin Schwarzenberg hat mir erzählt, es seien Figuren aus der griechischen Mythologie. Darin kenne ich mich nicht besonders aus. Aber Sie werden mir die einzelnen Standbilder erklären, ja?«
»Es wird mir ein Vergnügen sein, Baronesse.«
»Ach was, nennen Sie mich doch einfach Antoinette, Pierre.«
Ein Stück entfernt tanzte Caroline mit dem Grafen Metternich. Es versetzte Pierre einen Stich, als er sah, wie sie den österreichischen Außenminister anlächelte, nachdem er ihr offenbar ein Kompliment gesagt hatte.
Dieser glatte, widerwärtige Schönling, dachte Pierre. Er soll, verdammt noch mal, seine Verführungskünste bei anderen ausprobieren, nicht bei Caroline.
Er streifte Antoinettes Haar mit seinen Lippen. »Sie haben recht, es ist unerträglich heiß hier. Lassen Sie uns an die Luft gehen. Den Champagner trinken wir später.«
Überall im Park hingen Lampions und bildeten bunte kleine Lichtinseln im dunklen Laub. Antoinette drängte sich

beim Gehen dicht an Pierres Seite und steuerte zielstrebig einen der Laubengänge mit den gestutzten Bäumen und Hecken an. Weiße Marmorstatuen schimmerten und schienen im Licht der flackernden Lampionkerzen zu geheimnisvoller Lebendigkeit erwacht.
Als sich der Weg zu einem Rondell mit Bänken und einem Springbrunnen weitete, blieb Antoinette stehen. »Lassen Sie uns hier niedersitzen. Es ist so still und schön hier, und die Luft tut so wohl. Riechen Sie, wie süß der Phlox duftet?«
Sie zog Pierre neben sich auf eine Bank, und er sah, wie ihre Augen glänzten. Verlockung lag darin, Erwartung – und Pierre tat, was sie so offensichtlich wollte. Er legte den Arm um sie und küßte sie.
Sofort öffnete sie ihm die Lippen und stöhnte leise. »Ja«, verstand er.
»Ja, endlich.«
Pierre küßte ihren Hals, die zarte Haut ihres Brustansatzes, fühlte, wie sie ihm ihren Schoß entgegenhob, halb instinktiv, halb aus dem Wissen heraus, wie man das Verlangen eines Mannes anstachelte. Während er sie mit dem linken, unbeweglichen Arm an sich gepreßt hielt, schob er mit der rechten Hand ihren langen Rock hoch, ertastete seidene Strümpfe und danach glattes, seidiges Fleisch.
Einen Augenblick zog sich Antoinette erschrocken von ihm zurück. Sie war wohl doch nicht ganz so erfahren, wie sie es ihm hatte weismachen wollen.
»Nicht doch«, murmelte Pierre. »Hab keine Furcht. Ich tue dir nichts.« Dabei fuhr er fort, sie zu küssen und fühlte, wie ihr Widerstand erschlaffte.
»Liebst du mich?« fragte sie zwischen zwei Küssen, und er hob den Kopf und lächelte sie an. »Natürlich. Ich bin ganz verrückt vor lauter Liebe.«
Mit einem Seufzer ließ sie sich zurücksinken und wehrte sich nicht länger, als er von neuem über die zarte Innenseite ihrer Schenkel strich.

In diesem Augenblick gellten laute Schreie durch die Nacht. »Feuer! Feuer! Um Gottes willen, es brennt!«
Pierre und Antoinette fuhren auseinander. Und da sahen sie es: Dort, wo sich das Schwarzenbergsche Palais befand, leuchtete rötlicher Feuerschein.
In wenigen Augenblicken war der Park voller schreiender, flüchtender Menschen. Antoinette war aufgesprungen. »Das Haus brennt!« stammelte sie entsetzt. »Pierre, so sieh doch nur!» Sie stürzte den Weg zurück, den sie gekommen waren, und Pierre folgte ihr.
Als sie die große Rasenfläche vor der rückwärtigen Terrasse erreichten, sahen sie, wie züngelnde Flammen aus den Fenstern des oberen Stockwerks schlugen, in dem sich der Ballsaal befand.
Antoinette de Farmont schrie auf. »Meine Mutter ist dort! O Gott, Maman!« Sie wollte auf das Haus zurennen, aber Pierrre riß sie grob zurück.
»Bist du wahnsinnig? Lauf weg! Lauf, so schnell du kannst!«
»Aber meine Mutter . . .«
»Sie wird irgendwo hier draußen sein. Du wirst sie schon wiederfinden!«
In der Tat hatte sich ein Teil der Gäste ins Parterre retten können. Die Türen zum Park und zur Straßenseite waren indessen von den Flüchtenden hoffnungslos verstopft. Deshalb schlugen die Leute voller Panik die Fenster ein, um ins Freie zu gelangen.
Der Ballsaal, in dem der Brand ausgebrochen war, glich inzwischen zur Hälfte einem Flammenmeer. Dort hatte eine Girlande an einer der zahllosen Kerzen Feuer gefangen, das sich in Sekundenschnelle ausgebreitet und die Vorhänge und Draperien ergriffen hatte. Dichte Rauchwolken drangen aus den Fenstertüren.
Das allgemeine Entsetzen verhinderte zunächst den Beginn der Löscharbeiten. Kostbare Zeit verstrich, bis Fürst Schwarzenberg und andere besonnene Männer die Diener

und Gäste, die sich ins Freie gerettet hatten, dazu brachten, von den Brunnen aus lange Ketten zu bilden, um die hastig vollgeschöpften Wassereimer weiterzureichen.
Endlich tauchten die Mannschaften der Feuerwehr auf, die jemand benachrichtigt hatte. Aber es waren wenige, da es ein Sonntagabend war und man nur einen Teil hatte erreichen können. Man wurde des Feuers nicht Herr.
Antoinette de Farmont war zu Pierres Erleichterung im Gewühl der Flüchtenden verschwunden. Er selbst hatte sich zum Haus durchgedrängt und denjenigen angeschlossen, die das Treppenhaus vor den Flammen zu schützen versuchten.
Bald stand er bis zu den Knöcheln im Wasser, während ihm die Hitze des Feuers und die dichte Rauchentwicklung aus dem Oberstock den Atem nahmen, je mehr er sich nach oben kämpfte. So gut er es mit seinem steifen Arm vermochte, nahm er die Wassereimer an und reichte sie weiter.
Irgendwann tauchte der Kaiser in der Halle auf, mit rußgeschwärztem Gesicht und versengter Uniform. Er hatte Marie Louise aus dem brennenden Saal gerettet und zur Staatskarosse gebracht, mit der sie nach St. Cloud fahren sollte. Danach war er zurückgekehrt, um die Leitung der Löscharbeiten zu übernehmen.
Charles de la Moreau hatte auf seinen Befehl hin dafür gesorgt, daß die Wagen der Gäste einer nach dem anderen vorfuhren, um die Frauen und alten Leute, die das brennende Palais hatten verlassen können, aus der Gefahrenzone zu bringen und die Verletzten zu den Tuilerien zu fahren, wo sich Ärzte ihrer annahmen.
Deshalb hatte Charles sich nicht um Caroline kümmern können. Nachdem er die kaiserliche Order ausgeführt hatte, suchte er im Park und auf der Straße verzweifelt nach seiner Frau. Er wußte, daß sie im Ballsaal mit Metternich getanzt hatte, als das Feuer ausbrach, und hoffte aus tiefster Seele, daß der Graf sie rechtzeitig ins Freie gebracht hätte.

Auf seiner Suche hatte Charles die Gräfin Eleonore von Metternich getroffen und sie nach Caroline gefragt. Aber Eleonore hatte nur, offensichtlich unter einem schweren Schock stehend, schluchzend erwidert: »Die Fürstin Pauline Schwarzenberg ist tot. Ich habe es gesehen. Ich stand neben ihr, als der schwere Kristallüster von der Decke stürzte und sie erschlug. O Gott, welch ein Unglück, welch ein entsetzliches Unglück!«
Charles war weitergelaufen und hatte endlich auf der Terrasse Metternich entdeckt. Er kauerte vor einer jungen Frau im grünen Kleid, von der Charles im ersten Augenblick annahm, sie sei Caroline. Aber als er sich über sie beugte und ihr in das rußige Gesicht blickte, sah er, daß es eine Fremde war, ein junges Mädchen mit versengtem Haar und großen Brandwunden auf Brust und Armen.
Sie war bewußtlos und atmete mühsam.
Charles berührte Clemens Metternich an der Schulter. »Graf, meine Frau . . . haben Sie meine Frau gesehen? Ist sie in Sicherheit?«
Metternich wandte sich um. »Ich weiß nicht. Ich habe geholfen, die Verletzten hinauszubringen, aber Ihre Gattin . . . nein, ich glaube nicht, daß sie dabei war.«
»Aber Sie haben doch mit ihr getanzt!«
»Wir wurden getrennt, als das Feuer ausbrach. Alles schrie und rannte durcheinander. Es war eine entsetzliche Panik.«
Was Metternich sonst noch sagte, hörte Charles nicht mehr. Er war davongestürzt, auf das Haus zu.
»Capitaine de la Moreau!« In der Halle hielt Napoleon ihn auf. Das Feuer aus dem Oberstock hatte inzwischen die Vorsäle und teilweise die Galerie erreicht. Auch hier brannten jetzt vereinzelt die Draperien und Wandbespannungen, und durch die eingeschlagenen oder von der Hitze geborstenen Scheiben heulte der Wind und fachte die Flammen noch mehr an.
»Bleiben Sie zurück, zum Teufel!« schrie Napoleon, als

Charles sich zur Treppe wandte. »Sie können doch nicht ... Capitaine, stehenbleiben. Das ist ein Befehl!«
»Meine Frau!« keuchte Charles. »Sie muß noch oben sein. Ich muß sie suchen, Sire!«
»Sie bleiben!« Aber Charles riß sich los, als der Kaiser ihn an der Schulter festhalten wollte. Er bekam einen Fenstervorhang zu fassen, der noch nicht brannte, und riß ihn mit einem Ruck herunter. Den dicken Stoff um sich gewickelt und vor Mund und Nase gepreßt jagte er die Treppe hinauf.
Halbblind vor dem beißenden Rauch, keuchend und hustend, erreichte er die Galerie und rannte weiter.
Der Ballsaal war ein einziges Flammenmeer, und Charles begriff: Wenn Caroline noch dort war, lebte sie nicht mehr. Würgend kämpfte er sich durch den dichten Qualm, durchquerte den Vorsaal, einen zweiten, den nächsten.
Er wollte Carolines Namen schreien, aber er brachte nur ein Krächzen heraus. Über ihm brannte bereits die Decke, es war unerträglich heiß, und Scharen von Funken, die der Wind vor sich hertrieb, versengten den Vorhang, in den sich Charles gehüllt hatte. Ein Ende fing Feuer, aber er warf sich zu Boden und wälzte sich ein paarmal herum, um es zu ersticken.
Dann kam er wieder auf die Füße und kämpfte sich weiter.
Undeutlich hörte er Schritte hinter sich und gewahrte beim Umdrehen, daß ihm zwei Männer gefolgt waren.
Einer davon war Pierre de Lancourt, aber das wußte Charles nicht, denn der Rauch hüllte alles ein. Der Kaiser hatte Pierre und einen Leutnant seiner Garde Charles nachgeschickt.
»Dieser Idiot!« hatte er gebrüllt. »Holen Sie ihn zurück! Und falls er seine verdammte Frau findet, bringen Sie sie beide heraus!«
Im letzten Salon vor dem Ballsall stieß Charles' Fuß an etwas Weiches. Es war eine menschliche Gestalt. Ein Lakai in der Schwarzenbergschen Livree, wie er undeutlich er-

kannte, als er sich niederbeugte. Er war tot, mit weit aufgerissenen gebrochenen Augen. Über seiner Stirn klaffte eine Wunde. Offenbar war er im Ballsall von einem herabstürzenden Balken getroffen worden und hatte sich sterbend bis hierher geschleppt.
Aus einer Ecke kam ein würgendes Keuchen. Unter einer umgestürzten lebensgroßen Statue des österreichischen Kaisers lag ein Mann. Das schwere Standbild hatte ihm beide Beine zerschmettert, und er mühte sich vergeblich, unter der Last hervorzukriechen.
»Hilfe . . .« gurgelte er. »Hilfe . . .«
Charles warf sich gegen die Statue, versuchte, sie von dem Verletzten hinwegzustemmen. Ruckweise bewegte sie sich und fiel endlich krachend zur Seite. Der Mann robbte auf den Armen vorwärts.
Charles wollte ihn unter die Schultern fassen und so zur Treppe ziehen, aber da kam ihm der junge Gardeleutnant – er hieß André de Vitrolles – zu Hilfe. »Lassen Sie, ich mache das schon«, keuchte er, immer wieder vom Husten unterbrochen. »Dort drüben liegt noch jemand . . . eine Frau, glaube ich.«
Die Frau war Caroline.
Sie war bewußtlos, halb erstickt vom Rauch, nachdem sie, als das Feuer ausbrach, geholfen hatte, die alte Baronin Desgrave ins Freie zu bringen. Die Fünfundsiebzigjährige hatte sich, wild vor Angst, schreiend und zitternd an sie gehängt, so daß Caroline, vom Strom der Flüchtenden mitgerissen, gestolpert war.
Irgend jemand mußte Madame de Desgrave hinausgetragen haben, während Caroline regelrecht überrannt wurde und, von zahllosen Tritten getroffen, am Boden liegenblieb.
Charles wollte sie aufheben, aber er schaffte es nicht mehr. Er konnte nur die Arme um sie schlingen und sich kriechend, Stück für Stück, mit ihr in Richtung der Galerie und der rettenden Treppe vorwärtskämpfen.

Er hatte sie kaum erreicht, als hinter ihm krachend die Decke des Ballsaals einstürzte.
Mit einer letzten Kraftanstrengung gelang es Charles, sich, Caroline an sich gepreßt, am Geländer hochzuziehen. Da war plötzlich Pierre an seiner Seite, der Leutnant de Vitrolles geholfen hatte, den anderen Verletzten hierherzutragen. Die Treppe hinunter schaffte es Vitrolles allein, und Pierre wollte Charles die immer noch bewußtlose Frau abnehmen.
In diesem Augenblick erkannte Charles ihn und machte eine heftige Abwehrbewegung ... »Fassen Sie sie nicht an!«
»Seien Sie nicht albern!« Pierres Augen funkelten ärgerlich. »Wir müssen sie ins Freie bringen. Helfen Sie mir. Mit meinem verdammten steifen Arm kann ich sie nicht allein tragen.«
»Nein!« Charles hielt Carolines Taille umklammert. Er schwankte, und in seinen Ohren rauschte das Blut.
Aber Pierre hatte schon nach Carolines Füßen gegriffen, sie angehoben, und es blieb Charles nichts anderes übrig, als ihm die Treppe hinunter zu folgen.
Zwei Offiziere kamen ihnen auf halbem Weg entgegen. Einer nahm Caroline bei den Schultern und trug sie mit Pierre aus dem Haus. Der andere faßte Charles beim Arm. »Kommen Sie, stützen Sie sich auf mich.«
»Meine Frau ...« Charles rang nach Luft. »Er soll ... meine Frau loslassen!«
»Schon gut, schon gut, wir bringen Sie beide hinaus.«
Vor Charles verschwamm das Gesicht des Mannes. Seine Augen brannten wie die Hölle, und in seinen Lungen stach es.
Luft, dachte er, ich brauche Luft ...
Irgendwann war er dann draußen, sah den Himmel über sich, rot vom Feuerschein, fühlte Gras und Erde unter seinen Händen und riß den Mund auf, um Atem in seinen Brustkorb zu pressen. Mehr, mehr Atem ...

Übelkeit stieg in ihm hoch, und auf Händen und Knien liegend, erbrach er sich. Und Himmel und Feuer, glutüberhauchte Mauern und schwarze Baumschatten, Menschen und eine schmale, bleiche Mondsichel wurden in einen Wirbel gerissen und drehten sich um ihn, schnell und immer schneller.

Charles fiel vornüber auf das Gesicht, krallte die Hände in die Erde, weil er meinte, hochgeschleudert zu werden und herumgerissen, pumpte nach Luft, während ihm dünkte, sein Gehirn explodiere in einem roten Feuerball, und sein letzter Gedanke, bevor er in schwarzer Nacht versank, war:

Ich habe Caroline aus den Flammen geholt. Sie lebt, sie atmet noch, ich habe es deutlich gespürt, als ich mit ihr durch das Inferno kroch. Sie ist in Sicherheit. Gott, ich danke dir.

Pierre hatte Caroline ins Gras gelegt. Er kniete über ihr, neben sich einen Eimer mit Wasser, den irgend jemand hingestellt hatte, und schöpfte kaltes Wasser über ihr Gesicht.

Er hatte sein Hemd zerrissen und tauchte die Fetzen in den Eimer, um ihr Ruß und Blut abzuwaschen.

Wie durch ein Wunder hatte sie keine Brandverletzungen davongetragen, nur Püffe und Tritte, die ihr die Haut abgeschürft und blutige Kratzer und Wunden hinterlassen hatten.

Als sie zu würgen anfing, drehte Pierre ihren Kopf zur Seite und fuhr ihr mit dem Finger in den Mund, damit sie nicht an dem Erbrochenen erstickte.

Irgendwann kam sie zu sich, fühlte, wie jemand ihr mit einem nassen Tuch über Gesicht und Hals fuhr, und setzte sich hoch. Pierre umschlang ihre Schultern, um sie zu stützen.

Es war sehr hell um sie herum vom Feuerschein, und das erste, was sie sah, war Pierres Gesicht. »Du?« murmelte sie, noch halb vom zähen Nebel der Benommenheit umfangen. »Was ist … passiert?« Er küßte ihre Stirn, die Wangen. »Weißt du's nicht mehr? Es hat gebrannt.« Und als sie zusammenzuckte, fügte er hastig hinzu: »Sorge dich nicht, du bist in Sicherheit. Es kann dir nichts mehr geschehen.«

Ihr war immer noch sehr übel, ihr Kopf, ihr ganzer Körper schmerzte. Aber auf einmal war die Erinnerung wieder da. Caroline entsann sich der Angst, die sie empfunden hatte, als sie, Madame de Desgrave am Arm, die ihr mit ihrer Umklammerung fast den Atem abgedrückt hatte, den Vorsaal erreichte und durch die Nachdrängenden zu Boden gerissen wurde. Diese grauenvolle Angst: Ich muß sterben. Jesus, sie trampeln mich zu Tode. Ich darf hier nicht liegen bleiben. Ich muß weiter, weiter … Warum hilft mir denn keiner!

Und nun saß sie hier im Gras, sie sah den Himmel über sich, sie atmete, lebte, und Pierre war bei ihr und hatte ihr versprochen: »Es kann dir nichts mehr geschehen.«

»Hast du mich … hierher …« fragte sie stockend, und er nickte.

»Ja, ich habe dich hierher getragen.«

Es war keine direkte Lüge. Er unterließ nur ganz einfach, ihr zu erklären, daß Charles sie gesucht und fast bis in die Halle gebracht hatte, bevor ihn selbst die Kräfte verließen. Das würde sie später sowieso erfahren. Im übrigen hatte er, Pierre, ja auch nach ihr gesucht, und es war nur ein Zufall gewesen, daß Charles sie zuerst entdeckt hatte.

Caroline freilich begriff nur, daß Pierre sie gerettet hatte. Ein Zittern erfaßte sie, und das Gefühl, davongekommen zu sein, leben zu dürfen, machte, daß sie in Tränen ausbrach und ihren Kopf an Pierres Brust legte.

»Du«, stammelte sie, »du warst es! Ach, Pierre, ich danke dir. Ich hatte solche Angst, ich wollte nicht sterben. Wie soll ich dir das nur vergelten.« …

Er hob ihren Kopf und küßte ihre zitternden Lippen. »Du lebst, das ist genug. O Caroline, ich wäre meines Lebens nicht mehr froh geworden, wenn du …«

Er verstummte, weil ihn die Vorstellung, sie hätte in der Tat ein Opfer der Flammen werden können, mit jähem Entsetzen überfiel. Und er glaubte wirklich, was er sagte: daß er niemals darüber hinweggekommen wäre.
Wie töricht war er doch gewesen, daß er vorhin noch gemeint hatte, er müsse sich Caroline aus dem Kopf schlagen, und ein Gänschen wie Antoinette de Farmont sei dafür geeignet.
Er kniete noch immer neben ihr und hielt sie umarmt, und das war es, was Charles de la Moreau als erstes sah, als er sich aufrichtete.
Zwei Gestalten, die sich deutlich gegen den Feuerschein abhoben und die zu einer verschmolzen, während sie einander küßten. Ein Mann und eine Frau. Und der Mann war Pierre de Lancourt, und die Frau war Caroline.
Das Feuer wurde erst im Morgengrauen gelöscht, nachdem zwei Stockwerke und die Halle des Schwarzenbergschen Palais völlig ausgebrannt waren, und es gab etliche Tote und viele Verletzte zu beklagen. Charles und Caroline hatten eine schwere Rauchvergiftung erlitten. Außerdem hatte sie zwei Rippen gebrochen und zahlreiche Prellungen, Blutergüsse und Verstauchungen. Der Arzt, der sie versorgte, verordnete beiden strenge Bettruhe.
Wieder zu Hause und in der Sicherheit ihres Schlafzimmers fiel Caroline, kaum daß sie im Bett lag, in einen tiefen, totenähnlichen Schlaf. Sie erwachte ein paarmal, weil Margot ihr die von Doktor Guerlot zubereitete Medizin einflößte und ihr die Prellungen und Wunden mit unangenehm riechenden Salben einrieb. Dann verspürte sie Schmerzen.
Das Atmen tat weh, ihr war immer noch übel, und sie hatte das Empfinden, daß in ihrem Kopf hundert kleine bösartige Teufel herumhämmerten. Wenn sie dann stöhnte, strich Margot ihr das Haar aus der Stirn und sagte: »Das wird schon wieder. Das geht alles vorüber. Aber Sie leben, Madame la Vicomtesse. Sie leben!«

Bald darauf schlief Caroline jedesmal wieder ein, und Margot blieb still an ihrem Bett sitzen. Hermann klopfte drei- oder viermal des Tages an die Tür, um sich zu erkundigen, wie es Caroline ginge. Dann wurde Margot wütend. »Warum stören Sie hier? Soll sie wach werden und wieder Schmerzen haben? Sie schläft, und das ist das Beste, was sie tun kann.« Damit zog sie Hermann die Tür vor der Nase zu.

Auch Charles verbrachte den ersten Tag und die darauffolgende Nacht im Bett. Aber dann bestand er trotz Doktor Guerlots Protesten darauf aufzustehen. Margot begegnete ihm auf dem Flur, als sie gerade aus der Küche kam, wo sie hastig gefrühstückt hatte. Sie erschrak bei Charles' Anblick. Er sah, fand sie, entsetzlich aus, bleich wie der Tod, mit trüben, geröteten Augen, und da es nicht ihre Art war, ein Blatt vor den Mund zu nehmen, sagte sie: »Sie sollten nicht hier herumlaufen, Monsieur le Vicomte, sondern schleunigst wieder im Bett verschwinden. Sie sind noch viel zu krank, um aufzustehen.«

»Ach was.« Er verzog den Mund. »Ich fühle mich schon wieder ganz gut. Wie geht es meiner Frau?«

»Sie schläft immer noch. Wollen Sie zu ihr?«

Hastig schüttelte er den Kopf. »Nein. Sie ist ja bei Ihnen in den besten Händen. Oder . . . Hat sie nach mir gefragt?«

»Noch nicht, seit sie hergebracht wurde und Doktor Guerlot sie beruhigen konnte, daß Sie zwar ebenfalls eine Rauchvergiftung haben und das Bett hüten müssen, aber sonst glücklicherweise unversehrt seien.« Margot lächelte ihm zu. »Gestern abend war übrigens Leutnant de Vitrolles hier, um sich nach Ihrem Befinden zu erkundigen. Er hat mir erzählt, daß Sie Ihre Frau aus dem brennenden Oberstock geholt haben. Ganz allein, hat er gesagt, seien Sie hinaufgestürzt, um sie zu suchen.«

Sie hatte plötzlich Tränen in den Augen. »O Gott, ich darf gar nicht daran denken, was geschehen wäre, wenn Sie nicht so unglaublich mutig gewesen wären. Es grenze an

ein Wunder, hat der Herr Leutnant gesagt, daß Sie einigermaßen unbeschadet davongekommen seien.«
»Schon gut«, sagte Charles müde. »Reden wir nicht mehr davon, Margot. Es ist vorbei, und wir sollten es so schnell wie möglich vergessen.«
Aber er selbst vergaß es nicht. Das Bild, wie Pierre und Caroline einander umarmt gehalten hatten, hatte sich in sein Herz gebrannt. Er hatte es immerfort vor sich gesehen, als er erschöpft und elend nach Hause gebracht worden war, und es hatte ihn bis in seine Träume verfolgt.
Ich muß ein Ende machen, hatte Charles gedacht. Sie soll ihn haben. Sobald es ihr besser geht, werde ich es ihr sagen. Sie soll gehen und sich scheiden lassen. Ich werde nichts tun, um sie zu halten.
Er ging in die Bibliothek hinunter und ließ sich von Antoine Branntwein bringen.
»Ich weiß nicht, ob das gut für Sie ist, Monsieur le Vicomte«, meinte der Diener zögernd, als er eine Karaffe und ein Glas vor ihn hinstellte. »Ein Schlückchen vielleicht, aber mehr nicht. Sie sind noch krank, und Doktor Guerlot hat gesagt . . .«
»Zum Teufel mit Doktor Guerlot!« Charles schenkte ein. »Ich weiß selbst, was ich darf und was nicht. Geh und laß mich allein.«
Da zog der Diener sich eingeschüchtert zurück.
Charles trank hastig hintereinander einige Gläser. Sie schmeckten ihm nicht, aber er spürte fast dankbar, wie das klare Denken verschwamm und er, rascher als sonst, betrunken wurde.
Alles schien dadurch ein wenig ferner gerückt, der Schmerz, die Eifersucht – und die Erkenntnis, daß es jetzt ans Bezahlen ging.
Er trat vor den Spiegel, der über dem Kamin hing, und betrachtete sich mit schräg geneigtem Kopf.
»Man muß alles bezahlen«, sagte er mit schwerer Zunge. »Hast du das nicht immer gewußt? Oder hast du dir ein-

gebildet, ausgerechnet du könntest dich darum drücken? Mit welchem Recht, Charles, alter Junge?«
Er goß sich ein neues Glas ein und trank seinem Spiegelbild zu.
»Prost, du Schwein! Oder ist das ein zu harter Ausdruck für einen, der einer Mutter ihr Kind fortnimmt? Nein, bestimmt nicht, du Schwein Charles de la Moreau! Dabei hast du dich doch immer für einen so vortrefflichen Menschen gehalten. Du hast gemeint, es genüge, Caroline zu lieben, und damit sei alles entschuldigt. Welch ein Irrtum! Welch eine grandiose Selbstüberschätzung! Wer bist du denn? Der liebe Gott, der so einfach mir nichts, dir nichts über die Geschicke der Menschen bestimmt? Ein Kind vor einem Kloster aussetzen – und dann zusehen, wie die Frau, die es geboren hat, fast täglich zur Kapelle läuft, weil du ihr vorgelogen hast, man habe es dort begraben! Was für eine unglaubliche Niedertracht! Was für eine abgefeimte Schurkerei! Und das alles aus Liebe, Charles, du Schwein?«
Er trank das Glas aus und warf es mit Schwung gegen den Spiegel, um sein Gesicht darin nicht mehr ansehen zu müssen. Das Spiegelglas zersplitterte in tausend kleine Scherben.

Charles wartete noch ein paar Tage, bis Caroline so weit genesen war, daß sie wieder aufstehen und herumgehen konnte.
Wenn Doktor Guerlot kam, um nach ihr zu sehen, begleitete ihn Charles. Aber er ging nie allein zu Caroline, und sie hatte auch nicht nach ihm verlangt.
Eine Woche nach der Brandnacht fuhr Charles in den Vormittagsstunden nach St. Cloud, wo sich der Kaiser aufhielt, und bat um Audienz. Sie wurde ihm sofort gewährt.
Napoleon empfing Charles freundlich und voller Anteilnahme. »Ich freue mich, daß Sie wieder genesen sind, Capitaine de la Moreau«, sagte er und betrachtete ihn prü-

fend. »Allerdings, allzu gesund sehen Sie nicht aus. Sie sollten sich noch schonen.«

»Das ist leider nicht möglich, Sire«, erwiderte Charles steif. »Vielmehr bin ich gezwungen, so bald wie möglich Paris zu verlassen, und nur hergekommen, um Euer Majestät um einen längeren Urlaub zu bitten.«

»Und warum?«

»Mein Bruder, der unsere Besitzungen in der Vendée verwaltet, hat einen schweren Reitunfall gehabt. Gestern erhielt ich einen Brief meiner Schwägerin, in dem sie geradezu verzweifelt um mein Kommen bat. Offenbar wird mein Bruder für mehrere Monate ans Krankenbett gefesselt sein, und gerade jetzt gibt es anscheinend mit den Dienstleuten Schwierigkeiten. Der bisherige Verwalter ist kürzlich verstorben und ein neuer noch nicht eingestellt. Deshalb ist es nötig, daß ich mich selbst um alle Angelegenheiten kümmere. Das wäre auch für meinen schwerkranken Bruder eine große Beruhigung.« Dieser Brief war tatsächlich am gestrigen Abend eingetroffen, und Charles hatte ihn als einen Wink des Schicksals angesehen. Er würde Paris eine Zeitlang den Rücken kehren. Dies würde die Trennung von Caroline vielleicht ein wenig erleichtern, und wenn er zurückkam, war die Scheidung sicherlich längst vollzogen.

In einem Brief würde er ein Geständnis seiner Schuld ablegen. Charles wußte, daß das feige war, aber er brachte es einfach nicht über sich, Caroline ins Gesicht zu sehen, wenn sie erfuhr, was er getan hatte. Mochte sie ihren Sohn aus dem Karmeliterkloster holen und damit zu Pierre gehen. Er, Charles, hatte weder die Macht noch das Recht, sie festzuhalten.

Napoleon verschränkte die Arme vor der Brust. »Das tut mir leid. Ich hoffe nur, daß Ihre Abwesenheit sich nicht zu lange hinzieht. Aber natürlich muß ich unter diesen Umständen Ihrer Bitte um Beurlaubung entsprechen. Wann wollen Sie reisen, Capitaine?«

»Morgen früh.« Charles verneigte sich. »Ich danke Ihnen für Ihr Verständnis, Sire.«
Als er nach Hause zurückgekehrt war, sagte er es Caroline. Sie saß in ihrem Schlafzimmer in einem Lehnstuhl beim Fenster und blickte ihn erschrocken an. »Du willst fort? Für länger?«
»Ja«, erwiderte er hölzern. »Vor dem Spätherbst werde ich kaum zurück sein.«
Sie erhob sich mühsam, denn der Verband, den Doktor Guerlot ihr wegen ihrer Rippenbrüche angelegt hatte, saß sehr fest und schränkte ihre Bewegungsfähigkeit ein. Außerdem hatte sie immer noch Schmerzen. »Und warum willst du mich nicht mitnehmen?«
»In deinem Zustand? Die Reise wäre viel zu anstrengend für dich. Außerdem halte ich es für richtiger, wenn du hierbleibst.«
»Soll ich nicht nachkommen, sobald ich gesund bin? Ich würde so gern einmal deinen Bruder und seine Frau kennenlernen.«
Er sah die Unruhe in ihren Augen und lächelte verzerrt. »Nein. Du bist hier besser aufgehoben. Wovor hast du Angst? Daß in meiner Abwesenheit etwas Einschneidendes geschehen könnte? Damit rechne ich sogar, mein Kind, und gerade deshalb halte ich es für gut, daß ich eine Weile nicht da bin.«
Sie begriff, was er meinte, und trat einen Schritt auf ihn zu. »Charles, ich . . .«
Er wandte sich ab. »Entschuldige mich, meine Liebe. Die Zeit drängt. Ich habe noch viel zu erledigen, bevor ich morgen aufbreche.«
Er verbrachte den Rest des Tages außer Haus, um Caroline keine Gelegenheit mehr zu geben, mit ihm zu reden. Als er nach Einbruch der Dunkelheit heimkehrte, erwartete sie ihn in der Halle. Sie hatte die Kerzen in den großen Kandelabern anzünden lassen und saß in einem der hochlehnigen Lederstühle, die an den Wänden aufgestellt waren.

Der Türhüter hatte Charles eingelassen, und er wollte eilig die Treppe hinauf zu seinen Zimmern, als Caroline ihm den Weg verstellte.
»Du bist hier?« fragte er verwundert. »Hast du etwa auf mich gewartet?«
»Ja.« Ihre Stimme klang merkwürdig gläsern. Sie öffnete die Tür zu einem der Salons. »Komm herein. Ich muß dich etwas fragen.«
Drinnen lehnte sie sich mit verschränkten Armen gegen die Wand. Sie war geisterhaft blaß, und ihre grünen Augen hatten riesige Pupillen, als stünde sie unter einem Schock. »Wo hast du mein Kind hingebracht? In welches Kloster?« Und als er nicht sofort antwortete, sondern sie nur entsetzt anstarrte, schrie sie ihn an: »Los, sag's! Sag es auf der Stelle!«
Charles tat ein paar Schritte tiefer in den Raum. Sein Hals war mit einemmal so trocken, als sei er stundenlang über staubige Feldwege geritten. »Du weißt es also. Woher?«
»Henriette ist heute mittag gestorben. Es ging sehr rasch. Aber nicht rasch genug, als daß sie nicht noch hätte reden können. Sie wollte wohl ihr Gewissen erleichtern. Deshalb hat sie nach mir verlangt. Und dann hat sie eingestanden, daß sie mit dir zusammen in der Nacht nach Armands Geburt . . .«
Carolines Stimme brach. Sie fuhr sich über das Gesicht, als müsse sie etwas Ekelhaftes abwischen. »Du hast mein Kind ausgesetzt. Und mir hast du weisgemacht, es sei tot.«
»Ja«, sagte Charles dumpf, »das habe ich getan.«
Er erinnerte sich, daß die alte Henriette schon seit Tagen gekränkelt hatte. Sie war recht hinfällig geworden in letzter Zeit. Und nun war sie also tot, und Caroline wußte alles.
»Ich wollte es dir schreiben, sobald ich abgereist war. Henriette ist mir nur zuvorgekommen.«
»Aber warum? Warum hast du das getan? Wie konntest du etwas so Entsetzliches . . .«
»Ja, wie konnte ich«, wiederholte er. »Ich muß von Sinnen

gewesen sein. Aber ich liebte dich so. Ich wollte dich behalten, und ich hatte Angst, das Kind würde dich immer und ewig an Lancourt erinnern. Ich dachte, es wäre leichter für dich, ihn zu vergessen, wenn du den Jungen nicht immer vor Augen hättest.«
»So! Aus Liebe!« Sie spie die Worte förmlich aus. »Und wohin hast du mein Kind gebracht?«
»In das Karmeliterkloster in der Rue Vincent.«
Er zuckte zusammen, als die Tür hinter Caroline zufiel. Draußen in der Halle hörte er sie rufen: »Margot! Margot! Ist der Wagen vorgefahren? Komm rasch, wir müssen in die Rue Vincent.«
Charles ließ sich in einen Sessel fallen und stützte den Kopf in die Hände. Er wußte: Nie, und wenn er hundert Jahre alt wurde, würde er den Ausdruck von Fassungslosigkeit und Abscheu in Carolines Augen vergessen. Es gab nichts mehr zu erklären, zu bitten, zu hoffen. Es war alles zu Ende.

****

11

Pierre de Lancourt erwachte, als Caroline neben ihm aus dem Bett glitt und auf nackten Füßen in das angrenzende Zimmer hinüberlief. Sie schloß die Tür hinter sich, aber trotzdem hörte er sie sprechen: »Aber ja, mein Herzchen, Maman ist bei dir. Warum weinst du denn? Hast du schlecht geträumt? Komm, komm, alles ist gut. Sei still, mein kleiner Armand, schlaf weiter. Ich bleibe bei dir.«

Pierre drehte sich auf die Seite und zog sich die Decke über die Ohren. Wenig später kam Caroline zurück und rüttelte ihn an der Schulter.

»Pierre, wach auf. Armand weint so furchtbar, und er ist ganz heiß. Ich glaube, er hat Fieber.«

Er unterdrückte ein Seufzen. Als er die Augen aufschlug, stand Caroline vor dem Bett, das Kind auf den Armen.

»Schau ihn dir an. Sein Gesicht ist ganz rot. Armand, Liebling, was ist denn nur? Tut dir etwas weh?«

Pierre setzte sich auf und betrachtete seinen Sohn, während Caroline ihn auf die Bettdecke legte.

Armand war knapp anderthalb Jahre alt, ein schmächtiges Kind mit dünnen schwarzen Haaren und großen grauen Augen. Hübsch im landläufigen Sinn war er nicht. Dazu war er zu mager, mit großen Händen und Füßen und fleckiger Haut. Sein Sohn …

Falls Pierre de Lancourt sich früher einmal vorgestellt hatte, wie sein Sohn aussehen würde, hatte er sich ein lebhaftes, fröhliches Kind vorgestellt mit rosigen Pausbacken und

Grübchen in den Wangen. Jemanden wie Armand hatte er sich nicht vorgestellt.
Der kleine Junge war schreckhaft, still und seinen Altersgenossen gegenüber zurückgeblieben. Er sprach kaum – und wenn, dann Worte, die Pierre meist nicht verstand. Armand fürchtete sich vor allem und jedem: vor der Dunkelheit, vor fremden Menschen, vor lauten Stimmen und zufallenden Türen, vor Hunden und Pferden. Einmal hatte Pierre versucht, ihn vor sich in den Sattel seines Braunen zu setzen, aber Armand hatte so geschrien, daß er ihn schleunigst wieder heruntergelassen hatte, aus Angst, der Junge werde blau anlaufen und keine Luft mehr bekommen.
Das, dachte Pierre plötzlich aufgebracht, ist überhaupt das einzige, was er vortrefflich kann: heulen. Er blickte zu Caroline hoch, und angesichts der ängstlichen Besorgnis in ihren Augen verschwand seine ärgerliche Aufwallung.
»Na, mein Sohn, was gibt es denn?« fragte er. »Warum läßt du deine Mama nicht schlafen? Hast du Bauchweh?«
»Nein–nein«, schluchzte Armand. »D-der Mann . . .«
»Was für ein Mann?«
»Weiß nich' . . . b-böser Mann . . .«
»Er hat geträumt«, sagte Pierre und legte sich wieder zurück. »Bring ihn in sein Bett und komm schlafen, Caroline.«
»Du meinst also nicht, daß er krank ist?«
Er gähnte. »Bestimmt nicht. Es war ein Alpdruck. Gib ihm abends weniger zu essen. Dann träumt er auch nicht so wilde Sachen.«
»Aber ich bin froh, wenn er gut ißt. Er ist immer noch viel zu dünn und zu klein für sein Alter.« Caroline nahm ihren Sohn wieder auf den Arm. »Komm, mein Liebling, Maman bleibt noch ein Weilchen bei dir. Dann kommt der böse Mann nicht wieder.«
Im Nebenzimmer zog sie sich einen Stuhl an Armands Bettchen und ließ die Kerze auf dem Tisch brennen.

Armand hatte aufgehört zu weinen. Caroline blickte in sein kleines spitzes Gesicht mit den bläulich schimmernden Augenlidern, und Mitleid und Liebe schnürten ihr die Kehle zu. Ihr Kind! Ihr kleiner, so schmerzlich beweinter und nun wiedergefundener Armand!
An jenem Abend im Juli war sie sogleich mit Margot in das Kloster in der Rue Vincent gefahren. Sie hatte die Mutter Oberin zu sprechen verlangt und war, nachdem sie ihren Namen genannt hatte, trotz der späten Stunde noch vorgelassen worden.
Mutter Genevieve, eine hagere, ältliche Frau mit strengen Zügen und dem olivfarbenen Teint der Südfranzösin, hatte sich Carolines Geschichte angehört und dann genickt. »Ja, wir haben ein Kind hier, das in der fraglichen Nacht als Neugeborenes vor unserer Pforte ausgesetzt worden ist. Ein Zettel mit dem Namen Armand lag dabei, außerdem ein Beutel mit Geld. Später erhielten wir noch zweimal einen bestimmten Betrag, der, wie ein beigefügter Brief besagte, für Armands Erziehung verwendet werden sollte. Der unbekannte Spender schrieb, er würde uns auch in den kommenden Jahren entsprechende Zuwendungen machen.«
»Und ... wo ist mein kleiner Armand? Lebt er? Kann ich ihn sehen?« Wenige Minuten später hatte Caroline zum ersten Mal vor ihrem Sohn gestanden.
Es war in einem großen Saal mit steinernen Wänden und ebensolchem Boden gewesen. Die Kinder, allesamt Waisen oder Findelkinder wie Armand, hatten auf schmalen Strohsäcken geschlafen, mit dünnen Decken zugedeckt.
Caroline hatte sich neben ihr Kind gekniet und den mageren kleinen Körper an sich gedrückt. Ach, er war so dünn gewesen und so schrecklich armselig, und als er die Augen aufschlug und die fremde schöne Dame anstarrte, die ihn küßte und dabei weinte, da hatte auch er zu weinen angefangen. Nicht nur, weil er aus dem Schlaf gerissen worden war, sondern mehr noch, weil alles Neue, Ungewohnte ihn zunächst einmal ängstigte.

Es war ihm nicht wirklich schlecht gegangen im Kloster, aber auch nicht gut. Die größeren Kinder hatten das Sagen über die kleineren, sie schüchterten sie durch Drohungen und Prügel ein, nahmen ihnen das wenige Essen fort, und die Nonnen, wiewohl ehrlich bemüht, die anvertrauten kleinen Seelen zu pflegen, waren nicht imstande, dem Einhalt zu gebieten. Meist bemerkten sie die heimliche Tyrannei der Größeren gar nicht, da keines der Kleinen den Mut hatte, sich zu beklagen.
Armand aber, der vom Wesen her so Liebebedürftige, der nur unter Zuwendung und Zärtlichkeit aufblühte, verkümmerte in dieser Umgebung. Er hatte sich gleichsam in sich selbst zurückgezogen, in das Schneckenhaus seiner unklaren Sehnsüchte, da er noch zu klein war, um seinen Bedürfnissen Namen und Stimme zu verleihen.
Er war in des Wortes wahrster Bedeutung verkümmert, als Caroline ihn an jenem Abend an ihr Herz nahm und ihn fortholte aus dem, was ihm zwar ein ungeliebtes Daheim gewesen war, aber immerhin die einzige Sicherheit, die er kannte. Damit hatte seine Mutter ihn ungewollt in neue Ängste gestürzt, denn er war noch weit davon entfernt gewesen, seinen neuen Lebensumständen zu vertrauen.
Margot, sie und das Kind hatten die Nacht in einem Hotel in der Nähe der Bastille verbracht. Am Vormittag war Caroline dann mit einer Mietdroschke zu Pierre gefahren.
Er bewohnte die obere Etage eines Hauses in der Rue St. Honoré. Als Caroline von seinem Diener Henri in den Salon geführt wurde, war Pierre gerade aufgestanden und miserabler Laune.
»Eine Dame wünscht Sie zu sprechen«, hatte Henri gemeldet, und Pierre hatte ihn gereizt angefahren:
»Was für eine Dame? Hat sie keinen Namen?«
»Sie sagte, sie heiße Caroline.«
Als Pierre im Salon erschien, mit einem Gesicht, als könne er nicht glauben, was er sah, war Caroline in seine Arme geflüchtet. »Laß mich hierbleiben, Pierre«, hatte sie ge-

sagt. »Ich habe Charles verlassen, und ich will nie wieder zu ihm zurück.« Dann hatte sie zu weinen angefangen.
Das war im hohen Sommer gewesen. Jetzt war es Herbst. Nicht lange, und die Stürme der vergangenen Tage würden auch das letzte bunte Laub von den Bäumen geweht haben.
Caroline fröstelte. Leise stand sie auf und legte ein paar Holzscheite auf das Feuer im Ofen. Armand mußte es warm haben. Er war anfällig und erkältete sich leicht.
Als sie auf Zehenspitzen zu ihrem Sohn zurückkehrte, war er eingeschlafen. Seine Wangen waren noch tränennaß und die Lippen weinerlich verzogen. Caroline blickte auf ihn hinunter, und ihr Herz wurde ganz weit vor Liebe.
Sie blieb noch eine Weile, bis sie sicher war, daß Armand ruhig schlief, dann ging auch sie wieder zu Bett. Pierre erwachte nicht, als sie sich neben ihn legte. Er drehte sich nur mit einem leisen Knurren auf die andere Seite.
Aber Caroline konnte nicht wieder einschlafen. Eine Zeitlang horchte sie noch ins Nebenzimmer hinüber, ob Armand nicht wieder zu weinen begänne oder im Schlaf jammerte, doch alles blieb still. Caroline blickte auf das Fensterviereck, durch das der Mond hereinschien. In einiger Entfernung rasselte ein Wagen vorbei, und der Wind rauschte in den Bäumen. Neben sich hörte sie Pierre atmen, und sie dachte: Wir haben uns wieder, und wir haben das Kind. Ist das nicht genug, um glücklich zu sein?
Trotzdem war sie es nicht, nicht so jedenfalls, wie sie es sich vorgestellt hatte.

Am nächsten Vormittag fuhr die Equipage der Königin von Holland vor dem kleinen Haus vor, das Pierre und Caroline seit ein paar Wochen in Saint Denis, einem ländlichen Pariser Vorort, bewohnten. Sie hatten es gemietet, weil Pierres Wohnung auf die Dauer nicht groß genug war. Margot führte die Besucherin in den Salon. Dann ging sie,

Caroline aus dem Garten zu holen, wo sie gerade ein paar buntgefärbte Herbstlaubzweige für die Vasen schnitt.
Armand spielte oben in seiner Kinderstube, und Pierre war nach dem Frühstück wie alle Tage ins Kriegsministerium gefahren.
Hortense kam Caroline, als sie eintrat, mit ausgestreckten Händen entgegen. »Wie schön, Sie wiederzusehen«, sagte sie herzlich. »Und wie hübsch Sie es hier haben.« Sie blickte sich in dem behaglich eingerichteten Raum mit den Kirschbaummöbeln und den hellgrünen Tapeten um.
»Gefällt es Ihnen wirklich?« fragte Caroline ein wenig befangen. »Sie sind meine erste Besucherin hier. Wir leben sehr zurückgezogen, wissen Sie.«
»Ja, ich weiß«, sagte Hortense in ihrer unverblümten Art. »Sie und der Chevalier de Lancourt sind noch immer das beliebteste Gesprächsthema in allen Pariser Salons, und ich kann mir vorstellen, daß Sie keine große Lust auf ein Spießrutenlaufen verspüren. Aber natürlich können Sie sich nicht immer verstecken.«
»Ach, aber ich lebe ganz gut dabei«, entgegnete Caroline ein wenig trotzig, und Hortense lachte.
»Das kann ich mir vorstellen. Allzu oft habe ich mir schon etwas Ähnliches gewünscht. Sich zu nichts mehr zwingen zu lassen, keine Repräsentationspflichten mehr zu haben, nicht ewig der Neugier und Médisance der ewig gleichen Hohlköpfe ausgeliefert zu sein – was für eine himmlische Vorstellung! Aber leider nicht zu verwirklichen.«
»Was darf ich Ihnen anbieten, Majestät?« fragte Caroline. »Wein? Heiße Schokolade? Einen kleinen Imbiß?«
»Hunger habe ich nicht. Ich komme gerade aus den Tuilerien, wo ich mit dem Kaiser gefrühstückt habe. Aber einen Sherry würde ich gern trinken.«
»Dann entschuldigen Sie mich einen Augenblick, ich will Margot nur sagen, daß sie ihn bringen soll.«
Caroline kam gleich darauf mit der Hausmagd wieder, die eine Karaffe und zwei Gläser auf den Tisch in der Fenster-

nische stellte, dazu eine Schale mit Konfekt. Danach zog Margot sich mit einem Knicks zurück.
Hortense trank einen Schluck und knabberte an einem Praliné. Dabei betrachtete sie Caroline in ihrem apfelgrünen Hauskleid. »Sie sind ein wenig schmal geworden, meine Liebe, aber natürlich immer noch wunderschön. Der Chevalier de Lancourt ist ein Glückspilz. Bekommt so mir nichts dir nichts eine der umschwärmtesten Frauen von Paris – und gleich einen Sohn dazu. Dafür kann man schon ein bißchen Gerede in Kauf nehmen.«
»Meinen Sie?« Caroline drehte ihr Glas zwischen den Fingern.
»Ja, ich meine!« antwortete Hortense betont. »Das habe ich heute früh auch Seiner Majestät gesagt, als die Rede auf Sie kam.«
»Ach, der Kaiser hat von mir gesprochen?«
Hortense lachte. »Er platzt vor Neugier, und das ist auch der Grund, warum ich hier bin. Ich komme nämlich in seinem Auftrag. Seine Majestät wünscht zu wissen, was denn nun wirklich passiert ist, nachdem ihm die Gerüchte um Sie, Moreau und Lancourt zu Ohren gekommen sind. Natürlich hat er mir aufgetragen, meine Fragen mit aller gebotenen Delikatesse zu stellen, aber ich denke, Umwege sind zwischen uns nicht nötig. Ich habe Sie sehr gern, und ich kann mir nicht vorstellen, daß Sie so gewissenlos sind, dem guten Charles aus purem Leichtsinn das Herz zu brechen. Also – was ist geschehen?« Caroline erzählte es ihr, zögernd zuerst, dann aber mit immer rascheren, heftigeren Worten. Sie hatte außer zu Pierre zu keinem Menschen mehr darüber geredet, auch nicht zu Hermann, der ein paar Tage nachdem sie Charles verlassen hatte, in Pierres Wohnung in der Rue St. Honoré aufgetaucht war.
»Natürlich könnt Ihr mich fortschicken, Madame Caroline. Dann werde ich mir in Eurer Nähe eine Unterkunft suchen und eine Schneiderwerkstatt eröffnen. Aber lieber wäre

mir schon, ich könnte bei Euch bleiben und mich hier nützlich machen.«
Selbstverständlich hatte sie ihn nicht fortgeschickt, und so war er noch am selben Abend mit seinen paar Habseligkeiten in eine der Dienstbotenkammern eingezogen und später mit nach Saint Denis übersiedelt.
Vermutlich hatte Margot ihn über die Ereignisse unterrichtet, denn er hatte Caroline nie eine Frage gestellt, und sie war froh darum gewesen. Sie hatte Charles gehaßt und gemeint, ihm niemals vergeben zu können. Aber ebensowenig hatte sie es fertiggebracht, ihn vor aller Welt bloßzustellen, indem sie seinen ungeheuerlichen Betrug preisgab.
Hortense hörte Caroline mit wachsender Fassungslosigkeit zu.
»Was für eine schreckliche Geschichte!« sagte sie schließlich betroffen. »Ich werde einige Zeit brauchen, um sie zu verdauen. Ich kenne Charles seit meiner Kinderzeit und habe ihn immer für einen durch und durch ehrenwerten Mann gehalten. Er muß den Verstand verloren haben, daß er sich zu so etwas hinreißen ließ.«
»Vielleicht.« Carolines Stimme klang gepreßt. »Und ich habe ihm so grenzenlos vertraut. Es wäre leichter für mich, wenn ich ihn nur verabscheuen könnte. Aber ich bin vor allem grauenhaft enttäuscht, und das ist viel schmerzlicher.«
»Haben Sie in der Zwischenzeit etwas von ihm gehört?«
»Vor ein paar Wochen. Er ist ja immer noch in *La Lisière*, er hat mir geschrieben, daß er mir keine Steine in den Weg legen wird, wenn ich mich scheiden lasse. Außerdem hat er mir eine Apanage ausgesetzt, die auch im Fall einer Scheidung in unverminderter Höhe weitergezahlt werden soll. Aber ich will kein Geld von ihm. Ich werde es nicht anrühren.«
»Dann legen Sie es für Ihren Sohn an«, riet Hortense, die Praktische. »Es wäre nur recht und billig nach allem, was das Kind durch Charles' Schuld durchmachen mußte.«

»Mag sein, aber . . .« Caroline schüttelte den Kopf.
»Ach was!« fiel ihr Hortense lebhaft ins Wort. »Stolz ist eine feine Sache. Aber er wärmt niemanden in einer eisigen Winternacht. Charles ist ein sehr reicher Mann, nehmen Sie nur, was er Ihnen gibt. Es tut ihm nicht weh.« Sie leerte ihr Glas und stand auf. »Ich muß zurück, denn ich habe dem Kaiser versprochen, daß ich ihm heute noch Bericht erstatten werde.«
Beim Abschied umarmte sie Caroline. »Ich gebe in der nächsten Woche eine Soiree. Werden Sie und der Chevalier de Lancourt mir die Freude machen, ebenfalls zu kommen? Es wird Zeit, daß man Sie wieder in Gesellschaft sieht.«
»Ich habe Angst davor. All die neugierigen Gesichter, das Getuschel hinter unserem Rücken . . .«
»Stehen Sie es einmal durch, dann haben Sie es so gut wie hinter sich«, sagte Hortense resolut.
Bei der Tür drehte sie sich noch einmal um. »Ich hoffe, Sie verübeln es mir nicht, daß mir Charles trotzdem leid tut. Natürlich gibt es keine Entschuldigung für das, was er getan hat. Aber er liebt Sie wirklich. Sonst hätte er kaum sein Leben für Sie riskiert.« Sie fing Carolines fragenden Blick auf und fügte hinzu: »Der Kaiser hat mir erzählt, daß Sie es vermutlich nur Charles zu verdanken haben, daß Sie auf dem Ball der Schwarzenbergs nicht in den Flammen umgekommen sind. Er ist noch einmal in den brennenden Oberstock hinauf, um Sie zu suchen. Napoleon hat versucht, ihn zurückzuhalten, aber Charles war vor Angst um Sie völlig außer sich. Da hat der Kaiser ihm den Chevalier de Lancourt und noch einen Gardeoffizier nachgeschickt. Aber gefunden hat Charles Sie und mit letzter Kraft bis zur Treppe geschleppt. Danach ist er selbst zusammengebrochen, und man hat Sie beide ins Freie tragen müssen.«
»Das hat der Kaiser Ihnen erzählt?«
Hortense nickte. »Wußten Sie das etwa nicht?«

»Doch – ja. Ich habe nur nicht mehr daran denken mögen.«
Hortense seufzte. »Es ist traurig, daß das Leben so kompliziert ist. Oder die Menschen es komplizieren.«
Drei Tage später kam ihre Einladung an Pierre und Caroline. Pierre war gerade aus dem Ministerium zurück und meinte: »Natürlich gehen wir hin. Mach dich schön, *ma petite*, damit die Gaffer Grund haben, dich anzustarren.«
Er zog sie auf seinen Schoß. »Ich will stolz auf dich sein und erleben, daß man mich um dich beneidet. Außerdem wird es uns beiden gut tun, wieder einmal auszugehen.«
»Hast du dich allein mit mir gelangweilt?« fragte sie, und er küßte sie. »Ich werde mich nie mit dir langweilen. Dazu bin ich viel zu verrückt nach dir. Ach, Kätzchen, was hast du nur mit mir angestellt? Es ist schrecklich, aber ich bekomme einfach nicht genug von dir.«
»Und warum ist das schrecklich?«
»Weil es mich an dich bindet. Weil ich mir gar nicht mehr vorstellen kann, ohne dich zu sein. Und weil ich eigentlich immer so stolz darauf war, allen Fallstricken der Frauen zu entgehen. Nun aber liebe ich sogar die Ketten, die du mir angelegt hast.«
Caroline sann seinen Worten nach. Dann warf sie sich mit einer ungestümen Bewegung an die Brust. »Küß mich«, bat sie und zog seinen Kopf zu sich herunter.
Und es war wie immer, wenn sie einander in den Armen hielten: Das Blut floß Caroline heißer durch die Adern. Sie öffnete Pierres Hemd und streichelte seine muskulöse, behaarte Brust. Sie waren allein, Margot hatte mit Armand eine Spazierfahrt unternommen und war noch nicht zurück.
»Liebster«, murmelte Caroline, als Pierre begann, ihre Hüften und ihren Schoß durch den dünnen Stoff ihres Kleides zu streicheln.
Ach, was hatte sie um ihn gelitten! Und nun hatte sie ihn wieder, und das Wunder, auf das sie früher so verzweifelt

gehofft hatte, war geschehen: Er liebte sie. Und sie war frei, ihn wieder zu lieben... Nur – sie war nicht mehr dasselbe Mädchen, das damals in Erfurt in blindem Überschwang zu ihm gekommen war. Diesmal hatte sie eine Vergangenheit mitgebracht, und die Erinnerung daran war zäh. Sie ließ sich nicht einfach abschütteln. Oder doch nur in Augenblicken wie diesem.

Da waren Pierres Hände, die sie hielten, sein Mund, der ihre Brustspitzen umschloß, nachdem er ihr das Kleid abgestreift hatte.

»Willst du es, *ma petite?* Willst du es jetzt?«

»Ja«, flüsterte sie. »Ja, komm...« und schloß die Augen, als er sie zum Sofa trug und sich über sie warf.

Dann war die Vergangenheit fort. Dann gab es nur ihn und die Lust, die sie sich gegenseitig bereiteten. Aber sie waren kurz, diese Augenblicke.

Später, als sie nebeneinander lagen und sich ihr Atem allmählich beruhigt hatte, sah Pierre Caroline lächelnd in die Augen.

»Weißt du, daß ich dein Gesicht ›danach‹ besonders liebe? Ich kenne keine Frau, die nach einer Umarmung so hinreißend aussieht wie du.«

»Und du kennst viele, nicht wahr?«

Er sah ein wenig selbstgefällig aus. »Das weißt du doch, Kätzchen.«

»Und vielen hast du Kummer gemacht, was?«

»Kann schon sein. War es meine Schuld, daß sie aus einem Vergnügen gleich etwas für die Ewigkeit machen wollten? Ich hatte es ihnen nicht versprochen.«

»Aber du hast es sie glauben lassen, jedenfalls bis du dein Ziel erreicht hattest.«

Pierre lachte. »Männer lügen oft in solchen Dingen. Aber im Grunde tun wir es nur, weil ihr Frauen das von uns erwartet. Es wäre viel unkomplizierter, zu sagen: ›Ich habe Lust auf dich. Wie lange es dauert, weiß ich nicht, aber bis dahin können wir uns viel Vergnügen bereiten.‹«

Er legte sich zurück und zog Carolines Kopf an seine Schulter. »Statt dessen plagen wir uns mit schmachtenden Blicken und dem Gefasel über unsere unsterblichen Gefühle herum.«
»Du hast also keine von den Frauen, die du besessen hast, wirklich geliebt?« fragte Caroline zweifelnd, und er küßte sie auf die Schläfe.
»Du bist die erste. Zufrieden?«
»Falls du mich nicht ebenfalls anlügst . . .«
»Ich schwöre dir Kätzchen, du hast keinen Grund mißtrauisch oder gar eifersüchtig zu sein.«
Sie richtete sich auf und entdeckte das vergnügte Funkeln in seinen Augen. »Scheusal!« rief sie empört. »Du nimmst mich nicht ernst.« Dann jedoch fing sie an zu lachen, weil er sie kitzelte. »Hör auf, Pierre, ich bitte dich! Ich kann das nicht aushalten!«
»Nur wenn du mir versprichst, nie wieder an meinen Worten zu zweifeln. Versprichst du es?«
Sie zappelte in seinen Armen. »Ja, ja! Aber laß mich in Frieden!«
Er zog sie wieder zu sich herunter. »Schließlich habe ich dich unter Einsatz meines Lebens aus den Flammen gerettet. Hast du das vergessen?«
Carolines Lächeln erstarb. »Nein«, sagte sie leise. »Du hast es mir ja oft genug erzählt.«
»Sollte ich nicht? Es war ja nicht, um mit meiner Heldentat zu prahlen, sondern nur, um dir meine Liebe zu beweisen.«
Lügner, dachte sie. Du bist ein Lügner, Pierre de Lancourt. Und sie fragte sich, warum sie ihm nicht auf den Kopf zusagte, was sie von Hortense erfahren hatte. Lag es an ihrer Scheu, ausgerechnet mit Pierre über Charles zu sprechen?
Anfangs hatte er oft die Rede auf ihren Mann gebracht und sich voller Gehässigkeit über ihn geäußert. Aus Eifersucht, weil er fürchtete, sie könne in irgendeinem Winkel ihres Herzens noch an Charles hängen? Aus aufrichtiger

Empörung über Armands Schicksal? Oder nur in dem Bestreben, den Menschen, der ihr eine Zeitlang so nahe gestanden hatte, vor ihr herabzusetzen?
»Er ist ein Lump, ein Verbrecher!« hatte Pierre gewütet. »Und ein erbärmlicher Feigling obendrein! Wo war er denn, als du in Lebensgefahr warst? Keinen Finger hat er gerührt, um dich aus dem brennenden Haus zu holen. Da siehst du, wieviel ihm an dir gelegen ist. Du hättest sterben können – und er hatte nichts anderes im Sinn, als die eigene Haut zu retten.«
Und wenn Caroline geschwiegen hatte, hatte er sie bei den Schultern genommen. »Warum sagst du nichts? Möchtest du ihn vielleicht verteidigen? Mir aufzählen, wieviel er für dich getan hat in einer Zeit, als ich dich im Stich gelassen habe? Du kannst mir nicht vorwerfen, daß ich nichts von deiner Situation wußte und Moreau sie für seine Zwecke ausgenutzt hat.«
»Natürlich nicht«, hatte sie dann erwidert. »Aber laß uns doch nicht immer wieder davon reden. Ich will nichts mehr davon hören und am liebsten nicht einmal mehr daran denken. Kannst du das nicht begreifen?«
Da hatte Pierre schließlich damit aufgehört.
»He, Kätzchen«, sagte er jetzt. »Was ist? Warum bist du so still geworden?«
Sie setzte sich auf. »Margot und Armand müssen jeden Augenblick zurückkommen. Und ich muß nach dem Essen sehen. Heute habe nämlich ich gekocht. Es gibt einen Kapaun in Weinsoße.«
Hastig brachte sie ihre Kleider in Ordnung und verschwand in der Küche.
Pierre kam ihr nach einer Weile nach. »Nicht, daß ich deine oder Margots Kochkünste nicht zu würdigen wüßte, *ma petite,* aber nachdem wir nun dank der Freundlichkeit der Königin Hortense demnächst wieder in Gnaden in der Gesellschaft aufgenommen sein werden, sollten auch wir hin und wieder Einladungen geben. Deshalb werde ich

mich nach einem vernünftigen Koch umsehen. Die Arbeit würde für dich und Margot zuviel.«
»Muß das sein? Ich fand es schön, so still und behaglich zu leben.«
»Aber unklug! Vergiß nicht, *ma petite,* ich bin nur ein unbedeutender Sekretär im Kriegsministerium. Und vordem war ich ein beim Kaiser in Ungnade gefallener Offizier. Da ich nun eine Familie habe, wird es Zeit, an meine Karriere zu denken. Dazu brauche ich Verbindungen, Förderer ... Die Königin Hortense, zum Beispiel. Oder noch besser den Kaiser. Der Comte Lébrin, der mein unmittelbarer Vorgesetzter ist, soll im nächsten Jahr eine Generalintendantur in Berlin bekommen. Ich würde gern in seine Position aufrücken. Vielleicht könntest du das bei passender Gelegenheit der Königin von Holland beibringen ...«
»Ich wußte gar nicht, daß du ehrgeizig bist«, sagte Caroline verwundert, und Pierre nahm sie in den Arm.
»Wir sind ja gerade erst dabei, uns kennenzulernen, *chérie.* Aber im Ernst: Wenn ich ein standesgemäßes Haus führe, verteuert sich unser Leben. Deshalb wäre es günstig, wenn sich auch meine Einkünfte vermehrten. Ich möchte um keinen Preis, daß du bei mir schlechter dastehst als bei Moreau.«
»Pierre«, fragte sie beunruhigt, »hast du etwa finanzielle Schwierigkeiten oder sogar Schulden?«
»Wer hat die nicht?« erwiderte er leichthin. »Aber das ist eine Sache, die nur mich angeht und dir keine Sorgen bereiten soll.«
Vor dem Haus fuhr eine Kutsche vor, und gleich darauf hörte man Margots und Armands Stimmen. Margot trug das Kind ins Haus. Armand hatte eine rotgefrorene Nase, und seine Augen tränten. »Kalt«, sagte er.
Caroline zog ihm den Mantel und die Mütze aus und rieb seine klammen Finger. »Mein armer Schatz. So verfroren bist du! Aber die frische Luft hat dir gut getan. Bestimmt hast du jetzt Hunger.« »Armand nich' Hunger«, plapperte das Kind. »Schokolade trinken.«

Caroline lachte. »Nichts da. Erst wird gegessen.« Sie küßte ihn und setzte ihn an den Küchentisch, wo ein erhöhtes Stühlchen für ihn stand. »Gib ihm Fleisch und Gemüse, Margot.«

Pierre beobachtete seinen Sohn, wie er sich folgsam von Margot füttern ließ, und empfand ein Gefühl der Enttäuschung. »Müßte er nicht schon allein essen können?« fragte er, und Caroline lachte.

»Um Himmels willen, er ist doch noch so klein. Aber das lernst du schon noch, nicht wahr, mein Herzchen?«

Armand schwieg und kaute an dem Löffelvoll, den Margot ihm in den Mund geschoben hatte. Man sah ihm an, daß er keinen Appetit hatte.

Ein anderes Kind in seinem Alter, dachte Pierre, würde jetzt lautstark protestieren und sich zur Wehr setzen. Der da nicht. Der läßt alles mit sich machen. Ein kleiner Duckmäuser ist das.

»Schmeckt es dir nicht?« fragte er seinen Sohn, und Armand warf ihm einen scheuen Blick zu. Pierre seufzte. »Himmel, sieh mich nicht an wie ein geprügelter Hund. Ich tue dir doch nichts.« Er machte eine Bewegung auf ihn zu, und Armand wich zurück. Dabei stieß er sich an der Stuhllehne und verzog weinerlich den Mund.

»Hast du dir weh getan, Herzchen?« fragte Caroline sofort und beugte sich über ihn. »Komm, Maman pustet, und dann ist alles wieder gut.«

Pierre spürte Gereiztheit in sich aufsteigen. »So ein kleiner Stups macht einem Jungen nichts aus. Du verzärtelst ihn, Caroline. Da wird er noch wehleidiger, als er ohnehin schon ist.«

»Armand ist nicht wehleidig«, verteidigte sie ihren Sohn sofort. »Aber er ist doch noch so klein.«

»Ach was, du bist wie eine Glucke um ihn besorgt. Wie soll da ein richtiger Junge aus ihm werden!«

Ihre grünen Augen funkelten empört, aber sie schwieg und drückte den Kopf des Kindes an ihre Brust. »Papa böse«,

sagte Armand, und eine Träne kullerte ihm über die Wange.
Pierre lachte. »Mir scheint, ich bin der böse Mann, von dem er so oft träumt.« Er wandte sich zur Tür. »Ich trinke noch einen Schluck Madeira vor dem Essen. Es dauert ja sicherlich noch eine Viertelstunde, bis serviert wird.«
Als die Tür hinter ihm zufiel, griff Margot wieder nach Armands Löffel. »So, mein Kleiner, jetzt essen wir den Teller leer, und dann bringe ich dich ins Bett.« Sie warf Caroline einen prüfenden Blick zu. »Nehmen Sie die Sache nicht tragisch, Madame. Männer können selten etwas mit so kleinen Kindern anfangen. Das gibt sich alles, wenn Armand ein bißchen größer ist. Dann wird er noch ganz verrückt mit dem Kleinen werden.«
»Meinst du?« fragte Caroline zweifelnd, und Margot nickte lachend. »Das ist so sicher wie das Amen in der Kirche.«
Aber später, als Margot auf einen Schwatz in Hermanns Mansardenstube hinaufgestiegen war, meinte sie bekümmert zu dem Buckligen: »Der Chevalier mag das Kind nicht. Hast du mal beobachtet, wie er es ansieht? Da ist überhaupt keine Zuneigung in seinem Blick, kein bißchen Wärme. Ach Gott, Hermann, warum mußte das alles bloß so kommen.«
Sie sagten einander schon seit längerem Du, weil sie eingesehen hatten, daß sie keine Konkurrenten um Carolines Zuneigung waren, sondern Verbündete darin, sie liebzuhaben und ihr beizustehen.
Hermanns Augen hatten einen kummervollen Ausdruck. »Ja, warum? Das, Margot, ist die älteste Frage der Welt, wenn wir etwas hinnehmen müssen, was uns nicht gefällt. Die Wege, die ein Mensch in seinem Leben zurücklegen muß, sind schief und krumm und ihre Folgen oft widersinnig und kaum zu begreifen. Aber was soll's? Tun wir das eine, ist das darauf Folgende unausweichlich. Tun wir das andere, ist es ebenso, und am Ende weiß niemand mehr, was richtig war.«

»Er philosophiert, der Idiot!« fuhr Margot auf. »Dabei geht es hier um ganz reale Dinge. Madame Caroline hat sich von ihrem Gatten getrennt und lebt mit dem Chevalier zusammen. Aber hol's der Teufel, trotz allem, was der Vicomte getan hat und was ich keineswegs billige – Lancourt kann ihm nicht das Wasser reichen. Er wird ihr Kummer machen, nicht nur wegen Armand.«
»Können wir's hindern?« fragte Hermann niedergeschlagen.
»Aber du bist doch so siebengescheit. Fällt dir nichts ein?«
»Nein«, gestand der Bucklige. »Wir können nur abwarten und beten.«
»Beten!« Margot tippte sich an die Stirn. »Zu wem denn? Gott – das ist etwas für kleine Kinder, damit sie brav sind. ›Sei schön artig, dann gefällt das dem lieben Gott. Und wenn du ungut bist, ist er traurig oder bestraft dich!‹ Aber hast du schon einmal erlebt, Hermann, daß Gott eingegriffen hätte, wenn jemand im Leid nach ihm geschrien hat? Wenn früher die großen Seuchen kamen und Abertausende krepiert sind? Wenn Krieg war und die Soldaten Dörfer und Städte angezündet haben und Frauen und Kinder umgebracht wurden? Und die Schwarzen, die sie heute in Amerika als Sklaven halten und schlechter als ihr Vieh – meinst du, die hätten nicht gebetet? Und was hat's genützt? Geh mir weg mit Gott, Hermann! Falls es ihn tatsächlich gibt, ist er alt und taub geworden oder so voller Menschenverachtung, daß er sich nicht mehr um uns kümmert. Verdenken könnte man es ihm nicht nach allem, was auf der Welt geschieht.« »Aber was soll man sonst tun? Und vielleicht hört er es doch einmal.« Hermann stützte den Kopf in die Hände. »Er war Carolines erste Liebe, der Chevalier. So was geht tief und hat Wurzeln, die man nicht einfach ausreißen kann.«
»Und du meinst, für den Vicomte hat sie gar nichts mehr übrig?«
»Ich weiß es nicht. Sie spricht ja nicht darüber. Natürlich ist es schwer, zu verzeihen, was er getan hat. Aber je län-

ger Armand hier ist und um so besser er sich herausmacht, desto eher wird sie bereit sein, die Geschichte zu vergessen. Er müßte nur bald einmal zurückkommen, der Vicomte. Vielleicht, wenn sie ihn wiedersieht und sich an all das Gute erinnert . . . Was meinst du, Margot? Sollen wir ihm schreiben?«
Sie blickte ihn voller Bewunderung an. »Für einen Deutschen bist du erstaunlich hell im Kopf, Hermann. Man sollte es nicht für möglich halten. Aber ich kann nicht schreiben. Du etwa?«
Er nickte lächelnd. »Ja. Nur mit meinem Französisch mußt du mir helfen, Margot. Da bin ich nicht sattelfest, wie du weißt.«
»Er kann schreiben«, murmelte sie kopfschüttelnd. »Was ist das nur für ein Land, dieses Deutschland, wo die Leute solch eine barbarische Sprache haben und weder von Suppen und Soßen, noch von Weinen etwas verstehen – aber bucklige Schneidergesellen schreiben können. Wahrhaftig, man kann es nicht begreifen!«

Sie trug ein Kleid aus glänzender schwarzer Atlasseide, mit weißen Schwanenfedern besetzt und einem perlenbestickten breiten Gürtel. Es war tief dekolletiert, und Pierre hatte, als Caroline in den Salon hinunterkam, wo er auf sic wartete, fast andächtig gesagt:
»Himmel, bist du schön! Am liebsten würde ich jetzt daheimbleiben und dir dieses aufregende Kleid ausziehen.«
Margot brachte ihr Mantel und Handschuhe, und Armand, der wie ein kleiner treuer Hund hinter ihr hergestolpert kam, starrte seine Mutter mit offenem Mund an, »Maman fein!«
Caroline hatte sich zu ihm hinuntergebeugt und ihn umarmt. »Ich gefalle dir also, kleiner Mann?«
Als er nickte, hatte sie ihn abgeküßt, und Pierre hatte ungeduldig gesagt: »Laß das doch! Er zerdrückt dein Kleid und bringt deine Frisur durcheinander.«

Königin Hortense bewohnte ein Haus in der Rue Curetti, das nicht allzu groß, aber sehr elegant eingerichtet war.
Sie stand in der kleinen, mit rosa Seidentapeten ausgeschlagenen und vielen goldgerahmten Spiegeln eingerichteten Halle und begrüßte ihre Gäste. Pierre und Caroline waren unter den letzten, die erschienen, und als der Majordomus die beiden anmeldete, verstummten alle Gespräche, und die Köpfe wandten sich zu ihnen um.
Es war wirklich ein Spießrutenlaufen. Die Frauen betrachteten Caroline von oben bis unten, und ihnen entging keine Einzelheit ihrer Frisur, ihrer Toilette und ihres Schmucks.
Irgend jemand sagte, geflüstert zwar, aber in der Stille doch laut genug, daß jeder es hören konnte: »Stammen die Ohrgehänge nicht aus dem Besitz der Moreaus? Schamlos, sie hat den Schmuck mitgenommen!« Caroline wurde einen Schein blasser. Sie versuchte herauszufinden, wer der Sprecher war, aber da kam bereits Hortense auf sie zu und umarmte sie.
»Meine liebe Vicomtesse, wie schön, daß Sie da sind. Ich freue mich sehr.« Sie küßte sie auf beide Wangen und hielt sie danach ein Stück von sich ab. »Sind das nicht die Perlenohrringe, die Ihnen meine Mutter vor ihrer Abreise nach Navarre geschenkt hat? Schade, daß sie sie nicht sehen kann. Sie passen so wunderbar zu Ihrem Kleid.«
Dann begrüßte sie Pierre und hakte ihn und Caroline unter. »Kommen Sie, ich wollte Sie mit einem Landsmann von Ihnen, Vicomtesse, bekannt machen. Graf Wesselohe kommt aus Dresden. Während des Essens ist er Ihr Tischnachbar. Es wird Ihnen beiden Freude machen, wenn Sie sich in Ihrer Muttersprache unterhalten können.«
Kurz darauf traf das Kaiserpaar ein.
Marie Louise hatte zugenommen, und das lag nicht nur an ihrer Schwangerschaft. Allerdings benutzte sie ihren Zustand als Alibi, um noch mehr als sonst in sich hineinzustopfen. Der Kaiser führte sie am Arm, und man merkte

ihm an, daß er seine schwangere Frau am liebsten in Watte gehüllt hätte. Er kümmerte sich darum, daß sie sich gleich nach der Begrüßung niedersetzte, während er anschließend von einem zum anderen ging und mit jedem ein paar Worte wechselte. Als er vor Caroline und Pierre stehenblieb, betrachtete er sie ein paar Sekunden mit schiefgeneigtem Kopf. Dann lächelte er überraschend herzlich.

»Madame, man hat Sie lange nicht in Gesellschaft gesehen. Ich bedaure das. Ich habe gehört, Sie haben einen Sohn. Dazu gratuliere ich Ihnen. Ich hoffe, daß Sie ihn mir einmal vorstellen.«

Caroline verneigte sich. »Sie sind sehr gütig, Sire. Es wird mir eine Ehre sein.«

»Wie heißt er denn?«

»Armand, Sire.«

»Ein hübscher Name. Ich fürchtete schon, Sie hätten ihm einen dieser deutschen Namen gegeben, die man nicht aussprechen kann. Erinnern Sie sich noch – damals in Erfurt, als Ihr berühmter Dichter, der Geheime Rat von Göt bei mir war? Er ist jedesmal zusammengezuckt, weil ich ihn nicht korrekt anzureden vermochte.«

»Aber ich glaube, daß die Freude, von Eurer Majestät empfangen zu werden, dies bei Herrn von Goethe bei weitem wettgemacht hat.« Napoleon wandte sich Pierre zu. »Wie geht es Ihnen, Leutnant de Lancourt? Für einen Soldaten, der nicht mehr in der Grande Armée kämpft, sehen Sie erstaunlich zufrieden aus. Sie sind in Spanien verwundet worden?«

»Ja, Sire, auf dem Marsch über den Guadarrama-Paß. Wir gerieten in einen Hinterhalt.«

»Und seitdem haben Sie einen steifen Arm?«

»Jawohl, Sire.«

»Da sind Sie noch glimpflich davongekommen. Ich hoffe, Sie wissen das zu schätzen – ebenso wie das Glück, das Sie auf anderen Gebieten haben. Normalerweise goutiere ich es nicht, wenn jemand in fremde Gärten einbricht.

Aber in Ihrem besonderen Falle ... nun ja. Ich hoffe, ich werde auch bald Vater eines Sohnes sein. Die ganze Nation wartet darauf. Ich werde ihm den Titel eines Königs von Rom verleihen.«
Der Kaiser wandte sich wieder an Caroline. »Sehen Sie zu, Madame, daß ich auch Ihrem Sohn eines Tages einen Titel oder ein Amt verleihen kann.«
Nachdem Napoleon weitergegangen war, drückte Pierre Carolines Arm. »Du hast wirklich einen gewaltigen Stein bei ihm im Brett. Er hat sich mit niemandem so lange unterhalten wie mit dir. Wenn ihm nun noch jemand bei passender Gelegenheit sagt, daß ich der geeignete Nachfolger für den Comte Lébrin bin ...«
»Du meinst, ich soll es ihm sagen«, erwiderte Caroline, und Pierre grinste.
»Du oder jemand anderer – Hauptsache, ich bekomme den Posten.«

Von diesem Tag an trafen wieder Einladungen in dem kleinen Haus in Saint Denis ein, oder es kamen Besucher. Die Isolation, in der Pierre und Caroline gelebt hatten, war wie durch Zauberhand vorbei. Der Kaiser selbst hatte die Affäre offenbar sanktioniert – wer wollte da noch länger die Nase rümpfen?
Freilich, aus der Umgebung der Kaiserin Marie Louise erfuhr man, daß Ihre Majestät die Vicomtesse de la Moreau als ein »leichtsinniges, gewissenloses Frauenzimmer« bezeichnet hatte. Aber wer gab schon etwas auf dieses Urteil? Marie Louise war nicht beliebt; man spottete über ihre strengen, kleinbürgerlichen Moralbegriffe, man lästerte über die Langeweile, die sie verbreitete, und das steife spanische Hofzeremoniell, auf dem sie bestand, und hielt sie für töricht, geistlos und geradezu kränkend hochmütig. Eine blonde Gans war sie, die sich einbildete, ein Schwan zu sein.
Der Kaiser allerdings behandelte sie mit Nachsicht, aber wie lange mochte das noch währen?

Schon jetzt stritten die beiden oft. Das heißt, in der Regel war es Marie Louise, die Napoleon mit weinerlicher Stimme Vorhaltungen machte, daß man ihr nicht mit der nötigen Ehrerbietung begegne, daß man bei der Hofhaltung unnötig Geld verschwende, daß er ungehobelte Manieren an den Tag lege und sich taub für ihre Anliegen stelle.
Meist flüchtete der Kaiser dann in sein Arbeitszimmer, oder Marie Louise verschwand türenknallend in ihren Gemächern, wo sie sich einschloß.
Ein solcher Streit war auch der Grund, daß Pierre de Lancourt den ersehnten Posten im Kriegsministerium nicht bekam.
Beim Neujahrsempfang in den Tuilerien, zu dem auch Pierre und Caroline geladen waren, hatte sie Gelegenheit gehabt, mit Napoleon über Pierres Beförderung zu sprechen. Der Kaiser hatte ihr wohlwollend zugehört und anschließend gemeint, er werde sich die Angelegenheit durch den Kopf gehen lassen; der Chevalier de Lancourt möge sich aber immerhin darauf vorbereiten, demnächst eine verantwortungsvollere Aufgabe übertragen zu bekommen.
Marie Louise jedoch hatte als Nachfolger für den Comte de Lébrin bereits einen anderen im Sinn, den jungen Baron de Vaudille, der gleichsfalls als Sekretär im Kriegsministerium arbeitete.
Ein paar Tage nach Neujahr rückte sie damit heraus, als sie mit dem Kaiser nach Fontainebleau fuhr, wo er jagen wollte. »Ich habe Herrn de Vaudille auch zur Jagd eingeladen, damit Sie ihn näher kennenlernen können, Sire«, sagte sie. »Er ist ein liebenswürdiger, strebsamer Mann, der Ihnen zweifellos gefallen wird. Madame de Montebello hat mich auf ihn aufmerksam gemacht. Er ist ein Verwandter von Herrn de Saint-Aignan, mit dem ... nun ja, der ein guter Freund meiner lieben Montebello ist.«
Napoleon unterdrückte ein amüsiertes Lächeln. Alle Welt wußte, daß Saint-Aignan der Liebhaber der Montebello war, aber so etwas brachte Marie Louise einfach nicht über

die Lippen. Sie wurde sogar ein wenig rot, während sie rasch weitersprach:
»Auch Baron de Vaudilles Vorgesetzter, General Mardonne, hält große Stücke auf den jungen Mann. Er ist es sicherlich wert, seinen Begabungen und seiner Tüchtigkeit entsprechend gefördert zu werden.«
»Daran zweifle ich nicht«, entgegnete Napoleon liebenswürdig. »Stellen Sie mir also den jungen Mann vor, Madame. Was freilich den Posten eines Ressortchefs der Abteilung für militärische Ausrüstung betrifft, so habe ich ihn schon jemandem so gut wie versprochen.« »Ach – und wem?« fragte Marie Louise spitz.
»Dem Chevalier de Lancourt. Er arbeitet bereits in dieser Abteilung und ist mit allen Problemen und Besonderheiten vertraut.«
Marie Louise schwieg eine Weile und nagte an ihrer Unterlippe. Dann platzte sie heraus: »Lancourt? Ist das nicht der... der Liebhaber der Vicomtesse de la Moreau?« Diesmal hatte sie keine Scheu, diese Tatsache beim Namen zu nennen, sondern fuhr aufgebracht fort: »Wahrhaftig, Sire, das begreife ich nicht! Wie können Sie einen Menschen mit solch einem zweifelhaften Ruf, einen Ehebrecher, für eine Beförderung vorsehen?«
Weil ich die Vicomtesse sehr gern habe, hätte Napoleon beinahe erwidert. Er schluckte es im letzten Augenblick hinunter und sagte statt dessen:
»Ich kenne Lancourt recht lange. Er war Leutnant der Garde und ein guter Soldat, bis ich seine Versetzung nach Spanien anordnete. Dort ist er verwundet worden und hat einen steifen Arm zurückbehalten.« »Nun, wenn Sie alle Invaliden befördern wollten, wären bald sämtliche wichtigen Ämter mit Krüppeln besetzt.«
Napoleon griff nach ihrer Hand. »Ich verspreche Ihnen, daß ich Ihren Schützling Vaudille im Auge behalten werde. Sobald eine geeignete Stellung für ihn frei wird, soll er sie bekommen.«

»Und warum nicht die des Comte Lébrin?«
»Weil ich dafür Lancourt vorgesehen habe. Als ich ihn nach Spanien schickte, war es eine Art Strafversetzung. Ich hatte mich über ihn geärgert – eines Ehrenhandels wegen, wenn ich mich recht erinnere. Hätte ich ihn in der Garde behalten, wäre er vielleicht heute noch ein gesunder Mann. Ich habe damals zu hart reagiert.«
»Sire!« sagte Marie Louise entrüstet. »Wo kommen Sie hin, wenn Sie Ehrenhändel und andere Liederlichkeiten ungeahndet lassen! Dieser Monsieur de Lancourt scheint eine sehr zweifelhafte Moral zu besitzen – und seine Geliebte ebenfalls. In meiner Heimat gibt es ein Sprichwort: Gleich und gleich gesellt sich gern. Man sieht es ihr auch an, finde ich. Sie hat eine ordinäre Ausstrahlung. Und dieses rote Haar ... Es gibt Leute, die behaupten, der Vicomte de la Moreau habe sie in einem dieser ... schrecklichen Häuser kennengelernt. Sie wissen schon, was ich meine: So eines, wo sich schlechte Frauen für Geld verkaufen.«
Napoleon lachte nun doch. »Irrtum, meine Liebe! Zufällig kenne ich die Vicomtesse aus der Zeit, als sie noch unverheiratet war. Sie ist eine Erfurter Schneidermeistertochter.«
»Was?« Marie Louise starrte ihn mit offenem Mund an. »Dann ist der Vicomte ja eine grauenhafte Mesalliance eingegangen. Wieso haben Sie das geduldet und empfangen diese Person auch noch bei Hofe?«
Napoleon mußte plötzlich an Josephine denken und an den Brief, den sie ihm von Malmaison über Caroline geschrieben hatte.
»Sie ist eine reizende, liebenswerte Frau. Ich bitte Sie sehr herzlich darum, Sire, erheben Sie keine Einwände gegen ihre Verheiratung mit dem Vicomte de la Morau. Vergessen Sie nicht, daß die Vicomtesse de Beauharnais seinerzeit den bürgerlichen Brigadegeneral Bonaparte, Sohn eines korsischen Advokaten, geheiratet hat ...«

Ach, Josephine! Es war nicht nur Sentimentalität, die Napoleon immer noch ein warmes Gefühl für sie bewahren ließ. Er vermißte sie manchmal recht schmerzlich. Josephine war ein Teil seines Lebens, und wenn sie ihn auch oft genug mit ihrer Unpünktlichkeit, ihrem absoluten Unverständnis für die Erfordernisse der Politik, ihrer Verschwendungssucht und ihrer Indolenz allem gegenüber, was seine militärischen Pläne betraf, zur Weißglut getrieben hatte, so hatte das Leben mit ihr doch eine heitere Wärme besessen, die ihm jetzt abging.

Wenn sie wenigstens in Malmaison wäre und er ab und an zu ihr kommen könnte, um sich bei ihr von der kalten Atmosphäre der offiziellen Hofhaltung zu erholen! Aber Marie Louise war eifersüchtig auf Josephine, deshalb hatte sie fortgemußt, denn natürlich wollte er seiner schwangeren Frau Aufregungen ersparen. Nichts durfte das Kind gefährden.

Doch wenn es da ist, das *enfant de France*, dachte Napoleon, hole ich Josephine nach Malmaison zurück. Marie Louise hat keinen Grund eifersüchtig zu sein. Ich will ja nur ein wenig gut sein zu Josephine. Und mich an ihrem hübschen, liebenswürdigen Geplauder freuen. Er lehnte sich in den Wagenpolstern zurück und schlug die Beine übereinander. »Es kann nicht jeder von der erlauchten Familie der Habsburger abstammen«, sagte er kühl. »Die Vicomtesse de la Moreau besitzt eine Menge Eigenschaften, die einen Adelsbrief wettmachen.«

»Sire!« Marie Louises blaue Augen funkelten wie zwei Eiskugeln. »Das . . . das ist . . .«

»Und bedenken Sie«, fuhr der Kaiser gereizt fort, »daß auch Sie genau genommen nur eine Madame Bonaparte sind.«

Ein paar Sekunden lang schwieg sie verblüfft. Dann sagte sie mit all ihrer törichten Dünkelhaftigkeit: »Ich habe den Kaiser der Franzosen geheiratet.«

»Das ist mir klar.« Napoleons Stimme klang noch be-

herrscht, aber Marie Louise kannte ihn lange genug, um zu wissen, daß er im nächsten Moment einen seiner entsetzlichen Wutausbrüche bekommen konnte.
»Lassen Sie anhalten, Sire«, bat sie weinerlich. »Mir ist nicht wohl. Das Rütteln der Kutsche und die Meinungsverschiedenheit mit Ihnen ... Ach, und die Ärzte haben mir so eingeschärft, daß ich mich nicht erregen darf.«
Der Kaiser kam mit einstündiger Verspätung in Fontainebleau an. Ein Teil seines Gefolges war vorausgefahren, um es zu melden. Die Kaiserin habe einen Schwächeanfall erlitten, und man habe die Fahrt unterbrechen müssen.
Als Marie Louise im Ehrenhof des Schlosses aus der Kutsche stieg, sah sie in der Tat blaß und angegriffen aus, und Napoleon führte sie vorsichtig die breite Freitreppe hinauf. In der Halle erwarteten sie Madame de Montebello und einige Hofdamen. »Kommen Sie, Majestät«, sagte die Montebello besorgt, »ich bringe Sie in Ihr Zimmer, und Sie legen sich sogleich nieder.« Sie sah den Kaiser an, der mit zusammengepreßten Lippen danebenstand. »Ich habe nach Doktor Covissart geschickt. Er ist auf dem Weg hierher.«
In Napoleons Blick lag eine Mischung aus Angst und Wut. »Ich glaube, er bemüht sich umsonst hierher. Ihrer Majestät geht es bereits besser. Ein paar Stunden Ruhe, und sie wird völlig wiederhergestellt sein.«
»Lassen Sie mir eine Tasse heiße Schokolade bringen«, befahl Marie Louise, als sie in ihrem Schlafgemach war. »Ich bin total durchgefroren. Wir hielten unterwegs gerade an einem See, und es wehte ein eisiger Wind. Ach, übrigens können Sie Herrn de Saint-Aignan sagen, daß Baron de Vaudille den Posten im Kriegsministerium erhält, sobald der Comte Lébrin nach Berlin abgereist ist, meine liebe Montebello. Der Kaiser war so liebenswürdig, auf meine Empfehlung zu hören.«
Die Montebello verneigte sich. »Ich danke Eurer Majestät. Es war sehr gütig von Ihnen, sich für den jungen Mann zu verwenden.«

»Und anstrengend!« seufzte Marie Louise, bevor sie sich auf dem Bett ausstreckte. »Jetzt gehen Sie aber und besorgen meine Schokolade. Und ein paar *petit fours* dazu. Aufregungen machen mich immer hungrig.«

»Ich fürchte«, sagte Pierre, »daß ich deinen Einfluß auf den Kaiser und andere ihm nahestehende Personen überschätzt habe, Caroline. Heute wurde uns der Nachfolger von Herrn de Lébrin vorgestellt. Ein Baron de Vaudille, bisher Sekretär in der Abteilung Finanzverwaltung. Wie man hört, soll er sich der Protektion der Kaiserin Marie Louise erfreuen.« Seine Stimme klang scharf, und über seiner Nasenwurzel stand eine Falte.
Caroline, die mit einer Stickerei beim Kamin saß, blickte auf. »Das verstehe ich nicht. Der Kaiser hat mir so gut wie zugesagt, daß du ... O Pierre, bist du sehr enttäuscht?«
Er goß sich ein Glas Apfelbranntwein ein und trank es in einem Zuge aus. »Vermutlich hast du nicht geschickt genug interveniert oder aus seinen Worten etwas herausgehört, was er gar nicht gemeint hat. Und ob ich enttäuscht bin? Vergiß nicht, ich habe dir schon einmal eine Degradierung zu verdanken. Damals, als ich nach Spanien zu Lefèvbre mußte. Hättest du mein Duell mit Wardenburg nicht angezeigt, wäre ich heute noch bei der Garde, sähe den Kaiser alle Tage und könnte selbst für mein Weiterkommen sorgen. Bestimmt wäre ich längst Capitaine oder mehr.«
Sie starrte ihn an. »Das meinst du doch nicht ernst, nicht wahr?«
Mißmutig winkte er ab. »Ach, hören wir auf davon. Was viel ärgerlicher ist: Ich habe mir den Unwillen der Kaiserin zugezogen, weil ich mit dir zusammenlebe. Ihre Majestät hat etwas gegen dich, das hat mir der Comte Lébrin heute zu verstehen gegeben. Eine Schneidermeisterstochter, die in eine altadlige Familie eingeheiratet hat und anschließend ihrem Mann davongelaufen ist ... Lébrin sagte, er hätte viel

lieber mich als seinen Nachfolger gesehen als diesen jungen Spund Vaudille, der noch nie einen Feldzug mitgemacht und vermutlich keine Ahnung von militärischer Ausrüstung und ihrer ständigen notwendigen Weiterentwicklung hat. Aber Seine Exzellenz, der Kriegsminister, habe in meinem Fall Zweifel angemeldet, ob ich auf Grund meiner persönlichen Verhältnisse für eine solche Aufgabe der richtige Mann sei. Zweifel wohlgemerkt, die ihm von höchster Stelle aus bewußt gemacht worden seien.«

Caroline war aufgesprungen. Die Gobelinstickerei fiel zu Boden, und sie stieß sie mit dem Fuß beiseite. »Das ist eine bodenlose Unverschämtheit! Soll ich um Audienz bei Ihrer Majestät nachsuchen und ihr die Gründe schildern, die mich bewogen haben, meinen Mann zu verlassen?«

Er trank wieder und schüttelte den Kopf. »Laß es bleiben, Caroline. Wenn sogar der Kaiser nachgegeben hat ... Vermutlich würde sie dich nicht einmal empfangen. Im übrigen blieben ihre Vorbehalte gegen dich trotzdem bestehen. Du bist eine Schneidermeisterstochter und von daheim fortgelaufen, weil du ein Kind bekamst. Womöglich sind Ihrer Majestät auch die Gerüchte um ein gewisses Etablissement in der Rue de Buci zu Ohren gekommen, in dem Moreau dich aufgegabelt hat. Drittens und letztens aber wird sie erfahren haben, daß die Kaiserin Josephine dir zugetan war, und das wird dich ihr noch unsympathischer machen.«

»Aber was soll ich tun, Pierre?«

»Nichts, mein Kind. Wir müssen die Tatsachen hinnehmen, so betrüblich sie auch sind.« Er schob sie zur Seite und holte sich die Schnapskaraffe. Damit setzte er sich in einen Sessel beim Fenster.

»Heute habe ich Lust, mich zu betrinken. Verdammt, und ich habe mich so darauf verlassen, daß ich Lébrins Stellung bekomme. Wir hätten das damit verbundene Geld sehr gut gebrauchen können. Nun muß ich mir etwas Neues einfallen lassen, um meine Gläubiger hinzuhalten.«

»Wie hoch sind deine Schulden, Pierre?«
»Zu hoch, als daß wir sie bezahlen könnten. Es sei denn . . .«
»Es sei denn – was?«
»Ach, nichts. Du würdest mir ohnehin nicht helfen. Nicht mit Moreaus Geld.«
Sie blickte ihn an, sah sein hübsches, wütend verzogenes Gesicht und die funkelnden Augen. »Du meinst die Apanage, die er mir ausgesetzt hat und die ich nicht anrühren möchte?«
»Ja, verdammt noch mal!« Unvermittelt schlug er mit der Faust auf die Sessellehne. »Du mit deinem dummen Stolz! Als ob du dir den leisten könntest. Was glaubst du denn, was ich für Auslagen in letzter Zeit hatte! Die neue Kutsche, die Pferde, eine Zofe für dich, den Koch, die übrige Dienerschaft . . . Wenn wir schon Gesellschaften geben, können wir unsere Gäste schließlich nicht wie zwei Hungerleider empfangen. Wir brauchten neue Möbel, Kleider, Silber, Porzellan . . .«
»Du meintest es zu brauchen«, verbesserte sie ihn. »Ich habe das alles nicht gewollt. Wenn es nötig ist, können wir uns sofort wieder einschränken. Wir entlassen die Hausangestellten. Margot, Hermann und Henri sind mehr als genug. Vielleicht kann man auch einen Teil der Möbel zurückgeben und die Pferde verkaufen.«
»Ja, damit es die Spatzen von den Dächern pfeifen, daß der Chevalier de Lancourt auf dem absteigenden Ast ist.«
Pierre wurde zunehmend betrunken. Er stand auf und ging hastig auf und ab. Dann blieb er vor Caroline stehen und umfaßte ihre Schultern.
»Mit deiner Apanage wäre ich aus den schlimmsten Verlegenheiten heraus. Irgendwann werde ich selbst genügend Einkünfte haben. Es ist nur eine Frage der Zeit und der Verbindungen. Diesmal hat Vaudille mir den Rang abgelaufen, aber es kommen noch andere Chancen. Wie kann ich sie wahrnehmen, wenn wir uns aus Sparsamkeit von al-

lem zurückziehen? Bitte, Caroline, sieh es ein. Ich brauche das Geld. Da du bisher nichts davon angerührt hast, muß ein hübsches Sümmchen zusammengekommen sein, und jeden Monat kommt wieder etwas dazu. Es ist ja nicht für immer, nur für den Augenblick. Später kannst du Moreau seine lumpigen Kröten hohnlachend vor die Füße werfen.«
Sein Schnapsatem wehte ihr ins Gesicht, und sie wandte den Kopf ab.
»Du willst nicht?« fragte Pierre. »Und du behauptest, mich zu lieben? Pfui Teufel! Erst entgeht mir durch deine Schuld meine Beförderung, anschließend läßt du mich mit meinen Sorgen im Stich.«
Irgend etwas in ihr zerbrach bei seinen Worten. Oder war es schon seit längerem kaputt, und sie hatte es nur nicht beachtet? Hatte es Risse gegeben, die sie nicht wahrhaben wollte? Unmerkliche Sprünge in ihrer Beziehung, die allmählich tiefer geworden waren? Natürlich verstand sie, daß Pierre wütend und enttäuscht war. Da sagte man manches, was man im Grunde nicht meinte. Das war es auch nicht, was Caroline so verletzt hatte. Es war etwas anderes, und es saß tiefer als eine ärgerliche Bemerkung.
Pierre hatte das Bild zerstört, das sie sich von ihm gemacht hatte. Wohl hatte sie gewußt, daß er leichtsinnig war. Aber nie hätte sie deswegen an der Lauterkeit seines Charakters gezweifelt. Ein schneidiger junger Offizier voller Mut und Draufgängertum, der manchmal in seinem Leben über die Stränge geschlagen hatte, so hatte sie ihn gesehen. Aber darüber hinaus hatte sie gemeint, besäße er Ehrgefühl, Empfindsamkeit, eine aufrechte Gesinnung und ein gutes Herz.
Jetzt aber schien es Caroline, als verberge sich hinter Pierres Betragen eine erschreckende Kälte. »Laß mich los«, sagte sie leise. »Du tust mir weh.«
Pierre trat zurück. »Vergebung, Vicomtesse«, erwiderte er mit einem ironischen Lachen. »Vicomtesse mögen verzeihen, aber die Erregung riß mich hin. Es wird nicht wieder vorkommen.«

»Wohin willst du?« fragte sie, als er sich zum Gehen wandte, und er hob die Schultern.
»Fort, mir den Kopf auslüften. Oder vielleicht irgendwo ein Glas trinken, weil mir das Hiersein verleidet ist.«
Er kam erst spät in der Nacht heim, und er roch nach Schnaps und einer verräucherten Spelunke.
Caroline hatte nicht schlafen können, und als er sich zu ihr legte, sagte sie: »Ich fahre morgen zum Bankhaus Landru und hebe das Geld ab, das dort für mich deponiert ist. Ich will nicht, daß du Schulden hast.«
Pierre fuhr herum. »Wirklich? Ach, Caroline, Kätzchen, mir fällt ein Stein vom Herzen. Aber ich wußte ja, daß du vernünftig werden würdest.«
Er nahm sie in die Arme und wollte sie küssen. Sie aber drehte den Kopf zur Seite, so daß seine Lippen nur ihr Haar berührten.
»Bist du mir noch böse?« fragte er schmeichelnd. »Ich war wohl recht abscheulich zu dir, und das ist mir den ganzen Abend über nachgegangen. Bitte, sei wieder gut. Ich kann es nicht haben, wenn du zornig auf mich bist. Ich liebe dich doch.«
»Schon gut«, murmelte sie. »Reden wir nicht mehr davon.« Dann schob sie ihn von sich. »Laß uns schlafen, ich bin todmüde, Pierre.
»Alles vergeben und vergessen?«
»Ja«, antwortete sie. Aber insgeheim dachte sie: Ich weiß nicht, ob ich es vergessen will. Vielleicht war ich zu blind, zu vertrauensselig. Ich sollte lernen, Pierre zu sehen, wie er wirklich ist. Vielleicht macht mich das weniger verletzbar.
Von da an beobachtete sie ihn. Es war nicht so, daß sie nichts mehr für ihn empfand, und es gab auch immer wieder Augenblicke, in denen sie recht glücklich mit ihm war.
Pierre war ein bezaubernder Mann, wenn er wollte, heiter und zärtlich; sie konnte lachen mit ihm und sich über seine verrückten Einfälle amüsieren. Sie freute sich, wenn er ihr

Komplimente sagte, und das tat er oft, und sie genoß es, zu spüren, daß er sie begehrte. Aber sie begriff allmählich, daß dies alles war, was sie von Pierre zu erwarten hatte. Er war kein Mann für schlechtes Wetter, keiner, auf den man in dunklen Stunden bauen konnte. Ging etwas nicht nach seinem Kopf, fühlte er sich ungerecht behandelt und reagierte entsprechend gereizt. Verlangte man etwas von ihm, das er nicht zu geben bereit war, konnte er sehr rücksichtslos werden, und das, was er unter Liebe verstand, erschöpfte sich in leidenschaftlichen Umarmungen und ebensolchen Lippenbekenntnissen.
Das aber, was Caroline am meisten belastete, war sein Verhältnis zu Armand.
Sie liebte dieses Kind, liebte es mit aller Hingabe, deren sie fähig war, und noch immer erschien es ihr wie ein Wunder, daß es ihr wiedergeschenkt worden war. Aber die Zeit im Kloster war an Armand, so klein er noch war, nicht spurlos vorübergegangen.
Er war nach wie vor ängstlich, scheu und ohne Durchsetzungsvermögen. Kein Sohn, mit dem Pierre hätte paradieren können, aber dennoch ein unglaublich liebenswertes Kind.
Unter Carolines geduldiger Pflege blühte er auf, wurde zutraulich und lebhaft. Doch sobald Pierre in der Nähe war, zog der Kleine sich wieder in sich selbst zurück und reagierte auf die gelegentlichen ungeduldigen Versuche seines Vaters, einen »richtigen Jungen« aus ihm zu machen, mit Furcht und Tränen. Außer Caroline liebte er noch Margot und vor allem Hermann. Bei ihm konnte Armand stundenlang sitzen und mit ein paar Stoffresten, bunten Federn und Steinen spielen, etwas, das Pierre zu der spöttischen Bemerkung veranlaßte, bei Armand bräche offenbar das Erbteil seines Großvaters mütterlicherseits durch, und es sollte ihn nicht wundern, wenn aus dem Jungen eines Tages ein Schneider würde.
Im übrigen blieb er bei seiner Meinung, daß Caroline viel

zuviel Aufhebens um das Kind und seine Bedürfnisse mache. »Auf diese Weise wird er ewig an deinen Röcken hängen, um jeden Unsinn heulen und nie lernen, sich auf eigene Füße zu stellen.«

Er spottete wenn Armand, was häufig geschah, einen Schluckauf bekam, ärgerte sich, wenn er ihn auf eine Frage hin nur stumm, den Daumen im Mund, anstarrte, und lachte, wenn der kleine Junge sich weh getan hatte und nach Kinderart weinend zu seiner Mutter lief, um sich trösten zu lassen.

Freilich hoffte Caroline noch immer, daß sich Pierres Einstellung im Lauf der Zeit ändern würde, aber es kam doch immer öfter des Kindes wegen zu Reibereien zwischen ihnen. Meist zeigte sich Pierre dann reuig und für eine kleine Weile sogar einsichtsvoll. Für ein, zwei Tage strengte er sich an, seine Ungeduld im Zaum zu halten und Armands Zutrauen zu gewinnen. Aber zwei Tage sind zu wenig, wenn man danach wieder in seine alten Fehler zurückfällt, und so änderte sich im Grunde nichts.

Und Caroline dachte manchmal, wenn sie ihren Sohn im Arm hielt: Er hat nur mich, der arme Kleine. Niemand sonst will ihn. Charles hat ihn mir fortgenommen und einem ungewissen Schicksal ausgeliefert, und Pierre bringt ihm ebenfalls keine Liebe entgegen.

Dann war sie um so fester entschlossen, dieses Kind zu behüten und ihm alles an Zuneigung zu geben, was es brauchte – wenn es sein mußte, gegen eine ganze feindselige Welt.

Caroline hatte nie besonders herzliche Gefühle für Napoleon gehegt. Was sie ihm entgegenbrachte, war eine Mischung aus Respekt, widerwilliger Bewunderung und einer gewissen Dankbarkeit, weil er ihr so offensichtlich freundlich gesonnen war.

Aber da war nun jener Nachmittag im Bois de Boulogne Anfang März ...

Caroline hatte mit Armand eine Spazierfahrt unternommen, da das Wetter schon frühlingshaft mild war und die Bäume dicke grüne Knospen trugen, die sich der Sonne öffneten. Auf den Wiesen blühten Anemonen und Krokusse und tupften gelbe und weiße Farbflecken in das noch winterliche Braun des Grases.

Caroline hatte das Kutschenverdeck zurückschlagen lassen und freute sich über Armands rosiges Gesicht und seine glänzenden Augen, mit denen er die anderen Equipagen, Spaziergänger und Reiter beobachtete.

Da galoppierte plötzlich eine Abordnung der Gardejäger heran, in deren Mitte der Kaiser auf seinem prächtig aufgezäumten Schimmel saß. Sie überholten Carolines Wagen, aber Napoleon mußte sie im Vorüberreiten erkannt haben, denn er wendete sein Pferd und kam in langsamerem Trab zurück.

»Madame de la Moreau!« rief er lächelnd. »Welch angenehme Überraschung.«

Caroline hatte halten lassen und wollte aussteigen, aber der Kaiser sprang aus dem Sattel und warf die Zügel seines Pferdes einem Gardisten zu. »Bleiben Sie sitzen, Madame. Wenn Sie gestatten, setze ich mich ein Weilchen zu Ihnen und Ihrem kleinen Kavalier.« Er wandte sich an Armand. »Erlaubst du es mir?«

Armand betrachtete ihn aufmerksam, wieder einmal den unvermeidlichen Daumen im Mund, dann sagte er, der Fremden gegenüber sonst immer sehr schüchtern, beinahe abweisend war: »Ich bin Armand. Nich' Kavalier. Und wie heißt du?«

»Napoleon«, sagte der Kaiser ernsthaft. Er setzte sich Caroline gegenüber auf die Kutschenbank und streckte die Arme aus. »Magst du auf meinen Schoß kommen?«

»Nöö . . .«

»Das ist schade. Ich habe kleine Jungen sehr gern. Außerdem wollte ich dich schon längst kennenlernen. Ich habe deine Mama eingeladen, mich mit dir zu besuchen. Leider hat sie es nicht getan.«

Armand blickte Caroline an. »Warum nich'?«
Sie hob die Schultern. »Ich dachte, es wäre nicht ganz angebracht, Sire.«
»Heißt nich' Sire, heißt Poljon!« krähte Armand dazwischen und rutschte von seinem Platz. Wieder musterte er den Kaiser und deutete auf einen Ring an seinem Finger. Es war ein in Gold gefaßter Smaragd. »Schön.« Dann kletterte er Napoleon auf den Schoß.
Der Kaiser drückte ihn an sich. »Du bist aber ein lieber Junge.«
»Maman fahren«, verlangte Armand. »Poljon besuchen ...«
Caroline lachte. »Aber doch nicht jetzt. Außerdem heißt es nicht Poljon, sondern Seine Majestät, der Kaiser Napoleon.«
»Poljon«, wiederholte Armand bestimmt und lächelte zu dem Kaiser hoch, »Morgen besuchen?« fragte er hoffnungsvoll.
»Um Himmels willen, Sire«, rief Caroline, »sagen Sie jetzt nicht ja, sonst besteht Armand darauf, daß wir morgen gleich nach dem Aufstehen zu Ihnen kommen.«
Der Kaiser schaukelte Armand auf seinen Knien. »Morgen geht es wirklich nicht, da bin ich in Vincennes zu einer Truppeninspektion. Vielleicht in der nächsten Woche?«
»Aber Sire, Sie werden sicherlich anderes zu tun haben, als einen kleinen Jungen zu empfangen. Es ist natürlich sehr gütig von Ihnen, trotzdem denke ich ...«
»Sie denken, ich hätte das nur so dahingesagt, was? Eigentlich müßten Sie mich gut genug kennen, um zu wissen, daß ich nie etwas nur so dahinsage, Madame. Warten Sie ... Am Donnerstag in acht Tagen hat Napoleon Louis, der Sohn der Königin von Holland, Geburtstag. Ich habe ihm versprochen, daß er auf dem Champ de Mars eine Parade ansehen darf, und anschließend findet die offizielle Geburtstagsfeier in den Tuilerien statt. Wenn es Ihnen

recht ist, sind Sie und mein kleiner Freund dazu eingeladen. Wollen Sie?«
»Gewiß«, erwiderte Caroline zögernd, und Napoleon blickte sie stirnrunzelnd an.
»Das klingt nicht besonders erfreut. Warum?«
»Ach, wissen Sie, Sire«, gestand sie freimütig, »ich möchte eigentlich nicht so gern bei Hof erscheinen, solange meine persönlichen Verhältnisse noch so unklar sind. Mir ist durchaus bewußt, daß so etwas Ärgernis erregen muß.«
Napoleon runzelte die Brauen. »Man hat Ihnen Klatsch zugetragen, was? Genügt es Ihnen nicht, daß ich die Gründe kenne und akzeptiere, aus denen Sie sich entschlossen haben, den Vicomte de la Moreau zu verlassen?«
Sie senkte den Kopf. »Ich würde diese Dinge um keinen Preis in der Welt herumposaunen wollen, auch nicht um den meiner öffentlichen Rechtfertigung.«
»Das ist sehr anständig von Ihnen. Aber ich hätte eigentlich nichts anderes von Ihnen erwartet.«
»Darf ich in diesem Zusammenhang eine Bitte aussprechen, Majestät?« fragte Caroline, durch seine Freundlichkeit ermutigt. »Ich würde gern verhindern, daß meinem ... daß dem Vicomte de la Moreau durch seine Handlungsweise noch nachträglich Schwierigkeiten entstehen. Ich denke an Ihre Ungnade – oder sogar eine Bestrafung. Ich glaube kaum, daß ich ihm jemals verzeihen kann, aber ich möchte trotzdem nicht, daß er mit Konsequenzen zu rechnen hat. Daran würde nämlich ich mir die Schuld geben, weil ich der Königin von Holland seinerzeit die Wahrheit anvertraut habe.«
Napoleon strich Armand über den Kopf. »Ich gebe zu, wegen dieses kleinen Kerls hier würde ich Ihrem Gatten liebend gern persönlich die Offiziersepauletten abreißen und ihn anschließend vor Gericht stellen lassen. Nie hätte ich eine solch niedrige Handlungsweise von ihm erwartet.«

»Ich auch nicht, Sire. Und das ist es, worüber ich nicht hinwegkomme.«
»Trotzdem wollen Sie nicht, daß er bestraft wird?«
»Er ist es wohl schon. Und damit, meine ich, sollte es genug sein.« »Sie sind sehr großmütig, Madame.«
»Er ist . . . er war mein Mann«, erwiderte Caroline stokkend. »Ich verdanke ihm viel, und es gab eine Zeit, in der ich mir einbildete, diese Dankesschuld niemals abtragen zu können. Jetzt, so scheint mir, sind wir quitt, falls Sie auf meine Bitte eingehen, Sire.«
Napoleon betrachtete sie nachdenklich. »Der Vicomte de la Moreau wird Ende des Monats wieder in Paris erwartet. Dann soll er also seinen Dienst bei mir aufnehmen, als wäre nichts geschehen?«
»Es ist viel geschehen, Sire. Wenn er heimkommt, wird er mich nicht mehr in seinem Hause vorfinden.«
»Hmhm . . .« Wieder warf ihr der Kaiser einen nachdenklichen Blick zu. Dann fragte er: »Und sind Sie jetzt glücklich, Madame?«
»Ich habe mein Kind wieder. Ist das nicht Grund genug?«
»Ja, gewiß. Aber ein Kind braucht geordnete Verhältnisse. Sie sollten dafür Sorge tragen.«
Sie verstand, wie er es meinte, und nickte. »Dazu muß ich erst einmal geschieden sein.«
»Das haben Sie noch nicht in die Wege geleitet?«
Sie hob die Schultern. »All diese Veränderungen sind so plötzlich über mich hereingebrochen. Ich wollte erst einmal selbst zur Ruhe kommen. Es eilt ja auch nicht so sehr, nicht wahr?«
»Nein, das wohl nicht«, meinte der Kaiser nachdenklich. »Aber was auch immer Sie tun, Madame, Sie sollen wissen, daß Sie in mir einen aufrichtigen Freund haben.«
»Poljon . . .« Armand zupfte an seinem Ärmel, da ihm das Gespräch der Erwachsenen zu lange dauerte. »Weiterfahren!«
Der Kaiser lachte. »Du hast recht, mein Kleiner. Es ist

langweilig, immer nur an einer Stelle zu stehen. Dann werde ich also dich und deine Mama verlassen.«
»Nein, Poljon mitkommen!« erklärte der kleine Junge. »Nich' weggehen.«
»Was haben Sie nur mit meinem Sohn gemacht, Sire«, sagte Caroline kopfschüttelnd. »Er ist sonst Fremden gegenüber eher abweisend und auf jeden Fall so schüchtern, daß er kaum den Mund auftut. Armand, sei vernünftig. Seine Majestät hat andere Dinge zu tun, als mit dir spazierenzufahren.«
»Ja, zum Beispiel muß er heute noch mit dem Finanzminister konferieren und anschließend Herrn von Lauriston, den neuen Gesandten für Rußland, verabschieden. Aber eine halbe Stunde habe ich noch Zeit, Armand. Fahren wir also. Oder was hältst du davon, wenn ich dich auf mein Pferd nehme und wir neben der Kutsche deiner Mama herreiten? Ich verspreche dir auch, dich gut festzuhalten.«
Caroline wollte gerade sagen: »Aber Armand hat schreckliche Angst vor Pferden.« Doch da rutschte ihr Sohn bereits von Napoleons Schoß und griff nach seiner Hand. »Reiten!«
Darauf gefaßt, daß Armand im nächsten Augenblick in tränenreiches Protestgeschrei ausbrechen würde, beobachtete Caroline, wie der Kaiser ihn aus der Kutsche hob und einem Gardisten befahl, sein Pferd vorzuführen. Napoleon saß auf und nahm Armand vor sich in den Sattel. Dann ritt er langsam an.
»Na, wie gefällt dir das, Armand?« fragte der Kaiser, und der kleine Junge wandte den Kopf nach ihm um.
»Schön!« erklärte er begeistert. »Schneller!«
Napoleon überholte Carolines Kutsche, begleitet von seinen Berittenen, und sie hörte ihren Sohn jauchzen: »Maman, Maman, Armand kann reiten!«
Die beiden trabten ein Stück voraus, dann wendete Napoleon sein Pferd und kam zurück. Armand winkte mit bei-

den Armen und rief wieder: »Schneller, Poljon, schneller!«
Der Kaiser lachte und gehorchte. Es war ein reizendes Bild, wie der Mann in der grünen Jägeruniform auf dem prächtigen weißen Araberhengst das vor Vergnügen jubelnde Kind an sich drückte, an einigen Kutschen und Spaziergängern vorbeigaloppierte, wieder zurückkehrte und von neuem davonsprengte. Auch die Gardisten, die ihm folgten, lachten, und einer rief Caroline zu: »Das wird aber mal ein Kavallerist, Euer Gnaden!«
Etliche Wagen und Reiter hatten angehalten, da natürlich alle den Kaiser erkannt hatten, und Caroline dachte: Morgen wird es halb Paris wissen, daß der Kaiser mit meinem Sohn durch den Bois de Boulogne galoppiert ist.
Als Napoleon nach einer Weile zu ihr zurückkam und Armand aus dem Sattel hob, um ihn wieder in die Kutsche zu setzen, schlang Armand die Ärmchen um seinen Hals. »Poljon dableiben! Bitte, Poljon!«
»Poljon muß jetzt leider arbeiten«, sagte der Kaiser und küßte die runde Kinderstirn. »Aber wir sehen uns bald wieder, mein Freund.« Er verneigte sich vor Caroline. »Ich gratuliere Ihnen zu Ihrem Sohn, Madame. Sie müssen viel Freude an ihm haben. Ich hoffe, der zukünftige König von Rom wird ein ebenso prächtiger kleiner Bursche.«
Sie sah ihn an und las in seinen Augen, mit welch rührender Ungeduld er auf seinen Sohn wartete, und in diesem Augenblick hatte er ihr Herz gewonnen.
Charles hatte wohl recht gehabt, wenn er früher behauptet hatte, der Mensch Napoleon sei ein ganz anderer als der Kaiser. Es war wohl so, daß Macht korrumpierte und man eines Tages seine Grenzen nicht mehr sah, vor allem dann nicht, wenn man einen so beispiellosen Aufstieg hinter sich hatte wie dieser Mann. Macht zwang zur Härte. Macht machte mißtrauisch, weil man sie ständig bedroht sah, sie machte einsam, weil man nie genau wußte, ob der, der einem schmeichelte, nicht nur seine eigenen Interessen im

Auge hatte, und sie machte schmutzige, blutige Hände, weil man nicht in Unschuld herrschen konnte.
»Ich wünsche Ihnen, Sire«, sagte Caroline, »daß Ihr Sohn das liebenswerteste, glücklichste Kind Frankreichs wird.«
»Danke«, antwortete der Kaiser und zog den Hut. »Ich danke Ihnen sehr, Madame.« Dann schwang er sich wieder in den Sattel und ritt davon.

Zwei Wochen später, am 20. März, wurde sein Sohn geboren. Es war eine lange, qualvolle Entbindung.
Marie Louise lag zwei Tage und Nächte in den Wehen. Sie schrie und jammerte in ihrem riesigen Prunkbett, daß man es in den Fluren hören konnte.
Ihre Frauen und Leibärzte waren bei ihr. Man wischte ihr den Schweiß ab und bettete sie mehrere Male neu auf trockene Laken. Man flößte ihr löffelweise kräftigende Brühe und in Wein verschlagenes Ei ein, heiße Schokolade, nach der sie verlangte, und Champagner, um Kreislauf und Herztätigkeit anzuregen.
»Nimmt das denn kein Ende!« schrie sie. »O Gott, ich halte es nicht mehr aus. Es zerreißt mich.« Und manchmal keuchte sie auch: »Ich hasse es, dieses Kind. Es wird mich umbringen, ich fühle es. O, wie ich es hasse.«
Der Kaiser hatte befohlen, daß die Entbindung genauso offiziell vonstatten gehen sollte, wie es in früheren Jahrhunderten üblich gewesen war, wenn ein Thronfolger das Licht der Welt erblickte. Und so war das Schlafgemach der Kaiserin voller Menschen. Geistliche und weltliche Würdenträger hatten sich eingefunden, außerdem sämtliche Familienmitglieder.
Hin und wieder sah die Kreißende das bleiche Gesicht des Kaisers, wenn er sich über sie beugte. Dann mußte sie den Impuls unterdrücken, ihn anzuschreien: »Dich hasse ich auch, denn du bist der Verursacher meiner Schmerzen. Geh, geh fort, ich will dich nicht sehen.«
Manchmal flüsterte sie: »Hortense ... Hortense soll kom-

men«, denn merkwürdigerweise war die Tochter von Josephine die einzige der ganzen Familie, für die Marie Louise Zuneigung hegte.
Hortense drängte sich zu ihr durch und nahm ihre Hand. »Ich bin hier. Haben Sie keine Furcht, ich bleibe bei Ihnen, bis es vorüber ist.« Vorüber? Marie Louises blaue Augen waren rund und groß vor Angst. Was hieß das? Daß sie sterben mußte? Sterben, um diesem dicklichen kleinen Mann mit dem fahlgelben Gesicht den Thronerben zu schenken?
Dann begann sie wieder zu schreien: »Helft mir ... so helft mir doch! Ich ertrage es nicht mehr!«
Hortense tupfte ihr die zerbissenen Lippen ab. »Seien Sie tapfer, es wird nicht mehr allzu lange dauern.«
Hortense hatte drei Kinder geboren, erinnerte sich Marie Louise. Wie hatte sie das nur ausgehalten?
Der Kopf des Kindes zeigte sich, aber die Wehentätigkeit ließ nach. Marie Louise hatte die Augen geschlossen. Sie sah aus wie der Tod, und ab und zu lief ein Schauder über sie hin. Die Luft in dem von Menschen überfüllten Zimmer war schlecht. Sie machte das Atmen schwer.
Doktor Corvissart bat den Kaiser in den Vorsaal. »Es sieht sehr ernst aus, Majestät. Ich fürchte, man muß sich entscheiden, ob man das Kind oder die Mutter am Leben erhalten soll.«
Napoleon starrte ihn mit flackernden Augen an. Er brauchte ein paar Sekunden, bevor er fähig war, zu antworten. War alles umsonst gewesen? Die Scheidung von Josephine, alles Kämpfen, Hoffen, Warten, Planen? Dann sagte er mit tonloser Stimme: »Retten Sie die Kaiserin.«
Er wandte sich ab und hörte, wie der Arzt sich entfernte. In diesem Augenblick wünschte sich Napoleon, an Gott glauben zu können. Aber er hatte dies seit langem verlernt und den Gott, den die Kirche predigte, ins Reich der Phantasterei verwiesen. Zu gut kannte er seine heuchleri-

schen angeblichen Stellvertreter, die sich keinen Pfifferling um die Gebote Gottes oder seines Sohnes scherten.
Schleimige Kreaturen, doppelzüngige Politiker, gierige Geschäftemacher, das waren sie, all die Eminenzen und Exzellenzen. Sie hatten ihre Mätressen und die Truhen voller Geld, sie praßten und soffen und hurten, und wenn sie Gott im Munde führten, dann taten sie es nur um ihres Vorteils willen und der fetten Pfründe, die ihnen der Glaube der anderen bescherte. Solche würden einen Jesus, falls er noch einmal käme, wieder ans Kreuz schlagen.
Freilich, offiziell hatte sich Napoleon mit der Kirche ausgesöhnt, indem er Frankreich die Religionsfreiheit zurückgab. Aber das war nur ein Akt der Vernunft gewesen, da die Kirche zu mächtig war, als daß der Herrscher Frankreichs sie auf die Dauer hätte ignorieren können. Immerhin hatte er erreicht, daß der Papst nach Paris gekommen war, um ihn zu krönen. Ihn, den Antichristen, als den man ihn vordem oft von der Kanzel herunter geschmäht hatte.
Doch er hatte dem alten Mann die Krone aus der Hand genommen und sie sich selbst aufgesetzt zum Zeichen dessen, daß er ein Kaiser aus eigener Machtvollkommenheit war und nicht von römischkatholischen Gnaden.
Nein, er glaubte nicht mehr an Gott. Wenn es ihn gäbe, hatte Napoleon oft gedacht, hätte er längst mit Blitz und Donner vom Himmel fahren müssen, um seinen Verwesern auf Erden all ihre Lügen und ihre Verbrechen heimzuzahlen.
Aber jetzt wünschte sich Napoleon zum ersten Mal seit langer Zeit, zu diesem Gott beten zu können. Welch ein Trost mochte darin liegen! Nur – ihm blieb er versagt. Und zu bloßen Lippenbekenntnissen Zuflucht zu nehmen in der lächerlichen Hoffnung, wenn es nichts nützte, so könnte es doch vielleicht nichts schaden, dazu war er zu aufrichtig und zu stolz.

Er war sehr allein, der Kaiser der Franzosen, in diesen Minuten, und es war sehr dunkel um ihn.
Im Schlafgemach der Kaiserin hatten sich die Ärzte indessen entschieden, das Kind mittels einer Zange zu holen. Dabei bestand die Gefahr, daß es erstickte oder lebensgefährliche Kopfverletzungen erlitt.
Hortense stand noch immer am Kopfende des Bettes und hielt Marie Louises Hände. Als sie einmal aufsah, fing sie den Blick von Caroline Murat, Königin von Neapel, auf. Sie saß in einem Sessel in einiger Entfernung, und ihre Augen funkelten hämisch. Dann sagte sie halblaut zu der neben ihr stehenden Julie, der Frau ihres Bruders Joseph: »Was für ein albernes Theater! Im Grunde muß sie doch hoch zufrieden sein, wenn dieses Kind tot zur Welt kommt. Dann besteht immer noch für sie die Chance, eines Tages ihren Sohn auf dem französischen Thron zu sehen.«
Hortense biß sich auf die Lippen. Am liebsten wäre sie hingegangen und hätte Caroline Murat auf den boshaften Mund geschlagen. Aber was hätte das gebracht? Es hätte nur einen Eklat gegeben, und Napoleons Schwester hätte hinterher unbeirrt weiterhin ihr Gift verspritzt.
Doch im nächsten Augenblick vergaß Hortense ihre Empörung. Marie Louise stieß einen hellen, durch Mark und Bein gehenden Schrei aus. Sie versuchte sich aufzubäumen, aber sie war zu kraftlos und sank schlaff wie eine Puppe zurück. Danach lag sie still, mit verdrehten Augen. Sie hatte das Bewußtsein verloren.
Und dann ertönte plötzlich ein leises, quarrendes Weinen, setzte aus, begann von neuem, wurde kräftiger, empörter: das Schreien eines Neugeborenen.
Dr. Baudeloque, der das Kind geholt hatte, richtete sich auf und hielt es hoch. Es hing noch an der Nabelschnur, war blutig und rot und verschrumpelt, aber es war ein Knabe, und er war groß und kräftig. Marie Louise kam bald darauf wieder zu sich, und das erste, was sie sah, war

Hortenses lächelndes Gesicht. »Es ist vorbei«, sagte sie. »Sie haben einen Sohn, Majestät.«

Marie Louise wartete vergeblich auf die Freude, die man ihr prophezeit hatte, wenn sie zum ersten Mal ihr Kind in den Armen halten würde. Man hatte es abgenabelt, gebadet und gewickelt, und sie blickte auf das kleine Gesicht mit dem schmallippigen Mund, der schmatzende, saugende Bewegungen machte. Dieses Geschöpf hatte ihr so grauenhafte Schmerzen zugefügt, und sie dachte: Nie wieder will ich ein Kind haben. Napoleon mag toben, wie er will. Ich werde ihm nicht mehr erlauben, mich anzurühren.

Wenig später stand er an ihrem Bett, um seinen Sohn zu sehen, und sie gewahrte verwundert, daß er tatsächlich Tränen in den Augen hatte. Er beugte sich hinunter und drückte seine Lippen auf die Fingerchen des Neugeborenen. Dann küßte er Marie Louises Hände und sagte mit schwankender Stimme: »Ich danke Ihnen, meine liebste, teuerste Frau. Sie haben mir das größte Geschenk meines Lebens gemacht.«

Er ist tatsächlich ganz außer sich, dachte sie ein wenig abgestoßen. Und er scheint es zu lieben, dieses Kind.

Sie selbst vermochte nicht, es zu lieben. Ihr waren kleine Kinder immer unappetitlich vorgekommen, und sie hatte nie begriffen, daß andere Menschen diese sabbernden, ewig in nassen Windeln steckenden Geschöpfe fortwährend abküssen konnten.

Von draußen dröhnten die Glocken von Paris herein, und die Kanonen vom Dôme des Invalides donnerten Salut, um die Geburt des Thronfolgers anzuzeigen.

Marie Louise legte den Kopf zurück und schloß die Augen. Und auf einmal verspürte sie doch ein wenig Freude.

Sie hatte den Sohn geboren, den die andere, die die Franzosen so viel mehr liebten als sie, nicht hatte bekommen können.

Vielleicht hatte sie ihr dadurch jetzt endlich den Rang

abgelaufen. Marie Louise lächelte. *Notre-Dame-de-la-Victoire, Josephine La Française* würde endgültig abtreten müssen und der Vergessenheit anheimfallen. Sie aber, Kaiserin von Frankreich und Mutter des künftigen Kaisers, würde die erste Frau des Reiches sein. Welch ein Triumph!

****

12

Zwei Tage später kehrte Charles de la Moreau nach Paris zurück. Den ganzen Weg über hatten ihn die Kirchenglokken begleitet, die, sobald sich die Nachricht von der Geburt des Thronfolgers verbreitet hatte, in allen Städten und Dörfern geläutet wurden.
Sein Bruder hatte sich nach monatelangem Krankenlager so weit erholt, daß er sich nun wieder selbst um die Moreauschen Besitzungen kümmern konnte. Allerdings hatte man ihm den bei seinem Unfall zertrümmerten Fuß amputieren müssen.
So humpelte er nun am Stock, aber er hatte den Schock, nun zeitlebens ein Krüppel zu sein, dank Charles' und seiner Frau Jeanne Zuspruch einigermaßen überwunden. Den Rest mußte die Zeit besorgen.
Sein Haus erschien Charles riesig und unendlich leer, trotz der Dienerschaft. Am Abend seiner Ankunft war er in Carolines Zimmer hinaufgegangen, hatte sich in den Sessel neben ihrem Bett gesetzt und die unberührten Kissen angestarrt.
Caroline war fort, und ihm schien, als habe sie alle Wärme, alle Freude seines Lebens mitgenommen.
Aber er wußte, daß er es nicht anders verdient hatte.
Am nächsten Morgen fuhr er in die Tuilerien, um sich zurückzumelden. Während er noch in einem Vorzimmer der kaiserlichen Gemächer mit einem Ordonnanzoffizier sprach, öffnete sich die Tür zu Napoleons Arbeitszimmer, und er selbst kam heraus, gefolgt von seinem Sekretär Bourienne und einigen hohen Militärs.

Charles erkannte Divisionsgeneral Graf Lariboisière und Marschall Murat sowie die Generalobersten Gouvion Saint Cyr und Junot.
Der Kaiser war strahlender Laune. Er klopfte Junot und Saint Cyr auf die Schultern und winkte den anderen freundschaftlich zu. »Adieu, meine Herren. Wir sehen uns morgen in Notre Dame zum Tedeum wegen der Geburt meines kleinen François-Charles-Joseph wieder.«
Dann entdeckte er Charles. »Ah, Capitaine de la Moreau. Sie sind also wieder im Lande. Willkommen, willkommen. Hatten Sie eine angenehme Reise?«
Charles grüßte militärisch. »Ja, Sire, danke der Nachfrage.«
Napoleon verschränkte die Hände auf dem Rücken und musterte ihn aus zusammengekniffenen Augen. »Sie sehen nicht gut aus. Ist die Luft in der Vendée Ihnen nicht bekommen, oder haben Sie noch immer familiäre Sorgen?«
»Mein Bruder ist Gott sei Dank auf dem Wege der Genesung.«
»Das freut mich. – Bourienne?«
Der Sekretär trat näher. »Eure Majestät befehlen?«
»In der nächsten halben Stunde möchte ich nicht gestört werden. Kommen Sie, Capitaine, ich will mich mit Ihnen unterhalten.«
In seinem Arbeitszimmer kam Napoleon ohne Umschweife zur Sache. »Ich habe während Ihrer Abwesenheit ein paarmal Ihre Gattin getroffen, Moreau. Also versuchen Sie erst gar nicht, sich irgendwelche fadenscheinige Erklärungen auszudenken, warum sie Sie verlassen hat. Ich kenne die Wahrheit.«
»Ach . . .« Charles war einen Schein blasser geworden.
»Wundert Sie das? Ich habe darauf bestanden, informiert zu werden, weil ich Sie beide sehr gern habe. Außerdem liebe ich es nicht, wenn meine Adjutanten in Skandale verwickelt sind. Und die Tatsache, daß Ihre Frau von einem Tag auf den anderen mit dem Chevalier de Lancourt zu-

sammenlebte und daß da auf einmal ein Kind auftauchte, dessen Vater nicht Sie sind, war ein Skandal. Ich wollte die Hintergründe kennen, und ich habe Sie erfahren.«

Kopfschüttelnd ging der Kaiser um Charles herum. »Moreau, Moreau, was haben Sie sich nur dabei gedacht? Waren Sie denn von allen guten Geistern verlassen? Sie lieben doch Ihre Frau.«

»Ja, Sire.«

»Ja, Sire, ja, Sire!« äffte Napoleon ihn nach. »Und dann gehen Sie hin und fügen ihr einen solchen Schmerz zu? Was ist denn nur in Sie gefahren?«

»Sie haben es eben gesagt, Sire. Ich war von allen guten Geistern verlassen. Ich verstehe mich selbst nicht mehr.«

»Sie sind ein Idiot, Moreau! Und wenn Ihre Frau mich nicht ausdrücklich darum gebeten hätte, Milde walten zu lassen, würde ich Sie auf der Stelle in irgendein ödes spanisches Provinznest abkommandieren, wo Sie sich mit Guerillas herumschlagen könnten. Oder nach Polen, wo es am dreckigsten ist und Sie sich die Zeit mit der Jagd nach Wanzen vertreiben müßten. War Ihnen dieses Kind denn so zuwider, daß Sie seinen Anblick nicht ertragen konnten? Haben Sie einen neugeborenen Säugling dermaßen gehaßt? Ich habe Sie immer für einen der ehrenwertesten meiner Offiziere gehalten. Ich habe Ihnen vertraut, ich hatte Pläne mit Ihnen. Und dann erfahre ich eine solche Ungeheuerlichkeit!«

Charles hatte den Kopf gesenkt. »Es gibt nichts, womit ich mich entschuldigen könnte, Eure Majestät.«

»Richtig!« bellte der Kaiser. »Aber ich erwarte eine Erklärung! Irgend etwas muß doch in Ihrem Kopf vorgegangen sein, als Sie diesen armen kleinen Säugling fortbrachten und seiner Mutter Ihre gewissenlose Lüge auftischten.«

»Ich . . . ich habe dieses Kind gefürchtet«, sagte Charles stockend. »Und ich habe Lancourt gehaßt und jeden Gedanken, den meine Frau an ihn verschwendete. Die bloße Vorstellung, er könne zurückkommen und sie mir fortnehmen, hat mich wahnsinnig gemacht. Und da sie ein Kind miteinander hatten, erschien mir diese Möglichkeit wahrscheinlich.«

Charles wischte sich über die Stirn. »Ich dachte, wir würden eigene Kinder haben, und ich war fest entschlossen, für Lancourts Sohn zu sorgen. Gut zu sorgen, Sire. Ich habe dem Kloster Geld zukommen lassen. Später hatte ich vor, nach geeigneten Pflegeeltern für den Jungen zu suchen. Ich hätte alles bezahlt, ein gutes Zuhause, seine Ausbildung, ich hätte ihn werden lassen, was er wollte. Ich habe sogar mit dem Gedanken gespielt, ihn später zu mir zu nehmen und Caroline weiszumachen, der Junge sei ein entfernter Verwandter, an dem ich Vaterstelle vertreten wolle. Sie sollte nur nicht erfahren, daß es Lancourts und ihr Sohn war.«

Er hatte dies alles hastig, mit sich überstürzenden Worten hervorgebracht. Er wirkte erschöpft, und der Kaiser empfand plötzlich Mitleid mit ihm.

»Beenden wir dieses Gespräch, Moreau. Sie treten morgen Ihren Dienst bei mir an, und damit soll alles begraben sein. Freilich, wie Sie mit Ihrer Frau zurechtkommen, ist Ihre Angelegenheit. Da kann ich nichts tun.«

»Ich weiß, Sire, und ... ich danke Ihnen.«

Charles hatte damit gerechnet, Caroline schon sehr bald in Paris wiederzutreffen, und er hatte sich davor gefürchtet. Aber an den Feierlichkeiten zu Ehren des Königs von Rom, wie nun der offizielle Titel von Napoleons Sohn lautete, hatte sie nicht teilgenommen, da Armand zu diesem Zeitpunkt unter Halsschmerzen und Fieber litt, und auch später begegneten sie einander seltsamerweise nie, weder bei Hofe, noch im Theater, noch auf Bällen und Soiréen.

Im Juni kehrte Kaiserin Josephine nach Malmaison zurück. Der Kaiser hatte es ihr gestattet, und bald schon wurde ihre kleine Hofhaltung wieder zum Mittelpunkt der eleganten Gesellschaft.

Durch Hortense hatte Josephine von der Veränderung in Carolines Leben erfahren und lud sie, kaum daß sie zurückgekehrt war, zu sich ein. Seitdem war Caroline ein häufiger Gast in Malmaison. Sie brachte Armand mit, der sich mit Königin Hortenses Kindern, besonders mit dem Jüngsten, dem kleinen Charles Louis Napoleon, angefreundet hatte.

Armand hatte sich gut entwickelt. Zwar würde er nie ein kleiner frecher Draufgänger werden, wie Pierre sich seinen Sohn gewünscht hätte, aber er war gesund, lebhaft und fröhlich und viel zutraulicher anderen Menschen gegenüber geworden.

Der einzige, bei dem er sich noch immer völlig in sich selbstzurückzog und scheu und verkrampft wirkte, war Pierre. Auch er war, wenn sein Dienst es zuließ, einige Male mit Caroline in Malmaison gewesen und war von Josephine freundlich empfangen worden.

Aber später sagte die Kaiserin zu Hortense so unverblümt, wie sie selten etwas aussprach: »Charles de la Moreau gefällt mir besser. Dieser Lancourt ist unglaublich charmant, aber doch recht oberflächlich und selbstsüchtig.«

Hortense seufzte. »Wie recht Sie haben, Mama. Offen gestanden mache ich mir Sorgen. Nicht für den Augenblick, denn Lancourt ist sehr verliebt in die Vicomtesse. Aber er gehört zu den Männern, die selten treu sind. Das ist allgemein bekannt.«

»Zumindest war es bekannt«, sagte die Kaiserin. »Wollen wir hoffen, daß er sich der Vicomtesse zuliebe ändert.«

In Malmaison wurden Hortense und Caroline Freundinnen. Die Königin von Holland kam so oft zu Besuch, wie es ihre Zeit erlaubte, immer in Gesellschaft von Adèle de Broc, deren Mann im Frühjahr am Fieber gestorben war. Seitdem lebte die zierliche brünette Frau wie vor ihrer Eheschließung wieder in Hortenses Haushalt. Sie hatte eine sehr glückliche Ehe geführt und war anfangs über den Verlust ihres Mannes völlig untröstlich gewesen. Aber all-

mählich wurde sie ruhiger und lernte, mit ihrem Kummer zu leben.
Eines Nachmittags, als Hortense und Caroline im Schatten eines Kastanienbaumes im Park saßen, meinte Caroline, während sie Hortense betrachtete: »Sie sind heute recht blaß, Majestät. Bekommt Ihnen die Hitze nicht? Sollen wir ins Haus gehen?«
»Nein, nein!« Hortense reckte sich ein wenig. »Es ist so schön hier, so still und friedlich. Ich mag gar nicht daran denken, daß ich nächste Woche abreisen muß.«
»Sie gehen fort?«
»Ja, nach Aix-les-Bains. Ich mache dort eine Trinkkur wegen meines Hustens. Adèle und Madame de Souza begleiten mich.«
»Und wann werden Sie wieder zurück sein?«
»Nicht vor Ende September«, sagte Hortense mit merkwürdig gepreßter Stimme und wandte den Kopf zur Seite. Als sie die Hand über die Augen legte, begriff Caroline erschrocken, daß sie weinte. Sofort sprang sie auf. »Majestät, um Himmels willen, es ist doch nichts Ernstes, das mit Ihrem Husten?«
»Nein, nein«, murmelte Hortense. »Es ist wirklich nur eine Bronchitis.« Sie zog ein Spitzentuch aus dem Ärmel und wischte sich über die Augen. »So etwas Dummes! Heule ich Ihnen hier die Ohren voll! Ein Glück, daß meine Mutter schläft. Bitte, sagen Sie ihr nichts. Sie ist so leicht zu ängstigen.«
»Gewiß nicht. Trotzdem verstehe ich nicht ... Wenn es Ihnen so schwer fällt, abzureisen, warum tun Sie es dann? Bleiben Sie doch einfach hier.«
»Das geht nicht, ich ...« Hortense biß sich auf die Lippe. Ein, zwei Sekunden blickte sie Caroline unsicher an. Dann meinte sie: »Ach was, ich vertraue Ihnen. Sie werden mich nicht verraten. Ich bekomme ein Kind.«
»Was?« Caroline fuhr zurück. »Aber das ist doch unmöglich!«

»Natürlich ist es nicht von meinem Mann. Außer Ihnen wissen es nur Adèle und Madame de Souza. Und natürlich der Vater des Kindes.« Caroline erinnerte sich plötzlich an den Nachmittag, wie Charles de Flahaut einmal unangemeldet nach Malmaison gekommen war und welchen Ausdruck Hortenses Augen bei der Begrüßung gehabt hatten. Im Winter war Flahaut eine Zeitlang in Paris gewesen. Zwar hatte man ihn nie mit Hortense in der Öffentlichkeit gesehen, aber Caroline entsann sich, daß die junge Frau zu jener Zeit so besonders glücklich und ausgeglichen gewirkt hatte.

»Es ist General de Flahaut, nicht wahr?« fragte sie zögernd, und Hortense nickte.

»Wir lieben uns seit Jahren, aber ich war immer vernünftig, solange ich mich noch nicht offiziell von Louis getrennt hatte. Erst im letzten Jahr ... Ich wollte wenigstens einmal erfahren, wie es ist, in den Armen eines Mannes zu liegen, den man liebt. Irgendwann werden wir heiraten. Freilich steht das noch in den Sternen, denn Charles ist in Spanien, und der Kaiser weigert sich nach wie vor, meiner Scheidung zuzustimmen. Deshalb muß ich das Kind in aller Heimlichkeit bekommen.«

Impulsiv griff Caroline nach Hortenses Hand und drückte sie.

»Sie Arme! Was müssen Sie in den letzten Monaten durchgemacht haben!«

»Wenigstens habe ich mit Adèles Hilfe meinen Zustand bis jetzt erfolgreich verbergen können. Sie hat heimlich alle meine Kleider weiter gemacht und mit langen Stoffbahnen und Schals drapiert. Aber ich hatte oft schreckliche Angst. Louis Bonaparte wartet ja nur auf eine Gelegenheit, um mir Lou zu nehmen. Ein außereheliches Kind wäre ein willkommener Anlaß. Und in diesem Fall könnte ich auch nicht auf die Hilfe des Kaisers rechnen.«

»Aber was tun Sie, wenn das Kleine erst da ist?«

Hortenses Augen füllten sich wieder mit Tränen. »Madame de Souza wird es zu Pflegeeltern bringen. Vielleicht kann ich es später, wenn General de Flahaut und ich verheiratet sind, doch noch zu mir nehmen. Im Augenblick aber wäre es ganz unmöglich.«

»Ich verstehe«, sagte Caroline beklommen. »Sie müssen natürlich in erster Linie an Ihre beiden ältesten Kinder denken. Es wäre schrecklich, wenn man Ihnen eines oder sogar beide fortnähme.« Sie betrachtete Hortense von der Seite. »Man sieht Ihren Zustand wahrhaftig nicht. Was für ein Glück! Als ich mit Armand schwanger war, habe ich das auch lange verbergen können.«

Plötzlich war die Erinnerung wieder da, so, als sei dies alles erst gestern geschehen: ihre Fahrt nach Paris. Ihr Aufenthalt im Haus der Grangette, Charles, der sie dort herausholte . . .

Er hatte ihre Schulden bezahlt und sie bei sich aufgenommen. Und als sie Armand gebar, war er nicht von ihrem Bett gewichen. So gut war er gewesen, so hilfsbereit, und sie hatte ihn mit jedem Tag lieber gehabt . . .

Caroline stand auf, als müsse sie vor ihren Gedanken davonlaufen. »Mir fällt gerade ein, ich habe Madame de Boubers versprochen, bei dem Bauern unten an der Straße nach Ruell frische Milch für die Kinder zu bestellen. Sollen wir nicht einen Spaziergang dorthin machen, Majestät?«

Hortense schüttelte den Kopf. »Gehen Sie nur allein, meine Liebe. Ich bleibe ganz gern ein Weilchen still hier sitzen. Und lassen Sie endlich das steife ›Majestät‹ fort, wenn wir unter uns sind. Nennen Sie mich Hortense, und ich will Caroline zu Ihnen sagen, einverstanden?«

Sie umarmte Caroline. »Wünschen Sie mir Glück, daß diese ganze Affäre einen guten Ausgang nimmt und ich eines Tages eine zufriedene Madame de Flahaut sein darf.«

Caroline spannte ihren Sonnenschirm auf, als sie den Weg von Malmaison nach Ruell einschlug. Rechts und links erstreckten sich satte grüne Wiesen, auf denen Schafgarbe und Glockenblumen blühten. Das Bauerngehöft, das noch zu Malmaison gehörte, lag am Fluß, das Wohnhaus, aus Bruchsteinen errichtet, duckte sich unter breitästige Linden.

Caroline erledigte ihre Bestellung, blieb noch eine kleine Weile auf der Holzbank vor dem Haus sitzen, wohin die Bäuerin ihr einen Becher säuerlichen Apfelmost gebracht hatte, beobachtete amüsiert ein paar junge Katzen, die in der Sonne spielten, und machte sich dann auf den Rückweg.

Unterwegs wurde sie von einem Reiter eingeholt. Caroline trat an die Seite, um ihn vorbeizulassen, und als sie den Mann im Sattel erkannte, setzte ihr Herz ein, zwei Schläge lang aus, um dann mit doppelter Geschwindigkeit weiterzuklopfen.

Es war Charles.

Auch er hatte sie erkannt, parierte sein Pferd durch und kam zu ihr zurück. Vor ihr sprang er aus dem Sattel. »Caroline«

»Guten Tag, Charles.« Sie hatte gewußt, daß sie ihm eines Tages wiederbegegnen würde und sich vorzustellen versucht, was sie dann fühlte: Abscheu, Verbitterung, vielleicht sogar Gleichgültigkeit. Es war ein Wirrwar von Empfindungen gewesen, deren beherrschendste immer noch eine tiefe Enttäuschung war.

Doch jetzt war nichts von alledem in ihr. Und auf die zaghafte Freude, die urplötzlich in ihr aufstieg, war sie nicht im geringsten gefaßt. Er sah elend aus, fand sie, mit hagerem Gesicht und schwermütigen Augen.

»Ich wollte nach Malmaison«, sagte er. »Mit einer Botschaft Seiner Majestät an die Kaiserin Josephine. Ich wußte nicht, daß ich dich . . . Sie hier antreffen würde.«

Caroline spürte eine jähe Schwäche in allen Gliedern. Überlaut erschien ihr plötzlich das Zirpen der Grillen im Gras, das Summen der Bienen und der Schrei eines Vo-

gels, der sich in das Himmelsblau hinaufschraubte. Sie spürte feine Schweißtropfen auf der Oberlippe, und Charles' Gesicht verschwamm.
Er sprang herzu, als sie schwankte, und stützte sie. »Habe ich Sie so erschreckt! Um Himmels willen, setzen Sie sich.« Er führte sie an den Wegrand, wo ein Holunderstrauch ein wenig Schatten spendete, und drückte sie ins Gras.
»Danke«, murmelte sie. »Es geht schon. Es ist wohl die Hitze. Madame Breteuil behauptet, es gäbe noch vor dem Abend ein Gewitter. Sie spüre es in allen Knochen.«
Héloise Breteuil war die Verwaltersfrau von Malmaison, eine ältliche Person mit vom Rheuma deformierten Gelenken.
»Warten Sie.« Charles lief zum Fluß und kam gleich darauf mit einem in Wasser getränkten Tuch zurück, das er Caroline auf die Stirn preßte.
Ein wenig unwirsch schob sie es zur Seite, weil sie das Gefühl hatte, mit dem weißen Taschentuch lächerlich auszusehen. »Nicht doch! Mir geht es schon wieder ganz gut. Im übrigen kannst du ruhig du zu mir sagen, Charles. Ich habe es immer albern gefunden, wenn sich Eheleute siezen. Warum sollten wir jetzt damit anfangen. Ich bin ... ich war schließlich deine Frau.«
»Ja, das warst du«, sagte er, ohne sie anzusehen. »Ich habe die ganze Zeit erwartet, daß du die Scheidung beantragen würdest. So etwas macht ja heutzutage keine Schwierigkeiten mehr.«
»Ich weiß.«
»Also wirst du es tun?«
Sie nickte stumm. Eine kleine Weile schwiegen sie beide. Dann fragte Charles: »Wie ... wie geht es deinem Sohn?«
»Er hat sich prächtig entwickelt. Ich bin sehr glücklich mit ihm.«
»Das freut mich. Ich hoffe, du glaubst mir das. Es freut mich wirklich – und es erleichtert mich sehr.«

»Natürlich«, sagte sie bitter. »Du bist keiner, der mit einem schlechten Gewissen leben kann.«
»Caroline«, setzte er an, und sie stand hastig auf und klopfte sich den Rock ab.
»Laß uns nicht mehr davon reden, Charles. Es führt zu nichts. Ich habe lange nicht fassen können, daß du zu solch einer Tat fähig warst. Offen gestanden begreife ich es immer noch nicht. Ich hatte ein ganz anderes Bild von dir, und nun ist es zerstört. Das hat weher getan als alles, was mir sonst in meinem Leben widerfahren ist.«
Tränen glänzten in ihren grünen Augen, und mit einer zornigen Bewegung wischte sie sie weg.
»Du kannst mir nicht verzeihen, nicht wahr?« fragte er mit brüchiger Stimme, und sie starrte vor sich auf den staubigen Weg, ohne eine Antwort zu geben.
Verzeihen... Wenn das gleichbedeutend mit Vergessen war, würde sie es wohl nie können. Aber ebenso wenig hatte sie auch vergessen, wieviel Wärme und Liebe sie Charles verdankte. Dieser Tag heute hatte alles wieder wachgerüttelt.
Er war ihr Mann und ihr Freund gewesen, der Mensch, dem sie am meisten vertraut hatte. Sie hatte mit ihm leben wollen und nicht mit Pierre.
Das mit Pierre, so schien es ihr heute, war ein Rausch gewesen, dem die Erinnerung einen unwiderstehlichen Zauber verliehen hatte. Das war auch die Macht gewesen, die Pierre über sie besessen hatte, und als er dann kam und ihr sagte, daß er sie liebe, war ihr dies vorgekommen wie die so lange vergeblich erwartete Antwort auf ihr eigenes Gefühl von einst.
»Ich verstehe«, sagte Charles, als sie schwieg. »Und im Grunde habe ich auch nicht erwartet, daß du mir vergeben kannst, selbst dann nicht, wenn ich dir eingestehe, daß ich wegen meiner Tat seit langem durch mein ganz persönliches Fegefeuer gegangen bin. Ich lebe noch immer darin, Caroline... Aber du hast recht, reden wir nicht mehr da-

von. Du bist frei, und ich wünsche dir alles Glück. Du hast vorhin gesagt, du seist glücklich mit deinem Sohn. Bist du es auch mit Pierre de Lancourt?«
»Natürlich!« Warum zum Teufel mußte sie schon wieder weinen!
»Er ist gut zu dir? Es fehlt dir an nichts?«
»Nein.«
Was sollte sie ihm sonst sagen? Daß Pierre sie belogen hatte, als er behauptete, er habe sie damals aus den Flammen des Schwarzenbergschen Palais gerettet? Daß er darauf gedrungen hatte, die Apanage, die Charles ihr ausgesetzt hatte, in Anspruch zu nehmen? Daß er kein liebevoll-väterliches Verhältnis zu Armand fand? Daß er ihr immer öfter Vorhaltungen machte, sie nutze ihre freundschaftliche Beziehung zu Hortense und dem Kaiser nicht aus, um ihm einen einträglicheren Posten zu verschaffen, nachdem ihm quasi durch ihre Schuld die Position des Comte de Lébrin entgangen sei? Und daß sie manchmal mit dem Gedanken spielte, auch Pierre eines Tages zu verlassen und mit Armand ihr eigenes Leben zu leben?
Das alles konnte sie nicht sagen. Es wäre ihr wie ein beschämendes Eingeständnis ihrer eigenen Torheit vorgekommen, daß sie nur einen Traum geträumt hatte, in dem ein strahlender Ritter Pierre de Lancourts Züge getragen hatte. Was ging das Charles an?
»Du mußt dir niemals Sorgen um deine Zukunft machen«, sagte er. »Du wirst finanziell immer sichergestellt sein, auch wenn wir geschieden sind. Ich möchte nicht, daß du noch einmal von irgendeinem Menschen abhängig bist. Willst du mir das wenigstens gestatten?«
Er dachte an den Brief, den er vor ein paar Monaten von Hermann und Margot erhalten hatte. Einen rührend unbeholfenen Brief, in dem die beiden ihn um seine Rückkehr baten.
»Es ist nicht alles so, wie es sein sollte, und wir sind in

Unruhe um Madame Caroline und den kleinen Monsieur Armand. Kommen Sie nach Hause, Monsieur le Vicomte, und wir können Ihnen alles sagen – besser, als man es jetzt schreiben kann. Es ist nicht so, daß Madame Caroline unglücklich ist, aber wir haben Angst, daß sie es eines Tages sein wird. Sie sollte mit Ihnen leben, Monsieur le Vicomte, und nicht mit dem Mann, der zwar Madame Carolines Sohn gezeugt hat, aber doch nicht wie ein Vater zu ihm ist.«

Damals war Charles in *La Lisière* unabkömmlich gewesen, und er hatte auch nicht den Mut gehabt, Caroline gegenüberzutreten. Er hatte noch Zeit gebraucht. Außerdem war er sicher, daß sie unter keinen Umständen zu ihm zurückkehren würde. Schließlich liebte sie Pierre de Lancourt, und Liebe ertrug viel.

Charles sah sie an, wie sie da vor ihm stand in ihrem zitronenfarbenen Kleid, einen Hut mit gelben Stoffrosen und gleichfarbigen Bändern auf dem Kopf. Sie hatte ihren Sonnenschirm zusammengeklappt und malte mit der Spitze kleine Kreise auf den Weg.

»Du bist sehr großzügig, Charles. Ich habe etwas von dem Geld verbraucht, das du bei Landru für mich hinterlegt hast. Aber es ist noch eine größere Summe übriggeblieben. Ich brauche ja nicht viel.« »Es soll dir an nichts fehlen«, meinte er mit einem halben Lächeln. »Aber jetzt muß ich weiter, der Kaiserin den Brief bringen. Sie hat sich so gewünscht, den Thronfolger einmal sehen zu dürfen. Der Kaiser schlägt für den kommenden Freitag ein Treffen im Bois de Boulogne vor.«

»Ach . . .« Carolines Gesicht erhellte sich. »Das wird sie freuen!«

»Sobald sie mir ihre Antwort mitgegeben hat, reite ich zurück. Du mußt keine Sorgen haben, daß ich mich in Malmaison länger als nötig aufhalte. Freilich wird es sich nicht umgehen lassen, daß wir uns hin und wieder in Paris begegnen. Ich hoffe, es wird dir nicht allzuviel ausmachen.«

Ihre Miene verschloß sich. »Mach dir darüber keine Gedanken. Wenn man will, kann man sich auch in Gesellschaft aus dem Weg gehen.«
Er verneigte sich. »Ja dann ... Gott schütze dich, Caroline.«
Sie antwortete nicht, weil sie genau wußte, daß ihr die Stimme nicht mehr gehorchte. Sie neigte nur den Kopf und sah ihm nach, wie er sein Pferd bestieg und davongaloppierte.
Als er hinter einer Biegung verschwand, sah sie, daß er sein Taschentuch, mit dem er ihr vorhin die Kompresse gemacht hatte, im Gras hatte liegen lassen. Caroline nahm es auf und drehte es zwischen den Fingern. Und dann endlich erlaubte sie sich zu weinen.

Auch Kaiserin Josephine weinte, als sie zum ersten Mal Napoleons Sohn, der vor wenigen Tagen in der Kathedrale von Notre Dame auf die Namen Charles-François-Joseph getauft worden war, zu Gesicht bekam.
Sie war mit ihrer Kutsche und nur in Begleitung ihrer Hofdame Madame de Mortagne in den Bois de Boulogne gefahren. Wie immer kam sie eine halbe Stunde zu spät, da sie sich nicht hatte entschließen können, was sie anziehen sollte, und sich in letzter Minute noch einmal umgekleidet hatte.
Sie war sorgfältig geschminkt und trug einen Hut mit einem dünnen Schleier, der unter dem Kinn zusammengebunden war. Er beschattete ihr Gesicht und verbarg auf diese Weise die allzu stark aufgetragene Schminke, die die vielen kleinen Fältchen um Augen und Mund zudecken sollte.
Der Kaiser hatte die Karosse zu Pferd begleitet, in der das *enfant de France,* ein rundes, rosiges Kind, in einem Spitzenkissen auf dem Schoß seiner Erzieherin lag.
Als Josephines Wagen hielt und sie sich aus dem Kutschenfenster beugte, ritt Napoleon heran.

»Sire«, sagte sie, »ich bin untröstlich! Was sollen Sie nur von mir denken, daß ich Sie habe warten lassen.«
Napoleon lächelte und küßte ihre Hand. »Was ich immer von Ihnen gedacht habe: daß Sie die unpünktlichste Frau sind, die ich kenne, daß ich es Ihnen aber als einziger verzeihe, weil es zu Ihnen gehört wie Sonne und Regenschauer zum April.«
Er hatte sie lange nicht gesehen, und ihr Anblick rührte ihn. Sie war magerer geworden und schien ihm gealtert, trotz der weißen und rosa Schminke und der silbernen Augenlider. Oder kam ihm das nur so vor angesichts von Marie Louises jugendlicher Üppigkeit? Und wie ihre Lippen zitterten!
Aber ihre Bewegungen, als sie den Wagen verließ, waren noch immer voller Anmut und von der Leichtigkeit einer Ballerina. »Wo ist er, Ihr Sohn? Sie ahnen nicht, was es für mich bedeutet, dieses Kind heute zu sehen, dem ich mein Glück mit Ihnen geopfert habe. So war er doch nicht umsonst, mein Verzicht.«
Napoleon führte sie zu der Karosse mit dem kaiserlichen Wappen. »Steigen Sie ein, meine Liebe, und sehen Sie sich ihn an.«
Er beobachtete sie, wie sie das kleine Menschenbündel betrachtete, und es tat ihm weh, sie darüber weinen zu sehen.
Charles-François-Joseph, König von Rom, hatte die großen blauen Augen seiner Mutter. Ein wenig verwundert blickte er auf die fremde Frau, die sich über ihn beugte, aber als sie die Hand ausstreckte und sacht über seine Wange streichelte, begann er glucksend zu lachen. Er war es gewöhnt, daß ihn täglich unbekannte Menschen betrachteten, ihn streichelten und mit ihm schäkerten. Ihm gefiel es, und er hatte vor niemandem Angst. Überhaupt war er ein fröhliches Kind, das selten weinte.
Josephine blickte ihn lange an und fühlte eine Mischung aus Zärtlichkeit und Trauer. Ach, warum war es ihr nicht

vergönnt gewesen, Napoleon dieses Kind zu gebären! Wie hatte sie darauf gewartet, gehofft, es mit heißem Herzen herbeigesehnt. Aber es war anders gekommen, und nun lebte eine andere in ihren Gemächern in den kaiserlichen Schlössern, saß an ihrem Platz an der Tafel und empfing die Liebe des Mannes, der einst ihr gehört hatte.

Mio dolce amor hatte er sie genannt. Und er hatte sie mit einer Leidenschaft begehrt, die sie erst erschreckt und dann doch zum Glühen gebracht hatte. Wenn er fortgewesen war auf seinen Feldzügen, um sein Imperium zu erobern, hatte er ihr zärtliche, verrückte, hinreißende Briefe geschrieben. Josephine besaß sie alle noch, und manchmal holte sie sie hervor und las darin.

»*Mio dolce amor*... Ich liebe Dich wahnsinnig, und niemals wird mein armes Herz aufhören, Dir seine Liebe zu geben...«

Oder damals, als sie ihm vorgelogen hatte, sie sei schwanger, weil sie ihm nicht nach Italien nachreisen, sondern lieber in Paris bleiben wollte:

»Ich verbrenne vor Verlangen, zu sehen, wie Du ein Kind trägst... Du wirst ein kleines Kind haben, so hübsch wie seine Mutter, das Dich lieben wird wie sein Vater, und wenn Du einmal sehr alt sein wirst – hundert Jahre –, dann wird es Dein Trost sein und Dein Glück. Aber bis dahin hüte Dich, es mehr zu lieben als mich...«

Vorbei, vorbei...

Der kleine König von Rom verzog den Mund, weil ein paar Tränen auf sein Gesicht fielen, und Josephine richtete sich auf.

Sie gehörte zu den Frauen, die weinen konnten, ohne häßlich auszusehen. Ihre Tränen liefen aus großen weitgeöffneten Augen und zogen eine silberne Spur über ihre Wangen. Sie tupfte sie nicht einmal weg.

»Sire«, sagte sie mit ihrer zarten, nun ein wenig brüchigen Stimme, »ich danke Ihnen. Ich danke Ihnen sehr. Aber haben Sie Verständnis, daß ich mich jetzt zurückziehen möchte. Wir werden uns ein andermal wiedersehen, nicht wahr? Malmaison wartet auf Sie. Dann werden wir Zeit haben, miteinander zu plaudern.«

Er verneigte sich. »Gewiß, meine liebe, teure Josephine.«

Aber er wußte, daß er nicht nach Malmaison fahren würde, jedenfalls vorläufig nicht. Marie Louise wäre verärgert, und er haßte es, wenn sie mit ihm schmollte.

Erstaunlich eigentlich, daß sie keine Szene gemacht hatte, als er heute fortgegangen war, um Josephine zu treffen, diese »leichtfertige Schuldenmacherin, die Sie nie geliebt, sondern immer nur ausgenutzt hat«, wie Marie Louise gern erklärte, wenn die Rede auf ihre Vorgängerin kam. Aber merkwürdigerweise hatte sie nichts dagegen gehabt, daß Josephine seinen Sohn sah.

Frauen sind wirklich schwer zu verstehen, dachte Napoleon. Sie widersprechen sich ständig in ihren Äußerungen und Handlungen. Er kam nicht darauf, daß Marie Louise diesem Treffen aus wohlberechneter Bosheit zugestimmt hatte. Sollte die andere ihn nur sehen, den Thronfolger! Das würde ihrer unverschämten Selbstsicherheit, mit der sie in Malmaison hof hielt und alle interessanten Leute zu sich zog, einen gehörigen Stoß versetzen.

Josephine verließ Paris durch die Porte Neuilly.

Da und dort erkannte man ihren Wagen, erkannte auch sie hinter dem Kutschenfenster. Die Menschen liefen am Straßenrand zusammen und hoben winkend die Arme. *»Vive l'emperatrice!«*

Aber es waren nicht allzu viele, und ihre Stimmen klangen dünn gegen den Jubel, den Josephine aus früheren Jahren gewöhnt war. Die rhythmischen Sprechchöre, die Blumen, die man ihr in den Weg geworfen hatte, die Begeisterung, von der sie sich hatte tragen und mitreißen lassen. Notre-Dame-de-la-Victoire . . .

Vorbei, vorbei!

Die Fürstin Pauline Borghese war, nachdem sie einige Mo-

nate in ihrem Herzogtum Guastalla bei ihrem dicken, langweiligen Gatten verbracht hatte, zur Taufe des Königs von Rom nach Paris zurückgekehrt.
Sie genoß es, wieder dort zu sein. Kein Ball, auf dem sie fehlte, keine Soiree, der sie fernblieb; man sah sie im Theater und in den eleganten kleinen Geschäften unter den Arkaden des Palais Royal, auf den Boulevards und bei Frascati, wo sie inmitten einer lärmenden Gesellschaft, die zumeist aus jungen Männern bestand, dinierte.
Manchmal nahm sie einen für eine Nacht mit nach Hause in ihr Palais an der Place de la Concorde, aber am nächsten Morgen schickte sie ihn wieder fort ohne das Bedürfnis, ihn wiederzusehen.
Sie war hübscher denn je, fand Pierre de Lancourt, als er sie eines Abends auf einem Ball im Hause des neuen Polizeiministers Savary wiedertraf. Pierre war allein gekommen, verdrossen darüber, daß Caroline ihn nicht hatte begleiten wollen, weil Armand sich den Magen verdorben hatte. Er hatte sich ein paarmal übergeben, aber das war in Pierres Augen kein Grund, daheimzubleiben. Schließlich war Margot da, sich um das Kind zu kümmern.
Damit hatte er sogar recht, aber Caroline vermied es neuerdings, in Gesellschaft zu gehen. Sie mochte Charles nicht begegnen.
Hin und wieder hatten sie einander gesehen, hatten sich wie zwei höfliche Fremde gegrüßt und waren sich anschließend aus dem Weg gegangen. Aber das Wiedersehen in Malmaison ging Caroline nach. Es hatte vieles in ihr wach werden lassen, was sie längst verschüttet geglaubt hatte, und ihr war bewußt geworden, daß sie Charles längst nicht mehr haßte.
Je länger sie mit Pierre zusammenlebte, desto öfter verglich sie die beiden Männer, und trotz allem fiel dieser Vergleich nicht zugunsten von Pierre aus. Sie wußte, daß Charles der wertvollere Mensch war und daß er in der Tat Höllenqualen litt, je öfter er sie sah. Deshalb war ihr jeder

Vorwand recht, einem Abend fernzubleiben, an dem sie mit dem Erscheinen des Kaisers und damit auch in der Regel mit Charles' Anwesenheit rechnen mußte.
Außerdem fürchtete sie seine Frage, weshalb sie sich bisher noch nicht dazu entschlossen hatte, die Scheidung in die Wege zu leiten. Sie hätte keine schlüssige Antwort darauf gewußt. War es Sentimentalität, die sie davor zurückscheuen ließ? Oder wollte sie am Ende gar nicht frei sein, um Pierre heiraten zu können?
An diesem Abend hatten sie sich im Streit getrennt, und Pierre war immer noch wütend, als er die hell erleuchteten und mit großen Blumenarrangements geschmückten Salons des Hauses betrat, das Savary in der Rue de Rivoli bewohnte.
Pierre war mit seinem Leben unzufrieden. Vor seiner Verwundung war er Soldat mit Leib und Seele gewesen. Es hatte ihm gefallen, heute hier und morgen dort zu sein, er hatte das freie, ungebundene Dasein geliebt, und Seßhaftigkeit und Verantwortung waren ihm verhaßt.
Jetzt saß er alle Tage in einem muffigen Büro, dessen einziges Fenster auf einen tristen, von Backsteinmauern umgebenen Innenhof hinausging. Manchmal hörte er von fern die Trompetensignale und Trommelschläge vorbeimarschierender Regimenter und wäre am liebsten mit ihnen gezogen.
Er war sechsundzwanzig Jahre alt und führte das Leben eines Kriegsveteranen. Freilich hätte es ihn in Spanien schlimmer erwischen können, trotzdem empfand er keine Dankbarkeit dafür, daß er mit seinem steifen Arm doch einigermaßen glimpflich davongekommen war, sondern fühlte sich ungerecht behandelt und vom Schicksal benachteiligt.
Ja, wenn er wenigstens eine steile Karriere gemacht hätte! Eine glänzende Stellung, die ihm Ansehen verlieh, hätte ihn möglicherweise über den Verlust seiner Soldatenlaufbahn hinweggetröstet. Aber so?

Er war kein subalterner Beamter, der vor seinen Vorgesetzten dienerte und dessen Horizont nicht über die Aktenstapel auf seinem Schreibtisch hinausging. Er hatte den Wind der Freiheit um die Nase wehen gehabt und die bunte Fülle geliebt, die die Welt einem ganzen Kerl bot. Und nun auf einmal war ein Tag wie der andere, ohne Abenteuer, ohne Höhepunkte, ein ermüdendes, lähmendes Gleichmaß, das ihn niederdrückte.
Freilich, er hatte Caroline bekommen, und dies war etwas, das dem tristen Einerlei eine Spur Glanz und Aufregung verliehen hatte. Neulich hatte Pierre jemanden sagen hören: »Die Vicomtesse de la Moreau ist unbestritten eine der schönsten Frauen von Paris.« Das hatte ihn stolz gemacht, und für eine Weile hatte er sich wieder als der Teufelskerl von einst gefühlt. Eine der schönsten Frauen von Paris – und sie gehörte ihm!
Aber wenn er dann heimkam und ihre vorwurfsvollen Augen sah, weil er ihrer Meinung nach nicht so freundlich zu Armand war, wie er es hätte sein müssen, und weil ihn all das Getue um seinen Sohn und dessen kindliches Geplapper anödeten, verlor sich diese Empfindung.
Es paßte ihm nicht, daß Caroline ständig Armand am Rockzipfel hatte. Es ärgerte ihn, daß sie so wenig Ambitionen entwickelte, auszugehen und selbst ein großes Haus zu führen, weil das angeblich zuviel Geld verschlänge. Und er grollte ihr, weil sie aus ihrer freundschaftlichen Beziehung zur Kaiserin Josephine und Königin Hortense so gar nichts für ihn herausschlug.
Pierre begriff nicht, wie sehr es Caroline zuwider war, Sympathien auszunutzen, um Vorteile zu erlangen, sondern gelangte zu der spöttischen Meinung, eine ehemalige Schneidermeisterstochter sei eben doch nur für eine kleinbürgerliche Idylle zwischen Kinderbrei und Pfennigfuchserei und nicht für ein glänzenderes Dasein geschaffen.
Und so kam er nun auf den Ball, verdrossen, eingeengt in Pflichten, die er nicht gewollt hatte, und eine der ersten,

die ihm nach der Begrüßung des Gastgebers in den Weg lief, war die Fürstin Pauline Borghese.
Sie hatten einander schon im vergangenen Jahr ein paarmal gesehen, aber damals war Pierre viel zu sehr damit beschäftigt gewesen, Caroline nachzustellen, und die Fürstin hatte gerade eine hitzige Affäre mit Graf Gonwisin, einem Attaché der russischen Botschaft. Der Kaiser hatte sie unterbunden, indem er seine Schwester nach Guastalla zu ihrem Gatten zurückschickte.
Indessen war Gonwisin nach Petersburg zurückbeordert worden und Pauline im Augenblick ohne Liebhaber.
»Chevalier de Lancourt!« rief sie und kam strahlend auf Pierre zu. »Wie reizend, Sie wiederzusehen. Und was habe ich da für eine aufregende Geschichte von Ihnen gehört! Es ist offenbar doch etwas dran an dem Sprichwort, daß alte Liebe nicht rostet. Sie müssen mir unbedingt mehr davon erzählen. Sie wissen doch, wie sehr ich solche Histörchen liebe. Also kommen Sie, ich sterbe vor Neugierde.«
Sie hakte sich bei ihm unter und führte ihn in einen Salon, in dem sich nur ein paar ältere Militärs aufhielten, die sich halblaut, mit ernsten Mienen unterhielten. Pauline drückte Pierre auf eine mit rotem Samt überzogene Sitzbank und nahm neben ihm Platz. Sie roch nach einem aufregenden Parfüm, und ihre Augen mit den golden geschminkten Lidern glitzerten.
»Sind Sie allein hier? Ich habe erwartet, Sie in Gesellschaft der Victomtesse de la Moreau zu finden. Übrigens eine reizende Person und eine echte Schönheit. Ist es wahr, daß Sie sie schon vor dem Vicomte sehr gut gekannt hatten?«
Pierre lächelte. Seine schlechte Laune war mit einem Schlag verflogen. »Und vor Ihnen, Herzogin. Sonst wäre sie mir damals nicht gefährlich geworden.«
Sie schlug ihn mit ihrem Fächer auf den Arm. »Schmeichler! Wir hatten eine angenehme Zeit miteinander, aber das hat Sie nicht gehindert, im Anschluß daran Madame de la Moreau anzuschmachten.«

»Was blieb mir anderes übrig, da Sie mir unerreichbar geworden waren?«
Pauline bog den Kopf zurück und lachte. »Hören Sie auf. Erzählen Sie mir lieber von sich. Sie haben einen Sohn, wie man hört?«
»Ja. Armand ist inzwischen über zwei Jahre alt.«
»Wie süß! Sicherlich sind Sie ganz vernarrt in ihn?«
»Seine Mutter ist es«, sagte Pierre. »Ich warte darauf, daß er größer wird. Die meisten Männer können mit einem so kleinen Kind nichts anfangen.«
»Außer Seiner Majestät, dem Kaiser. Ich habe noch nie einen so närrischen Vater gesehen. Sie müßten ihn einmal beobachten, wenn er den König von Rom auf dem Arm hält. Keine gewonnene Schlacht könnte ihn in solches Entzücken versetzen. Und die Gespräche die er neuerdings führt! Ob der Kleine schon Verdauung gehabt und ob er zuvor unter Blähungen gelitten hatte oder nicht. Was ihm zu füttern sei und welche Mittel es gegen Milchschorf gäbe. Der erste Zahn war ein Ereignis, das man getrost der Eroberung Mailands gleichsetzen konnte, und neulich hat er den schwedischen Gesandten eine geschlagene Dreiviertelstunde warten lassen, weil sich der König von Rom eine Perle in die Nase gesteckt hatte, die er zuvor vom Kleid seiner Erzieherin, Madame de Montesquieu, abgerissen hatte. Der Kaiser hat getobt, und die Montesquieu bekam einen Weinkrampf nach dem anderen. Die einzige, die ruhig blieb, war Ihre Majestät. ›Gebt ihm etwas zu riechen, das ihn niesen macht‹, sagte sie. ›Am besten Pfeifenrauch, den mag er überhaupt nicht. Dann wird die Perle schon herausfliegen.‹ Sie behielt recht, und der Kaiser konnte endlich seinen Zorn über die neuesten schwedischen Konspirationen mit Rußland, die Umgehung der Handelsblokkade gegen England betreffend, loswerden.«
Sie betrachtete Pierre mit schief geneigtem Kopf. »Warum lachst du nicht, mein kleiner Leutnant?«
So hatte sie ihn schon in Madrid genannt, und die Art, wie

sie es aussprach, mit ihrer immer ein wenig heiseren und dennoch weichen Stimme, glich einer sinnlichen Liebkosung.

Er seufzte. »Vergebung, Herzogin, aber ich habe Ihnen kaum zugehört, da ich allzu sehr in Ihren Anblick versunken war. Er hat Erinnerungen in mir geweckt, die besser nicht lebendig würden.« »Laß das nicht deine schöne Madame de la Moreau hören. Man hat mir erzählt, daß du rasend in sie verliebt bist.«

»Die Leute übertreiben, wie immer«, sagte Pierre. »Ich gebe zu, daß sie mir eine Zeitlang gehörig den Kopf verdreht hat. Aber das ist wie mit einer Lieblingsspeise: Wenn man sie jeden Tag bekommt, liegt einem nicht mehr so viel daran.«

»Du bist ihrer also schon überdrüssig?« fragte sie neckend. »Ist das recht, nachdem du sie ihrem Gatten abspenstig gemacht hast?«

Er lachte, und seine Augen blitzten. Ach, es war himmlisch, mit jemandem wie Pauline zu plaudern, und Pierre fühlte sich wie ein Komödienspieler, der endlich, nachdem er ein erfolgloses Gastspiel in einem ernsten Stück gegeben hatte, in sein eigentliches Element zurückgekehrt war.

»Es ist unrecht, und ich schäme mich auch, aber ich bin nun einmal ein unbeständiger Taugenichts. Das hat sie gewußt, und es hat sie bislang nicht gehindert, mich zu lieben.«

»Du meinst, sie hat ein großes Herz und verzeiht dir deine Eskapaden?«

Er verschwieg ihr, daß es bislang keine gegeben hatte, denn plötzlich kam er sich beinahe lächerlich vor, daß er Caroline so lange treu gewesen war. So viele Monate hatte er es noch bei keiner Frau ausgehalten. Zugegeben, keine war auch so süß wie Caroline gewesen, und natürlich dachte er nicht daran, sie zu verlassen. Ein kleines Abenteuer bedeutete nicht viel, und wenn er das, was er in Paulines Augen las, richtig deutete, so dachte sie ebenso.

Im übrigen war sie die Schwester des Kaisers, sie war großzügig, gutherzig und hilfsbereit. Wenn er sie um ihre Protektion bat, würde sie ihm das gewiß nicht abschlagen. Welch ein Glück, daß er heute abend hierhergekommen war – und ohne Caroline!

Pierre warf Pauline einen glutvollen Blick zu. »Lassen Sie uns nicht von der Vicomtesse de la Moreau reden. Nicht jetzt, Herzogin, wo ich glücklich bin, Sie wiederzusehen. Mein Leben hat sich seit unserem Abschied in Madrid sehr verändert, und nicht immer zum Guten.«

»Was meinst du damit?« Sie betrachtete ihn aufmerksam.

Er wies auf seinen linken Arm. »Das da. Es bedeutete das Ende meiner militärischen Laufbahn und das Ende vieler Hoffnungen. Jetzt arbeite ich als Sekretär bei Baron de Vaudille im Kriegsministerium. Es ist ein Broterwerb, mehr nicht. Oder können Sie sich vorstellen, daß es mich befriedigt, Memoranden aufzusetzen, Besucher zu empfangen, Bittsteller abzuwimmeln, Berechnungen anzustellen oder nachzuprüfen und Akten anzulegen, Herzogin?«

»Laß das ›Herzogin‹ fort, mein kleiner Leutnant. Du bist also unglücklich?«

»Wer will mir das verübeln? Damals in Madrid lag das Leben noch vor mir; ich hatte Aussicht, bald befördert zu werden, ein eigenes Kommando zu bekommen – jetzt fühle ich mich manchmal wie lebendig begraben.«

Er blickte um sich, stellte fest, daß niemand zu ihnen hinsah, und griff nach Paulines Hand. »Wundert es Sie immer noch, daß mir Ihr Anblick so viel bedeutet? Er erinnert mich an eine Zeit, in der ich sorglos und voller hochfliegender Pläne war – und von einer wunderschönen Frau geliebt wurde.«

»Komm mich morgen besuchen«, sagte Pauline. »Ich sehe gerade, man bittet zu Tisch. Aber morgen werde ich mehr Zeit für dich haben, und wir können überlegen, wie man dir helfen kann. Und vielleicht auch ein wenig in Erinnerungen schwelgen, wenn du magst, mein kleiner Leutnant.«

Sie tanzte in dieser Nacht ein paarmal mit Pierre und ließ sich in einem dunklen Winkel des Treppenhauses von ihm küssen. Aber als er sie nach Hause bringen wollte, lehnte sie ab.

»Wir werden von zu vielen Leuten beobachtet. Komm morgen vormittag gegen elf. Oder kannst du dann aus deinem langweiligen Büro nicht fort?«

»Ich kann«, versprach er. »Und wenn ich das Kriegsministerium in die Luft sprengen müßte!«

Als er sich pünktlich zur angegebenen Zeit in Paulines Pariser Haus melden ließ, war sie gerade bei ihrer Morgentoilette. In aller Ruhe ließ sie sich von ihren Zofen fertig frisieren, behielt aber ihr Negligé an.

»Leutnant de Lancourt und ich sind alte Freunde«, sagte sie. »Es wird ihn nicht stören, daß ich ihn nicht in einem korrekteren Aufzug empfange.«

Dann ging sie in den Salon, um Pierre zu begrüßen.

Er sprang bei ihrem Eintritt auf und kam auf sie zu. »Endlich! Ich habe die Stunden gezählt!« Dann nahm er sie in die Arme und küßte sie. Zehn Minuten später lagen sie miteinander im Bett, und Pierre mußte keine Leidenschaft heucheln, als er Pauline umarmte. Sie war, wie sie immer gewesen, verführerisch, hemmungslos und unersättlich, aber sie gab ebensoviel, wie sie verlangte.

Als sie endlich erschöpft und in Schweiß gebadet nebeneinander lagen, murmelte Pauline zärtlich: »Du hast nichts verlernt, mein kleiner Leutnant. Für einen, der sich lebendig begraben fühlt, bist du geradezu unverschämt munter.«

Er küßte ihre rosigen Brustwarzen. »Das liegt an dir. Du hast mich wieder zum Leben erweckt, meine zauberhafte Polette.«

Er legte sich auf den Rücken und zog ihren Kopf an seine Schulter. »So könnte ich ewig bleiben . . .«

»Ich nicht«, protestierte sie lachend. »Entweder wir setzen dieses hübsche kleine Spiel fort, wenn wir uns ein wenig erholt haben, oder wir stehen auf und essen etwas.«

»Beides«, entschied Pierre. »Euer Gnaden müssen nur die Reihenfolge bestimmen.«

Von da an trafen sie einander fast täglich, und da Dienstboten immer die ersten sind, die eine Neuigkeit herumtragen, wußte man es bald in allen Pariser Salons: Die Fürstin Borghese und der Chevalier de Lancourt hatten eine Liaison miteinander.

Diejenigen, die es mißbilligt hatten, daß Caroline wegen Pierre ihren Mann verlassen hatte, registrierten es mit Schadenfreude; andere empfanden Mitleid mit ihr. Aber da sie sehr zurückgezogen lebte und kaum mehr in Gesellschaft ging, erfuhr sie zunächst nichts.

Hin und wieder wurden sie und Armand vom Kaiser nach St. Cloud eingeladen, wo sich Hortenses Kinder seit der Abreise ihrer Mutter aufhielten. Madame de Boubers, ihre Erzieherin, war bei ihnen, gleichwohl behagte es den temperamentvollen kleinen Jungen nicht, im kaiserlichen Haushalt zu leben. Es ging ihnen dort zu langweilig zu. Sie sehnten sich nach der heiteren Freiheit von Malmaison, wo sie tagelang in den Parks und im Tiergarten herumgestrolcht waren, und schließlich erfüllte der Kaiser ihre Bitten und gestattete ihnen, bis zur Rückkehr ihrer Mutter bei Josephine zu bleiben.

So kam auch Caroline gelegentlich wieder nach Malmaison, denn aus Armand und Hortenses jüngstem Sohn waren dicke Freunde geworden. Der kleine Charles Louis Napoleon war ein lebhaftes Kind; es tat dem stilleren Armand gut, mit ihm zusammenzusein. Sie spielten stundenlang miteinander, heckten gemeinsamen Unsinn aus und tobten lärmend durch die Räume.

»Lassen Sie sie nur«, pflegte Josephine zu sagen, wenn Caroline dem Radau Einhalt gebieten und wenigstens ihren Sohn energisch zur Raison rufen wollte, »ich habe es gern, wenn Kinder ein Haus mit Leben anfüllen.«

Seit Hortense fort war, war ihr Caroline noch mehr ans

Herz gewachsen. Sie war gern mit ihr zusammen und meinte einmal, als sie miteinander beim Tee saßen und Patience legten: »Am liebsten würde ich Sie immer hierbehalten, meine Liebe. Welch ein Jammer, daß Sie nicht aus Paris fortkönnen. Sonst würde ich Sie auf der Stelle als Hofdame engangieren.«
Caroline lachte: »Und dazu meinen Ruhestörer von Sohn in Kauf nehmen? Das würde Ihnen bald zuviel werden, Majestät.«
Josephine betrachtete sie nachdenklich. Natürlich war der Klatsch über Pierre und Pauline auch nach Malmaison gedrungen, und die Kaiserin überlegte, ob sie Caroline nicht einen Wink geben solle. Aber dann verwarf sie diesen Gedanken wieder, denn sie haßte es, einem Menschen eine schlechte Nachricht zu übermitteln, sondern erwiderte nur: »Armand und Sie sind mir immer willkommen. Wollen Sie daran denken, wenn Sie einmal eine Zufluchtsstätte brauchen? Versprechen Sie es mir.«
Ihr ernster Ton irritierte Caroline. Sie hatte mit der Kaiserin nie über Pierre und die Zweifel gesprochen, die sie in letzter Zeit an ihm überkommen hatten. Es war ja auch nichts Greifbares geschehen. Pierre war, wie er immer gewesen: zärtlich, wenn er Lust darauf hatte, leidenschaftlich, wenn er seine Befriedigung suchte, gut gelaunt, wenn alles nach seinem Willen ging, aber ebenso rasch gereizt, wenn ihm etwas nicht paßte. Und in letzter Zeit paßte ihm fast gar nichts mehr ...
Caroline blickte die Kaiserin an. »Ich verspreche es Ihnen, Majestät, und ich danke Ihnen. Es kann sein, daß ich einmal von Ihrem gütigen Angebot Gebrauch machen muß.«
»Tun Sie das nur, Kindchen«, sagte Josephine herzlich. »Ich wäre vermutlich egoistisch genug, mich darüber zu freuen.« Sie legte ein paar Karten ab und fragte dann in verändertem Ton:
»Haben Sie den Kaiser in letzter Zeit gesehen?«
Sie fragte das jeden, der aus Paris zu ihr kam, und hörte

sich die Berichte mit einer rührenden Neugier an. Alles wollte sie wissen: Was Napoleon gesagt hatte, ob er heiter gewesen sei oder bedrückt, wie er gekleidet war und ob er denn nie, nicht ein einziges Mal die Absicht geäußert habe, Malmaison einen Besuch abzustatten.

Caroline schüttelte den Kopf. »Nicht mehr, seit Ihre Enkelkinder bei Ihnen sind. Vorher war ich mit Armand einige Male in St. Cloud eingeladen, doch darüber habe ich Ihnen ja schon berichtet.«

»Haben Sie bei diesen Gelegenheiten auch die Kaiserin Marie Louise gesehen? Sie soll recht füllig geworden sein. Und es heißt, daß sie sich gar nicht viel aus dem kleinen König von Rom macht. Erzkanzler Cambacérès hat es mir neulich erzählt, daß der Kaiser recht ungehalten war, weil sie dem Kind keinen Kuß geben wollte. Da habe sie erwidert, sie verstünde gar nicht, wie irgend jemand ein kleines Kind küssen könne. Sie scheint ein kaltes Naturell zu haben.«

»Ich kenne Ihre Majestät zu wenig, um mir ein Urteil erlauben zu können. Und vermutlich wäre ich auch nicht objektiv in meiner Beurteilung, da sie sich einige Male recht unfreundlich über mich geäußert haben soll.«

Josephine blinzelte ihr zu. »Da befinden Sie sich in guter Gesellschaft. An mir läßt sie kein gutes Haar. Man könnte fast meinen, sie wäre eifersüchtig auf mich.« Der Gedanke schien ihr zu gefallen, denn sie lächelte wieder. »Wer weiß, vielleicht hat sie sogar Grund, weil Seine Majestät öfter von mir spricht.«

»Zumindest tut er es, wenn er mit mir zusammentrifft. Da fragt er mich jedesmal, wie es Ihnen geht, Majestät.«

»Sehen Sie!« Josephine schob ihre Karten zusammen. »Und jetzt hätte ich Lust auf ein Glas Champagner. Sie auch?«

Caroline warf einen Blick auf die Porzellanuhr, die auf einer Anrichte stand. »Ich fürchte, ich muß an den Heimweg denken, Majestät. Bis wir in Saint Denis sind, wird Armand todmüde sein und muß schleunigst ins Bett.«

»Schade.« Josephine stand auf. »Aber Sie müssen bald wiederkommen und dann über Nacht bleiben.«
Als Caroline heimkam, war Pierre nicht da. Margot berichtete ihr, daß er nur kurz gekommen und gleich wieder fortgefahren sei.
»Er hat gesagt, es könne spät werden, und Sie brauchten nicht auf ihn zu warten, Madame la Vicomtesse.«
Sie schwieg einen Moment und setzte dann hinzu: »Der Chevalier ist in letzter Zeit oft außer Haus . . .«
»Ja«, erwiderte Caroline arglos. »Er hat im Augenblick viel im Ministerium zu tun.«
»Ach . . .« Margots Stimme klang bissig. »Auch abends?«
»Es scheint so. Baron de Vaudille ist noch neu im Amt und will einiges verändern. Du kennst doch das Sprichwort: Neue Besen kehren gut.«
»Freilich. Man könnte das auch auf neue Liebhaber anwenden.«
Caroline runzelte die Stirn. »Wie meinst du das?«
»Ich meine, daß der Chevalier früher anders zu Ihnen war, Madame la Vicomtesse. Liebevoller. Sie sollten die Augen offen halten.«
Caroline setzte sich in einen Stuhl. Armand kam zu ihr und kletterte auf ihren Schoß. Er war wirklich todmüde, und sie legte die Arme um ihn und schaukelte ihn sacht hin und her. »Das mußt du mir näher erklären, Margot. Ich mag keine Andeutungen.«
Die Magd hob die fülligen Schultern. »Je nun, ich weiß nichts Genaues. Aber wenn ein Mann zu Hause immer mehr zu nörgeln hat und auffällig oft fort ist, muß man sich fragen, ob nicht eine andere Frau dahintersteckt. Hermann ist derselben Meinung. Wir machen uns beide unsere Gedanken.«
Eine andere Frau? Caroline horchte in sich hinein. Natürlich war es möglich, und die Vorstellung tat weh. Betrogen zu werden, war immer eine häßliche, demütigende Sache. Trotzdem brachte sie es fertig zu lächeln. »Es ist lieb von

euch, daß ihr euch um mich sorgt. Aber dazu besteht kein Anlaß. Der Chevalier ist nervös, weil er viel um die Ohren und Ärger im Ministerium hat. Mit mir hat das überhaupt nichts zu tun.«

»Dann ist es ja gut«, sagte Margot, aber man sah ihr an, daß sie keineswegs überzeugt war.

Pierre kam erst spät in der Nacht heim, doch Caroline hatte auf ihn gewartet. Als er den Salon betrat, saß sie beim Tisch und las.

»Du bist noch auf?« fragte er, und sie sah an seinen Augen, daß er nicht ganz nüchtern war. »Warum denn?«

»Weil ich mit dir reden wollte.« Sie klappte das Buch zu und stand auf. »Wo warst du so lange, Pierre?«

»Hat Margot dir das nicht ausgerichtet? Es war Herrn de Vaudille in den Sinn gekommen, einige alte Akten und Abrechnungen durchzusehen. Anschließend bin ich etwas essen gegangen.« Er reckte sich. »Und trinken! Ich hatte einiges hinunterzuspülen. Dieser Vaudille ist ein erbärmlicher Kleinlichkeitskrämer und ein Besserwisser obendrein. Na, ich werde ihn nicht mehr lange ertragen müssen!«

»Was soll das heißen?« fragte Caroline.

Er verbiß sich einen Schluckauf. »Daß ich ihm bald den Kram vor die Füße werfe, weil ich etwas Besseres in Aussicht habe. Da staunst du, was? Hast wohl nicht erwartet, daß ich auch ohne deine Protektion etwas erreiche?«

»Und was ist das für eine bessere Position?«

Er betrachtete sie grinsend. »Das erfährst du, wenn ich sie in der Tasche habe. Sei nicht so neugierig!«

Caroline trat auf ihn zu. »Pierre«, sagte sie ernst, »was ist eigentlich passiert? Du bist so verändert in letzter Zeit, so fremd. Sag mir die Wahrheit: Ist etwas zwischen uns getreten? Gibt es . . . eine andere Frau?«

»Nein«, beteuerte er rasch, vielleicht eine Spur zu rasch. »Und ich habe mich auch nicht verändert. Ich bin der, der ich immer war. Nur du bist anders geworden. Ständig läufst du mit einem vorwurfsvollen Gesicht herum. Du

hast nur noch das Kind im Kopf, du magst nicht mehr ausgehen, du willst, daß ich wie ein biederer Kleinbürger alle Abende daheim hocke und das Geld zusammenhalte ... Ich weiß, ich weiß, du nimmst mir übel, daß ich Schulden hatte und du sie mit der Apanage deines Mannes bezahlen mußtest. Das ging gegen dein Ehrgefühl, und seitdem hältst du mich vermutlich für einen schlechten Kerl ...«
»Nicht schlecht«, unterbrach sie ihn. »Aber ein bißchen gedankenlos ...«
»Und? Kommt das nicht auf dasselbe heraus?«
Sie senkte den Kopf. »Es tut mir leid. Ich bin nicht aufgeblieben, um mit dir zu streiten. Ich wollte nur wissen, ob es da vielleicht eine andere Frau gibt. Bitte, Pierre, sag es mir ehrlich. Lüg mich nicht an.« »Nein!« beteuerte er wieder. Das mit Pauline war nicht von Dauer, das wußte er. Irgendwann würde sie seiner überdrüssig werden und sich einen neuen Liebhaber zulegen. Sollte er deshalb auf Caroline verzichten? Pauline hatte es nicht verlangt, und er hatte es auch keinen Augenblick ernsthaft in Erwägung gezogen.
Auch wenn wir nicht verheiratet sind, dachte Pierre, so ist sie mir doch wie eine Ehefrau. Sie gehört in mein Haus, in mein Leben. Daran ändern auch ein paar Seitensprünge nichts.
Heutzutage leistete sich jeder seine Affären, und die Paare, die einander treu waren, mußte man mit einem Vergrößerungsglas suchen. Freilich, Caroline mochte anders darüber denken, deshalb durfte sie auch nichts erfahren. Schließlich wollte er sie trotz allem behalten.
Sie war schön, sie war klug, sie war gut, und es gab genügend Männer, die ihn um sie beneideten.
»Ich liebe dich doch«, sagte Pierre. »Wie kannst du da glauben, ich hätte eine andere? Ach, Kätzchen, das kränkt mich. Du hast wirklich eine schlechte Meinung von mir.«
»Verzeih«, murmelte sie, aber insgeheim war sie von seinen Beteuerungen nicht ganz überzeugt. Sie wußte ja, daß

er es mit der Wahrheit nicht ganz genau nahm, wenn er sich einen Vorteil davon versprach. Pierre küßte sie auf die Wange. »Himmel, bin ich müde! Außerdem habe ich wohl ein bißchen zuviel getrunken. Laß uns zu Bett gehen, *ma petite.*«

Am Fuß der Treppe blieb er noch einmal stehen. »Im übrigen hätte ich viel mehr Grund, eifersüchtig zu sein. Warum hast du dich immer noch nicht um deine Scheidung bemüht? Willst du dich am Ende gar nicht von Moreau trennen, um eines Tages mich zu heiraten?«

Sie empfand plötzlich Schuldbewußtsein. »Ich habe ihn verlassen und bin zu dir gekommen. Genügt dir das nicht als Antwort?«

»Ihr Frauenzimmer seid alle wankelmütig«, sagte Pierre leichthin. »Man kann sich nicht auf euch verlassen.«

Caroline war froh, daß er das Thema damit fallenließ und schlafen ging. Sie war auch froh, daß er sie an diesem Abend nicht mehr anrührte. Er lag neben ihr im Bett, sie hörte seinen schweren Atem, und sie dachte: Ich kann ihm keinen Vorwurf machen. Er ist, wie er immer war. Nur ich habe etwas anderes an ihm gesehen. Doch das ist nicht seine Schuld.

Der Schlag fiel drei Wochen später im Salon der Marschallin Ney. Sie hatte Geburtstag und Caroline eine Einladung zum Tee geschickt. »Eine Absage lasse ich nicht gelten, meine liebe Madame de la Moreau«, hatte sie geschrieben. »Wir haben uns eine Ewigkeit nicht gesehen, da ich seit dem Winter auf unserem Gut Bellemont gelebt habe und erst vor kurzem nach Paris zurückgekehrt bin. Nun freue ich mich, Sie willkommen zu heißen.«

Die Marschallin war eine nette Frau Ende Zwanzig, die Caroline schon in Wien ein wenig unter ihre Fittiche genommen hatte. Sie umarmte Caroline zur Begrüßung und küßte sie auf beide Wangen.

»Wie schön, Sie wiederzusehen. Nachher müssen wir un-

bedingt ein Weilchen ungestört miteinander plaudern. Ich möchte wissen, wie es Ihnen geht und was Sie in der Zeit getan haben, die ich nicht hier war.« Sie hakte sie unter und führte Caroline in den Salon, wo sie dafür sorgte, daß sie mit kleinen Kuchen und Tee bedient wurde.
Den größten Teil der Gäste kannte Caroline. Sie grüßte hierhin und dorthin, trank ihren Tee und unterhielt sich mit ihren Tischnachbarn, dem jungen Comte de Geaudrey, Madame de Coigny und der Marschallin Oudinot.
Dann, gegen sieben, als die ersten Gäste sich bereits verabschiedet hatten, kam noch jemand: Pauline Borghese, Herzogin von Guastalla. »Fast hätte ich Ihren Geburtstag vergessen, meine liebe Madame Ney!« rief sie und rauschte in den Salon. Sie sah ein wenig ordinär wie immer aus, sprühte aber vor guter Laune und redete wie ein Wasserfall. »Sie hat wieder getrunken«, flüsterte Madame de Coigny Caroline zu. »Sehen Sie nur, wie Ihre Augen glänzen. Und der Hut sitzt schief.« Sie kicherte hinter vorgehaltener Hand. »Lassen Sie uns noch ein Weilchen bleiben. Wenn die Fürstin Borghese nicht mehr nüchtern ist, erzählt sie die interessantesten Dinge. Man muß ihr nur ein paar Stichworte geben.«
Pauline kam gerade aus St. Cloud. Und sie brauchte nicht einmal ein Stichwort, um sich lachend darüber auszulassen, wie steif und langweilig es dort zugegangen war.
»Einen Tag und eine Nacht habe ich es ausgehalten«, erklärte sie. »Dann erinnerte ich mich glücklicherweise an Ihren Geburtstag, Marschallin, und hatte einen Vorwand, abzureisen.« Sie lehnte sich zurück und schlug die Beine übereinander. »Diese Hofschranzen! Wissen Sie schon, daß es unter den jungen Stutzern in St. Cloud eine neue Modefarbe gibt? *Caca de Roi de Rome*... Nein, lachen Sie nicht, ich rede im Ernst. Die Farbe variiert, je nachdem, was der kleine König gegessen hat – Spinat oder Möhren oder Milchbrei. Können Sie sich vorstellen, in welcher Zwickmühle die Kavaliere sind, wenn sie nicht

wissen, ob sie einen olivfarbenen, rotbraunen oder beigen Rock anziehen sollen – oder wenigstens die passenden Gilets tragen.«

Sie zwinkerte Madame Oudinot zu. »Sie allerdings sind perfekt gekleidet, meine Liebe. Man trägt heute Oliv.«

»Das beruhigt mich ungemein«, erwiderte die Marschallin unter allgemeinem Gelächter.

Madame de Coigny beugte sich vor. »Und was trägt Ihre Majestät, die Kaiserin?«

»Hellblau, wie zumeist.« Pauline ahmte perfekt Marie Louises näselnde Sprechweise nach. »Finden Sie nicht auch, mein teurer Nana, daß man seine Roben immer in der Farbe seiner Augen wählen soll?‹«

Sie hatte Tee und Kuchen verschmäht und sich Champagner servieren lassen. Während sie ihr Glas leerte, entdeckte sie Caroline.

»Hallo, meine Liebe«, sagte sie lässig. »Sie sind auch hier? Man hat mir erzählt, Sie gingen gar nicht mehr in Gesellschaft.«

Plötzlich war es still geworden. Alles blickte zu Caroline hin. Was für eine pikante Situation! Die beiden Geliebten des Chevalier de Lancourt ... Was würde die Vicomtesse tun? Aufstehen und gehen? Oder war sie am Ende immer noch ahnungslos?

»Nicht mehr ist übertrieben, Herzogin«, erwiderte Caroline. Sie fühlte sich ein wenig unbehaglich wie jedesmal, wenn Pauline Borghese in ihrer Nähe war, und ärgerte sich selbst darüber. »Aber es stimmt, im großen und ganzen lebe ich wesentlich zurückgezogener als früher.«

Pauline betrachtete sie und wippte mit der Fußspitze. »Es scheint Ihnen zu bekommen. Sie sind, finde ich, noch hübscher geworden. Komisch – ich hatte erwartet, Sie hausbackener und langweiliger wiederzusehen. O Gott, hab' ich jetzt etwas Falsches gesagt? Machen Sie nicht solch ein Gesicht, Herzchen, das sollte ein Kompliment sein, und weil es von mir kommt, können Sie sich etwas darauf ein-

bilden. Normalerweise bin ich nicht so freundlich zu meinen Kontrahentinnen. Aber mir scheint, der gute Lancourt ist ein Dummkopf.«
»Also wirklich«, mischte sich die Marschallin Ney hastig ein, »die Herzogin von Guastalla hat recht. Ich habe es vorhin schon festgestellt: Unsere liebe Madame de la Moreau sieht heute besonders reizend aus. Das macht das Mutterglück, nicht wahr? Sie haben mir übrigens noch gar nichts von Ihrem Sohn erzählt. Wie geht es ihm? Ist er gesund?«
»Ja, ganz gesund«, erwiderte Caroline mechanisch, ohne den Blick von Pauline zu nehmen, die sich von einem Diener ein neues Glas Champagner geben ließ. »Kontrahentinnen?« wiederholte sie. »Sind wir das, Herzogin? Und weshalb ist der Chevalier de Lancourt ein Dummkopf?«
»Vergessen Sie es!« Pauline trank und verdrehte die Augen. »Dieser verdammte Champagner! Ich habe zuviel davon gehabt. Aber die Tristesse in St. Cloud war nicht anders zu ertragen.« Sie mühte sich um ein Lächeln. »Hören Sie nicht auf den Unsinn, den ich rede, meine Liebe. Ich habe Sie gern, wirklich. Sie waren mir schon immer sympathisch, und Sie müssen auch nicht glauben, daß ich ernstlich mit Ihnen in Wettstreit treten will. Das täte ich Ihnen – und mir nicht an. Schließlich ist die Welt voller hübscher Männer, und ich habe sowieso kein Talent, mich an einen einzigen zu hängen. Also nehmen Sie mein Gerede nicht tragisch.«
Caroline hatte das Empfinden, ihr ganzes Gesicht sei erstarrt. Als sei sie eine Handpuppe, die jemand an dünnen Fäden hochzog, stand sie auf. »Natürlich nicht, Herzogin. Sie haben mir ja auch nichts Neues gesagt. Ich war lediglich überrascht, daß Sie etwas so ungeniert aussprechen, was man normalerweise geheimhält. Zumindest der Schein muß doch gewahrt werden, finden Sie nicht? Aber Sie waren ja schon immer ein wenig unkonventionell.«

Sie wandte sich an die Marschallin. »Meine liebe Madame Ney, es war ganz reizend bei Ihnen, und ich wäre gern noch geblieben. Aber leider besteht mein kleiner Armand darauf, daß ich ihn selbst zu Bett bringe, und ich will ihn nicht zu lange warten lassen. Wir sehen uns gewiß bald wieder.«

In der Halle holte Pauline sie ein. »Vicomtesse, auf ein Wort noch.« Sie sah aufrichtig verstört und reuig aus. »Es tut mir leid. Ich weiß, ich bin ein Miststück – aber ein solches nun doch wieder nicht, daß ich Sie bloßstellen und Ihnen Kummer machen wollte. Mir ist das einfach so herausgerutscht, das mit Lancourt. Ich habe wirklich zuviel getrunken. Außerdem dachte ich, Sie wüßten Bescheid. Natürlich liebt er Sie; er hängt an Ihnen und wird Sie gewiß nicht verlassen. Aber Männer sind in diesen Dingen immer ein bißchen unzuverlässig. Sie müssen sich dauernd bestätigt sehen. Außerdem hat er sich von mir Protektion erhofft . . .«

Caroline stoppte ihren Redefluß. »Machen Sie sich keine Gedanken, Herzogin. Sie haben mir keinen Kummer gemacht – und *mich* haben Sie auch nicht bloßgestellt.«

Pauline sah sie an und fing an zu lachen. »Verdammt, das habe ich wohl verdient.« Dann jedoch wurde sie wieder ernst. »Glauben Sie mir trotzdem, daß ich mein dummes Gerede aufrichtig bedaure. Ich bitte Sie in aller Form um Entschuldigung.«

Ihre Zerknirschung war echt, und Caroline empfand auf einmal sogar eine gewisse Sympathie für sie. »Lassen Sie es gut sein, Herzogin. Ich trage Ihnen nichts nach.«

Pierre war im Salon, als sie nach Saint Denis kam. Den Wagen hatte sie vor der Tür warten lassen. Aus dem Oberstock kam Armand heruntergepoltert, gefolgt von Hermann.

»Maman!« rief der kleine Junge. »Maman!« Caroline drückte ihren Sohn an sich, genoß für einen Moment seine Wärme und den Geruch nach Kinderhaut. Dann schob sie ihn von sich. »Geh noch ein Weilchen zu Hermann, mein Schatz. Ich komme gleich nach. Und dann fahren wir alle zusammen nach Malmaison. Magst du?«

»O ja, Maman!«

»Sag Margot, sie soll ein paar Sachen zusammenpacken. Wir werden eine Zeitlang dortbleiben!« Sie blickte Hermann an. »Damit meine ich auch dich, Hermann. Kannst du in einer halben Stunde reisefertig sein?«

»Gewiß, Madame Caroline. Aber was ist denn passiert?« Seine Augen waren voller Unruhe.

Sie lächelte ihm zu. »Später. Sorge jetzt dafür, daß wir bald aufbrechen können.«

Pierre saß am Spinett, als sie eintrat, und klimperte eine kleine Melodie. Er wandte sich zu ihr um. »Du bist schon zurück?«

Caroline schloß die Tür und lehnte sich mit dem Rücken dagegen. »Da die Fürstin Borghese gerade der Marschallin Ney einen Besuch abstattet, war ich sicher, dich diesmal daheim anzutreffen.«

Sie sah Erschrecken in seinem Blick aufflackern und wie er die Lippen zusammenkniff, um eine rasche, unvorsichtige Erwiderung hinunterzuschlucken. Ein paar Augenblicke musterten sie einander stumm wie zwei Florettfechter, die darauf warteten, daß der andere den ersten Hieb führte. Dann sagte Pierre gedehnt:

»Wieso? Was hat die Fürstin mit meinem Heimkommen zu tun?« Caroline stieß sich von der Tür ab. »Findest du es nicht unwürdig, jetzt noch zu lügen, Pierre? Ich weiß doch alles.«

Er fuhr mit dem Finger über die Tasten des Spinetts. »Na schön, dann weißt du es also. Und was erwartest du, soll ich jetzt tun? Vor dir auf die Knie fallen und deine Verzeihung erflehen? Tut mir leid, mein Kind, das käme mir albern vor. Ich habe nie versprochen, dir ewig treu zu sein. Aber natürlich bin ich bereit, deine unvermeidlichen Tränen und Vorwürfe pflichtschuldigst über mich ergehen zu lassen.«

Sie ging zum Tisch und setzte sich. Pierre hatte die Kerzen neben dem Spinett entzündet. Sonst war es dunkel im Zimmer. Die Flammen zeichneten huschende Lichtreflexe in sein Gesicht.
Wirklich, er ist ein schöner Mann, dachte Caroline, während sie ihn betrachtete. Geradezu vollkommen ... Schade, daß sich das nur auf Äußerlichkeiten beschränkt.
Nein, sie machte ihm keine Vorwürfe, und sie weinte auch nicht. Seltsamerweise überraschte es sie nicht einmal, daß er sie betrogen hatte. Es war nur der Schlußpunkt in einer langen Kette schmerzender Erkenntnisse, bei der Stück um Stück ihre Liebe und ihr Vertrauen auf der Strecke geblieben waren.
Vielleicht würde sie später weinen – aber das hatte dann nur noch bedingt mit Pierre und sehr viel mehr mit ihr selbst zu tun.
»Na los«, sagte er. »Worauf wartest du? Halte mir meine Schlechtigkeit vor und deine Verzweiflung. Schildere mir in den glühendsten Farben, wie sehr du mich geliebt hast und wie wenig ich das verdiene. Wirf mir alle meine Sünden an den Kopf und meinetwegen noch eine Vase hinterher. Ich werde mich nicht verteidigen.«
»Ach, Pierre ...« Ihre ruhige Stimme brachte ihn aus dem Konzept. »Was hätte das für einen Sinn? Es ist passiert, und vermutlich würde es immer wieder passieren. Du bist eben so.«
Er zog die Augenbrauen hoch. »Also keine Szene? Du ziehst die tragische Leidende vor, die nichts sagt und nicht klagt, aber tagelang mit der Miene einer tödlich gekränkten antiken Heldin herumläuft.« »Weder – noch. Ich gehe, das ist alles. Ich verlasse dich.«
»Also Drohungen, um mich zur Umkehr und Reue zu bewegen!« »Nein, es ist mir ernst. Und es hat auch nichts mit gekränkter Liebe zu tun. Ich kann mich nicht mit Halbheiten abfinden. Ich will alles oder nichts, und ich habe kein Talent für Kompromisse.«

Er sprang auf. Allmählich dämmerte ihm, daß sie wirklich fortwollte, und damit hatte er nicht gerechnet. Er war ihrer so sicher gewesen. Nicht im Traum hätte er daran gedacht, daß sie ihn eines Tages aufgeben könnte. Doch nicht Caroline!

»Du bist verrückt! Du wirst doch nicht wegen einer solchen Bagatelle... Was habe ich denn groß verbrochen?«

Sie seufzte. »Komm mir bitte jetzt nicht damit, daß heutzutage alle Welt einander betrügt und jeder mitnimmt, was er bekommen kann. Ich weiß, daß es so ist, aber weder du noch sonst jemand werden mich dazu bringen, auch mein Leben nach diesen Allerweltsmaximen auszurichten.«

Er kam zu ihr und zog sie aus dem Stuhl hoch. Es war zu dämmrig im Zimmer, als daß sie sein Gesicht hätte sehen können, aber sie hörte Schrecken und Unsicherheit aus seiner Stimme. Sein Zynismus, mit dem er die Flucht nach vorn hatte antreten wollen, war verschwunden.

»Caroline, ich bitte dich! Du bist verletzt und durcheinander. Laß uns morgen in Ruhe darüber reden. Ich gebe ja zu, ich habe mich nicht gut benommen, und es tut mir auch leid. Ich wollte nicht, daß du die Geschichte erfährst, weil ich dir nicht weh tun mochte. Und vor allem will ich dich nicht hergeben. Du gehörst doch zu mir, zu meinem Leben.«

Sie trat einen Schritt zurück. »Nein, Pierre, es ist zu Ende, und du kannst mich nicht zurückhalten.«

»Aber ich liebe dich doch«, beteuerte er. »Wirklich, Caroline! Das mit Pauline hat nichts zu bedeuten. Wie soll ich es dir nur begreiflich machen? Das ist, als ob man Hunger hätte und kauft sich irgend etwas. Oder Durst – und trinkt eine Kleinigkeit. Außerdem hat sie mir zugesagt, sich bei ihrem Bruder Joseph dafür zu verwenden, daß ich eine Stelle in Madrid bekomme. Irgendein gut dotiertes Amt bei Hofe. Wir hätten Paris verlassen, du und ich. Aber un-

ter diesen Umständen verzichte ich natürlich darauf, wenn du es verlangst. Ich werde Pauline nicht wiedersehen, ich verspreche es dir.«
Vermutlich meinte er sogar in diesem Augenblick, was er sagte. Soweit er imstande war, jemanden außer sich selbst zu lieben, mochte er ihr wirklich ein gewisses Maß an Gefühl entgegenbringen. Aber vor allem würde seine Eitelkeit einen empfindlichen Schlag erhalten, wenn sie fortginge.
»Nach Pauline werden irgendwann andere kommen, Pierre . . .«
»Nein! Ich habe nicht gedacht, daß es dich so verletzen würde. Du hast recht, die meisten Leute nehmen eine Affäre nicht besonders tragisch, aber ich hätte wissen müssen, daß du anders bist. Ich war dumm und gedankenlos. Bitte verzeih mir.«
Sie schüttelte den Kopf. »Hör auf, Pierre, es hat keinen Sinn. Mein Entschluß ist gefaßt, und du kannst mich nicht umstimmen. Leb wohl.«
An der Tür holte er sie ein. Sein Gesicht war verzerrt. »Willst du vielleicht zu Moreau zurück?« fragte er in jäh ausbrechender Wut. »Das lasse ich nicht zu. Du gehörst zu mir! Wir haben ein Kind miteinander, und die ganze Zeit hast du mich glauben lassen, daß du bei mir bleiben und mich heiraten willst. Hast du dich am Ende schon mit Moreau verständigt? Wartet er bereits auf dich, um dir deine Verirrung mit mir gnädig zu vergeben? Er kann dir mehr bieten, der Herr Vicomte, was? Ein wärmeres Nest, eine angenehmere gesellschaftliche Stellung . . .«
Fast hätte Caroline gelacht, so absurd kam ihr Pierres Stimmungsumschwung vor. »Willst du mir eine Szene machen, nachdem ich mich nicht dazu bereitfand? Mach dich nicht lächerlich!«
Er packte sie bei den Armen. »Lächerlich oder nicht – ich will die Wahrheit wissen. Gehst du zu Moreau zurück?«
»Nein. Aber ich bleibe auch nicht hier. Sieh es ein, Pierre,

es ist vorbei. Wahrscheinlich hätte ich dich eines Tages auch ohne Pauline Borgheses Eröffnung verlassen, weil wir im Grunde überhaupt nicht zusammenpassen. Aber bis dahin hätten wir einander immer wieder verletzt, und alles, was einmal schön war zwischen uns, wäre dabei auf der Strecke geblieben.«

»Ach«, höhnte er, »was war denn deiner Meinung nach schön zwischen uns? War ich ein guter Liebhaber? Hat es dir Spaß gemacht, mit mir im Bett zu liegen? Ich glaube wohl, denn du hast jedesmal unter mir gestöhnt und kaum genug von mir bekommen können. Ich bin froh, daß ich wenigstens in diesem Punkt deinen hohen Ansprüchen genügt habe. Laß doch sehen, ob das nicht immer noch so ist!« Er riß sie an sich und bedeckte ihr Gesicht, ihren Hals mit Küssen. Seine Hände umspannten ihre Brüste. Er preßte und knetete sie und tat ihr weh, während er fortfuhr, sie zu küssen.

»Das hat dir gefallen, was? Also haben wir wenigstens etwas gemeinsam, Madame, und ich gehe jede Wette ein, daß es uns noch immer zusammenschweißt. Komm, stell dich nicht so an. Du willst es doch auch. Du warst doch von Anfang an wild auf mich und hast dich in mein Bett gelegt, weil du es dir unbedingt von mir besorgen lassen mußtest . . .«

Caroline versuchte ihn von sich zu stoßen, aber er war stärker als sie und zerrte sie mit seinem gesunden Arm von der Tür fort und warf sich über sie, um sie zu Boden zu drücken.

Da flog die Tür auf, und Hermann stürzte herein. Angst und Empörung verliehen dem schmächtigen Mann Bärenkräfte. Er packte Pierre, als wäre er ein Bündel Kleider, und riß ihn hoch.

»Jetzt ist es genug, Herrchen! Du läßt deine schmutzigen Finger von ihr! Du rührst sie nicht mehr an, oder ich bringe dich um – und wenn es das letzte ist, was ich in diesem Leben tue!«

War es der tödliche Ernst in Hermanns Augen, war es die Erkenntnis, verloren zu haben, oder Scham über sich selbst – Pierre wehrte sich nicht, als Hermann ihn vor sich hertrieb, sondern ließ sich nur auf ein Sofa fallen und barg den Kopf in den Händen.

Da ließ Hermann von ihm ab. »Seid Ihr in Ordnung, Madame Caroline?« fragte er, und sie nickte, obwohl sie an allen Gliedern zitterte.

»Danke, Hermann. Du bist zur rechten Zeit gekommen. Wo sind Armand und Margot?«

»Noch oben beim Packen. Soll ich sie rufen?«

»Ja, und dann laß uns gehen. Unsere restlichen Sachen können wir später abholen lassen.«

»Gewiß, Madame Caroline.« Hermann stützte sie, als sie das Haus verließ. Margot kam und hob Armand zu seiner Mutter in die Kutsche. Sie stellte keine Frage, und Caroline war ihr dankbar dafür. Sie war noch nicht so weit, um über alles sprechen zu können.

Und nun weinte sie doch. Sie weinte über ihre heiße, törichte Liebe zu Pierre, der sie soviel geopfert hatte, über all die umsonst geträumten Träume und die umsonst gelebte Zeit, in der sie gemeint hatte, etwas Kostbares zu besitzen, das sich im nachhinein als billige Imitation herausgestellt hatte.

Umsonst? Da war plötzlich ein kleiner Arm, der sich um sie legte, und eine warme Wange, die sich an ihre schmiegte. »Maman, nicht weinen. Du bist doch schon groß! Da weint man nicht.«

Armand wiederholte, was er selbst so oft gehört hatte, wenn er in Tränen ausgebrochen war, und Caroline hob den Kopf und lächelte mit nassen Augen.

»Wie recht du hast, mein Herz. Deine Maman ist dumm. Und es tut ja auch gar nicht mehr weh.«

»Tut doch weh«, beharrte Armand. »Erst pusten!« Er spitzte die Lippen und blies Caroline seinen Atem ins Gesicht. »So, jetzt heile . . .«

Sie nahm seine Hand und küßte sie. »Ja, jetzt ist es heil. Danke, mein Schatz. Ach, wenn ich dich nicht hätte!«
»Aber du hast Armand«, sagte der kleine Junge stolz, während die Pferde anzogen und die Kutsche die Straße entlangrumpelte.

****

13

Monsieur Larennes begleitete Caroline zur Tür seines Anwaltsbüros. »Ich werde versuchen, alles in Ihrem Sinn zu regeln, meine liebe Vicomtesse«, versprach er und betrachtete sie kummervoll. Er war ein zierlicher alter Herr mit vollem weißen Haar. »Schwierigkeiten wird es kaum geben, da Ihr Gatte Sie bereits wissen ließ, daß er mit einer Scheidung einverstanden ist. Die Apanage für Sie hat er seit langem festgelegt, und andere Ansprüche erheben Sie ja nicht. Wir werden die Gerichte also nicht lange zu beschäftigen haben.«
Caroline nickte und ließ sich im Vorzimmer von ihm in den Mantel helfen. Dann streifte sie ihre Handschuhe über. »Ich danke Ihnen, Monsieur Larennes.«
André Larennes seufzte. »Ich wünschte, ich könnte etwas anderes, Erfreulicheres für Sie tun. Eine Scheidung ist eine traurige Angelegenheit, auch wenn sie in gegenseitigem Einverständnis durchgeführt wird. Sie ist immer eine Art Bankrotterklärung.«
»Mag sein.« Caroline reichte ihm die Hand. »Adieu, Monsieur Larennes, und grüßen Sie Ihre Gattin von mir.«
»Wollen Sie sie nicht wieder einmal besuchen kommen? Meine Charlotte hat Sie so ins Herz geschlossen. Und jetzt im Winter kann sie kaum vor die Tür. Der Rheumatismus, wissen Sie ...« Er rieb die Hände gegeneinander, als er die Steinstufen zur Haustür hinunterschritt und das Portal öffnete. »Was ist das auch nur für ein Wetter! Dieser Schneeregen macht einen ganz krank!«

»Wenn ich das nächste Mal in Paris zu tun habe, komme ich gern einmal bei Ihrer Gattin vorbei.« Caroline mochte die beiden Larennes' und hatte nicht vergessen, wie freundlich sie sich ihrer angenommen hatten, als Charles damals gleich nach ihrer Hochzeit an die Front abgereist war. Besonders Charlotte Larennes war Caroline in vielen Dingen behilflich gewesen.

»Ja, tun Sie das, meine Liebe.« Der Anwalt verneigte sich. »Sie wird ohnehin mit mir schelten, daß ich Sie heute nicht auf einen Schwatz nach Hause mitgebracht habe.«

»Heute geht es wirklich nicht. Ich habe noch Einkäufe zu erledigen und versprochen, am späten Nachmittag zurück zu sein.«

»Sie leben also jetzt ständig in Malmaison?« erkundigte sich der Anwalt. »Ich meine, falls ich in Ihrer Scheidungsangelegenheit Neuigkeiten oder Fragen habe?«

»Ja, gewiß. Ihre Majestät, die Kaiserin Josephine, war so gütig, mich in ihren Hofstaat aufzunehmen. Und mein kleiner Armand hat dort ebenfalls ein Zuhause gefunden.«

»Ach, unsere Kaiserin!« Die dunklen Augen des alten Herrn bekamen einen verklärten Ausdruck. »Ich bin ein großer Bewunderer von ihr, seit vielen Jahren. Ich hatte die Ehre, ihr einmal vorgestellt zu werden, als sie noch die Gattin des Ersten Konsuls Bonaparte war. Es war im Hause von General Rapp, und die Kaiserin sagte zu mir: ›Ich freue mich sehr, Sie kennenzulernen, Monsieur Larennes.‹ Sie trug ein Kleid aus silbergrauem Samt und eine blaßrote Rose am Dekolleté. Sie war wunderschön und eine wirkliche Dame. Sie müssen sehr glücklich sein, nun in ihrer Nähe zu leben, meine liebe Madame de la Moreau.«

»Das bin ich auch.« Caroline lächelte. »Aber nun muß ich mich wirklich beeilen. Leben Sie wohl, Monsieur, bis zum nächsten Mal.« Trotz des naßkalten Wetters ließ er es sich nicht nehmen, sie bis zum Wagen zu bringen, der am Straßenrand wartete. Er sah dem Gefährt nach, wie es sich in

Bewegung setzte und dann in die Rue Saint-Niçaise einbog.
»Welch ein Jammer«, murmelte er, »sie lassen sich also tatsächlich scheiden. Und bei ihrer Hochzeit hätte ich geschworen, daß sie das glücklichste Paar von ganz Frankreich würden. Sie paßten so gut zusammen, und der Vicomte betete sie an.«
Als Caroline nach Malmaison zurückkam, war es bereits dunkel. Sie begrüßte zuerst Armand, der unter Margots Obhut in seinem Zimmer spielte, und ging anschließend in ihr eigenes Schlafzimmer hinüber, um sich umzukleiden.
Margot kam ihr nach. »Sie sollten etwas Festliches anziehen, Madame la Vicomtesse. Es ist Besuch eingetroffen – die Königin von Holland und ihr Bruder, der Vizekönig von Italien.«
In den Privatgemächern der Kaiserin waren alle Kerzen entzündet. Josephine lag auf einem Sofa, in einen mattblauen Schal gehüllt. Sie war ein wenig erkältet und wirkte erschöpft.
Hortense, die seit Oktober wieder in Paris war und häufig zu Besuch nach Malmaison kam, umarmte Caroline. Dann machte sie sie mit Prinz Eugène de Beauharnais bekannt.
Er verneigte sich. »Meine Schwester hat mir bereits in Aix-les-Bains, als ich ihr einen Besuch abstattete, viel von Ihnen erzählt, Vicomtesse, und so war ich recht begierig, Sie kennenzulernen.«
Er betrachtete sie in der ihm eigenen unverblümten Art, nickte dann und meinte: »Hortense hat nicht übertrieben. Sie sind wirklich sympathisch. Sie gefallen mir.«
Wie er erzählte, war er vor zwei Tagen in Paris eingetroffen. Der Kaiser hatte ihn überraschend herbeordert. »Und leider hat er mich seit meiner Ankunft pausenlos mit Beschlag belegt. Sonst wäre ich schon gestern nach Malmaison gekommen. Aber es war mir einfach nicht möglich.«
Josephine blickte ihn neugierig an. »Und was will er von dir?«

»Lassen Sie uns erst zu Tisch gehen, Mama. Danach reden wir über alles.«
Caroline fand, daß der Prinz bedrückt wirkte. Darüber täuschte auch der leichte Konversationston nicht hinweg, den er während des Essens anschlug, als er von seiner Frau und seinen Kindern berichtete. Er war blond wie Hortense, mittelgroß, mit ernsten, ein wenig unregelmäßigen Gesichtszügen. Kein schöner Mann, aber einer, der Disziplin und Zuverlässigkeit ausstrahlte.
Was mochte der Kaiser planen, daß er Eugène de Beauharnais nach Paris gerufen hatte?
Sie erfuhren es nach dem Abendessen, nachdem sich die Hofdamen und Kammerherren der Kaiserin zurückgezogen hatten. Auch Caroline hatte in ihr Appartement gehen wollen, das sie in Malmaison zur Verfügung hatte, doch Hortense hielt sie im Speisezimmer zurück und zog sie in eine Fensternische.
»Denken Sie nur, ich habe ihn heute gesehen. Seine Pflegemutter hat ihn mir am Vormittag gebracht.«
Auch ohne daß Hortense einen Namen nannte, wußte Caroline, wen sie meinte: ihren Sohn, den sie von Charles de Flahaut hatte.
Hortense war sehr niedergeschlagen aus Aix-les-Bains zurückgekehrt. Die Trennung von dem Kind war ihr schwerer gefallen, als sie es für möglich gehalten hätte. Solange sie damit schwanger ging, hatte die Furcht vor einer Entdeckung alle anderen Gefühle überdeckt.
Doch nachdem der Kleine zur Welt gekommen war und sie ihn, wenn auch nur für kurze Zeit, gesehen hatte, dachte sie unaufhörlich an ihn und plagte sich mit Schuldgefühlen.
Auch jetzt hatte sie schon wieder Tränen in den Augen. »Seine Pflegemutter macht einen ordentlichen Eindruck. Er sah auch recht zufrieden aus, mein kleiner Charles Auguste, aber dennoch drehte sich mir das Herz im Leibe herum, als ich ihn betrachtete. Er ist sehr ärmlich angezo-

gen, wissen Sie. Nun ja, die Dumornys sind einfache Leute. Er ist Kriegsveteran mit einer kleinen Pension, und sie haben mehrere Pflegekinder.« Ihre Stimme brach, und sie lehnte die Stirn gegen die Fensterscheibe.
Caroline streichelte ihren Rücken. »Bitte nicht weinen. Was sollen Ihre Mutter und Ihr Bruder denken!«
»Wenn ich mich doch endlich scheiden lassen könnte!« stieß Hortense hervor. »Dann könnten Charles und ich heiraten und den Kleinen zu uns nehmen. Ach Gott, Caroline, was ist das nur für ein verrücktes Leben. Wohin hat es uns gebracht – die Witwe Beauharnais und ihre beiden Kinder! Und das alles nur, weil Mama einen kleinen korsischen General heiratete, von dem sie hoffte, daß er ihre Schulden bezahlen und ihr ein einigermaßen auskömmliches Dasein bieten könnte.«
In diesem Augenblick hörten sie Josephine aufschreien: »Nein, Eugène, das kann er doch nicht tun!«
Als Caroline und Hortense in den Salon liefen, saß die Kaiserin in einem Sessel und weinte. Eugène hielt tröstend ihre Schultern umfaßt.
»Mama!« Hortense griff nach ihren Händen. »Was ist denn passiert?«
»Er... er will eine Armee von sechshunderttausend Mann aufstellen und gegen Rußland marschieren«, stammelte Josephine außer sich. »Deshalb ist Eugène hier. Es gibt wieder Krieg, Hortense!«
»Ist das wahr?« Hortense blickte ihren Bruder an, und er nickte bedrückt.
»Ich fürchte, niemand kann dem Kaiser diese Absicht ausreden. Ney, Oudinot, Davout, ich – und ich weiß nicht, wer sonst noch alles – haben es versucht. Sogar Jérôme, der sich sonst nur für sein Amüsement und dessen Finanzierung interessiert, hat seine Bedenken angemeldet. Aber der Kaiser ist fest entschlossen.« Eugène lächelte bitter. »Der Zar offenbar auch, denn er läßt die Verteidigungslinien an Dnjepr und Düna befestigen und neue Rekruten-

aushebungen vornehmen. Außerdem strebt er Friedensverhandlungen mit der Türkei an, und das ist das sicherste Zeichen, daß er die Hände für anderes frei haben will.«
Hortense ließ sich auf ein Sofa fallen. »Aber wieso denn auf einmal? Eine Zeitlang waren sie doch regelrecht Freunde. Freilich sind die Beziehungen inzwischen abgekühlt, doch das ist noch kein Grund für einen Krieg, meine ich.«
Caroline schwieg. Ihr war ganz kalt vor Entsetzen.
Charles hatte einmal gesagt: »Mit Rußland müssen wir unter allen Umständen Frieden halten. Dieses Land ist zu groß, und es hat eine gnadenlose Natur. Gott behüte uns davor, jemals wieder gegen Rußland Krieg führen zu müssen.«
»Ich habe den Kaiser angefleht, es nicht zum Äußersten kommen zu lassen«, berichtete Prinz Eugène. »Aber er ist wie besessen von der Vorstellung, eine Grande Armée de Russie aus dem Boden zu stampfen. Und schnell muß es gehen, sagt er. Im Mai will er losschlagen und im September gesiegt haben.«
»Aber warum bloß?« Josephine blickte zu ihrem Sohn auf. »Weiß er denn nicht mehr, wie viele Unzufriedene es schon gab, als er gegen Österreich marschierte? Und selbst wenn er in Rußland siegt – was wird dann in Spanien und Deutschland passieren? Dort warten sie doch nur darauf, sich gegen uns zu empören. Frag die Vicomtesse de la Moreau. Sie kommt aus Deutschland, sie kann dir erzählen, wie man dort fühlt.«
»Das braucht sie nicht, ich weiß es selbst.« Eugène ging zum Tisch und goß sich ein Glas Rotwein ein. »Übrigens hat mir der Kaiser angetragen, während seiner Abwesenheit in Paris die Regentschaft zu übernehmen.«
In Josephines Gesicht zeichnete sich ein Hoffnungsschimmer ab. »Aber dann brauchst du ja nicht mit nach Rußland!«
Er leerte sein Glas. »Ich habe abgelehnt. Zur Grande Ar-

mée de Russie werden achtzigtausend Mann meiner Leute gehören. Ich kann sie nicht allein in diese Katastrophe marschieren lassen. Und ihn auch nicht«, fügte er leiser hinzu.

Caroline schluckte. »Und Sie sind sicher, daß es eine Katastrophe wird?«

Er hob die Schultern. »Ich fürchte es Madame. Wir können nicht die halbe Welt beherrschen.«

»Aber das muß doch auch dem Kaiser klar sein.«

»Er ist ein Genie. Solchen Menschen kommt gelegentlich über ihren Gedankenflügen der Sinn für die Realität abhanden. Man nennt das...« Eugène brach ab und biß sich auf die Lippen. »Vergessen Sie es. Ich bin ein wenig übermüdet. Aber das ist natürlich keine Entschuldigung für hochverräterische Äußerungen. Ängstigen Sie sich nicht, Mama. Vielleicht hat er ja recht und ich unrecht. Dann wollte ich in allen Kirchen von Paris ein Tedeum singen lassen.«

Das war im Februar gewesen, und wenige Wochen später glich Paris einem Heerlager. Es waren nicht nur französische Regimenter, die in der Hauptstadt zusammengezogen wurden. Sie kamen von überall her, aus der Schweiz und Italien, aus Bayern und den Rheinbundstaaten, aus Württemberg, Sachsen und Polen, aus Dänemark und Holland.

Auch Österreich stellte nach langwierigen Verhandlungen ein Hilfskorps, angeführt von Feldmarschall Fürst Schwarzenberg.

In Malmaison aber schrieb Caroline einen Brief an ihre Mutter. Seit Hermann nach Paris gekommen war, korrespondierten sie regelmäßig miteinander. Zwar hatte Jakob Weikersheim nie einen Gruß an seine Tochter beigefügt, aber immerhin duldete er schweigend, daß hin und wieder ein Brief aus Frankreich mit Carolines Absender eintraf und händigte ihn ungeöffnet seiner Frau aus.

»Meine liebste Frau Mutter«, schrieb Caroline an diesem Vormittag, während draußen eine erste zaghafte Frühlingssonne schien und im Park die grünen Triebe der Narzissen aus dem Erdreich sprossen. Nicht lange, und sie würden in gelb-weißer verschwenderischer Fülle blühen, so wie sie es schon längst in den Treibhäusern von Malmaison taten.
»Sie werden es in Erfurt ebenso wissen wie wir hier, daß ein neuer Krieg bevorsteht. Ich habe mir sagen lassen, daß der Kaiser überall Kontingente aufstellen läßt, also wohl auch bei uns daheim.
Meine liebste Mutter, ich bin in großer Unruhe deswegen, und ich hoffe immer noch, daß der Zar von Rußland und der Kaiser Napoleon es nicht zum Äußersten kommen lassen werden. Aber die Königin Hortense meint, das hieße auf ein Wunder hoffen.
Sie hat mit dem Kaiser Napoleon gesprochen und kam sehr niedergeschlagen zurück. Er glaubt, er könne Rußland in wenigen Wochen erobern und den Zaren in die Knie zwingen. Am meisten ist er wohl darüber erbost, daß Alexander von Rußland die Handelsblockade der englischen Schiffe mißachtet. Schweden tut das übrigens auch, und es heißt, daß englische Schiffe regelmäßig ihre Ladung im Hafen von Göteborg löschen. Königin Hortense sagt, das sei das Werk Bernadottes, der früher ein Marschall Napoleons war und sich seit der Schlacht von Wagram mit ihm überworfen hat.
Vielleicht haben Sie davon gehört, Mutter, daß die Schweden den Bernadotte zu ihrem Kronprinzen gewählt haben. Da er die Wahl angenommen hat, ist es im Grunde verständlich, daß er nun aufseiten seines neuen Heimatlandes statt auf der Seite Napoleons steht. Und weil Schweden und Rußland sich in früheren Jahren häufig bekriegt haben, sucht er jetzt eine Annäherung an den Zaren, indem er von Göteborg aus englische Waren nach Rußland schickt. Wer weiß, vielleicht führt er eines Tages sogar

schwedische Soldaten gegen die Grande Armée, deren Marschall er einst war.
Man kann auch den Zaren Alexander in gewissem Sinne verstehen. Die Blockade gegen England mag dem Kaiser Napoleon nützlich sein, aber für Rußland ist sie ein Problem. Neulich hat mir Prinz Eugène de Beauharnais das erklärt. Rußland lebt von der Landwirtschaft. Es muß dort unvorstellbar große Güter geben, aber kaum Industrie. Der Zar will Fabriken und Manufakturen aufbauen, doch dazu braucht er ausländische Maschinen, Ingenieure und andere Fachleute. Um sie bezahlen zu können, muß er Export treiben. England hat ihm seit jeher große Mengen von Holz, Fellen und Häuten abgenommen und dafür seine Waren, vor allem Waffen und Maschinen, eingeführt. Dies alles ist durch die Blockade zum Erliegen gekommen, und die sehr starke napoleonfeindliche Partei in Rußland hat dagegen seit Jahren opponiert. Es bleibt Zar Alexander im Grunde gar nichts anderes übrig, als seine Häfen wieder für England zu öffnen, wenn er nicht seinen Thron gefährden und Rußland in ernstliche wirtschaftliche Schwierigkeiten bringen will. Der zweite Zankapfel ist Polen, das Rußland immer als eine Art Domäne betrachtet hat, und in dem es seine Vormachtstellung schwinden sieht. Napoleon will diesem armen, zerrissenen Land seine Selbständigkeit wiedergeben – vermutlich nicht zuletzt auf Betreiben der Gräfin Maria Walewska hin. Sie haben vielleicht davon gehört, Frau Mutter, daß die schöne Polin eine Zeitlang die Geliebte des Kaisers war und ihm sogar einen Sohn geboren hat. Aber das war vor seiner Ehe mit der Kaiserin Marie Louise.
Hier marschieren nun täglich lange Soldatenkolonnen in Richtung Osten. Heerespferde, Zugtiere, Tausende von Wagen mit Waffen und Verpflegung folgen. Man könnte meinen, es fände eine neue Völkerwanderung statt. Vorgestern war ich in Paris und habe vom Straßenrand aus gesehen, wie die Kavalleriekorps aus der Stadt geritten sind.

›Kommt wieder!‹ haben die Leute gerufen, und viele haben Tränen in den Augen gehabt.«
Caroline stellte die Feder ins Tintenfaß zurück und stützte den Kopf in die Hände.
Sie hatten nicht nur geweint, die Leute. Es hatte auch solche gegeben, die die Fäuste ballten und schrien: »Verflucht sei Napoleon! Er nimmt uns unsere Männer, unsere Söhne! Gott strafe ihn dafür!«
Es hatte Tumulte gegeben, die von der Polizei auseinandergetrieben worden waren.
Neben Carolines Kutsche hatte ein Veteran gestanden, in einem geflickten dunklen Mantel und mit einer Binde über dem linken Auge. »Das hab' ich in Auerstedt verloren. Und zwei meiner Söhne sind bei Wagram gefallen. Den dritten hat es in Spanien erwischt. Als Krüppel ist er heimgekommen. Ist das nicht genug, Napoleon? Goldene Zeiten hat er uns versprochen, aber alles, was wir zu sehen gekriegt haben, ist eine Blutspur quer durch Europa.«
Die Gendarmen hatten ihn fortgeführt, und als er sich wehrte und einige Umstehende ihm zu Hilfe kommen wollten, hatten sie mit ihren kurzen Stöcken auf die Leute eingeschlagen.
Aber das konnte Caroline ihrer Mutter nicht schreiben. Wußte man denn, ob nicht der Brief von französischen Polizeispitzeln geöffnet und gelesen wurde?
Caroline griff wieder zur Feder und fuhr fort:
»Aber es gibt auch viele in Paris und im ganzen Land, die an einen raschen, überwältigenden Sieg glauben. Der Kaiser, so sagen sie, hat schon oft das Unmögliche möglich gemacht. Dutzende Male hat man prophezeit, er werde vernichtet werden und mit Schimpf und Schande untergehen, doch jedesmal hat er triumphiert und alle Bedrohung in Ruhm verkehrt. Vielleicht wird es auch dieses Mal so sein, liebe Mutter.«
Sie beendete den Brief, indem sie noch ein paar Zeilen

über Armand anfügte, wie gut er sich entwickelt habe und wie gern er in Malmaison lebe, und schloß:
»Ich umarme Sie vielmals, meine liebste Mama. Wenn ich Sie doch einmal wiedersehen könnte! Vielleicht, wenn dieser Krieg zu Ende ist...«
Von Pierre de Lancourt erwähnte sie nichts. Sie hatte im Winter erfahren, daß er nach Madrid an den Hof König Josephs abgereist war. So hatte also Pauline Borghese ihr Versprechen wahr gemacht und sich bei ihrem Bruder für Pierre verwendet.
Bald darauf hatte Caroline Monsieur Larennes aufgesucht und ihn gebeten, die Scheidung von Charles in die Wege zu leiten.
Seit sie in Malmaison lebte und zum ersten Mal auf eigenen Füßen stand, von niemandem mehr abhängig und niemandem Rechenschaft oder Rücksicht schuldig, hatte sie das Empfinden, auch die letzten Bindungen an die Vergangenheit lösen zu müssen. Sie hatte einen neuen Lebensabschnitt begonnen, in dem alles klar und geordnet sein sollte.
Warum nur mußte sie trotzdem so oft an Charles denken?
Es war merkwürdig: Je länger sie von Pierre getrennt war, um so deutlicher kamen ihr die vielen unerfreulichen Begebenheiten der letzten Monate ins Gedächtnis. Seine rüde Art Armand gegenüber, seine Oberflächlichkeit, seine Eigenliebe und Bedenkenlosigkeit.
Bei Charles hingegen drängten sich ihr mehr und mehr die Erinnerungen an die guten Stunden mit ihm auf. Nein, sie konnte ihn nicht hassen, auch wenn sie es sich eine Zeitlang eingebildet hatte. Aber sie konnte auch nicht mehr zu ihm zurück.
Sie hatte Armand, und das mußte ihr genug sein.
Und dann sah sie Charles kurz vor seiner Abreise an die russische Front wieder.
Es war in St. Cloud, am Abend bevor Napoleon zur Grande Armée aufbrach. Er hatte noch einmal seine ganze Fa-

milie um sich versammeln wollen, und so war auch Königin Hortense mit ihren beiden Söhnen am Nachmittag von Malmaison in die kaiserliche Residenz gefahren. Sie wollte dort übernachten, um am nächsten Morgen auch noch beim offiziellen Abschied des Kaisers dabei zu sein.
Am Abend schickte sie einen Boten mit einem Brief für Caroline nach Malmaison.
»Meine liebe Freundin, ich bin in großer Sorge. Madame de Souza hat mich benachrichtigt, daß der Pflegesohn der Familie Dumorny, Charles Auguste, der Ihnen aus vielen Erzählungen bekannt ist, mit einem schweren Fieber zu Bett liegt. Man befürchtet Typhus. Wollen Sie mir einen Gefallen tun, da ich selbst mich im Augenblick nicht darum kümmern kann? Bringen Sie den Dumornys Geld, damit sie die besten Ärzte für das Kind hinzuziehen und auch sonst alles Notwendige für seine Pflege getan wird! Vielleicht reichen hundert Napoleondor fürs erste, die ich Sie bitte, für mich auszulegen. Sagen Sie Madame Dumorny, daß sie noch mehr erhalten kann, damit an dem armen Kind wirklich nichts versäumt wird.
Und wenn es Ihnen nicht zu unbescheiden erscheint: Geben Sie mir nach Ihrem Besuch Bescheid, wie es dem Kleinen geht! Für ein paar Minuten werde ich mich von der Abendtafel entfernen können, um mit Ihnen zu reden. Ich wüßte niemanden außer Ihnen, den ich um diesen Liebesdienst bitten kann, da Madame de Broc, wie Sie wissen, augenblicklich nicht in Paris weilt. Und Madame de Souza damit zu betrauen, würde vielleicht bei gewissen Leuten einen ganz bestimmten Verdacht erregen.«
Es war nach zehn Uhr abends, als Caroline in St. Cloud eintraf. Hortense, der sie sich melden ließ, kam sofort in den Vorsaal.
»Endlich!« rief sie. »Ich habe auf glühenden Kohlen gesessen. Wie geht es dem Kind? Haben Sie es gesehen?«
»Und alles so ausgeführt, wie Sie es wollten. Aber Sie müssen sich keine Sorgen machen. Ein Arzt war schon da,

und er ist sicher, daß es sich nicht um einen Fall von Typhus handelt, sondern nur um eine zwar heftige, aber harmlose Magen- und Darminfektion.«

Hortense war so erleichtert, daß sie ihr um den Hals fiel. »Danke! Innigen Dank! Das werde ich Ihnen nie vergessen.«

Caroline verließ das Schloß durch einen Nebenausgang. Sie hatte gerade eine Treppe passiert und schickte sich an, den langen, bis auf ein paar Wachtposten leeren Korridor zu durchqueren, als zwei Männer aus einer Tür traten. Der eine war mit einem Mantelsack und allerlei Gepäckstükken beladen, und Caroline erkannte in ihm Charles' Diener Antoine. Der andere war Charles.

»Bring alles hinüber zum Sammelplatz«, trug er Antoine auf. »Und sag Bérival, er soll dafür Sorge tragen, daß es mit dem übrigen Gepäck verladen wird.«

Caroline und er erkannten einander gleichzeitig, und Charles blieb stehen. »Caroline! So sehe ich dich doch noch einmal wieder.«

Er war in Uniform, und auf einmal erinnerte sie sich mit schmerzhafter Deutlichkeit an den Tag kurz nach ihrer Hochzeit, an dem er auch aufgebrochen war in einen Krieg.

»Komm wieder!« hatte sie damals gefleht und ihm das Kreuzzeichen auf die Stirn gemalt. »Ich bitte dich, komm wieder!«

Charles trat auf sie zu und ergriff ihre Hände. »Ich war gestern bei Monsieur Larennes und habe ihm einen Brief für dich gegeben. Aber nun kann ich dir selbst sagen, was darin steht.«

»Und was ist das?«

»Ich weiß nicht, ob ich aus diesem Krieg wiederkehre, Caroline. Deshalb denke ich, es wäre besser, wenn du die gerichtliche Trennung unserer Ehe noch hinausschieben würdest. Es kann sein, daß ich falle, und dann wärest du als meine Witwe meine Erbin. Es wäre mir eine große Beruhigung, dich in diesem Falle gut versorgt zu wissen.«

Er sollte sie nicht so ansehen, nicht mit diesem traurigen und gleichzeitig so gütigen Ausdruck! Und er sollte nicht von seinem Tod sprechen.
Carolines Lippen zitterten. »Ich kann das nicht annehmen, Charles. Ich habe dich verlassen und bin zu einem anderen Mann gegangen. Freilich hatte ich Gründe dafür, aber trotzdem ... Wir haben beide einander Böses zugefügt, und damit, finde ich, ist unsere Rechnung ausgeglichen. Du mußt dich nicht mehr für mich verantwortlich fühlen.«
»Aber ich tue es, ob es dir nun recht ist oder nicht, jedenfalls solange du nicht mit einem anderen Mann verheiratet bist. Ich ... ich habe gehört, daß der Chevalier de Lancourt in Madrid ist. Wirst du ihm bald nachreisen?«
»Was bringt dich auf diese Idee? Hat man dir nicht erzählt, daß ich in Malmaison als Hofdame der Kaiserin Josephine lebe?«
Er blickte sie betroffen an. »Ich dachte, das hättest du nur getan, bis Lancourt ...«
»Er war nicht der Mann, den ich heiraten wollte«, entgegnete sie knapp. »Und nun frag mich nicht weiter. Es ist gut so, wie es gekommen ist, deshalb ist es auch nicht nötig, daß du mich bedauerst.« Ihre grünen Augen funkelten trotzig. »Ich habe einen Fehler gemacht, als ich zu Lancourt ging, nachdem ich dich verlassen hatte. Aber das ist meine Sache, verstehst du, und ich muß allein damit fertig werden. Sieh mich nicht so mitleidig an. Ich hatte auch kein Mitleid mit dir, als ich mich von dir getrennt habe. Herrgott, wie kann ich dich nur davon kurieren, daß du immer noch so schrecklich edelmütig und schuldbewußt mir gegenüber bist. Ich sage dir doch, wir sind quitt! Und bilde dir nicht ein, daß ich die ganze Zeit todunglücklich mit Lancourt war ...«
Sie zögerte einen winzigen Moment und sprach es dann doch aus, was sie meinte, ihm sagen zu müssen, damit er endlich aufhörte, sie mit seiner Großmut zu beschämen.
»Ich war verrückt nach ihm, verstehst du, Charles? Er hat

etwas, das mich von Anfang an um den Verstand gebracht hat. Glaubst du, ich hätte sonst ein Kind von ihm? Schon damals bin ich ihm nachgelaufen, und als ich ihn hier wiedersah, war es nicht viel anders. Wer weiß, vielleicht hätte ich dich so oder so mit ihm betrogen. Also hör auf, ein armes Opfer in mir zu sehen. Ich habe meinen Spaß dabei gehabt, solange es währte, und als es vorbei war, bin ich gegangen, das ist alles.«

»Und warum weinst du jetzt?« fragte er sanft. Und als sie nicht antwortete, sondern nur mit einem verbissenen Gesichtsausdruck vor sich hinstarrte, zog er sie mit einer raschen, leichten Bewegung an sich.

»Warum versuchst du, dich in meinen Augen schlechtzumachen? Das gelingt dir nicht, Caroline, denn ich kenne dich besser. Ich weiß, daß du . . .«

»Gar nichts weißt du«, fiel sie ihm zitternd ins Wort und stemmte die Hände gegen seine Brust. Charles nahm sie und hielt sie fest.

»Oder kannst du dir selbst deinen Irrtum nicht vergeben und willst dich dafür bestrafen? Sei nicht dumm, Caroline . . . Es war nicht deine Schuld, daß alles so gekommen ist. Viel eher meine.«

Es war schön, in seinen Armen zu liegen. Es war wie . . . Heimkommen. Sie atmete schneller, als er ihr Gesicht umfaßte und mit seinen Lippen ganz leicht ihren Mund berührte.

»Sag mir lebewohl, Caroline«, flüsterte er. »Und versprich mir, daß du tun wirst, worum ich dich bitte. Warte mit der Scheidung, bis ich zurück bin. Bis dahin laß alles so, wie es ist. Es wäre eine so große Beruhigung für mich.«

»Ich weiß nicht . . .«

»Bitte!« beharrte er und zwang sie, ihn anzusehen.

Caroline löste sich aus Charles' Umarmung, weil sie es nicht mehr aushielt, ihm so nahe zu sein. »Ich weiß nicht, ob es klug ist. Ich dachte, die endgültige Trennung sei besser für uns beide, ein scharfer, unwiderruflicher Schnitt. Aber gut, es geschehe, wie du willst.«

Sie wandte sich hastig ab, um ihn nicht mehr ansehen zu müssen.
»Adieu, Charles. Ich ... ich wünsche dir Glück. Paß auf dich auf, ja?«
»Adieu, Caroline«, murmelte er. Er sah ihr nach, wie sie davonging, langsam zuerst, als wolle sie noch einmal stehenbleiben und sich zu ihm umwenden, um ihm etwas zu sagen. Charles wartete mit angehaltenem Atem.
Aber sie drehte sich nicht mehr um, sondern beschleunigte ihren Schritt. Und dann verschwand sie auf der Treppe, die nach unten führte.

Caroline erhielt Charles' Brief am Tage, nachdem er mit dem Kaiser die Stadt verlassen hatte.
»Ich weiß, daß Du mich nicht mehr liebst«, hatte er geschrieben.
»Aber das ändert nichts an meinen Gefühlen für Dich. Meine Liebe ist nur weniger selbstsüchtig geworden. Ich habe meine Lektion gelernt, Caroline. Ich bin nicht mehr so verblendet, zu glauben, man könne Böses tun und es mit einer Leidenschaft für einen anderen Menschen entschuldigen. Ich wollte, ich könnte dies wieder gutmachen. Da es unmöglich ist, bitte ich Dich, mir wenigstens zu erlauben, für Dich und damit auch für Deinen Sohn zu sorgen, solange die Zeitläufte so unsicher sind. Ich will Dich damit nicht an mich fesseln, sondern nur, falls ich in diesem Krieg falle, in meinen letzten Augenblicken die beruhigende Gewißheit haben, daß es Dir an nichts mangelt. Gott schütze dich, *mon amour.*«
Caroline weinte, als sie den Brief las. Und dann saß sie lange da, das Blatt mit Charles' Schriftzügen auf dem Schoß, und dachte an die kurze Zeit, in der sie als Eheleute zusammengelebt hatten. Nicht einmal so lange hatte sie gedauert, wie die Spanne zwischen zwei Kriegen währte.
Draußen im Park blühte alles und war grün. Es war Mai, und Caroline kam es vor, als sei er noch nie so schön ge-

wesen wie in diesem Jahr. Aber die Verschwendung der Natur erschien ihr wie ein Hohn angesichts der dumpfen Angst, die sie im Herzen trug. Und nicht nur sie. Auf allen in Malmaison lastete Bedrückung, und Königin Hortense sagte: »In Paris ist es nicht anders. Die Leute gehen herum, tun ihre Arbeit, aber man hat ständig das Empfinden, als warteten sie mit angehaltenem Atem auf irgendeine Katastrophe. So war es noch nie.«

Sie war mit den Kindern und ihrer Begleitung nach Malmaison übersiedelt und wollte den ganzen Sommer über bleiben.

General de Flahaut war ebenfalls nach Rußland gereist, nachdem er die vergangenen Monate ein Kommando in Spanien innegehabt hatte, und Hortense sagte zu Caroline, als sie einmal mit ihr allein war: »Ich hätte ihn so gern noch einmal gesehen. Aber er konnte nicht über Paris kommen . . .«

Sie hob die Schultern. »Nun ja, wer weiß, wofür es gut ist. Ich hatte mir geschworen, mich nicht mehr mit ihm einzulassen, solange ich noch mit Louis verheiratet bin. Eine zweite Schwangerschaft hätte ich nicht riskieren mögen. Aber wie soll man einen Mann, der in den Krieg zieht, auf Distanz halten? Ich hätte es nicht fertig gebracht.«

Sie warf Caroline einen nachdenklichen Blick zu. »Sie haben Charles de la Moreau auch noch einmal wiedergesehen, bevor er mit dem Kaiser abgereist ist?«

»Ja, an jenem Abend in St. Cloud, als ich zu Ihnen kam. Aber woher wissen Sie das?«

»Ich habe ihn am Morgen darauf gesprochen. Ist Ihnen eigentlich klar, daß er Sie immer noch liebt?«

Caroline nickte und wich Hortenses fragenden Augen aus.

»Ich bin wegen meiner Tat seit langem durch mein ganz persönliches Fegefeuer gegangen. Ich lebe noch darin . . .«

»Sag mir lebewohl, Caroline . . . Gott schütze dich, mon amour . . .«

»Ich hoffe«, sagte Hortense langsam, »daß er gesund zurückkehrt. Und noch mehr hoffe ich, daß Sie dann das Rechte tun werden.« Durch die geöffneten Terrassentüren wehte ein warmer Wind. Er brachte den Geruch frisch gemähten Grases mit sich und die Stimmen der Kinder, die mit Adèle de Broc und Madame de Boubers unter den Bäumen Ball spielten. Irgendwo im Haus klimperte jemand auf dem Spinett. Ein altes Lied war es, dessen Worte Caroline kannte:

»Mein Liebster ist fortgegangen,
geritten mit dem Wind.
Nun sagen sie, er werde nicht wiederkommen,
und ich habe kein Grab, daran zu weinen . . .«

»Als Kind«, sagte Hortense, »hatte ich einmal einen Hund. Er war recht wild, aber ich liebte ihn sehr, bis er eines Tages meine Lieblingspuppe fortschleppte. Er hatte ihr den Kopf abgebissen und sie in lauter kleine Stücke zerfetzt. Da habe ich den Hund mit einer Reitgerte meiner Mutter verprügelt. Ich war wie besinnungslos vor Zorn, und er lief jaulend weg, hinaus auf die Straße. Dort ist er unter einen Pferdewagen geraten. Er war sofort tot, und ich wußte, daß ich daran schuld war. Ich bekam einen neuen Hund und eine andere Puppe, aber das half mir nicht, mit meinen Selbstvorwürfen fertig zu werden. Es hat lange gedauert, bis ich darüber hinweg war.«

Caroline stieß einen kleinen ächzenden Laut aus und schlug die Hände vor das Gesicht.

Hortense kam zu ihr und setzte sich auf ihre Sessellehne. »Weinen Sie nicht. Ich wollte Ihnen nicht das Herz schwer machen. Ich dachte nur, man müsse Sie darin bestätigen, das zu tun, wozu es Sie im Innern sowieso drängt. Nicht wahr, Sie haben Charles vergeben?« Caroline nickte, ohne aufzusehen.

»Dann sollten Sie ihn das wissen lassen. Schreiben Sie ihm, machen Sie ihm ein wenig Hoffnung auf die Zukunft. Männer, die verzweifelt sind, suchen manchmal die Gelegenheit zum Sterben. Aber wenn er weiß, daß sich das Leben für ihn lohnt, wird er es nicht leichtfertig aufs Spiel setzen.«

»Aber er kann trotzdem sterben ...«

»Das können wir alle, meine Liebe. Meine Mutter sagt, es läge in Gottes Hand. Sie hat ihren Kinderglauben behalten, und ich beneide sie manchmal darum.« Hortense seufzte. »Es ist viel leichter, sich einen gütigen Gott vorzustellen, der unser Leben lenkt, als ein unbarmherziges, unbeeinflußbares Schicksal. Als Non-Non starb, mein ältester Sohn, habe ich mir gewünscht, beten zu können. Aber ich bin in einer Zeit groß geworden, in der die Kirchen geschlossen waren und man die Geistlichen guillotinierte. Und da Er nichts getan hat, um dies zu verhindern, so wie Er offenbar seit eintausendachthundert Jahren nichts getan hat, um die Greuel zu beenden, die Menschen anderen Menschen zufügen, haben Ihn damals viele ins Reich der Fabel verwiesen. Ich auch, Caroline. Dennoch wünsche ich Ihnen, daß Sie an Ihn glauben können und beten ... Wer weiß, vielleicht hilft es am Ende doch.«

Sie drückte Carolines Schulter. »Vor allem aber sollten Sie an Charles schreiben. Wollen Sie?«

Indessen war Charles in Dresden, wohin sich der Kaiser zunächst in Begleitung von Marie Louise gewandt hatte. Am Hof des Königs von Sachsen traf Napoleon mit seinem Schwiegervater, dem österreichischen Kaiser, und Friedrich Wilhelm von Preußen zusammen.

Es waren Tage, vollgestopft mit Festlichkeiten, Ballett- und Opernaufführungen, Bällen, Soireen, Jagden und glanzvollen Paraden, so als gäbe es keinen drohenden Krieg, sondern nur eine Kette heiterer Zerstreuungen.

Währenddessen aber zog die Grande Armée de Russie weiter nach Osten, und Graf Louis de Narbonne reiste als Kurier des Kaisers nach Wilna, wohin sich der russische Zar mit seinen kommandierenden Generälen und einem Großteil seiner Truppen begeben hatte.

Narbonne trug einen Brief Napoleons an Alexander bei sich, in dem der Kaiser zum letzten Mal versuchte, sich mit dem Zaren zu einigen. Er versicherte Alexander seiner persönlichen Hochachtung und wies noch einmal darauf hin, daß die Russen nur der Kontinentalsperre gegen England von neuem beitreten müßten, um die Kriegsgefahr zu bannen.
Freilich war dies ein halbherziger Versuch im letzten Augenblick, an dessen Gelingen niemand glaubte, am allerwenigsten Napoleon selbst.
In diesen Tagen nun, während man in Dresden auf Narbonnes Rückkehr aus dem russischen Hauptquartier wartete, traf Carolines Brief an Charles ein.
Sie hatte lange gebraucht, ihn zu formulieren, immer wieder neu angefangen und das Geschriebene zerrissen. Die letzte Fassung hatte sie in einem Zuge heruntergeschrieben und versiegelt, ohne sie noch einmal durchzulesen, weil sie fürchtete, daß dieser Brief sonst auch den Weg seiner Vorgänger gehen würde.
»Ich habe mit Monsieur Larennes gesprochen und ihn gebeten, die Scheidung nicht weiter voranzutreiben. Seitdem fühle ich mich ruhig, als hätte ich mir selbst eine Last abgenommen. Ich habe mir eingestanden, Charles, daß ich in einem Winkel meines Herzens immer Deine Frau bleiben wollte, trotz allem, was geschehen ist. Warum hätte ich sonst so lange gezögert, unsere Trennung durch die Gerichte legalisieren zu lassen?
Wir haben einander verletzt, Charles, und ich habe Dich betrogen. Siehst Du, jetzt merkst Du selbst, daß ich mich immer noch als Deine Frau sehe – wie könnte ich mein Verhalten sonst einen Betrug nennen?
Königin Hortense sagt, daß Du mich immer noch liebst. Aber wir können nur wieder zusammenkommen, wenn Du lernst, mit dem zu leben, was ich getan habe, genauso wie ich es lernen muß, mit dem zurechtzukommen, was Du falsch gemacht hast. Wir können einander nicht vor-

spielen, es wäre nichts geschehen. Es ist viel geschehen, und wir haben Narben davongetragen.
Das sagt sich so leicht: vergeben und vergessen. Aber wie kann man die Narben ignorieren? Sie sind da, und wir werden uns immer wieder daran erinnern. Vielleicht wird es im Lauf der Zeit seltener geschehen, und vielleicht wird es immer weniger weh tun, und wir werden eines Tages sagen können: Ich habe nur noch die Erinnerung an den Schmerz, aber wie schlimm er wirklich war, daran entsinne ich mich kaum noch. Dann hätten wir beide viel Glück gehabt, Charles.
Ich biete Dir ein Wagnis an, wenn dieser Krieg zu Ende ist und Du heimkehrst, denn ich weiß nicht, ob wir diese Probe bestehen. Aber ich bin bereit, es einzugehen – selbst auf die Gefahr hin, daß es mißlingt und wir uns neue Wunden zufügen.
Das wollte ich Dir sagen, Charles, und darum bitte ich Dich, auf Dich acht zu geben, damit Du gesund heimkehrst.«
Zwei Tage später sprach der Kaiser Charles nach einem Empfang an. »Ich habe Sie beobachtet, Capitaine de la Moreau. Was ist los mit Ihnen? Sie wirken manchmal völlig geistesabwesend, und vorhin habe ich dreimal denselben Satz zu Ihnen sagen müssen, bevor ich eine Antwort bekam.«
Charles nahm Haltung an. »Ich bitte um Vergebung, Sire. Ich bin in der Tat ... nun ja, ich meine ... ich habe ...«
»Was haben Sie?« fragte Napoleon gereizt.
»Einen Brief bekommen, Sire. Von meiner Frau.«
Napoleon runzelte die Stirn. »Ach! Und das genügt, Sie dermaßen abzulenken?«
»In diesem Fall schon, Sire.« Charles' blaue Augen strahlten. »Es wird keine Scheidung geben.«
Die Miene des Kaisers erhellte sich. »Es gibt also doch noch Frauenzimmer, die Vernunft besitzen. Das freut mich, Moreau, es freut mich aufrichtig. Dann sehen Sie zu,

daß Sie . . .« Er verstummte, weil eine Ordonnanz eintrat.
»Was gibt's, Rigaud?«
»Soeben ist Graf Louis de Narbonne aus Wilna zurückgekehrt, Majestät. Er bittet untertänigst, sofort vorgelassen zu werden.«
Napoleons Miene veränderte sich, wurde angespannt, und seine Augen flackerten. »Bringen Sie ihn her.«
Alexanders Antwortbrief war kurz und, abgesehen von ein paar pathetischen Floskeln, von kalter Entschlossenheit.
»Ich will lieber das Risiko eines Rufes zu den Waffen tragen, als die Ehre der Nation, über die ich herrsche, besudelt zu sehen. Falls Sie, Sire, sich für einen Krieg entscheiden und das Glück unsere gerechte Sache nicht begünstigt, so wird Sie die Jagd nach einem Friedensvertrag bis an das äußerste Ende der Welt führen.«
Aufgebracht warf Napoleon das Schreiben auf den Tisch. »So sind also alle Vermittlungsvorschläge am Ende angelangt.« Und dann lauter, fast schreiend: »Der Geist, der im russischen Lager herrscht, treibt uns in den Krieg. Es ist keine Zeit mehr mit fruchtlosen Verhandlungen zu vergeuden. Capitaine de la Moreau! Leutnant Rigaud! Marschbefehl an alle! Wir brechen in vier Tagen nach Tilsit auf. Von dort aus beginnt die Offensive!«
Der Geist, der im russischen Lager herrscht, dachte Charles bitter. Als ob du, Kaiser, nicht längst beschlossen hättest, diesen Krieg zu führen. Narbonnes Mission war doch nur eine Finte. Du willst den Krieg, weil du deine Grenzen nicht mehr siehst – und ebensowenig Frankreichs Grenzen. Begreifst du nicht, daß wir am Ende unserer Möglichkeiten angelangt sind? Bernadotte hat es längst erkannt. Er hat gewarnt – uns alle, die wir dir nachgefolgt sind. Er hat auch dich warnen wollen, aber du hast dir die Ohren verstopft und Bernadotte eine Schlange geheißen. Dabei hat er nur die ursprünglichen Ideale der Revolution bewahren wollen, die du für deinen Weg nach oben benutzt und dann mißachtet hast.

O Gott, Napoleon, und ich habe dich geliebt! Ich habe dich bewundert und dir vertraut. Ich bin dir auf dem Weg gefolgt, der dich auf den Kaiserthron Frankreichs gebracht hat, weil ich meinte, dies sei eine Notwendigkeit, um die Botschaft der Menschenrechte in die rückständigsten Winkel Europas zu tragen. Ein Kaiser aus dem Volke, habe ich geglaubt, würde demonstrieren, daß Macht nicht gleichbedeutend mit Tyrannei ist und ihre Ausübung nicht zwangsläufig Unrecht und Eigennutz beinhalten muß.
Aber dann hast du in Wien ein Kind hinrichten lassen, und Bernadotte sagte schon damals: »Das ist symptomatisch. Er hat den Weg aller Gewaltherrscher beschritten. Er hat das Maß für Mögliches und Unmögliches verloren. Ich habe es kommen sehen von dem Augenblick an, als er sich zum Kaiser machte.«
Damals habe ich mir die Ohren verstopft, Napoleon, und die Wahrheit verdrängt. Ich habe mir einzureden versucht, Bernadotte sei aus persönlichem gekränkten Ehrgeiz dein Feind geworden, weil du ihm nach der Schlacht von Wagram nicht die Reverenz erwiesen hast, auf die er Anspruch zu haben meinte. Aber jetzt –?
Charles blickte den Kaiser an, der begonnen hatte, mit auf dem Rücken verschränkten Armen auf und ab zu laufen.
»Was ist, Capitaine de la Moreau? Worauf warten Sie noch? Gehen Sie und führen Sie meine Befehle aus!«
Charles salutierte. »Jawohl, Euer Majestät.«
»Was starren Sie mich so an? Gibt es irgend etwas Besonderes an mir zu sehen?«
»Nein, Majestät.«
»Dann verschwinden Sie! Hinaus mit Ihnen! Roustam!«
Der Leibmameluck des Kaisers erschien hinter dem Vorhang, der die privaten Gemächer von den offiziellen trennte.
»Bring mir etwas zu trinken. Und laß mir ein Bad zurechtmachen. Sie, Graf de Narbonne, bleiben. Ich will mehr über Ihre Mission in Wilna erfahren. Jedes Wort, das der

Zar gesprochen hat, und alles, was Sie sonst noch beobachtet haben.«

Die Flügeltüren schlossen sich hinter Charles. Draußen im Vorsaal blieb er einen Moment stehen. Die Maisonne fiel in breiten Bahnen auf den mit Intarsien ausgelegten Parkettboden. Sie ließen die goldenen Verzierungen der Stühle und Sofas an den Wänden aufblitzen und brachen sich im Kristall der Lüster.

In vier Tagen also, dachte Charles, und das Gefühl der Bitterkeit in ihm wuchs. Dennoch, er war kein Bernadotte. Er brachte es nicht über sich, Frankreich den Rücken zu kehren – und auch Napoleon nicht. Nur Ratten verließen das sinkende Schiff . . .

Das schrieb er auch an Caroline in der Nacht vor seinem Aufbruch. »Du hast ihn einmal einen Menschenfänger genannt, und vielleicht hast Du recht damit, mein Herz. Er hat etwas an sich, das es mir unmöglich macht, mich von ihm abzuwenden, obgleich es mich hart ankommt. Es war leicht, ihm nachzufolgen, als ich bedingungslos an ihn glaubte und wähnte, alles, was er tue, sei recht.

Jetzt liege ich ständig im Widerstreit mit meiner Einsicht und – ja, auch meiner Enttäuschung. Es tut weh, jemanden der Glorie beraubt zu sehen, die er vor allen anderen doch einst für mich hatte. Aber gleichzeitig liebe ich ihn noch immer.

Er ist kein strahlender Held mehr, Caroline, sondern ein einsamer, früh gealterter Mann, der zu Großem befähigt war und Großes getan hat – und sich nun im Netz dessen gefangen hat, was er seine Berufung nennt.

Er dauert mich, Caroline, und manchmal möchte ich ihm in den Arm fallen, um ihn zu hindern, seinen Untergang selbst heraufzubeschwören. Aber ich weiß, daß dies zwecklos wäre.

Einmal haben wir gemeint, Gott selbst habe für ihn die Sonne über Austerlitz aufgehen lassen – nun sehe ich, daß sie sinkt und Nacht heraufzieht.

Aber ich will daran glauben, daß es auch danach wieder einen Morgen gibt. Sorge Dich nicht um mich, mein Herz, denn was auch geschieht, ich werde mich daran erinnern, daß Du auf mich wartest. Das macht mir das Leben kostbar.«

Am 21. Juni erreichte Napoleon mit seiner Begleitung Tilsit. In seinem Tagesbefehl an die Grande Armée hieß es:

»Rußland schwor zu Tilsit Frankreich ewige Freundschaft und England ewigen Krieg. Jetzt bricht es seine Schwüre ...

Rußland wird von seinem Verhängnis dahingerissen, es muß seine Bestimmung erfüllen. Hält es uns für entartet? Sind wir nicht die Soldaten von Austerlitz? Es läßt uns die Wahl zwischen Schande und Krieg; wir werden uns nicht lange besinnen. Also voran! Wir gehen über den Njemen, um den Kampf ins Herz Rußlands zu tragen.«

Als der Kaiser sich inmitten seiner Garden zeigte, empfingen ihn Hochrufe. Waren es zuerst nur vereinzelte, so schwollen sie gleich darauf zu einem donnernden Chor an:

»Vive l'empereur! Vive l'empereur!«

Napoleon saß regungslos auf seinem weißen Pferd. Aber dann trat ein Lächeln in sein Gesicht. Es erinnerte ein wenig an den sehr jungen Napoleon, wie er auf der Brücke von Arcole die Regimentsfahne an sich gerissen hatte, um mit gezogenem Degen seinen Männern voranzureiten, um den Sieg zu erstreiten. Der »kleine Korporal«, den sie geliebt hatten. Der einer der Ihren gewesen war, nur um vieles tapferer, todesmutiger, und der die Welt das Zittern gelehrt hatte. Und die Männer der Grande Armée de Russie begannen zu singen. Aus Tausenden von Kehlen stieg das Lied in den blauen Sommerhimmel:

»Allons, enfants de la patrie,
le jour de gloire est arrivé ...«

Am nächsten Tag im Morgengrauen überschritten die ersten Regimenter den Njemen, der die Grenze zu Rußland bildete. Die Invasion hatte begonnen.

»Wir waren alle kleingläubig«, sagte Kaiserin Josephine. »Er wird auch diesmal siegen. Nichts und niemand kann ihn aufhalten.«

Caroline beobachtete sie, wie sie einen Blick auf das Porträt des Kaisers über dem Kamin warf, Liebe und Bewunderung in den sanften Augen. Dann sah sie Hortense an, die ihr am Spieltisch gegenübersaß. Die junge Frau hatte den Kopf in die Hand gestützt. »Ich wünschte nichts sehnlicher, als daß Sie recht behalten, Mutter.« »Aber ich habe recht! All diese Siegesmeldungen! Denke doch nur, er hat Wilna fast ohne einen Schwertstreich, ohne einen Schuß genommen! Man hat ihn dort wie einen Befreier empfangen. Dann sind sie weitermarschiert und haben ... wie heißt die Stadt noch gleich, liebe Madame de la Moreau, die zuletzt eingenommen wurde?«

»Krasnoje, Majestät«, erwiderte Caroline.

Josephine lachte. »Was für ein zungenbrecherischer Name! Auf jeden Fall wird die Grande Armée vermutlich bald Moskau erreichen, und dann wird dem Zaren nichts anderes übrigbleiben, als bald Frieden zu schließen.«

»Der Zar ist in St. Petersburg, nicht in Moskau«, sagte Hortense.

»Und nach allem, was wir erfahren haben, hat bis jetzt gar keine richtige Schlacht stattgefunden. Es waren immer nur kleinere Scharmützel, die sich in der Hauptsache gegen unsere Nachhut richteten.« »Aber ist das nicht wunderbar!« Josephine legte ihre Karten auf den Tisch. »Auf diese Weise haben die Unseren kaum Verluste erlitten.« »Und die Russen auch nicht. Sie haben die französische Armee nur immer weiter ins Land gelockt. Ich bin kein Feldherr, Mutter, aber ich habe das Empfinden, daß eine ganz bestimmte Absicht dahintersteckt. Stellen Sie sich doch vor, wenn die Grande Armée in Moskau einmarschiert, ohne daß sich die Russen zu einer Entscheidungsschlacht stellen, statt dessen aber versuchen, die Versorgung unserer Truppen abzuschneiden ...«

Josephine schüttelte den Kopf. »Ach was, Hortense, du hast viel zu schwarze Gedanken. Die Russen weichen einer Schlacht aus, weil sie wissen, daß sie uns unterlegen sind. Ich habe gehört, daß der Zar nicht mehr als zweihunderttausend Mann unter Waffen hat – und diese noch schlecht ausgerüstet.«

Hortense seufzte. »Eben. Deshalb will er Zeit gewinnen. Und wenn der Winter kommt ...«

»Wenn der Winter kommt«, sagte Josephine entschieden, »ist dieser Krieg längst beendet und die Grande Armée wieder daheim.«

Sie nahm ihre Karten wieder auf. »Wie ist es, spielen wir weiter? Ich habe den ganzen Abend über verloren. Es wird Zeit, daß ich endlich einmal gewinne. Mein lieber Chevalier de Villon, geben Sie mir noch eine Karte ...«

Der grauhaarige Kammerherr beugte sich zu ihr. »Mit Vergnügen, Majestät.«

Es war ein schwüler Abend. Kaum ein Lufthauch regte sich, und den ganzen Tag über war die Sonne hinter milchig weißen Schleiern versteckt gewesen. Als in der Ferne ein leises, langgezogenes Donnergrollen ertönte, atmete Josephine auf.

»Dem Himmel sei Dank, es gibt ein Gewitter. Danach wird es hoffentlich ein wenig abkühlen.«

»In Rußland«, sagte Hortense, »haben sie es jetzt noch heißer. Graf Caulaincourt hat einmal erzählt, daß vor Moskau große Sumpfgebiete liegen. Im August gliche das Land einer Glutpfanne, die von Mückenschwärmen bevölkert sei. Jedes Jahr grassieren dort Seuchen, Typhus, Fleckfieber, die Ruhr ...«

»Also wirklich, Hortense!« Josephine runzelte die Stirn. »Du bist heute abend schrecklich deprimierend. Es muß an der Gewitterschwüle liegen. Da hast du schon als Kind unter düsteren Stimmungen gelitten. Trink einen Schluck Champagner, der wird dich aufheitern.«

Typhus, Ruhr, Fleckfieber ... Caroline wurde ganz elend zumute. Sie hatte Angst um Charles. Aus Wilna hatte er ihr noch einmal geschrieben, doch seitdem hatte sie nichts mehr von ihm gehört. Wo mochte er in diesem Augenblick sein? Ging es ihm gut? Oder war er verwundet oder krank?

Drei Tage später sprengte ein Reiter die Auffahrt von Malmaison hinauf und verlangte die Königin Hortense zu sprechen.

Er hatte einen Brief von General de Flahaut bei sich, der beim 2. Kavalleriekorps unter Marschall Murat kämpfte. Wie der junge Offizier berichtete, war er zunächst nach Paris geschickt worden, um Briefe des Kaisers an die Kaiserin Marie Louise zu überbringen.

Leutnant Devoisier blieb zu Tisch, und natürlich drehten sich die Gespräche um nichts anderes als die Ereignisse an der Front.

Devoisier war ein junger, etwas großmäuliger Mensch, der es sichtlich genoß, im Mittelpunkt des Interesses zu stehen, und unaufhörlich von den Siegen der Grande Armée schwadronierte. Seinen Worten nach war dieser ganze Feldzug ein Spaziergang.

Kosakenangriffe? Natürlich gab es welche und ebenso ein paar verfluchte Partisanentrupps, die aus dem Hinterhalt schossen. Aber was war das schon?

»Die Iwans laufen, daß sie die Stiefel verlieren, wenn wir losschlagen. Gelegentlich haben wir auch die Biwaks der Kutusow-Armee zu Gesicht bekommen, aber sobald wir uns zum Angriff formierten, ergriffen sie die Flucht, und uns blieb nur, ihre jämmerliche Nachhut aufzureiben. Ja, natürlich haben auch wir einige Verluste erlitten, aber sie sind wirklich kaum der Rede wert. Jetzt marschieren wir auf Smolensk, und nächsten Monat werden wir in Moskau sein, falls der Kaiser es nicht vorzieht, bereits in Smolensk

Winterquartier zu beziehen und dort in aller Ruhe auf die Friedensangebote des Zaren zu warten.«

Hortense, der Charles de Flahaut ähnlich beruhigende Mitteilungen gemacht hatte, wirkte erleichtert. »Sie sind also der Meinung, daß wir bis zum Winter Frieden haben werden?«

»Ich bin überzeugt davon!« erklärte Leutnant Devoisier. »Sehen Sie, als wir den Njemen überschritten, zog sich der Zar aus Wilna zurück, später, als wir näherrückten, aus Drissa. Jetzt hat er Moskau verlassen, um sich nach Petersburg zu begeben. Im russischen Lager gibt es keine gemeinsame Strategie. Jeder der kaiserlichen Generäle, ob Fürst Bagration, Tomassow oder Barclay de Tolly redet gegen jeden, und zu guter Letzt haben sie jede Chance eines gemeinsamen Vorgehens verspielt. Auch Kutusow, der vor kurzem den Oberbefehl übernommen hat, hat daran nichts mehr ändern können.«

»Aber ich habe sagen hören, daß es in Rußland in jedem Sommer Seuchen gibt«, wandte Caroline ein. »Haben Sie keine Krankheitsfälle in der Armee?«

»Nun, da und dort ... Doch das hat nicht viel zu bedeuten. Und vor allem mindert es nicht den Kampfgeist der Unseren.«

Josephine wandte sich zu Caroline. »Sie sehen, meine liebe Madame de la Moreau, es steht alles zum besten. Leutnant Devoisier kommt auf direktem Wege von der Front: Seinen Worten können wir vertrauen.«

Der junge Offizier nickte. »Das können Sie, Majestät, blind sogar. Aber ...« Er betrachtete Caroline. »Wie war doch gleich Ihr Name, Madame? De la Moreau? Sind Sie die Gattin des Capitaine de la Moreau?«

»Kennen Sie meinen Mann? Haben Sie ihn am Ende noch gesprochen, bevor Sie nach Paris abreisten?«

»Das nicht. Aber ich hörte von ihm.«

Ihr entging seine Unsicherheit. »Und wie geht es ihm? Ist er gesund?«

Devoisier trank einen Schluck Wein, um nicht sofort antworten zu müssen. »Leider nein, Madame. Als ich aufbrach, lag er im Lazarett, und man sagte mir ...« Er brach ab und trank wieder. »Aber das kann sich natürlich inzwischen längst geändert haben ... ich meine, gebessert.«

Caroline war so weiß wie das Tafeltuch geworden. »Ist er verwundet?«

»Das nicht. Er gehört zu den wenigen, die an Typhus erkrankt sind«, sagte Devoisier unbehaglich. »Ein ziemlich heftiger Krankheitsfall, wie man mir sagte.«

Von da an bestanden die Tage aus Warten. Kam eine Nachricht von Charles? Ein Brief vielleicht, den ein anderer geschrieben hatte:

»... und tut es mir leid, Ihnen mitteilen zu müssen, daß Ihr Gatte nicht mehr unter den Lebenden weilt.«

Wie lange brauchten solche Briefe, bis sie Malmaison erreichten? Oder erfuhr sie gar nichts, weil irgendeine Kosakenstreife den Kurier überfallen hatte.

Caroline fuhr seit Kriegsbeginn mehrmals in der Woche nach Paris, wo das Kriegsministerium die Verlustlisten der Grande Armée bekanntgab. In einem Punkt hatte Devoisier recht gehabt: Es waren nicht viele Namen, aber je mehr Zeit verstrich, desto schleppender gelangten Nachrichten von der Front nach Frankreich.

Hortense versuchte Caroline zu trösten. »Schlechte Nachrichten kommen immer durch. Wenn Ihrem Gatten etwas passiert wäre, wüßten Sie es längst. Also machen Sie sich keine Sorgen. Gewiß ist er auf dem Wege der Besserung – falls überhaupt wahr ist, was Leutnant Devoisier berichtet hat. Vielleicht liegt eine Verwechslung vor.«

Caroline lächelte matt. »Sie meinen es gut, aber geben Sie sich keine Mühe. Ich habe entsetzliche Angst um meinen Mann. Wenn ich nur bei ihm sein könnte! Wenn es irgendeine Möglichkeit gäbe, zu ihm zu reisen, ich würde es tun.«

Sie stand auf. »Ich fahre noch einmal nach Paris. Vielleicht gibt es Neuigkeiten.«
Als sie in ihre Zimmer ging, um Hut und Handschuhe zu holen, begegneten ihr Armand und Margot auf der Treppe. Der kleine Junge lief auf Caroline zu und umschlang ihre Hüften. »Wir wollen die Schwäne füttern. Kommst du mit, Maman?«
Sie drückte ihren Sohn an sich. »Nein, mein Kleiner. Maman muß nach Paris. Aber zum Abend bin ich zurück. Sei schön brav, ja?« »Ich will mitkommen.«
»Ach, Herzchen, es ist so heiß. Die Fahrt würde dir gar keinen Spaß machen.«
»Dann ist es auch für dich zu heiß, und du mußt ebenfalls hierbleiben«, sagte er schlau, aber sie löste seine Arme und schob ihn ein Stück von sich. »Sei vernünftig, Liebling. Bis zum Essen bin ich wieder da.«
Armand stimmte ein jämmerliches Protestgeschrei an, als sie die Treppe hinauflief, aber Caroline beachtete es nicht weiter. Sie wußte, daß seine Tränen bald versiegen würden.
Es war merkwürdig. Bis vor kurzem war Armand das Wichtigste in ihrem Leben gewesen, und vor ein paar Wochen hätte sie, um ihn wieder lachen zu sehen, auf alles mögliche verzichtet. Aber seit Charles im Feld war und sie so große Angst um ihn hatte, war die Sorge um Armand dahinter zurückgetreten.
In Paris herrschte das übliche Gedränge. Aber man sah kaum noch junge Männer, nur Alte und Knaben und da und dort die Invaliden der letzten Kriege.
Caroline ließ die Kutsche an der Place de la Concorde halten und stieg aus. Vor dem Gebäude des *Moniteur* stand wie immer eine Schlange Menschen. Dort hingen die Verlustlisten und die Meldungen vom Kriegsschauplatz aus. Aber es waren dieselben, die schon vor drei Tagen dort gehangen hatten.
Vor Caroline stand ein alter Mann mit einem Kind an der

Hand. Sie sprach ihn an. »Gibt es keine Neuigkeiten? Haben Sie nichts gehört?«
»Nein, Madame«, sagte der Alte, während das Kind, ein Junge von etwa sechs Jahren, die schön gekleidete Dame neugierig musterte. »Absolut nichts. Eine Cousine von mir arbeitet im Kriegsministerium. Sie macht dort sauber. Wenn Nachrichten eintreffen, erfahre ich sie meist, bevor sie hier angeschlagen werden.«
»Sie haben also auch jemanden in Rußland?«
»Wer nicht!« Der alte Mann verzog den Mund. »Zwei Söhne. Der älteste ist der Vater des Jungen hier. Er war schon 1805 in Austerlitz dabei. Damals war das anders. Da kamen alle Tage Meldungen von Kämpfen und Siegen, meinetwegen auch von Niederlagen. Aber man wußte immer Bescheid, und dauernd haben die Glocken geläutet, wenn die Unseren eine Schlacht geschlagen hatten. Aber diesmal ... Es kommt mir unheimlich vor, dieses Schweigen. Man könnte meinen, Rußland habe unsere ganze Armee verschlungen.«
»Vielleicht erfahren wir morgen etwas Neues«, mischte sich eine junge Frau ein. »Ich komme zweimal am Tag her.« Sie lächelte Caroline schüchtern zu. »Sie habe ich auch schon hier gesehen. Überhaupt trifft man immer wieder dieselben Leute. Nur die, die eine Todesnachricht gekriegt haben, kommen nicht mehr.«
»Die wissen es dann wenigstens genau«, mischte sich eine dicke rotgesichtige Frau ein. »Aber wir? Man hört ja nichts, man hofft und betet, und alle Tage hat man dieselbe Angst, wenn man herkommt und nach den Namen auf der Liste sucht. Und derweil sind unsere Männer längst krepiert, und wir haben's nur nicht erfahren. Nur eins weiß man genau: Der Kaiser wird zurückkehren. Der rennt nicht ins Feuer und kämpft auch nicht Mann gegen Mann. Der steht auf einem Hügel und beobachtet alles fein durch ein Fernrohr. Und dann schickt er sie zum Sterben, gerade wie er's braucht. Verfluchter Krieg!«

»Das dürfen Sie nicht sagen«, widersprach der alte Mann, der vor Caroline stand. »Unser Kaiser ist oft genug vorneweg geritten, wenn es zur Attacke ging. Der hat Mut, und ein paarmal ist er auch verwundet worden. Der reitet mit seinen Soldaten und schläft mit ihnen am Lagerfeuer, wenn es sein muß.«
Die Frau spuckte auf den Boden. »Wer's glaubt! Wenn es brenzlig wird, heißt es doch immer, man müsse die Person des Kaisers schützen. Dann schirmen sie ihn ab und decken ihn mit ihren Leibern, bis er in Sicherheit ist. Ihn und die anderen großen Herren, denen kein Haar gekrümmt werden darf, damit der Krieg ja nur weitergehen kann.«
Sie warf Caroline einen scharfen Blick zu. »Mich wundert's, daß Sie hier sind, Madame. Ihr Mann liegt doch bestimmt nicht im Dreck. So wie Sie aussehen, mit Schmuck behängt und feinen weißen Fingerchen, gehe ich jede Wette ein, daß Ihr Mann was Besseres ist. Auch so ein Befehlshaber, der die Kommandos brüllt und selbst nie ins Feuer rennt, was?«
»Wie recht Sie haben«, sagte Caroline erstickt. »Ich bin auch nur aus Neugier hier.« Sie wandte sich ab und ging davon.
Bevor sie nach Malmaison zurückfuhr, hielt sie an einem Blumenstand vor dem Bankhaus Rothschild in der Rue Peletier an und kaufte einen Armvoll roter und gelber Dahlien. Als sie bezahlte, kam ein Herr eilig die Treppen des Bankhauses hinunter, stolperte und prallte gegen sie.
»Entschuldigen Sie tausendmal, Madame. Wie ungeschickt von mir! Hoffentlich habe ich Ihnen nicht weh getan?«
Caroline blickte überrascht in sein Gesicht. »Herr Intendanturrat Beyle! Wahrhaftig, Sie sind es! Was tun Sie denn hier in Paris? Leben Sie nicht mehr in Stendal?«
Henri Beyle betrachtete sie ungewiß. »Sie kennen mich? Vergebung, ich kann mich nicht erinnern ... Oder doch,

ja! Irgend etwas an Ihnen kommt mir bekannt vor, aber ich weiß nicht ...«
»Sie haben mich in Stendal einmal vor dem Gefängnis bewahrt, als ich ohne Papiere über die Grenze wollte. Und dann haben Sie mich zu einer gewissen Madame Granget-te geschickt, um mir die Weiterfahrt nach Paris zu ermöglichen.«
Er musterte sie von ihrem Strohhut mit den pastellfarbenen Bändern bis hinunter zu den Spitzen ihrer eleganten Schuhe. »Das waren Sie?« fragte er ungläubig. »Natürlich, die roten Haare und die grünen Augen sind unverkennbar. Trotzdem hätte ich Sie nicht wiedererkannt, Mademoiselle ... Caroline, nicht wahr? Oder muß ich Madame sagen?«
Sie nickte und lächelte. »Ja, ich bin verheiratet und heiße jetzt Caroline de la Moreau.«
»Dann haben Sie also Ihren jungen Leutnant in Paris wiedergefunden, für den Sie all diese Unbequemlichkeiten auf sich genommen haben?«
»Das auch«, gestand sie. »Aber verheiratet bin ich mit einem anderen. Das ist eine lange Geschichte, Monsieur Beyle.«
Er griff nach ihrem Arm. »Ich liebe lange Geschichten, und im Grunde sind Sie es mir schuldig, sie zu erzählen. Haben Sie ein wenig Zeit, Madame? Dann lassen Sie uns irgendwo etwas trinken, und Sie berichten mir den Fortgang des Abenteuers, das in Stendal seinen Anfang genommen hat.«
Henri Beyle war freundlich und großzügig zu ihr gewesen, und daß sie in Paris in einem Bordell gelandet war, war schließlich nicht seine Schuld.
»Kommen Sie«, sagte Caroline, »gleich um die Ecke ist das Hôtel de Ville. Dort erzähle ich Ihnen alles.«
Eine halbe Stunde später kannte Henri Beyle ihre Erlebnisse. Er hatte ihr staunend zugehört, und als sie geendet hatte, meinte er: »Was für eine verrückte Geschichte! Da

habe ich Sie also einer bösartigen alten Kupplerin anvertraut, und Ihr Gatte hat Sie aus ihren Händen befreit. Jetzt soll noch jemand behaupten, es gäbe keine wirkliche Liebe!«

Caroline trank einen Schluck Zitronenwasser. »Ich habe sehr viel Glück gehabt, Monsieur Beyle. Aber nun erzählen Sie mir von sich. Sie haben Stendal verlassen und leben jetzt in Paris?«

»Schon seit dem Winter. Zuvor war ich ein halbes Jahr in Italien. Ich habe es nicht mehr ausgehalten, ewig in meinen vier Wänden zu hocken. Ich mußte reisen, neue Eindrücke sammeln, nicht zuletzt wegen meiner schriftstellerischen Arbeit. Im Augenblick habe ich gerade eine Abhandlung über die italienische Malerei beendet. Und jetzt bin ich im Begriff, zu ganz neuen Ufern vorzustoßen.«

Er beugte sich über den Tisch, und seine schwarzen Augen glänzten. »Denken Sie nur, in zwei Tagen reise ich zum kaiserlichen Hauptquartier an den russischen Kriegsschauplatz ab. Seine Exzellenz, Außenminister Graf Champagny, bei dem ich deswegen vorstellig geworden bin, hat mir die Güte erwiesen, mich als Intendanturrat dorthin zu versetzen.«

»Das ist in der Tat erstaunlich! Ich meine, daß Sie die Courage haben, in diesen unsicheren Zeiten nach Rußland zu gehen ...«

Beyle strich sich über seinen schwarzen Kinnbart. »Ich will dabei sein, wenn der Gigant Rußland bezwungen wird. Und was heißt da Courage? Offenbar wird es ein Spaziergang bis Moskau und weiter! Morgen hat Ihre Majestät, die Kaiserin Marie Louise, die Gnade, mich in St. Cloud zu empfangen, um mir Briefe an unseren allergnädigsten Kaiser mitzugeben. Am nächsten Morgen in aller Frühe breche ich auf.«

Carolines Herz klopfte wild. Ein Gedanke war ihr durch den Kopf geschossen und ließ sie nicht mehr los.

Wenn Graf Champagny dem Intendanturrat Henri Beyle gestattete, nach Rußland zu fahren – warum nicht auch jemand anderem? Warum nicht . . . ihr? Offenbar waren, allen Gerüchten zum Trotz, die Straßen sicher, und die Reise war nicht besonders gefährlich. Auf diese Weise konnte sie Charles wiedersehen. Wenn er krank war, könnte sie ihn pflegen und, sobald er transportfähig war, dafür sorgen, daß er heimkam. Guter Gott, ja, es gab nichts, was sie sehnlicher wünschte, als bei ihrem Mann zu sein!

Caroline holte tief Atem. »Herr Intendanturrat, Sie werden diese Reise gewiß nicht allein eintreten . . .«

»Natürlich nicht. Mein Diener Baptiste wird mich begleiten, außerdem eine Eskorte.«

»Dann könnten Sie vielleicht noch jemand anderen mitnehmen? Mich, zum Beispiel. Wenn Sie ja sagen, fahre ich sofort zum Außenministerium und lasse mich bei Graf Champagny melden.«

»Kindchen«, sagte die Kaiserin Josephine, »das ist doch Wahnsinn. Wie kommen Sie nur auf solch einen absurden Gedanken? Wirklich, ich verstehe Graf Champagny nicht, daß er Ihr Ansinnen nicht rundheraus abgelehnt hat. Nach Rußland zu fahren – ins kaiserliche Hauptquartier! Das heißt doch, mit seinem Leben spielen.«

»Sind Sie seinerzeit nicht auch dem Kaiser nach Italien gefolgt? Und wurde da nicht ebenfalls gekämpft?« Carolines Augen glänzten. »Verstehen Sie mich doch, Majestät. Als mir der Intendanturrat Beyle von seinen Plänen erzählte, schien mir das wie ein Wink des Himmels. Natürlich hat Graf Champagny versucht, mich zurückzuhalten. Er hat mich eindringlich vor allen Gefahren gewarnt. Aber zu guter Letzt konnte ich ihn überzeugen.«

Josephine warf ihr einen ärgerlichen und gleichzeitig erheiterten Blick zu. »Champagny ist ein alter Narr, der bei jeder hübschen Frau weich wird. Ich kann mir vorstellen, wie Sie ihm zugesetzt haben.« »Ich habe ihm nur gesagt, daß ich es nicht mehr aushalte, keine Nachricht von meinem Gatten zu haben. Daß ich bei ihm sein will, wenn er krank ist, und daß ich gewiß nicht die einzige Frau im Hauptquartier sein werde. Monsieur Beyle hat mir erzählt, daß die Gattin des Divisionsgenerals Vandamme ebenfalls in Rußland ist, und außerdem wird es eine Menge Frauen beim Troß geben.«

»Aber nicht solche wie Sie!« Die Kaiserin zupfte eine welke Blüte aus einem Arrangement langstieliger Königskerzen, die in einer Marmorvase beim Fenster standen. »Und überhaupt – denken Sie denn gar nicht an Ihren Sohn?«

»Darüber haben wir bereits gesprochen«, antwortete Hortense anstelle von Caroline. »Der Kleine ist hier gut aufgehoben. Er hat meine beiden Söhne als Spielgefährten und außerdem Madame de Boubers, Margot und seinen getreuen Schatten Hermann. Im übrigen will Madame de la Moreau ja nicht ewig fortbleiben. Zwei Monate vielleicht – im äußersten Fall.«

»Also du unterstützt diesen Wahnsinn noch!« Josephine blickte ihre Tochter stirnrunzelnd an.

»Ja, Mutter. Sie liebt ihren Mann, sie hat Angst um ihn, und sie möchte bei ihm sein, da sich ihr plötzlich eine so günstige Gelegenheit dazu bietet. Ist das so schwer zu verstehen? Schließlich fährt sie nicht allein, sondern in Begleitung von Intendanturrat Beyle und einer Militäreskorte.«

»Aber wenn sie den Russen in die Hände fällt ...«

»Auch russische Offiziere werden keinen Krieg gegen durchreisende Damen führen.«

Josephine seufzte. »Ich sehe schon, ich komme nicht gegen euch an. Also in Gottes Namen, fahren Sie, meine Liebe, wenn Sie es wirklich fertigbringen, Ihren Sohn hier allein zurückzulassen.«

Carolines Gesicht verdunkelte sich. »Das fällt mir schwer, Majestät. Aber trotzdem – ich kann nicht anders. Ich weiß

ja meinen kleinen Armand sicher in Malmaison aufgehoben.«
Draußen im Vorsaal fiel sie Hortense um den Hals. »Danke«, flüsterte sie. »Danke, daß Sie mir geholfen haben.«
Hortense lächelte. »Wenn nicht, hätten die Kaiserin und ich Sie auch nicht mit vereinten Kräften zurückhalten können, was? Aber ich verstehe Sie. Wenn ich mit General de Flahaut verheiratet wäre und mir ein Intendaturrat Beyle über den Weg liefe, würde ich auch alles daran setzen, bei meinem Mann zu sein. Ich wünsche Ihnen viel Glück, meine Liebe!«
Und noch jemand verließ am nächsten Morgen in aller Frühe Malmaison: Hermann.
Als Caroline die Kutsche bestieg, die sie nach Paris zu Henri Beyle bringen sollte, kam er hinter ihr hergelaufen. »Wartet, Madame Caroline, ich komme mit.«
Sie starrte ihn an. »Was willst du?«
»Euch begleiten«, sagte er einfach. »Es war ein schweres Stück Arbeit, kann ich Euch sagen, die Herren von der Rekrutierungsbehörde davon zu überzeugen, daß ich unbedingt an die Front muß. Erst haben sie gelacht und die üblichen dümmlichen Bemerkungen über meinen Buckel gemacht, aber zu guter Letzt haben sie sich daran erinnert, daß zum Troß auch eine Reihe Flickschneider gehört. Schließlich kann die siegreiche Grande Armée nicht mit zerfetzten Uniformen und durchlöcherten Standarten in Moskau einmarschieren. Und so habe ich nun den Marschbefehl in der Tasche. Ich soll mich umgehend beim Stab von Divisionsgeneral Nansouty melden. Seht mich nicht so ungläubig an. Sogar eine Uniform hat man mir verpaßt, und ich bin jetzt wohlbestallter Regimentsschneider bei der Kavallerie.«
»Deshalb also habe ich dich gestern den ganzen Tag nicht finden können, um dir adieu zu sagen, Hermann.«
»Ganz recht. Ich war in Paris bei der Rekrutierungsbehörde und habe mich nicht von der Stelle gerührt, bis ich meine Papiere beisammen hatte. Sonst hätten es sich die Her-

ren womöglich noch anders überlegt. Und mitkommen wollte ich um jeden Preis.«

Caroline schüttelte den Kopf. »Ich weiß überhaupt nicht, was ich sagen soll, Hermann. Du bist ...«

»Euer ergebener Diener, wie immer, Madame la Vicomtesse«, erklärte er grinsend. »Und diesmal war sogar Margot ausnahmsweise mit meinem Vorhaben einverstanden. ›Begleite sie nur, Hermann‹, hat sie gesagt. ›Du wirst sie behüten wie eine Glucke ihr Küken, das weiß ich.‹ Und damit hat sie recht. Ich lasse Euch nicht allein, Madame Caroline. Ihr werdet vielleicht Hilfe brauchen, denn wer weiß schon, was Ihnen in diesem elend großen Rußland alles begegnet. Und wenn Euer Gatte krank ist, wird er Euch nicht so beistehen können, wie es sich gehört. Also wird es auch für ihn eine Beruhigung sein, mich an Eurer Seite zu wissen.«

Caroline umarmte ihn. »Hermann, du gute, treue Seele! Komm, steig ein. Nein, nicht auf den Bock, komm zu mir in den Wagen. Wir haben eine lange Fahrt vor uns, da sollst du es bequem haben.«

»Aber das gehört sich nicht! Ich bin nur Euer Diener ...«

»Und mein Freund«, sagte Caroline und griff nach seiner Hand.

Die weißen Mauern von Malmaison waren rötlich überhaucht vom Schein der Sonne, die sich gerade über den Baumspitzen erhob. Im Westen schwamm noch eine bleiche Mondsichel am klaren Himmel. Es würde ein schöner Tag werden.

Die Pferde zogen an und trabten die Auffahrt hinunter.

Im Zurückschauen sah Caroline eine Fenstertür im ersten Stock geöffnet. Margot stand dort, Armand auf dem Arm, um ihr nachzuwinken ...

Der kleine Junge hatte ein wenig geweint, als Caroline ihn zum Abschied küßte. Jetzt rief er aus Leibeskräften mit seiner hellen Kinderstimme: »Adieu, Maman! Adieu! Komm bald wieder!«

Tränen verschleierten Carolines Blick. Sie lehnte den Kopf an die Kutschenbank und schloß die Augen. Ja, Armand, dachte sie, bald – so Gott will . . .
Hermann griff nach ihrer Hand und drückte sie. »Es wird schon alles recht werden, Madame Caroline.«
So fuhren sie aus Malmaison.

****

14

Er wußte, daß er sehr krank war. In den wenigen klaren Augenblicken, die er hatte, dachte er, daß er vielleicht sterben müsse.
Merkwürdigerweise erfüllte ihn die Vorstellung nicht mit Schrecken. Er war Soldat, er hatte lange mit dem Gedanken an den Tod gelebt, und irgendwann hatte er wohl verlernt, ihn zu fürchten.
Nur – er hatte nie geglaubt, daß er an einer Krankheit sterben könne. Er hatte sich immer einen Tod auf dem Schlachtfeld vorgestellt. Und wenn er die Wahl gehabt hätte, hätte er sich wohl auch dieses gewünscht: einen Schuß oder Schwerthieb, eine explodierende Granate vielleicht – und dann Dunkelheit.
Es hieß, man spüre nicht viel. Einen dumpfen Schlag oder Hitze, als hätte man sich an etwas Glühendem verbrannt, und bevor der Schmerz recht kam, war es schon vorbei.
Dies hier dauerte, war ein langsames, qualvolles Siechtum. Seine Haut brannte, als hätte man ihn in Feuer getaucht. Dann wieder begann er zu frieren. Es schüttelte ihn, und seine Zähne klapperten aufeinander.
Mit bebenden Fingern suchte er die dünnen Decken um sich zu stopfen. Irgend jemand beugte sich über ihn, ein fremdes Gesicht, das vor seinen Augen verschwamm. Man flößte ihm Tee ein und manchmal eine warme Brühe. Er schlürfte gierig, denn er litt grauenvollen Durst. Aber er behielt nichts bei sich. Minuten später brach er alles wieder aus.

Und dann kamen die Schmerzen. Sie zerschnitten seine Eingeweide. Manchmal hörte er jemanden stöhnen und wußte nicht, daß er selbst es war.
Er wußte auch nicht, daß er sich nicht in einem Lazarett, sondern im kaiserlichen Hauptquartier befand.
Es war ein Befehl des Kaisers gewesen, als er von der Erkrankung seines Adjutanten Charles de la Moreau erfuhr. Zuvor hatte Napoleon einem der Feldlazarette einen Besuch abgestattet. Er war an den Strohlagern entlanggeschritten, hatte die Verwundeten und Sterbenden gesehen. Mit einigen hatte er ein paar Worte gewechselt und anschließend verfügt, daß jeder, der transportfähig war, auf schnellstem Wege nach Frankreich zurückgebracht werden solle.
Oder zumindest nach Warschau oder Dresden, wo man besser für ihn sorgen konnte.
Antoine, Charles' Diener, war bei dem ersten Transport dabeigewesen. Er war bei Krasnoje verwundet worden, ein Schulterschuß, der ihm lange zu schaffen machte.
Aber Charles war nicht transportfähig gewesen, jedenfalls nicht für einen so langen Weg, und so hatte der Kaiser befohlen, man solle ihn ins Hauptquartier bringen und dort für ihn sorgen. Er war Charles zugetan – und noch mehr Caroline. Schon um ihretwillen wünschte Napoleon, daß Charles wieder gesund würde.
Und so lag er nun allein in einem Zelt, und einer von Napoleons Leibärzten kümmerte sich um ihn. Doktor Foureau de Beauregard hatte auch eine Pflegerin aufgetrieben, ein russisches Bauernmädchen aus einem Dorf an der Straße nach Smolensk. Es war ein naives, stämmiges Ding, aber ganz anstellig. Sein Name war Akulina, es sprach kein Wort französisch, aber Doktor de Beauregard konnte sich leidlich mit ihm durch Gesten verständigen. Und zumindest tat es, was man ihm sagte.
Es fütterte Charles, gab ihm zu trinken, säuberte ihn vom Erbrochenen, holte Wasser und machte ihm mehrmals am

Tag kalte Wickel. Danach sank das Fieber ein wenig, aber immer nur für kurze Zeit. Charles' Körper war mit unzähligen roten Flecken übersät. Wenn das Fieber wieder stieg, wurde er unruhig. Dann warf er sich auf dem schmalen Feldbett hin und her, warf die Decke von sich, weil Hitze ihn zu versengen drohte, und versuchte, aufzustehen. »Caroline«, ächzte er dann wohl. »Caroline...« Und Akulina hatte ihre liebe Not, ihn im Bett festzuhalten.
In seinen Fieberphantasien wußte Charles nichts davon, daß Caroline ihm geschrieben hatte und in ihrem Brief stand, sie wolle nach dem Krieg wieder mit ihm leben. Sie hatte ihn verlassen, und er irrte durch eine trostlose Wüstenei, immer in der Hoffnung, sie zu finden. Manchmal gelang ihm das auch, aber wenn er nach ihrer Hand greifen wollte, zog sie sie zurück, und ihre Augen waren voller Haß. »Geh weg, Charles, ich will dich nicht mehr sehen! Mein Kind ist gestorben, weißt du das? Und du bist sein Mörder.«
Er wollte ihr nach, als sie davonging, aber vor seinen Füßen tat sich ein Abgrund auf, und er stürzte hinein und fiel und fiel...
»Viel krank«, sagte Akulina zu Doktor de Beauregard, als er kam, um nach seinem Patienten zu sehen. Die paar Worte französisch hatte sie inzwischen gelernt. »Müssen sterben...«
Charles' Bewußtlosigkeit hielt lange an. Er merkte nicht, wie er aus dem Zelt getragen und in einen Panjewagen gehoben wurde, dessen Boden mit Stroh gepolstert war.
Irgendwann kam er wieder zu sich und sah den Abendhimmel über sich. Oder war es Morgen? Er entdeckte ein paar blasse Sterne und eine ebensolche Mondsichel. Das Rütteln des Wagens schmerzte ihn, und er wühlte das Gesicht ins Stroh, um sein Stöhnen zu unterdrücken.
Sterben, dachte er. Ich will sterben.
Es mußte wohl Morgen gewesen sein, denn als er das nächstemal erwachte, schien die Sonne, eine unbarmherzi-

ge glühende Sonne, die ihn mit feurigen Pfeilen zu stechen schien. Er hatte das Empfinden, daß sein Schädel platzte und seine Eingeweide zerrissen, und er hatte grauenhaften Durst.

»Wasser«, krächzte er. »Wasser!«

Diesmal erkannte er verschwommen das runde, bäuerliche Gesicht von Akulina, als sie sich über ihn beugte und seinen Kopf anhob, um ihm zu trinken zu geben.

»Smolensk«, sagte sie. »Du bald Smolensk . . .«

Wenige Minuten später erbrach er das Wasser wieder unter schrecklichen Krämpfen, und vor die Sonne schob sich Schwärze und bedeckte alles, und er wußte nichts mehr von sich.

So verbrachte er viele Tage zwischen qualvollem Wachsein und Bewußtlosigkeit, zwischen bleiernem, totenähnlichem Schlaf und Fieberdelirien, in denen er fast unablässig mit Caroline redete.

Manchmal meinte er, sie säße an seinem Lager und hielte ihn, wenn er sich hochbäumte, und striche über seine Stirn und die Wangen. Aber das war natürlich Phantasie. Wie hätte sie hier sein können? Doch es war schön, sich so etwas einzubilden.

»Ich liebe dich, Caroline«, sagte Charles. »Bitte, geh nicht fort.«

Und sie antwortete: »Natürlich nicht. Ich bin zu dir gekommen und bleibe bei dir.«

Der imaginären Caroline an seinem Bett konnte er alles sagen: Welch eine Angst er um sie ausgestanden hatte — damals bei dem Brand im Schwarzenbergschen Palais, und wie schrecklich es für ihn gewesen sei, sie in Pierres Armen zu sehen, als er aus seiner Bewußtlosigkeit erwacht war.

»Ich habe ihn gehaßt, weißt du . . . Ich wußte, daß er dir Böses zufügen würde und dich mir fortnahm, aber ich konnte nichts dagegen tun. Es war meine Strafe, verstehst du, weil ich deinen Sohn . . .«

»Ja«, sagte die Frau, die aussah wie Caroline. »Ich verstehe alles. Denk nicht mehr daran. Es ist doch vorbei.«
»Nein«, flüsterte er. »Nichts ist vorbei. Du mußt ihn verlassen, Caroline, hörst du? Er taugt nichts. Er wird dich unglücklich machen. Ach, wenn ich dich doch schützen könnte! Aber ich kann dir nur Geld geben, damit du keine Not leidest. Bitte, nimm es von mir an. Geld ist nicht alles, aber es kann manches erleichtern. Ich will doch, daß du glücklich bist, Caroline.«
Und da waren wieder ihre Hände, die sein Gesicht umfaßten, und sie neigte den Kopf und küßte ihn. »Werde gesund, Lieber. Dann bin ich glücklich. Bitte, bitte, werde gesund.«
»Nicht weinen«, sagte er angestrengt. »Ich mag doch nicht ohne dich leben. Es ist nicht schön so . . . Ich hab's versucht, aber es geht nicht. Ich weiß, ein Mann sollte so etwas nicht sagen, aber es ist die Wahrheit. Ich wäre lieber tot als ohne dich . . .«
»Aber du mußt doch gar nicht mehr ohne mich leben. Ich bin bei dir, Charles, begreif es doch! Ich bin zu dir gekommen . . . nach Rußland. Und ich bleibe bei dir.«
Ach ja, es mußte ein Fiebertraum sein. Aber er war so, daß Charles sich wünschte, nie mehr daraus zu erwachen. Er schloß die Augen. »Schlafen«, murmelte er. »Weiterträumen . . .«
Er nahm Carolines Hände von seiner Wange und legte sie auf seine Brust.

Doktor de Beauregard betrachtete Caroline kopfschüttelnd. »Jetzt sitzen Sie seit drei Tagen und Nächten bei ihm. Ich frage mich, wie lange Sie das durchhalten wollen, Vicomtesse. Legen Sie sich ein paar Stunden zu Bett, sonst sind Sie meine nächste Patientin.«
»Ich halte es durch, solange es nötig ist«, erwiderte sie. »Machen Sie sich keine Sorgen, ich bin zäh.«
Ja, das bist du wohl, dachte Beauregard. Er war nicht

mehr jung und hatte vieles erlebt. Aber eine Frau wie Caroline bewirkte doch, daß er verwundert war.
Kam sie einfach aus Paris hierher – mitten im Krieg!
Als er sie das erste Mal gesehen hatte, hatte sie Männerkleidung getragen und das flammend rote Haar unter einem Hut versteckt. Sie hatte wie ein schöner trotziger Knabe ausgesehen.
Mit Henri Beyle war sie gekommen und einem Buckligen, der ein schauderhaftes Französisch sprach. Ein Deutscher, der behauptet hatte, Regimentsschneider zu sein. Seit wann gab es Krüppel in der Grande Armée?
Der Bucklige hatte erzählt, daß sie nur zwei Wochen gebraucht hätten, um bis Smolensk zu kommen, das die kaiserliche Armee indessen nach ersten Kämpfen mit General Kutusows Armee eingenommen hatte. Wieder einmal waren die Russen danach in die unwegsamen Weiten ihres Landes zurückgewichen. Und wieder einmal war die Stadt, abgesehen von ein paar armen Leuten, Gesindel, Dieben und Halsabschneidern, verlassen gewesen, und viele Häuser waren in Brand gesteckt worden.
»Da ist doch dieses Mädchen, diese Russin«, sagte Doktor de Beauregard. »Sie hat Ihren Gatten gepflegt, bevor Sie kamen, Vicomtesse. Warum lassen Sie sich nicht von ihr ablösen, damit Sie schlafen können?«
Caroline wischte Charles den Schweiß von der Stirn. »Weil er ruhiger ist, wenn ich bei ihm bin. Merken Sie das nicht?« Sie richtete sich auf und warf Beauregard einen flehenden Blick zu. »Scheint es Ihnen nicht auch so, als ob es ihm ein wenig besser ginge? Er wird es schaffen, nicht wahr?«
»Er hat bis jetzt überlebt«, sagte der Arzt vorsichtig. »Das beweist, daß er sehr widerstandsfähig ist. Die meisten sterben innerhalb der ersten beiden Wochen. Allerdings ist es bedenklich, daß er kaum etwas bei sich behält. Und das Fieber geht auch nicht herunter.«
»Was kann man denn noch tun?« fragte sie verzweifelt.

»Nichts, was nicht schon geschehen wäre. Er bekommt fiebersenkende Mittel, etwas zur Magenstärkung, und, wenn das Fieber zu rasch ansteigt, kalte Abwaschungen. Viel mehr gibt es nicht, Madame. Ich bin Arzt, aber nicht der liebe Gott.«

Doktor de Beauregard ging, und Caroline blieb an Charles' Bett sitzen. Sein Zimmer lag im Seitentrakt eines Adelspalais, in dem sich auch der Generalstab befand. Es hatte kahle, steinerne Wände und einen gefliesten Boden. Durch die spitzbogigen Fenster fiel mattes Abendlicht. Nachts wurde es schon recht kalt, deshalb hatte Akulina ein Feuer im Ofen entzündet. Ab und zu kam sie herein, um Holz nachzulegen.

»Akulina?« Das Mädchen schrak zusammen, als Caroline es ansprach. »Ich brauche Wasser. Viel heißes und viel kaltes Wasser, verstehst du? Und große Leintücher.«

Die Russin blickte sie verständnislos an.

»Wasser!« wiederholte Caroline und deutete auf das Waschgeschirr, das auf einer Truhe stand. »Viel – heiß – und kalt. Und das da...« Sie zeigte auf die Laken in Charles' Bett.

Nach einigem Hin und Her schien das Mädchen begriffen zu haben. Es grinste breit und lief hinaus.

Nach einer Weile kam es mit Tüchern zurück. »Gut?« fragte es.

Caroline nickte. »Danke, Akulina. Und nun besorg mir Wasser.« Sie nahm die Hand der Kleinen und hielt sie gegen den Ofen.

»Heiß. Das ist heiß. So heiß wie in... wie in Samowar, eine ganze Wanne voll.« Sie begleitete ihre Worte mit entsprechenden Gesten und zog Akulina zum Waschgeschirr, in dem sich noch ein Rest abgestandenes Wasser befand. »Und das ist kalt«, erklärte sie, während sie Akulinas Finger in den Krug hielt.

Akulina nickte und strahlte. Sie brach in einen russischen Redeschwall aus, knickste und lief abermals davon.

Sie hatte tatsächlich begriffen, was Caroline von ihr wollte. Als sie wiederkam, schleppte sie mit einem Soldaten einen Bottich herein, in dem Wasser dampfte. Wenig später brachten die beiden noch einen mit kaltem Wasser und stellten ihn vor Charles' Lager.

»Gut?« fragte Akulina wieder.

Caroline lächelte erleichtert. »Sehr gut. Ich danke euch beiden.« Nachdem der Soldat gegangen war, nahm sie eines der Leintücher und warf es in den ersten Bottich. Das Wasser darin war so heiß, daß es ihr Tränen in die Augen trieb, als sie das Tuch auswrang. Dann zog sie Charles die Decken ab und wickelte ihn in das nasse heiße Tuch. »Halt ihn fest, Akulina«, bat sie, als er sich stöhnend aufbäumte. »Bitte, Liebster, wehr dich nicht. Ich muß das tun. Es wird dir helfen.«

Sie hatte sich daran erinnert, wie ihre Mutter diese Behandlung einmal bei ihrem Vater angewendet hatte, als er an einem Lungenfieber erkrankt war. Eine halbe Nacht lang hatte sie ihn abwechselnd in kochend heiße und eiskalte Tücher eingeschlagen und auf diese Weise das Fieber bekämpft. Damals hatte ihre Mutter krebsrot verbrannte Finger gehabt, aber sie hatte gesagt: »Was tut's? Lauwarmes Wasser hat keine Wirkung.«

Caroline mühte sich stundenlang ab. Akulina mußte immer wieder Krüge mit Wasser anschleppen, eiskaltes, das sie aus dem Brunnen im Hof schöpfte, und heißes, fast kochendes, das sie aus der Küche holte. Caroline hatte das Empfinden, ihre Haut sei in Feuer gelegt worden. Sie platzte auf und bekam blutige Risse, die Finger und Gelenke schwollen an. Aber sie biß die Zähne aufeinander und machte weiter. Akulina hielt währenddessen Charles fest. Er zuckte und stöhnte, aber er war nicht bei klarem Bewußtsein.

Caroline war zum Umfallen erschöpft vor Schmerzen und Anstrengung, aber sie dachte: Ich gebe nicht auf. Noch dreißigmal, noch zwanzigmal, dann ist es vielleicht genug.

Sie war schweißnaß, und das Kleid klebte ihr am Körper. Sie war krumm vom vielen Bücken und den schweren, nassen Tüchern, und das ganze Zimmer war vom Wasserdampf erfüllt.
Zwischendurch sprach sie auf Charles ein, immer wieder dieselben Worte – wie eine Beschwörung: »Ich lasse dich nicht sterben. Ich lasse es nicht zu. Du mußt gesund werden, hörst du? Du wirst gesund werden.«
Sie war vierzehn Tage durch Deutschland, Polen und Rußland gefahren, auf schlechten Straßen, nicht wissend, ob sie nicht im nächsten Augenblick von einer russischen Patrouille angegriffen wurden. Sie hatte manchmal in der Kutsche geschlafen, wenn sie die Nacht hindurchfuhren, und manchmal in armseligen, schmutzigen Gasthöfen, wo die Betten nur mit einer Schütte Stroh bedeckt waren. Sie war hierhergekommen, um ihren Mann gesund zu pflegen – und bei Gott, sie würde es tun. Sie konnte nicht ohnmächtig mitansehen, wie er schwächer und schwächer wurde und sein Leben zu Ende ging.
Weiter, weiter! Kochend heißes Wasser, das Laken auswringen, Charles darin einwickeln. Dann ins kalte Wasser, und wenn die Hände abstarben! Wieder auswringen, und zu Charles zurück.
Auch seine Haut war krebsrot, aber nicht verbrannt wie Carolines Arme. Sie hatte die zarte Haut der Rothaarigen, und das Laken war auch schon ein wenig abgekühlt, bis sie es entfaltet und Charles umgelegt hatte. Deshalb mußte das Wasser ja so kochend heiß sein, wenn sie Tücher hineintauchte.
»Lauwarmes Wasser hat keine Wirkung«, hatte ihre Mutter gesagt ...
Irgendwann in der Nacht war es dann genug. Mit Akulinas Hilfe wechselte Caroline Charles' durchnäßtes Bettzeug, trocknete ihn ab und deckte ihn warm zu. Dann wankte sie zu ihrem Lehnstuhl und ließ sich hineinfallen. »Danke, Akulina, danke«, murmelte sie und schloß die Augen.

Nur ein paar Sekunden so sitzen bleiben, den schmerzenden Rücken anlehnen, warten, bis der Atem sich beruhigt hatte ...

»Gospodina, Gospodina!« Akulina berührte sie an der Schulter, und Caroline fuhr hoch.
»Was gibt's?«
»Gospodin viel gut ... Gospodina sehen ...«
Die Kerzen waren heruntergebrannt, und vor den Fenstern stand graues Tageslicht. Caroline begriff erschrocken, daß sie mehrere Stunden geschlafen hatte.
Sie sprang auf und beugte sich über Charles. Er lag still da, den Kopf zur Seite gedreht, und sein Atem ging ruhig und gleichmäßig. Als Caroline ihm die Hand auf die Stirn legte, war sie kühl und trocken. Die leichte Berührung machte, daß er die Augen aufschlug. Sie sah an ihrem Ausdruck, daß er sie erkannte. Seine Lippen bewegten sich, und sie las davon ab, daß er ihren Namen auszusprechen versuchte. »Ja«, sagte sie, »Ich bin hier. Du träumst nicht. Ich bin wirklich hier, Charles.«
»Gospodin viel gut«, wiederholte Akulina strahlend. Dann jedoch deutete sie voller Entsetzen auf Carolines Arme und fügte etwas auf russisch hinzu. Dabei wiederholte sie immer wieder das Wort:
»Ushasnij!«
Caroline lächelte verzerrt. »Es sieht schlimm aus, ich weiß. Und es tut auch abscheulich weh. Aber es wird wieder heilen.«
»Doktor«, sagte Akulina ängstlich. »Gospodina Doktor!«
Caroline blickte auf Charles hinunter. Er war wieder eingeschlafen. Sein Gesicht war grau und eingefallen, aber das Fieber war fort. Sie hatte es wahrhaftig besiegt.
Als es vollends Tag geworden war, verließ sie Charles' Zimmer. Sie ging den langen Steinflur hinunter und traf an seinem Ende auf einen französischen Wachtposten. Ihn fragte sie, wo sie Doktor de Beauregard finden könne.

»Gehen Sie die Treppe hinunter und dann links den Korridor entlang, bis Sie in die Halle kommen, Madame. Dort fragen Sie noch einmal. Ich weiß nicht genau, wo der Arzt wohnt.«
In der großen Halle wollte sich Caroline gerade wieder an einen Posten wenden, als das Portal nach draußen aufgerissen wurde. Napoleon kam herein, gefolgt von Marschall Berthier und einigen anderen Offizieren seines Generalstabs.
»Nein«, sagte er heftig, »ich bin nicht Ihrer Meinung, Marschall. Wir sollten die Gunst der Stunde ausnutzen und . . .«
Er brach ab, weil er Caroline entdeckte. Seine Brauen schoben sich zusammen. »Madame de la Moreau! Man hat mich bereits davon unterrichtet, daß Sie hier sind. Ich habe es nicht glauben wollen. Seit wann ziehen Damen in den Krieg und lassen Mütter ihre Söhne allein?«
Caroline versank in der vorgeschriebenen Verneigung. »Seit Ehefrauen keine Nachricht mehr von ihren Männern erhalten, Sire. Durch reinen Zufall habe ich erfahren, daß mein Gatte an Typhus erkrankt war. Die Ungewißheit über sein Schicksal hat mich nicht ruhen lassen. Und da Graf Champagny so gütig war, dem Intendanturrat Beyle zu gestatten, an die russische Front abzureisen, habe ich mich ihm angeschlossen.«
»Aber das ist Wahnsinn!« fuhr Napoleon auf. »Hat Champagny Ihnen nicht gesagt, daß dies keine Spazierfahrt in den Bois de Boulogne sein würde? Hier wird gekämpft und gestorben, Madame!«
Trotz der Schmerzen in ihren Armen, die sich ständig steigerten, schaffte es Caroline, zu lächeln. Sie hatte damit gerechnet, irgendwann dem Kaiser zu begegnen, und sich gegen seine wütenden Vorhaltungen gewappnet.
»In Malmaison haben wir nur von dem siegreichen Vormarsch der Grande Armée gehört, Sire. Von Kämpfen war kaum die Rede. Und haben Sie nicht selbst gesagt,

daß der Krieg bis zum Herbst beendet sein wird? Also habe ich nicht viel gewagt.«
»Und Ihr Sohn?« bellte Napoleon. »Wo ist er?«
»Bei Ihren Majestäten, der Kaiserin Josephine und der Königin von Holland, in Malmaison. Könnte er irgendwo anders besser aufgehoben sein?«
Der Kaiser wandte sich zu Berthier. »Da haben Sie es gehört. Zu Hause erwartet man, daß der Krieg in einem oder zwei Monaten beendet ist. Und Sie reden davon, in Smolensk das Winterquartier aufschlagen zu wollen!« Er fuhr wieder zu Caroline herum. »Für Ihren Gatten ist gesorgt. Sie haben sich wohl davon überzeugen können, daß alles für ihn getan wird.« Zum ersten Mal glättete sich seine aufgebrachte Miene ein wenig, und ein wärmerer Schimmer trat in seine Augen. »Ich habe ihn nicht den Feldschern im Lazarett überlassen, sondern angeordnet, daß er von meinem Leibarzt betreut wird. Wie geht es ihm übrigens?«
Carolines Augen füllten sich mit Tränen. »Ich glaube, seit heute morgen besser, Sire. Zum ersten Mal habe ich Hoffnung, daß er am Leben bleibt.«
»Das freut mich. Um so beruhigter werden Sie heimkehren können. Leutnant Dumont?«
Ein junger Offizier trat hervor. »Euer Majestät befehlen?«
»Sie tragen dafür Sorge, daß die Vicomtesse de la Moreau morgen abreist. Sie wird Capitaine de Grêve begleiten, der als Kurier nach Warschau fährt.«
»Ich fürchte, Sire, das wird nicht gehen«, wandte Caroline ein.
Napoleons Kopf ruckte vor. »Das ist ein Befehl, Madame!«
»Vergebung, Sire, aber ich bin morgen vermutlich nicht reisefähig«, sagte Caroline. Sie schlug den Mantel zurück, den sie umgeworfen hatte, als sie Charles verließ, und hob die Arme. »Sehen Sie. Ich war gerade auf dem Weg zu Doktor de Beauregard.«

»Guter Gott, was ist das?« fragte Napoleon entsetzt und betrachtete die geschwollenen, aufgeplatzten Arme, die blutige Haut. »Wo haben Sie sich das geholt?«
Sie erzählte es ihm, und er blickte sie ein paar Sekunden lang schweigend an. Dann griff er sehr zart nach ihren Fingern. »Das muß höllisch weh tun.«
Sie nickte mit zusammengebissenen Zähnen. »Euer Majestät haben wie immer recht.« Aber dann schrie sie unterdrückt auf, als Napoleon über ihren Handrücken strich. Das Blut wich aus ihrem Gesicht, und er stützte sie, als sie schwankte.
»Sie gehen sofort zu Bett, Madame. Ich schicke Beauregard zu Ihnen.«
»Also darf ich bleiben, Sire?« murmelte Caroline schwach, und er nickte.
»Machen Sie, was Sie wollen, Sie eigensinniges, großartiges Frauenzimmer. Nur gehen Sie jetzt ins Bett. Leutnant Dumont, Sie begleiten die Vicomtesse. Und Sie, Rigaud, holen den Arzt. Er soll sich sofort zu Madame de la Moreau begeben.«
Caroline schlief den ganzen Tag und die halbe Nacht. Doktor de Beauregard hatte ihr nicht nur eine Brandsalbe gegeben, sondern auch eine Medizin gegen die Schmerzen, die sie gleichzeitig unendlich müde machte.
Man hatte ihr ein Bett in Charles' Zimmer gestellt, und Akulina wachte bei den beiden.
Als Caroline in der Nacht die Augen aufschlug, saß allerdings Hermann in dem Lehnstuhl zwischen den beiden Betten. Auf dem Tisch brannte ein dreiarmiger Kerzenleuchter, und der Bucklige stand sofort auf, als Caroline sich bewegte, und beugte sich über sie. Als er sah, daß sie die Augen offen hatte, fragte er: »Wie geht es Euch, Madame Caroline? Habt Ihr Hunger oder Durst? Oder leidet Ihr große Schmerzen? Soll ich nach dem Doktor schicken? Er hat gesagt, ich kann ihn mitten in der Nacht rufen, wenn es nötig ist.«

Sie schüttelte den Kopf und setzte sich auf. Ihre dick verbundenen Hände und Arme taten zwar noch weher als am Morgen, aber darauf hatte Doktor de Beauregard sie vorbereitet. »Das werden Sie ein paar Tage lang spüren, und man kann nicht viel dagegen tun, außer immer wieder Salbe aufzutragen und ab und zu eines von den Pulvern zu nehmen, die ich Ihnen dalasse. Aber nicht zu oft, denn das Zeug ist stark und macht benommen.« Er hatte die aufgeplatzten, blutigen Stellen betrachtet. »Außerdem werden Sie ein paar Narben zurückbehalten, fürchte ich.«
Sie hatte genickt. »Ich auch. Aber es gibt Schlimmeres, nicht wahr? Wenigstens habe ich meinem Mann helfen können. Es geht ihm doch besser?«
Der Arzt, sonst eher ein mürrischer, kühler Mann, hatte ihr mit überraschender Herzlichkeit zugelächelt. »Viel besser. Ich bin jetzt sicher, daß er davonkommen wird. Es war eine Roßkur, die Sie mit ihm vorgenommen haben, aber sie war unglaublich wirkungsvoll.«
»Gib mir etwas zu trinken, Hermann«, bat Caroline jetzt, und der Bucklige goß aus einem Krug mit Wasser verdünnten Wein in einen Becher und brachte ihn ihr. Sie konnte ihn mit ihren verbundenen Händen nicht halten, und so setzte Hermann den Becher an ihren Mund und flößte ihr das Getränk ein.
»Danke«, sagte sie matt. »Wieso bist du überhaupt hier?«
»Ich habe das Mädchen schlafen geschickt. Bis morgen früh kann ich bleiben. Dann muß ich wieder zu meinem Regiment.«
Getreu seinem Marschbefehl hatte Hermann sich nach seiner Ankunft beim Stab von General Nansouty gemeldet und war sogleich dem 12. Kürassierregiment als Schneider zugeteilt worden. Gleichwohl war er jeden Tag ein paarmal bei Caroline aufgetaucht, um zu sehen, wie es ihr und vor allem Charles ginge.
Er lächelte Caroline zu. »Der Vicomte ist über den Berg. Zwar schläft er wie ein Stein, aber das Fieber ist weg, und

als ich ihn vorhin mit Hühnerbrühe gefüttert habe, hat er alles geschluckt, und es ist nicht wieder retour gekommen. Man kann ihn jetzt aufpäppeln und muß ihm alle zwei, drei Stunden etwas zu essen geben.«
Er behielt recht. Mit Charles ging es aufwärts. Zwar war er noch sehr schwach, aber mit jedem Tag, der verging, kehrten seine Kräfte mehr zurück.
Daß Caroline zu ihm gekommen war, erfüllte ihn mit Glück und gleichzeitiger Angst. »Ich habe doch nie gewollt, daß du dich meinetwegen in solche Gefahr begibst«, sagte er. Aber er wußte, daß er ihr wahrscheinlich sein Leben verdankte. Trotzdem drängte er darauf, daß sie so bald wie möglich nach Frankreich zurückkehrte. Doch da stieß er bei ihr auf heftigen Widerspruch.
»Der Kaiser hat gestattet, daß ich hierbleibe, und so, wie es aussieht, bin ich hier weitaus sicherer als auf dem langen Weg zurück.«
»Du könntest dich einem Verwundetentransport anschließen.«
Eigensinnig schob sie das Kinn vor. »Vorläufig nicht. Oder willst du mich nicht hier haben?«
Sie saß an seinem Bett, und er legte den Arm um sie und zog sie zu sich herunter, so daß ihr Kopf auf seinem Kissen lag.
»Was für eine Frage, mein Herz. Manchmal in der Nacht werde ich wach und frage mich, ob ich nicht alles nur geträumt habe. Dann fahre ich hoch und sehe dich in deinem Bett liegen – und könnte schreien vor Glück. Oder beten ...«
»Also dann sag nicht wieder, daß ich abreisen soll.«
»Aber es ist doch nur um deinetwillen ...«
»Um meinetwillen laß mich hierbleiben, bis wir gemeinsam fahren können«, beharrte sie und dachte an das, was Hermann ihr gestern erzählt hatte.
Der Rückweg nach Paris schien in der Tat gefährlicher zu sein als der Aufenthalt im kaiserlichen Hauptquartier. Ku-

riere, Verwundetentransporte, Nachschub für die Armee wurden immer häufiger von Kosakentrupps angegriffen, und Hermann hatte gemeint:
»Es sieht so aus, als wollte man uns den Rückweg abschneiden. Wenn das gelingt, sitzen wir in der Falle, Madame Caroline. Ich habe festgestellt, daß die Grande Armée keine Winterausrüstung besitzt. Keine Fellstiefel, keine warmen Mäntel, keine Schlitten ...« Er hatte einen langen Seufzer ausgestoßen. »Ich bin zwar nur ein simpler Schneidergeselle und verstehe nichts vom Kriegführen, aber das macht mir angst.«
Sie hatte ihn zu trösten versucht. »Marschall Berthier will in Smolensk überwintern. Wenn wir hierbleiben, kann uns nicht viel passieren.«
»Ja, wenn!« hatte Hermann sorgenvoll erwidert. »Aber sie streiten noch darum, die hohen Herren. Der Kaiser will weitermarschieren, und viele sind seiner Meinung. Sie sagen, wenn wir erst in Moskau sind, muß der Zar Frieden schließen. Man weiß nicht, wer recht hat.« Eine Woche später befahl Napoleon den Aufbruch. Und am Vorabend beorderte er Charles zu sich.
Der Kaiser saß in dem ehemaligen Speisesaal des Palastes am Kopfende der riesigen Tafel. Er war allein und hatte das Gesicht in die Hände gestützt. Als Charles durch eine der Bogentüren eintrat, sie waren allesamt sehr niedrig, so daß man sie nur gebückt durchschreiten konnte, blickte Napoleon auf.
»Da sind Sie ja, Moreau. Willkommen im Reich der Lebenden.« Er betrachtete Charles von oben bis unten. Er hatte die Adjutantenuniform angelegt, aber der Rock schlotterte um seinen Körper. »Sie sehen nicht gerade blühend aus. Wie fühlen Sie sich?«
»Nach allem, was hinter mir liegt, schon wieder recht gut, Sire. Ich kann inzwischen tagsüber auf sein, ohne daß ich befürchten muß, schlapp zu machen. Und jeden Mittag gehe ich eine Weile draußen spazieren, trotz des Regens.«

»Ja, der Regen!« Napoleon stand auf und trat an eines der Fenster. Sie waren klein und tief ins Mauerwerk eingelassen, und auch bei Tage fiel nur wenig Licht in den Saal. »Es wird Zeit, daß wir aufbrechen. Wenn es so weiterregnet, sind die Straßen bald eine Schlammwüste und unpassierbar.« Er rieb die Hände gegeneinander. »Wir werden unseren Vormarsch fortsetzen, Capitaine de la Moreau.«
»Ich habe es gehört, Sire. Und ich habe es erwartet.«
Der Kaiser drehte sich um. »Und was halten Sie davon?«
»Euer Majestät werden das Für und Wider sorgfältig abgewogen haben.«
»Bei Gott, das habe ich! Ich muß wieder einmal die Flucht nach vorn antreten. Das war oft so in meinem Leben, und immer ist es zum Guten ausgeschlagen. Wägen und Zögern haben mir nie etwas gebracht.«
»Ist es denn . . . eine Flucht nach vorn, Sire?«
Napoleon warf sich in einen Sessel. »Ich muß diesen Feldzug rasch beenden. Deshalb muß ich Moskau erobern. Das wird das Signal für den Zaren sein, um Frieden nachzusuchen – noch vor dem Winter. Ich brauche einen ehrenvollen Frieden. Wir brauchen ihn beide . . .«
»Und wenn der Zar den Krieg fortsetzen will?«
»Nicht, wenn Moskau in meiner Hand ist. Diese Stadt ist die alte russische Hauptstadt. Sie ist das Herz des Landes. Die Russen nennen sie ›Mütterchen‹. Sie hängen mit einer geradezu mystischen Verehrung und fanatischer Liebe daran. Nein, nein, wenn ich Moskau habe, habe ich Rußland ins Herz getroffen.«
»Dann war Ihre Entscheidung in jedem Fall richtig, Sire«, sagte Charles zögernd.
Napoleon musterte ihn scharf. »So setzen Sie sich doch! Sie waren lange krank, und Sie sind vermutlich nicht mehr informiert. Es sieht so aus, als stecke eine bestimmte Methode hinter dem ständigen Zurückweichen der Russen. Sie stellen sich nicht zur offenen Schlacht. Sie kommen aus

dem Hinterhalt und schneiden uns den Nachschub ab. Ich habe Nachricht, daß selbst Verwundetentransporte angegriffen werden. Da und dort kommen noch Kuriere durch, aber es werden immer weniger.«

»Ich habe davon gehört, Sire.«

»Dann begreifen Sie, warum ich nicht in Smolensk Winterquartier beziehen kann? Ich brauche Moskau . . .« Eine Weile schwieg der Kaiser, in Grübeln versunken, ehe er fortfuhr: »Ich fürchte, ich habe einen Fehler begangen, als ich Sie nach Ihrer Erkrankung nicht auf schnellstem Wege zurückgeschickt habe. Aber ich wollte, daß man Ihnen die beste Pflege angedeihen ließ, und ich bildete mir ein, daß Sie in meiner Umgebung am sichersten seien.«

»Dafür danke ich Ihnen, Sire«, sagte Charles aufrichtig. »Ihre Handlungsweise war sehr gütig.«

Napoleon machte eine abwehrende Handbewegung. »Danken Sie mir nicht. Denn jetzt, fürchte ich, ist der Weg zurück nach Westen riskanter als der Vormarsch nach Moskau – für Sie und Ihre Frau. Natürlich stelle ich es Ihnen frei, wenn wir abziehen: Sie können uns begleiten, Sie können in Smolensk bleiben, und Sie können die Rückreise wagen. Aber ich muß Sie warnen. General Kutusow hält sich in der Nähe auf. Möglich, daß er Smolensk angreift, wenn der Hauptteil der Grande Armée fort ist. Und der Rückweg . . . Ich habe Ihnen gerade erklärt, was es damit auf sich hat. Dazu kommt der Regen, kommen die schlechten Straßen – und diese verdammten Partisanen.« Wieder starrte er vor sich hin, den Mund verpreßt und das Kinn vorgeschoben wie einer, der ein Verhängnis auf sich zukommen sieht und sich ihm mit dem Mut der Verzweiflung entgegenwirft.

»Fühlen Sie sich kräftig genug, uns zu begleiten? Ich würde Ihnen und Ihrer Frau Wagen und Pferde zur Verfügung stellen. Sie müßten beim Troß bleiben. Dennoch ist es natürlich möglich, daß wir in Kampfhandlungen verwickelt werden.«

Unvermittelt schlug er mit der Hand auf den Tisch. »Es ist Wahnsinn, was Ihre Frau da gemacht hat! Muß ich mich jetzt auch noch um so etwas kümmern? Dieses eigensinnige, verbohrte Frauenzimmer! Warum zum Teufel ist es nicht in Malmaison geblieben? Im Grunde hätte sie es verdient, daß ich sie zurückschicke und mich einen Dreck darum schere, ob sie jemals ankommt! Sie sind ein Mann, Moreau, und waren lange genug im Krieg, um ans Sterben gewöhnt zu sein. Aber eine Frau wie die Vicomtesse...«
Charles lächelte. »Sie ist eine großartige Frau. Und sie hat mehr Mut als mancher Mann, Sire.«
»Aber das weiß ich ja«, sagte Napoleon grimmig. »Und das gefällt mir so an ihr. Sie ist... nun ja, ein bißchen verrückt, aber sie hat Schneid. Deshalb kann ich sie auch nicht vor die Hunde gehen lassen.«
Er stand auf und zog seinen Uniformrock glatt. »Ich habe Ihnen gesagt, wie die Situation ist. Jetzt können Sie entscheiden – auch für Ihre Frau. Die brauche ich gar nicht erst zu fragen, ich kenne ihre Antwort. ›Ich möchte bei meinem Mann bleiben, Sire!‹« äffte er Caroline wütend nach. »Also überlegen Sie sich, was Sie tun wollen, Moreau. Nur behaupten Sie hinterher nicht, ich hätte Sie nicht gewarnt.«
Auch Charles hatte sich erhoben. »Nein, Sire. Und – ich danke Ihnen.«
»Wofür? Daß Sie in der Bredouille sitzen?«
»Dafür, daß Sie meiner Frau so viel Zuneigung entgegenbringen.«
»Weiß der Teufel, das tue ich«, knurrte der Kaiser. »Als sie hier auftauchte, hätte ich sie in der Luft zerreißen mögen. Aber wenn sie einen anschaut mit ihren grünen Augen... Sie sind ein Glückspilz, Moreau, wissen Sie das?«
»Ja, Sire!«
»Nun, dann sehen Sie zu, daß Sie es bleiben. Sie haben

Zeit, sich bis morgen Ihre Entscheidung zu überlegen. Wie sie auch ausfällt, ich werde sie akzeptieren.«

Am fünften September abends erreichten sie Borodino. Bunt bemalte Holzhäuser, ein paar Steinbauten, zwei oder drei Kirchen mit Zwiebeltürmen, morastige, vom Regen aufgeweichte Straßen, hölzerne Gehsteige, rundherum Felder und sanft ansteigende Hügel. Und es regnete, regnete ...

Auch Borodino war geräumt, die Bevölkerung evakuiert worden, aber als die Franzosen sich dem kleinen Ort näherten – in der Dämmerung verschmolz die in graue Nässeschleier gehüllte Landschaft mit dem endlosen russischen Himmel –, sahen sie die Biwakfeuer der russischen Armee.

Aberhunderte waren es, breit dahingestreut in die Ebene.

Die vordersten Einheiten der Franzosen hatten im Lauf des Tages die Schewardino-Schanze genommen, und hier schlug der Kaiser sein Quartier auf. Er war krank, fiebrig, von Schmerzen geplagt, und ein trockener Husten quälte ihn.

Den größten Teil des Weges hatte er in einer Kutsche zurückgelegt, nicht wie sonst zu Pferde, und auch am Morgen des 6. September ritt er nur kurz die hastig aufgeworfenen Schanzgräben und Bastionen ab, ohne das Wort an seine Soldaten zu richten. Sie starrten ihm nach, dem Mann, an dem ihre Hoffnung hing und der sie quer durch ganz Europa von Sieg zu Sieg geführt hatte.

»Vive l'empereur!« riefen sie, aber er hob nur kurz die Hand, und kein Lächeln erhellte die düsteren Züge.

Borodino ... eine russische Kleinstadt, deren Namen keiner der Männer, die sich hier endlich, endlich auf eine Entscheidungsschlacht vorbereiteten, jemals gehört hatten.

Borodino ... ein Wort, das sich nach diesem Tage für alle Zeiten wie mit Feuer geschrieben in ihr Herz brennen würde ...

Es waren nur noch ein wenig mehr als hundertzwanzig Meilen bis Moskau, und ihnen gegenüber lagen drei russische Armeen. Rechterhand die des Fürsten Bagration, gegenüber die hundertzwanzigtausend Mann des Oberkommandierenden, General Kutusow, und links die Truppen von Barclay de Tolly.

Als der Morgen des 7. September mit einer trüben, wolfsgrauen Dämmerung heraufzog, wurde zum Angriff geblasen.

Prinz Eugène de Beauharnais mit seinen Italienern führte den ersten Sturmangriff und nahm das Städtchen Borodino ein.

Am rechten Flügel kämpfte das 5. Korps unter Divisionsgeneral Fürst Poniatowski. Mit lauten »Urräh«-Schreien tauchten die Russen hinter den Hügeln auf. Tausende schwarzer und roter Federbüsche auf schwarzen Helmen schienen eine einzige schwebende Linie zu bilden, bis die Linienkavallerie in langer Kette zur Ebene hinunter ausschwärmte. Das Morgenlicht ließ die Harnische aufblitzen, funkelte auf den Knöpfen und Tressen der weißen Röcke, den gelben, grünen und roten Dolmans.

Poniatowskis Kavallerie wurde abgedrängt, die Russen schlugen mit ihren Schwertern blutige Schneisen in die Wälle aus Pferden und Menschenleibern.

»Aufstellung nehmen! Vorwärts! Bildet eine Angriffskolonne!« Die Rufe wurden weitergegeben; da und dort, wo sich die Masse der französischen Reiterei schon zur Flucht gewandt hatte, hielt er die Davongaloppierenden auf. Sie rissen die Pferde herum, sammelten sich, sprengten von neuem in das Getümmel.

Hörner gellten, riefen zum Angriff, und oben auf den Hügeln bezog die russische Artillerie Stellung. Die Kanonen wurden abgeprotzt und herumgeschwenkt, drohend waren die Mündungen auf die nachdrängende französische Infanterie gerichtet.

Und während unten in der Ebene der Kampf Mann ge-

gen Mann tobte, während Schwertergeklirr und Pistolenschüsse, das Schreien von Verwundeten und Sterbenden die Luft erfüllte und der Boden vom Trommeln der Pferdehufe bebte, marschierten die napoleonischen Linienregimenter unaufhaltsam voran, eine Mauer aus blauen und weißen Röcken und kokardengeschmückten Tschakos.
Der gleichmäßige Trommelschlag der Tambourmajore gab den Rhythmus für den langsamen Vormarsch an. Ra-ta-ta, ra-ta-ta, immer zwei Schritte Abstand zwischen den einzelnen Reihen.
Vorhin hatten sie sich noch bekreuzigt und ein hastiges Gebet gemurmelt. Andere hatten mit den Daumen die Spitzen ihrer langen Bajonette geprüft, wieder andere hatten Witze gerissen oder den Russen unflätige Schimpfworte zugerufen, die im Geschrei der Kavallerie, dem Schießen und Lärmen untergingen.
Noch schwiegen die russischen Kanonen, aber die knienden Soldaten dahinter und die Männer, die danebenstanden, waren bereit zum Abfeuern, sobald die Franzosen nahe genug herangekommen waren. Das Gelände war abschüssig, langsam näherte sich die Front der Franzosen, kam tiefer, war aber noch hoch genug, daß die russischen Artilleristen über die Köpfe ihrer eigenen Leute hinwegschießen konnten.
»Jetzt!« schrie ein französischer Offizier. »Trommelt zum Angriff!« Ra-ta-ta-, ra-ta-ta ... Das Stakkato wurde härter, schneller, und die Männer begannen zu laufen. Der Boden war uneben, von Gestrüpp bewachsen, einige stolperten, rafften sich wieder hoch, rannten weiter.
Die kämpfende Kavallerie war nach Osten abgedrängt worden, in offener, ungeschützter Linie stürmte die Infanterie des 5. Armeekorps nach vorn, während auf der anderen Seite über den Hügelkamm die Russen herabkamen, brüllend, mit gesenkten Bajonetten. *»Vive la France! Vive l'empereur!* schrien die Franzosen.

Drüben duckten sich die russischen Kanoniere und hielten die Zündstöcke über die Zündlöcher. Ein paar Sekunden später donnerten die Kanonen los, und das Geheul der Kartätschen verschluckte die Stimmen und das Ra-ta-ta der Trommler.
Es war, als wäre die Hölle losgebrochen. Die Mauer der Franzosen brach auseinander. Überall fielen sie, wurden von den Salven zerfetzt, und die Nachdrängenden rannten ins Tal hinunter, dem Feind entgegen. Lieber den Kampf Mann gegen Mann, als von Kanonenkugeln zerrissen zu werden!
Und wo zum Teufel blieb die eigene Artillerie?
Die Lafetten, von Pferden gezogen, waren in der schlammigen Erde steckengeblieben. Wie die Trauben hingen die Männer dahinter, schiebend und stoßend wuchteten sie die Räder aus dem Morast. Vorwärts, weiter, Kameraden! Schlagt sie! Trefft sie! Bringt sie um! Die Ebene war schwarz vom Pulverdampf. Immer wieder heulten Kartätschen darüber hinweg, mähten die Anstürmenden sensengleich nieder. Unten im Tal kämpften sie indessen mit Bajonetten, mit Säbeln, eine hin und her schwankende Masse ineinander verkeilter Leiber. Töten oder sterben . . .
Mit Gott für den Zaren. *Boshe Zarja chranij* . . .
Vive la France! Vive l'empereur!

Caroline und Charles befanden sich auf der Schewardiner Schanze im Schutz der Kaisergarden. Eine Zeltplane hielt notdürftig den Regen ab. Charles hatte den Arm um seine Frau gelegt. Wenn sie zu ihm aufblickte, sah sie, daß seine Augen einen zerquälten, gleichzeitig abwesenden Ausdruck hatten, als sei er innerlich weit von ihr entfernt.
Caroline wußte, was in ihm vorging. Charles liebte das Töten nicht. Er verabscheute das grausame, blutige Geschäft des Krieges. Gleichwohl war er jetzt im Geiste bei den Männern dort unten auf dem Schlachtfeld. Es waren seine

Kameraden, Männer wie er mit Frauen, Kindern, Eltern daheim, die noch Träume hatten, Wünsche, Hoffnungen. Und jetzt waren sie nichts als eine Zielscheibe für die Kanonen, Fleisch zum Abstechen, einer grausamen Tötungsmaschinerie preisgegeben oder selbst ein Teil davon.

Irgendwann gesellte sich Hermann zu ihnen. Er gehörte ja zum Troß und mußte nicht kämpfen. Er war durchnäßt und schmutzig, denn er war von den hintersten Stellungen des 1. Armeekorps zur Schewardiner Schanze gelaufen, manchmal auch im Schlamm gekrochen, wenn die Kanonenkugeln allzu nahe einschlugen.

Er berichtete, daß Kutusow einen Gegenangriff auf Borodino befohlen habe. Etwa fünftausend Kavalleristen und Kosaken sollten es sein, und Prinz Eugène habe zurückweichen müssen.

So wogte die Schlacht hin und her, und noch war ihr Ausgang gänzlich ungewiß. Das Rollen der Kanonaden und das Donnern der Kavallerieattacken drangen bis zum kaiserlichen Hauptquartier. Meldung auf Meldung traf ein, wurde vor den Kaiser gebracht, der zum ersten Mal in seiner Feldherrenlaufbahn nicht an einer Schlacht teilnahm.

Davout habe die Kalatscha überschritten, aber der Fluß sei voller Leichen und rot vom Blut. Es sei ein unvorstellbares Gemetzel.

Fürst Poniatowski kämpfe noch am rechten Flügel um das Dorf Utiza, während die Truppen Prinz Eugènes sich nach teilweiser regelloser Flucht aufs neue zum Angriff formierten.

Das 1. Armeekorps habe die russischen Befestigungen »Drei Pfeile« gestürmt und rücke nun auf die Rajewski-Schanze vor. Man brauche Verstärkung, um Eugène zu entlasten und Poniatowski herauszuhauen, der sich bei Utiza in einer gefährlichen Lage befände.

Gefolgt von seinem Leibmamelucken Roustam begab sich Napoleon auf die Bastion. Aber Rauch und Pulverdampf

hüllten alles ein. Er konnte nur ahnen, was dort unten in der Ebene geschah.
Der Kaiser fieberte. Manchmal, wenn er die Augen schloß, drängten sich ihm Bilder auf. Zerfetzte Leiber, Sterbende mit Bajonetten im Bauch, die ihm fluchen. Hände, die sich im letzten Todeskampf in den Boden krallen. Weit aufgerissene Augen, in denen eine stumme, furchtbare Anklage steht: Warum, Kaiser, warum? Offene Münder, die ihn mit Blut bespeien, und über allem das entsetzliche Heulen der Kartätschen, die Detonationen, die Feuerzungen der Kanonen. Und die weiß-goldenen Adlerbanner werden von Soldatenstiefeln in die blutige Erde gestampft . . .
Der Kaiser schwankte. Seine Zähne schlugen aufeinander, und Roustam legte den Mantel um ihn. »Sie sind krank, Sire. Sie müssen sich niederlegen. Eine kleine Weile nur, dann wird es besser werden.« Er führte ihn zum Zelt zurück, breitete ein Fell auf dem Boden aus, und Napoleon sank darauf nieder. Ja, er war krank. Aber es wäre besser, er wäre dort unten bei seinen Männern, mitten im wildesten Getümmel. Alles wäre besser, als hier oben zu stehen und den Bildern ausgeliefert zu sein, die ihn bedrängten. *Warum, Kaiser, warum?*
Roustam setzte ihm einen Becher an den Mund. »Trinken Sie, Majestät. Das wird Ihnen helfen. Sie werden ruhiger werden und neue Kräfte sammeln.«
Sein braunes scharfnasiges Gesicht verschwamm, und das Donnern der Kanonaden schien plötzlich ferner. Ein paar Minuten nur ausruhen, dachte Napoleon. Wirklich nur ein paar Minuten.
Roustam postierte sich vor dem Zelteingang. Er ließ niemanden herein. Wie ein Hund bewachte er den Schlaf seines Herrn, während sich in der Ebene drunten eine Entscheidung anbahnte.
Marschall Davout hatte die linke Flanke der Russen aufgerissen. Die Korps von Murat und Ney drängten nach.
»Flieht! Rettet euch!« hieß die Devise der flüchtenden

Russen, die bis dahin mit unglaublichem Mut und unglaublicher Verbissenheit gekämpft hatten. Sie hatten ihr Land, die heilige Erde Rußlands, verteidigt, und Borodino war ein Feld voller Leichen geworden.
Kutusow befahl den allgemeinen Abzug. Es hatte keinen Sinn, noch mehr Menschen zu opfern. Nicht heute, angesichts der zu Tode erschöpften Männer, die mit letzter Kraft den Befehlen zum Abmarsch Folge leisteten. Auf der Straße nach Mohaish zogen sie dahin, gefolgt von Troß- und Artilleriewagen, und im kaiserlichen Hauptquartier verlangten Ney und Murat den Einsatz der Garde, um die Flüchtenden zu verfolgen.
»Wenn es gelingt, sie aufzureiben, ist der Feldzug vielleicht entschieden«, behauptete Murat, aber Roustam ließ ihn nicht zu seinem Herrn.
»Der Kaiser ist krank, man darf ihn nicht stören . . .«
Sie konnten es nicht fassen, die alten Kampfgenossen von Arcole, Rivoli und Marengo, von Austerlitz, Jena und Wagram. Warum kam er nicht heraus, der Kaiser? Er mußte die lauten Stimmen vor dem Zelt doch gehört haben! Warum stellte er sich nicht an die Spitze seiner Garden und führte sie an?
»Ich erkenne ihn nicht wieder«, sagte Murat zähneknirschend, und Marschall Ney trat zornbebend gegen einen Futtertrog für die Pferde.
»Wenn er kein General mehr, sondern Kaiser sein will, soll er in die Tuilerien zurückkehren – wir wollen schon für ihn kämpfen!«
Napoleons Angriffsbefehl für die Garde, den er endlich am späten Nachmittag erteilte, kam zu spät. Der größte Teil der russischen Armee konnte nicht eingeholt werden, nur die Nachhut fiel noch in die Hände der Franzosen. Mehr als neunzigtausend Russen hatten sich retten können.
Es würde nicht bei den neunzigtausend bleiben. Rußland verfügte über ein riesiges Menschenpotential. Neue Trup-

penaushebungen, neue aus dem Boden gestampfte Regimenter mußten irgendwann zur tödlichen Bedrohung für die Soldaten des französischen Kaisers werden.

Als sich Dämmerung über das Land senkte, wanderte Caroline mit Hermann an der Seite über das Schlachtfeld. Fackellicht durchdrang den einfallenden Nebel. Überall gingen sie herum, Soldaten, Feldschere und Marketenderinnen, und suchten nach Verwundeten. Auch Russen tauchten plötzlich auf, Frauen mit Kopftüchern und weiten Umhängen, alte Männer, halbwüchsige Knaben. Genau wie die Franzosen stiegen sie über die Leichen und Pferdekadaver hinweg, gingen den wimmernden Stimmen nach, dem Schreien, dem Stöhnen.
Die Franzosen wehrten es ihnen nicht, wenn sie ihre Überlebenden forttrugen. Es hatte keinen Sinn, sich mit Gefangenen zu belasten. Man hatte mit den eigenen Leuten genug zu tun.
Am Flußufer war eilends ein provisorisches Zeltlazarett errichtet worden. Dorthin wollte Caroline. Wenn sie schon hier war, wollte sie auch helfen, soweit es in ihren Kräften stand.
Auch Charles fand sich irgendwann ein. Er half, die Verwundeten in die Zelte zu tragen, schnitt zerfetzte, blutige Uniformen auf, wusch schmutzige, grauenerregende Wunden aus oder stand nur einfach dabei und hielt die Hände der Verletzten, wenn die Schmerzen unerträglich wurden oder der Todeskampf begann.
Hin und wieder tauchte Caroline bei ihm auf, blickte besorgt in sein graues Gesicht. »Wird es dir nicht zuviel? Du bist noch nicht gesund. Du brauchst noch Schonung.«
Aber er schüttelte den Kopf. »Laß mich hier. Wenigstens hier kann ich etwas tun. Und schlafen könnte ich sowieso nicht.«
Sie verstand ihn und strich ihm über die Wange. »Es ist schrecklich – all diese Toten und Verwundeten.«

»Ja, das ist es,« sagte Charles bitter. »Schrecklich und sinnlos.«
Er dachte an den Mann, der oben hinter den Bastionen der Schewardiner Schanze in seinem Zelt lag. Schlief er? Konnte er schlafen nach diesem Tag, dieser Schlacht? Konnte er noch Triumph empfinden nach diesem Sieg? Ein knapper Sieg war es, und über Gebühr bezahlt. Sie sagten, es seien an die siebzigtausend gefallen, davon vierzigtausend Russen. Berge von Leichen waren es, die da draußen lagen. Und das alles zur höheren Ehre Frankreichs und seines Kaisers? Was war das für eine Ehre, die immer wieder Leben forderte, Hekatomben von jungen gesunden Männern! Was war das für ein Kaiser, der Frankreichs Söhne nahm und sie, wie ein Kind Bleisoldaten vom Tisch fegt, um seines Ruhmes willen sterben ließ?
Ihm, Charles, hatte er Wohlwollen und Fürsorge angedeihen lassen, und gleichzeitig schickte er Tausende mit einem Federstrich in den Tod.
Gestern war ein Bild des kleinen Königs von Rom eingetroffen, und Napoleon hatte sich wie ein Kind darüber gefreut. Jedem hatte er es gezeigt und jedem voller Stolz die Vorzüge des kleinen Knaben aufgezählt. Dachte er nicht an die Väter, die ihre kleinen Söhne ebenso liebten und sie nicht wiedersehen würden? Nicht an die Söhne, die mit ihm gezogen waren und deren Väter zu Hause nun vergeblich auf ihre Heimkehr warteten?
Nein, er, Charles de la Moreau, konnte nicht schlafen in dieser Nacht, und Caroline konnte es auch nicht. Zusammen mit Hermann ging sie den Ärzten und Feldschern zur Hand, legte Verbände an, hielt die armen, geschundenen Körper, wenn eine Kugel herausgeschnitten oder ein Bein oder ein Arm amputiert werden mußten. Und der Strom der wimmernden, blutenden Leidensgestalten riß nicht ab.
Caroline wußte selbst nicht, wieso sie es schaffte, dies alles

durchzustehen, ohne sich zu erbrechen, in Ohnmacht zu fallen oder auch nur ihr Entsetzen hinauszuschreien.
Da war der kleine Regimentstrommler, den sie brachten. Ein spitzes Kindergesicht mit blondem Bartflaum um Kinn und Wangen. Eine Granate hatte ihm beide Beine und das Gemächt abgerissen, und er blutete und blutete. Caroline hatte nie gewußt, wieviel Blut ein Mensch verlieren konnte, bevor er starb.
Da war der Korporal, dem ein Bajonett die Därme zerfetzt hatte. Er ächzte, man möge ihm eine Kugel in den Kopf schießen, weil er es nicht mehr aushielte. Da waren die Unzählbaren, die ein Auge oder eine Hand verloren hatten, die halb zerquetscht waren von den schweren Artilleriewagen oder ihren Pferden, die sie sterbend unter sich begraben hatten. Da waren die, die in halber Bewußtlosigkeit dem Tod entgegendämmerten, und die anderen, die fluchten oder beteten oder nach ihrer Mutter schrien.
Am Morgen erschien der Kaiser, in einen grauen Mantel gehüllt, den Zweispitz auf dem Kopf. Gefolgt von seinen Offizieren ging er von Strohlager zu Strohlager, blickte auf die Sterbenden hinunter, sprach ein paar Worte mit denen, die in der Lage waren, ihm zu antworten, blieb vor den Schwerverletzten stehen, die vor Schmerzen stöhnten oder unablässig mit fieberheißen, aufgesprungenen Lippen um alles mögliche bettelten.
»Nur einen Schluck Wasser, bitte, einen winzigen!« »So gebt mir doch etwas gegen die Schmerzen!« »Schreibt nach Hause. Bereitet meine Jeanne darauf vor, daß ich als Krüppel wiederkomme.« »Laßt mich doch sterben! Ich kann nicht mehr! Bitte, laßt mich krepieren!« »Ich will einen Priester, ich muß beichten . . .«
Ein Sergeant verzog den Mund zu einem Lächeln, als er den Kaiser erkannte. »Majestät . . . Denen haben wir's gegeben, den Iwans, was? Sind Euer Majestät zufrieden mit uns?«

Und Napoleon nickte und antwortete: »Aber ja. Obwohl ich zugeben muß, daß ihr schon besser wart. Ich aber auch ... Es war ein knapper Sieg, doch immerhin ein Sieg.«
»War gut, daß Ihr nicht mitgekämpft habt, Majestät. Euch darf nichts passieren. Unsereins ist ersetzlich. Aber Ihr, Majestät ... Gebt nur gut auf Euch acht. Wir wollen schon dafür sorgen, daß die Iwans ihr Fett abkriegen.«
Dem Mann hatte eine Kartätsche die rechte Seite aufgerissen. Der Arm war fort, und er konnte kaum atmen, weil sich eine Rippe in den Lungenflügel gebohrt hatte. Wenn er hustete, spuckte er Blut.
»Haben Sie Schmerzen?« fragte der Kaiser.
»Zu Befehl, ja, Majestät. Aber ich kann sie aushalten.«
Wenn der Kaiser weiterging, folgten ihm die Blicke, und jemand sagte: »Welch ein Mann! Verflucht noch mal, daß ich hier liege und nicht weiterkämpfen kann! Ich wollte schon mithelfen, daß die Russen vor ihm die Erde küssen und nicht vor ihrem verdammten Väterchen Zar. Wahrhaftig, sie sollten alle vor unserem Kaiser auf dem Bauch rutschen, dann hätten sie einmal in ihrem Leben etwas Vernünftiges getan.«
Caroline, die neben Charles an einem der Strohlager stand, hörte, wie er einen ächzenden Laut ausstieß. Er preßte die Faust gegen den Mund, als müsse er einen Schrei unterdrücken, dann lief er hinaus ins Freie. Als sie ihm nachkam, sah sie ihn, wie er an einem Baum lehnte, das Gesicht mit den Händen bedeckt.
Eilig trat sie zu ihm. »Was ist, Lieber? Geht es dir schlecht?«
»Speiübel ist mir«, würgte er hervor. »Ich hätte es keine Sekunde länger mehr ausgehalten! Diese hirnverbrannten, schwachsinnigen Idioten! Sag mir, Caroline, was hat er nur an sich, daß sie ihn immer noch lieben? Warum spucken sie nicht vor ihm aus? Warum verfluchen sie ihn nicht? Kannst du mir das erklären?«

Er war laut geworden, und sie umklammerte seine Schultern und preßte sein Gesicht gegen ihre Brust. »Um Himmels willen, sei still!«
Er zitterte an allen Gliedern, und sie hielt ihn fest und streichelte seinen Rücken, küßte sein Haar und die Hände, die er noch immer vor das Gesicht hielt.
»Sie lieben ihn«, sagte sie tonlos, »so wie sie ihn immer geliebt haben. Auch du hast es doch getan. Weißt du es nicht mehr?«
Er nickte krampfhaft. »Aber damals war er anders. Ich war doch nie so blind. Oder doch, Caroline?«
Sie blickte über die Ebene vor Borodino hin. Es regnete nicht mehr, und der Tag war hell. Das Schlachtfeld mit den unzähligen Toten lag unter einem milchig grauen Himmel, und es war schwarz von den Rabenvögeln, die auf den Pferdekadavern und den Leichen der Gefallenen hockten. In der Ferne sah man die verbrannten Ruinen der Stadt.
»Schlachtfelder sehen immer so aus. Ich habe sie vor Erfurt gesehen und vor Wien – und jetzt hier. Du kannst ihm nicht vorwerfen, daß er erst heute die Welt in ein Schlachtfeld verwandelt hätte.«
»O Gott«, sagte Charles, »O Gott, Caroline...« Dann begann er zu weinen. Es war ein trockenes Schluchzen, das ihn stieß, und sie konnte nichts tun, als ihn fest in den Armen zu halten und ihn spüren zu lassen, daß sie zumindest versuchte, ihm auf diese Weise Trost zu geben.
Nach einer Weile hob Charles den Kopf. »Was soll ich tun, Caroline? Ihn verlassen?«
»Könntest du es denn?«
Er zog die Schultern zusammen, als fröre ihn. »Ich weiß nicht. Bernadotte hat es gekonnt.«
»Du bist nicht Bernadotte«, sagte sie sanft. »Du bist treuer. Außerdem wartete auf ihn eine Aufgabe. Was würde auf dich warten? Desertation – und dann auf der anderen Seite kämpfen? Das schaffst du nicht, Charles.«

»Nein, vermutlich nicht«, erwiderte er bitter. »Verdammt, was bin ich für ein sentimentaler Narr!«
Sie strich ihm über das Haar. »Ich verstehe dich. Laß uns warten, Lieber. Eines Tages ist dieser Krieg zu Ende, und dann wird es einen ehrenhaften Weg geben, diesem allen den Rücken zu kehren. Jetzt gibt es keinen.«
Sie lächelte schwach. »Erst einmal werden wir nach Moskau marschieren. Und wer weiß – vielleicht hat der Kaiser recht, und der Zar schließt danach Frieden. Dann kehren wir miteinander heim.«
»Gott gebe es«, murmelte Charles und zog sie an sich.

Eine knappe Woche später sahen sie von den Poklonnyj-Hügeln aus die in der Sonne leuchtenden Zwiebeltürme des heiligen Moskau. In Rot und Grün und Blau und Gold schimmerten sie, und dazwischen erstreckten sich die Häuser und Paläste und die gezackten roten Mauern des Kreml.
Es war ein märchenhaftes Bild, und Napoleon, der das letzte Stück inmitten seiner Garden zu Pferde zurückgelegt hatte, zügelte seinen Schimmel und blickte auf die Stadt hinunter. »Das also ist Moskau. Wahrhaftig, eine wundersame Stadt.«
Den ganzen Weg über hatten sie erwartet, von russischen Truppen angegriffen zu werden, aber niemand hatte sich gezeigt.
Der Kaiser gab Befehl, ein provisorisches Feldlager aufzuschlagen, und entsandte Marschall Murat mit der Vorhut in die Stadt.
Eine halbe Stunde später hörte man aus der Dorogomilowskaja-Vorstadt eine Schießerei, ebenso von einer der Brücken über die Moskwa und aus der Gegend des Kreml, aber sie währte nicht lange. Danach blieb es still.
Der Kaiser saß auf einem Feldstuhl, den Kopf in die Hand gestützt. Als Roustam ihm etwas zu essen bringen wollte, wehrte er ungeduldig ab. »Ich will nichts. Laß mich in Ruhe.«

Charles und Caroline waren mit dem Troß geritten. Er hatte sich kräftig genug gefühlt, um auf die Kutsche zu verzichten, und die Tage im Sattel hatten ihm wohl getan. Auch war er nicht mehr so verzweifelt wie in Borodino, und gestern abend, als sie in einer russischen Posthalterei übernachteten, hatte er zu Caroline gesagt: »Dies hier stehe ich noch durch. Aber wenn der Krieg vorbei ist, nehme ich meinen Abschied. Was hältst du davon, wenn wir uns irgendwo ein Weingut kaufen, auf dem wir die Sommermonate verbringen, und nur im Winter nach Paris zurückkehren, falls du Lust hast, in Gesellschaft zu gehen?«

Sie hatten nebeneinander im Pferdestall auf Stroh gelegen, während in einiger Entfernung etliche andere Offiziere beim Feuer saßen und Karten spielten.

Caroline hatte sich zu Charles gedreht und seine Hand genommen. »Das wäre wunderschön.«

Jetzt war es Mittag, als sie beim Feldlager auf den Poklonnyj-Hügeln eintrafen, und Caroline sprang vom Pferd und reckte sich. Sie trug wieder Männerkleidung wie auf der Reise mit Henri Beyle, der in Smolensk zurückgeblieben war. Das Haar war unter einer grauen Grenadiermütze mit roten Tressen versteckt. Der Mützenzipfel baumelte lustig an der Seite.

Caroline zog die Wasserflasche aus der Satteltasche und trank durstig. »Reiten macht warm. Aber trotzdem ist es besser, als in der Kutsche auf diesen entsetzlichen Straßen durchgerüttelt zu werden, findest du nicht?«

Charles betrachtete sie mit einem liebevollen Blick. »Ich wußte gar nicht, daß du so gut und ausdauernd reiten kannst.«

»Ich habe dir doch von Friederike von Rodenbach und ihren beiden Brüdern erzählt. Bei ihnen habe ich das gelernt. Ich war sechs oder sieben Jahre alt, als ich auf Gut Hochheim zum ersten Mal auf einem Pferd saß, und ein Jahr später bin ich ihnen allen davongaloppiert, selbst dem

Reitlehrer.« Sie lachte. »Du hättest mich also gar nicht so ängstlich beobachten müssen, als wir von Borodino abgeritten sind. Wenn du inzwischen gesund genug bist, um wieder im Sattel zu sitzen, so bin ich es allemal. Ich bin sowieso nur deinetwegen die ganze Zeit in der Kutsche mitgefahren.«

Als sie ihre Handschuhe auszog, trat Charles auf sie zu. Er nahm ihre Hände und schob den Umhang ein Stück über die Ellenbogen hinauf. Doktor de Beauregard hatte recht behalten: Rote, noch kaum verblaßte Narben zogen sich über die Haut. Mit der Zeit würden sie heller werden, aber ganz verschwinden würden sie nie.

Charles drehte die Handflächen nach oben und küßte sie. »Ich weiß es ja«, sagte er leise, »alles, was du hier tust, geschieht meinetwegen. Ich sollte mir deshalb Vorwürfe machen, aber unverschämterweise bin ich einfach nur glücklich darüber.«

»Laß das doch«, meinte sie verlegen, aber er zog sie näher zu sich und legte die Arme um sie.

»Gott gebe, daß mein Leben lange genug währt, um dir dies alles zu vergelten.«

Sie stemmte die Hände gegen seine Brust. »Wir müssen uns um die Pferde kümmern. Sie brauchen auch Wasser und eine Portion Hafer mit Rüben.«

»Gleich«, murmelte er. »Erst will ich meine Frau küssen.«

»Du bist verrückt, Charles, man kann uns sehen«, protestierte sie, aber er preßte seinen Mund auf ihre Lippen.

Es wurde ein langer, leidenschaftlicher Kuß, der Caroline atemlos machte. Sehnsucht stieg in ihr auf, das Verlangen, sich enger an Charles zu schmiegen, fester an seine Brust, in der sie sein Herz schlagen fühlte, so laut und heftig, als schlüge es in ihrer eigenen Brust.

Caroline atmete schneller. Sie spürte, daß auch Charles erregt war. Aber dann ließ er sie los, weil in ihrer Nähe ein paar Männer gutmütig lachten, und einer rief: »Nur weiter so! Junge, Junge, so gut möchten wir es auch mal haben!«

Caroline trat hastig zurück. »Mir scheint, Capitaine de la Moreau«, sagte sie mit nicht ganz fester Stimme, »Sie sind tatsächlich wieder vollkommen gesund.«
Charles lachte leise. »Das denke ich auch. Noch ein, zwei Tage, und ich werde meinen Dienst bei Seiner Majestät wieder aufnehmen müssen. Aber vorher...« Er hob die Hand und berührte Carolines Lippen mit den Fingern, »vorher muß ich mich noch ein wenig meiner Frau widmen.«
Sie kam nicht mehr dazu, etwas zu erwidern, denn Hermann, der an den Marketenderwagen etwas zu essen besorgt hatte, tauchte auf. »Madame Caroline, Euer Gnaden, seid Ihr hungrig? Ich habe für jeden einen Napf Suppe ergattert. Sie ist noch heiß, und ordentlich Pökelfleisch ist auch darin.«
Murat kam erst bei Sonnenuntergang aus der Stadt zurück. »Moskau ist so gut wie leer, Sire«, meldete er dem Kaiser. »Ein paar Betrunkene haben uns beschossen, als wir durch die Dorogomilowskaja-Vorstadt einritten, und auch hinter den Kremltoren und an den Brücken hatten sich einige verschanzt, aber es waren Zivilisten, mit denen wir rasch fertig wurden. Auf ernstlichen Widerstand sind wir nirgends gestoßen. Der Gouverneur, das Militär und der Großteil der Bevölkerung sind fort – genau wie in Smolensk.«
Napoleon war aufgesprungen. Er starrte den Marschall an. »Sie haben auch Moskau geräumt?« fragte er heiser.
»Ja, Sire.«
»Und wieso haben Sie den halben Tag gebraucht, um das herauszufinden? Wieso lassen Sie mich hier wie einen Idioten auf die Bojarenabordnung oder die Abgesandten des Gouverneurs warten, die mir die Kapitulation Moskaus melden sollen?«
»Ich hielt es für angebracht, die Stadt von meinen Männern gründlich durchsuchen zu lassen, um sicherzugehen, daß Euer Majestät nicht in eine Falle geraten, wenn Sie in

Moskau einziehen. Aber die Stadt ist tatsächlich so gut wie leer. Wir haben keine zweihundert Russen angetroffen. Und die sind vor uns davongerannt wie Ratten . . .« Murat lachte. Wie immer war er überaus prächtig gekleidet, mit blitzenden Epauletten und wallenden Federbüschen auf dem goldbetreßten Hut. »Wahrscheinlich werden sie sich im Schutz der Dunkelheit in die Häuser der Reichen schleichen, um zu stehlen. Möglichkeiten gibt es genug im heiligen Moskau. Juwelenbesetzte Heiligenbilder, Waschgeschirre aus massivem Gold oder Silber, ebensolches Tafelgerät, Pelze, ja selbst Schmuck und Truhen voller Geld und Geldeswert.«

Napoleon schwieg. Die Stadt ist geräumt, dachte er, wieder einmal! Das ist gespenstisch, diese Art der Kriegführung. Sie weichen zurück und wieder zurück, tatsächlich wie Ratten, die in ihren Schlupflöchern verschwinden und erst wieder daraus hervorkommen, wenn man es nicht mehr erwartet. Das ist Taktik, eine dreimal verfluchte Rattentaktik, durch die man es nicht schafft, sie auszurotten. Hat man hundert erschlagen, tauchen von irgendwoher zweihundert neue auf.

Er fuhr sich über das Gesicht, als müsse er Spinnweben fortwischen. Draußen vor dem Zelt war der Himmel flammend rot vom Sonnenuntergang. Seit zwei Tagen regnete es nicht mehr, aber der Kaiser fror, trotz der glühenden Kohlenbecken, die man angezündet hatte. »Rigaud! Travier! De Merval!« rief er, und die Ordonnanzen traten ein. »Wir brechen auf. Ich will noch vor dem Dunkelwerden in Moskau einziehen.«

Diesesmal ritten Caroline und Charles mit der Kaisergarde. Der Aufbruch von den Poklonnyj-Hügeln vollzog sich rasch, nachdem zwei Kanonenschüsse das Signal dazu gegeben hatten.

Moskau empfing sie leer und schweigend. Sie ritten durch das Dorogomilow-Tor, durch die Straßen der Vorstadt, dann über eine Brücke. Die Wasser des Flusses darunter

schimmerten schwarz in der heraufziehenden Dämmerung. Schwarz waren auch die Fensterhöhlen der Häuser.
Die Soldaten hatten Fackeln entzündet. Ihr Schein flackerte über bunt bemalte Holzfassaden mit reich geschnitzten Fensterläden und Balkonen. Auf dem Arbat, der breiten Prachtstraße, die sich zum Roten Platz und zum Kreml hin öffnete, nahm das Fackellicht zu. Die Grande Armée war vor der Stadt in breiter Kette ausgeschwärmt, um die schmale Dorogomilow-Passage nicht zu verstopfen. Reiterei, Pferde und Wagen und die unter Trommelschlag und Gesang marschierende Infanterie strömten durch die anderen Tore in die Stadt. Sie kamen durch das Twersche und das Kalugasche Tor, und ihre Stimmen vertrieben die gespenstische Stille.
»Allons, enfants de la patrie«, sangen sie, und andere schrien dazwischen: *»Vive la France! Vive l'empereur!«*
Sie waren in Moskau, der alten Hauptstadt, dem Herzen des russischen Reiches. Welch ein Triumph! Einer sagte es dem anderen: »Moskau ist voller Schätze. Wir werden uns die Taschen vollstopfen und hier Winterquartier beziehen. Ans Ausruhen geht es, Freunde! Fürs erste haben wir genug gekämpft, jetzt sollen die Diplomaten den Krieg beenden. Um Frieden winseln wird er, der Zar, wenn er hört, daß wir in Moskau sind und sein verdammter Kutusow, sein Barclay de Tolly und sein Bagration das Hasenpanier ergriffen haben.
Bruder, jetzt brechen goldene Zeiten für uns an, und wenn wir heimkommen, sind wir gemachte Leute, soviel Gold schleppen wir mit.«

»Aux armes, citoyens!
Formez vos bataillons!
Marchon, marchon . . .«

So sangen sie und schwenkten ihre Fahnen mit den goldenen Kaiseradlern auf der Spitze.
In Gold prangten auch die Inschriften auf dem rot-weiß-blauen Seidentuch, die Namen der Schlachtenorte, die mit

den größten Siegen der Grande Armée verbunden waren: Marengo, Ulm, Austerlitz, Jena, Eylau, Friedland, Eckmühl, Wagram. Nun würde ein neuer Name hinzukommen: Moskau.

Der Kaiser bezog Quartier in einem Palast in der Dorogomilowskaja. Morgen, so hatte er beschlossen, werde er erst in den Kreml übersiedeln.
Charles und Caroline nächtigten gemeinsam mit Marschall Berthier und dem größten Teil der Kaisergarden im Gouverneurspalast. Sie hatten ein Zimmer für sich allein, zum ersten Mal, seit sie von Smolensk aufgebrochen waren. Es war fast ein kleiner Saal, sehr prächtig eingerichtet mit einem mächtigen holzgeschnitzten Alkovenbett, kostbaren Teppichen und Fellen auf dem Boden und an den Wänden, und die Säulen, die die bemalte Kuppeldecke trugen, waren aus Malachit.
Hermann schlief ebenfalls im Hause, wenngleich in einem bescheideneren Raum, aber auch er hatte gemeint, als er Charles und Caroline eine gute Nacht wünschte, daß er sich vorkäme wie im Paradies angesichts der Tatsache, endlich einmal wieder ein richtiges Bett mit Federkissen und sauberen, leinenbezogenen Decken zu haben. »Ich werde mich fühlen wie in Abrahams Schoß«, hatte er gesagt, »und darum beten, daß wir dieses Haus nicht mehr verlassen müssen, bis Frieden ist.«
Caroline hatte sich in der Küche große Krüge mit heißem Wasser besorgt und genoß es, zu baden, sich das Haar zu waschen und es später am Kamin, in dem Feuer brannte, trocknen zu lassen. Ein junger Gardist hatte ihnen Wein und etwas zu essen heraufgebracht, die heruntergebrannten Kerzen in den schweren Silberleuchtern gegen frische ersetzt, dann hatte er sie allein gelassen.
Von unten aus den Fluren und Sälen hörte man Singen und Gelächter. Dort feierten sie ihren Einzug in Moskau, ein paar junge Frauenzimmer waren auch dabei, Marke-

tenderinnen vom Troß, aber der Lärm war weit genug entfernt, daß er nicht störte.
Alles war plötzlich weit fort, die Strapazen und Gefahren, die hinter ihnen lagen, die Sorge vor dem, was der nächste Tag bringen mochte, die Bedrückung, die auf ihnen gelastet hatte, als sie in die menschenleere Stadt eingeritten waren.
Caroline spürte eine angenehme Schläfrigkeit. Sie hatte kaltes Fleisch und Brot gegessen und den schweren roten Wein getrunken. Er war ihr ein wenig zu Kopf gestiegen, aber gerade nur so viel, daß sie sich wohl und leicht fühlte. Sie lehnte den Kopf mit dem schweren Haar gegen die lederne Sessellehne und lächelte zu Charles hoch, als er zu ihr kam. Er setzte sich auf die Armstützen und zog sie an sich.
»Ich bin wirklich wieder gesund«, sagte er und küßte ihr Haar. Der Ton seiner Stimme jagte ihr einen kleinen Schauer über den Leib. Sie schlang die Arme um seine Hüften, und ihre Schläfrigkeit verflog. Was blieb, waren nur das Gefühl der Schwerelosigkeit und der Wunsch, er möge näher zu ihr kommen und fortfahren sie zu küssen.
Sie hatte ein langes weißes Nachtkleid an und darüber ein Negligé aus Samt, das unter der Brust mit einer großen Schleife zugebunden war. Es gehörte zu ihrem Gepäck, das Hermann getreulich auf der ganzen Reise mitgeschleppt und auf das er überall ein wachsames Auge gehabt hatte.
Charles löste die Schleife und schob den Stoff des Negligés von Carolines Schulter. Er küßte ihre geschlossenen Augen, die Wangen, das Kinn, den Hals. Er streichelte ihre nackte Brust, und sein Mund folgte der zärtlichen Spur seiner Finger.
Als er ihre Brüste mit seinen Händen umschloß, seufzte sie leise und bog sich ihm entgegen.
Sie hatten nicht mehr miteinander geschlafen, seit sie zu Pierre gegangen war. Eine Ewigkeit. Beide waren sie

hungrig nacheinander, und es bedurfte keines langen Vorspiels, um die Vereinigung ihrer Körper herbeizuführen. Sie wollten es beide, sie fieberten danach, und Caroline bewegte unruhig ihre Hüften, als Charles sich über sie kniete, um ihre Brüste zu küssen.

Ungeduldig half sie ihm beim Ausziehen. Ihr Hemd und der Samtmantel fielen zu Boden, und Caroline umschlang Charles' Hals, um seinen Kopf und seinen saugenden Mund fester gegen ihre Brüste zu drücken.

Sie fühlte sein süßes Brennen in ihrem Schoß, das sie stöhnen ließ, und war heiß und bereit für ihn, noch ehe er sich seiner Kleider entledigt hatte und sie hochhob, um sie auf das schwarze Fell auf dem Boden zu legen. Dann war er über ihr, zwischen ihren Schenkeln, und sie öffnete sich für ihn.

Aber er drang noch nicht in sie ein. Seine Lippen, seine Zunge berührten ihre Haut, glitten verlangend darüber hin, während er die Hände unter ihre Hüften geschoben hatte und sie gegen seine Erregung preßte.

»Willst du es?« fragte er. »Willst du es wirklich?«

»Ja«, sagte sie heiser, »jetzt! Bitte, Charles!«

Seine Zunge beschrieb Kreise auf ihrem Bauch. Er küßte und saugte, und aus seiner Kehle kam ein tiefer wollüstiger Laut, als er ihre intimste Stelle berührte.

Als er dann endlich zu ihr kam, schrie sie auf und warf sich ihm entgegen und erreichte fast augenblicklich eine so heiße, wilde Ekstase, daß sie das Empfinden hatte, sich ganz und gar zu verströmen. Eine kleine Weile lag sie danach still und genoß es, Charles in sich zu spüren, eins mit ihm zu sein, bevor sie wieder begann, sich unter ihm zu bewegen.

Sie umschloß ihn, umklammerte ihn, gehörte ihm und trieb ihn zu einem immer schneller, immer wilder werdenden Rhythmus an. Als er ihren Namen rief, kam eine neue Woge der Lust und überrollte sie mit einer Heftigtkeit, daß sie meinte, die Besinnung zu verlieren.

Charles sah sie an, sah ihr schönes, jetzt so ganz und gar aufgelöstes Gesicht und erstickte seinen und ihren Schrei mit seinen Lippen.
Irgendwann hob er sie hoch und trug sie zum Bett. Er konnte nicht genug von ihr bekommen in dieser Nacht und kam wieder und wieder zu ihr, und es war, wie es noch nie gewesen: Sie gehörten einander mit Leib und Seele. Es gab nichts mehr, das zwischen ihnen stand, keine Zweifel, keine Schuld, keine Fragen. Sie waren ganz eins, und Charles dachte, während er irgendwann neben Caroline einschlief, sie noch im Schlaf umfangen haltend wie einen kostbaren Besitz: Und wenn diese Nacht meine letzte wäre, so war sie es doch wert, gelebt zu haben.

Der Kaiser fand keine Ruhe in dieser Nacht. Unruhig wälzte er sich auf seinem Bett, fiel ab und zu in einen wirren Traum, aus dem er schweißgebadet aufschrak, und warf schließlich die Decken von sich, als er Schritte und Stimmen im Vorzimmer hörte.
Sein Schlafgemach war von einem diffusen rötlichen Licht erhellt, und er dachte zuerst, daß es von der Glut im Ofen herrühre, die durch die Ritzen der Eisentür schimmerte. Aber als er aufstand und zum Fenster sah, vor dem die schweren, bodenlangen Vorhänge nicht ganz zugezogen waren, wurde ihm klar, daß der rote Schein von draußen kam.
Hatten sie ein Feuer im Hof entzündet? Napoleon trat ans Fenster und schob die Vorhänge vollends zur Seite, und da sah er, daß der Himmel über Moskau rot war.
Vor seiner Tür aber redeten und stritten sie weiter. Napoleon erkannte Roustams Stimme. Der Mameluck beharrte darauf, daß der Kaiser nicht gestört werden dürfe. Aber ein anderer – es mußte Berthier sein – verlangte gebieterisch Eintritt.
»Er muß es wissen. Wir dürfen nicht länger zögern. Gib die Tür frei, Idiot!«

Napoleon riß sie selbst auf, nachdem er sich einen Mantel übergeworfen hatte. »Was gibt's!«
Berthier war barhäuptig, nur mit Hemd und Hose bekleidet. »Die Stadt brennt, Sire. An allen Ecken und Enden sind Feuer ausgebrochen. Die Feuerwehren werden nicht Herr darüber.«
»Marodeure?« fragte Napoleon gereizt. »Zum Donnerwetter, habe ich nicht den Befehl ausgegeben, daß Plündern untersagt ist, und Mortier beauftragt, für strengste Durchführung zu sorgen!«
»Es wird schwer halten, diesen Befehl zu befolgen, und Sie wissen das, Sire«, sagte Berthier vorsichtig. »Unsere Männer haben lange, entbehrungsreiche Wochen hinter sich. Verständlich, daß sie sich jetzt die Taschen vollstopfen wollen. Die Bewohner haben viele Wertsachen zurückgelassen, und das zeigt, daß ihnen nichts daran liegt. Wen also schädigen die Unseren, wenn sie sich nehmen, was sie brauchen?«
»Aber das heißt doch nicht, daß sie anschließend die Häuser anzünden können!« empörte sich der Kaiser. »Durch Unachtsamkeit, weil sie betrunken sind – oder auch nur aus Zerstörungswut. Diese Stadt besteht überwiegend aus Holzhäusern. Es muß doch dem Dümmsten klar sein, wie gefährlich hier ein Brand ist.«
»Ich fürchte, Sire, es sind nicht die Marodeure, die Moskau anstecken. Es sind Russen. Sie wollen uns ausräuchern.«
Ein, zwei Herzschläge lang starrte Napoleon ihn ungläubig an. »Sind Sie verrückt, Berthier? Wer tut denn so etwas!«
»Es würde zu ihrer Art der Kriegführung passen . . .« Die Stimme des Marschalls klang gepreßt.
Der Kaiser riß die Tür zu seinem Schlafgemach auf. »Kommen Sie, Berthier, das müssen Sie mir erklären. Was bringt Sie auf diesen ungeheuerlichen Verdacht?«
»Wir haben augenblicklich über zweihundert Brände in der Stadt festgestellt, und fortwährend gehen Meldungen

über neue Brandherde ein.« Berthier holte einen Zettel aus der Tasche und las ab: »Angefangen hat es in der Nikolskaja – gleich an fünf verschiedenen Stellen. Eine Viertelstunde später ging es im Wassilij-Viertel los, danach im Gostiny Dwor, anschließend an der Borowitzkaja. Um elf brach Feuer in der Twerskaja aus – und so weiter und so fort...«

»Und was haben Sie unternommen?«

»Ich habe überall Patrouillen hingeschickt, und anfangs gelang es, das Feuer zu löschen. Aber kaum waren die Unseren abgezogen, brachen in derselben Gegend neue Brände aus, so daß man ziemlich sicher sein kann, daß sie gelegt wurden. Man konnte den Weg der Brandstifter regelrecht verfolgen. Im übrigen fehlt es an Wasser und Eimern, um wirkungsvoll gegen die Flammen vorzugehen.«

Napoleon trat ans Fenster und öffnete es. Ein scharfer Luftzug fuhr herein und ließ ein paar Kerzen verlöschen. Die Papiere auf dem Tisch, Karten, Notizen, Meldungen flatterten zu Boden.

»Bei diesem Wind muß das Feuer sich ja ausbreiten«, sagte der Kaiser, während er den Fensterflügel hastig wieder zuwarf. »Aber in den Kasernen der Stadt und den Spritzenhäusern der einzelnen Viertel muß es doch Feuerspritzen geben.«

»Die gibt es auch, Sire«, antwortete Berthier gepreßt. »Aber meine Leute haben mir gemeldet, daß sie unbrauchbar gemacht worden sind.«

Napoleon fuhr herum. Er verspürte einen dumpfen Druck in der Brust. Nie, während all seiner Feldzüge nicht, hatte er erlebt, daß ein besiegter Feind die eigene Stadt anzündete, um den Sieger daraus zu vertreiben. Und wenn man es ihm erzählt hätte, hätte er es nicht geglaubt. Aber was war an diesem Krieg schon wie sonst?

Ein Feind, den man kaum zu fassen bekam. Leere Dörfer und Städte, gespenstisch in ihrer Stille – und jetzt eine

Stadt, die an allen Ecken brannte, angezündet von den wenigen, die hiergeblieben waren, um diese absurde, zerstörerische Arbeit zu vollbringen.
Und er hatte gemeint, nun, da er in Moskau sei, werde er Frieden diktieren können!
Napoleon zog die Schultern zusammen. Ein Gefühl beschlich ihn, das ihm fremd war: die Empfindung, wehrlos einer nicht faßbaren, unausweichlichen Bedrohung ausgeliefert zu sein.
»Es ist gut, Berthier«, sagte er tonlos. »Ich will noch ein wenig allein sein und nachdenken. Es ... es geht mir nicht wohl. Nachher werde ich mich um alles kümmern. Sehen Sie indessen zu, daß die Brände sich nicht weiter ausbreiten. Und wenn Sie Schuldige finden ...« Er stockte und richtete sich auf. »*Wenn* Sie Schuldige finden, so lassen Sie sie auf das strengste bestrafen. Abschreckung tut not, wie mir scheint.«
Berthier entfernte sich mit einer Verneigung, und Napoleon stand da und starrte auf die Tür, die sich hinter ihm schloß. Abschreckung? dachte er. Womit kann man diese Menschen hier abschrecken? Ein Volk von Sklavenhaltern und Leibeigenen. Mehr als bei anderen Völkern ist die Geschichte Rußlands mit Blut geschrieben worden. Europa und Asien sind hier eine Verbindung eingegangen. Das macht den russischen Menschen so wenig berechenbar für unsereinen. Diese Mischung von Leidensfähigkeit und Grausamkeit ... Was bewirken da ein paar erschossene oder aufgehängte Brandstifter?
Er trat wieder ans Fenster und blickte in den roten Himmel. Moskau brannte, und Napoleon hatte das Gefühl, als sei es der Scheiterhaufen, auf dem all seine Hoffnungen zu Asche wurden.

Caroline und Charles erwachten, weil jemand an ihre Tür hämmerte. Es war Hermann, und er rief: »Monsieur le Vicomte, Madame Caroline! Die halbe Straße steht in Flammen! Sie haben die Stadt angezündet, und es wird nicht lange dauern, bis auch der Gouverneurspalast brennt! Wir müssen fort, auf der Stelle!«

Wenige Minuten später war ihnen klar, daß er sie keinen Augenblick zu früh geweckt hatte. Sie waren ins Freie gelaufen, und da sahen sie es. Eine Wand aus Flammen erhob sich links von ihnen. Der heftige Wind fegte die glühende Asche auf und trieb dichte, schwärzlich graue Rauchschwaden vor sich her. Die Luft war erfüllt von Geschrei, dem Prasseln des Feuers und dem dumpfen Getöse, wenn brennende Balken, Holzwände und Dachstühle in einem Funkenregen einstürzten.

Die Palasthöfe und der Platz davor wimmelten von Menschen. Sie schleppten Truhen und Kisten, andere trugen herausgerissene Türen, Zuber, vergoldete Waschbecken oder was immer sie hatten ergattern können, als Schutz vor dem Funkenregen über dem Kopf. Reiter sprengten die Straße entlang und brüllten Kommandos, die im Fauchen des Feuers und dem Jaulen des Windes untergingen.

»Unsere Pferde!« schrie Charles. »Hermann, wo sind die Pferde?« »Dort drüben. Leutnant Piedaut hat sie herausgebracht. Kommen Sie, Euer Gnaden, kommen Sie schnell!« Er zog Charles und Caroline mit sich durch die Menge. In einem Torbogen am Ende der Straße wartete der junge Gardeleutnant auf seinem unruhig tänzelnden Schimmel und hielt ihre Pferde beim Zügel. Charles und Caroline schwangen sich in die Sättel.

»Wohin?« fragte Charles, und Piedaut antwortete:

»Zum Kreml. Seine Majestät hat die Garden in den Kreml befohlen. Reiten Sie los, Capitaine, dort sind Sie vorläufig in Sicherheit.«

»Und du, Hermann?« Caroline riß ihr Pferd herum, das dem voranreitenden Piedaut folgen wollte. »Was willst du noch hier? Kommst du nicht mit?«

Der Bucklige schüttelte den Kopf. »Befehl von Leutnant

Lebrasse: Ich soll bei den Löscharbeiten helfen. Aber zuvor sehe ich, daß ich Euer Gepäck noch retten kann, Madame Caroline. Macht Euch keine Sorgen, ich folge Euch später!«

»Hermann, bleib!« rief sie angstvoll, aber er war schon davongerannt und im Strom der Menge verschwunden.

Moskau brannte tagelang. Zehntausende von Holzhäusern sanken in Schutt und Asche, und in all der Zeit fiel kein Tropfen Regen.

Der Kreml mit seinen zinnengekrönten Mauern und festen Wehrtürmen ragte wie eine steinerne Insel aus dem Inferno. Unzählige Male des Tages und in der Nacht war Napoleon zu den Wehrgängen hinaufgestiegen und hatte auf die brennende Stadt gestarrt. Man drängte ihn, Moskau zu verlassen, aber er hatte jedesmal stumm den Kopf geschüttelt.

Noch nicht, dachte er dumpf. Wenn ich Moskau aufgebe, ist der Krieg verloren. Und vielleicht geschieht ja noch das Wunder, und es beginnt zu regnen. Diese sintflutartigen Wolkenbrüche, die wir auf dem Vormarsch so verflucht haben, jetzt wären sie die Rettung ... Irgendwann verließ er den Kreml. Es war an einem Tage, an dem der Funkenflug bereits die Innenhöfe erreichte und von der Hitze die Scheiben barsten. Er wünsche keine Begleitung, sagte er den Offizieren der Reitenden Jäger, die wie immer in seiner Nähe waren. Mit gesenktem Kopf trat er auf den Roten Platz, verharrte eine kleine Weile und blickte in das Flammeninferno, das in den nahegelegenen Straßen wütete.

Endlich schlug er den Weg durch eine Gasse ein, die zu einem Großteil ein Raub des Feuers geworden war, in der man den Brand aber zu guter Letzt hatte löschen können. Rechts und links ragten die schwarzen Ruinen der abgebrannten Häuser auf.

Napoleon stieg über herabgestürzte Trümmer, sah die verkohlten Leichen, die man ins Freie getragen hatte, blieb vor einer ausgebrannten hölzernen Kirche stehen, deren halb geschmolzenes Kuppeldach wie eine überdimensionale weggeworfene Krone auf den Resten einer Mauer lag. Der Rauch trieb ihm Tränen in die Augen. In seiner Brust kratzte und stach es, daß er kaum Atem bekam, aber er schlug nur den Kragen seines grauen Uniformmantels hoch und ging weiter dem Feuer entgegen, das auf einem kleinen Platz am Ende der Gasse lichterloh brannte.

Niemand beachtete ihn, auch nicht die Soldaten, die mit Wassereimern lange Ketten bildeten und sich vergebens mühten, die Flammen einzudämmen. Der Kaiser umschritt einen brennenden Dachbalken, der kurz zuvor heruntergefallen war, und zuckte nicht einmal zusammen, als in einiger Entfernung krachend die Vorderwand eines Hauses barst und unter glühendem Funkenregen in sich zusammenfiel.

Den Kopf tief in den Kragen gesenkt, mit düsterem, in sich gekehrtem Blick wanderte er durch das brennende Moskau.

Narr, dachte er, du Narr! Und das Heulen von Wind und Feuer schien die Worte in einem höhnischen Echo zurückzuwerfen. Bezwingen wolltest du diese Stadt? Von hier aus plantest du, Rußland unter dein Gesetz zu beugen, wie du es überall in Europa getan hast. Aber dieses Land, dieses Volk beugt sich nicht. Lieber zerstört es sich selbst.

Irgendwann begegnete ihm ein Trupp Soldaten. Sie trugen einen Sessel, in dem der verwundete Marschall Davout saß. Er hatte den Kreml verlassen, um seinen Kaiser zu suchen. Voller Sorge hatte er sich durch die Stadt tragen lassen, und als er Napoleons ansichtig wurde, war er vor Erleichterung den Tränen nahe.

»Dem Himmel sei Dank, Sire«, stammelte er ein ums andere Mal. »Sie sind unversehrt. Kommen Sie zurück, ich bitte Sie. Und geben Sie endlich Befehl, diese verfluchte Stadt zu verlassen.«

Sie hatten ihn alle deswegen bedrängt: Berthier, Murat, Prinz Eugène, Ney, Oudinot, aber jetzt erst sah er ein, daß sie recht hatten. Moskau war zu zwei Dritteln oder mehr zerstört. Es gab hier nichts mehr zu retten für ihn.
Der Kaiser richtete sich auf. Sein Gesicht war schweißüberströmt, und die Uniform klebte ihm am Körper. Die Hitze, die er bislang nicht wahrgenommen hatte, war unmenschlich, schien ihm auf einmal, und die Luft zum Ersticken.
»Morgen, Marschall«, würgte er hervor und kämpfte vergeblich gegen einen Hustenkrampf. »Morgen in aller Frühe kehren wir Moskau den Rücken. Wir schlagen das Lager vor den Toren in Petrowskoj auf.«

Noch in der Nacht schrieb er an den Zaren Alexander und bot ihm den Frieden an. Danach begann das große Warten.
Die Grande Armée lagerte vor der Stadt. Man konnte die Kremltürme sehen. In Moskau legte sich allmählich das Feuer. Es gab keine neuen Brandherde mehr, seit die Franzosen abgezogen waren, aber noch tagelang hingen schwarze, träge Rauchwolken über der Stadt und verdunkelten zeitweise den Himmel.
Von Alexander kam kein Unterhändler, keine Nachricht. Der Zar hüllte sich in Schweigen.
Einige Male ritt Napoleon mit seinem Gefolge nach Moskau, um sich über das Maß der Zerstörung zu informieren. Charles, der seinen Dienst wieder aufgenommen hatte, war in seiner Begleitung.
Russen, zum Teil Überlebende der Brandkatastrophe, zum Teil zurückgekehrte Flüchtlinge oder Bauern aus den angrenzenden Dörfern, standen bis zum Bauch im Fluß auf der Suche nach fauligem, aufgequollenem Getreide, das aus den ehemals vollen Speichern der Stadt stammte. Fürst Rostoptschin, der Gouverneur von Moskau, hatte alles Korn, bevor er die Stadt räumte, in die

Moskwa werfen lassen, damit es nicht den Franzosen in die Hände fiele.
Zerlumpte Gestalten suchten gemeinsam mit Soldaten zwischen den Trümmern der niedergebrannten Häuser nach Eßbarem, nach Schnaps und Wein oder allem, was ihnen sonst noch wertvoll erschien. Die Lagerfeuer der Grande Armée wurden mit kunstvoll geschnitzten Möbeln, Edelholztüren und Intarsienfußböden aus den vom Feuer verschonten wenigen Steinhäusern am Brennen gehalten, und die plündernden Soldaten schleppten alles, was sie an Wertgegenständen erraffen konnten, ins Lager.
In fast allen aber stand die Angst. Noch ein paar Wochen, und es würde Winter sein. Was geschah dann? Was sollte man essen, wenn die Vorräte aufgebraucht waren? Wie sich wärmen, wenn keine Winterausrüstung in Petrowskoj eintraf? Es kamen auch keine Lebensmittel mehr, keine Waffen, keine Munition. Die Nachschubwege, so hieß es, seien inzwischen überall von den Russen kontrolliert, die weder Mann noch Maus lebend durchließen.
Und Alexander schwieg . . .
Anfang Oktober rief Napoleon den ehemaligen französischen Gesandten am Hof von Petersburg, Caulaincourt, zu sich, der ihn auf dem ganzen Feldzug begleitet hatte.
»Ich schicke Sie als Emissär zum Zaren. Knüpfen Sie Friedensverhandlungen an. Noch ist es Zeit, daß ich die Bedingungen diktieren kann. Tun Sie es in meinem Namen – aber zögern Sie nichts unnötig hinaus. Ich brauche Frieden, brauche ihn um jeden Preis – außer um den meiner Ehre.«
Caulaincourt schüttelte den grauen Kopf, seine klugen Augen waren skeptisch. »Ein solcher Schritt würde Ihre Position schwächen, Sire. Je dringender wir auf einen Friedensschluß hinarbeiten, um so deutlicher wird dem Zaren, daß Ihre Position keineswegs so gut ist, wie wir ihn glauben machen sollen.«

»Was heißt hier glauben machen!« brauste Napoleon auf. »Er wird Ihnen glauben, ganz sicher wird er das. Sie sind ein erfahrener Diplomat. Wer, wenn nicht Sie, sollte ihn überzeugen, daß für Rußland die Beendigung der Kampfhandlungen vorteilhafter ist als für uns.«

»Überschätzen Sie meinen Einfluß nicht, Majestät. Er ist längst geschwunden, schon zu der Zeit, als ich noch Gesandter am Zarenhof war.«

Napoleon blickte mit umwölkter Miene auf die riesige Rußlandkarte, die auf einem Tisch ausgebreitet war. Er winkte Berthier und Ney, die bei dieser Unterredung zugegen waren.

»Hier«, sagte er, »etwa hundert Meilen von uns entfernt, bei Tarutina, steht Kutusow mit seiner Armee. Vermutlich wartet er auf Verstärkung, bevor er einen neuen Angriff wagt. Sie müßte aus dem Süden kommen, die Truppen, die im Frühjahr noch in der Türkei gekämpft haben. Was halten Sie davon, Messieurs, wenn wir die Grande Armée umgruppieren und unsere Konzentration nach Norden verlegen, um St. Petersburg zu bedrohen. Das wäre ein dringendes Argument für den Zaren, auf meine Friedensbedingungen einzugehen.«

Berthier räusperte sich. »Vermutlich, Majestät. Aber ich halte diese Umgruppierung für unmöglich, es sei denn, wir gäben Moskau auf, das Kutusow dann ohne Zweifel sofort zurückerobern würde.«

»Sind Sie verrückt!« fuhr der Kaiser auf. »Der beste Trumpf, den ich in der Hand habe? Niemals!«

»Der Zar kann bis nach Asien vor uns zurückweichen«, sagte Marschall Ney vorsichtig. »Aber wir können nicht ganz Rußland bis über den Ural hinaus besetzt halten. Dazu fehlt es uns an Menschen und dem notwendigen Nachschub.«

Napoleon unterdrückte eine wütende Antwort. Er haßte es, wenn man ihm widersprach, aber er begriff, daß Ney recht hatte. Er hatte alle verfügbaren Streitkräfte nach Rußland

abgezogen. Noch mehr Truppen hierher zu verlegen, hieße, eine Rebellion in Europa zu riskieren. Dort wartete man ja nur darauf, daß Frankreich Schwäche zeigte.
Achtzigtausend Mann standen vor Moskau. Das war nicht viel angesichts dieses riesigen Landes. Es war sogar erbärmlich wenig, und der Zar ahnte das. Er ahnte, daß er, Napoleon, an den Grenzen seiner militärischen Möglichkeiten angelangt war.
Der Kaiser riß sich den Uniformkragen auf, weil ihm heiß war und das Atmen schwer fiel. Er starrte auf die Rußlandkarte, und das Empfinden, in einer Falle zu stecken, wuchs. Zum Teufel, er brauchte Frieden!
Er betrachtete Caulaincourt, der mit unbewegter Miene auf seine Schuhspitzen blickte. Vermutlich hatte er recht: Wenn man das Friedensangebot allzu dringlich machte, würde aus Alexanders Ahnung Gewißheit werden. Er würde triumphieren und seinerseits Bedingungen stellen. Unannehmbare Bedingungen natürlich!
Der Kaiser wandte sich an Berthier. »Da Sie offenbar sehr genau wissen, was wir nicht tun sollen, Fürst von Wagram, vermute ich, daß Sie andere Vorschläge zu machen haben. Und Sie auch, verehrter Fürst von der Moskwa.« Er lächelte spöttisch, als er Neys neuen kürzlich verliehenen Titel aussprach. »Nun, ich höre, Monseigneurs.«
Ney war der erste, der sprach. »Ich würde zunächst Unterhändler zu General Kutusow schicken. Er zögert, uns anzugreifen — vielleicht weil er in der Tat auf Verstärkung wartet, vielleicht aber auch, weil ihm ein Waffenstillstand willkommen wäre. Das muß man herausfinden. Wenn Kutusow ebenso Frieden will wie wir, wird er den Zaren dahingehend beeinflussen. Er könnte mehr erreichen als Graf Caulaincourt, und unsere Bemühungen wären nicht so durchsichtig.«
»Sind Sie derselben Ansicht, Fürst von Wagram?«
Berthier nickte bedächtig. »Ja, Sire. Es wäre eine Möglichkeit.«

»Gut.« Napoleon richtete sich auf. »Und wen sollen wir ins russische Hauptquartier entsenden?«
Ohne zu zögern nannte der Marschall den Namen des Nachfolgers von Caulaincourt als französischer Gesandter am Petersburger Hof. »Herrn von Lauriston, Sire.«
Der Kaiser warf ihm einen nachdenklichen Blick zu, nickte dann und ging rasch in den Vorsaal, wo Charles de la Moreau mit einigen Offizieren wartete.
»Schicken Sie nach Graf Lauriston. Aber er soll sich beeilen.«

Lauriston war zwei Tage später im russischen Heerlager. General Kutusow empfing ihn in der Nacht. Getreu seiner Weisung bat Lauriston um sicheres Geleit nach St. Petersburg, das ihm abgelehnt wurde. Auch von einem sofortigen Waffenstillstand wollte der Oberkommandierende der russischen Streitkräfte nichts wissen. Immerhin erklärte er sich bereit, den Prinzen Wolkonskij mit einer Abschrift des Briefes, den Napoleon an den Zaren geschrieben hatte, zu Alexander zu entsenden.
Als Lauriston nach seiner Rückkehr Napoleon Bericht erstattete, zeigte sich der Kaiser sehr zufrieden. »Sobald man in Petersburg meinen Brief erhalten hat, wird man dort Freudenfeuer anzünden«, erklärte er. Er hatte die Depression, die ihn seit dem Brand von Moskau verfolgt hatte, abgeschüttelt, und war sicher, daß der Zar den Frieden genauso wünschte wie er.
Aber der Zar empfing Wolkonskij sehr ungnädig. Wieso Kutusow überhaupt mit Lauriston verhandelt habe? Und was die beiden und den französischen Kaiser auf den Gedanken brächte, er wolle Frieden schließen? »Bis jetzt«, so sagte er, »haben wir ja noch gar nicht Krieg geführt. Mein Feldzug beginnt erst.«
Die Weisung, die er Wolkonskij für Kutusow mitgab, war klar und unmißverständlich. »Solange noch ein fremder Soldat auf russischem Boden steht, sind Friedensverhandlungen für mich unmöglich.«

Napoleons Brief blieb unbeantwortet.
Und dann, am 13. Oktober, fiel der erste Schnee. Gut zwei Wochen früher als üblich, und die russischen Bauern prophezeiten, daß es einen harten, eisigen Winter geben würde.
General Kutusow griff Marschall Murats Vorposten südwestlich von Moskau an, und auch wenn er keinen eindeutigen Sieg erfechten konnte, so erreichte er immerhin bei dem dauernden Hin und Her zwischen Russen und Franzosen, daß etliche Kosakenpatrouillen in die Straßen von Moskau eindrangen und die Soldaten der Grande Armée teilweise zurückschlugen.
Außerdem gelang es dem auf russischer Seite kämpfenden Fürsten Wittgenstein, bei Polozk die nördliche Flanke der napoleonischen Nachrichtenvermittlung anzugreifen und ihr schwere Verluste zuzufügen.
In St. Petersburg wurde der Beginn der Gegenoffensive mit einem feierlichen Tedeum begangen. In Petrowskoj aber ordnete Napoleon auf Drängen seiner Marschälle an, daß die Armee nach Smolensk zurückmarschiere. Dort, so hieß es in dem offiziellen Tagesbefehl werde man Winterquartier beziehen. Aber niemand möge glauben, daß dies ein militärischer Rückzug sei. Vielmehr gälte es, Kutusow zu einer neuen Entscheidungsschlacht zu zwingen, die Armee umzugruppieren, um im kommenden Frühjahr St. Petersburg anzugreifen — falls der Zar in der Zwischenzeit nicht einsichtig genug wäre, um Friedensverhandlungen anzuknüpfen.
Marschall Mortier blieb mit achttausend Mann zur Rükkendeckung der abziehenden Soldaten vor Moskau.
Caroline und Charles ritten mit den Garden, Hermann marschierte mit dem Troß.
Und so zogen sie dahin über die weiten Schneefelder, die Kalugaer Landstraße entlang, während der Nordostwind unablässig dichte weiße Flocken vor sich hertrieb und die verbrannte Erde zugedeckt wurde.

Hinter ihnen erschütterten gewaltige Detonationen die Luft. Das war Marschall Mortiers Abschiedsgruß, der in Moskau die halb zerstörten Ruinen von Kirchen und Palästen wegen der Einsturzgefahr sprengen ließ.

****

15

In der Vorstellung der Menschen des christlichen Abendlandes ist die Hölle heiß und voller Feuer. Für Caroline war sie seit jenem Rückzug aus Moskau weiß, eisig, voll unablässig herabfallenden Schnees. Eine Hölle, in der man mühsam gegen den Sturm ankämpfte, Schritt für Schritt, ohne viel mehr sehen zu können als wirbelnde Flocken, und nichts mehr zu spüren als Kälte, die bis ins Mark kroch.

Die Hölle, das waren Schneewehen, in denen Menschen und Pferde versanken und einfach liegenblieben vor Erschöpfung und starben. Es war Hunger, der die Eingeweide zusammenschnürte und Männer zu Tieren machte, die sich um ein Stückchen gefrorenen Pferdefleisches, eine Handvoll erfrorener Kartoffeln oder einen Platz am Feuer anfielen, Mordlust in den Augen, nichts anderes mehr im Kopf als den Gedanken: Ich muß essen! Ich brauche etwas zwischen die Zähne, und ich muß es warm haben. Ein paar Minuten nur, ein Viertelstündchen, bis die erstarrten Glieder wieder Leben haben ... Sie hatten die Taschen voller Geld, die Soldaten der Grande Armée, und schleppten Schmuck und kostbare Kleider, juwelenbesetzte Ikonen und goldene Meßgeräte mit sich. Aber sie wurden nicht satt davon. Die Rationen, die ausgegeben wurden, wurden immer kärglicher, und es war kein Nachschub zu erwarten.

Die Männer rissen die Bauernkaten am Weg ein, um Feuer zu machen, und hüllten sich gegen die grimmige Kälte in die gestohlenen Kleider. Es waren Meßgewänder darunter, Frauenröcke, Ballroben. Egal, wenn man nur genug hatte, um mehrere Kleidungsstücke übereinander zu ziehen, und ein schmutziger, zerrissener Schafspelz war ein Vermögen wert.

Man zog sie den Verwundeten aus, den Sterbenden, den Toten. Man trank das Blut der zusammengebrochenen Pferde, weil es warm war und Wärme Leben bedeutete. Und um in der Nacht ein Dach über dem Kopf zu ergattern, einen Stall, in den man sich verkriechen konnte, eine schmutzige Hütte, eine Kirche, hätte mancher seine Seele dem Teufel verschrieben.

Freilich, den Leuten in der Umgebung des Kaisers ging es besser als den anderen. Für sie gab es immer ein Nachtquartier, ein wärmendes Feuer, zu essen und zu trinken. Auch herrschte noch immer Disziplin unter den Garden, es kam zu keinen Ausschreitungen, und wenn der Kaiser sich zeigte, präsentierten die Männer mit den Bärenfellmützen das Gewehr und riefen »*Vive l'empereur!*« wie vor den Tuilerien.

Aber Caroline sah das Elend um sich herum, sah den Verfall, die nackte Verzweiflung, das Sterben.

Dann ergriff sie Panik.

In der Nacht drängte sie sich an Charles, spürte die tröstliche Wärme, die von ihm ausging, und fragte sich, ob sie jemals wieder aus dieser Hölle herauskämen. Er wußte, daß sie sich fürchtete, wie er immer gewußt hatte, was in ihr vorging, und zog ihren Kopf an seine Brust. »Wir werden es schaffen. Wir müssen es schaffen. Eines Tages haben wir dies alles hinter uns und werden uns nur noch daran erinnern wie an einen bösen Traum.«

»Meinst du?« fragte sie ihn dann wohl, und sie dachte: Ich werde es nie vergessen. Ich werde nie mehr derselbe Mensch sein, der ich vordem war. Niemand kann das, der hier gewesen ist.

Sie rief sich die heitere Verspieltheit von Malmaison ins

Gedächtnis, in der selbst Kummer und Tränen eine melancholische Anmut besaßen, und es kam ihr vor, als hätte sie in einem Spiegelkabinett gesessen, dessen Wände immer nur das abgeschlossene Dasein innerhalb der Spiegel zurückwarfen. Man konnte sich einbilden, dies sei das Leben, aber es war nicht so. Sie war jetzt auf der anderen Seite der Spiegel, und das hatte sie verändert. Nie mehr, so meinte sie, würde sie ihre Tage mit fröhlichen Tändeleien verbringen können, wie sie in der Gesellschaft, zu der sie gehörte, üblich waren.

Bei einem festlichen Diner würde ihr einfallen, wie die Soldaten der Grande Armée aus Hunger Ratten erschlagen und am Feuer gebraten hatten. Wenn sie junge Offiziere in ihren schneidigen Galauniformen sah, würden sich die Bilder der zerlumpten, schrecklichen, halb erfrorenen Elendsgestalten aufdrängen, wie sie durch den Schnee gewankt waren. Bei einer fröhlichen Schlittenpartie würde sie daran denken, wie sich die Pferde in Rußland durch die endlose Eiswüste vorwärtsgekämpft hatten, wie sie stürzten und liegenblieben und krepierten. Solange sie lebte, würde sie sich an all dies erinnern, an die Gesichter der Sterbenden, an ihr Stöhnen, ihr Beten oder Fluchen.

»Du wirst es vergessen«, wiederholte Charles. »Der Mensch ist nicht dazu geschaffen, ständig die Bilder einer grausamen Vergangenheit mit sich herumzuschleppen. Sie verblassen, und eines Tages denkt man nur noch so daran, als hätte man es nicht selbst, sondern irgendein anderer erlebt und davon erzählt. Das ist einerseits gut, andererseits macht es den Menschen auch so schrecklich unbelehrbar. Er lernt nichts aus dem, was einmal war.«

Inzwischen kam es immer wieder zu harten Kämpfen mit den Russen. Diesmal wichen sie nicht zurück, sondern verfolgten die Reste der Grande Armée wie Wölfe ihre Beute. Unablässig fast griffen die gut ausgerüsteten Russen die Flanken der Franzosen an. Die wehrten sich mit dem Mut der Verzweiflung, da und dort gelang es ihnen sogar, die Russen zurückzuschlagen, aber diese kleinen Triumphe waren nie von Dauer.

Selbst der größte Optimist hatte indessen begriffen, daß man in Smolensk kein Winterquartier mehr aufschlagen konnte. Rückzug hieß die Parole. Fort aus diesem Land, dieser Schnee- und Eiswüste, dieser barbarischen Kälte.

Denn das Netz zog sich immer enger zu. Im Norden hatte Wittgenstein Witebsk eingenommen, von Südwesten rückte Tschitschagow mit der ehemaligen Moldauarmee heran, und Kutusow drängte von hinten nach, mit drei russischen Armeen, um die Franzosen irgendwann am Dnjepr oder der Beresina in die Zange zu nehmen und zu vernichten.

Marschall Ney, der den Auftrag hatte, die Rückzugsstraße bis Smolensk mit zweitausend Soldaten zu decken, verschenkte seinen Schlitten. Zu Fuß marschierte er mit den Seinen, kämpfte wie einer der Ihren mitten im wildesten Getümmel und erreichte, daß der Hauptteil der Grande Armée in der Tat acht Stunden Vorsprung bekam. Hin und her wogte der Kampf, aber am Ende schien sich das Kriegsglück den Russen zuzuneigen. Sie schafften es, Ney mit den Seinen zu umzingeln und ihnen den Weitermarsch abzuschneiden. Die Franzosen wehrten sich mit wahrem Löwenmut. Der Kampf währte die ganze Nacht, während ein Schneesturm niederging und Tote und Verwundete unter sich begrub.

Endlich, gegen drei Uhr morgens, gelang den Soldaten Neys das schier Unmögliche: Sie entkamen der tödlichen Umklammerung, erreichten den Dnjepr und begannen den Übergang über den zugefrorenen Fluß. Zwei Nächte später traf Ney mit den Resten seines Korps in der Stadt Orscha ein, in der der Kaiser auf ihn wartete.

Caroline erwachte vom Heulen des Sturms. Er rüttelte an

den Zeltplanen und jaulte um die Geschütz- und Troßwagen, die man jeweils im Geviert zusammengestellt hatte, um ein wenig Schutz vor Schnee und Wind zu haben.
Und da war noch ein anderes Geräusch, kein Donnern wie von einer Kanonade, kein Marschtritt herannahender Regimenter, kein Pferdegetrappel, bei dem die Erde zu beben schien, kein Trommelschlag. Es war ein dumpfes Bersten und Krachen, das sich, leiser werdend, fortsetzte, um dann von neuem zu beginnen.
Caroline lauschte ein paar Minuten in die Dunkelheit. Dann richtete sie sich auf, kroch aus den Decken, die Charles vor dem Einschlafen dicht um sie gestopft hatte, warf sich den langen Offiziersmantel über, den sie seit dem Wintereinbruch trug, und verließ das Zelt.
Charles erwachte nicht. Er lag, wie in allen Nächten dieses Rückzugs, in tiefem Erschöpfungsschlaf, aus dem er des Morgens nur wach zu bekommen war, wenn man ihn mit aller Kraft rüttelte. Caroline ließ ihn schlafen. Sie wußte, es war die einzige Möglichkeit, wieder ein wenig Kräfte zu sammeln, die man fürs Überleben brauchte. Schlafen bedeutete, daß man den Hunger nicht spürte und nicht die Kälte und wenigstens für eine kleine Weile das Elend um sich herum vergaß.
Der Himmel war dunkel, von jagenden Wolken bedeckt. Kein Stern blitzte daran, aber der Sturm war nicht so eisig wie sonst, und er brachte auch keinen Schnee mit sich.
Als Caroline ins Freie trat, rappelte sich eine Gestalt aus dem Schutz einer Lafette. »Madame Caroline, was ist los?«
Es war Hermann. Seit sein Regiment bei Wjasma fast vollständig aufgerieben worden war, war er bei Charles und Caroline. Ihre Pferde waren längst vor Entkräftung zusammengebrochen und verendet. Da hatte er einen Schlitten organisiert, den Caroline aber bald einigen Verwundeten überlassen hatte. Sie hatte zu Fuß weiter gewollt, wie es indessen auch der Kaiser auf großen Wegstrecken tat. Auf

einen Stock gestützt, marschierte er inmitten seiner Garden durch den Schnee. Aber Hermann, der Treue, Findige, trieb immer wieder ein Gefährt auf, das Caroline und Charles ein Stück Weges mitnahm. Des Abends schleppte er Brennholz heran, schaffte es bei dem ärgsten Wind und Schneetreiben, ein Feuer zu entzünden, brachte es auch jedesmal fertig, zu den armseligen Rationen, die für die Garden ausgegeben wurden, noch irgend etwas anderes zu ergattern, eine halb erfrorene Rübe, ein Stück Dörrfisch, ein bißchen gefrorenes Pferdefleisch, das man auftauen und am Feuer braten konnte.

Hermann stapfte durch den Schnee auf Caroline zu. »Könnt Ihr nicht schlafen? Geht es Euch nicht wohl?«

»Doch, doch, aber hör nur – dieses Donnern und Krachen. Was ist das?«

»Es kommt vom Fluß«, sagte er, schlug die Arme um sich und trat stampfend von einem Bein auf das andere. »Soll ich nachsehen?«

»Ich komme mit«, erklärte sie und schlug die Richtung zum Ufer der Beresina ein. Außerhalb des schützenden Verhaus von Wagen und Zelten erfaßte sie der Sturmwind mit voller Kraft, und sie kamen nur geduckt und schwankend vorwärts. Der Schnee war naß und schwer geworden, mit einer dünnen Eisschicht, in der ihre Beine krachend einsanken.

Ringsum verstreut brannten die Biwakfeuer der Grande Armée. Die Soldaten schliefen, dicht an ihre Pferde gedrängt, auf dem Boden, halb vom Schnee verweht. Morgens war es allemal das gleiche Bild. Die Männer schälten sich aus Stroh und Decken, schnatternd vor Kälte, hohläugig, von Dysenterie geplagt, viele mit erfrorenen Gliedmaßen, andere fiebrig und durch den Schlaf kaum erholt. Wieder andere blieben liegen und rührten sich nicht mehr. Das waren die, die in der Nacht erfroren oder an Entkräftung gestorben waren. Man zog ihnen die zerlumpten Kleidungsstücke aus, nahm ihnen die Waffen, weil man sie

selbst brauchte und weil alles, was man hatte, um sich zu wärmen oder um zu kämpfen, ein Stückchen Überleben bedeutete. Dann ließ man sie liegen, die Toten. Man hatte weder Kraft noch Zeit, sie zu begraben, und die im Frost erstarrte Erde wäre ohnehin nur durch Pulver aufzusprengen gewesen, Pulver, das man für den Krieg benötigte.
»Es ist wärmer geworden«, schrie Hermann gegen das Pfeifen des Windes an. »Viel wärmer! Merkt Ihr es auch, Madame Caroline?«
»Ja«, schrie sie zurück und rutschte mehr, als daß sie ging, das vereiste Steilufer hinunter. Und da sah sie es: Die Beresina, gestern noch mit einer dicken Eisschicht zugefroren, war teilweise aufgetaut. Krachend barst das Eis in breiten Bahnen, die Schollen lösten sich, trieben in der Strömung mit dumpfem Knirschen und Donnern aufeinander zu, türmten sich und rissen, stromabwärts getrieben, weitere Schollen mit sich.
Und heute in den frühen Morgenstunden sollte der Übergang über den Fluß erfolgen. Hinter der Beresina lag Wilna, und von da aus war der Weg noch offen nach Polen, in die Sicherheit.
Caroline schrie auf und umklammerte Hermanns Arm. »Sieh dir das an! Das Eis ist gebrochen. Wir können nicht hinüber! O Gott, Hermann, was wird nun aus uns?«
Gestern noch hatte Charles zu ihr gesagt: »Bald sind wir in Polen. Dann kann uns nichts mehr geschehen.« Und sie hatte über den Fluß geblickt und gedacht: Gott, ich danke dir. Noch eine Nacht und einen Tag ...
Alle, alle hatten sie es gestern gedacht, und zum ersten Mal seit dem langen Marsch von Moskau hierher war unter den zu Tode erschöpften, demoralisierten Männern ein wenig Freude aufgekommen, ein wenig Zuversicht.
Sie waren der Hölle entgangen. Es gab wieder eine Zukunft. Dort drüben am anderen Ufer des zugefrorenen Stromes begann sie. Man brauchte nur hinüber über das Eis.

»Vielleicht kann man mit Booten ...« Hermanns Stimme erstarb. Es war Unsinn, was er sagte. Mitten im treibenden Eis, auf dem aufgewühlten, hochgehenden Fluß, der die Uferauen überflutete, konnte sich kein Boot halten. Und jeder Versuch, hier Brücken zu bauen, war von vornherein zum Scheitern verurteilt

Hermann senkte den Kopf. Er wußte nichts Tröstendes zu sagen.

Was denn auch?

O Herr, dachte Hermann, was machst du es uns doch so schwer, an deine Güte zu glauben. Kein Haar soll von unserem Haupte fallen, ohne daß du es siehst? Wer kann das für möglich halten nach dem, was hier und andernorts geschieht. So viel Qual, so viel Unglück, so viel Tod. Und du läßt es zu.

Aber dann dachte er im nächsten Augenblick: Verzeih, Herr. Was hast du mit den Machenschaften der Menschen zu tun! Hast du diesen Krieg angezettelt? Und all die anderen Kriege vordem? Du sollst nicht töten, hast du uns sagen lassen, und es ist nicht deine Schuld, wenn niemand darauf hört.

Neben sich hörte er Caroline weinen. Der Wind, dieser verfluchte Tauwind, zerrte an ihren Haaren und dem Mantel. Und sie stand da und weinte wie ein Kind mit offenem Mund, und Hermann wußte, daß er ihr tränenüberströmtes Gesicht und ihre schluchzenden Schreie nie im Leben vergessen würde.

»Madame Caroline ... Carolinchen«, stammelte er hilflos und wußte in seiner Not nichts anderes, um sie zu trösten, als sie in die Arme zu nehmen und ihren Kopf an seine Brust zu ziehen. Auch ihm liefen Tränen über das Gesicht, und während er weinte, dachte er nur immer: Siehst du es, Herr? Und kannst du davon ungerührt bleiben? So hilf doch wenigstens ihr. Was hat sie denn getan, daß du sie so im Elend läßt?

Als sie sich ein wenig beruhigt hatte, führte er sie zum Zelt zurück. Indessen ging es auf den Morgen zu, und das Feldlager erwachte allmählich zum Leben.

Die Biwakfeuer wurden neu angefacht, um den Schnee in großen Kesseln zu schmelzen, damit man wenigstens einen Schluck heißes Wasser in den Magen bekam, dazu ein wenig Brot, und da und dort liefen die Männer zum Fluß, weil einer es dem anderen sagte: »Das Eis ist gebrochen! Auf der Beresina hat der Eisgang eingesetzt. Gott im Himmel, wie sollen wir jetzt noch ans andere Ufer kommen?« »Unsere Lage ist hoffnungslos«, sagte Marschall Ney im Zelt des Kaisers. Murat lief wie ein gefangener Tiger auf und ab.

»Geben Sie das Heer auf, Sire, retten Sie sich selbst. In irgendeiner Verkleidung kann es Ihnen gelingen, nach Frankreich zu entkommen.« Dabei hegte Murat freilich den Hintergedanken, daß Napoleon sich kaum allein durchschlagen, sondern die wichtigsten Männer seines Stabes mitnehmen werde. Ihn, zum Beispiel . . .

Berthier saß auf einem Feldstuhl, in dumpfes Brüten versunken. Er dachte: Wenn es dem Kaiser gelingt, hier noch zu entkommen, muß ihm der Teufel selbst beistehen.

Er brauchte nicht auf die Landkarte zu sehen, um zu wissen, wo die russischen Armeen standen. Tschitschagow ganz in der Nähe, wo er die einzig brauchbare Furt an der Beresina blockierte, durch die man vielleicht noch entrinnen könnte. Kutusow in ihrem Rücken, Wittgenstein in bedenklicher Nähe. Es war nur noch die Frage von ein oder zwei Tagen, bis er sich mit Kutusows Hauptarmee vereinigt hatte. Und dann würde man sie jagen wie die Hasen.

Charles stand hinter dem Stuhl des Kaisers. Auch er dachte: Es ist aus. Wir sitzen in der Falle. Wenn überhaupt, kann nur noch die bedingungslose Kapitulation uns retten. Er blickte auf Napoleons gesenkten Kopf. Was ging in ihm vor? Begriff er endlich, daß er verloren hatte? Würde er sich selbst in die Hände Kutusows geben, um wenigstens

die sechsunddreißigtausend Männer zu retten, die bis zur Stunde den Rückzug überlebt hatten?
Napoleon sagte: »Ich gebe nicht auf. Und ich laufe auch nicht davon. Ich bleibe bei der Armee. Wir haben Übermenschliches geleistet. Wir werden auch diesmal kämpfend siegen – oder miteinander untergehen.«
Er winkte Oudinot. »Hier, Marschall, bei der Furt von Studenka, steht Tschitschagow. Sie müssen einen Scheinangriff führen, damit er glaubt, wir versuchten, über die Furt von Ukuloda zu entkommen. Sehen Sie, hier...« Er deutete auf die Karte auf dem Tisch. »Ich habe es mir genau überlegt. Wenn es Ihnen durch eine Finte gelingt, daß Tschitschagow seine Truppen nach Ukuloda abzieht, ist Studenka frei. Wir haben ein paar Stunden Zeit gewonnen. Sie müssen genügen, um Brücken zu bauen.«
»Sire, das ist unmöglich!« fuhr Ney auf. »Sehen Sie es doch ein! Wir opfern nur unnötig Soldaten, wenn Tschitschagow das Ablenkungsmanöver durchschaut. Und selbst wenn es gelingen sollte – niemand kann im Treibeis bei dieser heftigen Strömung Brücken schlagen.« »Die Soldaten der Grande Armée können es!« Die Stimme des Kaisers klirrte. »Sie haben auf den Feldzug schon Größeres vollbracht. Marschall Oudinot, Sie brechen in zwei Stunden mit Ihren Schweizer Regimentern nach Ukuloda auf. Wir anderen, meine Herren, setzen uns in Marsch, sobald Tschitschagows Truppen die Furt von Studenka verlassen haben.«
Stumm, ohne ein weiteres Wort, verließen die Marschälle das Zelt. Auch Charles wollte sich zurückziehen, doch Napoleon hielt ihn auf. »Capitaine de la Moreau, wie geht es Ihrer Frau?«
»Sie ist gesund, Sire«, erwiderte Charles, erstaunt darüber, daß der Kaiser sich ausgerechnet in diesem Augenblick an Caroline erinnerte. Während des ganzen Rückzuges hatte er nie nach ihr gefragt und auch nie zu erkennen gegeben,

daß es ihm überhaupt noch bewußt war, daß eine Frau mit seinen Garden ritt.
»Gesund? So? Das ist schön«, sagte der Kaiser. Und plötzlich lächelte er. »Frauen ... Ich habe nie sehr viel von ihnen gehalten. Für mich waren die meisten eine Art törichter, hübsch anzusehender Hühner, hierhin und dorthin rennend, Unwichtiges wichtig nehmend, den Kopf voller Flausen. Ich habe Frauen in der Regel keine Festigkeit zugetraut, keine Loyalität, keinen wahrhaften Mut. Offenbar habe ich mich geirrt. Oder ich habe immer nur die falschen Frauen gekannt. Was denken Sie, Moreau, werden wir diesem Desaster hier entkommen?«
»Ich hoffe es, Majestät, hoffe es aus tiefster Seele.«
»Wir müssen es schaffen. *Ich* muß es schaffen. Sehen Sie, Moreau, der Zar von Rußland, der Kaiser von Österreich, die Könige von Preußen oder Spanien – nehmen Sie alle gekrönten Häupter der Welt. Die können Kriege verlieren und bleiben dennoch, was sie sind: Kaiser oder Könige, jeder der Sproß eines alten erlauchten Geschlechts. Das ererbte Gottesgnadentum haftet ihnen an. Ich dagegen, ich bin ein Kaiser von eigenen Gnaden. Wenn ich versage, wenn mich ein verlorener Krieg vom Thron fegt, bleibt mir nichts mehr. Der Sohn eines korsischen Advokaten hat keine Pfründe, auf die er sich zurückziehen kann. Ihm bleibt nur Sieg oder Untergang. Und deshalb, Moreau, werde ich weiterkämpfen, solange ich noch Atem habe.«
»Aber das hieße, wieder und wieder Söhne Frankreichs zu opfern. Macht diese Vorstellung Sie nicht schaudern, Sire?«
»Doch«, sagte Napoleon düster. »Sie tut es seit langem. Aber habe ich eine Wahl? Ich bin zu hoch gestiegen, Moreau – und Frankreich mit mir – als daß ich jemals wieder ins Dunkel der Bedeutungslosigkeit absinken könnte. Man kann Geschichte nicht ohne Blut schreiben. Oder wissen Sie mir einen großen Herrscher, der das gekonnt hätte?

Nur die Schwachen, Mittelmäßigen haben derlei zuwege gebracht, und sie haben nichts anderes erreicht, als daß ihre Völker unter das Joch derer kamen, die sich nicht scheuten, Kriege heraufzubeschwören.«
Charles schwieg. Die Geschichte gab dem Kaiser recht. Und dennoch ... Die Parolen der Revolution, die Verkündigung der Menschenrechte, die Idee der Freiheit, Gleichheit, Brüderlichkeit hatten ein neues Zeitalter eingeläutet. Eines, in dem der Bruder Mensch neben dem Bruder Mensch in Frieden leben können müßte. War dies nur eine Utopie, die in den zerstörerischen Händen der Mächtigen, gleichviel, ob sie eine Krone oder die Revolutionskokarde trugen, keinen Bestand hatte?
Einst hatte Charles geglaubt, dieser Mann hier in der abgetragenen Jägeruniform sei der Rechte, um die Welt zu verändern. Da war so viel Hoffnung gewesen, so viel begeisterter Wille, an seiner Seite dazu beizutragen. Und selbst die Toten, die am Wege blieben, hatten diese Hoffnung nicht geschmälert. Das, so hatte Charles gemeint, sei nur der Übergang. Bis er sich eines Tages gefragt hatte, wie viele Menschen man denn töten dürfe um einer guten Sache willen. Hundert? Tausend? Oder eine Million? Wann wurde Mord daraus? Die Geschichte mit Blut schreiben? Wahrlich, Sire, das haben Sie getan, dachte Charles, aber er sprach es nicht aus. Es war nicht Feigheit, die ihn zurückhielt, sondern die Erkenntnis, daß Napoleon ihn nicht einmal verstehen würde. Sie redeten von zwei verschiedenen Positionen aus, und ihm, Charles, würde es nicht gelingen, den Kaiser zu der seinigen zu bekehren.
»Warum widersprechen Sie mir nicht, Moreau?« sagte Napoleon in diesem Augenblick. »Ich sehe Ihnen doch an, daß Sie es möchten.«
Charles holte tief Atem. »Ja, Sire. Aber nicht jetzt und nicht hier. Später einmal, wenn ... dies alles hinter uns liegt. Dann wird es wohl nötig sein, daß ich Ihnen meinen Standpunkt darlege.«

Napoleon musterte ihn lange aus brennenden Augen. Dann sagte er leise: »Es ist etwas Merkwürdiges um einen Aufstieg wie meinen. Zuerst hat man Freunde, Kampfgefährten ... Dann kommen die Geier, die sich einen Vorteil versprechen, und die Freunde bleiben zurück. Manchmal, weil sie nicht Schritt halten können, manchmal, weil sie meinen, man habe sich zu weit von dem entfernt, was der Ursprung dieser Freundschaft war. Nur die Geier bleiben. Dann ist man allein, Moreau, weil man genau weiß, die Geier sind nur da, solange man oben ist. Danach verschwinden sie. Von Ihnen, Moreau, kann ich nicht glauben, daß Sie ein Geier sind.«

»Nein, Sire. Ich habe Sie geliebt und bewundert ...«

Der Kaiser nickte ein paarmal. »Habe ...« wiederholte er. »Und jetzt?«

Charles straffte sich. »Sie sind mein Kaiser, Sire. Ich habe Ihnen einen Eid geschworen, und den werde ich halten, bis Sie mich davon entbinden.«

Im Feldlager wurde es laut. Oudinot rüstete sich mit seinen Truppen zum Marsch nach Ukuloda. Der Kaiser trat vor das Zelt. Er winkte Charles neben sich, während die Soldaten wie immer, wenn Napoleon sich zeigte »*Vive l'empereur*« riefen.

»Sie lieben mich noch«, sagte der Kaiser, während er grüßend die Hand hob.

Charles schluckte. »Ja, Sire. Sie haben nicht vergessen, wie Sie in den letzten Wochen so viele Meilen Seite an Seite mit ihnen marschiert sind. Ich habe das auch nicht vergessen.«

Wieder nickte der Kaiser. »Sie sind treu, Moreau, ich weiß das zu schätzen. Bleiben Sie es ... Ich habe nicht mehr viele, die treu sind. Die Geier kommen erst wieder, wenn ich gesiegt habe.« Dann fügte er fast unhörbar hinzu: »Falls ich siegen sollte ...«

Am späten Nachmittag – es dunkelte schon, und der Tauwind heulte noch immer um das Biwak – befahl er, vor

seinem Zelt einen riesigen Holzstoß zu errichten. Dann ließ er die Garden mit den Fahnen und Feldzeichen der Grande Armée antreten.
Da standen sie in ihren zerfetzten Uniformen, mit lappenumwickelten Stiefeln, in Mäntel und Decken gehüllt, unförmig ausgestopft von den Jacken, Röcken und Lumpen, die sie darunter angezogen hatten. Es waren auch Verwundete dabei, auf Stöcke gestützt, mit verbundenen Köpfen und Gliedmaßen. Der Holzstoß war entzündet worden, und im Flammenschein glänzten die goldenen Inschriften der Fahnen.
Es waren Hunderte, ein Wall von Samt und Seide in Weiß und Blau und Rot, mit dem Kaiseradler und den napoleonischen Bienen bestickt, und auf allen prangte, von einem Lorbeerkranz umgeben, ein großes ›N‹ für Napoleon.
Es waren die Fahnen, die seine Soldaten quer durch Europa getragen hatten, von West nach Nord, von Süd nach Ost – bis hierher an die Beresina.
Caroline stand neben Hermann in der Nähe des kaiserlichen Zeltes. Sie blickte zu den Fahnen hoch und dachte an die unzähligen Toten, die einst unter ihrem Wehen in die Schlacht marschiert sein mochten. Die Fahnen hatten sie überdauert, stumme Zeugen ihres Sterbens. Caroline las die Schlachtenorte, die darauf eingestickt waren: Toulon, Lodi, Arcole, Rivoli, Kairo, Akkon ... Ach, es waren so viele, und wieviel an Mut und Tod, an Elend und Siegesjubel verbarg sich hinter diesen Namen. Der Jubel war verrauscht, und nur die Erinnerung an das große Sterben, so dünkte es Caroline, war geblieben.
Es war still auf dem weiten Platz vor dem kaiserlichen Zelt, nur das Heulen des Sturmes und das Prasseln der Flammen waren zu hören. Die Männer standen wie aus Erz gegossen, und der Blick des Kaisers glitt über sie hin, hinauf zu den Symbolen seiner Siege und seiner Glorie.
Was dachte er in diesen Minuten? Caroline sah, wie er sich

zu Charles umwandte, der hinter ihm stand, ein paar Worte zu ihm sagte.
Und dann ging es wie ein Aufstöhnen durch die Männer, als Charles den kaiserlichen Befehl weitergab. »Verbrennt die Fahnen. Sie sollen ein Raub des Feuers werden, aber nicht dem Feind in die Hände fallen.«
Der Wall aus Samt und Seide mit den goldenen Inschriften rauschte hernieder. Es gab einzelne, die, bevor sie ihre Fahne den Flammen übergaben, die Lippen darauf drückten. Andere weinten, wieder andere standen starr und fassungslos.
Was hieß das — die Fahnen verbrennen? Gab der Kaiser sich und sie alle verloren? War dies das Eingeständnis, daß er keine Hoffnung mehr hatte?
Die Flammen loderten hoch auf. Die Fahnentücher schienen darin zu tanzen, sich aufzubäumen, glühten und leuchteten noch einmal in voller Schönheit, bevor sie zusammenfielen und verbrannten.
Caroline hatte die Faust vor den Mund gepreßt und biß sich auf die Knöchel. Irgendwann trat Charles zu ihr und zog sie an sich. »Komm, mein Herz, geh schlafen. Morgen oder übermorgen brechen wir auf, wenn Oudinots Ablenkungsmanöver Erfolg gehabt hat. Dafür brauchst du alle deine Kräfte.«
Seine Augen waren dunkel vor Kummer, und sie legte ihren Kopf an seine Brust und ließ sich fortführen.

Sie hatten gemeint, die Hölle fast schon hinter sich gelassen zu haben. Aber was nun geschah, in diesen Tagen zwischen dem 25. und 29. November des Jahres 1812, überbot alles vorangegangene Grauen.
Sie erreichten die Furt von Studenka, denn Marschall Oudinot war es in der Tat gelungen, die Armee von General Tschitschagow nach Ukuloda zu locken. Sie fanden Studenka leer, ohne feindliche Bedeckung.
In rasender Eile begann man Brücken zu bauen.

Zwei sollten es sein, und als Material verwandte man das Holz abgerissener Bauernhäuser am Weg, zu Klammern gebogene Bajonette und die Eisenbeschläge der Kanonen, die ihnen noch geblieben waren.
Die Beresina ging hoch und führte noch immer Unmengen von Treibeis mit sich. Die Pioniere, die an den Brücken arbeiteten, standen bis zum Bauch im Eiswasser oder im tiefen Schlamm des Ufers, um die Pfähle einzurammen, die die schwankenden Konstruktionen tragen sollten. Etliche wurden von der Strömung oder den riesigen Eisschollen mitgerissen, die sie mit bloßen Händen wegzudrücken versuchten. Andere starben an Unterkühlung. Sie fielen einfach um und trieben mit den Fluten davon.
Stundenlang schleppte Caroline mit den Soldaten und den wenigen Frauen vom Troß, die den Rückzug überlebt hatten, Eimer mit heißem Wasser ans Ufer, damit die Männer im Strom wenigstens etwas Warmes in den Magen bekamen, da es schon lange keinen Branntwein mehr gab. Sie hatten Ketten gebildet und reichten die Eimer weiter, aber die Männer waren oftmals nicht mehr in der Lage, sie mit ihren steifgefrorenen Händen zu halten und das heiße Wasser herauszuschöpfen.
Aber sie schafften es. Am 27. November, als Marschall Oudinot mit seinen Schweizer Regimentern zur Armee zurückkehrte, erhoben sich zwei schwankende Brücken über den Fluß, und der Kaiser gab den Befehl zur Überquerung.
Er selbst ritt mit der Kaisergarde und dem Neyschen Korps hinüber, gefolgt von einem Schweizer Regiment. Schreiend vor Erleichterung drängten die Soldaten der Grande Armée nach.
Eine der Brücken war für die Infanterie und die Kavallerie bestimmt, auf der anderen sollten die Fuhrwerke mit den Artilleriegeschützen, die Wagen mit den Verwundeten und der Troß über den Fluß gebracht werden. Dabei waren Caroline und Hermann.

Sie saßen auf einem Wagen mit Verwundeten, und er war einer der ersten, die langsam über die Brücke rollten. Caroline hatte sich aufgerichtet und blickte zum anderen Ufer. Sie sah, daß die Garden drüben angekommen waren, und fühlte Erleichterung. Charles war in Sicherheit. Er hatte es geschafft!

Jetzt trabten die ersten Kavallerieregimenter über die benachbarte Brücke, gefolgt von der Infanterie.

In diesem Augenblick gellte ein Entsetzensschrei aus Hunderten von Kehlen. Die Brücke, über die die Kavalleristen ritten, brach auseinander. Reiter, Pferde und die nachdrängenden Fußsoldaten versanken im eisigen Wasser, wurden von der Strömung weggerissen, unter Eisschollen begraben.

Einige wenige erreichten schwimmend das andere Ufer.

Voller Panik wandten sich die, die noch keinen Fuß auf die Brücke gesetzt hatten der anderen zu, drängten, stießen und schoben. Und plötzlich ertönten neue Schreie, pflanzten sich fort:

»Da – die Russen! Die Russen sind da! Rette sich, wer kann!«

Auf den Hügelkämmen im Osten tauchte die Kutusowsche Kavallerie auf. Drohend richteten sich die Kanonenrohre auf die flüchtenden Franzosen. Gleich darauf krachten die ersten Einschläge, übertönten die Stimmen der französischen Offiziere, die vergebens Kommandos brüllten, um die regellose Flucht aufzuhalten.

Die Wagen auf den Brücken schwankten bedrohlich, wurden weitergeschoben, brachen aus. Lediglich die vier Schweizer Regimenter, die den Übergang decken sollten, warfen sich der nun über die Hügel zur Attacke anreitenden russischen Kavallerie entgegen. Der Rest der Grande Armée kämpfte mit Säbeln, Bajonetten und Fäusten um einen Platz auf der Brücke.

Der Wagen, auf dem Caroline und Hermann saßen, wurde von der nachdrängenden Menge buchstäblich zermalmt.

Krachend barst das Holz, und wer nicht rechtzeitig auf den Füßen war, stürzte ins Wasser oder wurde niedergetrampelt.
Caroline stieß einen durchdringenden Schrei aus, als ein vierschrötiger Grenadier, Todesangst in den Augen, sie zur Seite drängte. Unter ihr gurgelte das Wasser. Sie sah Tote mit der Strömung treiben, andere, die verzweifelt darum kämpften, schwimmend ans andere Ufer zu gelangen, und fortgerissen wurden. Sie sah, wie ein junger Soldat mit weit aufgerissenem Mund schrie und schrie, ehe das Treibeis ihn unter Wasser drückte. Ein anderer hatte kein Gesicht mehr; es war nur noch eine blutige Masse, zertrampelt von den Stiefeln seiner Kameraden, bevor er ins Wasser fiel, und hinter ihr brüllte jemand:
»Die Munitionswagen! Laßt die Munitionswagen durch! Wir müssen sie retten. Bleibt zurück, Kameraden!«
Von den Hügeln schossen sie mit Kartätschen, und das Geschrei der anreitenden Kosaken mit ihrem durchdringenden »Urräh! Urräh!« gellte dazwischen. Es war das letzte, was Caroline hörte, bevor sie von der Brücke gedrängt wurde und ins Wasser fiel.
Es war so eisig, daß es ihr den Atem nahm. Sie versuchte zu schwimmen, aber ihre Glieder waren wie gelähmt, und ihre schweren Kleider behinderten sie, so daß die Strömung sie mitriß. Das also ist das Ende, dachte sie verschwommen. Und dann dachte sie noch: Charles ... Armand ... ehe das Wasser ihr über dem Kopf zusammenschlug.
Doch da war plötzlich jemand neben ihr, zwei kräftige Arme umschlangen sie, rissen sie hoch, und sie erkannte Hermann, der gesehen hatte, wie sie stürzte, und ihr nachgesprungen war.
»Haltet still, Madame Caroline, haltet um Gottes willen still, sonst ertrinken wir beide.«
Er hielt ihren Kopf über Wasser und versuchte zu schwim-

men. Ein paarmal ging er unter, aber er ließ Caroline nicht los und tauchte jedesmal wieder auf.
Panik hatte Caroline erfaßt, machte sie unfähig, noch klar zu denken. Sie wollte schreien, um sich schlagen, tat es wohl auch, aber die Kälte lähmte sie mehr und mehr, und das war es wohl, was sie und Hermann rettete.
Am anderen Ufer standen die Männer der Kaisergarden bis zum Hals im Wasser und streckten denen, die sie erreichen konnten, die Arme entgegen. Manche versanken dennoch, weil sie zu schwach waren, sich festzuhalten, aber Hermann gehörte zu jenen, die es schafften, sich von zwei Männern herausziehen zu lassen.
Und noch immer hielt er Caroline fest. Als er Grund unter den Füßen spürte, fiel er nach vorn, fiel über sie, aber da waren sie schon bei ihm und trugen ihn und Caroline ans Ufer.
Sie war halb bewußtlos, als Charles neben ihr niederkniete. Sein Gesicht verschwamm, und sie schloß die Augen.
»Laßt mich«, flüsterte sie, als irgend jemand anfing, ihr Gesicht und Arme mit Schnee abzureiben. »Schlafen ... bitte ...«
Aber man ließ sie nicht schlafen. Sie spürte, daß man ihr die nassen Sachen auszog, dann wurde sie wieder mit Schnee abgerieben, und jemand versetzte ihr leichte Schläge auf die Wangen. »Nicht einschlafen! Um Himmels willen, sie muß wach bleiben, solange sie noch so unterkühlt ist.«
Man hob ihren Kopf an und flößte ihr etwas Heißes ein. Aber sie behielt es nicht bei sich. Sie hatte sehr viel Wasser geschluckt und brach es nun aus. Ihr war sterbenselend, und sie verlor endgültig das Bewußtsein.
Als sie wieder zu sich kam, sah sie rötlichen Feuerschein. Sie trug trockene Kleidungsstücke, die ihr viel zu weit waren, und einen alten Militärmantel. Man hatte ein notdürftiges Zelt errichtet, in dem sie lag, und eine Feuerstelle aus ein paar Steinen.

Als Caroline einen zitternden Seufzer ausstieß, beugte sich Charles über sie. Er sah, daß sie wach war, und legte seine Hände um ihr Gesicht. »Wie fühlst du dich, mein Herz?«
Sie hatte Schmerzen, der ganze Körper brannte und tat ihr weh, und sie war noch immer so schwach, daß sie kaum sprechen konnte. Als sie versuchte, tief Atem zu holen, stach es in ihrer Brust, und sie begann zu husten.
Charles schob seinen Arm unter ihren Rücken, um sie zu stützen, und vor Anstrengung und Schmerzen liefen ihr die Tränen aus den Augen. »Sind wir . . . gerettet?« stieß sie endlich mühsam hervor, und Charles nickte.
»Es sieht so aus. Auf jeden Fall liegt die Beresina hinter uns, und die Russen haben es nicht geschafft, uns den Weg abzuschneiden. Oudinots Schweizer haben sie zurückgedrängt.«
Was er nicht sagte, war, daß sich von den eintausenddreihundert Schweizern bei dem vorhin stattgefundenen Appell nur noch dreihundert gemeldet hatten. Die anderen waren bei den furchtbaren Kämpfen am anderen Ufer umgekommen. Und sie waren nicht die einzigen Toten. Hunderte waren ertrunken, niedergetrampelt, zerquetscht worden, und noch mehr gefallen.
Aber der Weg nach Wilna war frei für die Überlebenden.
»Hermann«, murmelte Caroline, »wo ist Hermann? Er hat mich gerettet. Ohne ihn wäre ich tot . . .«
»Ich weiß.« Charles hielt noch immer Carolines Hände, und in seinen Augen war ein Ausdruck, der ihr Angst machte.
»Charles, Hermann ist doch nicht . . .«
»Er lebt noch. Aber es sieht nicht gut aus. Es ist die Entkräftung, weißt du. Sein Herz war wohl nie sehr stark, und jetzt will es nicht mehr.«
Hermann lag unter freiem Himmel. Sie hatten ihn in ein Zelt bringen wollen, aber er hatte darum gebeten, im Freien bleiben zu dürfen. So hatten sie ihn nur nahe an ein

Feuer getragen, und fünf, sechs Gardisten hatten sich ihrer Mäntel entledigt und sie ihm untergelegt, damit er nicht auf der nackten, verschneiten Erde starb.
Ein anderer, es war ein junger Offizier des kaiserlichen Stabes, Bourcet mit Namen, hatte seinen Pelz geholt, um ihn zuzudecken. Es war ein wunderbar dichtes dunkles Bärenfell, das Bourcet in Moskau aus einem brennenden Haus geholt und seitdem wie seinen kostbarsten Schatz gehütet hatte. Er hatte es um den mageren Körper des Sterbenden gestopft, und als Hermann eine schwache Abwehrbewegung machte, hatte er gesagt: »Laß nur, Kamerad, das gehört jetzt dir.«
Caroline schwankte, als sie durch den Schnee auf Hermann zulief. Charles stützte sie. »Hermann«, sagte sie leise und sank neben ihm auf die Knie. Er hatte die Augen geöffnet, und sein Blick, schon weit entfernt, kehrte noch einmal zu ihr zurück. Er sah sie an, und seine bläulich verfärbten Lippen bewegten sich. Sie mußte sich tief zu ihm neigen, um die Worte zu verstehen.
»Carolinchen, kleine Mamsell . . . schön, daß du da bist.«
Er sprach deutsch, und er nannte sie so wie in ihren Kindertagen. »Ich hab' dich so lieb . . . immer schon . . .«
Er litt unter Luftnot und holte pfeifend Atem. »Wollte immer . . . auf dich aufpassen.«
»Aber das hast du doch, Hermann.« Carolines Stimme erstickte in Tränen.
»Nicht weinen«, bat er sanft und machte eine Bewegung, als wolle er ihre Tränen abwischen. Sie hielt seine Hand fest und drückte sie gegen ihre Lippen. Diese gute Hand, die so viel für sie getan hatte. Erinnerungen schossen ihr durch den Kopf: Hermann, wie er sich mit viel größeren und kräftigeren Jungen geprügelt hatte, um sie zu schützen. Wie er ihr Kleider für ihre Puppen aus den Stoffresten in ihres Vaters Werkstatt genäht hatte. Wie er klaglos so manche Ohrfeige eingesteckt hatte, weil er die Schuld an einem ihrer kindlichen Streiche auf sich genommen hat-

te. Immer war er dagewesen, fast solange sie denken konnte, selbstlos, liebevoll und von unerschütterlicher Treue.
»Hätte dich gern noch nach Hause gebracht«, sagte er. »Aber das geht nun nicht mehr.«
Carolines Tränen flossen heftiger. »Du mußt wieder gesund werden, Hermann. Du darfst nicht sterben. Ich hab' dich doch auch lieb. Was soll ich denn ohne dich tun?«
Er schüttelte sacht den Kopf. Sein Blick hing mit unendlicher Liebe an ihr. »Ich hab' Feierabend, Carolinchen. Und vielleicht ist es gut so. Es war nicht immer leicht, dich liebzuhaben. Nein, sieh mich nicht so an. Du hast doch keine Schuld daran. Aber ich auch nicht ... Es ist eben so gekommen. Ich bin ja nur äußerlich ein Krüppel.«
Er holte tief und rasselnd Atem. Sein Gesicht verfiel. Die Haut spannte sich wie gelbes Pergament über den Wangenknochen, und um die Augen, diese wunderschönen, liebevollen Augen, lagen bläuliche Schatten.
Caroline kniete im Schnee. Aber sie spürte die Kälte nicht, die in ihr hochkroch. Sie hielt Hermanns Hände und blies ihren warmen Atem hinein, als könne sie damit den kleinen Funken Leben, der noch in ihm war, neu entfachen.
Hermanns Blick glitt zur Seite, blieb auf Charles haften, der neben seiner Frau stand. Mit den Augen gab der Sterbende ein Zeichen, und Charles beugte sich zu ihm. »Bringt sie gut nach Hause, Monsieur le Vicomte«, flüsterte er in seinem noch immer holprigen Französisch. »Jetzt müßt Ihr allein dafür sorgen, daß sie glücklich ist. Ich kann's ... nicht mehr ...«
»Ich verspreche es dir, Hermann, du Getreuer«, sagte Charles.
»Das ist schön«, sagte Hermann wieder auf deutsch. Sein Blick kehrte zu Caroline zurück. »Bin so froh, daß du lebst ...«
Es war das letzte, was er sagte. Er lag danach sehr still,

während das Leben von ihm wich, und er hörte nicht auf, Caroline anzusehen, bis ein Schleier sich über seine Augen legte. Er zuckte ein paarmal mit den Füßen, sein Atem setzte aus, kam noch zwei-, dreimal wieder und verstummte dann.
So starb Hermann Daberstedt, der bucklige Schneidergeselle aus Erfurt, am 27. November des Jahres 1812. Charles sorgte dafür, daß er begraben wurde. Er half selbst mit, die gefrorene Erde Stück um Stück aufzuhacken und als sie den Leichnam hineinlegten, bestand Leutnant Bourcet darauf, ihm den Bärenpelz mitzugeben.
»Er hat das verdient«, sagte er.

Am nächsten Tag brachen die Reste der Grande Armée über Wilna in Richtung Polen auf. Caroline lag fiebernd im Schlitten des Kaisers. Napoleon hatte angeordnet, ihr diesen Platz zu geben. Sie war sehr krank, delirierte oft oder fiel in trübes Dahindämmern.
»Es ist eine Lungenentzündung«, diagnostizierte Doktor de Beauregard, der den Rückzug lebend und erstaunlich gesund überstanden hatte. »Sie ist sehr entkräftet, dazu das Bad in der eiskalten Beresina . . . Man kann nicht viel tun, nur abwarten.«
Charles ritt neben dem kaiserlichen Schlitten her. Bei jedem Halt setzte er sich neben seine Frau, flößte ihr zu trinken ein, versuchte, sie mit dem wenigen, das er als tägliche Ration erhielt, zu füttern, und als sie am dritten Abend in den Ruinen eines bereits auf dem Vormarsch zerstörten Dorfes Quartier bezogen, sagte der Kaiser: »Ich habe Order gegeben, einen zweiten Schlitten bereitzustellen, in dem Sie ab morgen zusammen mit Ihrer Frau reisen werden, Moreau.«
Charles wollte ihm danken, doch Napoleon wehrte unwirsch ab. »Bedanken Sie sich bei dem Vizekönig von Italien. Er hat seinen Schlitten hergegeben und es vorgezogen, mit seinen Truppen unseren weiteren Rückzug zu

decken. Er sagte, seine Schwester Hortense würde ihm nie verzeihen, wenn Ihrer hübschen Frau die Unbilden dieser Reise allzu beschwerlich vorkämen.«
Am 6. Dezember erreichten sie einen Ort namens Smoron, und hier ließ Napoleon gegen Abend Charles zu sich rufen.
»Ich verlasse heute nacht die Armee, um nach Paris vorauszufahren. Sie, Capitaine de la Moreau, Graf Caulaincourt sowie Doktor de Beauregard und einige andere Herren meines Stabes, die noch zu informieren sind, werden mich begleiten. Ich habe beunruhigende Nachrichten aus Paris erhalten. Ein gewisser General Malet – ein Hochstapler vermutlich, denn ich kenne keinen Menschen dieses Namens – hat das Gerücht meines Todes verbreitet und versucht, die Macht zu übernehmen. Ob sein Putschversuch bereits niedergeschlagen ist, konnte mir der Kurier, dem es gelungen ist, die feindlichen Linien zu durchbrechen, nicht sagen. Auf jeden Fall ist mein Aufenthalt in der Hauptstadt dringender erforderlich als mein Verweilen bei der Truppe.«
Charles war zurückgewichen. »Aber meine Frau, Sire ... Sie ist noch immer todkrank. Das Fieber will nicht weichen, und es ist noch immer ungewiß, ob sie überlebt. Ich kann sie jetzt nicht allein lassen.«
»Wer sagt denn, daß Sie das müssen.« Der Kaiser wandte sich ab und warf ein paar Schriftstücke in eine geöffnete Schatulle. »Nehmen Sie Ihre Frau mit und sehen Sie zu, daß sie, sobald wir in zivilisiertere Gegend kommen, anständige Pflege erhält.«
Sie fuhren beinahe Tag und Nacht, über Warschau und Dresden, erst mit Schlitten, später mit Kutschen. Napoleon verbrachte die Reise in dumpfem Brüten. Er sah krank aus, aß kaum und schlief noch weniger.
Caroline hatte die gefürchtete Krisis, die sich in der Regel am neunten Tag bei einer Lungenentzündung einstellt, überlebt. Aber sie fieberte noch immer, dämmerte

vor sich hin und war so schwach, daß sie kaum sprechen konnte. Ein trockener, schmerzhafter Husten quälte sie, und er war manchmal so heftig, daß sie zu ersticken meinte. Freilich hatte Doktor de Beauregard, seit sie Rußland verlassen hatten, Medikamente besorgt, aber sie halfen nicht viel.

»Sie muß zu Kräften kommen«, sagte der Arzt. »Sonst kann man einen Rückfall befürchten. Und der ist meist schlimmer als die ursprüngliche Erkrankung.«

Kurz vor Weimar machten sie wieder einmal halt. Sie hatten Quartier in einem Gasthof genommen, und Charles trug seine fiebernde Frau die Treppe hinauf in das für sie bestimmte Zimmer. Eine Weile stand er an ihrem Bett und blickte auf sie hinunter. Sie war so entsetzlich mager geworden und die Haut so weiß und durchsichtig. Sie atmete flach und schnell, und als sie die Augen öffnete, setzte er sich zu ihr und streichelte ihre heißen Hände.

»Wo sind wir hier?« fragte sie matt.

»Im Gasthof zum Weißen Roß – irgendwo in Thüringen. Ich habe vergessen, wie das Dorf heißt. Du wirst ein paar Stunden schlafen können, Caroline. Wir fahren erst morgen früh weiter.«

Ihre Augen wurden sehnsüchtig. »In Thüringen? Charles, da sind wir gewiß nicht weit von Erfurt.«

»Nein. Möchtest du dorthin mein Herz?« fragte er in einem plötzlichen Einfall. »Soll ich dich zu deinen Eltern bringen?«

Sie bewegte unruhig den Kopf. »Sie werden mich vielleicht nicht sehen wollen. Meine Mutter schon. Aber mein Vater . . .«

Charles kämpfte mit sich. Bis jetzt hatte er nichts anderes im Sinn gehabt, als auf schnellstem Wege mit Caroline nach Paris zu kommen. Dort, so hatte er gemeint, würde sie wieder gesund werden. Aber er wußte nicht, wie lange er selbst dort bleiben konnte. Der Kaiser plante, in aller Eile eine neue Armee aufzustellen. Der Krieg würde weitergehen, der Zar sich nicht damit zufriedengeben, die Grande Armée aus Rußland vertrieben zu haben. Und wer konnte zu diesem Zeitpunkt wissen, wer alles sich ihm anschloß.

Wenn die zerschlagenen, elenden Reste der Grande Armée quer durch Deutschland nach Frankreich zurückzogen, würde es wie ein Lauffeuer umgehen: Napoleon ist geschlagen! Die Stunde ist da, das französische Joch abzuschütteln. Bewaffnet euch. Macht euch bereit zur letzten Entscheidungsschlacht, damit ihr frei werdet.

Und vielleicht sahen auch in Paris die Gegner des Kaisers ihre Stunde gekommen, und es gab einen blutigen Umsturz. Dann aber war Caroline in Paris weit weniger sicher als daheim bei ihren Eltern.

Charles beugte sich zu ihr hinunter und legte seinen Kopf auf ihr Kissen. Mit dem Finger fuhr er die Konturen ihres Gesichtes nach. Ach, er liebte sie so, und die Vorstellung, sich so bald schon wieder von ihr zu trennen, zerriß ihm das Herz. Aber er mußte tun, was das Beste für sie war. Sie war so elend, und jeder Tag, den sie länger in einer holpernden Kutsche auf schlechten Straßen verbrachte, in Regen und Kälte, in schlecht geheizten Gasthöfen, in denen sie nur ein paar Stunden Ruhe bekam, war eine unerträgliche Belastung für sie.

Und in einer oder zwei Stunden konnte sie in Erfurt sein ...

»Ich bringe dich zu deinen Eltern«, sagte Charles gepreßt. »Heute noch. Sie werden dich aufnehmen, da bin ich ganz sicher.«

Er ging zum Kaiser und bat den diensthabenden Offizier, ihn anzumelden. Napoleon saß in einem Hinterzimmer der Gaststube, einen dampfenden Becher Tee vor sich, und schrieb. Als Charles eintrat, musterte er ihn aus rotgeränderten, übermüdeten Augen. »Was wollen Sie, Capitaine de la Moreau?«

»Ich möchte um Urlaub nachsuchen, Sire.«

Der Blick des Kaisers wurde mißtrauisch. »Warum?«
»Ich möchte meine Frau zu ihren Eltern nach Erfurt bringen. Ich fürchte, sie wird die Weiterreise nach Paris nicht überstehen. Aber in ihrem Elternhaus hätte sie die Pflege, die sie braucht.«
Der Kaiser stand auf. »Und Sie? Was haben Sie vor?« fragte er, während er um den Tisch herum auf Charles zukam.
»Ich werde zu Ihnen zurückkehren, Sire, sobald ich meine Frau versorgt weiß. Vermutlich wird das noch heute nacht geschehen. Wenn nicht, stoße ich morgen im Lauf des Tages zu Ihnen, ich kenne ja Ihre Reiseroute.«
Napoleons Augen forschten in seinem Gesicht. »Sie brächten es tatsächlich über sich, sich von Ihrer Frau zu trennen, Moreau?«
»Ja, Majestät, weil es zu ihrem Besten ist.«
»Sie könnten auch bei ihr bleiben«, sagte der Kaiser gedehnt. »Desertieren ... weil Sie vielleicht vermuten, daß es ohnehin mit mir aus ist und ich deshalb nicht mehr in der Lage sein werde, Sie zur Rechenschaft zu ziehen.«
Charles hielt seinem bohrenden Blick stand. »Ich glaube nicht, Majestät, daß ich Ihnen den geringsten Anlaß zu dieser Vermutung gegeben habe.«
Der Kaiser lachte plötzlich. Es war ein schreckliches, bitteres Lachen. »Wer hat das schon, Moreau! Sie nicht – und andere auch nicht. Haben Sie es schon gehört? Mein Schwager Murat hat versucht, meine Marschälle gegen mich aufzuwiegeln, man solle sich von mir lossagen. Der Treueid, den man mir geleistet habe, hätte keine Gültigkeit mehr. Und mein Bruder Jérôme hatte ebenfalls nichts Eiligeres zu tun, als die Armee zu verlassen und sich feige davonzustehlen. Wer weiß, wie viele ihm noch folgen werden. Sie haben mich abgeschrieben. Warum dann nicht auch Sie!«
»Sire«, murmelte Charles betroffen. »Mein Kaiser, ich ...«

»Seien Sie still!« fiel Napoleon ihm ins Wort. »Ich will kein Mitleid. Um Gottes willen, nur das nicht!« Er wandte sich ab und kehrte zum Tisch zurück. Draußen prasselte der Regen gegen die Scheiben.
»Fahren Sie nach Erfurt, Moreau«, sagte Napoleon tonlos. »Aber geben Sie mir Ihr Ehrenwort, daß Sie wieder zu mir zurückkommen werden. Ich bin im Augenblick nicht in der Lage, allzu viele Enttäuschungen zu verkraften. Und Sie könnten mir eine bereiten.« »Sie haben mein Ehrenwort, Sire. Spätestens morgen bin ich wieder bei Ihnen.«
Es war ein Uhr in der Nacht, als sie Erfurt erreichten. Charles saß bei Caroline in der Kutsche und hielt ihren Kopf auf seinem Schoß, während einer der kaiserlichen Kutscher die Pferde lenkte.
Das Haus in der Neuwerksstraße lag im Dunkeln. Aber als Charles den schweren Türklopfer einige Male betätigt hatte, wurde im Oberstock ein Fenster hell. Ein Mann beugte sich hinaus.
»Wer ist da? Was gibt es?«
Charles war ausgestiegen. »Monsieur Weikersheim?« fragte er.
»Ja, der bin ich. Was wollen Sie?«
»Ich bringe Ihnen Ihre Tochter Caroline«, rief Charles auf französisch hinauf. »Verstehen Sie? Caroline . . .«
Hinter Jakob Weikersheim tauchte seine Frau auf. Sie verstand, was der nächtliche Besucher sagte, und schrie unterdrückt auf. »Jakob! Er behauptet, Caroline sei unten!« Sie schob ihren Mann zur Seite und bog sich weit aus dem Fenster. »Wo ist sie?«
»In der Kutsche, Madame. Sie ist krank. Bitte, machen Sie die Tür auf.«
Marie Weikersheim wußte später nie mehr zu sagen, wie sie die Treppe hinuntergekommen war. Sie stürzte auf die Straße.
»Caroline, mein Kind . . . Wo ist sie?«

Da hob Charles Caroline vorsichtig aus der Kutsche.
Marie Weikersheim hatte das manchmal geträumt: daß Caroline wiederkäme, eine schöne junge, elegante Frau, eine Vicomtesse, die, wie Hermann ihr geschrieben hatte, bei Hof verkehrte und bei der Kaiserin Josephine lebte. Sie würde aus einer prächtigen Equipage steigen, und dann würden sie einander in den Armen liegen.
In den letzten Monaten freilich waren diese Träume anders geworden. Marie hatte nichts mehr von Caroline gehört seit jenem Tag im Sommer, als sie ihr hastig ein paar Zeilen geschrieben hatte: Sie führe nach Rußland, um ihren Mann zu pflegen, der bei der Armee an Typhus erkrankt sei. Danach war nichts mehr gekommen, und das Schweigen hatte Marie zu Tode geängstigt.
Was geschah mit ihrer Caroline? Lebte sie noch? Oder war sie in diesem schrecklich fernen, fremden Rußland gestorben, verdorben wie so viele?
Nach Erfurt waren Nachrichten gedrungen, daß der Kaiser Napoleon in Rußland eine Niederlage nach der anderen erlitte, daß er tot sei oder zumindest auf der Flucht und die Grande Armée vernichtet, und bei all den Schreckensbildern, die sich Marie aufdrängten, hatte sie ihr Kind gesehen: verhungert, erfroren, von Säbelhieben oder Kugeln zerfetzt.
und jetzt stand dieser Mann in der französischen Offiziersuniform da und hielt Caroline auf den Armen.
»Mutter«, sagte sie schwach. »Liebe Mutter.«
Marie Weikersheim stürzte auf sie zu, umfaßte Carolines Kopf und tastete, blind vor Tränen, über ihr Gesicht. Gott war barmherzig gewesen. Er hatte es ihr nicht genommen, dieses einzige Kind, das ihr noch geblieben war.
»Sie ist sehr krank«, sagte Charles. »Sie muß sogleich ins Bett, Madame.«
Jakob Weikersheim war seiner Frau nachgekommen. Sie wandte sich zu ihm um, und er sah im ungewissen Nachtlicht ihre Augen. Sie waren nicht mehr sanft, wie er es ge-

wöhnt war, nicht mehr ergeben, sondern von der Kampfbereitschaft einer Löwin.
»Geh und hole die Lampe, Jakob, um uns die Treppe hinaufzuleuchten. Wir bringen Caroline in ihr Zimmer. Es ist ja noch so, wie sie es verlassen hat.« Er zögerte, und da sagte Marie sehr leise, aber in einem Ton, der so scharf wie eine Degenklinge war: »Wenn du sie jetzt fortschickst, Jakob, dann gehe ich mit ihr. Und ich schwöre dir, daß ich nie mehr wiederkommen werde.«
Sie hielt Carolines Hand, als Charles sie die Treppe hinauf trug, und Meister Jakob öffnete die Tür zu ihrem Zimmer, das hinter der elterlichen Schlafkammer lag. »Hier herein, Monsieur.«
Er blieb auf der Schwelle stehen, als Charles seine Frau auf das Bett legte. »Jetzt wird alles gut, mein Herz«, sagte er leise. »Hier wirst du gesund werden.«
Sie umklammerte seine Finger, als er sich aufrichtete. Er hatte ihr während der Fahrt gesagt, daß er zum Kaiser zurück müsse, und sie war zu elend gewesen, um dagegen aufzubegehren. Nur geweint hatte sie, ein leises, stilles, herzzerreißendes Weinen, und er hatte nichts gewußt, um sie zu trösten, als nur sie an sich zu pressen und ihr fieberheißes Gesicht zu küssen.
»Du gehst noch nicht, nicht wahr?« fragte sie jetzt, und er schüttelte den Kopf.
»Schlaf, Liebes. Ich sage dir morgen früh adieu. So lange bleibe ich noch bei dir.«
Während Marie sich um ihre Tochter kümmerte, ihr die Kleider auszog und ihr ein warmes langes Nachthemd brachte, verließ Charles das Zimmer. Er hatte Caroline angelogen. Er würde gleich zurückfahren. Es war besser so, um ihr und ihm den Abschied zu ersparen.
Jakob Weikersheim folgte ihm hinaus. »Ich danke Ihnen Monsieur ... *merci*«, sagte er unbeholfen, und Charles nickte.
In diesem Augenblick kam Marie heraus. »Ich will ihr hei-

ße Ziegelsteine ins Bett legen. Und dann koche ich ihr Lindenblütentee, der ist gut gegen das Fieber. Und die Brust muß man ihr mit in Kandis aufgekochtem Zwiebelsaft einreiben. Sie hustet so entsetzlich.« Sie blieb vor Charles stehen. »Verzeihen Sie, Monsieur, ich habe Sie noch gar nicht nach Ihrem Namen gefragt«, fügte sie auf französisch hinzu.
Er verneigte sich. »Ich bin Charles de la Moreau, Madame. Bitte, passen Sie gut auf Caroline auf. Sie ist alles, woran mir auf der Welt liegt.« Er ergriff Maries Hände und drückte einen Kuß darauf. »Sagen Sie ihr, daß ich wiederkomme, sobald ich kann. Und daß ich sie liebe. Sie soll sich nicht ängstigen. Bitte, sagen Sie ihr das.«
Dann verließ er rasch das Haus.

Im neuen Jahr konnte Caroline zum ersten Mal für ein paar Stunden das Bett verlassen, und Ende Februar kam der erste Brief von Charles. Er sei in Paris, und der Kaiser stelle in aller Eile eine neue Armee auf.
»Ich denke täglich an Dich und hoffe zu Gott, daß es Dir besser geht, mein geliebtes Herz. Irgendwann werden wir uns wiedersehen, und dann hole ich Dich nach Hause. Nur jetzt, das verstehst Du doch, kann ich den Kaiser nicht verlassen. Ich brächte es nicht über mich, gerade weil so viele es tun.
In Paris hat es in der Tat einen Umsturzversuch gegeben, aber er war bereits niedergeschlagen, als wir dort eintrafen. Der Mann, der sich General Malet nannte, hatte die Nationalgarde einberufen und Papiere vorgelegt, die besagten, daß ihm, falls der Kaiser stürbe, die uneingeschränkte Macht zu übertragen sei. Vierundzwanzig Stunden lang hatte er sie inne. Wie man hört, hatte sogar die Kaiserin Marie Louise mit dem König von Rom die Stadt verlassen. Dann jedoch stellte sich heraus, daß General Malet ein Geisteskranker war, und er wurde in das Asyl, aus dem er entwichen war, zurückgebracht.

Aber die Gerüchte, daß der Kaiser tot sei, hielten sich hartnäckig, so daß seine Rückkehr in der Tat dringend notwendig war, um neue ernsthafte Schwierigkeiten zu verhindern.
Prinz Eugène de Beauharnais hat das vorläufige Oberkommando über die Reste der Grande Armée. Die kaiserliche Order lautet, sich an die Elbe nach Magdeburg zurückzuziehen und dort die Bildung einer neuen französischen Armee abzuwarten, die der Kaiser nach Mainz führen will. Marschall Murat ist desertiert und nach Neapel zurückgekehrt. Von dort bedrängt er Seine Majestät, unter allen Bedingungen, auch den unehrenhaftesten, Frieden zu schließen.
Aber der Kaiser ist weit davon entfernt. Er hat erreicht, daß ihm der Senat noch einmal dreihundertfünfzigtausend Mann bewilligt, um den Krieg fortzusetzen. Fast die Hälfte davon sind Rekruten, die in der Grundausbildung stehen, der Rest setzt sich aus von der Nationalgarde abgezogenen Männern, Veteranen und halben Kindern zusammen. Wieder einmal ist Paris in ein Heerlager verwandelt worden, und in den Eisengießereien, Webereien und allen Rüstungsmanufakturen arbeiten sie Tag und Nacht.
Ich bin ziemlich sicher, daß wir nicht nur gegen Rußland zu kämpfen haben, sondern ebenso gegen Schweden und Preußen. Es ist nur eine Frage der Zeit, bis die Verhandlungen zwischen Bernadotte, König Friedrich Wilhelm von Preußen und dem russischen Zaren zum Abschluß kommen. Und dann ist da ja auch noch England ...
Ich hoffe, daß sich Österreich auf Grund seiner verwandtschaftlichen Beziehungen keiner antifranzösischen Allianz anschließt. Mir scheint es undenkbar, daß Kaiser Franz gegen den Vater seines Enkels zu Felde zieht. Aber wissen kann man es natürlich nicht ...« Danach schrieb Charles, daß er in Malmaison gewesen sei und Armand gesehen habe.

»Dein kleiner Sohn, Caroline, ist gesund und fröhlich. Margot und alle anderen sorgen liebevoll für ihn. Ich habe ihm erzählt, daß Du bei seinen Großeltern bist, weil Du Dich ein wenig erholen mußt, aber so bald als möglich kommen wirst, um ihn abzuholen. Da meinte er nur, Du solltest Dir Zeit lassen, es gefiele ihm sehr gut in Malmaison. Er ist ein reizendes Kind, Dein Armand, und als ich ihn sah, empfand ich wieder einmal tiefe Reue über das, was ich ihm zugefügt habe. Laß es mich gutmachen. Caroline. Erlaube mir, wenn wir wieder beisammen sind, daß Armand auch mein Sohn wird, ich bitte Dich von Herzen darum.
Wenn wir nach Deutschland kommen, meine Liebste, werde ich alles daransetzen, Dich zu sehen. Bis dahin bleibe Du bei Deinen Eltern, denn Du bist dort am sichersten. Komm um Himmels willen nicht auf den Gedanken, allein nach Paris zurückzukehren. Die Reise wäre zu gefährlich, und wir würden auch nur für kurze Zeit zusammensein können. Dann müßte ich mit dem Kaiser fort.«
Von da an bestanden die Tage aus Warten. Warten auf eine neue Nachricht von Charles oder daß er eines Tages selbst vor der Tür stünde.
Dank der Pflege ihrer Mutter erholte sich Caroline allmählich von ihrer schweren Krankheit und den Entbehrungen, die hinter ihr lagen. Aber es ging langsam, und selbst wenn sie gewollt hätte, so wäre sie noch nicht imstande gewesen, nach Paris zu reisen. Außerdem tat es ihr wohl, wieder daheim zu sein.
Ihr Vater hatte nach jener Nacht, in der sie heimgekommen war, an ihrem Bett gesessen, als sie aus einem unruhigen Fieberschlaf erwachte. Durch die zugezogenen Vorhänge hatte das erste fahle Licht des Tages geschimmert, und neben ihrem Bett hatte der Kerzenleuchter gebrannt, der schon immer dort gestanden hatte. Er war aus Porzellan und stellte drei tanzende Grazien dar, die auf großen Seerosenblättern die Kerzen trugen. Einmal hatte Caroline

ihn als Kind vom Tisch gestoßen, seitdem fehlte der einen Grazie ein Stück ihres flatternden Gewandes, der anderen die Nasenspitze.

Caroline erinnerte sich noch gut der Schelte, die sie damals für ihre Ungeschicklichkeit bekommen hatte. Hinterher war sie zu Hermann gelaufen und hatte ihrer Wut Luft gemacht. »Meine Eltern sind ekelhaft! Sie haben Ernestine verboten, mich auf den Markt mitzunehmen. Bis Sonntag darf ich nicht aus dem Haus – und alles nur wegen dieses häßlichen alten Leuchters! Pah, ich werde nie wieder ein Wort mit meinen Eltern sprechen!«

Hermann hatte gelacht und ihr die Zornestränen abgeputzt. »Das hältst du doch nicht aus, Carolinchen. Dazu redest du viel zu gern.« Ach, Hermann ... Wie immer, wenn sie an ihn denken mußte, hatte Caroline nasse Augen bekommen. Überhaupt weinte sie neuerdings leicht; es war die Schwäche, die sie so wenig widerstandsfähig machte.

Ihr Vater hatte allerdings gemeint, ihre Tränen flössen seinetwegen. »Nun, nun«, hatte er gesagt, und seine Stimme hatte wie eingerostet geklungen. »Das solltest du aber nicht tun. Was wird deine Mutter denken, wenn sie hereinkommt und dich so sieht? Wahrscheinlich wird sie mir die Schuld geben und fürchterlich schelten.« Er hatte nach ihren Händen gegriffen. »Es ist gut, daß du da bist, Caroline. Wir werden dich schon wieder auf die Beine bekommen.«

»Ach, Vater ...« Sie hatte heftiger geweint, und er hatte polternd seinen Stuhl zurückgeschoben.

»Jetzt sei aber still! Ich will nicht, daß du dich aufregst. Das schadet dir. Herrgott, bist du denn immer noch so unvernünftig wie früher? Ich dachte, in Paris hätten sie eine erwachsene Frau aus dir gemacht.« Da hatte sie unter Tränen lächeln müssen. So war er eben, ihr Vater. Er haßte Rührszenen und rettete sich lieber ins Schelten. Und um nichts in der Welt würde er zugeben, daß er selbst am lieb-

sten geheult hätte vor lauter Freude, daß die Tochter wieder zu Hause war.
Freilich, ein Franzosenfeind war er immer noch, und als in Erfurt durchsickerte, daß König Friedrich Wilhelm in der Tat mit Zar Alexander von Rußland zu Kalisch eine Konvention geschlossen hatte, in der beide Herrscher gelobten, die Waffen nicht eher ruhen zu lassen, bis ganz Deutschland von der französischen Bedrückung befreit sei, war Meister Jakob voller Triumph gewesen.
»Jetzt geht es dem Napoleon an den Kragen!« frohlockte er. »Der Freiherr vom Stein hat Flugschriften verfaßt und unter die Leute bringen lassen. Sie wollen Freikorps gründen, die mit gegen die Franzosen marschieren sollen. Das ganze deutsche Volk ist aufgerufen, gegen seine Unterdrücker zu Felde zu ziehen. Jetzt beginnt das große Aufräumen, und bald wird sich kein Franzose mehr auf unseren Straßen blicken lassen . . .«
Er verstummte, weil Marie ihm einen Knuff versetzt hatte.
»Bist du wohl still, Mann!«
Sie war recht kämpferisch geworden, seine Marie, seit Caroline im Hause war, und obwohl sie Charles nur einmal und da sehr flüchtig gesehen hatte, schwärmte sie doch in den höchsten Tönen von ihm. Wie gut er aussähe und wie liebenswürdig er sei, ein richtiger Herr eben, und Caroline bedeute ihm wohl alles.
Meister Jakob warf seiner Tochter einen unsicheren Blick zu und knurrte: »Na ja, was soll ich ein Blatt vor den Mund nehmen? Caroline weiß, was ich von Leuten halte, die in ein fremdes Land kommen und sich dort als Herren breitmachen. Ob das nun Franzosen, Russen, Österreicher oder wer sonst sind. Jeder soll bei sich daheim bleiben, wo er hingehört.«
»Und wo gehöre ich hin, Herr Vater?« fragte Caroline mit einem matten Lächeln.
Jakob warf ihr einen brummigen Blick zu. »Alberne Frage! Zu deinen Eltern natürlich, solange dein Mann nicht

so für dich sorgen kann, wie es sich gehört. Und später, wenn das anders geworden ist, zu ihm.« Er stand auf und ging zur Tür. »Komm nachher in die Werkstatt, Stoffe aussuchen. Ich will dir ein paar Kleider und Mäntel anmessen lassen. Es geht nicht an, daß du wie eine Arme-Leute-Dirn herumläufst. Was sollen die Nachbarn denken, nachdem deine Mutter überall herumgetratscht hat, daß du einen steinreichen französischen Adligen geheiratet hast. Sie werden sie für eine Lügnerin halten.«

Am 15. April verließ Napoleon Paris. Charles befand sich in seiner Begleitung. Während der Reise überholten sie die endlosen Kolonnen der neugegründeten Grande Armée.
Der Kaiser wußte: Er zog in einen Feldzug, bei dem es für ihn um Sein oder Nichtsein ging. In Spanien und Portugal waren die Engländer unter Wellington auf dem Vormarsch. Preußen hatte mit seiner Landwehr und dem Landsturm hundertdreißigtausend Mann unter Waffen, aus Rußland zogen zweihundertausend heran, begleitet von dreißigtausend Schweden unter Bernadotte. Und im böhmischen Raum stand eine Viertelmillion Österreicher, sie freilich noch abwartend, denn bis jetzt hatte Kaiser Franz nicht offiziell erkennen lassen, auf welche Seite er sich zu schlagen gedachte.
Insgeheim aber, so hieß es, habe der in den Fürstenstand erhobene neue Staatskanzler Clemens Metternich eine Geheimabmachung mit den preußisch-russischen Alliierten getroffen: Wien werde in den Krieg gegen Frankreich eintreten, falls Napoleon nicht gewisse Bedingungen akzeptierte, unter anderem die Rückgabe Dalmatiens an Österreich, ebenso die von Danzig und anderen ehemals preußischen Gebieten an Preußen und die Auflösung des Rheinbundes.
Metternich war auf dem Weg nach Dresden, um Napoleon diese Bedingungen zu unterbreiten.

Napoleons Reiseroute führte über Mainz nach Erfurt, wo er neun Tage nach seinem Aufbruch von Paris eintraf.
Es blieben Charles nur vierundzwanzig Stunden, um Caroline wiederzusehen.
Als er nachmittags unangemeldet vor ihr stand, flog sie zitternd in seine Arme. Er war da. Sie hatte ihn wieder.
»Ich habe gehofft, daß du kommen würdest«, sagte sie. »Aber gleichzeitig habe ich mir verboten, allzu fest damit zu rechnen, um nicht enttäuscht zu werden.«
Charles küßte sie. Sie waren allein. Ernestine, die Charles die Tür geöffnet hatte, hatte ihn in die gute Stube geführt und dann Caroline gerufen. Anschließend war sie in die Küche zu Marie gerannt und hatte gemeint, daß man die beiden vorerst nicht stören solle.
Caroline umfaßte Charles' Gesicht, streichelte seine Schultern, als könne erst die Berührung sie endgültig davon überzeugen, daß er wahrhaftig bei ihr war. Er hob sie hoch und trug sie zum Sofa, wo er sich niedersetzte, ohne sie von seinem Schoß zu lassen.
»Wie lange kannst du bleiben?« fragte Caroline und senkte den Kopf, als er ihr gestand, daß er schon morgen wieder fort müsse. »Ach, Charles, Charles, in was für einer Zeit leben wir nur! Glaubst du, daß es jemals anders und besser werden wird?«
»Natürlich mein Herz. Dieser Feldzug bringt die Entscheidung. Und egal, wie sie ausfällt, danach nehme ich meinen Abschied. Erinnerst du dich noch, wie wir in Rußland Pläne geschmiedet haben? Wir werden irgendwo auf dem Lande leben – du, ich, Armand – und es wird keine Trennung mehr geben.«
»Erzähl mir davon«, bat sie und lehnte sich in seinem Arm zurück. »Ich brauche etwas, um daran zu denken, wenn du fort bist. Sonst halte ich es nicht aus.«
Und er erzählte. Unter seinen Worten erstand das Haus, in dem er mit ihr leben wollte. Ein Landsitz, nicht zu groß, aber auch nicht zu klein, mit Erkern und Türmchen und

einem Schieferdach, auf dem die Tauben gurrten. Einen Park würde es geben und dahinter die Wirtschaftsgebäude mit dem großen Obstgarten und den Stallungen. Natürlich würden sie Pferde haben und Hunde, und das Haus würde inmitten von Weinbergen stehen. Von den Fenstern aus blickte man auf die Rhône oder sonst einen großen Strom, und die Wiesen für das Vieh waren satt und grün, so grün, wie es sie nur in Frankreich gab. »Das ist schön«, sagte Caroline leise. Sie umklammerte Charles' Hals. »Bitte, laß es wahr werden. Laß es nicht nur einen Traum bleiben. Komm wieder aus diesem verfluchten Krieg, ich bitte dich! Gib auf dich acht!«

In dieser Nacht liebten sie sich mit schmerzlicher Zärtlichkeit. Es war, als müßten sie einander noch einmal alles an Liebe geben und sagen, was in ihnen war. Es war Wiedersehen und Abschied, es sollte die Tage und Nächte überdauern, in denen sie voneinander getrennt waren, lebendig bleiben in der Apokalypse der Schlachtfelder und in der Angst des Wartens, wie sie den Frauen der Soldaten auferlegt war. Und dann war Charles wieder fort. Caroline begleitete ihn nicht zum Gouverneurspalast, in dem Napoleon genächtigt hatte. Sie hatte solche Abschiede hassen gelernt. Auf der Straße zu stehen und zuzusehen, wie er davonritt in seiner Galauniform des kaiserlichen Adjutanten. Nein, das wollte sie sich und Charles ersparen.

Sie blieb in ihrem Zimmer, als er das Haus verließ, warf sich über das Bett und brach in Tränen aus, während sie mit den Fäusten auf die Kissen hämmerte: »Ich hasse den Krieg! Ich hasse ihn! O Gott, warum läßt du das zu?«

Und sie sangen wieder, die Soldaten der neuen Grande Armée, die Überlebenden von Rußland, dazu Alte und Kinder, schlecht ausgerüstet, mit ungenügenden Waffen, zu wenig Pferden:

»Allons, enfants de la patrie,
le jour de gloire est arrivé«

Und noch einmal sah es aus, als werde Napoleon, das Feldherrngenie, sich wie der Phoenix aus der Asche erheben und die Adlerbanner fester denn je in die Erde Deutschlands rammen. Er lehrte sie wieder das Zittern, die Gegner von gestern und heute, und die Fähigkeit, mit der er Menschen mitreißen und ihre Begeisterung entfachen konnte, zündete noch einmal.

Die französische Armee siegte bei Lützen und Bautzen, und danach boten ihm die verstörten Preußen und Russen einen vorläufigen Waffenstillstand an. Am 4. Juni trat er in Kraft.

Davon erfuhr Caroline, aber sie war ohne Nachricht von Charles. Tag um Tag hoffte sie auf einen Brief, doch nichts kam.

Statt dessen erhielt sie Nachricht aus Malmaison. Königin Hortense berichtete ihr von Armand.

»Sie müssen sich keine Sorgen machen, meine liebe, teure Caroline. Ihr Sohn ist mir ans Herz gewachsen, als wäre er mein eigener. Er ist groß geworden; Sie werden ihn kaum wiedererkennen, wenn Sie zurückkommen.«

Sie hatte eine Miniatur beigelegt, die sie von dem Kind hatte anfertigen lassen. Darauf saß der kleine Junge auf einem seidenbezogenen Schemel und hatte eine Katze auf dem Schoß. Er sah rund und rosig aus, und seine Augen lachten.

Caroline küßte das Bild und hängte es über ihrem Bett auf. Sie hatte Sehnsucht nach Armand, und sie fühlte sich indessen auch kräftig genug für die Reise nach Paris. Dennoch blieb sie in Erfurt, weil sie Charles hier näher war. Die Stadt war noch immer kaiserliche Domäne; es konnte gut sein, daß Napoleon eines Tages hier wieder Aufenthalt nahm. Und zumindest würde sie hier zuallererst Nachricht von ihrem Mann erhalten.

Ende Juni trat Österreich der russisch-preußischen Allianz bei und erklärte Frankreich den Krieg.

Das Treffen zwischen Napoleon und Fürst Metternich in Dresden hatte nichts gebracht, der Kaiser sich geweigert, die österreichischen Bedingungen für die Neutralität des Habsburgerreiches anzunehmen.
»Was will man denn von mir?« hatte Napoleon außer sich vor Zorn ausgerufen. »Daß ich mich entehre? Ich werde zu sterben wissen, aber ich trete keinen Handbreit Boden ab. Ich habe zwei Schlachten gewonnen, ich werde nicht Frieden schließen.«
Und so ging der Krieg weiter.
Im Sommer erfuhr Caroline, daß Spanien für Napoleon verloren war. Der englische Heerführer Wellington hatte die französischen Truppen bei Vitoria vernichtend geschlagen, Joseph, der König von Napoleons Gnaden, war nach Paris geflohen, der legitime spanische Herrscher kehrte auf den Thron zurück.
In Preußen tobten die Kämpfe um Berlin und Schlesien. Blücher, Gneisenau und General von Bülow besiegten die Marschälle Oudinot und Macdonald, aber in Dresden errang Napoleon noch einmal einen Sieg.
Dann endlich sprengte eines Tages ein Reiter die Neuwerksstraße entlang, hämmerte an die Tür des Weikersheimschen Hauses und verlangte die Vicomtesse de la Moreau zu sprechen. Er brachte einen Brief von Charles, ein paar hastig hingekritzelte Zeilen nur:
»Es geht mir wohl, ich bin gesund und flehe zu Gott, Du mögest es auch sein. Gib Leutnant Farmont einen Brief für mich mit, damit ich weiß, daß Du mich noch liebst, so wie ich es tue.«
Der Leutnant berichtete, daß der Kaiser sich noch bei Dresden aufhalte, aber auf dem Sprung sei, nach Schlesien aufzubrechen, um die Macdonaldsche Armee neu zu ordnen und die Niederlage bei Katzbach auszuwetzen.
In den folgenden Wochen war Napoleon mit seinen erschöpften, übermüdeten Truppen ständig unterwegs, quer durch Deutschland. Im September wurde Marschall Ney

im Norden von Dannewitz zurückgeschlagen. Napoleon eilte nach Kulm, um einen Vormarsch der Österreicher gegen Dresden abzuwehren, dann wandte er sich abermals nach Schlesien.
Die Alliierten rückten mit neuen Armeen heran, Blücher vereinigte sich im Norden mit Bernadotte, Bennigsen rückte mit sechzigtausend Russen an, um dem österreichischen Oberkommandierenden, Fürst Schwarzenberg, Verstärkung zu schicken, und im Oktober zog sich um Leipzig das Netz um Napoleon zusammen.
All diese Nachrichten drangen auch nach Erfurt, und Caroline wurde wie jedem in der Stadt klar, daß vor Leipzig die endgültige Entscheidung fallen mußte. Es blieb Napoleon kein anderer Ausweg mehr, als sich mit seinen gesamten Streitkräften der Übermacht der Alliierten zu stellen.
Caroline wußte nicht, was sie wünschen sollte: Napoleons Untergang oder seinen Sieg. Sie stand zwischen den Fronten. In Rußland war sie mit der Grande Armée marschiert, sie hatte ihr Elend, aber auch ihre Großartigkeit gesehen, den Löwenmut, mit dem Charles' Landsleute gekämpft hatten. Sie hatte Menschen in Frankreich, die sie liebte, die Kaiserin Josephine, Hortense, Margot – und sie hatte Charles' Traum nicht vergessen: dort miteinander zu leben.
Andererseits sah sie, wie fiebernd die Menschen ihrer Heimat auf die Befreiung hofften. Caroline verstand ihre Begeisterung über jede Niederlage Napoleons und den Kampfgeist der Freischärler, die sich singend und voller Siegeszuversicht den preußischen Armeen anschlossen.
Friederike von Rodenbach kam oft, sie zu besuchen. Ihre beiden Brüder hatten sich dem Lützowschen Freikorps angeschlossen, ebenso Leonhard Vogel, Carolines ehemaliger Verlobter. Wenn es bei Leipzig zur Schlacht kam, würden sie vielleicht gegen Charles kämpfen – ihre Jugendfreun-

de, mit denen sie aufgewachsen war, gegen den Mann, den sie liebte.
Marie Weikersheim versuchte, Caroline Mut zuzusprechen. »Sorge dich nicht, es liegt alles in Gottes Hand.« Aber dies erschien Caroline in diesen Tagen wie eine Formel der Ohnmacht.
In Gottes Hand? Ach, Er hatte wohl schon lange aufgehört, sich um Seine Kinder zu kümmern, die einander umbrachten und aus Seiner Welt ein Schlachtfeld voller Leichen machten. Im Oktober drangen Gerüchte von einer drei Tage währenden furchtbaren Schlacht bei Leipzig nach Erfurt, die der Kaiser verloren haben sollte. Die französische Armee, so hieß es, befände sich auf der Flucht vor den Alliierten, denen sich indessen auch die Bayern und die Rheinbundstaaten angeschlossen hatten. Einzig der König von Sachsen stand noch zu Napoleon, aber es war vermutlich nur eine Frage der Zeit, bis auch er sich auf die Seite der Sieger schlug oder selbst besiegt wurde.
Das letzte große Jagen hatte begonnen. Während sich die Überlebenden der Grande Armée in teilweise regelloser Flucht nach Frankreich zurückwandten, wurde Norwegen von Bernadotte zurückerobert, Venetien und die Lombardei von Österreich. Marschall Murat, König von Neapel, lief zu den Siegern über, um sein eigenes Königreich zu retten, in Holland marschierte General von Blücher ein, und in den von den Franzosen besetzten Festungen in Deutschland ergaben sich über hunderttausend Mann.
Die von Napoleon geschaffenen Großherzogtümer Berg und Frankfurt und das Königreich Westfalen hörten auf zu existieren, und in Erfurt rüstete sich der französische Militärgouverneur d'Alton mit sechstausend Mann für die Verteidigung der Stadt.
Von Leipzig kommend, waren große Teile der französischen Armee durch die Stadt gezogen. Aber der Kaiser

war seinen Truppen nach Paris vorausgeeilt, und Caroline erhielt kein Lebenszeichen von Charles.
Der preußische Generalleutnant Friedrich von Kleist rückte bis Erfurt vor und begann mit der Belagerung. Am 6. November eröffnete er das Bombardement auf die Festung Petersberg. Magazine und Waffendepots gingen in Flammen auf, ebenso zahlreiche umliegende Häuser.
Tags darauf schloß d'Alton mit den Belagerern einen Waffenstillstand, und die langwierigen Verhandlungen zur endgültigen Übergabe der Stadt begannen.
Sie wurde endlich auf den 6. Januar des neuen Jahres festgesetzt.
An diesem Morgen strömte eine unübersehbare Menschenmenge in Richtung Schmidtberger Tor, wo unter Glockengeläut und unbeschreiblichem Jubel die Befreiungsarmee einmarschierte.
Am Abend kam die Baronin Rodenbach zu Caroline. »Ich wollte Ihnen Gastfreundschaft in Hochheim anbieten«, sagte Friederikes Mutter. »Für den Augenblick dürften Sie dort sicherer sein als in Ihrem Elternhaus. Es wäre ratsam, rasch das Nötigste zusammenzupacken und gleich mit mir hinzufahren. Es ist sehr unruhig in der Stadt. Der so lange unterdrückte Haß gegen alles Französische bricht sich Bahn. Man hat ein paar französische Soldaten hinterrücks erschossen, andere halbtot geprügelt und franzosenfreundlichen Bürgern die Häuser demoliert. Es steht zu befürchten, daß derlei Ausschreitungen noch eine Weile anhalten.«
Carolines erster Impuls war, das gut gemeinte Angebot der Baronin abzulehnen. Sie war keine Verbrecherin. Und wenn einige Leute das in ihr sehen wollten – sollten sie! Mochten sie sie beschimpfen und meinetwegen sogar vor ihr ausspucken. Sie hatte nichts getan, was dies rechtfertigte. Oder war es eine Sünde, einen Mann zu lieben, der in dieser wahnsinnigen Zeit eine französische Uniform trug?

Aber dann dachte sie an ihre Eltern. Die aufgestaute Wut der Franzosenhasser würde vermutlich auch nicht vor ihnen halt machen. Was war, wenn man ihnen ein Leid antat, ihr Haus zerstörte, ausplünderte und es am Ende noch ansteckte?
Caroline stand auf. »Ich danke Ihnen, Baronin. Sie sind sehr freundlich. Aber sind Sie sicher, daß ich nicht auch Sie in Gefahr bringe, wenn ich nach Hochheim komme?«
»Ach, dort ist es ruhig, und ich bin noch immer Herrin in meinem Hause. Man muß einander doch helfen. Außerdem bin ich Ihre Patin und fühle mich ein wenig für Sie verantwortlich. Also kommen Sie schon. Aber beeilen Sie sich, ich möchte nicht allzu lange in der Stadt bleiben.«
Von diesem Tage an lebte Caroline in Hochheim. Friederike war da, und es war fast wie in ihrer Mädchenzeit. Sie musizierten miteinander, ritten zusammen aus und vertrauten sich gegenseitig ihre Sorgen an.
Friederike war mit dem jungen Baron von Vischer verlobt, der ebenfalls im Felde war. Er kämpfte in der Armee des Generals von Blücher und befand sich indessen irgendwo auf dem Marsch nach Frankreich.
Aber im April erhielt Friederike die Nachricht, daß er am 23. März bei Saint Dizier gefallen sei. Sie war völlig zusammengebrochen, und nichts und niemand vermochte sie zu trösten. Als Caroline sie in die Arme nehmen wollte, stieß sie sich von sich. »Geh! Geh weg! Du bist die Frau eines seiner Mörder! Ich kann dich nicht mehr sehen.«
Im nächsten Augenblick fiel sie ihr schluchzend um den Hals. »Verzeih, du kannst ja nichts dafür. O Gott, Caroline, was ist das nur für ein Wahnsinn! Überall Krieg und Zerstörung, Haß und Tod!« Caroline hielt sie fest und wiegte sie wie ein Kind hin und her. »Es wird anders werden, besser... Sie müssen Napoleon besiegen. Er muß geschlagen werden. Danach wird Frieden sein.«

Und gleichzeitig dachte sie wieder einmal: Will ich das wirklich, daß er besiegt wird?
Bilder stiegen vor ihr auf. Napoleon, wie er in Smolensk ihre verbrannten Hände gestreichelt hatte. Das Feldlager an der Beresina, als die Fahnen der Grande Armée ein Raub der Flammen wurden. Der Kaiser, wie er, auf einen Stock gestützt, inmitten seiner Truppen durch den Schnee marschierte. »Ist dir kalt, mein Sohn?« hatte er einmal einen seiner Soldaten gefragt, der sich, zitternd und in Lumpen gehüllt, vorwärtsschleppte. Und der Mann hatte geantwortet: »Nein, Sire. Wenn ich Sie ansehe, wird mir warm . . .«
Sie sah den Kaiser in den Tuilerien, wie er sich über ihren Stuhl gebeugt hatte. »Ich habe Sie wirklich sehr gern, aber ich würde nie Ihre Treue zu Ihrem Gatten auf die Probe stellen . . .« Und sie erinnerte sich an jenen Frühlingstag im Bois de Boulogne, wie er Armand vor sich aufs Pferd gesetzt hatte. »Poljon« hatte der kleine Junge ihn genannt, und der Kaiser hatte gelacht.
Das korsische Ungeheuer? Sie, Caroline hatte ihn anders kennengelernt. Freilich war auch dies nur eine Facette in seiner schillernden, nicht mit gewöhnlichen Maßstäben zu messenden Erscheinung. Aber sie hatte genügt, daß Caroline ihm Zuneigung entgegenbrachte, diesem unberechenbaren, genialen und im Grunde so entsetzlich einsamen Mann.
»Ja«, sagte Friederike von Rodenbach schluchzend, »er muß besiegt werden! Er muß die Strafe für alle seine Verbrechen erhalten.«
Caroline schwieg und würgte an ihren Tränen.

Und er wurde besiegt.
Am 30. März schon hatten preußische und russische Truppen den Montmartre gestürmt. Paris kapitulierte wenig später und öffnete den Siegern die Tore.
Der Kaiser hatte sich mit den letzten ihm verbliebenen

fünfzigtausend Soldaten nach Fontainebleau zurückgezogen, während in Paris eine provisorische Regierung mit Talleyrand an der Spitze gebildet wurde. Man plante, Louis Stanislas Xaver, den Grafen von der Provençe, einen Bruder des enthaupteten Ludwigs XVI., der in England im Exil lebte, als König auf den französischen Thron zu setzen.
Wenige Tage später dankte Napoleon in Fontainebleau ab. Kaiserin Marie Louise war mit ihrem Kind, dem König von Rom, aus Paris geflohen. In Rambouillet traf sie mit ihrem Vater zusammen, der sie und seinen Enkel nach Österreich schickte.
Dies alles erfuhr Caroline noch in Hochheim. Mittlerweile war sie halb wahnsinnig vor Sorge, weil sie noch immer keine Nachricht von Carles hatte. Insgeheim rechnete sie bereits damit, daß er tot sei, und überlegte, ob sie nicht nach Paris zurückkehren solle, um sich Gewißheit zu verschaffen und vor allen Dingen nach Armand zu forschen. Was war aus dem Kind geworden, als um Paris gekämpft wurde?
Freilich hatte man nirgendwo gehört, daß der Königin Hortense oder der Kaiserin Josephine etwas zugestoßen sei. Vielmehr hatten die Alliierten erklärt, daß sie nur gegen Napoleon Krieg geführt hätten, nicht aber gegen das französische Volk. Es bestand also begründete Hoffnung, daß Carolines Sohn nach wie vor unbeschadet in Malmaison lebte. Aber was, um Gottes willen, war aus Charles geworden? Friederike und ihre Mutter versuchten, Caroline die Reisepläne auszureden. »Es ist noch zu gefährlich«, sagte die Baronin. »Die Straßen sind voller Soldaten und Marodeure. Sie müssen warten, bis sich die Lage normalisiert hat. Und vielleicht ist Ihr Gatte indessen schon auf dem Weg zu Ihnen, und Sie verpassen einander.«
»Und im übrigen«, fügte Friederike hinzu, »wird man dir alle möglichen Schwierigkeiten machen, solange du durch

Deutschland reist. Du hast einen französischen Paß... Womöglich wird man dich irgendwo festsetzen.«
Und dann, an einem Tag Ende Mai, kam ein Mann die Auffahrt von Gut Hochheim hinaufgeritten. Er trug Zivilkleidung und fragte das Hausmädchen, das ihm die Tür öffnete, nach der Vicomtesse de la Moreau.
Die Kleine rief nach Caroline.
Sie war im Garten und hatte ein paar Blumen für die Abendtafel geschnitten. Der Ankömmling stand in der dämmrigen Halle, und sie erkannte ihn nicht gleich, da er ihr den Rücken zugekehrt hatte.
Doch dann wandte er den Kopf, und Carolines Blumen fielen zu Boden. Es war Charles.
Sie starrte ihn an, und die Knie gaben unter ihr nach. Er war mit zwei Schritten bei ihr und hielt sie fest. Lachend und weinend hing sie an seinem Hals, und er drückte sie an sich und küßte ihr die Tränen ab. »Nicht weinen, Liebste. Es ist ja vorbei. Wir haben Frieden, und ich bin bei dir.«
Später in ihrem Zimmer erzählte er ihr, daß er vor seiner Abreise noch in Malmaison gewesen sei. »Armand ist wohlauf, ebenso die Kaiserin, Königin Hortense und Margot. Sie alle warten darauf, daß ich dich heimhole.«
Es war fast zuviel des Glücks auf einmal, und es wurde nur überschattet von dem, was Charles ihr anschließend von den letzten Tagen des Kaisers in Fontainebleau berichtete.
Charles war bei ihm geblieben, bis er das Schloß verlassen hatte, um nach Elba, dem von den Alliierten für ihn bestimmten Verbannungsort, aufzubrechen.
»Er läßt dich grüßen«, sagte er, »und wünscht uns Glück. Das waren die letzten Worte, die er zu mir sagte.«
Caroline wurden die Augen feucht, und sie bat: »Erzähle mir alles. Ich möchte wissen, wie es gewesen ist.«
Charles starrte vor sich hin. »Es war bitterer als vieles andere, was ich erlebt habe. Er hat versucht, sich umzubrin-

gen. Seit Moskau hat er Gift bei sich getragen, aber es war wohl schon zu alt und wirkte nicht mehr. Ihm ist nur sterbensübel geworden. Aber nachdem er sich erholt hatte, war er plötzlich wieder voller Pläne. Er wollte nach Paris und die Stadt befreien. Es war Ney, der es verhindert hat.«

Caroline hörte ihm zu, und während er sprach, meinte sie den Kaiser zu sehen, wie er in seinem Soldatenmantel die Treppe von Fontainebleau hinunterschritt, sich auf sein Pferd schwang und, gefolgt von seinen Marschällen, die angetretenen Gardedivisionen abritt.

Beklemmend nah schien auf einmal alles. Die graugrünen Augen Napoleons, funkelnd vor Kampfeswillen und Energie. Seine Stimme mit dem harten, nie ganz abgelegten Akzent:

»Ich habe dem Kaiser Alexander um den Preis großer Opfer, aller unserer Siege in den glorreichen Jahren nach der Revolution, den Frieden angeboten. Er hat abgelehnt. Aber ich werde ihm eine Schlacht vor Paris liefern. Seid ihr dazu bereit?«

Und die donnernden Rufe der Garden: »*Vive l'empereur!* Auf nach Paris!«

Triumphierend wandte sich Napoleon zu seinen Marschällen um. Sie standen schweigend da, mit gesenkten Köpfen. Keine Zustimmung, keine Versicherung ihres ungebrochenen Vertrauens zu Napoleon kam.

Dann trat Marschall Ney nach vorn. Er war der einzige, der den Mut hatte, das Unabänderliche auszusprechen. Er, der Fürst von der Moskwa, dessen Heldenmut in Rußland sprichwörtlich geworden war, sagte: »Es bleibt nichts anderes, Sire, als abzudanken. Sie wissen, daß Marmont mit seinem Korps zu den Alliierten übergelaufen ist. Es gibt bereits eine neue Regierung, die den Bruder des letzten Bourbonenkönigs auf den Thron berufen wird. Sie, Sire, haben in zwei Jahren vierhunderttausend Mann auf dem Schlachtfeld geopfert. Wollen Sie nun auch noch ganz Frankreich opfern?«

»Michèl«, sagte der Kaiser tonlos, »Michèl, du auch? Du verläßt mich? Du verrätst mich?«
Ney senkte in einer verzweifelten Gebärde den Kopf. »Nein, Sire. Ihnen das sagen zu müssen, ist schlimmer als der Tod. Aber es bleibt Ihnen nichts anderes, als abzudanken.«
Der Kaiser schloß sich in seinen Gemächern ein. Dann, am Nachmittag, ließ er Caulaincourt rufen und schrieb in seiner Gegenwart die Verzichterklärung auf den französischen Thron.
Am nächsten Tag wurde durch Marschall Augereau der französischen Armee die Entbindung von ihrem Eid auf den Kaiser Napoleon bekanntgegeben.
»Soldaten, ihr seid eurer Schwüre entbunden. Ihr seid es durch die Nation als Inhaberin der Souveränität, ihr seid es auch, wenn es dessen noch bedürfte, durch die Thronentsagung des Mannes, der, nachdem er seinem unmenschlichen Ehrgeiz Millionen Opfer geschlachtet hat, nicht als Soldat zu sterben wußte.
Die Nation beruft Ludwig XVIII. zum Throne. Geborener Franzose, wird er stolz auf euren Ruhm sein und mit Freuden eure Anführer um sich versammeln. Laßt uns also Ludwig XVIII. und der Konstitution, die ihn uns darbietet, Treue schwören, laßt uns eine echt französische Kokarde aufpflanzen, vor der alle Embleme einer beendeten Revolution verschwinden, und bald werdet ihr im Danke eures Königs und eures Vaterlandes den gerechten Lohn eurer hochherzigen Anstrengungen finden.«
Es wurde still um Napoleon, der noch bis zum 20. April in Fontainebleau verblieb. Höflinge und Militärs zog es nach Paris und in die Tuilerien, um sich bei dem neuen Herrscher einen Namen zu machen. Nur die alte Garde war Napoleon noch geblieben. Sie harrte aus, bis er selbst sie fortschickte. Augereaus schändlich kriecherische Proklamation hatte keine Gültigkeit für sie.
Um zwölf Uhr mittags war der Kaiser reisefertig. Einige

wenige Getreue würden ihn nach Elba, die Insel vor der Küste Italiens, begleiten.
»Er hat auch mich gefragt, ob ich bei ihm bleiben wolle«, sagte Charles und blickte auf seine Hände.
Caroline wandte ihm das Gesicht zu. »Und was hast du ihm erwidert?«
»Daß ich dem Soldatenleben adieu sagen will – für immer. Ich habe ihm von unseren Plänen erzählt, und er hat mich umarmt und gesagt: ›Vielleicht haben Sie recht, Moreau. Aber ich werde Sie vermissen. Es gibt so wenig aufrechte Männer wie Sie.‹ Und dann hat er dich grüßen lassen.«
Charles' Stimme wurde brüchig. »Anschließend hat er sich von der Garde verabschiedet. ›Ich sage euch Lebewohl‹, hat er gesagt. ›Zwanzig Jahre waren wir beisammen, und immer bin ich mit euch zufrieden gewesen. Ich hätte mit euch und den treuen Truppen einen Bürgerkrieg beginnen können, aber Frankreich wäre unglücklich geworden. Seid nun eurem neuen König treu und den Führern untertan, verlaßt nicht euer teures Vaterland. Ich kann euch nicht alle umarmen, aber ich umarme euren General. Kommen Sie, General Petit, daß ich Sie an mein Herz drücke ... Bringt mir den Adler, daß ich ihn küsse ...‹ Danach ist er in den Wagen gestiegen und nach Fréjus abgereist.«
»Es ist also vorüber«, sagte Caroline nach einem langen Schweigen. »Ja, das ist es.« Charles zog sie an sich. »Wir haben Frieden.«
Wieder schwiegen sie und blickten in den hellen Mainachmittag vor den Fenstern. In den Zweigen der Kastanie vor dem Haus zwitscherte ein Star. Aus dem Park hörte man ein Mädchen lachen.
Frieden ... und in Frankreich, vielleicht auch in Deutschland und Rußland, gab es wohl kein Haus, keine Familie, die nicht einen Toten betrauerte. Aber auf den verwüsteten Schlachtfeldern würde neues Grün wachsen. Die Ruinen würden beiseitegeräumt werden, die zerstörten Häuser

neu aufgebaut. Es ging immer weiter – irgendwie, und die schlimmsten Wunden mochten im Lauf der Zeit heilen. Und vielleicht würden die Menschen endlich lernen, wie unsinnig Kriege waren und daß das Leben nur einen Sinn hatte: es zu leben.
Wenn nur Frieden blieb!
»Glaubst du«, fragte Caroline leise, »daß er wahrhaftig resigniert hat? Hältst du es nicht für möglich, daß er eines Tages aus Elba zurückkehrt und einen neuen Feldzug beginnt?«
Charles hob die Schultern. »Ich weiß es nicht. Die Verbannung wird sehr schmachvoll für ihn sein. Der Tod wäre leichter für ihn zu ertragen.«
»Und wenn er zurückkommt?« fragte sie weiter. »Was wirst du dann tun?«
Er sah die unausgesprochene Angst in ihren Augen und küßte sie. »Bei dir bleiben, mein Herz«, sagte er. »Ich war ihm treu bis zuletzt. Das war es, was ich gewollt habe. Jetzt schulde ich ihm nichts mehr. Aber dir, Caroline, schulde ich alles. Ein ganzes Leben.«